社 科 学 术 文 库

LIBRARY OF
ACADEMIC WORKS OF
SOCIAL SCIENCES

外国历史大事集

近代部分·第一分册

朱庭光 ⊙ 主　编

张椿年 ⊙ 副主编

唐　枢　张宏儒　孙　娴 ⊙ 分册主编

中国社会科学出版社

图书在版编目(CIP)数据

外国历史大事集. 近代部分. 第一分册/朱庭光主编. —北京:
中国社会科学出版社,2017.3
(社科学术文库)
ISBN 978 - 7 - 5161 - 9655 - 7

Ⅰ.①外… Ⅱ.①朱… Ⅲ.①世界史—近代史 Ⅳ.①K1

中国版本图书馆 CIP 数据核字(2017)第 005368 号

出 版 人	赵剑英
责任编辑	刘志兵
特约编辑	张翠萍等
责任校对	王佳玉
责任印制	李寡寡

出　　版	中国社会科学出版社
社　　址	北京鼓楼西大街甲 158 号
邮　　编	100720
网　　址	http://www.csspw.cn
发 行 部	010 - 84083685
门 市 部	010 - 84029450
经　　销	新华书店及其他书店

印刷装订	北京君升印刷有限公司
版　　次	2017 年 3 月第 1 版
印　　次	2017 年 3 月第 1 次印刷

开　　本	710×1000　1/16
印　　张	36.5
插　　页	2
字　　数	618 千字
定　　价	158.00 元

再版说明

《外国历史大事集》出版于 20 世纪 80 年代，是当时我国世界史学界知名学者们多年辛苦劳动的集体成果，体现出了扎实的学术功底和应用价值，是重要的学术参考书。二三十年过去了，此书仍然受到我国世界史学界的重视和广大读者的欢迎。

《外国历史大事集》此次再版，受到中国社会科学院创新工程的大力支持，将其列入社科学术文库。根据中国社会科学出版社的建议，此次再版时，将版式改为小 16 开；消除了原著中的一些错别字，对表述不够准确的地方也进行了推敲审定；删除了不清晰的插图，增加了古代部分的大事记内容。再版工作受到世界历史研究所专家们，包括一些退休专家的大力支持，他们对原著进行了细心审读，付出了辛苦劳动。参加审读的专家有如下同志：古代部分：第一分册，刘健；第二分册，郭方。近代部分：第一分册，于沛；第二分册，汤重南；第三分册，于沛；第四分册，部彦秀。现代部分：第一分册，沈永兴；第二分册，王章辉；第三分册，于沛；第四分册，姜芃。世界历史研究所科研处的同志也为再版修订做了大量工作。

衷心感谢中国社会科学院创新工程的支持！感谢参加修订工作的各位同志的辛勤劳动！对中国社会科学出版社决定再版《外国历史大事集》和出版社有关人员的辛苦劳动表示衷心感谢！

中国社会科学院世界历史研究所

2016 年 11 月

初版说明

　　《外国历史大事集·近代部分·第一分册》共辑入世界近代史上有一定历史地位和国际影响的重大历史事件记述49篇，起自17世纪中叶英国资产阶级革命，讫于19世纪40年代科学社会主义诞生和共产主义者同盟成立之前。按事件发生的年代先后，以欧洲、美洲、亚洲、非洲、大洋洲的顺序依次编排。

　　本册编辑小组由唐枢、张宏儒、孙娴、梅伟强、汤重南、李显荣、于沛七位同志组成，唐枢、张宏儒、孙娴任主编。组织和处理编件的分工是：西欧、北美、大洋洲方面，由唐枢、张宏儒、孙娴负责；苏联、东欧方面，由李显荣、于沛负责；亚洲、非洲、拉丁美洲方面，由梅伟强、汤重南负责。张小雪参加了选定插图的编辑工作。朱庭光、张椿年通读了所有稿件，由朱庭光定稿。地图绘制张路红，封面设计姜樑。

1984年9月

前　言

《外国历史大事集》是一部兼有工具书性质的世界史基础读物，由中国社会科学院世界历史研究所组稿编辑。全书编为 10 册，其中古代部分 2 册、近代部分 4 册、现代部分 4 册。从 1982 年下半年起，各编辑组陆续开始组织、退改稿件。现在，近代部分第一分册业已定稿，预期将按每隔三四个月发稿 1 册的安排，力争在 1986 年内把全部稿件编辑完毕，交付重庆出版社陆续出版。

本书作为《外国历史名人传》的姊妹篇，从阐述、剖析和评价历史事件的角度，考察和反映世界历史的演变。也可以说，它是一套集纳记述世界历史上占有一定地位的各国重大历史事件的系列化的文集汇编。以单篇而论，大事集稿件的容量约比名人传增加 1 倍，平均每篇 1 万字，有一部分稿件达到 1.2 万字，甚至更多一些。而且，对于在世界历史发展过程中具有重大影响的事件，采取了分解课题的办法，使之能有足够的篇幅阐明所应涉及的内容。例如近代部分第一分册中的英国资产阶级革命、法国大革命和拉丁美洲独立运动，就是分成几个选题，按其发展阶段，或者划分不同地区，各自独立成篇予以阐述的。

对本书稿件的基本要求，是要应用历史唯物主义的基本原理，科学地说明发生各个事件的历史环境，事件的起因、渊源和演变，在事件中起过重大作用的个人、组织或流派所持的政治主张、思想观点和所作的突出贡献，事件的结局和影响，以及对事件的评价。特别要求作者掌握历史科学的具体性这一根本特点，尽可能充分地用事实、数字、史料和文献说话，同时又抓住要点，言简意赅地概述和分析事件发展的历史过程。

这部《外国历史大事集》，现已列入第六个五年计划期间全国哲学社会科学的发展规划，作为世界史学科的国家重点项目之一。不言而喻，这意味着国家对于发展世界史学科的鼓励和支持，同时也要求它理应具有较高的质量，达到与国家项目相称的学术水平。在我国世界史研究基础非常薄弱的条件下，要真正做到这一点，将是一项极为艰巨的任务。

我认为有必要预先说明，列为国家科研项目，由国家研究机构从事组稿编辑，并不表示这部大事集稿件中所作的叙述和评价具有代表党和国家发言的性质。它不等同于政府文件的权威性，而是属于学术领域，是我国世界史研究和教学人员对各个历史课题所作的探索和回答，要体现百家争鸣的方针。在坚持四项基本原则的前提下，我们希望做到，稿件中叙述事实和作出评价时，对那些近年来国内外学术界有过争论的问题，在主要表述作者观点之外，适当介绍堪称一家之言的不同见解；而当编者与作者之间产生某些不同看法时，如果交换意见后作者仍然坚持，可以保留作者的观点，编者只负统一体例、文字加工之责。

我们世界历史研究所为什么要用四年多时间组织这样一个既费时又费力的项目呢？

第一，期望能在推动世界史研究为我国的社会主义现代化建设事业服务方面，作点微薄的努力。

历史与现实是紧密连接而不能截然割裂的。这不仅在于今天所说的历史原本是昨天的现实，更重要的是，因为对于马克思主义的史学工作者来说，认识世界的目的就在于改造世界，研究历史正是为了推进现实，面向未来。历史科学本身虽然并不负担直接回答现实生活中各种各样问题的使命，但是，只要方向明确，课题选择得当，的确浇注了心血，它仍然可以对推动现实起到多方面的作用。

我们的历史研究是要科学地描述人类的昨天，再现人类社会向前奋进的历程，褒贬人物，评说事件，歌颂人类创造的一切美好的事物，鞭挞剥削压迫、腐朽黑暗和愚昧落后，传播人类世世代代积累的精神财富和文化遗产，发现并概括历史发展的规律。这就能在很大程度上有益于帮助人们确立科学的世界观，有利于深刻理解马克思主义的基本原理和经典作家提出各种科学论断的历史背景，注意汲取足资借鉴的和务必引以为戒的历史经验，从而加深对于现实的认识，正确地从事改造社会、改造世界的实践。我们应该充分估计历史科学所具有的培育熏陶、潜移默化的巨大力量。它帮助人们增长知识、扩大视野，充实文化素养，提高精神境界，明辨是非善恶，满怀信心地去创造未来。史学工作者越是自觉地把握自己的职责所在，就越能在社会主义的物质文明和精神文明的建设中充分发挥自己的聪明才智，对人民，对社会作出更多的贡献。

随着我国社会主义现代化建设的迅猛发展，尤其是实行开放政策以来，我国的国际交往大为增加，与各国人民之间的联系日益频繁。这种客观形势表明，我国人民比之以往任何时候都更为迫切地需要了解各国，了解世界。我们要吸收外国一切先进的、于我们有用的技术和经验，同时力求避免重现别人的弊端。这都很自然地增加了人们熟悉和掌握外国历史知识的兴趣，增加了对于随时可以查阅外国历史有关问题的读物的客观需要。编辑出版《外国历史大事集》的主要目的，就是适应这种社会需要，帮助读者获得知识，为教学者增添参考资料，给涉外单位和人员提供查阅的方便。

事实上，这种工作就是贯彻执行历史科学为现实服务的方针。从另一个角度来说，我国的世界史研究只有为社会主义物质文明和精神文明的建设多做一些切切实实的事情，才会使人们真正感受到它的益处而日渐重视这一学科。我国的世界史学科也只有在它确确实实显示出对社会主义现代化建设事业有所裨益和有所贡献的时候，才能说是已经在中国的大地上生根发芽开花结果而将获得广泛的发展。

第二，为了促进世界史学科的基础建设，开拓选题，锻炼队伍。

我国世界史学科的基础，至今仍然相当薄弱。其主要表现在以下几点：（1）占有史料、收藏图书严重不足，情报信息渠道不畅，缺乏系统整理加工，传输应用很不及时，多年来未曾有计划地注重资料积累，工具书极少；（2）研究课题较为陈旧，缺门太多，整体性的宏观研究未能充分开展，抱残守缺的某些积习未能清除；（3）研究成果难称丰硕，著述太少，确有较高学术价值的论著屈指可数，成果形式亦不够多样，尤其缺少简短精辟而又尖锐清新之作，不能广为传播，产生较大社会影响；（4）科研队伍既弱又小，老一辈有造诣的学者精力日见减退，中年科研教学骨干大都处于超负荷状态，实际从事科研的时间不多，青年一代不乏优秀人才，毕竟总数有限，而且后起之秀成长道路仍有崎岖，凡此种种，造成青黄不接的局面甚为严重。

以上也是世界史学界同行近几年来在各种不同场合多次大声疾呼，吁请各方面人士予以关注的。我集中起来加以综述，看起来似乎有点黯淡无光。当然，这里只说了问题的一面，几年来已在不同程度上有了若干改善。各种研究会、学会如雨后春笋，学术活动颇为频繁，学术交流相当活跃，科研成果小有丰收，其中自有佳作，世界史各种教材的编写出版更是成绩斐然。但是，我们不能不承认，上述弱点并未根本改观，看来亦非再有三年五载所能解决。因此，我们要发展世界史学科，除了想方设法加紧培养新的人才、扩大教学科研队伍之外，还要进一步在现有人员中充分挖掘潜力，统筹兼顾，加强协作，既有通盘筹划，又能发扬各个方面的积极因素，开展多层次、多渠道、多学科、多种形式的学术活动，真正做到解放思想，百家争鸣。在这当中，组织重点课题攻关，重视学科基础建设，尤为当务之急。

在世界史学科基础建设方面，有许多工作正在或亟待进行，包括大量翻译出版外国史学名著，汇编各种专题的、地区的和断代的基本史料，编纂各类品种的辞书、工具书，等等。这都得依靠世界史同行，特别是出版部门的同心协力。编辑出版《外国历史大事集》，亦是其中的一项工作。这套10册的大事集有400个以上的选题。每篇都要把一个事件的前因后果、来龙去脉、重要过程、历史地位，用叙事形式阐述清楚，主要靠事实和材料说话，结合必要的议论和分析。因而，作者势必要占有较多的史料，需要进行一定的研究。就一个事件来说，它比教科书或通史所叙述的分量要大得多，比之专著则更为集中和浓缩。在一定意义上，每一个选题就是一项研究课题。写好一篇大事集，无疑为进一步对这个课题进行深入的研究作了铺垫。

就我们的希望而言，是想通过组织大事集的稿件，开拓一批世界史研究的新课题；即使是老的课题也能有点新意，充实些新材料，反映出国内外学术界讨论中的新见解。这样，就不仅是简单地复述事件，而是或多或少有所前进。

对于大事集的作者，我们原则上希望每个课题最好能由国内同行中最适当的人选来撰稿。所谓最适当，需要考虑到各种因素。例如某一事件，同时有几位作者都是适当人选，那就要顾及他们各自近期的工作状况和时间安排，等等。也还有这样一层意思，就是作者们要体现出老中青的组合，能够发掘锻炼一批年轻的新的人才，向他们提供发表成果的机会。总之，既要能保证稿件的高质量，又要促进人才的成长。

第三，要把编辑出版《外国历史大事集》作为编纂我国多卷本世界通史的准备工作的一个环节，一项阶段性的成果。

在20世纪之内编纂一部以马克思主义为指导思想的、具有中国特色的多卷本世界通史，已经确定为我国哲学社会科学发展规划中的重点项目之一，也是我国世界史学界同行大多数人赞成的共同奋斗目标。现已开始着手筹备的这项任务，就我国的世界史学科来说，可谓一项宏大的计划。我个人的看法，多卷本，不一定非得几十卷。它的宏大，主要不在于其规模，而在于它应该尝试创立一种具有中国特色的撰写世界通史的新的学术体系，能够反映世界正在面临新的技术革命的挑战这种时代的气息，注意世界各个地区、各个国家、各个民族之间横向的相互联系和相互影响，在学术上集中体现我国世界史研究的水平。因此，它需要进行多方面的准备。如果考虑到前面所说我国世界史学科基础薄弱的实际状况，更应该强调抓紧必要的先行步骤。

无论如何，我们必须以积极的态度，抓住相对来说当前这一最合适的时机，在几年之内，为实际撰写世界通史开创良好的开端，推动我国的世界史研究开创一种新的局面。

编纂世界通史的各项准备工作中有一些基础准备，《外国历史大事集》也是其中之一。所谓基础准备，是把编写世界通史所应涉及和考虑的一般性课题，先以某种成果的形式过滤一遍，便于下一步在更高的层次上确定课题。我们正在编写的《大百科全书·外国历史》卷，侧重从各分支学科和各国历史概述方面，《外国历史名人传》从人物方面，《外国历史大事集》从事件方面，提供这样的准备。它们既是各具自身独立价值的世界史工具书和基础读物，又是设计世界通史的结构、体系的最初一批草图。从准备世界通史的角度来看，这些先行步骤的意义不在于它们的稿件质量如何，而是从这些稿件中提出了什么样需要着重研究的课题，以及写作这些稿件的人选。或者也可以看作一种课题的准备、队伍的准备。

上述几个目的能否达到，设想是否正确，将要由时间作出回答。在看完《外国历史大事集》近代部分第一分册全部稿件之后，我感到有三个明显的缺点。

第一，选题范围仍然过分偏重于政治方面，有关社会经济、思想文化以及科学技术的稿件太少。这是过去世界史学科研究范围过于狭窄的反映。近几年来，许多同行批评了这个缺点，在科研实践中逐步有所克服，但在《外国历史大事集》这一册稿件中未能相应改善。

第二，约请作者有不尽恰当之处，未能充分贯彻原来的意图，多少有点照顾就近组稿的方便，在一定程度上影响了稿件的学术水平。

第三，退改稿件和统一定稿的安排前松后紧，有些作者早已交稿，编者却未及时提出修改意见，以致改稿时间短促，最后一小批稿件定稿较为粗糙，质量差些。

这些缺点，主要是我对组稿改稿的前期工作没有抓紧、对选题未作认真推敲、退改稿件疏于检查。以后将要发稿各册，凡是来得及补救的，当设法采取一些弥补措施。在此，谨向读者致歉，并欢迎对本书提出批评意见。

　　我还要借此机会，向重庆出版社的同志和承印本书的重庆新华印刷厂的同志预先表示感谢。他们为了做到重点项目的科研成果早日与读者见面，将努力缩短出版周期，保证在收到各册书稿之后的六个月内出书。在我国目前的出版印刷条件下，这已经是颇不容易了。

朱庭光
1984 年 9 月 15 日

目　录

英国革命中的两次内战

庄建镶

17 世纪 40 年代的英国资产阶级革命，是第一次在欧洲大国推翻封建统治，建立了资产阶级政权的革命。它的影响所及越过了一国界线而成为"欧洲范围的革命"[①]，宣告了欧洲新的社会政治制度的诞生。

革命前的社会政治经济状况

英国的社会经济结构在 14—16 世纪发生了显著变化。一方面封建生产方式仍占统治地位，另一方面在封建经济结构内部资本主义关系已萌芽并获得了较大发展。

英国与欧洲大陆的商业交往，早在 11 世纪就已建立起来。12—13 世纪，尼德兰南部地区佛兰德斯的毛织业繁荣，对英国羊毛的大量需求引起英国养羊业的发展。13—14 世纪，以佛罗伦萨为代表的意大利北部城市所经营的毛织业，在竞争中超过佛兰德斯，进一步刺激了英国的羊毛贸易。13 世纪以后，英国的许多郡内出现了领主圈占公共地（牧场、荒地和山林等），建立大牧场的现象，并发生了领主重视羊毛贸易收入而用货币地租取代劳役和实物地租的变化。这就使得原来以自然经济为基础的农奴制庄园经济趋向解体。1381 年瓦尔·泰勒领导的农奴起义，沉重地打击了封建农奴制度，加速了其解体过程。至 14 世纪末，农奴制在英国被废除。在整个 15 世纪，小农经济仍占统治地位。但随着商品经济的发展和由此引起的农民阶级的分化，这种状况不可能长久维持下去。一部分农民逐渐破产沦为雇工，另一部分农民即自耕农上层则租购领主土地并雇工剥削，上升为从事资本主义商品生产

---

① 《马克思恩格斯选集》第 1 卷，人民出版社 1972 年版，第 321 页。

的租地农场主。

在封建主阶级内部，也出现了分化。大贵族为维持自身地位不得不将一部分土地租赁出去，但仍难挽回衰落的趋势。中小贵族则积极适应羊毛出口贸易和国内农产品市场迅速发展的局面，大力兴办资本主义性质的农牧场，以求获得十分可观的利润。这个资产阶级化的贵族阶层，又被称为"新贵族"。15世纪末和16世纪初，在商品经济较发达的东南部地区发生的大规模圈地运动，就是在农业经营的变化和农村阶级分化基础上出现的。其主要参加者和受益者即是新贵族和一部分自耕农上层。

圈地运动大大加速了原缓慢进行的直接生产者农民与土地分离的过程，为资本主义的工场手工业和同样以雇佣劳动为基础的农场经营提供了充分的"自由"劳动力，并扩大了国内商品市场。这种对农民土地的彻底剥夺，不仅奠定了英国资本原始积累的基础，而且使英国农村经济发生了由封建土地所有制向资本主义土地所有制的转化。16世纪上半叶，由于亨利八世在宗教改革中没收和拍卖大片教会地产，以及"价格革命"引起的粮食和农产品价格迅速上涨，使得圈地运动的规模更加扩大。不仅村社的公有地被圈占，农民的份地也受到侵夺。大批破产农民，除无生计的流浪者外，或是流入城市受雇于手工工场，或是在故地的大农场中充当农业雇佣工人，或是作为家庭手工业者为呢绒商加工产品。他们的地位都发生了深刻的变化，直接置身于资本主义生产关系当中。农村社会的这种剧烈变革，资本主义在农村的深入发展，是英国在16世纪完全不同于欧洲其他国家的一个历史特点，它显示出英国资本主义发展的优越性和巨大潜力。

16世纪英国的资本主义工商业也在15世纪工场手工业和出口贸易初创局面的基础上获得了长足的发展。新航路开通后，英国位于大西洋贸易的枢纽位置，商业扩张为工业品开辟了广阔的海外市场，殖民掠夺又为工业发展提供了必需的巨额资本。都铎王朝，尤其是伊丽莎白女王执政时期（1558—1603年）所实行的保护和支持工商业的政策，亦使英国在同欧洲他国的商业竞争中处于有利地位，从而使民族工业得以勃兴。最重要的是，工业生产得到了圈地运动后造成的大量廉价劳动力和国内市场，以及农业变革后迅速充实的粮食和生产原料的供应。16世纪下半叶，英国已从一个羊毛原料输出国变成呢绒等工业产品的输出国。至17世纪上半叶呢绒的出口量较16世纪中叶增长了两倍多。与此同时，采矿、造船、冶金、金属制造、玻璃、造纸等新兴工业部门，因广泛采用雇佣劳动的手工工场形式，而极大地提高了生产水平和销售规模。其中煤的年产量，至17世纪初时已居于欧洲之首。一系列由王室颁布特许状的海外贸易公司，也在伊丽莎白女王执政时期纷纷建立起来。1588年英国在对西班牙海战中击败"无敌舰队"取得胜利，又使其确立了海上霸主的优势地位。英国商人从此奔走于从波斯到北美，从北欧到印度洋的广阔世界，这既是英国王室重商主义政策成功的反映，又是英国工商业资产阶级成长壮大的明显标志。

随着16世纪末17世纪初封建君主专制统治的加强，资本主义关系与封建制度的矛盾变得越发尖锐，阶级关系和阶级力量对比发生了显著的变化。

依附君主专制的封建贵族世家在1455—1485年的"玫瑰战争"中自相残杀，元气大伤；在圈地运动中又置身于外，在旧有领地内依然用传统方式剥削农民。在商品经济日益发展和"价格革命"的不断冲击下，这些仍以收取固定地租过活的爵爷们经常入不敷出、负债累累，只好出租或典卖土地，经济地位不断下降。在政治上，他们担任政府高官，取得王室补助，在一切政治冲突中依国王意志行事。站在封建势力一边的还有在宗教改革后从国王那里获取了不少既得利益的国教会高级主教，他们利用国教会和主教权力，协助国王压抑资产阶级和新贵族的改革教会的任何要求，利用他们在议会上院的席位与贵族一道，反对任何改革提案以维护国王专制。

在工商业资产阶级当中，最有势力的是从政府领取特许状组织国家贸易公司的大商人和商业高利贷者。17世纪初，国家的大宗商品专卖权为最多不过200人所掌握，他们主要集中在伦敦。全国货币流通量的1/4也汇集于这个工商金融中心。这些人只占资产阶级的极少数，他们希望国王提高他们的政治地位，却反对激烈的变革。广大工商业资产者要求国王废除商品专卖权；实现贸易自由政策，反对国家干涉圈地，反对继续保持工业生产中的封建行会制度。工商业资产阶级还迫切要求废除封建贵族特权，尊重和保护他们的利益和要求，放弃专制政策，尊重议会权力等。在这方面，他们找到了最好的同盟者——新贵族阶级。

在16世纪迅速成长起来、由乡绅构成的新贵族阶级，在革命前已经成为英国政治舞台上的一支重要力量。与工商业资产者不同，新贵族享有与旧贵族同样的政治特权和地位。他们掌握地方的实权，拥有议会下院的多数议席，并有较大的社会影响。由于新贵族在经济活动中与工商业资产阶级联系紧密，利益相通，他们所面临的进一步发展的障碍性因素和社会改革要求也趋向一致。这样，新贵族往往是资产阶级在议会中的政治代言人。除了同资产阶级共同关心的问题外，新贵族亦有自己的独立要求。这主要表现在：新贵族的土地所有权虽不断扩大，经营方式也已资产阶级化，但在法律上却依然受到国王的限制，必须缴纳"骑士捐"。新贵族急于通过社会变革取消束缚其发展的骑士领有制，而要达到这个目的就必须与资产阶级携手。

革命前，农民问题也变得异常尖锐。农民在 17 世纪上半叶仍占英国居民的大多数，可分为自耕农和茅舍农两大部分。自耕农又由自由农和公簿持有农两部分组成。自由农是中世纪农奴化过程中始终保持自由人身份的农民，自己拥有土地可世代相传和自由支配，在经济上比较独立，担负领主的封建义务比较轻。这部分人在 15 世纪的小农分化和其后大规模的圈地运动过程中地位多数上升，不少人直接参加圈地，并开办雇工剥削的农牧场。他们是自耕农上层，人数较少。公簿持有农则占自耕农和整个英国农民总数的多数，是在农奴制废除以后才获得自由身份的。这些根据庄园法庭的公簿租用土地的农民，租地份额很小，却要担负许多封建义务。他们深受封建制度的压迫，有较强的革命倾向。茅舍农的生活境况则更加贫寒，他们只能使用所住茅舍周围的少量土地，主要靠农村的公有地过活。茅舍农和公簿持有农虽在圈地运动中深受其害，对资产阶级和新贵族的残酷掠夺表示反抗，但由于他们受到封建制度长期的压迫，对之深恶痛绝，所以当资产阶级革命爆发后，他们能站在反对国王统治的阵线一边，在革命中发挥了重要作用。

在社会阶级关系和各种政治力量的配置趋于明确的同时，17 世纪上半叶革命的舆论准备工作也在积极进行，这就是清教运动的发展。从 16 世纪下半叶开始，资产阶级和新贵族接过了喀尔文教的思想旗帜，创立和发展了清教教义。他们主张纯洁教会，清除英国国教会中的天主教影响，提倡勤俭节忍，反对奢华纵欲。他们反对国王专权教会事务的君主制教会体制，主张建立一个反传统封建教阶制的民主教会组织。这反映了资产阶级在资本原始积累时期的道德标准，以及通过教会改革推动政治变革的愿望。16 世纪 80 年代，清教运动曾取得很大进展，两个主要派别"长老会派"和"独立派"已形成。长老会派代表大资产阶级和新贵族上层的利益，提出以长老评务全国会议取代主教制政府，要求王权不干涉教权，这实际上是谋求政治统治权力。他们力求通过与国王妥协达到目的，极端惧怕激进的革命运动。独立派大多是中小资产阶级和新贵族的代表，他们要求各个教会独立自主享有民主权利，既反对主教制，也反对长老制这类中央集权的教会形式，实际上反映了这些阶级求得经济上自由竞争和政治上民主共和的迫切愿望。17 世纪上半叶，这两个派别的活动重新得到加强。不仅在议会内，而且在社会上，清教派都积极宣扬反对君权神授的理论，唤起和组织广大群众投入反对国王专制的斗争中，为英国革命的爆发作了充分的思想和舆论准备。

革命形势的成熟和第一次内战

1603 年开始的斯图亚特王朝的反动统治，加剧了英国封建制度的危机，促进了革命的爆发。

国王詹姆斯一世崇拜 16 世纪以来在欧洲形成的专制主义理论，羡慕法国和西班牙的专制制度。他入主英国后，提倡"王权神授说"，宣扬国王是上帝派来统治人民的，国王的地位是神圣不可侵犯的，"国王是法律的创立者，而非法律创造国王"。他在登位后的第一届议会上宣称："议论上帝是渎神，议论君主是叛逆。"他表示不能忍受议会的权力，曾三次召开议会，又三次解散议会。他迫害清教徒，颁布命令禁止非国教的教派组织存在及活动。为了维持宫廷的庞大开支，他千方百计地大肆搜刮，出售商业公司的专卖权，实行宫廷采买优先制，公开卖官鬻爵，规定男爵的价格为 1000 镑，子爵为 1 万镑，伯爵为 2 万镑。詹姆斯一世还对信奉天主教的西班牙采取联合政策。这些倒行逆施，既给广大劳动人民带来很大的灾难，也严重地损害了资产阶级的利益，加深了资产阶级、新贵族和人民群众同以国王为首的封建势力的矛盾。

议会中的资产阶级和新贵族的代表逐渐形成对政府各项反动政策进行斗争的反对派。1628 年，他们向国王提出《权利请愿书》，重申只有议会才有批准征税的权力，未经议会同意不得任意征税；对任何人没有法律的依据和法院的判决不得任意逮捕。查理一世①为了得到议会的拨款，被迫接受了这份请愿书。但是国王在吨税和磅税问题②上同议会发生了争执。查理一世提出终身征收这两种税收的要求，遭到议会的拒绝。国王就在 1629 年解散了议会，开始了长达 11 年的无议会统治时期。

在这期间，查理一世及其宠臣斯特拉福伯爵和劳德大主教变本加厉地推行高压政策和搜刮政策。他们逮捕清教徒并对其严刑拷打，使之大批逃亡海

---

① 查理一世是詹姆斯一世之子，1625 年即位。
② 吨税是酒类的进口税。磅税是羊毛的出口税。它们约占国王每年总收入的 1/4。

外。同时恢复了诺曼时代所采用过的"船税"。还扩大了专卖权的范围，连纽扣、别针都被包罗进来，这就使没有专卖权的企业纷纷倒闭，工人失业，商品价格上涨，工商业受到严重的摧残。一部分中小资产阶级被迫携带资本移居国外。资产阶级、新贵族和封建专制王权的矛盾空前地尖锐化。

苏格兰起义是英国革命的导火线。詹姆斯一世继承英国王位后，苏格兰并未并入英国，仍保持着自己的独立的政治体系。苏格兰封建贵族的势力很大，而国王的力量薄弱，专制主义尚未形成。苏格兰经过宗教改革，长老会派教会占统治地位。长期以来，詹姆斯一世和查理一世就企图在苏格兰建立封建专制制度。1637年，劳德大主教命令苏格兰长老会派教会在举行宗教仪式时使用英国国教会祈祷书，引起了苏格兰人的起义。1639年，苏格兰起义军攻入英国境内。

查理一世为了筹集经费，不得不再次召开议会。这届议会于1640年11月3日召开，一直存在到1653年4月，史称"长期议会"。它成了资产阶级和新贵族对封建王权进行斗争的活动中心，以及革命的领导机关。长期议会的召开揭开了英国资产阶级革命的序幕。

长期议会开幕以后，反对派议员猛烈抨击国王的政策，提出了对国王宠臣斯特拉福伯爵的审判案。这是资产阶级、新贵族对国王的公开挑战。议会先后逮捕了斯特拉福和劳德大主教。反对派领袖约翰·皮姆代表下议院在上议院里控告斯特拉福时说："使斯特拉福逍遥法外，就意味着议会的解散。"

查理一世极力为斯特拉福辩护，并图谋用武力解散议会。消息传出后，伦敦数万名市民、帮工、学徒、小手工业者手持刀、剑、棍棒聚集到王宫前，要求马上处死这个"臭名昭彰的罪犯"。1641年5月10日，国王不得不签署了斯特拉福的死刑判决书。5月12日，斯特拉福被推上断头台。过了四年，劳德大主教也被处死。

长期议会通过了一些限制国王权力的法案。《三年法案》规定，每三年至少召开一次议会，国王未经议会同意不得解散议会。议会还撤销了最为人民痛恨的专制政体的重要机构"星室法庭"和"高等宗教法庭"①。同时，废除了专卖制度，禁止征收吨税、磅税、船税及其他苛捐杂税。

1641年11月22日，议会通过《大抗议书》，全文共204条，除对查理

---

① 星室法庭是政治法院，原为镇压叛乱贵族的机关，后成为镇压革命者的机构。高等宗教法庭先为压迫天主教的机关，后为迫害清教徒的机构。

一世的暴政胪列详尽以暴于天下外，还要求国王保证工商业自由，"录用那些议会所能信任的枢密大臣"。这实际上是要建立责任内阁制，显然是君主立宪制的雏形。《大抗议书》提交议会讨论时，会场沸腾，群情激昂。议员们皆拔出佩刀，势将决裂。最后以 159 票对 148 票的微弱多数通过。这说明随着斗争的深入，议会里发生了剧烈的政治分化。《大抗议书》起了号召人民起来反对王权的积极作用。

查理一世拒绝批准《大抗议书》。1642 年 1 月 3 日，国王签署诏令，宣布反对派领袖约翰·皮姆、约翰·汉普顿、阿瑟·海兹利洛、丹吉尔·霍里斯和威廉·斯特罗德为"叛逆"。第二天，查理一世亲自带领 300 名武装人员去下议院逮捕他们。这 5 名反对派领袖事先得知消息，避入伦敦市区。

1 月 5 日，国王又到伦敦商业区去搜捕反对派领袖。这时，伦敦市民和附近各郡农民共计 10 万人，手持武器，涌上街头，赶赴反对派领袖隐匿的地方，声援议会，使国王未能得逞。皮姆等 5 名议员在群众的护送下回到了下议院。查理一世感到自己在伦敦的处境十分孤立，于 1 月 10 日离开首都，北上到约克城，在那里纠集保王势力，拼凑反革命武装。1642 年 8 月 22 日，查理一世在诺丁汉升起了军旗，宣布"讨伐"议会，挑起了第一次内战。

内战开始后，英国分为两个敌对阵营。站在国王一边的，是封建贵族、国教会上层僧侣，还有一部分同国王有联系的大资产阶级和官僚。他们大多是国教教徒和天主教徒。拥护议会的，主要是资产阶级、新贵族、城市平民、手工业者和自耕农。他们大多是清教徒。

从交战双方的力量对比看，优势在议会方面。议会所控制的东南部地区，经济发达，人口稠密，物产丰富，财源充足。全国的税收总额至少有 4/5 来自这里。议会据有许多重要港口、工商业大城市和船队，可以利用其海上的优势地位截断国王与外界的联系。议会军人数较多，并得到人民群众的支持。而国王盘踞的西部和北部地区，经济比较落后，财源很不可靠。在军队的数量上，王党军远不如议会军。它代表的是腐朽没落的封建势力，不得人心。当时，有个大臣警告查理一世说："陛下，在一个美丽的夜晚，赤手空拳就可以捉住您！"

内战开始的头两年，议会军一再失利，王党军几乎完全掌握了进攻的主动权。1642 年 10 月，王党军试图攻取伦敦。10 月 23 日，与议会军在沃里克郡的埃吉山发生第一次战斗。王党军投入 7000 多人的兵力，议会军参战人数有 7500 人，战斗异常激烈。10 月 29 日，王党军占领牛津。11 月 12 日，攻占距伦敦只有 7 英里的布伦特福，首都告急。在伦敦 4000 名民兵和附近的农民武装的英勇抗击下，才粉碎了国王攻取伦敦的计划。1643 年夏，王党军占领了约克郡的几个工业城市，南下进逼林肯郡。

在西部和西南部，议会军连吃败仗。7 月 26 日，王党军攻占英国第二大港口布里斯托尔。同年秋，王党军再次围攻伦敦。9 月 20 日，在纽伯里发生激战。这一次又是由于伦敦民兵的英勇出击，使首都转危为安。到 1643 年底，王党军控制了英格兰北部五个郡、西部各郡和威尔士，以及中部的牛津郡、柏克郡，几乎占领了 3/5 的国土。

内战初期，议会军之所以失利，主要是由于掌握议会领导权的长老会派的动摇妥协，不愿与国王彻底决裂。他们把战争只看作迫使国王让步、谋求妥协的一种手段。议会军总司令埃塞克斯伯爵曾说，问题只在于国王承认"宪法"，而不是消灭君主制度。他们作战不坚决，加上议会军缺乏统一指挥，贻误战机，造成了军事不利局面。

在这关键时刻，议会军中涌现出了杰出的将领克伦威尔。他出身于亨丁顿郡的新贵族家庭，1628 年进入议会，1641 年参与起草《大抗议书》。内战刚爆发，他组织了一支骑兵队，加入议会军，并参加了埃吉山战役。1642 年底，由于克伦威尔的努力，诺福克、萨福克、剑桥、埃塞克斯和赫里福德东部五郡，组成"东部联盟"，共同对付王党军。之后，林肯郡和亨丁顿郡也加入了这个联盟。克伦威尔是东部联盟的组织者。他四处奔走，筹集军费，招募志愿兵。到 1643 年 6 月，东部联盟的军队已达 1.2 万人。在克伦威尔的提议下，由曼彻斯特担任总司令。这支军队成为议会军的主要支柱。克伦威尔的军队又是东部联盟军的骨干力量。它主要是由自耕农和手工业者组成。克伦威尔注意任用有军事才能的平民如锅炉工约翰·福克斯、马车夫托马斯·普莱德、皮鞋匠纽森·约翰等为中下级军官。这支军队纪律严明，英勇善战，深受群众的欢迎。当议会军在其他战场丢城失地时，克伦威尔所在的东部联盟军却始终保持完整。1643 年 5—10 月，克伦威尔在林肯郡的格兰萨姆、盖恩斯巴勒和温斯比接连打了三个胜仗。1644 年 1 月，他被议会擢升为中将。

进入 1644 年，战争进程开始出现了对议会军有利的形势。议会军虽然在西部和中部作战还异常吃力，但在北部和东部各郡已占一定优势。这一年夏初，东部联盟军收复了林肯郡的大部分土地。在这之前，利文伯爵率领的苏格兰盟军已进入英格兰，解放了约克郡大部地区，并同斐迪南德·费尔法克斯的议会军会师。5月，东部联盟军总司令曼彻斯特亦率军来会合。6月，议会军开始围攻约克城。

这时，国王命令鲁珀特亲王率王党军从兰开夏火速北上，和在北部作战的纽卡什尔公爵的军队会合。议会军被迫停止围攻约克城的军事行动，向西撤退，在约克城西北约10公里的马斯顿草原与王党军相遇，发生了内战以来第一次大规模的战役。议会军投入兵力达2.7万人，其中有骑兵7000人，列阵在托克威思迤长的小丘上，居高临下，取攻势。王党军集结了1.8万人，其骑兵人数与议会军相等，布阵在草原以南。

1644年7月2日凌晨，双方开始猛烈炮击。入夜，克伦威尔指挥的骑兵队首先发起进攻。未几，鲁珀特进行反击，两军肉搏。克伦威尔大破王党军右翼阵地。但议会军在进攻王党军左翼阵地中遇到顽强抵抗。托马斯·费尔法克斯[1]的骑兵为戈林王党军所挫。克伦威尔托付戴维·莱斯利的苏格兰军追击鲁珀特残部，自己率军直扑戈林的后方，同托马斯·费尔法克斯会合，一举击溃戈林的骑兵。之后，克伦威尔掉过头来援助中路议会军，把王党军打得七零八落。鲁珀特败退约克城。

在马斯顿草原战役中，议会军毙敌4000人，俘敌1500人，缴获了大批武器。这个战役是议会军由失利走向胜利的转折点。7月16日，议会军攻克约克城。接着又收复了王党军所控制的北部地区。克伦威尔在战斗中果敢大胆，善于运用机动灵活的战术，表现了卓越的军事才能。他的军队屡建战功，获得了"铁骑军"的称号。

战争的进程表明，议会必须迅速改变犹豫动摇的态度，采取坚决的措施，才能与王党军进行胜利的斗争。1644年12月9日，克伦威尔在下院发表演说，提出了实行根本的军事改革，提高军队战斗力的主张。在以克伦威尔为首的独立派的坚持下，议会于1645年2月通过了《新模范军法案》。主要内容是：建立一支编制为2.2万人的军队，其中约1/3为骑兵，其余为步兵[2]。确定从国家预算中拨发军费每月为4.5万镑。还规定军队实行统一指挥，统一纪律条令，军服划一；实行强迫募兵原则，以保证军队的补充来源。《新模范军法案》的实行，是英国军事史上的一个重大变革。从此，英

----

① 斐迪南德·费尔法克斯之子。
② 新模范军有骑兵11个团，每团为600人，共6600人；龙骑兵1个团，1000人；步兵12个团，每团为1200人，共14400人。

国建立起了一支以东部联盟军队为基础的、统一指挥的有纪律的正规军。它在加强议会军力量方面起了很大的作用。

1645年4月初，议会通过《自抑法》，规定议会议员不得担任军队将领职务，担任军事职务的议员必须在40天内辞去军职。根据这个法案，解除了长老会派埃塞克斯、曼彻斯特等人的军队职务。议会任命托马斯·费尔法克斯为新模范军总司令。只有克伦威尔例外，他身为议员，仍被任命为副总司令。经过改组，议会军的领导权完全掌握在独立派手里。从此，形成了长老会派控制议会，独立派掌握军队的局面。

6月14日晨，议会军和王党军在北安普敦郡内斯比附近相遇。议会军有1.4万人，其中骑兵6500人，而王党军只有7500人，其中骑兵4000人。鲁珀特亲王首先突入议会军艾尔顿部的防线。克伦威尔采取侧面攻击的战术，先击溃王党军左翼兰代尔和阿斯特利的部队，然后再打其中央。经过三个小时持续的战斗，王党军几乎全部被歼灭。这次战役，议会军摧毁了王党军的主力，为夺取内战的最后胜利打下了基础。

内斯比战役后，内战并没有马上停止。王党军在西部和西南部地区还有相当的力量。从1645年7月起，议会军继续追击王党军。9月14日，收复了布里斯托尔。到1646年上半年，敌人盘踞的50个要塞相继向议会军投降。1646年6月24日，议会军攻克王党军的大本营牛津。查理一世乔装成仆人逃到苏格兰，落入了议会军的同盟者苏格兰军队手中。1647年2月1日，苏格兰以索取40万镑的代价把国王交给英国议会。查理一世被囚禁在内斯比附近的赫姆比城堡中。3月16日，议会军攻占王党军在威尔士的最后一个要塞——哈莱克城堡。第一次内战以议会军获胜而结束。

第二次内战和共和国的成立

第一次内战打败了王党军之后，革命阵营内部各阶级、各政治集团之间的矛盾上升到主要地位。

长老会派是内战的既得利益者。在政治上，他们控制了实际上已成为国家最高权力机关的议会，并把它作为维护自己利益的工具。在经济上，他们在拍卖王党和教会的土地中捞到很大的好处，大批土地落入大资产阶级和上层新贵族之手。

但是，整个社会的经济和政治状况却没有得到多少改变。战争时期国库财政支出巨大，掌握议会实权的长老会派增加税收，摊派到广大群众和中小资产阶级的头上。这使得本来就处在粮食歉收和物价高涨夹击下的下层民众更难以生存，而中小资产者所缴付的税额也并不低于国王统治时期。在革命的中心问题土地问题上，捞到好处的仅是大资产阶级和新贵族上层。对于大多数新贵族来说，"骑士领有制"虽经法令废除，但他们并没有在革命中谋得地产的实际扩展。至于农民所担负的封建义务，则基本上没有受到触动。第一次内战后，长老会派议会把中小资产阶级和广大群众排斥在应有的政治权利之外，对思想言论严加控制，引起社会各阶级的普遍不满和抗议。独享革命果实的长老会派竭力终止革命，与国王握手言和。

内战刚刚结束，长老会派领袖沃里克·曼彻斯特和霍兰就同囚禁中的查理一世进行恢复王位的谈判，迫不及待地同国王达成妥协。他们准备同国王妥协的条件是：在20年内剥夺国王的军权，20年后，国王只有在议会的同意下才能支配军队；国王必须收回一切反对议会的声明；议会有权把开会地点迁到有利于自己的地方去，等等。他们只是企图剥夺和限制国王的军事大权和让国王承认议会的既得权利，对国王的行政大权根本没有触及。长老会派还感到军队的继续存在，将是实现其阴谋的严重障碍。所以，他们在内战胜利后不是摒弃国王，而是排除战胜了国王的军队。由于当时长老会派控制着议会，独立派掌握着军队，两派之间的政治斗争就表现为议会与军队的冲突。

1647年2月19日，议会通过了长老会派提出的解散军队的议案。它规定除保留一支6000人的军队外，其余的骑兵和步兵全部解散，被解散的士兵只可以参加远征爱尔兰的军队。消息传到军队后，遭到士兵和一部分下级军官的强烈反对。政府拒绝补发所欠薪饷更激起士兵的严重不满。克伦威尔在描述当时士兵的情绪时写道："人们从来没有像现在这样的激愤。"

领导士兵同议会进行斗争的是反映小资产阶级利益的激进派别——平等派。平等派领袖约翰·李尔本出身于小贵族家庭，是一个小资产阶级民主主义者。平等派思想在第一次内战期间已开始流传。它从人民主权学说出发，认为政权就其产生和本质而言是来源于人民的，政府的主要任务是保障人民的利益。它要求取消一切封建特权，实行信仰自由和商业自由，取消王权和上议院，实行普选制，建立资产阶级民主共和国。这些主张不同程度地反映了城乡小资产阶级和下层人民的利益。

在平等派思想的影响下，军队中的士兵为保卫自身的利益而自动组织起来。1647年4月，各团选出了"士兵鼓动员"，组成"士兵鼓动员委员会"。它成为团结和领导士兵的核心。平等派领袖塞克斯比为鼓动员拟定了工作细则，规定了鼓动员的宗旨，就是要同所有"士兵和王国各郡怀有善意的人们"保持联系，按为人民谋福利的方针办事，对那些"隐蔽的、公开的以及进行暗害活动的敌人"保持警惕，监视国王及保王党人的阴谋活动，并为政治改革而奋斗，以达到"确立公民自由"的目的。士兵鼓动员委员会的建立，表明军队中以平等派士兵为核心的政治力量开始形成。

克伦威尔对士兵的革命行动虽然忧心忡忡，但由于他对长老会派独揽行政大权不满，深恐长老会派与王党勾结威胁到独立派的利益，所以，他不愿意失去自身力量的支柱——军队，便改变了原来与长老会派分享政权的妥协态度，转而依靠士兵，企图利用军队的力量去同长老会派进行斗争。

1647年5月底，克伦威尔表示愿与大多数高级军官站到士兵方面来，并答应士兵的要求，拒绝执行议会遣散军队的命令，与长老会派决裂。军队为防止长老会派与国王勾结，于6月2日派骑兵到赫姆比城堡，将查理一世押到军队的大本营纽马克特，把国王控制在自己手里，以割断长老会派同国王的联系。与此同时，克伦威尔为控制军队中平等派士兵，保持独立派对军队的领导权，成立了以高级军官为主体的全军会议，吸收士兵鼓动员参加，作为代表全军讨论重大问题的机构。

6月5日，在肯特福德——希思召开的全军会议上，通过了《庄严协约》和《军队声明》，以全军名义拒绝执行议会解散军队的命令，提出补发军队欠饷、实行政治改革等要求。这是独立派和平等派结成暂时同盟的标志。在平等派的推动下和伦敦人民的广泛支持下，1647年8月6日，军队开进伦敦，许多长老会派议员仓皇逃走。议会的实权暂时落到独立派手里。

议会控制权易手之后，军队内部早已存在的独立派高级军官和平等派士兵之间的矛盾表面化了。两派各自按照本阶级的利益提出了政治主张，斗争集中在未来国家制度和选举权问题上。

1647年8月1日，独立派发表了《军队建议纲目》，要求解散现存议会，重新进行选举。提出新议会应两年召集一次，各郡议员名额的分配应依其对王国纳税额的多寡而定。实行以财产为基础的比例代表制，既可以为独立派夺取议会的多数铺平道路，又可以把劳动群众排除在议会之外。这个纲目还提出保留上议院和君主制，在国王及两院之外设立国务会议，在得到议会同意下，它有宣战和外交权力。这样，王权受到了限制，部分行政权力转归对议会负责的国务会议。独立派的政治纲领就是要求建立君主立宪制度。从 8 月底开始，克伦威尔以《军队建议纲目》为基础与国王谈判。查理一世对其中限制王权的规定很不满意，因而拒绝接受。

《军队建议纲目》对人民利益的忽视引起了群众的不满，克伦威尔和国王的妥协活动也遭到平等派的猛烈抨击。在平等派的影响下，鼓动员着手拟定自己的政治纲领——《人民公约》，提出未来的议会"应根据人口数量按比例地分配名额"，由人民选出的代表所组成的下议院是国家的最高权力机关，它享有立法权、决定战争和媾和权，以及制定对外政策和任免官吏的权力。《人民公约》贯穿着主权在民的思想，实质是要建立一个没有国王、没有上议院的资产阶级民主共和国。这是对独立派的政治主张的直接回击。

客观现实使克伦威尔意识到平等派已成为军队中一个不容忽视的政治力量。他决定把两派的文件提交全军会议讨论。在 1647 年 10 月 28 日召开的帕特尼会议上，双方针锋相对，争论非常激烈。平等派公开反对王权统治，要求取消君主制。雷恩斯博罗就直截了当地说："我反对国王，也反对任何危害人民的政权。"独立派则主张继续保存受议会制约的王权。克伦威尔、艾尔顿认为君主制在英国是不可动摇的，取消君主制将是政治体制改革中"过大的飞跃"，其后果是"混乱"和"杂乱无章"，将给国家带来"一片无尽的废墟"。

在平等派的影响下，伦敦街头和士兵中间出现了传单，要求撤掉团队中的独立派军官。11 月，9 个团队的士兵举行武装示威，帽子上贴着《人民公约》和"给人民自由，给士兵权利"的标语。克伦威尔眼看无法平服士兵们的革命情绪，便断然采取行动。11 月 11 日，克伦威尔驱逐了与会的士兵鼓动员，强令解散全军会议，它的职能由军官所组成的军事委员会代替。

革命阵营内部的分裂，给国王以可乘之机。1647 年 11 月 11 日夜晚，查理一世从纽马克特逃出，到了南方的怀特岛。他一面同长老会派谈判；一面又秘密地同苏格兰代表劳德戴尔勾结，缔结了密约。条约规定，国王批准圣约，三年之内在英国成立长老派教会，镇压异教徒独立派；苏格兰封建集团则答应提供武装力量，打击议会军，帮助国王复辟。查理一世加紧煽动各地王党叛乱，准备新的战争。

1648 年 2 月，保王党人在西南部发动叛乱，挑起了第二次内战。大敌当前，独立派谋求与平等派合作。4 月 29 日，在温泽召开的军官会议上，克伦威尔答应战胜王党后实行《人民公约》，将查理一世交付法庭审判。独立派和平等派重新联合，保证了第二次内战的胜利。

内战在西部、东南部和北部三个地区展开。1648 年 5 月 3 日，克伦威尔率领一支近 1.7 万人的精锐部队，从伦敦向南威尔士进发。5 月 24 日，在彭布鲁克同王党军发生激战。双方僵持了一个多月。7 月 9 日，议会军用重炮强攻，迫使保王派司令波耶尔投降。与此同时，议会军向肯特郡进军，6 月 2 日，占领梅德斯顿城。接着又攻陷罗彻斯特、多佛尔等城市，拔除了王党军在东南部的最后据点。

威胁主要来自北部的苏格兰人。慑于英国革命对苏格兰的影响，苏格兰长老会派右翼支持英国反革命势力。1648 年 3 月 2 日，爱丁堡设立了"危险委员会"，拟订军事行动计划，并建立一支 9 万人的军队，策划武装干涉。4 月 26 日，苏格兰议会向英国议会发出带有最后通牒性质的咨文，要求取缔独立派和其他民主教派；所有英国人必须接受长老会派圣约；允许国王返回伦敦，与议会进行谈判；一切被驱逐出议会的议员应返回下院；除保留为保障国家所必需的警备队外，军队必须解散。7 月 8 日，苏格兰军队侵入英国，穿过兰开夏向南推进，北部处在紧急状态中。

议会军在击溃西部和东南部王党军之后，马上挥师北进，迎击苏格兰军。8 月初，克伦威尔占领诺丁汉，攻下唐卡斯特。随后回师向西，突然出现在苏格兰军的侧翼。8 月 16 日，克伦威尔和王党军、苏格兰军在普雷斯顿相遇。在这个战役中，议会军歼灭了苏格兰军主力，俘敌 1 万人，并活捉了敌将兰代尔和汉密尔顿。9 月 21 日，克伦威尔向爱丁堡挺进。苏格兰新政府①官员出城迎接，并设宴为克伦威尔洗尘。苏格兰政府宣布废除旧政府与查理一世签订的一切条约，解散苏格兰军队。10 月 7 日，克伦威尔离开爱丁堡返回英国。

当议会军离开伦敦去进攻王党军的时候，长老会派又在议会里占了优势。在内战过程中，长老会派与国王进行恢复王位的谈判。1648 年 11 月，议会通过决议，规定除在某些城市保留一部分军队作为警卫部队外，其余军队一律遣散。长老会派的倒行逆施引起了军队和人民群众的愤慨。议会军在消灭了王党叛乱返回伦敦途中，11 月 30 日发表宣言，宣布下议院大多数议员是叛徒，为了人民的利益，必须把他们清洗掉。

---

① 第二次内战期间，苏格兰长老会派中反对武装干涉英国革命的资产阶级分子（又称温和派）掌握了统治权。

12 月 2 日，军队开进伦敦。12 月 6 日晨，艾尔顿命令普莱德上校率领军队包围了威斯特敏斯特宫。普莱德把住议会大门，手持下议院议员名单，逐个驱逐长老会派议员。结果，有 47 名议员被捕，96 名议员被开除，有的议员自动退出了议会。这就是英国历史上有名的"普莱德清洗"。从此，议会由长老会派转移到独立派手中。

1648 年 12 月 23 日，议会宣布查理一世为反对议会、发动内战的罪魁，是爱尔兰人和苏格兰人对付英格兰的同盟者，应交付法庭审判。在人民群众和士兵的推动下，独立派宣布下议院为国家最高权力机关，由议会和军队共同组成特别高等法庭审判国王。在审判过程中，每天都有大批群众聚集在法庭附近，高呼"审判"和"处死"等口号。1649 年 1 月 17 日，法庭宣判查理一世为"暴君、叛徒、杀人犯和我国善良人民的敌人"，处以死刑。1 月30 日，查理一世被押上断头台。2 月，下议院通过决议，宣布解散上议院，规定一院制议会为国家最高立法机关，把行政权交给以克伦威尔为首的军队所控制的国务会议。1649 年 5 月 19 日，英国正式宣布废除君主制，成立共和国。

英国内战是英国资产阶级革命过程中，资产阶级、新贵族和封建专制王权之间为争夺政权而进行的一场阶级大搏斗。通过两次内战，资产阶级、新贵族打败了王党军，建立了共和国，从而为英国资产阶级革命的胜利发展铺平了道路。

克伦威尔远征爱尔兰

南纪德

克伦威尔是 17 世纪英国革命的著名领袖。在他的领导下，议会处死了专制暴君查理一世，宣布英国为"共和国和自由的国家"。然而，时隔不久，他又因征服爱尔兰民族而把共和国断送，并且给英吉利民族留下了沉重的历史包袱。

恩格斯称克伦威尔是"兼罗伯斯比尔和拿破仑于一身"[①] 的人物。征服爱尔兰，掠夺爱尔兰，就是他扮演拿破仑角色的一个重大步骤。

远征爱尔兰的历史背景和起因

英国侵略爱尔兰不自克伦威尔始。还在 12 世纪，英国就侵入了爱尔兰（1169—1171 年）。当时的英王亨利二世利用爱尔兰氏族领袖内部的不和，在爱尔兰的东南部，建立了以都柏林为首府的"佩耳"[②] 殖民区。这是英国最早的一块殖民地。从此，爱尔兰人民就开始了他们反对英国统治的漫长斗争。

爱尔兰人属凯尔特族，绝大部分人在传统上信奉罗马天主教。亨利二世侵占爱尔兰，就是打着罗马教皇训谕的旗号，到那里去整顿宗教事务，让爱尔兰的居民皈依天主教的。但是到了 16 世纪，亨利八世为了加强专制统治，进行自上而下的宗教改革，建立英国国教。他割断了与罗马教皇的联系，规定国王不但是英国教会的最高首领，也是爱尔兰教会的最高首领。对爱尔兰的天主教徒以及所有不皈依英国国教者横加迫害。这样，爱尔兰人民争取独

---

① 《马克思恩格斯全集》第 1 卷，人民出版社 1956 年版，第 660 页。
② 佩耳原意为"栅栏"，是中世纪英国在爱尔兰的殖民区的名称。

立的斗争就和宗教斗争交织在一起了。

其实，在英国殖民者的宗教外衣掩盖下的，不过是他们侵占爱尔兰的精心图谋。亨利二世以宣扬天主教为名，开始了对爱尔兰的入侵，亨利八世又以宗教改革为名，肆意剥夺爱尔兰天主教教会的土地。而且任何人，一旦被宣布为"渎神的天主教徒"，或者是"叛乱者"，他的土地就被没收。17世纪初，英王詹姆斯一世以阿尔斯特地区人民在伊丽莎白时期造过反为由，没收了那里的300万英亩左右的良田，把它赐给英格兰和苏格兰的移民，从而把阿尔斯特变成统治爱尔兰的又一基地。

到了查理一世统治时期，爱尔兰总督斯特拉福对爱尔兰人的政治、宗教和民族的压迫变本加厉。爱尔兰各民族的土地肆意被侵占，甚至英国人杀死爱尔兰人，也可逍遥法外，或只处以少量罚款。结果，使得爱尔兰人对英国殖民者充满了仇恨。

1640—1641年，英国政局动荡，长期议会的统治者们感到在爱尔兰的地位不稳，一再恫吓要派兵在阿尔斯特登陆，杀尽所有的爱尔兰人和天主教徒。这使几百年来郁积在爱尔兰人民胸中的怒火一下子迸发出来。1641年10月23日，以氏族领袖罗里·奥莫尔为首的爱尔兰人民在阿尔斯特首先发难，接着起义浪潮席卷全岛。1642年10月，起义的爱尔兰氏族贵族和天主教僧侣在基尔肯尼成立了自己的领导机构———一个设有最高委员会和两院制议会的"天主教联盟"。它提出爱尔兰议会独立，天主教徒应享有充分的宗教的和政治的权利，以及归还被夺去的土地等一系列要求。1643年9月，"天主教联盟"进一步宣布爱尔兰完全脱离英国而独立。

空前规模的爱尔兰民族起义震撼了英国统治阶级，激起了他们的嗜血本性。他们命令驻爱尔兰英军司令把一切能够手持武器的爱尔兰人斩尽杀绝，摧毁起义者得以栖身的城镇房屋，捣毁他们的庄稼。同时，积极筹措军费，准备大举远征。为此，长期议会于1642年2月16日通过了《冒险家法案》（亦称《借债方案》），决定用预定没收的250万英亩爱尔兰天主教徒的土地作押，发行100万镑债券。于是，伦敦商业公司、殖民公司的投机家，还有资助他们的银行家，即当时被称作"冒险家"的人们，纷纷购买债券，想趁此机会大捞一把。然而，英国内战的爆发，打乱了出征爱尔兰的日程表，远征爱尔兰一直推迟到1649年才得以进行。它的军事统帅就是从内战中脱颖而出的克伦威尔。

因此，在内战结束前长达6年多的时间里，爱尔兰和不列颠存在着两个不同的战场：一个是民族解放的战场；一个是反封建王权的战场。英国的资产阶级和新贵族虽然为自身的自由而战，却认为对爱尔兰的殖民压迫是理所当然的，因为他们仇恨天主教，特别是他们之中不少人还是爱尔兰的土地占有者，失去爱尔兰，就是失去了土地。而对于爱尔兰人来说，独立派是绝不亚于国王的凶恶敌人，或者犹有过之。特别在国王的力量衰败之后，一个清教徒的共和国的前景对他们是极大的威胁。他们在 1643 年发表的宣言里，直接说道："我们只能依靠自己的军队和自己的勇气，如果圆颅党人①得胜，我们就要丧失一切；如果国王得胜，我们也不会比 1641 年好。"

当王党势力在内斯比战役（1645 年 6 月）遭到毁灭性的打击后，国王曾把复辟的希望寄托在爱尔兰和欧洲大陆国家，特别是法国和西班牙的武装干涉上。他曾不止一次地派人和"天主教联盟"谈判，企图以让步、妥协换取爱尔兰人的军事支援。但是他们之间的裂痕毕竟太深，何况爱尔兰人解放自己的任务十分艰巨，也无力支援，所以谈判均无结果。至于法国和西班牙，它们虽然支持爱尔兰反对英国，后来又声援英国的王党反对圆颅党，但是它们自己陷入相互对立的 30 年战争中不得脱身。西班牙最后战败，国势由此日衰。而法国在这之后又苦于国内的"投石党运动"（1648—1653 年）。因此，它们要想直接干涉也力不从心。

1649 年初，英国内战以王党的彻底失败告终，查理一世被送上了断头台。以独立派为代表的资产阶级和新贵族排斥了长老派而执掌了政权。然而，在爱尔兰，那里的绝大部分地区已在起义者的掌握之中。逃亡到那里的王党分子以及长老派分子拥立查理一世的儿子为国王，大搞复辟活动。爱尔兰已成为起义者、国外王党分子和欧洲敌对国家反对共和国的跳板和基地。这样，对于英国新的统治者们来说，远征爱尔兰就成为刻不容缓的事了。

征服爱尔兰的过程

1649 年 3 月 5 日，克伦威尔被任命为远征军总司令和爱尔兰总督。这次远征所需要的武器装备和物资，由于伦敦商业区老板们的大力支持，比较顺利地解决了。但是在军队内部，独立派和平等派的斗争日趋激烈，阻碍着远征的进行。

---

① "圆颅党人"是保王党人给议会拥护者取的绰号。因为他们头发剪得很短。

　　平等派是英国内战后期产生的小资产阶级民主派。它因要求人们政治权利的平等而得名。平等派的领袖是鼓动家和政论家约翰·李尔本。还在 1647年，当独立派与国王谈判，企图以国王服从议会为条件，而保留君主制时，

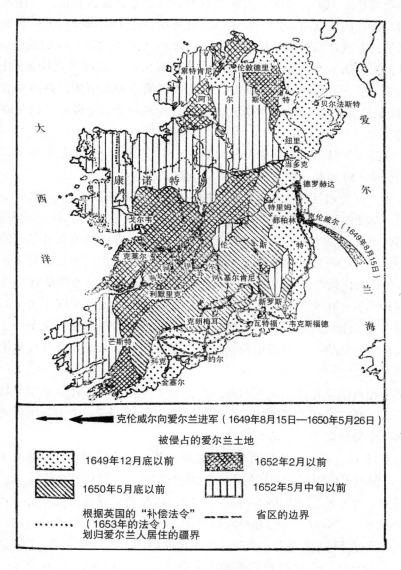

克伦威尔向爱尔兰进军（1649年8月15日—1650年5月26日）

被侵占的爱尔兰土地

　　1649年12月底以前　　　　　　　1652年2月以前

　　1650年5月底以前　　　　　　　1652年5月中旬以前

根据英国的"补偿法令"　　　　　省区的边界
（1653年的法令），
划归爱尔兰人居住的疆界

1649—1652 年英国征服爱尔兰

平等派就极力反对，提出了著名的《人民公约》。这个公约实质上是建立资产阶级共和国的政治纲领。它不仅要求废除国王和上院，而且要求实行男子的普选权。那时，克伦威尔就镇压过平等派士兵的示威活动。结果导致王党反革命势力卷土重来，迫使克伦威尔不得不与平等派重新联合，以保证击溃王党的反扑。内战结束，国王伏诛，克伦威尔的这个顾虑没有了；而平等派所坚持的民主的政治纲领却成了对资产阶级和新贵族的财产权的威胁。1649年5月，当军队中受平等派思想影响的士兵提出：不实现《人民公约》，就拒绝去爱尔兰，并且爆发了起义时，克伦威尔亲率骑兵镇压，并由议会通过《叛国法案》，将为首三人判处死刑。这是克伦威尔为远征爱尔兰而采取的重大准备步骤。

在清除了军队中的平等派分子以后，8月13日，克伦威尔率领1.2万名精兵，分乘130艘船、舰，向都柏林方向破浪前进。

这时，在爱尔兰等待着克伦威尔的，既有爱尔兰的起义军，也有王党的复辟军。忠于新国王的总督奥蒙德侯爵这时还促成了他们之间的某种联合。起义军的首领欧文・罗・奥尼尔控制着阿尔斯特，康诺特也在爱尔兰的天主教徒们手里。芒斯特则由原议会军将领、1648年4月倒向国王的英奇昆伯爵据守。6月底，英奇昆还攻占了战略要地德罗赫达。奥蒙德侯爵曾一度企图夺取都柏林但是在8月2日的巴伐特・腊思的战役中为克伦威尔手下的迈克尔・琼斯上校击败而未果。虽然如此，总的形势显然有利于起义军和王党分子。共和国军队当时仅有都柏林、伦敦德里等少数沿海据点，其面积不到爱尔兰的1/10。

奥蒙德获悉克伦威尔出发的消息后，为了巩固从都柏林到阿尔斯特的防线，立即派兵增援德罗赫达的驻军首领阿斯顿；同时调三个团队加强特里姆和当多克要塞的防务，严阵以待。

8月15日，克伦威尔率大军在都柏林登陆。稍事休整，即引兵北上，于9月3日包围了德罗赫达。在阿斯顿拒绝投降后，克伦威尔发起猛攻。10日晚，城陷。克伦威尔下令将城内投降之敌，以及男女居民全部杀光。他甚至下令烧掉圣・彼得教堂，躲在里面避难的人无一幸免。大屠杀整整进行了两天，死难者达3500名左右。事后，克伦威尔以凶狠的口吻说道："所有（天主教）修道士的脑袋都被劈成了两半。敌人在这个城镇的3000精锐，我相信已全被处决。我想，逃掉的人不会超过30个。我要把他们发配到巴巴多斯岛去。"德罗赫达的大屠杀从此在爱尔兰民族的心中播下了仇恨的种子。

德罗赫达的攻陷，迫使特里姆和当多克的守军迅速撤离；卡林福德和纽里的守军不战而降。10月，克伦威尔挥兵南下，夺取另一要塞韦克斯福德。开始几天，驻军依据有利地势筑城坚守。后因叛徒放弃碉堡，克伦威尔部队突入城内。结果，在大街和广场上有2000名俘虏被他们屠杀。克伦威尔乘胜攻克新罗斯、瓦特福、科克等城镇。11月，克伦威尔命令布罗格希尔勋爵夺取了约尔、班登、金塞尔等地，控制了芒斯特。在北方，查理·库特爵士这时也在阿尔斯特取得优势。于是，爱尔兰的东北和东南沿海一带都落入共和国军队手中。

战争进入1650年，克伦威尔又取得一系列胜利。3月，在攻下基尔肯尼后，"天主教联盟"被迫解散。

但是，爱尔兰人并没有放弃斗争，他们利用英国人进军爱尔兰内陆所遇到的山地和沼泽的困难处境，开展英勇的游击战，给敌人以沉重的打击。特别是5月9日，克伦威尔在攻打克朗梅耳时，吃了一个大败仗。克朗梅耳的驻军首领是休·奥尼尔将军（爱尔兰起义另一著名领袖欧文·罗·奥尼尔之侄）。他把坚强的防御战和诱敌深入的机动战术巧妙地结合起来，歼灭了2000多名英国官兵。克伦威尔无论在英格兰还是在爱尔兰的战场上，还从未遭受过这样大的损失。休·奥尼尔在弹药耗尽无法继续坚守的情况下，安排市长出面与克伦威尔谈判周旋，自己带领全部守军连夜秘密转移。待克伦威尔进据该城时，才发觉它已像一个没有核的空壳了。

克朗梅耳战役结束后，英军在爱尔兰的胜利大局基本奠定。这时，英国与苏格兰的关系极度紧张。克伦威尔乃奉召于5月26日回国，策划镇压苏格兰的叛乱。他的遗缺由艾尔顿继任。1651年11月，艾尔顿病亡，弗利特伍德又继任爱尔兰英军总司令。这两个人都是克伦威尔的女婿（布里奇特·克伦威尔的前夫和后夫），奉行克伦威尔的方针，继续向爱尔兰的腹地进军。1651年6月，北方重镇累特肯尼为查理·库特攻陷。同年10月，勇敢机智的休·奥尼尔在利默里克被迫投降。1652年5月，西部重镇戈尔韦也陷入英军手中。至此，爱尔兰全境均被英军控制。

对爱尔兰的血腥统治

英吉利共和国远征爱尔兰，费了几乎三年的时间，目的就在使整个"绿岛"成为其殖民地。他们镇压的主要对象是爱尔兰的起义人民。在1650年奥蒙德侯爵和英奇昆伯爵等王党首领逃离爱尔兰后，情况更是如此。

为了摧毁爱尔兰人民的抵抗，克伦威尔无所不用其极，从大规模的血腥屠杀，毁灭村舍田园，制造饥荒，到玩弄政治骗局，挑拨离间，以及采取卑鄙的贿赂收买手段，等等。而这一切，他都标榜是在履行"上帝的旨意"。德罗赫达大屠杀被他说成是上帝对"野蛮人和坏蛋的正义的判决"。在血洗韦克斯福德后，他又说：我是不想使这个地方遭劫的，"但上帝的旨意不一样。由于上天的公正安排，这些爱尔兰人受到正义的审判，成了士兵手下的牺牲品"。为了替德罗赫达的暴行辩护，克伦威尔把它说成是对八年前爱尔兰人在阿尔斯特"大屠杀"的"复仇"，是为了威慑敌人，制止更多的流血。其实，阿尔斯特的"大屠杀"纯系虚构。1642 年 2 月 8 日，英国在爱尔兰的最高法官在指责起义者的告示中，就明白说道："他们的阴谋的主要部分，其中包括大屠杀，未能得逞。"然而有些英国人还是乐于重复这类谎言。恩格斯曾尖锐地指出："在克伦威尔时期，英国的新教徒至少屠杀了三万爱尔兰人，他们为了掩盖自己的兽行，就捏造一个神话，说什么这是为了对爱尔兰天主教徒杀戮三万新教徒实行的报复。"① 至于所谓为了威慑敌人以制止更多的流血，那么，只要想一想：克伦威尔在爱尔兰转战达 9 个月，而在他离去后，战争又继续了两年之久，就可以知道威慑究竟有多大作用了。

爱尔兰人民的起义未能成功，主要因为他们行动分散，武器和装备不良，失去领袖（罗里·奥莫尔和欧文·罗·奥尼尔在战争中相继病故），内部教派的矛盾，以及爱尔兰人与英裔爱尔兰人斗争目标的不尽一致。英裔爱尔兰人只反对宗教迫害和夺回失去的土地。爱尔兰人除此之外，还有民族独立的强烈要求。

爱尔兰起义的失败，使他们不得不面对任人宰割的悲惨命运。

克伦威尔当初讨伐爱尔兰，曾三次发表文告，信誓旦旦要保证和平和居民生命财产的安全，只惩处那些武装的叛乱者。现在这些文告都成了废纸。他不但把 3.4 万名起义者送到西班牙、佛兰德斯（今法国西北部和比利时西部，临多佛尔海峡）和法国去当雇佣兵，还迫使 6000 余名妇孺和牧师离乡背井，与他们同行；发配到西印度群岛去当奴隶的，不仅限于战俘，还有数千名无辜的老百姓。

尤为狠毒的是克伦威尔为了摧毁爱尔兰民族而制定的那些极端严厉的

---

① 《马克思恩格斯全集》第 35 卷，人民出版社 1971 年版，第 156 页。

法令。

首先是 1652 年 8 月 12 日颁布的《爱尔兰组织法令》（通称《克伦威尔组织法令》）。它有 9 条规定，其中前 5 条是关于起义人员中应处绞刑、没收其全部财产的各种规定。第六条规定：凡不属于前 5 条的爱尔兰指挥人员，应驱逐出境，没收其土地的 2/3，其余留家属使用，其地点另行指定。第七条规定：在《法令》公布后 28 天内放下武器的爱尔兰人，可予赦免，但没收其土地的 2/3，其余留归本人使用，地点另行指定。第八条规定：凡从 1641 年 10 月 1 日—1650 年 3 月 1 日住在爱尔兰，未参加起义的一般天主教徒，"对于英格兰国家利益，未能始终不渝地表现忠诚者"，没收其土地的 1/3；其余可归本人使用，其地点另行指定。另外，在同一时期住在爱尔兰的非天主教徒，未能以任何形式对英格兰国家利益表示忠诚者，则没收其土地的 1/5。第九条规定：财产不满 10 镑，并在《法令》公布后 28 天内，放下武器，表示忠于共和国的人（指挥人员除外）予以赦免，不没收其财产。

按照《法令》上述规定，应处绞刑的爱尔兰人就有 14.6 万人之多。虽然，后来实际处死的只有数百人，但是对那些未处死的也不宣布赦免，为的是让他们永远处在死刑的威胁下，忍受长期的奴役。

1653 年 7 月 2 日，英国政府颁布强迫爱尔兰人迁徙的法令。这个法令规定：被赦免的人，必须在 1654 年 5 月 1 日以前，迁徙到荒凉贫瘠的康诺特和多沼泽的克莱尔去，他们亦不得住在城市或要塞内。被迁者如擅回原地，将处以死刑。

尽驱爱尔兰人于善农河以西是克伦威尔的主意。不过这一法令后来没有完全执行。真正迁去的主要是爱尔兰的贵族。爱尔兰的劳动者则基本上留了下来，因为侵占了爱尔兰土地的英国债权人和高级军官需要把他们当作佃农使用。

1653 年 9 月 26 日，英国又颁布了《补偿法令》。根据这一法令，没收来的爱尔兰土地，一部分分配给英国远征军的官兵，以抵偿欠饷；另一部分分配给国家债权人，以满足"冒险家"们的要求。法令重申强迫爱尔兰人迁徙的有关规定。另外确定新的土地所有者豁免任何封建捐税。如果自己耕种土地，还可免除 5 年税款和 10 年的军事义务。当时远征军官兵凭印发的"军队债券"向国家领取土地。法律虽禁止买卖"军队债券"，实际上，军官、"冒险家"、各种投机分子常利用士兵缺钱的机会，以微小的代价取得士兵的土地。1653 年，士兵多以四五先令出售价值一镑的"军队债券"。

爱尔兰总共有 2000 万英亩的土地，在克伦威尔时代，被没收的就有 1100 万英亩，其中"良田"为 800 万英亩。在没收土地的过程中，许多城镇以及被封闭的教会财产也被劫掠一空。克伦威尔作为远征军总司令和国家债权人，在爱尔兰分到 1000 英亩好地。他的儿子亨利·克伦威尔从 1654 年起任驻爱尔兰的英军总司令，1657 年起又任爱尔兰总督，不但占有大片良田，还占有许多城堡、狩猎园，其面积达 2.2 万英亩以上。

爱尔兰人民遭受的灾难罄竹难书。1641 年，它的人口为 146.6 万人。到 1652 年，由于战争、瘟疫、饥荒和被流放而死去的爱尔兰人，为数达 50.4 万人。英国古典政治经济学的奠基人、1652 年英国驻爱尔兰军队的外科医生和殖民主义者威廉·配第，对当时的爱尔兰情况作过如下总结："英国新教徒和教会占有全部土地的 3/4；全部房屋的 5/6；有城墙的城市及设防地点的房屋的 9/10，国外贸易的 2/3；爱尔兰人 6/8 都过着畜生一样的极为恶劣的生活，住的是没有烟囱、门、楼梯和窗户的小屋"，"比美洲野蛮人住的房子还要坏"。另一个英国议会特派员，在 1653 年 5 月的官方通信里，也为我们留下了一幅爱尔兰的流民图："由于国家遭到蹂躏……贫民遍于全国各地；有些人常常吃马肉及草类，有些人饿死在大道上；时常有被亲人遗弃的穷孩子受命运的专横摆布，其中有些孩子还成了狼和其他野兽以及肉食鸟的虏获品。"

征服一个民族，把这个民族肢解和摧残到如此严酷的程度，这在历史上是罕见的。

掠夺爱尔兰给英国革命带来的后果

克伦威尔蹂躏爱尔兰，特别是掠夺爱尔兰土地的毒辣用心，不仅仅在于瓜分战利品，而且是为了铲除天主教势力，巩固英国的统治，使爱尔兰人永远俯首帖耳地当奴隶。他依仗暴力和恐怖手段，在一个时期内似乎达到了目的。但是，从长远看，掠夺爱尔兰给英国资产阶级革命却带来了严重后果。

首先，由于掠夺爱尔兰，英国大批银行家、工业家、高利贷者、大商人、官吏、乡绅和军官变成了爱尔兰的大地主。一个英国的"在外地主阶层"从此产生了。它固然巩固和扩大了英国在爱尔兰统治的经济基础，但是随着这批人的社会经济地位的改变，他们不但在爱尔兰，而且在英国都成了反动势力的支柱。他们之中的许多人，地在爱尔兰，人在英格兰或苏格兰，依靠残酷剥削爱尔兰的小佃农或向他们抽取高额地租来发财致富。这样，他们和以前敌对的、旧的封建地主阵营就有了共同点，彼此有了妥协的条件。他们的财产时刻受到爱尔兰人民的威胁，为了确保既得利益，便自然倾向于建立军事独裁，以便随时镇压人民起义。

其次，原来革命的军队，在这次掠夺性的战争中严重地蜕化了，成为反动势力的工具。军队中的士兵虽然在瓜分土地的强盗事业中所得较少，毕竟也分得一杯羹。军队中的民主思想影响，由于平等派士兵的五月起义失败，已经大为削弱，以后则丧失殆尽。追逐战利品和发财致富的掠夺分子、民族主义分子的思想占了上风。一支曾经为反对暴政而斗争的革命军队，现在变成扼杀另一个民族的独立和生存的刽子手。

在这种情况下，不可避免地会产生军事独裁政权。终于，1653 年 12 月 26 日，"众望所归"的克伦威尔被宣布为英格兰、苏格兰和爱尔兰共和国的终身护国主，兼陆海军总司令。克伦威尔至此已俨然是一副拿破仑的形象了。

然而，事情还没有就此止步。这般势力还促使 1660 年斯图亚特王朝的复辟。查理二世甚至把埋在墓中的克伦威尔的尸首也挖了出来，以泄其恨。

最后，新的政治重心总算确立，这就是资产阶级盛赞的"光荣革命"的实现。在这次革命中，资产阶级和土地贵族达成妥协，建立了英国的君主立宪政体。从此以后，共和政体在英国历史上不复出现。

马克思指出："克伦威尔通过征服爱尔兰而推翻了英格兰共和国。"[1] 这是极为深刻的论断。

对于克伦威尔远征爱尔兰，直到今天也还有人作另一种评价。就是：这是粉碎封建势力复辟，巩固英国资产阶级共和国的积极措施；或者说，与镇压爱尔兰人民起义比较起来，这是克伦威尔更为主导的一面。

不能用夸大复辟的威胁或者用抽象的推论来代替严酷的历史现实。100 多年前，当有人说："爱尔兰是英国的万第"[2] 时，恩格斯就驳斥说："爱尔兰是天主教的，新教的英格兰是共和的，因此爱尔兰是英国的万第。但毕竟有一个小小的区别：法国革命要把土地交给人民，而英国的共和政治则要在

----

[1] 《马克思恩格斯全集》第 16 卷，人民出版社 1964 年版，第 509 页。

[2] 万第现译旺代，法国大革命时期法国经济和政治最落后的地区之一，是反革命保王党分子叛乱的中心。

爱尔兰把土地从人民手中夺走。"① 恩格斯在愤怒地抨击英国"冒险家"瓜分爱尔兰土地的反动政策后，讽刺地说："如果居民起来反对如此乐善好施的计划，那他们就是万第派！"②

英国征服爱尔兰后，就把爱尔兰变为自己的农业附属国，变成榨取低廉食品和原料的供应基地，并且力图同化爱尔兰人。但是，几个世纪过去了，英国虽然使威尔士人、苏格兰人安于它的统治，却始终制伏不了爱尔兰人。不管是用残酷的恐怖政策还是采取最卑鄙的收买手段，爱尔兰人始终不屈不挠地坚持自己的独立要求。惩治天主教徒的措施不过是为渊驱鱼，不但没有削弱天主教势力，反而加强了天主教在爱尔兰人民中间的影响和力量。爱尔兰人不但没有被英国人同化，相反，一些与爱尔兰人通婚的英格兰人的后裔，只几代就变得比爱尔兰人还爱尔兰化，并且加入了反对英国的行列。

19 世纪中叶，一个英国作家在评论克伦威尔征服爱尔兰时说得好："看来，因为英格兰人认为上帝犯了一个错误，把爱尔兰这样一个好地方赐给了爱尔兰人，所以英格兰人力图纠正这个错误差不多已有 700 年之久了。"现在，又一个百年过去了，英格兰人达到自己的目的没有呢？没有。不但没有，而且在爱尔兰人民的坚决斗争下，他们不得不在 1949 年承认爱尔兰共和国的独立，但是却拒绝归还北部六郡。这样，实现南北统一就成为爱尔兰人民继续奋斗的崇高目标，而英国历届内阁为解决"北爱尔兰问题"都大伤脑筋。

英国统治阶级至今仍在啃着克伦威尔留下的那个苦果。一个奴役别的民族的民族是不会得到自由的！

---

① 《马克思恩格斯全集》第 35 卷，人民出版社 1972 年版，第 156 页。
② 同上书，第 157 页。

斯图亚特王朝复辟和"光荣革命"

王章辉　　任雪芳

英国资产阶级革命经历了曲折复杂的过程。1649 年英吉利共和国的成立标志革命已发展到顶峰。在革命的上升阶段，资产阶级和新贵族依靠人民的力量，取得了对国王及其所代表的封建贵族的胜利。在这以后，它们的主要目标是巩固自己的政权。为此目的，它们不惜与被推翻的封建贵族谋求妥协，结果导致 1660 年斯图亚特王朝的复辟。但资本主义取代封建主义的历史潮流是不可逆转的，复辟王朝只存在了 20 多年的时间，就被 1688 年的政变推翻了，资产阶级革命的主要成果被巩固下来。

克伦威尔的军事独裁

处死查理一世和建立共和国是英国革命的转折点。资产阶级和新贵族推翻了国王的专制统治以后，便背弃了人民大众，这就使英国阶级力量的配置发生了根本的变化。

在征服爱尔兰（1649—1652 年）以后，议会于 1652 年 8 月公布《爱尔兰组织法令》，没收了爱尔兰 2/3 以上的土地，计达 1100 万英亩，其中有良田 800 万英亩。从这些土地中，大约有 39 万英亩分给了国家债权人，以抵偿国债，其余的部分都分给了军队（大部分为军官所得），以抵偿军队欠饷。结果，伦敦的金融贵族、大商人和军官都获得了大量爱尔兰土地，变成了新的大土地所有者。这些在爱尔兰抢占大片土地的新地主把封建庄园制度从英国搬到爱尔兰，对当地小佃农进行封建剥削。随着他们经济地位的变化，政治态度也跟着发生了变化。这些新上升为大土地贵族的人和旧贵族逐渐接近，就使新旧贵族集团日后的妥协成为可能。他们需要的不是把革命继续推向前进，而是千方百计地维护自己的财产，巩固已经取得的政权。在掠夺爱尔兰的过程中，原来的革命军队蜕变为阶级压迫和民族压迫的工具，使革命失去了继续前进的重要动力。这就为克伦威尔的军事独裁和封建王朝的复辟准备了社会土壤。所以马克思说："实际上，克伦威尔时代的英吉利共和国就是由于爱尔兰而覆灭的。"①

克伦威尔的军事独裁正好反映了资产阶级和新贵族的上述愿望。他在镇压平等派起义和掘土派运动以后，在国内越来越倾向于实行独裁统治，他依靠高级军官们的支持，于1653年先后解散了不听他使唤的"残余的"长期议会②和他自己提名召集的"小议会"。接着，军官会议根据与克伦威尔达成的协议，在国务会议上提出了一个名为《统治文件》的宪法草案，并获得通过。1653年12月16日，克伦威尔被宣布为英格兰、苏格兰和爱尔兰的护国主。

《统治文件》规定：护国主是终身制；立法权属护国主和议会，但议会通过的法律需经护国主同意方能生效，议会休会期间，护国主有权颁布具有法律效力的法令；行政权属护国主和国务会议；军事大权由护国主与议会共同掌管，在议会休会期间，则由护国主和军队会议掌握，护国主兼任陆海军总司令；护国主有任命官吏、赦免罪犯之权；征税必须经议会批准；议会为一院制，3年改选一次，选民的财产资格为200镑（过去年收入40先令以上的自由持有农就有选举权）。《统治文件》虽然赋予议会和国务会议以种种权力，实际上它们都是受护国主支配的。可见，克伦威尔掌握了国家的立法、行政和军事大权，变成了事实上的独裁者。

护国主制的实质就是军事独裁。它的任务是保护有产者的利益，它依靠的社会阶级是资产阶级和土地贵族，而它统治的支柱则是军官集团及其控制的军队。军官集团和有产阶级都想把护国主控制在自己手中，军官集团的力量在军队，有产阶级依靠议会手中的财政权，而护国主则在这两种政治势力中迂回前进。

这个时期的阶级斗争是很尖锐的。革命过程中的土地立法损害了农民的利益，新的地主往往终止传统的租佃关系，成倍地提高地租。一些地方的圈地和沼泽地排水工程损害了农民的公地用益权，甚至强占了他们的土地，所以掘土派运动被镇压下去以后，农民反对地主的斗争并未停止，1653年在剑

---

① 《马克思恩格斯选集》第4卷，人民出版社1972年版，第376—377页。

② 1648年普莱德清洗后的长期议会称为"残余的"长期议会。

桥郡和诺福克郡都先后爆发过农民反对排干沼泽的起义。残余的平等派分子仍在活动，共和派分子也在为实现自己的理想而继续斗争。"第五君主国派"①、教友派②等激进教派也在积极活动。

为了防止和镇压来自下层人民的反抗以及保王党的阴谋活动，克伦威尔于1655年夏天把全国划分为11个军区，每个军区设总督1人，由高级军官担任，实行警察统治。总督握有统率民兵、管理地方行政、征税、治安等广泛的权力，居民的一切活动都受到严密的监视，集会和娱乐活动受到禁止。

克伦威尔的对内对外政策都在于保障工商业资产阶级和土地所有者的利益。1656年秋，议会通过了促进英国商品出口的法律，为一系列农产品和工业品规定了优惠的出口条件。但农民对地主的封建义务和什一税被保留下来，专制时代针对穷人的一些法律也没有废除。由于对外战争频繁，捐税苛重，人民生活没有改善。

护国主对企图谋反的保王党人采取了严厉的措施，1655年开始向保王党人征收占年收入10%的人头税，迫使他们中的一些人出售土地。

在对外政策方面，护国主时期发展了在革命时期已经开始的争夺海外商业霸权和扩张殖民地的政策。1654年，英国先后同瑞典和丹麦订立条约，确保了波罗的海和松德海峡的航行自由和与波罗的海沿岸国家的贸易，保证了粮食和造船业所急需的木材、黄麻等的来源。1654年又迫使葡萄牙签订了有利于英国的条约，使英国商人获得了在葡萄牙领土及其属地经商的特权。1655年，英国远征军抢占了西属牙买加岛，1658年又占领了西班牙的敦刻尔克，使英国在大陆获得了一个重要的立足点。

为了巩固自己的政治地位和私有财产的安全，大资产阶级和土地贵族希望恢复君主制，把克伦威尔拥上王位。这样做既可加强议会和克伦威尔的权力，又可防止军队权力的过分膨胀。1657年2月，曾任伦敦市长的大商人克里斯托弗·配克向议会（这届议会是1656年9月重新召集的）提出了《最恭顺的请愿书》，要求恢复王位和两院制的议会，并请克伦威尔接受国王的

---

① "第五君主国派"，又称"千年至福派"，系清教激进教派之一。这个教派的信徒们相信，"第五君主国"即"耶稣基督的千年王国"将取代古代的亚述—巴比伦、波斯、希腊和罗马4个帝国而来临人间，因此而得名。这个教派宣称，人类正义将在"千年王国"里取得最后胜利，而有钱的统治者将被推翻，他们的财产将被分配给苦难的人民大众。

② 教友派，也是清教激进教派之一。该派宣传信仰的唯一来源是"内心世界"，而不是《圣经》，反对教会组织和什一税。教友派认为，一切人生来都是平等的，并从人类的自然平等推导出经济平等的要求。

称号。3月，议会通过了以《最恭顺的请愿书》为基础的新宪法草案，其主要内容是：克伦威尔做世袭君主；恢复上院；扩大下院职权，下院除了决定征税和批准国家预算的权力外，还有权控制武装力量和国务会议。然后，议会向克伦威尔上"劝进表"。

有材料说明，克伦威尔是愿意接受王位的。但是，军队强烈反对恢复王位的企图。高级军官们担心，克伦威尔一登上王位就会凌驾于军队之上。兰伯特和弗利特伍德等100名军官往见克伦威尔，威胁道，如果他接受王位，他们就要辞职。议会中的共和主义者也强烈反对恢复君主制的企图。在这种情况下，克伦威尔只得放弃接受王位的意图。

但是，议会还是于1657年5月25日通过了新宪法，但取消了王位一节。根据新宪法，上院恢复了，护国主由终身制变成了世袭制，这部宪法的通过使英国在恢复君主制的道路上迈进了一步。

这时，国内局势已变得非常糟糕。财政出现了严重危机，1658年，国债已超过150万镑，政府的信用发生动摇。1658年农业歉收，小麦价格比1654年涨了1倍，国内出现了长期的饥荒。代表中下阶层的平等派分子、共和主义者和各种激进教派对克伦威尔的军事独裁日益不满，并奋起斗争，各地的保王党也在酝酿叛乱。1658年9月3日，克伦威尔在日益严重的政治危机中死去。

克伦威尔在资产阶级革命的上升阶段曾起过杰出作用，在是否废除君主制问题上，他有过摇摆，但在同保王党的军事斗争中，他还是比较坚决的，他依靠人民的力量，推翻了国王，并把查理一世送上了断头台，结束了封建专制主义在英国的统治。在以后镇压平等派、掘土派以及远征爱尔兰的过程中，他成了绞杀民主势力的刽子手、殖民主义者。在护国主时期，他逐渐倾向于军事独裁，甚至准备接受王位。克伦威尔的政治生涯充分暴露了他的两面性。

克伦威尔的军事独裁制度是不稳固的。他在世时，靠着他个人的威望和才能，尚能勉强维持局面；他一死，各种矛盾都暴露出来，护国制度再也维持不下去了。农民在革命中承受了最大的负担，到头来却一无所获，处境比以前更加恶化，他们当然不再支持护国主政府；过去革命阵营中的民主派别对军官集团的专权和护国主的独裁强烈不满；大资产阶级和新贵族为了保住在革命中所攫取的赃物，随时准备同旧土地贵族勾结；保王党分子对克伦威尔的高压政策早已不能忍受。护国主制已丧失存在的社会基础，旧王朝复辟只是时间问题了。

旧王朝的复辟及其反动统治

　　克伦威尔死后，他的儿子理查·克伦威尔继任护国主。他既无他父亲的威望，也缺乏治国的才能，高级军官们根本不把他放在眼里。理查曾企图依靠议会同军官集团作斗争，但因后者控制了军队，他不得不屈服于军官集团的压力。1659 年 5 月 25 日，理查被迫放弃护国主职位，军官集团掌握了国家政权。为了给军事统治披上合法的外衣，军官集团重新召集"残余的"长期议会，可是不久就把议会撇开了，而成立了一个"安全委员会"，进行直接统治。

　　1659 年底到 1660 年初，英国陷于动乱之中。连年的战争①给工商业造成了严重的影响，输往汉堡的呢绒从每年的 10 万匹降到了 2 万匹，大批毛纺织工人失业；巨大的军费开支增加了各阶层人民的负担，有产者也开始不满，许多郡的居民拒绝纳税；政府发生了严重的财政困难，伦敦商业区的大商人拒绝贷款给安全委员会；革命中形成的激进派别的残余重又活跃起来，他们发表抨击性文章，举行集会，伦敦军队中又出现了士兵鼓动员；东部农民反圈地的斗争正在进行；军队内部也发生分裂，驻在爱尔兰和苏格兰的军队因给养差，对"伦敦的将军们"大为不满。

　　政治局势的动荡和人民群众运动的兴起，使有产阶级惶恐不安，迫不及待地寻求一种能保全他们财产免遭穷人侵犯的办法，于是把旧王朝复辟看成摆脱危机的出路。

　　复辟势力把希望寄托在驻苏格兰军司令蒙克身上。蒙克原本是个君主主义者，曾站在骑士党一边作战，后转向议会阵营，但他始终不赞成共和制。流亡国外的和国内的骑士党人和伦敦商业区的长老会派都和蒙克勾结起来。

　　蒙克乘伦敦政局动乱之机，带兵南下，被派去抵抗他的兰伯特的军队不堪一击。1660 年 2 月 3 日，蒙克军队开进伦敦。一些在 1648 年"普莱德清洗"时被驱逐出去的议员又应邀回到议会中来。3 月，重新召开的长期议会在基本上做好了君主制复辟的准备以后被下令解散，选举新的议会，政权集中到主要由长老会派组成的新国务会议手中。

　　与此同时，蒙克与查理二世的代表举行谈判，谈判结果，查理二世于

---

　　①　1652—1654 年对荷兰的战争，1655—1659 年对西班牙的战争等。

1660 年 4 月 4 日发布了"布列达宣言"[1]，其主要内容是：大赦内战的参加者；宗教信仰自由；保障在革命时期新获得土地的人的产权；补发军队的欠饷等。

4 月 25 日，主要由骑士党人和长老会派组成的新议会在伦敦召开。5 月 1 日，聚集在一起的议会上下两院宣布查理二世为英国国王。5 月 26 日，"流亡者的国王"查理二世被隆重迎回伦敦，登上了他父亲失去的国王宝座，开始了复辟时代。

查理二世即位之初，承认了议会在税收等方面的特权，确认了"自由大宪章"和"权利请愿书"，任命了一些长老会派首领担任官职。

但是，查理二世不想放弃恢复专制统治的打算。1661 年按旧选举制度选出的议会，骑士党占了优势（长老会派总共才 60 人），查理二世认为进攻的时机已到。他首先恢复国教会，并颁布了一系列迫害非国教徒的法令：1661 年颁布《社团法》，要求在市政机关任职的一切人员按国教仪式宣誓；1662 年的《信仰同一法》要求神职人员承认国教教义，并保证在任何情况下不拿起武器反对国王；1664 年的《非法集会法》禁止举行非国教的宗教集会；1665 年的《五英里法》再一次要求非国教神职人员按《信仰同一法》的要求宣誓，否则禁止走进任何城市或他们以前所在教区的 5 英里范围以内，非国教教师也在禁止之列。以上几个严酷的法律统称为"克拉伦敦法典"[2]。在残酷的宗教迫害下，大批非国教徒流亡国外，许多不信奉国教的中小工商业者因缴付罚款而破产，不少人被投入监狱，其中以教友派所受到的迫害最为残酷，仅在 1660—1662 年，他们被投入监狱者就在 3000 人以上。

"克拉伦敦法典"具有明显的政治目的。因为参加议会阵营的大都是不信国教的清教徒，打击清教徒，就是打击独立派和长老会派的政治势力，剥夺它们的政治权利，把它们排斥出中央和地方政府机关以及教会。

复辟政府对审判查理一世的"弑君者"进行了血腥的报复。政府把革命的积极参加者、共和主义者和激进派别的首要人员等也列入了"弑君者"的范围。许多人被处死和投入监狱，被处死的人中有著名的共和主义者亨利·温、"第五君主国派"领袖哈利逊将军。1661 年 1 月底，已经死去的克伦威

---

① 因签署于荷兰的布列达而得名。

② 克拉伦敦（1609—1674 年），查理二世的谋士和首席大臣，"布列达宣言"的起草人，查理二世一系列政策、其中包括宗教迫害政策的制定者和执行者。

尔、艾尔顿和布雷德肖的尸体也被从坟墓中拖出来，并处以绞刑，他们的头颅被割下挂在威斯敏斯特宫的杆子上示众。这样，"布列达宣言"中关于大赦和宗教信仰自由这两条重要内容就被破坏了。

许多保王党人企图恢复自己失去了的土地所有权。政府法庭宣布在革命时期对王室、教会和保王党的土地的没收和出售都是非法的，一部分教会和贵族的土地被收回。但要完全恢复革命前的土地关系却很困难，因为许多保王党人为缴纳赎金和人口税而自己出卖了土地，这是无法归还的。就是被没收的教会和保王党的土地因几经转手，要通过法律手续来确定原来的所有权需要大笔费用，保王党人宁愿以得到一定的赔偿为满足。王室土地也没有归还，复辟时期的议会还确认了革命时期颁布的废除骑士领地制和撤销"监护法庭"的法令。国王因废除骑士领地制和失去王室土地而减少的收入由议会每年拨给 12 万镑固定的王室费作为补偿，这笔负担被转嫁到纳税人身上。

在经济方面，复辟王朝为巩固统治，不仅没有倒退到革命前的政策上去，而且还采取了一些促进工商业发展的措施。复辟政府继续执行重商主义政策。1651 年的航海法仍然有效，并加以补充。1660 年的《谷物法》规定了有利于粮食出口的关税制度。同年的《列举商品法》规定北美殖民地的烟草、糖、棉花、靛青等商品必须输往英国，同时阻止其他国家的商品进入北美殖民地。这样，英国就把殖民地变成了英国原料和推销商品的市场。政府还严格禁止羊毛、皮革、毛皮等英国工业所需要的原料出口，同时禁止输入呢绒、花边、麻布等外国工业品。在复辟时期，工商业有了很大的发展。在1660—1688 年，英国的贸易额、工业产量和船舶吨位都增加了一倍以上。外贸和工业每年提供的利润不下 200 万英镑。

在这一时期，英国在扩张殖民地方面也取得了相当的进展，先后占领了新阿姆斯特丹（今纽约）、新尼德兰、北卡罗来纳、南卡罗来纳和哈得逊湾附近的地区等。

在对外政策上，复辟政府采取了亲法国的政策，查理二世企图依靠路易十四的法国来恢复专制统治。1662 年，政府不顾本国的利益以 20 万镑把敦刻尔克卖给了法国；1664 年，查理二世从法国获得 5 万英镑无须偿还的"贷款"，使英国宫廷在财政上和政治上愈来愈依赖法国专制政府；1670 年 5 月，他又背着议会与法国宫廷签订《多佛尔密约》，查理二世答应要在英国恢复天主教、与路易十四共同对荷兰作战，并帮助他实现取得"西班牙王位继承权"的计划，为此，查理二世一次就得到了 15 万镑的补助，在战争进行期间，每年还可以获得 22.5 万镑。路易十四则许诺在英国发生"骚乱"时派兵前去协助镇压。这个条约表明，查理二世为了恢复专制统治，不惜出卖英国的国家利益。

17 世纪 60 年代，荷兰的商业实力已经削弱，法国已成为英国在商业和殖民扩张方面的主要竞争对手。英国在 1668 年同荷兰和瑞典订有三国同盟，可是，查理二世不但不同法国作斗争，反而同它结盟去对荷兰作战，这不能不引起英国资产阶级的不满。

根据《多佛尔密约》，英国于 1672 年春参加了法国组织的对荷兰的战争（1672—1674 年），同年又颁布《容忍宣言》，迈出了恢复天主教的第一步。

查理二世表面上信仰国教，实际上，他在流亡时已秘密地皈依天主教。他想恢复天主教一方面是为了讨好法国宫廷，以便从路易十四那里得到定期补助；另一方面是把天主教当成恢复专制主义的工具。

查理二世恢复天主教的企图遭到资产阶级和土地贵族的强烈反对。在 1673 年召开的议会上，议员们尖锐抨击《容忍宣言》，议会通过决议，宣布只有议会才有权终止有关教会问题的刑法的效力。

在这届议会上，议员们开始分成两个党派："宫廷党"和"地方党"，在 1679 年以前，这两党分别获得了"托利党"和"辉格党"的称号①。宫廷党主要由国教派的土地贵族组成，拥护国王；地方党主要由大商人、金融贵族和新贵族组成，站在他们一边的还有信奉清教的城市中下阶层。这个集团并不否认王权，但认为王权应受到议会的某种限制。地方党反对《容忍宣言》，认为国王无权终止议会通过的法律。由于查理二世不想和议会对抗，被迫放弃《容忍宣言》。议会还尖锐抨击政府的亲法政策，反对同法国结盟而主张同荷兰议和。1674 年 2 月，查理二世被迫同荷兰单独媾和。

为了避免议会的攻击，国王下令解散议会，直到 1677 年 2 月以前的 15 个月内没有再召开过。在此期间，查理二世同路易十四秘密谈判，并于 1676 年达成协议，路易十四答应每年给查理二世 10 万英镑的资助，条件是在没有法王同意的情况下不得与其他国家签订条约。这个密约不久就败露了，在资产阶级中引起了喧哗。

---

① "辉格党"是从"辉格摩尔"（Whiggarnor）一词变来的，辉格摩尔是对苏格兰圣地方约派的称呼。地方党被宫廷党骂为苏格兰"叛乱"的同盟者，因此得到辉格党的称号。而地方党则以对爱尔兰游击队的鄙称"托利"（Torv）来讥称宫廷党，于是后者得到了托利党的称号。

在议会休会期间，反对派团结在绿带俱乐部周围展开活动。它是 1675 年后辉格党的活动中心，联合了反对查理二世政权的资产阶级、乡绅和自由职业者，其首领是沙弗茨伯里伯爵。俱乐部的分支机构散布全国，它们在群众中广泛地进行宣传鼓动，发表抨击文章，制造反对专制主义、反对天主教的舆论。

在 1679 年初选出的议会中，反对派占了压倒的多数，被某些历史学家称为"第一届辉格党议会"。这届议会围绕王位继承人问题展开了激烈的辩论。查理二世无子嗣，准备让他的弟弟、天主教徒詹姆斯为王位继承人。1679 年 5 月，议会通过《排斥法案》，取消詹姆斯的王位继承权，并永远禁止他返回英国，但法案被上院否决。究竟由谁继承王位，在反对派中间意见分歧：一部分人赞成由詹姆斯的新教徒女儿玛丽和她的丈夫奥伦治的威廉继承；一部分人主张由查理二世的私生子蒙默思公爵继承。最后，多数人赞成由后者做王位继承人。分歧使反对党发生了分裂。

议会还于 1679 年 5 月通过《人身保护法》，以防止来自政府的迫害。该法对拘捕和将被告交付法庭审判的规则作了明确规定。被捕者应尽快交付法庭审理，以检查拘捕的合法性以及进行判决。在将被告下狱时，必须向监狱当局提交含有被捕原因的书面命令，否则监狱不予接收。破坏此法律者，课以很高的罚款。法律还有专款规定，债务人不在《人身保护法》效力之内。可见，这个被标榜为资产阶级民主象征的法律是有明显的阶级性的。

查理二世的最后一届议会被安排在保王派的大本营牛津召开。这次会议气氛非常紧张，反对派议员提出"打倒教皇主义、打倒奴隶主义"的口号，许多议员是在武装随从的保护下参加议会的，从国王的寝宫温莎到牛津的沿线都布满了国王的近卫团。反对派再次提出《排斥法案》，议会只存在一周就被国王解散了。《排斥法案》始终未变成法律。查理二世在他生命的最后几年没有再召集议会，实际上实行专制统治。他更加依赖法国，1681 年春天，查理二世同路易十四达成协议，后者答应每年向他提供 500 万利弗尔①的年金，并立即提供了 1250 万利弗尔。这样，国王可以在相当长一段时间内不依赖议会拨款。政府有恃无恐，对反对派发起反击，首先逮捕了绿带俱

---

① 利弗尔是一种不足 5 克重的法国银币，通常 1 个利弗尔等于 20 个苏。

乐部首领沙弗茨伯里伯爵。两年以后（1683年），政府以"黑麦房阴谋"①为借口，借机消灭了绿带俱乐部，逮捕了辉格党要人埃塞克斯、阿尔杰农·西德尼和罗素，前者在狱中自杀，后两人被处死。反动势力大肆猖獗起来，许多反对派和与他们有联系的人、激进教派分子都惨遭迫害。伦敦等一些支持议会的城市自治的特许状被收回，城市自治权受到限制，保王党人控制了自治市的政权，从而控制了这些城市的议会选举，国家政权集中在少数佞臣手里。

反对派在国王迫害加剧的时候表现得软弱无力，他们害怕再次发生革命，不敢采取果断的行动，有一部分辉格党人甚至倒向了敌人一边，一部分反对派领袖逃到大陆。

1685年2月5日，查理二世死去，詹姆斯继位，即詹姆斯二世。詹姆斯即王位并未遇到严重的障碍，因为查理二世的高压政策已经使有组织的反对派力量——辉格党濒于土崩瓦解，托利党和各级行政官员都是从忠于国王的人中选出来的。詹姆斯二世更露骨的反动统治把英国推向了一次新的重大事变。

1688 年政变

詹姆斯二世不仅继承了查理二世的反动政策，而且在复辟专制王权方面比他走得更远。

他即位不久，就大批释放天主教徒，并在宫廷公开地举行天主教祈祷仪式，他还不顾议会批准税收的特权，私自决定征税。

1685年6月11日，王位觊觎者蒙默思公爵发动起义。他带领150人在多塞特郡的莱姆登陆，并发表宣言，许诺恢复自由、各教派宗教信仰自由、每年召开议会、废除常备军代之以民兵等。由于复辟王朝的倒行逆施在广大群众中引起了普遍的不满，多塞特郡和萨默塞特郡的小农、手工业者和工人等纷纷参加蒙默思的队伍，起义人数很快达到1.5万人。人民群众参加起义的热情吓坏了有产阶级，蒙默思本人和他的辉格党顾问们也发生动摇，资产

---

① "黑麦房阴谋"（Rye House Plot），又译"赖豪斯阴谋"，因伦敦郊区的一个地方而得名。指辉格党人预谋要在查理二世及其弟詹姆斯从那里经过时杀害他们。但一些研究者认为，这个阴谋系奸细所为，目的在于给政府一个镇压反对派的借口。

阶级和新贵族对起义采取了观望态度。国王很快集结了大量兵力，于7月6日在萨默塞特郡布里奇沃特附近的塞季木厄击溃了起义军。蒙默思仓皇逃走，而装备很差的起义群众则进行了英勇的战斗，近千名起义者阵亡，起义失败了。接着政府对起义者进行了血腥镇压，蒙默思本人也被抓获处死。

在镇压起义的过程中，詹姆斯把军队人数增加到近3万人，其中有1.3万人驻在伦敦，这大大加强了反动统治的力量。国王利用大地主大资产阶级对革命的恐惧，肆无忌惮地推行专制主义的反动政策。

詹姆斯违背《宣誓法》①，大量任命天主教徒为军官，在爱尔兰组织天主教徒的军队，让天主教徒参加枢密院，担任政府要职（例如掌玺大臣阿伦德尔就是天主教徒），恢复高等法院审理宗教案件等。在1685年11月召开的议会上，议员们强烈谴责了国王的做法，要求解除天主教徒的职务。詹姆斯二世干脆解散了议会，并没有再召集它。

1687年4月4日，国王颁布《容忍宣言》，停止了反对天主教徒和非国教徒的刑法和宣誓法的效力，其目的在于恢复天主教，同时也争取不信国教的长老会派、独立派和教友派等教派的支持。但大部分与反对派有联系的非国教徒清楚地了解国王的动机，并不支持他。次年5月，詹姆斯再次颁布《容忍宣言》并命令在全国各教堂公开宣读，但多数教堂拒绝宣读。5月18日，坎特伯里大主教森克罗弗特和6名主教向国王呈递请愿书，要求取消这个宣言。詹姆斯对此大为恼怒，下令逮捕了各主教并将他们投入伦敦塔监狱。但在审判时，陪审法庭宣判他们无罪。

恢复天主教的政策招致了大多数人的反对。在16世纪上半叶的宗教改革以后，除了爱尔兰居民多数信奉天主教外，多数英国人都不信天主教，只有英格兰西部和北部一些郡的一部分贵族才是天主教徒。在宗教改革中没收了大量寺院土地，许多大土地所有者在寺院土地世俗化的过程中购得了土地，并获得了征收什一税的权力，这一部分人担心恢复天主教会使他们的财产受到威胁。在资产阶级看来，恢复天主教不仅有害于工商业活动，而且还会使英国同它的主要竞争对手——天主教的法国接近。国教会的僧侣们担心失去自己在教会中的地位，丧失领地和什一税。法国1685年取消"南特敕令"后残酷迫害胡格诺教徒的情景更增加了他们对复辟天主教的种种担心。

---

① 1673年3月29日通过的《宣誓法》要求所有从事国务活动的人按国教仪式宣誓，并放弃天主教信条。

在英国，政治经济领域已经发生深刻的变革，资本主义的发展与绝对君主制已经不相容了，资产阶级也不能容许国王把英国工商业的利益出卖给法国政府。这些情况注定了詹姆斯的覆灭。

詹姆斯二世露骨的反动政策使原来忠于国王的托利党贵族和僧侣迅速改变了对国王的态度，国王丧失了主要的依靠力量。辉格党反对派乘机重新组织了自己的力量。但资产阶级和土地贵族害怕重演 40 年代的革命事件，不敢采取断然措施来推翻国王。当时国王已 55 岁，反对派都盼他早死，然后使王位和平地传给他的合法继承人玛丽。玛丽和她的丈夫、荷兰的执政奥伦治的威廉都是新教徒，荷兰又是法国的敌人，这样的安排是符合资产阶级和新贵族的利益的。1688 年 6 月，詹姆斯的第二个妻子（也是天主教徒）生了一个儿子，这样，玛丽就失去了继承王位的权利，这就打乱了统治阶级原来的计划。托利党和辉格党感到事不宜迟，决定请求奥伦治的威廉武装干涉英国。6 月 30 日，托利党和辉格党的 6 位勋爵和 1 位主教联名向威廉发出邀请信，许多陆海军的高级军官也向威廉发去了效忠信。威廉希望得到英国王位，慨然接受了这个邀请。

威廉在经过一番准备后，率领一支由 1.1 万名步兵和 4000 名骑兵组成的大军，乘 600 艘运输舰于 11 月 5 日在英国西南部德文郡的托尔贝港登陆。当时詹姆斯的军队多达 4 万人（包括爱尔兰和苏格兰军队），但大多不可靠，他的主要将领避免与威廉作战，一些军官带兵投到威廉阵营。11 月 24 日，王军总司令约翰·丘吉尔也投向威廉。许多贵族，其中包括詹姆斯的小女儿安娜和她的丈夫也投奔威廉。在众叛亲离的情况下，国王于 12 月 11 日逃离伦敦，接着伦敦出现了反天主教的骚乱。伦敦主教、市长、市参议员的会议决定请求威廉军队尽快开进伦敦，以"恢复秩序"。于是，威廉军队加紧向伦敦进发，他的一支近卫部队于 12 月 17 日在伦敦白厅逮捕了重又回到伦敦的詹姆斯二世，次日清晨把他解往罗彻斯特堡，并故意放他从海上逃走了。他 12 月 25 日逃到法国。

威廉于 12 月 18 日进入伦敦，随即于 21 日下令召集查理二世的最后三届议会的上下两院议员、伦敦市参议员和市政委员会委员开会，这次会议决定威廉为摄政（国家的临时元首），并授权他向各郡发出召开新的立宪协商议会的邀请信。1689 年 2 月，立宪协商议会通过了詹姆斯二世"退位"的决议，并立威廉为国王，称威廉三世（1689—1702 年在位），立玛丽为女王，称玛丽二世（1689—1694 年在位），因玛丽几乎不理国政，实际王权掌握在威廉三世手中。

　　1689 年 2 月 13 日，协商议会通过《权利宣言》，并于同年 10 月将其制定为《权利法案》。《权利法案》规定，今后英国国王必须是国教徒，并对国王的权力作了种种限制：国王非经议会许可不得停止法律的效力；不得擅自决定征收捐税；平时不得招募和维持常备军。《权利法案》重申了议会的特权，议会选举必须自由进行，议会必须频繁召开，议员有言论自由。《权利法案》的重要意义在于它限制了国王的权力，确定了议会的最高权力，为君主立宪制奠定了基础。《权利法案》有明显的局限性，它未提及非常重要的选举权问题，致使革命前的选举制度原封不动地保持下来，以致完全不适应急剧改变了的政治经济形势。宗教信仰自由问题也未得到解决，更谈不上保障劳动人民的政治权利了。

　　1688 年的政变被英国历史学家称为"光荣革命"。他们极力美化和颂扬这一事件，称它为"合法的""不流血的"革命，而把 40 年代的革命称为"暴动"和"叛乱"，他们显然赞成前者而反对后者。

　　所谓光荣革命并非一次真正意义的革命，它只是一次政变。它是在资产阶级和土地贵族之间、国内两大主要政治势力辉格党和托利党之间妥协的基础上，借助于威廉的外部势力来实现的。1688 年政变结束了资产阶级革命，粉碎了查理二世和詹姆斯二世复辟专制主义的计划，巩固了资产阶级和新贵族在革命中取得的胜利。就其重要性来讲，光荣革命是不能同 40 年代的革命相比的，因为主要的革命性变革都是在 40 年代实现的。光荣革命只是把主要的革命成果巩固下来。在这以后，1701 年的《王位继承法》进一步限制了王权。它规定，威廉和玛丽的继承人安妮死后（安妮无子嗣），王位传给汉诺威家族，从国王处领取薪金和年薪的人不得做下院议员，法官只有经过议会才能变更。《王位继承法》进一步保障了议会的最高权力，从 1707 年以后，议会通过的法律再也没有被国王否决过。君主立宪政体在英国牢固地确立下来。到 18 世纪，从安妮女王到乔治时代，王权进一步削弱，国王成了"统而不治"的虚君，英国成了典型的资产阶级议会制国家。

　　1688 年的政变根本改变了复辟王朝亲法的政策，并同法国进行了长期的商业战争，削弱了英国商业和海外殖民地的主要竞争者，占领了广阔的殖民地，扩大了海外市场。

　　光荣革命在英国史上开始了一个长期稳定的时期，为资本主义的顺利发展创造了良好的环境。与资本有联系的土地贵族和资产阶级上层掌握政权以后，大力促进手工工场的发展，通过议会圈地法，掀起了空前规模的圈地运动，政府实行有利于资本积累的国债制度和税收制度，促进银行信贷业的发展，积极开拓海外殖民地，扩大市场和原料来源。这些有利于资本主义发展的政策措施加速了资本的原始积累，为 18 世纪下半叶开始的工业革命准备了条件。

英国工业革命

张　天　王章辉

18 世纪下半叶和 19 世纪上半叶在英国发生的工业革命①，是从工场手工业生产阶段向以工厂制为基础的大工业生产阶段的一次重大飞跃。它极大地推动了社会生产力的发展，加强了资本主义的经济基础，巩固和发展了资本主义的政治制度。它是英国历史上的一个重要阶段。工业革命在典型的资本主义国家都发生过，但它在英国发生得最早，表现得最为典型，对其他国家产生过重大影响。研究英国的工业革命具有十分重要的意义。

工业革命的前提

工业革命首先在英国发生，是英国政治和经济发展的必然结果。

英国是第一个发生具有世界影响的资产阶级革命的国家。17 世纪的革命推翻了封建专制制度，扫清了资本主义经济发展的主要障碍，解放了生产力。在革命中废除了封建的骑士领地制，消除了地主对于国王的封建义务。限制圈地的法律也废除了。18—19 世纪发生的大规模的议会圈地运动使英国农业发生了根本性的变化，它把原来带有封建残余的地产变成了近代意义的资本主义财产，从而促进了农业的发展。从 17 世纪末开始，政府采取了奖励粮食出口的政策，粮食出口量从 1706—1725 年的 458 万夸特②增加到1746—1765 年的 951.5 万夸特。

革命打击和削弱了保王派大封建主的势力，进一步消除了各个地区之间

---

① 工业革命（The Industrial Revolution），又译成"产业革命"。有人认为，这一术语首先是由法国人布朗基于 1837 年提出来的。恩格斯在 1845 年写成的《英国工人阶级的状况》一书中第一次给工业革命下了科学的定义。

② 又译夸脱，英容量单位。每夸特折合 1.136 公升。

的隔绝状态，加强了全国经济上的联合。征服苏格兰后，取消了苏格兰和英格兰之间的边界关税，实行了统一的税制，从而大大地扩大了国内市场。

由于资产阶级的哲学和政治思想的影响，英国上层社会不以经商为耻，许多贵族、地主都乐于在银行和工商业中投资，积极参加海外殖民和远征，等等。英国在宗教信仰上比大陆上的一些天主教国家自由，在居民中影响比较大的清教对经济的发展产生了良好的影响。清教鼓励工商业中的进取精神，它把在事业上的成就说成是上帝的恩惠。在大陆上一些国家受到迫害的新教徒纷纷逃到英国，他们带来了先进的棉、毛、丝纺织技术。英国的企业主也善于吸收外国的先进经验，中国的陶瓷业、瑞典的冶铁技术、德国的丝带织机对英国工业的发展都产生过影响。

从17世纪末到18世纪初，英国建立了有利于资本主义发展的君主立宪政体、两党制和内阁制。政府采取了一系列促进商业、航运和工业发展的政策，首先是保护关税政策。1650—1651年，英国通过航海法，沉重打击了当时英国船运和外贸的主要竞争对手荷兰，独占了英国进口货物的运输。1656年秋天，议会通过了《促进英国生产、生长和制造的各种商品出口法案》，对一些商品规定了优惠的出口条件，而对外国商品的进口则征收很高的关税。1691年，取消了肉类和奶制品的出口税，1699年，又取消了毛织物、谷物等的出口税。18世纪二三十年代，取消了上百种货物的出口税，同时对许多商品的出口实行补贴。而对本国急需的原料羊毛等则禁止出口，英国还禁止殖民地向其他国家出口烟草、糖、棉花、靛青等。英国还禁止或限制殖民地生产可能与母国竞争的产品，例如禁止北美殖民地生产铁、帽子，对运往英国的爱尔兰毛织品征收禁止性的关税，并禁止它向其他国家出口。上述政策促进了出口贸易和海运业的发展，1750年的出口额为1600年的6.3倍，从1688年到1750年，商船队的吨位增加了2倍以上。

政府的对外政策也是为维护商人和工业家在海外的利益服务的，对外政策的一个重要任务就是确保海外商路的安全，保证原料的来源，开拓英国商品的销售市场。例如，在护国主时期，为了波罗的海地区的航运和商业利益，英国外交竭力利用各国的矛盾，展开了非常积极的外交活动，它先后同瑞典、丹麦签订了有利于英国贸易和航运的条约。革命后，英国把殖民扩张和对殖民地的开拓作为一项国策，到了18世纪，殖民扩张已达到了相当大的规模。

革命后，政府还促进了银行信贷业的发展，它有利于资本的流通，使地主、资本家手中积攒的财富被有效地利用于商业，并为工、商业的信贷、贴现、支付等财务活动提供了方便。

工业革命的基本前提是通过资本原始积累来创造的。原始积累的主要方式有以下几种：

第一，圈地运动①。圈地运动实质上是英国式的土地革命，马克思称为"农业革命"②。资产阶级革命以后，议会通过立法使圈地完全合法化。据统计，在1760年以后，议会共通过了约5400项圈地法，圈占土地700万英亩以上，约占英格兰总面积的20%。圈地运动的主要后果是使大批农民失去土地，造就了一支不受土地束缚的"自由"劳动大军，为工业革命提供了劳动力；它导致资本主义农场迅速发展，为工业提供了日益增多的粮食和工业原料，使农业可以与工业的发展相适应；农场的发展增加了对工业品的需求，加上圈地运动消灭了自给自足的小农经济，使失去土地的农民开始仰赖市场，从而促进了国内市场的扩大。

第二，国债和税收制度。自17世纪下半叶到19世纪20年代，英国连连进行对外战争，耗资巨大。为筹集经费，政府向金融家和商业公司大举借款和增加捐税。英国的国债从1717年的5400万镑增加到1814年的85000万镑，即在近100年中增加了约15倍。政府的国债利息1792年为947万镑，1815年为3045.8万镑。为了偿还国债和支付利息，政府不断增加捐税。1688年，主要捐税收入是180万镑，而到1755年则增至660万镑。在此期间，消费税从62万镑增至350万镑。这样，资本家就以向政府放债取息的方式，经过国家税收的渠道吮吸了广大劳动人民的血汗，积聚了资本。

第三，殖民掠夺。从16世纪末到18世纪中叶，英国通过一系列对外战争，先后打败了海上和殖民掠夺的主要竞争国家西班牙、荷兰和法国，取得了海上霸主的地位。它夺取了直布罗陀海峡，控制了大西洋通往地中海的航线；在北美，它夺取了加拿大和密西西比河以东的土地；在印度，它排挤了法国的势力，取得了对印度的实际统治权。据不完全统计，仅在"七年战争"（1756—1763年）后的55年间，英国通过东印度公司从印度掠夺了多

---

① 圈地运动是15世纪末至19世纪上半叶英国地主通过暴力和立法剥夺农民土地的过程，它构成了资本原始积累的基础。15世纪末，因毛纺织工业的发展及羊毛价格的上涨，地主用栅栏、围墙和沟渠圈占农民的土地，把耕地变为牧羊场。资产阶级革命后，议会通过大量的圈地法令，大规模圈占农民共用地、共用田、森林、牧场和沼泽地等，把土地变成了近代的私有财产。

② 参见《马克思恩格斯选集》第2卷，人民出版社1972年版，第228—229页。

达 50 亿英镑的财富。殖民地还是重要的原料产地和工业品的销售市场。在工场手工业时期，商业上的霸权往往造成工业上的优势，殖民制度在当时起着决定性的作用。

第四，奴隶贸易。英国从 16 世纪下半叶就开始了罪恶的奴隶贸易。根据 1713 年的《乌特勒支和约》，英国取得了向西属拉丁美洲贩卖黑奴的权力，此后，英国成了最大的奴隶贸易国。奴隶贩子从本国用船载上廉价的纺织品、玻璃制品、烟、酒、枪支、金属制品等，运去非洲，用欺骗和暴力的手段掠取奴隶，然后运往西印度群岛和北美，卖给英、法、西种植园主，再从那里运回英国工业所需要的棉花、烟草和糖等。据估计，在 1680—1780 年，运到美洲的黑奴达 230 多万人。奴隶贸易的利率高达 100%—300%。不仅仅是奴隶贩子赚了钱，工业家、土地贵族、造船主等也都从这种三角贸易中得到好处，仅仅利物浦的奴隶贩子在 1783—1792 年的 10 年中所赚取的纯利就达 1500 万英镑。

从上述可见，圈地运动、国债和税收制度、殖民掠夺、奴隶贸易等作为原始积累的主要手段，在积累资本、形成雇佣劳动大军、开辟国内外市场和提供工业原料方面起了巨大作用，为工业革命准备了必要的经济前提。

工业革命还与工场手工业和科学技术发展的水平分不开。到 18 世纪下半叶，英国的工场手工业已相当发达。手工工场主要不是靠技术的进步，而是靠分工来提高生产效率。精细的分工、工具的专门化、手工业工人技术水平的提高为机器的发明和运用准备了技术条件。

自然科学的发展也在一定程度上为技术革命准备了条件。奠定了经典力学基础的牛顿（1642—1727 年），在热学方面又确定了冷却定律，他还和莱布尼茨一道创立了微积分。化学家和物理学家波义尔（1627—1691 年）用实验阐明了气压升降的原理，确立了气体定律，开始了分析化学的研究。布莱克在热学方面取得了很大成就。其他学科也有了一定的发展。

这样，到 18 世纪中叶，工业革命所需要的政治、经济和技术前提都基本具备了。

工业革命的主要过程

英国工业革命，是从 18 世纪 60 年代随着纺纱机和蒸汽机的发明开始的。由于国内外市场的迅速扩大，对工业品的需求量大大超过了手工业生产所能提供的数量，市场的需求刺激了生产技术的变革。

技术上的重大变革首先发生在棉纺织工业。这是因为，棉织品价廉物美，是人们的衣着必需品，社会需求量大；棉纺织业是新兴的工业部门，不像毛纺织业那样受行会规章的束缚；棉纺织业的机械化在技术上也比较容易；英国，特别是西北部地区气候潮湿，非常适合于发展棉纺织业。

棉纺织业的技术革新经历了相当长一段时间。1733 年，约翰·凯伊发明了飞梭，经改进后得到推广，初步改变了靠手工穿梭织布的落后方法，提高功效两倍。飞梭织布机的运用使棉纱供不应求，造成纺纱和织布之间的不平衡，推动了纺纱技术的革新。

1764 年，兰开夏北部的纺织工人詹姆斯·哈格里夫斯发明了一台同时能纺八根纱的纺纱机，取名为“珍妮机”（Spinning Jenny）①。珍妮机经过改进后可以同时纺 16—18 根纱，以后甚至能纺 80—130 根纱，大大提高了功效。珍妮机的缺点在于，纺出的纱细而易断，不能做经线；且需要人工操作，很费力气。1769 年，理查德·阿克莱特取得了一种新纺纱机的专利②。他的机器开始是以马力做动力的，1771 年，他在有水力资源的克朗福德建立了第一座工厂，用水力做动力（所以他的机器称为水力纺纱机），从此开始了以工厂代替手工工场的过程。水力机每台装有几十个纺锤，而且用水力代替了人力，纺出的纱坚韧结实，可做经线，克服了珍妮机的两个主要缺点。但水力机纺出的纱太粗，还不能完全取代珍妮机，两种机器只能互为补充。

后来，童工出身的纺纱工人塞缪尔·克伦普顿经过 5 年的反复实践，综合了珍妮机和水力机的优点，克服了它们的缺点，于 1779 年发明了被称为骡机（Mule）③ 的新型纺纱机。后来骡机又经他人改进成自动纺纱机，每架机器同时可纺三四百个纱锭，而且纺出的棉纱精细而又结实。

这样，纺纱机械化的技术问题基本上解决了，纺纱的效率大大提高。于

---

① 关于这个名字的由来，史书上说法不一，有的说是以他的妻子命名的，有的则说是以他的女儿命名的。还有一种说法是，一个叫托马斯·海斯的人同哈格里夫斯争夺“珍妮机”的发明权，他的证据是，他以他女儿的名字为机器命了名。其实，哈格里夫斯的妻子和海斯的女儿都不叫珍妮。这个名字可能来源于 engine 一词，当时把机器就叫 engine，在约克夏某些地区，engine 一词就读作 jenny。

② 据有的史书记载，水力纺纱机是钟表匠凯伊发明的，阿克莱特获取他的发明而取得专利。这在历史上是有争议的问题。不管怎样，阿克莱特是第一个实际使用这种机器的人。

③ Mule 意为骡子，表明这种机器是综合珍妮机和水力机的优点而制成的。

是，纺纱和织布之间又出现了严重的比例失调，织布技术的革新又成了当务之急。

织布机的发明酝酿了很长时间。牧师卡特莱特在木工和铁工的协助下，于1785年制造出了一架自动织布机，提高功效40倍。卡特莱特于1791年建立了第一座织布工厂。据一家地方报纸称，在他的工厂里，一个小孩看管水力织布机一天织的布相当于用老办法一周织布的数量。但他的织布机比较笨重，后又经过一些人的改进才得到广泛推广。

哈格里夫斯、阿克莱特、克伦普顿和卡特莱特仅仅是发明纺纱机和织布机的主要代表，其实，在实现纺织工业机械化过程中有过发明创造的人可以开一长列名单。

在发明纺纱机和织布机的同时，棉纺织工业的相关部门——净棉、梳棉、漂白、整染等行业也相继实现了机械化。毛、麻、丝纺织工业也逐渐采用机器生产，尽管时间要晚一些。

棉纺织工业的技术革命推动了其他工业部门，其中最重要的是动力、钢铁、交通运输和机器制造等工业部门技术上的变革。

在18世纪70—80年代，棉纺织工业的动力主要是水力。纺织厂必须建在有水力的地方。水力不但受到地区和季节的限制，还受到河流落差和流量的限制。迅速发展的工厂工业迫切要求发明一种适应性更广的发动机，这就是瓦特发明蒸汽机的客观历史条件。

瓦特并不是第一个发明蒸汽机的人。在他以前很久，就有人开始了利用蒸汽力的研究。还在1698年，英国人萨维利就发明了蒸汽抽水机，后来纽康门又在萨维利抽水机的基础上，于1705年制成了可以用于矿井的蒸汽抽水机。但这种机器效率很低，耗煤量很大。

詹姆斯·瓦特（1736—1819年）是格拉斯哥大学的仪器修理工，自幼刻苦好学，当时著名的热力学家、格拉斯哥教授布莱克的热学理论对他有直接影响。他曾接触过许多机器和仪表，修理过纽康门的蒸汽抽水机，知道它的缺陷。他利用潜热原理发明了分离冷凝器，制成了单动式蒸汽机，于1769年取得专利。这种蒸汽机克服了纽康门蒸汽机汽缸时冷时热的缺点，提高了热功效率。以后，瓦特在企业家博尔顿的资助和合作下，继续改进他的蒸汽机，经过十多年的努力，终于于1782年制造出了复动式的蒸汽机，这种机器通过传动装置可做旋转运动，使它可以用作各种机器的动力。瓦特蒸汽机的耗煤量由纽康门蒸汽机每马力25公斤降低至4.3公斤，极大地提高了效率。瓦特的蒸汽机是科学技术史上划时代的成就。

　　蒸汽机的发明和完善解决了机器的动力问题，使工厂可以设在原料、燃料、劳动力资源、交通运输和市场条件较好的地方。因此，蒸汽机大大促进了机器的运用和工厂的产生，使工业技术的变革出现了新的飞跃。恩格斯对蒸汽机的意义作了很高的评价，他说："分工，水力、特别是蒸气力的利用，机器的应用，这就是从 18 世纪中叶起工业用来摇撼旧世界基础的三个伟大的杠杆。"[①]

　　当然，最新的蒸汽机还很不完善，性能的可靠性差，而且由于专利权的关系，购置蒸汽机要付很高的使用费，所以蒸汽机并不是一下子就推广开来的。1785 年，蒸汽机开始用于棉纺厂，1791 年开始用于织布厂，以后逐渐在毛、麻纺织工业，煤炭、冶金、交通运输等工业部门广泛采用。1800 年，大约有 500 部"博尔顿—瓦特式"蒸汽机[②]用于生产，但到 1825 年，蒸汽机数已增至 1.5 万台，以马力计，比 1800 年增长近 60 倍。

　　钢铁工业的技术变革在工业革命中具有举足轻重的地位，因为各种机器和交通运输工具都离不开金属。18 世纪钢铁工业最重大的突破是用焦炭取代木炭炼铁和炼钢新技术的发明。传统的炼铁方法是以木炭做燃料，但到 17世纪，英国的森林资源被砍伐殆尽，铁的产量逐渐下降。英国是一个煤藏量很丰富的国家，人们早就在探索用煤取代木炭做炼铁燃料。

　　1709 年，亚伯拉罕·达比发明了用煤炼成焦炭后炼铁的新技术，实现了这个夙愿。但用焦炭炼出的铁含硫黄等杂质多，质地很脆。后经过达比的子孙和约翰·斯米顿等人的改进，采用了大型鼓风机，增加了高炉炉温，减少了硫黄等杂质，提高了铁的质量，从而完善了用焦炭炼铁的方法。1784 年，在海军服役的工程师亨利·科特发明了搅拌法和碾压法。所谓搅拌法是指铁矿石在冶炼时，经搅拌烧掉生铁中含有的碳素，炼成熟铁。所谓碾压法是指用碾压机代替铁锤锻压熟铁，生产钢。按照科特炼铁法，可在 12 小时内炼出 15 吨精铁，提高功效 15 倍。科特的发明标志着炼铁工业进入了一个新阶段。1785 年在设菲尔德建成了第一座近代化炼钢厂，熔铁炉比过去扩大了 50倍，英国近代钢铁工业从而建立起来。由于这些技术变革，使钢铁产量猛增，质量提高，成本下降，这为在机器制造、建筑等领域用钢铁取代木材和

---

① 《马克思恩格斯全集》第 2 卷，人民出版社 1957 年版，第 300 页。
② 博尔顿是瓦特的合伙人，他们生产的蒸汽机称为"博尔顿—瓦特式"蒸汽机。

石料创造了条件。

用焦炭炼铁技术的推广、蒸汽机的发明和城市人口的增长等增加了对煤炭的需求量，促进了采煤工业的发展。到 19 世纪初，蒸汽机广泛用于矿井。1815 年，戴维发明了安全灯，减少了地下瓦斯爆炸的危险，使煤的开采量增加。

工业的发展没有交通运输的相应发展是不可能的。交通运输的技术变革首先是运河的开凿、河道的疏浚、公路的改良、铁路的兴建，其次是运输工具的机械化。

运河首先是为适应笨重物品运输的需要而开凿的。1755 年开凿了从桑基河到圣海伦斯的运河。煤矿主布里奇沃特公爵为解决煤炭运输问题，于 1759 年开凿了一条从华斯里到曼彻斯特的运河（长 11 英里），使曼彻斯特的煤价下降了一半，轰动了英国，掀起了开凿运河的热潮。英国政府对开凿运河十分重视，1790—1794 年颁布了 81 项开凿运河的法令，到 1830 年仅英格兰就有运河 2500 英里。此外还疏浚了大量的河道，把运河、河流和海上运输连接起来，形成了水运网。水运的机械化来得比较晚，虽然用蒸汽机推动木船的试验在 18 世纪下半叶就开始了，但蒸汽机广泛用于船运还是 19 世纪的事。威廉·赛明顿在 1788 年制造了船用蒸汽机，他建造的世界上第一艘实用汽船于 1802 年试航成功，但由于船的明翼所激起的波浪对河岸破坏较大，遭到运河所有者的反对而未被实际采用。1812 年，亨利·贝尔建造的汽船"彗星号"在克莱德河试航成功后，汽船才开始出现在不列颠的水道上。1819 年，第一艘汽轮横渡大西洋成功，1840 年，英国正式建立轮船航运公司。

18 世纪中叶以前，英国公路状况很糟，一到雨季，公路都变成了烂泥坑。18 世纪下半叶和 19 世纪初，由于麦特卡夫、特尔福德和麦克达姆等人发明了新的筑路技术，建造了硬面路，使公路白天黑夜、雨天晴天都能通行，大大缩短了公路运输的时间。过去从爱丁堡旅行到伦敦，路上需要 14 天，在新公路上乘快速马车仅需 40 小时。

交通运输变革中影响最大的是铁路的兴建。人们早就知道在运输中使用木轨，从 18 世纪 60 年代起，英国开始用铁轨取代木轨。但早期的铁轨是用生铁铸造的，很容易破碎。当然这种铁轨不是现代意义上的铁路，在铁轨上行走的是人力或兽力牵引的小车。像把蒸汽机用于推动木船一样，人们也想到把蒸汽机用于铁路，1804 年，发明高压蒸汽机的特里维西克发明了火车头，并牵引 5 节车厢行驶了 10 英里。1814 年，斯蒂芬逊又发明了一种更完善的机车。1823 年，他负责修建斯托克顿—达林顿铁路，这条铁路于 1825

年建成通车，全长 37 英里，这是第一条运送旅客和货物的铁路。斯蒂芬逊的机车带着一长列满载客货的列车，3 小时走了 25 公里（中间停歇了 1 小时）。从此，斯蒂芬逊制造的机车被实际运用于铁路上，他本人便以蒸汽机车的发明人闻名于世。斯托克顿—达林顿铁路是一条马车和机车混用的铁路，因为在有的地段还得用马车来牵引。1830 年，斯蒂芬逊负责修建了利物浦—曼彻斯特铁路，他设计的"火箭号"机车以 31 公里的时速行驶完了全程。这是第一条完全用机车牵引的铁路。随着廉价钢材的产生，钢轨逐渐取代了铁轨，路轨使用寿命大大延长。铁路运输的优越性很快显示出来，在 19 世纪三四十年代出现了修建铁路的狂潮。到 1850 年，英国已建成铁路 6000 英里。铁路运输的发展使运河退居次要地位。

交通运输业的技术变革降低了运费，加快了货运的周转速度，方便了劳动力的流动，它使技术革命如虎添翼，在经济发展中起了重大作用。

各工业部门的机械化还有赖于机器制造工业的发展。随着机器的运用越来越普遍，手工制造的方法已不能满足需要，而且，像蒸汽机这样比较复杂的机器如果没有机器加工就得不到理想的效果。客观的需要推动了工作母机的发明。18 世纪已开始出现简单的工作母机，1825 年，克莱门特发明了刨床、旋床。1839 年，内斯密斯发明了汽锤。1848 年，罗伯茨发明了镗床。其他专业工具机器也相继涌现。有了这些工作母机，金属的直线、平面、圆筒、圆锥、球体等的加工所能达到的精密度已超过任何熟练工人的技巧。19 世纪三四十年代，产生了一个新的工业部门——机器制造业。机器制造业的出现标志着历时近一个世纪之久的英国工业革命基本完成。

工业革命的后果

工业革命造成了生产力的飞跃，而且，"在机器的影响下……全部社会关系开始受到急遽的改造"①。工业革命的后果主要表现在下述五个方面。

第一，推动了社会生产力的飞跃发展。工业革命使工业生产完成了从手工生产方式到机器生产方式、从手工工场制到工厂制的过渡，使经济基础发生了根本变化。它在一个世纪所创造的生产力比过去一切世代创造的生产力还要大。各主要工业部门的劳动生产率和生产量都成倍、成十倍地

①《列宁全集》第 2 卷，人民出版社 1959 年版，第 199 页。

增长。例如：英国的棉花年加工量在18世纪70年代初是1100万磅，1840年增至45900万磅，增长了40余倍；棉织品的生产量从1785年的4000万码增至1850年的20亿码，增长了49倍；煤的开采量从1770年的600万吨增至1861年的5700万吨，即增长了8倍多；生铁产量从1740年的1700多吨增至1850年的225万吨，即增长了1300多倍；出口商品总额从1820年的4800万英镑增加到1850年的17900万英镑，增长了近3倍。

由于英国首先发生工业革命，使它的工业在世界上遥遥领先，英国获得了"世界工场"的称号。1850年，英国生产了全世界60.2%的煤，50.9%的铁，加工了全世界46.1%的棉花。工业革命加强了英国海上霸主的地位，为日不落帝国的建立奠定了物质基础。它靠着工业和在殖民地的垄断地位，把工业品倾销于全世界，使许多国家的民族工业受到沉重的打击。例如，廉价的英国棉纺织品完全挤垮了印度的棉纺织业。

生产力的发展还表现在农业方面。农业吸收了工业革命的技术成果，19世纪上半叶，开始采用脱粒机、马拉播种机、收割机、割草机等农业机械。耕作制度也发生了变化，人工牧草和粮食作物的轮作制代替了过去的休耕制，人工排灌、选种、深耕和肥料的施用开始广泛推广。畜种得到改良。生产量有了明显提高，在1831—1851年，每年粮食平均产量比头20年提高了16.5%。但是，农业的发展还是赶不上城市、工业人口增长对农产品的需要，到19世纪，英国已从粮食出口国变成了进口国。农业在国民经济中的比重从1801年的30%下降到1841年的21%，英国已从一个农业国变成了一个工业国。

第二，导致了经济地理和人口结构的变化。在煤铁比较集中的英格兰西北部、苏格兰南部、威尔士南部等地区出现了新的工业区，工业的重心从英格兰东南部转移到了西北部。在新兴的工业区，出现了像曼彻斯特、格拉斯哥、伯明翰、利物浦、设菲尔德、利兹等工商业中心，这些城市的人口几倍、几十倍地增长，例如曼彻斯特的人口从1770年的1万人增至1851年的34.1万人。工商业的发展刺激了人口的增长，在1750—1849年的100年间，英国人口从750万人增至2100万人，增长近两倍。人口的分布发生了很大变化。农村人口在全国人口中的比例从18世纪初的70%下降到1841年的22%，大批人口从东南地区向西北地区移动，新兴工业区的人口迅速增加。

第三，造成了阶级关系的深刻变化。随着工厂制的确立和发展，产生了两个新的相互对抗的阶级：工业资产阶级和工业无产阶级，这是工业革命最重要的政治后果。工业革命简化了社会的阶级关系，使处于资产阶级和无产阶级之间的阶层逐渐向两极靠拢：土地贵族适应了资本主义的生产方式，商业资产阶级的一部分变成了厂主，工业资产阶级变成了资产阶级的主体，走上了前台；农民作为一个阶级已经消失，手工业者竞争不过大工业，纷纷破产，加入了无产阶级的队伍。这样，居民中的一切差别都化为工人和资本家之间的对立。

无产阶级已成为一个稳定的阶级。工厂工人完全脱离了土地，一无所有，成百上千的工人集中在一个工厂里，很容易意识到阶级的力量。资本家的富有和工人阶级的赤贫状态很快使他们认识到自己的阶级地位和历史使命。

工业革命导致了生产的社会化和生产资料的私人占有之间矛盾的尖锐化。工厂制使原来的手工业工人失去了一切独立性和自由，把他们完全变成了机器的奴隶；在工业革命中，许多工人的实际工资下降，境况恶化；工人的劳动时间每天长达十三四个小时到十七八个小时；机器生产使大量使用女工和童工成为可能，他们的工资大大低于成年男工，这就加重了对整个工人阶级的剥削；工厂的劳动条件恶劣，居住条件很坏，卫生状况差，疫病流行；工人们经常受着失业的威胁。以上种种情况都说明，工业革命是在损害工人阶级的情况下进行的，这就迫使他们为争取本阶级应有的地位而进行斗争。

工人阶级从产生那一天起就开始同资产阶级进行斗争，最初的斗争形式是破坏机器，因为他们当时在政治上还不成熟，不能把机器和机器的资本主义应用区别开来。这种斗争形式后来发展成为有名的卢德运动①。无产阶级在为自己的生存权利进行斗争时，逐步组成工会、合作社等组织，到19世纪二三十年代，分散的地方性工会发展成全国性的工会，工人的组织程度迅速提高。工会领导工人群众为改善经济状况和维护自己的权利进行了一系列的罢工斗争。在政治斗争方面，最初，无产阶级与资产阶级结成联盟，为实现资产阶级民主的口号而进行斗争，但随着政治觉悟的不断提高，工人阶级便独自走上了政治斗争的舞台，19世纪30—40年代的宪章运动就是工人阶级为争取政治权利而独立进行的政治运动，它标志着工人阶级已从一个自发的阶级变成了一个自为的阶级。

---

① 传说卢德是一个工厂的工人。一次，他和厂主发生争执，厂主招来警察，他被处以鞭刑。卢德在盛怒之下举起铁锤捣毁了自己开动的机器。以后破坏机器的运动便称为"卢德运动"。

　　第四，促进了社会的变革。生产力的发展必然造成上层建筑领域的深刻变化。大工厂生产增强了工业资产阶级的经济地位和实力，在资产阶级内部，金融贵族、银行家等愈来愈被工厂主推到后台去了。1688 年以后，政权主要掌握在土地贵族手中，工业资产阶级基本上还处于无权的地位，许多工厂主连选举权都没有。随着经济实力的增长，工业资产阶级在 18 世纪下半叶掀起了争取政治权利和社会改革的资产阶级民主运动，他们要求议会改革，反对国家对经济生活的干涉，主张废除过时的政策，实行自由贸易，等等。在这个运动中，资产阶级利用了工人阶级的力量，实现了一系列改革：1832 年的议会改革使工业资产阶级开始分享政权；1846 年，废除了谷物法，1849 年，废除航海法，实行了自由贸易政策；1867 年和 1884 年又两次实行议会改革，进一步扩大了选举权；1870 年，实行教育改革，开始推行初等义务教育；1870 年的文官制度改革规定了通过公开考试录用文官的原则。上述改革和其他方面的一系列改革，消除了上层建筑中最腐朽的部分，促进了资产阶级民主制度的发展。

　　第五，推动了科学文化的发展。社会生产力的飞跃发展为社会科学和自然科学的发展提供了肥沃的土壤。在社会科学方面，亚当·斯密（1723—1790 年）和大卫·李嘉图（1772—1823 年）创立了古典政治经济学，阐明了资产阶级经济学的基本原理，提出了劳动价值论；罗伯特·欧文（1771—1858 年）发展了空想社会主义；在文学上出现了以拜伦（1788—1824 年）、雪莱（1792—1822 年）和狄更斯（1812—1870 年）为代表的具有一定人民性的浪漫主义和批判现实主义的文学。自然科学在这一时期取得了很大的成就，其中最有代表性的是达尔文的进化论、焦耳的能量守恒和转换定律等。

　　18 世纪上半叶，英国出现了推动科学技术发明的文化团体，如皇家艺术协会、伯明翰新月会和曼彻斯特文学哲学协会。这后一个组织的成员中有著名化学家道尔顿和空想社会主义者欧文。技术革命的浪潮使资产阶级对科学技术产生了浓厚的兴趣，在 19 世纪上半叶，英国出现了兴建机械学校和工学院的热潮。有名的伦敦大学（1837 年建立）、伦敦大学学院（1826 年）、欧文学院（今曼彻斯特大学的前身，创立于 1851 年）等一大批理工科院校都是在工业革命期间建立起来的。在这些新建的大学里，实用科学被放在首位，扫除了旧式大学脱离实际的陈腐气息。这些学院的建立对推动科学技术的发展和传播起了积极的作用。

工业革命所造成的生产力的巨大飞跃以及生产关系和上层建筑领域的一系列重大变化，标志着资本主义的生产方式在英国最终战胜了封建的生产方式，把社会大大向前推进了一步。同时，资本主义的工业化又不可避免地带来一系列弊病——工人大众的贫困、失业和周期性的经济危机等。而且用工业革命所造就的铁甲船、洋枪、洋炮武装起来的英国侵略军还给亚、非、拉各国人民带来了深重的灾难。

英国工业革命对世界上其他国家经济和政治的发展产生了很大的影响。工业革命使英国成了欧洲和世界的头等强国，它在国际政治中的作用大大加强；工业革命中产生的先进的科学和技术不可能受国界的限制，例如纺织机、蒸汽机、机车等冲破了技术封锁，迅速传到欧洲、北美和其他国家，使这些国家社会经济的发展得到了新的推动力；新的生产方式促进了欧洲大陆上较落后的国家，如奥地利、俄国等国的社会革命，对这些国家的封建制度起到了催化剂的作用。恩格斯在论述奥地利帝国的没落时说："蒸气彻底摧毁了奥地利的野蛮，因而也就摧毁了哈布斯堡王朝的根基。"[①]

---

① 《马克思恩格斯全集》第 4 卷，人民出版社 1958 年版，第 521 页。

法国启蒙运动

李凤鸣

启蒙运动是 18 世纪法国资产阶级发动和领导的一次波澜壮阔的思想解放运动。它的阶级基础是以资产阶级为首的第三等级各个阶级和阶层，它的斗争对象是封建专制制度及其精神支柱天主教反动势力。启蒙运动是法国大革命的前奏，在政治上、思想上、理论上为西方资产阶级与封建势力最大的一次搏斗——法国资产阶级大革命做了充分准备，并在世界近代史上产生了深远影响。

启蒙运动产生的历史条件

18 世纪法国启蒙运动的产生有其历史必然性。在诸多社会历史因素中，法国封建专制制度出现了深刻危机，是爆发这场思想革命的首要原因。

法国自 16 世纪开始出现资本主义生产关系。路易十四以来，随着资本原始积累历史进程的不断深入，法国的封建经济开始解体，逐渐形成严重的经济危机。经济危机主要表现在农村普遍凋敝和政府财政破产两个问题上。

法国本是个农业国家，农业是封建经济的基础。但是到了 18 世纪，在专制王朝、封建领主和教会僧侣的重重盘剥下，法国的农业形势十分险恶。特别是贵族和僧侣兼并土地造成严重恶果，土地大量集中，农民负担沉重。全国土地的 2/3 被总人口不过 34 万的贵族和僧侣占有，占全国人口绝大多数的 2300 万农民却只占有 1/3 土地。农村中大部分是所谓"份地农民"，他们在土地和司法关系上依附封建领主，一些地区甚至还存在更为落后的农奴制。农民除遭受领主残酷盘剥外，还要向国家和教会缴纳人丁税、什一税等各种苛捐杂税。敲骨吸髓的封建剥削，使得农村普遍凋敝，农民纷纷弃家外逃。丰年满目疮痍，荒年饿殍载道。1777 年，法国竟有 10 万名乞丐。一个当时记载的文件说，法国贫苦农民"吃野草，啃树皮，像苍蝇一样地死亡"。总之，此时的法国农村，封建的生产关系与生产力的发展矛盾尖锐，封建专制制度的经济基础遭到严重破坏。

与农村普遍凋敝相应，专制王朝的财政也陷入困境。路易十四穷兵黩武，宫廷贵族纵情挥霍，早已把法国弄得民穷财尽。路易十五为挽救财政破产，任用苏格兰人约翰·劳进行财政改革，兴办银行，滥发纸币以清偿大量国债，又发行西印度公司股票煽动投机热潮，把路易十四以来实行的重商主义经济政策推向极端。结果，约翰·劳的所谓改革在暂时刺激了一下现金流通和信贷发展以后，由于并无充分的工商业基础，纸币迅速贬值，银行在挤兑风潮下倒闭，一些宫廷显贵和大投机商发了横财，许多富有的资产阶级和大量小生产者倾家荡产，法国财政更濒临绝境。孟德斯鸠曾讥讽这一"改革"犹如饮鸩止渴，说路易十五和约翰·劳"以为已使法国恢复了丰腴，实际仅仅使法国肿胀"。从30年代到60年代，法国又参加了历时多年的波兰王位继承战争、奥地利王位继承战争、对英国和普鲁士的七年战争，耗费大量金钱和兵力，结果法国在北美和印度的殖民利益都被英国攫取。海外财源大大萎缩，进一步加重了财政危机。

在经济危机形成的同时，专制王朝的政治形势也日趋黑暗。其主要表现为，在等级森严的封建社会结构中，作为统治阶级的僧侣贵族和世俗贵族，与无权的第三等级广大群众处于尖锐的对立之中。路易十四宣称"朕即国家"，长期实行专制统治，造成无数隐患。路易十五当政以后，王权衰落，行政混乱，机构失灵，贿赂公行，贵族官僚昏庸暴虐，国王公然卖官鬻职，专制王朝呈现一派末日景象。为了维持摇摇欲坠的封建统治，军队和警察残酷镇压此起彼伏的农民暴动和城市起义，恐怖气氛弥漫全国，社会矛盾空前尖锐。

在思想文化领域，为封建专制制度涂洒灵光圣水的天主教会反动势力，肆无忌惮地推行文化专制主义和蒙昧主义，更进一步把法国推入黑暗的深渊。在18世纪，天主教会在法国拥有极大的政治和经济势力，遍布全国的1700余个修道院和其他教会组织，实行无孔不入的神权统治。

散布宗教迷信，煽动宗教狂热，是教会迫害"异端"、控制教徒的重要手段。1762年，法国教会制造的卡拉案就是一个典型事例。这是一桩当时轰动整个欧洲的冤案：新教徒让·卡拉的儿子马克·安东因债务缠身自缢，有人诬告卡拉因安东改宗天主教而将其杀害，教会借机迫害新教徒，宣布安东为殉道者，逮捕卡拉施以各种酷刑，他的其他子女也遭囚禁。同年 3 月 9 日，卡拉被车裂而死，并当众焚尸。

类似的宗教迫害案在当时层出不穷。巴尔案也是惊人的一例：一个 19 岁的青年新教徒德·拉·巴尔被控玷辱了阿倍维耶城一座桥上的木制基督像，巴尔被判处以火刑。教会反动分子丧心病狂地折磨巴尔，拔去他的舌头，砍掉他的右手，然后在广场上将他烧死。

在法国天主教会反动势力中，最反动、最卑劣的僧团是"耶稣会"，它充当了教会血腥统治的急先锋。1759 年，这些穿黑袍的恶棍为了"纪念"查禁《百科全书》，居然专门铸造了一块纪念牌，上刻十字架蹂躏地球仪和科学书籍的图样，并题字——"被蹂躏的无神论者的虚伪和智慧"。由此可见天主教会的思想统治达到了多么疯狂的程度。

但是在近代科学方兴未艾，民主思想四处传播的 18 世纪，天主教会的倒行逆施只能进一步激起进步人士的强烈反对，从而使专制王朝在思想文化领域也陷入了尖锐斗争和深刻危机，而且这方面的危机是促使启蒙运动蓬勃发展的直接原因。

与法国封建制度面临全面危机恰成对照，法国资本主义在 18 世纪迅速发展，资产阶级日益壮大，新的生产力和在法国城乡到处出现的新的生产关系要求突破封建上层建筑的束缚，历史的进程把法国资产阶级推向反封建斗争的社会舞台。封建社会固有的农民与封建主的矛盾和斗争在 18 世纪的法国早已极端尖锐，法国资产阶级日益革命化，更给这种传统的社会矛盾注入了全新的因素，资产阶级开始担当第三等级广大群众反封建斗争领导者的历史角色，使这种传统的斗争发生了质的飞跃，旧式农民没有出路的反封建起义，此时变成了以资产阶级为首的广大人民群众反对封建秩序、创造新世界的自觉斗争。这样，作为西方近代史上最大的一次资产阶级反封建政治斗争的先导，18 世纪法国启蒙运动便应运而生了。

启蒙运动的发展过程

启蒙运动发轫于 18 世纪 20 年代，经历了一个发生、发展和达到高潮的过程，直到 1789 年法国大革命爆发，一场思想革命终于引发为政治革命，加上它的准备阶段，前后近百年，涉及哲学、政治学、经济学、文学艺术、科学教育各个思想领域，先后约有 200 位启蒙学者参加，是西欧近代最壮观的一次文化革命。

启蒙运动的准备阶段早在 17 世纪就开始了。继笛卡儿①之后，17 世纪法国的思想家比埃尔·贝尔②等人，以怀疑论为武器，针对天主教信仰体系发起攻击，对后来许多启蒙学者思想的形成，起了很大作用。特别是他的《历史批判辞典》一书，更产生了深远影响。贝尔提出，天主教道德充满了虚伪和欺骗，而无神论者却可能具有十分高尚的品质，因此一个由无神论者组成的社会是可能的。贝尔的论断，打破了对教会所宣扬的蒙昧主义的盲目信仰，批驳了教士们对无神论者的肆意诬蔑，为 18 世纪的思想战士广为引用。同时，贝尔的朋友、著名科学家丰特涅尔③，也为呼唤新世纪思想风暴的来临作出了贡献。丰特涅尔一生小心谨慎，避免公开抨击封建制度，却致力于传播先进的自然科学知识。他写了《关于宇宙的众多性的谈话》《传说的起源》《神谕的历史》等通俗著作，宣传哥白尼和伽利略的思想、笛卡儿的物理学以及伽桑狄的原子论，对宗教神学和被教会奉为颠扑不破的真理的许多陈腐说教发动进攻，从而用科学思想熏陶了新一代启蒙思想家。

进入 18 世纪，启蒙运动正式展开。发难者是一位造反的天主教神甫让·梅叶（1664—1729 年）。梅叶本是一位默默无闻的乡村神甫，临终留下三卷巨著《遗书》，公开了隐藏多年的真实思想：他坚决否定一切宗教和教会，尖锐批判天主教教义，无情揭露教会与专制王朝狼狈为奸，长期蒙骗、盘剥人民群众的反动本质，号召人民高举无神论大旗，奋起斗争，推翻国王和贵族的反动统治，打碎天主教会加诸法国的精神枷锁。他预言一个没有剥削、没有压迫、没有私有财产的理想社会必将来临。

《遗书》的基本内容表明，批判教权主义和专制制度的根本任务，决定了启蒙运动必然围绕着哲学和社会政治问题两大思想领域展开，梅叶作为它的开路先锋，紧扣运动这一主题，为运动的全过程创造了良好的开端。同时，《遗书》的内容还表明，梅叶不仅激烈反对封建制度，而且反对一切剥削压迫，概括了第三等级中破产农民和早期无产者的阶级要求，从而生动地体现出启蒙运动具有极为广泛的群众基础。

---

① 笛卡儿（1596—1650 年）：17 世纪法国哲学家，二元论者。主要著作有《方法论》《形而上学的沉思》《哲学原理》等。

② 比埃尔·贝尔（1647—1706 年）：法国哲学家，18 世纪法国启蒙运动的先驱。主要著作是《历史批判辞典》。

③ 丰特涅尔（1657—1757 年）：法国科学家，曾长期担任巴黎科学院秘书，贝尔的朋友。

如果说梅叶吹响了新时代的号角，紧接着便有两员大将出现于历史的舞台，这就是伏尔泰（1694—1778 年）和孟德斯鸠（1689—1755 年）。

伏尔泰从 18 世纪 20 年代起投身于反封建的思想斗争，至法国大革命爆发前 10 年逝世，在启蒙运动中积极活动了 60 余年。高寿使他有幸随着运动发展的进程几乎从头走到底，与天主教会和专制王朝进行了不屈不挠的斗争。伏尔泰原名弗朗索瓦·阿鲁埃，出生于巴黎一个富裕的资产阶级家庭。他早年就读于耶稣会的大路易中学。这是一所贵族学校，在学生中维持着封建等级制度，伏尔泰和其他资产阶级子弟受到歧视，这给天资聪慧的少年伏尔泰心灵上留下了创伤，种下了他反抗封建特权的种子。成年以后，伏尔泰以写讽刺诗步入法国文坛。他以封建秩序的讥讽者面貌崭露头角，不敬等级制度，无视贵族门第，针砭时弊，议论朝政，以谈锋犀利和妙语连珠引人注目。因写诗讽刺朝廷和与贵族发生冲突，伏尔泰于 1717 年和 1725 年被两次投入巴士底狱，并于 1726 年被驱逐出境，从此开始了伏尔泰只有少数时间留在国内，大半生逃亡在外的革命生涯。

伏尔泰高举科学、民主两面旗帜，发挥多方面的才华，运用各种形式的思想武器，揭露敌人，教育群众，成为深受人民爱戴的启蒙泰斗。他的著作极为丰富，全部作品有近百卷之多。代表作是 1734 年出版的《哲学通信》。这本书反映了伏尔泰以自然神论形态表达的唯物主义哲学思想和反对教权主义、反对宗教狂热、反对君主专制、倡导英国式代议制君主立宪的政治主张，是他全部启蒙思想最集中、最明确的理论表现。总之，无论从奋斗时间之长和著作数量之巨，还是从斗争范围之广和思想影响之大来说，伏尔泰都是启蒙运动无可争辩的领袖。

孟德斯鸠出身贵族世家，还继承了男爵称号和波尔多法院院长的世袭职务，但他是封建阶级的叛逆者。当大多数像他这样的贵族都在极力维护专制王朝的反动统治的时候，孟德斯鸠却感受到时代精神，投身于资产阶级思想革命的洪流。10 年法院院长的阅历和后来长期而专注的社会考察，使他深刻了解到封建秩序的黑暗、封建法律的弊端和专制制度造成的社会苦难。他通过《波斯人信札》《罗马盛衰原因论》《论法的精神》等著作，一方面无情地揭露、讽喻专制王朝的腐败和僧侣贵族的罪恶，另一方面认真探寻历史发展的规律性，试图从理论上论证专制制度必然灭亡和社会革新势在必行。

孟德斯鸠对启蒙运动的最大贡献，是他具体规划了资产阶级国家的政治模式和各项基本制度，特别是他发展了洛克①的分权思想，建立了三权分立的政治学说。洛克在其政治著作《政府论》中提出，为实行民主和法制，国家机构必须分权，实行立法权、联邦权（外交事务权）和行政权分立。孟德斯鸠发展了洛克的主张，更明确地提出了立法权、司法权、行政权三权分立的原则。他认为立法权应"由人民集体享有"，司法独立，君主享有行政权，但不能超越立法和司法，否则就会形成专制统治。

孟德斯鸠的三权分立学说，虽然具有某些对君主和贵族妥协的内容，是在他所力主的君主立宪制政治主张的框架内设计的，但它解决国家权力机构内部的相互关系的办法周详而较合理，在一定条件下普遍适用于资本主义制度，因而为以后法国、美国等许多资本主义国家的国家机构的建立提供了系统的政治理论和设计蓝图。唯其如此，孟德斯鸠被公认为堪与伏尔泰媲美的启蒙学者。

18 世纪中叶，代表第三等级内不同阶级利益的启蒙学者竞相出现。其中最引人注目的是小资产阶级的思想代表、激进的民主主义者卢梭。

卢梭（1712—1778 年）祖籍法国，出生于日内瓦一个钟表匠家庭。由于家境贫寒，卢梭从青少年时代起就过着饥寒交迫、浪迹天涯的生活。这种经历，使他得以广泛接触社会，体察封建专制统治的黑暗和广泛存在的社会不平等现象，培养了他反对剥削压迫、争取民主自由的革命情绪。卢梭 1741 年来到巴黎，1749 年因应征论文《论科学与艺术》获奖而声名鹊起。在这篇论文中，卢梭提出文明进步造成人类堕落和社会苦难的新奇观点，在思想界引起长期争论。以后十几年，卢梭又连续发表《论人类不平等的起源和基础》《社会契约论》《新爱洛绮丝》《爱弥儿》等几部代表作，建立了一个代表 18 世纪法国平民和小资产阶级利益的思想体系，其核心是反对封建专制制度和社会不平等、倡导人民主权论的激进的民主主义思想。

卢梭不同意霍布斯②等人用社会契约思想为君主专制辩护的观点，认为在按照这种"契约"建立的君主制政体中，"所看到的只是一个主人和一群奴隶，我绝没有看到人民和他们的首领"。他认为真正的社会契约，不是人民向统治者"转让自由"，而是人民与人民自己结成的政治共同体订立契约，

①　约翰·洛克（1632—1704 年）：英国经验论唯物主义哲学家。主要著作有《人类理智论》和《政府论》。

②　霍布斯（1588—1679 年）：英国近代唯物主义哲学家。主要著作有《论公民》《利维坦》《论物体》《论人》等。

因而"人民作为整体来说就是主权者"。这种社会契约并没有摧毁自然的平等，而是把它发展为道德和法律的平等。卢梭强调的是"主权在民"的原则，反对君主专制，倡导民主共和。

在启蒙运动中，卢梭的思想引起了巨大社会反响。他的社会契约论和人民主权论成为第三等级中下层群众的理论旗帜，并在后来发生的法国大革命中一度成为占据支配地位的革命思想，在《人权宣言》和雅各宾专政时期的政策中得到鲜明反映。罗伯斯庇尔本人就是卢梭思想的狂热信徒。

启蒙运动经过伏尔泰、孟德斯鸠和后来卢梭的发动、引导，声势壮大，深入人心，给天主教会和专制王朝政权以沉重打击，影响和教育了广大进步青年，新一代启蒙学者大量出现，18 世纪 50 年代以后逐渐走向高潮。

高潮到来的重要标志，是著名的《百科全书》的编撰和出版。

《百科全书》全名《百科全书，或科学、艺术、技艺详解辞典》，共 35 卷。其中，前 28 卷辞典正文（包括图片 11 卷），从 1751 年第 1 卷问世起，直到 1772 年才出齐。前 7 卷由狄德罗和达朗贝共同主编，第 8 卷到第 28 卷由狄德罗一人主编完成。后来，孔多塞和哈勒等人又续编了补遗 5 卷和索引 2 卷，分别于 1776—1777 年和 1780 年出版，总计历时 30 年。

《百科全书》既是启蒙运动的丰硕成果，又是促进运动深入发展的强大动力。围绕着《百科全书》出版发行所展开的激烈斗争，是启蒙运动全部进程的中心环节，而编撰《百科全书》则为形成和巩固反对封建专制和教权主义统一战线提供了极好的机会和恰当的形式。《百科全书》汇集了当时自然科学和社会科学的最新成果，也团结了思想领域一切反封建的战士。它用科学成果对抗宗教特权；它用民主理想反对专制统治；它沉重打击了封建势力，也对人民进行了深入持久的教育。唯其如此，参加编撰《百科全书》的启蒙思想家，被人们尊称为"百科全书派"。

30 年间，前后参加《百科全书》编辑部工作的有 30 余人，撰稿者多达 160 人以上。这近 200 人的队伍，就是百科全书派的全部阵容。绝大部分启蒙学者都汇集在《百科全书》的旗帜下，团结奋斗，组成了极为广泛的反封建的阵线。其中既有老一代启蒙学者伏尔泰、孟德斯鸠和中途决裂而去的卢梭，也包括自然科学家达朗贝和布封、孔多塞、哈勒，哲学家孔狄亚克、奈戎，文学家马孟戴尔、博马舍以及重农学派的政治经济学家魁奈和杜尔阁等人。百科全书派的核心人物是以狄德罗为首的几位唯物主义哲学家，即狄德罗（1713—1784 年）、拉美特利（1709—1751 年）、爱尔维修（1715—1771

年）、霍尔巴赫（1723—1789 年）等人。他们公开宣扬唯物论和无神论，为《百科全书》奠定了坚实的哲学基础，在批判宗教神学和教权主义的斗争中最坚决、最彻底，是启蒙运动高潮时期的中坚力量。特别是《百科全书》的主编狄德罗，为《百科全书》的编撰出版呕心沥血、艰苦奋斗几十年，在伏尔泰等老一辈启蒙思想家和众多年轻进步学者的支持下，克服各种困难，顶住教会、政府和反动文人几次三番、各种形式的迫害，冲破一道道禁令，终于按计划全部出齐，为法兰西民族建立了一座精神文明的纪念碑。

在启蒙运动高潮中，涌现了一批来自法国资产阶级和从贵族营垒分化出来的上层开明人士，他们企图以经济改革的理论和实践，来挽救危机深重的法国社会，谋求向资本主义社会的过渡和发展。他们力图既不触及封建专制政权，又能克服发展资本主义的重重障碍，确立本质上是资本主义的社会秩序。这就是以魁奈、杜尔阁为代表的资产阶级政治经济学重农学派。

魁奈（1694—1774 年）出生在一个小地主家庭，受到启蒙运动中科学思潮的熏陶，以后成为著名医生。1749 年被任命为宫廷侍医。1752 年被封为贵族。他身居凡尔赛宫，广泛接触政界人士和思想家，对法国政治经济情况比较熟悉。1753 年，他年届 60 岁高龄时，开始转而研究经济问题，并为《百科全书》撰稿。1758 年，魁奈发表了著名的《经济表》，剖析了资本主义生产方式，系统地表述了重农主义经济体系和政策，成为建立重农学派的基本纲领。魁奈认为，经济规律是整个社会自然秩序中的核心内容，经济学是"作为社会制度的基础的伟大学科"。他主张从经济事实出发同科学的抽象相结合，来探寻社会生活中的经济规律。魁奈强调，经济研究的重心应从流通领域移向生产领域。他认为经济学研究的最主要对象是农业生产，因为"土地是财富的唯一源泉"，农业是唯一的生产部门，农业生产是唯一的生产性劳动。魁奈根据重农主义理论，向封建统治者提出了一系列经济改革政策，例如，以资本家向地主租地的方式，发展资本主义大农业，改造封建的自然经济；提倡自由竞争和自由贸易；实行只向地主征税的"单一税"制等。魁奈在晚年领导重农学派积极活动，力图实行社会经济改革。

重农学派另一位杰出代表杜尔阁（1727—1781 年）出生于一个资产阶级化的贵族家庭，受到启蒙思想和魁奈重农学说影响，成为重农主义者。1766 年写成其代表作《关于财富的形成和分配的考察》，系统地阐述并发展了重农主义学说。1774 年他出任财政大臣，大力推行重农主义的改革：取消对国内谷物贸易的限制，建立国内的谷物自由贸易，减少输入城市的粮食税，并把这种税转派到封建特权者身上；以赋税代替徭役，取消农民的徭役义务，代之以向贵族地主征收道路税；实行酒类贸易自由，取消封建领主的专利权。杜尔阁的改革遭到封建特权阶级的强烈反对。1776 年他被免职，全部改革化为泡影。

重农学派最早系统地研究了资本主义生产方式，马克思称之为资产阶级政治经济学的真正鼻祖。

启蒙运动无疑是一场反封建的资产阶级运动。启蒙运动的理论基础、思想主导、矛头所向、领袖人物和基本队伍都说明了这一点。但是它同时又汇集了第三等级中各个阶级和阶层的革命力量，而且运动伊始就显示出，无财产的贫苦群众的思想代表，使这场运动远远超出了资产阶级的狭隘眼界，而具有十分激进的性质。这一特点不仅经过小资产阶级的思想代表卢梭的发扬，极大地影响了后来法国大革命的历史进程，而且还由于运动高潮时期涌现了马布利、摩莱里的空想共产主义理论，而使这场思想斗争的批判精神具有空前的理论深度。

马布利（1709—1785 年）是 18 世纪法国著名的历史学家和政治理论家，出生于一个司法界贵族家庭。他与许多启蒙思想家有联系，哲学家孔狄亚克、《百科全书》副主编达朗贝，都是他的同族兄弟，马布利还与孟德斯鸠等建立了友谊。他的主要著作有《罗马和法国的比较》《根据从 1648 年威斯特伐利亚和约到现在的各项条约建立的欧洲国际法》《希腊史纲》《罗马史纲》《法国史纲》等历史名篇，以及集中反映他社会政治观点的《论公民的权利和义务》《哲学家经济学家对政治社会的自然的和必然的秩序的疑问》《论法制或法律的原则》等。在大量著述中，马布利不仅从政治历史的角度表达了他反对封建秩序的启蒙思想，而且通过讨论现实政治经济问题反映了他的空想社会主义思想。

摩莱里（生卒年月不详）是 18 世纪法国启蒙思想家和空想社会主义者中的一个神秘人物，对这位伟大思想家的情况所知甚少。经过摩莱里著作研究者的多年考证，知道 18 世纪 40—70 年代出版的 8 部著作出于他的手笔：《人类理智论》《人心论》《美的物理学》《君主论》《巴齐里阿达》《自然法典》《路易十四书信集》《伊曼复仇》。这些著作内容涉及哲学、教育、美学、历史、政治、法律等许多领域。

马布利和摩莱里继承了梅叶的政治思想，把反对封建主义推进到否定一切形式的压迫、剥削制度，憧憬一种实行财产公有制度的彻底平等的社会，从而在资产阶级启蒙运动中，从法学的角度第一次用理论的形式表达了早期无产者群众的心声，使启蒙运动的人民性和群众性进一步反映出来。

通过各阶级阶层启蒙学者的宣传和实践活动，通过《百科全书》编撰、出版、发行过程中持续多年的斗争，启蒙运动蓬勃发展，人民日益觉醒，运动所倡导的科学和民主精神深入人心，天主教会受到沉重打击，专制王朝人性丧尽。1778 年巴黎发生的一件戏剧性事件可以充分反映出，启蒙运动由几簇思想火花终于燃起燎原大火的历史辩证法：这一年，曾两次被专制王朝投入巴士底狱、大半生被迫流亡国外的伏尔泰，以 84 岁高龄重返巴黎，受到首都人民的热烈欢迎。群众迎接这位启蒙运动领袖的狂热场面，变成对封建势力的一次声势浩大的示威，极端仇视伏尔泰的天主教会和王朝政府，这次再也不敢将他逮捕或驱逐，生动地预示了一场彻底摧毁封建关系的人民革命风暴即将来临。

启蒙运动的基本特征

18 世纪法国启蒙运动虽然持续时间很长，有几代启蒙学者参加，各个启蒙思想家又有不同的阶级背景、代表第三等级中不同阶层的利益，在许多具体问题上存在各不相同的意见，甚至内部也不断发生争吵、分化和决裂事件，而且由于仅仅是一次思想文化运动，并没有统一的组织，百年之间始终保持着自发性质，但是透过这些表面现象，我们却可以发现这场思想革命具有极为鲜明的历史个性。时代的要求决定了它产生的历史必然性，也同样决定了它发展过程的基本特征。

首先，作为一次资产阶级和第三等级各劳动阶级和阶层的思想代表联合起来共同反对封建势力的运动，启蒙运动近一个世纪的发展从来没有偏离自己的任务，始终如一地把斗争的矛头对准封建专制制度和为这种制度辩护的天主教反动势力。各个启蒙思想家之间尽管有分歧、有争论，但是凡是涉及与封建反动势力斗争，他们总是采取共同行动；各个启蒙学者从不同角度，根据自己在各自研究的文化领域的具体情况和条件，自始至终把主要攻击、批判的矛头对准天主教会和专制王朝，用理论的、文艺的、科学的各种思想武器，与专制主义、教权主义、蒙昧主义、信仰主义斗争。他们高唱"理性"的赞歌，向往"理性的王国"，把封建专制制度比作漫漫长夜，呼唤用理性的阳光驱逐现实的黑暗，消灭专制王权、贵族特权和等级制度，追求政治民主、权利平等和个人自由。

其次，启蒙运动之所以百年之间始终有明确的斗争目标，除历史发展的客观要求这一根本原因之外，各位启蒙学者之间有共同的哲学基础作为各自学说的根据，也是极为重要的因素。在参加反封建思想战线的各位启蒙学者中间，虽然大部分是自然科学家或历史学家、经济学家、文学家，甚至还包括空想社会主义者和某些宗教学者，哲学家人数并不多，但是批判封建统治的精神支柱天主教神学和17世纪唯心主义形而上学的斗争需要，决定了哲学是启蒙活动的主要领域。哲学家构成了启蒙队伍的主力、核心、先锋和领袖。梅叶、伏尔泰、卢梭、狄德罗、爱尔维修等人在启蒙运动中的主导作用，在当时就是公认的。就是那些没有专门哲学著作的启蒙学者，也有着大体一致的哲学信仰。他们的启蒙思想的哲学基础，就是广泛吸收自然科学最新成果和继承笛卡儿的物理学、洛克的经验论而形成的唯物主义的自然观和认识论。这种以伏尔泰，狄德罗、霍尔巴赫等人为代表的唯物主义哲学，有自然神论和公开的无神论两种表现形式，它们不仅在运动发展的不同阶段都成为批判宗教神学的有力武器，而且构成启蒙运动自始至终没有偏离斗争目标的理论保障。如果说在18世纪的法国，哲学革命做了政治革命的先导，那么它首先也做了启蒙运动这场思想革命的先导。

再次，各个启蒙思想家之间不但有基本相同的哲学思想作为理论基础，而且也有大体一致的政治追求作为行动纲领。这一特征，可以从两方面分析。一方面，所有启蒙思想家的社会政治思想，都建立在当时流行的自然法理论之上。无论是伏尔泰、孟德斯鸠、卢梭、狄德罗还是马布利、摩莱里，都根据所谓"自然状态"或"自然法权"论来阐发自己的社会历史观和政治思想，他们之间的真正区别，只是都企图根据同一社会理论论证不同阶级政治理想的合理性和必然性。自然法理论虽然是一种历史唯心论，并没有真正的科学根据，但它是针对宗教历史观而出现的资产阶级反封建革命理论，有其历史进步性。另一方面，除去并列于启蒙学者行列的空想社会主义者反对封建压榨的同时也反对资本剥削，因而具有特殊性之外，其他的启蒙思想家所共同信仰和追求的，都是资产阶级的自由、平等、博爱原则，他们之间尽管存在着主张仿照英国实行君主立宪（伏尔泰、孟德斯鸠、狄德罗等）和打倒君主建立民主共和国（卢梭）之争，但那只是关于建立怎样一种资产阶级政权形式的不同主张，而要用资产阶级专政代替封建阶级专政，即在建立资产阶级的国家问题上，都是一致的。他们之间的分歧是所谓"政体"问题，而不是"国体"问题。

最后，启蒙运动的基本特征之一，还在于这场长期的思想文化运动，不仅有着深厚、广泛的群众基础，而且也是直接面向群众，以整个第三等级的广大人民群众为宣传对象的。启蒙思想家们自觉地以宣传群众、启迪民智为己任。他们宣传科学思想，以广大青年为对象；他们反对宗教狂热和宗教偏执，揭露教会黑暗和教士罪行，也以法国信仰天主教和新教的绝大多数居民为对象。在宣传和教育，即"启蒙"的形式上，他们不仅完成了许多专门的学术性、理论性著作，出版了普及科学知识的《百科全书》，而且面向社会、面向群众，大量出版发行通俗易懂的文章和小册子，并且多方面利用小说、戏剧、诗歌等接近大众的文艺形式，力求让更多的群众受到教育。这些思想敏锐、学识渊博和才华横溢的思想战士，绝大多数都是令后人惊异的多面手。社会政治理论家可以用文学形式写作，而哲学家不但写小说、写长诗，也写剧本。启蒙运动的导师和领袖伏尔泰就是一个典型。他不但在哲学领域由于介绍和宣传洛克的唯物主义而开辟了法国哲学的新时代，著有《哲学通信》《哲学辞典》《形而上学论》等哲学专著；在史学领域因《教会史》《风俗论》和《路易十四时代》而成为举世公认的史学家；而且年纪轻轻就以大量讽刺诗和多部长诗独步法国诗坛；同时又写了许多轰动一时的正剧、喜剧、悲剧和歌剧；而且还创作了 26 篇情节奇特、立意新颖、富于哲理而又精练、隽永、幽默的中短篇小说，成为启蒙文学的杰作，至今享有盛誉。

革命时代的法国资产阶级把实现自己的理想诉诸广大群众，这个阶级的杰出的思想代表甚至真诚地认为自己当真代表着全体人民的利益，这是后来的资产阶级思想家所无法企及的。诚如恩格斯所说："在法国为行将到来的革命启发过人们头脑的那些伟大人物，本身都是非常革命的。"[①] 他们的革命精神，他们追求正义、向往光明的热情，不仅洋溢在他们不朽著作的字里行间，而且也表现在他们相信群众、依靠群众的胆识上。

启蒙运动的历史意义

18 世纪法国启蒙运动犹如一首气势磅礴的历史交响乐，自始至终交织着两个主题：民主和科学，深刻地反映了法国以资产阶级为首的第三等级广大

---

① 《马克思恩格斯选集》第 3 卷，人民出版社 1972 年版，第 404 页。

群众反对封建秩序的时代精神，在社会发展史和人类思想史上，写下了灿烂的篇章，不仅对法国，也对世界近代历史的发展产生了广泛而深远的影响，具有重大历史意义。具体来说，可按如下几个方面概述。

第一，启蒙运动为法国大革命做了充分的思想准备。

18世纪法国启蒙运动是在法国封建专制制度陷入政治、经济和思想文化全面危机的情况下发生和发展的，它是封建专制统治和宗教压迫的直接产物，它批判的对象也是封建制度及其精神支柱天主教反动势力，这种规模宏大、斗争深入的思想革命，必然成为政治革命的先导。在启蒙运动中，形成了系统的、成熟的资产阶级民主革命的理论，启发、教育了广大群众并激起了群众运动的巨浪，涤荡了封建意识，冲击了封建制度，为资产阶级发动武装起义夺取政权创造了理论的、思想的和群众的有利条件。1789年爆发的法国资产阶级革命之所以能在欧洲资产阶级与封建势力的几次大搏斗中表现得最坚决和最彻底，除去有其政治、经济和社会历史的原因之外，启蒙运动为它做了充分的思想准备，是决定因素之一。

第二，18世纪法国启蒙运动是整个欧洲启蒙运动的中心。

近代欧洲各国在完成资产阶级政治革命之前，都经历了启蒙运动的思想变革。文艺复兴就是早期资产阶级的启蒙运动。17世纪进步哲学家、思想家更为18世纪法国启蒙大军扫清了道路，做了准备。但是这些早期的启蒙运动，限于当时的历史条件和阶级条件，活动比较分散，理论不够成熟，反封建带有妥协性。18世纪法国启蒙运动则不同，它的力量雄厚壮大，扫荡封建意识猛烈无情，展示的新思想、新理论绚丽多彩，直接影响和推动了德国、俄国等封建大国中启蒙思潮的传播。在德国，产生了"狂飙运动"，莱辛、歌德、席勒领导的文学革命和康德开启的哲学革命；在俄国，促进了普希金、拉吉舍夫反对封建农奴制的思想斗争和十二月党人的活动；在意大利，诱导、启发产生了许多启蒙社团，它们的主要领导者都自称是18世纪法国启蒙思想家的信徒和学生。

第三，推动、影响了欧洲和北美的资产阶级民主革命。

法国启蒙运动中提出的许多原则和理论，例如孟德斯鸠的三权分立学说，卢梭的人民主权论和许多法国启蒙学者都倡导的平等、自由、民主、博爱和天赋人权的思想，在欧美各国迅速传播，有力地促进了当地资产阶级民主革命的进程。特别是在美国，表现得十分鲜明。法国启蒙运动还在蓬勃展开之际，美国独立战争爆发了，1776年通过的由杰斐逊起草的《独立宣言》，许多思想来自洛克的政治学说，但同时又受到卢梭学说的深刻影响。《独立宣言》宣布：人有生而平等、自由和追求幸福的天赋人权。正是为保障这些权利才建立起政府，而"政府的正当权力是被治理的人民所授予的。任何政府一旦损害到这些权利，人民就有权改换它或废除它成立新的政府"。令人感兴趣的是，《独立宣言》受卢梭影响之深，更可以从这样一个事实看出来：与后来颁布的美国宪法不同，《独立宣言》没有把私有财产权列为人类的"自然权利"，这一思想是与卢梭的学说完全吻合的。

第四，18世纪法国启蒙运动中涌现的哲学和政治理论，是一笔重要历史遗产和人类思想发展史的一个重要环节。

18世纪法国启蒙思想家在哲学领域，把机械唯物主义发展到顶峰，有的人如狄德罗还猜测到某些辩证法原理，对哲学发展作出了贡献，直接影响了德国古典哲学的产生。德国古典哲学就是法国革命的德国理论，它以吸取、改造法国启蒙思想作为出发点，而费尔巴哈的人本主义，更是对法国唯物主义在发展基础上的"复归"；法国启蒙运动中的重农学派，是资产阶级古典政治经济学的创始者，亚当·斯密和李嘉图比较严整、科学的古典政治经济学理论，是吸收和改造了重农学派的基本理论而建立起来的；19世纪初的空想社会主义理论，也源于启蒙运动。圣西门、傅立叶、欧文三大空想社会主义者，不但批判继承了梅叶、马布利、摩莱里空想社会主义思想中的可取因素，而且他们的空想学说也是建立在法国唯物论的理论基础之上的，甚至他们空想学说的根本缺陷（唯心史观）也来自18世纪的启蒙思想。总之，18世纪法国启蒙思想直接影响了19世纪初欧洲产生的三大文化成果，而德国古典哲学、英国古典政治经济学和19世纪初的空想社会主义又构成马克思主义的三个理论来源，可见法国启蒙运动和运动中产生的各种革命理论具有十分重大的历史价值。

当然，法国启蒙运动毕竟是一次资产阶级的思想文化运动，其主流所表达的是资产阶级的要求和愿望，带着深刻的资产阶级的烙印，除去历史的、时代的局限以外，还必然具有阶级的局限性，我们在充分肯定它的进步历史意义的同时，对其理论上和实践上的缺陷也必须有清醒的认识。

18世纪法国启蒙运动所提出的口号、思想和原则，由于其鲜明的反封建性质，在我国也产生过历史的回响。在中国旧民主主义革命过程中，法国启蒙思想家的名著被介绍到中国来，启发和鼓动过不止一代忧国忧民的仁人志士。康有为的维新变法，孙中山的思想和实践，辛亥革命所追求的政治理想，"五四"时期新文化运动对"德先生"和"赛先生"的赞颂，都体现了法国启蒙思想的影响。为了反对封建专制制度，法国的启蒙泰斗伏尔泰、孟德斯鸠等人曾把中国的封建秩序理想化，向法国人民推荐一种经他们极力美化了的"东方的开明政治"；同样为了反对封建专制统治，中国的民主革命先行者们又把法国启蒙思想家的学说奉为救国救民的法宝，东西方资产阶级先进人物思想交往的这一史实，堪称近代史上的一段佳话。

法国资产阶级革命的爆发

梁　平

1789 年 7 月 14 日，巴黎起义人民攻克象征封建统治的堡垒——巴士底狱，标志着法国伟大的资产阶级革命的胜利开始。

18 世纪末的法国大革命是一次最深刻、最彻底的资产阶级革命。它取得了辉煌的胜利和成就，"通过自己的猛烈锤击，象施法术一样把全部封建遗迹从法国地面上一扫而光"①，其影响远远超出法国范围，从根本上动摇了欧洲的封建专制制度的基础，有力地推动了欧洲资产阶级革命及拉丁美洲的民族独立运动。可以说，整个 19 世纪，即"给予全人类文明和文化的世纪"，都是在法国革命的标志下度过的。

这样一次伟大的革命，不是偶然发生的，是法国社会长期孕育着的矛盾的发展和斗争的结果。

人民不愿照旧生活下去

18 世纪，法国资本主义生产关系在封建社会内部有了较明显的发展。在城市，手工工场大量涌现；新兴的工业部门，如纺织、冶炼、煤矿、造船工业出现了集中的大规模生产，并开始使用现代化的机器。里昂的丝织业雇用了 6.5 万名工人，在欧洲首屈一指；奥尔良、鲁昂等地的纺织业已装备每 24 小时可纺棉花 1000 斤的纺纱机。著名的勒克勒佐工厂和阿尔萨斯、洛林的许多炼铁厂已采用了英国式的熔炉。大革命前夕，全国有新式高炉 385 座，年产生铁 10.6 万余吨。1757 年建立的安新煤矿公司雇用了 4000 工人，还安装了 12 架蒸汽机。雇用 50—100 名工人的手工工场更非罕见。商业比工业

---

① 《马克思恩格斯全集》第 4 卷，人民出版社 1958 年版，第 332 页。

发展更快。18 世纪工业生产增加了一倍多，进出口贸易却增加了两倍，对殖民地贸易增加了四倍，对外贸易仅次于英国。各种酒类、布帛、妇女服饰、家具等行销欧洲各地；糖的销售量占世界的一半。波尔多、马赛、勒阿弗尔、南特等城市不仅成为大商港，造船工业也很发达。在乡村，地主、富裕农民不断地驱逐佃农，扩大领地，雇用农业工人，资本主义的农场逐渐增多起来。随着粮价不断上涨，大商人和高利贷者竞相购买或租佃土地，进行资本主义农业生产。

但是，18 世纪的法国仍然是欧洲大陆的一个典型的封建专制国家。国家是建立在封建土地所有制基础之上的。农业生产占统治地位。农业总产值超过工业总产值的两倍半。

当时，社会分为三个等级，以王室为代表的教士、贵族分别构成第一和第二等级。他们人数只有 20 余万，占全国 2500 万人口的 1%，却占有全国 40%的耕地，是不从事生产、专靠剥削劳动人民生活的特权阶级。他们不但享有名目繁多的封建权力，而且把持国家的军政和宗教大权。在教士、贵族中，又依其教阶的高低、门第的大小，分享不等的政治经济权力。他们利用自己的权力，巧取豪夺，过着穷奢极欲的腐朽生活。

不同等级的人可能属于同一个阶级，同一等级的人也可能分属于不同的阶级。特权等级的地位和利益不是完全一致的。在第一等级中，高级教士和低级教士的境遇悬殊。大主教、主教和修道院长是高级教士，他们大多出身贵族①，实际上就是贵族阶级的一部分。高级教士生活豪华奢侈不亚于王公，斯特拉斯堡主教每年收入达 40 万利弗尔。教会每年剥削所得约为 2.4 亿利弗尔，大多数被高级教士挥霍了。低级教士——牧师和副牧师多出身于平民，一般收入微薄，只有 350—700 利弗尔。他们对高级教士心怀不满，在政治上倾向第三等级。在第二等级中，出入宫廷的 4000 家大贵族长年居住在凡尔赛，有的身居要职②，更多的则担任许多挂名职务。他们除了直接榨取农民的血汗，还要领取巨额薪俸，仅国王每年给他们的赏赐，就达 2800 万利弗尔。他们成天打猎、宴客、看戏、跳舞，寻欢作乐，挥霍无度。乡居贵族则日趋破落，生活远非宫廷贵族那样阔绰。他们越是破落，越是穷凶极

---

① 1789 年时，全法国有 143 个主教，全部是贵族出身。

② 1774—1789 年，在法国 36 名执掌中枢要政的大臣中，只有日内瓦的公民内克尔一人不是贵族，可是他也积极主张把女儿嫁给了一个男爵。

恶地压榨农民。也有少数贵族，或者经营资本主义的农场，或者投资于工业或殖民地贸易，他们已经或开始资本主义化了，在经济利益上与资产阶级接近，在思想上也倾向于自由主义。绝大多数高级教士和贵族都竭力维护封建特权和君主专制制度，反对损害特权的任何改革。

资产阶级、城市平民（手工业行东、小店主、帮工和学徒等）和农民是第三等级。他们担负全部生产和纳税义务，无任何政治权利。特别是农民阶级深受封建王朝、教会、贵族的三重压迫和剥削，生活最为悲惨。

2200余万农民是第三等级的基本群众。他们占全国人口的90%，却只占有全国耕地的30%—40%。绝大多数农民没有或缺少土地，但是，名目繁多的苛捐杂税，形形色色的封建剥削压在他们的身上。他们要向地主缴纳贡赋或地租；向国家缴纳人口税、财产税、盐税、烟酒税；向教会缴纳什一税，奉献"圣礼"。地主养的鸽子飞到地里啄食谷物，农民不得轰赶；地主打猎践踏了庄稼，农民不得要求赔偿。否则，就要受到残酷的迫害。领主们巧立名目，对农民进行敲诈勒索和超经济的剥削：例如，农民磨面粉、烤面包、走路过桥都得向领主交磨坊费、炉灶费、桥头费。有的领主强令农民整夜地拍打着沼泽，防止青蛙鸣叫，以免惊醒自己的美梦。当时，法国的农业技术异常落后，还停留在中世纪的水平，两圃制或三圃制又使1/2或1/3的土地处于休耕之中，被剥削的穷困的农民既无兴趣又无能力改进耕作技术和多施肥料。即使是丰收年景，收成除去被剥夺部分，也不足以维持一家温饱；遇到荒年更无以为生。而在整个18世纪，法国荒年又达到1/3之多。加之高利贷的盘剥以及连年的对外战争给农民带来的繁重的兵役和军费负担，往往逼得农民家破人亡。他们迫切地要求得到土地，废除封建义务和贵族特权。

城市平民被称为"无套裤汉"①，也是第三等级中的一支重要力量。他们深受特权等级的压迫和歧视，收入低微，负担着沉重的捐税，生活很困苦。工人每日工作16个小时，所得工资不过1个利弗尔，而每磅面包价值却达4—5个苏。每遇荒年，粮价上涨，更要在饥饿线上挣扎。城市平民对现实强烈不满，渴望着改善自己的处境。

在第三等级中，资产阶级所占人数不多，影响却很大。由于资本主义工商业的发展，资产阶级逐渐壮大了自己的队伍和经济力量，成为国内最富有

①　当时贵族都穿紧身套裤，讥讽平民为"无套裤汉"。

的阶级。波尔多船主波拿斐有船 30 艘，家财 1600 万利弗尔。在巴黎、里昂、马赛、南特、勒阿弗尔及鲁昂等地，到处都有百万富翁。资产阶级迅速增长的经济实力同他们在社会政治上的无权地位的矛盾越来越尖锐。他们进一步发展资本主义的经济活动，受到了封建社会的行会制度、工业法规、关卡、度量衡不统一等的束缚①。资产阶级极力谋求扩大商品、原料市场，取得自由劳动力，发展科学与技术；并迫切希望参与国家政策、法律的制定，从而改变政治上无权的地位。他们同广大人民群众一样，反对封建专制、等级特权，反对宗教迷信、愚昧无知，改造社会的要求日益强烈。

资产阶级分为不同的阶层。其上层是包税人、银行家、高利贷者、军火商等构成的金融资产阶级，也包括转化为地主或买到官爵的资产阶级。他们同封建统治者有着千丝万缕的关系，他们反对革命，只想通过改革参与王政。另一阶层是工商业资产阶级。他们要求经济自由，主张推翻封建专制，自己掌握政权。资产阶级下层即中小资产阶级和自由职业者，如律师、医生、作家、教师等，受启蒙思想家影响最大，最为激进。他们主张实行比较广泛的社会改革，实行民主共和制度。

第三等级中的各个阶级、阶层，尽管处境不同，要求各异，但是，由于共同处于王权、神权和封建特权的压迫之下，他们对现状都感到强烈不满，不愿照旧生活下去了。

早在革命以前，启蒙思想家就代表第三等级的利益，对封建专制制度进行了猛烈的抨击，同时也论证了建立新制度的必要性。法国资产阶级利用他们的理论来反对旧制度，法国封建专制制度已处于即将爆发的火山之巅。

1774 年，波旁王朝国王路易十五死去，年仅二十的路易·卡佩继位，号称路易十六。路易十六是一个昏庸顽固而又犹豫不决的人，整日沉湎于吃喝嬉戏，尤爱打猎和摆弄钟表。他对政事不感兴趣，在国务会上也打瞌睡。在凡尔赛宫里，盛大豪华的宴会、舞会，夜以继日，接连不断；仅供他打猎用的马就有 1800 余匹，马夫 1400 余名，各郡备用的马还有 1200 余匹。王后玛丽·安托瓦内特是奥国皇帝约瑟夫二世的妹妹，为人傲慢轻

---

① 行会制度和路易十四时代遗留下来的工业法规，对手工业作坊使用的工匠和学徒的数目，生产技术和生产规模以及产品的规格等都有严格的限制和规定，政府官吏有权对他们认定的违犯者给予政治和经济上的处罚。这就严重妨碍了手工工场的建立和活动，妨碍了技术的改进和生产的发展。郡与郡之间关卡林立，对转运商品层层抽税，极大地阻碍了国内商品的流通，损害了国内贸易的发展。

浮，嗜好赌博，挥霍浪费，喜欢参与政事，被称为"赤字夫人"。

路易十六即位之初，又遇歉收，粮价暴涨；工商业倒闭，失业人数猛增，全国到处都发生饥民暴动，巴黎和邻近各郡规模更大。贫民冲入市场，自动限制价格。面对社会动荡不安，人民奋起反抗的局面，波旁王朝竭力维护封建反动统治。官吏专横，权贵滥用密札①，人人自危。当时，波旁王朝面临的最大问题还是越来越严重的财政危机。宫廷的浪费，税收制度的不公平和缺乏效能，造成国库年年入不敷出，国债迅速增加。北美独立战争时，法国参加反英战争，又增加 20 亿利弗尔的债务，财政危机更加严重了。据统计，从 1774 年到 1789 年，路易十六统治的 15 年内，国债增加了 3 倍，每年偿付利息就要花去国家岁入的半数以上②。虽然，这期间的几任财政总监（总理大臣）都曾想法进行财政改革，企图增加国家收入，减少浪费，挽救危机，但都因特权等级和王室的反对而失败。

尽管国家财政已濒临破产境地，路易十六仍然挥金如土：为自己和王后买宫堡分别花去 1000 万和 600 万利弗尔；为帮助一个兄弟还债，赐给他 2300 万利弗尔；一个伯爵的女儿结婚，赐给 80 万利弗尔作为陪嫁……1789 年，国债已达 45 亿利弗尔。路易十六走投无路，决定召开已有 175 年没有开过的三个等级的会议，即"三级会议"，希望找到摆脱政治困境，特别是财政危机的办法。波旁王朝不能照旧统治下去了。

奋起攻克象征封建专制统治的堡垒——巴士底狱

1789 年春，全国在群情激愤的形势下举行三级会议代表的选举。1786 年法国同英国签订贸易条约，降低关税，英国廉价工业品大量涌进国内市场，棉、丝织业和呢绒业受到严重打击，工厂纷纷倒闭，20 万工人失业。1788 年又逢小麦歉收，粮食奇缺，面包价格几乎上涨一倍。穷苦人民生活陷入绝境，紧张的政治局面加剧了。许多城市如马赛、土伦、敦刻尔克、埃克斯的市民奋起反对解雇工人和降低工资，要求限定食品价格；有的袭击奸商污吏，开仓夺粮。巴黎工人捣毁工场，上街示威游行，主张"消灭财主！消

---

①　密札是国王颁发的捕人密令，持有密札即可不经审讯便把拘捕的人投入巴士底狱。国王常常把密札出售和赠人。

②　以 1788 年为例，岁入为 50300 万利弗尔，其中 31800 万利弗尔用于偿付国债利息。

灭贵族！消灭投机商！打倒教士！"南特市民围攻市政厅，高呼"自由万岁！"的口号。农民起义也遍及全国，强烈要求分配土地，废除封建租税，取消封建义务和贵族特权。人民在《陈情书》①中充分反映了自己的疾苦和要求。

资产阶级利用人民的革命热情，印发各种小册子和呼吁书，广泛宣传自己的主张。修道院长西哀耶斯的《第三等级是什么？》流传最广、影响最大："第三等级是什么？是一切，然而是受束缚、受压迫的一切。没有特权等级它又是什么呢？仍然是一切，但是是自由而昌盛的一切。没有第三等级什么也不行，没有其他等级一切定会变得更好。"

特权等级各选出 300 名代表，在教士等级的代表中，乡村牧师占 2/3 左右；大多数主教落选，当选者中有 40 名还具有自由主义倾向。在贵族等级的代表中，最顽固的乡村贵族占多数，但也有 1/3 的人倾向于改革，最著名的是参加过北美独立战争的拉法耶特。第三等级选出的 600 名代表全是资产阶级及其知识分子，其中律师约占一半。已投向第三等级的贵族，如米拉波、西哀耶斯等人，被资产阶级排斥而由第三等级选出。

为了获得金融界的信任和支持，有人建议三级会议在巴黎召开，国王坚持要在凡尔赛，"因为便于打猎"。宫廷竭力维护森严的等级制度，即使在细枝末节上也要如此。国王隆重地在办公室接见教士和贵族代表，而第三等级代表则要分批地到他卧室去觐见；规定教士、贵族代表穿着华丽服饰，分坐在国王宝座的两侧，而第三等级代表穿着黑色制服坐在大厅的后面。这些都引起了第三等级代表的不满。

1789 年 5 月 5 日，三级会议在凡尔赛开幕。路易十六致辞，警告各位代表提防革新思想，强调财政困难，要他们设法充实国库。财政总监内克尔在长达三小时的报告中，只讲财政问题，列举了许多数字，竭力掩饰真实情况，说什么国库亏空并不严重，可以用节省开支等办法来解决，闭口不谈政治改革。第三等级的代表感到极大的失望和愤怒。第二天，掌玺大臣宣布，国王希望按照惯例三个等级分别议事，以等级为单位进行表决，这就更引起第三等级代表的强烈反对。因为，照这种方式，就使他们在选举前经过斗争得来的双倍代表名额失去意义，特权等级仍然能以两票对一票的多数来控制

---

① 按古老的选举程序，三级会议开会前须征询人民的意见和要求，由选民写成《陈情书》，交给代表。

会议，阻挠改革。第三等级提出并坚持三个等级合厅开会，共同议事，表决时以人数计算，双方为此僵持了一月多。

全国人民密切注视着三级会议的进展。巴黎居民成群结队地来到凡尔赛，拥挤在三级会议会场的走廊里，支持第三等级代表斗争。在人民群众的鼓舞下，第三等级的代表增添了勇气，经米拉波和西哀耶斯等人的策动，于6月17日毅然宣布单独组成代表全国人民的国民议会，并宣告，如果王朝要解散这个议会，全国就停止缴纳一切捐税。这个决定产生了很大影响，第一等级代表开始分化，低级教士代表两天后加入了国民议会。19日晚，国王以修整内部为借口，封闭会议厅。20日晨，国民议会的代表到会议厅开会，见各门紧闭，周围还有士兵把守着，就转到附近的网球场集会。经穆尼埃倡议，西哀耶斯起草了"网球场誓言"。代表们庄严宣布，国民议会在制成法兰西宪法之前，决不解散。22日，一些高级教士代表和自由派贵族代表也来参加国民议会。23日，路易十六召开御前会议，宣布撤销国民议会的一切决议，命令三个等级分别议事。他威胁说："你们竟在这样美好的事业中把我抛弃，那么，我就只好独自去增进我的人民的幸福，我就只有把我自己看作是人民的真正代表。"他声称："你们的任何草案，任何决议，倘不经我特予批准，即不能具有法律效力。"最后，他命令大家散会。特权等级的代表们遵命离去了，第三等级的代表却怒形于色，坐着不动。大司仪官见此情景，又重申国王命令。正担任会议主席的巴伊回答说，代表国民的议会不能接受命令；米拉波则大声抗议说："回去告诉你的主人，说我们是受命于民才来到这里的，除非刀剑相加，我们绝不离席！"国民议会继续讨论，坚决维护所有决议。米拉波担心会发出密札来对付反对国王和特权等级的第三等级的领袖，提议并由议会通过了议员有人身不受侵犯之权的决议。

特权等级中的代表越来越多地投到国民议会方面，国王最后不得不同意三个等级的代表合厅议事。

国民议会既把制定宪法作为自己的主要任务，遂于7月9日改名为制宪议会。他们试图在制定宪法的基础上，建立资产阶级的国家制度。

三级会议开幕以来，巴黎人民的革命情绪日益高涨，不断举行示威游行。在广场和林荫大道上，特别是在巴勒·罗垭园，经常聚集着许多人，听鼓动家主张变革的演说，议论从凡尔赛传来的新消息。6月25日，巴黎选举人会①的 400 名成员自动集会于巴黎博物院，后来又移到市政厅，商讨如何阻止国王和特权等级的阴谋，并与国民议会取得密切联系。29 日，他们又着手组织有各区居民参加的国民自卫军。30 日，4000 名常到巴勒·罗垭园聚会的人，强力释放了 10 名因抗命而被监禁的国王近卫军，并抬着他们游行。被国王派去恢复秩序的军队高呼"国民万岁!"不愿镇压群众。煽动国王军队造反的活动继续进行着。

路易十六表面屈从于国民议会，6 月 26 日却秘密发出命令，企图调集两万军队到凡尔赛和巴黎，用武力消灭已经露头的革命和解散大逆不道的国民议会。他怀疑法国人的忠诚，尽可能抽调由外国人组成的旅团。革命势力与反革命势力都在积聚力量，准备做更大的较量。

当国王新调的军队到达巴黎之后，已识破阴谋的巴黎人民，立即向议会提出撤走国王军队的要求。7 月 8 日，议会通过了他们的要求；而路易十六竟然嘲弄、威吓地回答议会说：军队调来是保护议会自由的，如果议会对此感到不安，他准备把议会迁到外地去。这无疑对第三等级的代表是火上浇油，当晚，就有 100 名代表来到布列塔尼俱乐部，谋求对抗的办法。

加强了自己军事力量的国王，7 月 11 日，秘密地把赞成改革的内克尔撤职，以著名的反动贵族布勒杜伊代替他。12 日，消息传出，巴黎人民认为这是反革命势力发动进攻的信号，极为愤怒，立刻行动起来了。人们走上街头，举行浩大的示威游行，各集会场所挤满了人，工厂罢工，商店关门，戏院也停止了演出。当得知政府军队在市中心杜伊勒里宫②花园枪杀集合群众的消息时，巴黎人民更是怒不可遏，"拿起武器"的呼声传遍全城，各种身份和不同年龄的公民统统武装起来了。

13 日晨，巴黎上空响起了警钟，全面的武装起义开始了。每个公民都宣称自己是祖国的战士，在自己的帽子上钉上一个绿色的帽徽。他们拿起匕首、长矛、梭镖、木棍向反动的政府军队猛烈地进攻，夺取了一个又一个的街区；冲破了许多监狱，释放了刑事犯除外的所有囚犯；烧毁了各处的关卡，并把各寺院所藏的大批粮食查出运往市场。起义者攻占残废军人院，夺

① 在选举三级会议代表时，第三等级得实行两级选举制，先选出选举人会，再由选举人会选出正式代表。

② 杜伊勒里宫建于 16 世纪，自凡尔赛成为政治中心后，这所王宫不再成为王室居留之所。

取了该院军火库中的 2.8 万支步枪和几门大炮，把自己进一步武装起来。一部分士兵激于爱国热情也转到革命人民方面。到晚上，巴黎大部分地区已掌握在起义人民的手里。这时，资产阶级的代表人物也加紧活动，巴黎选举人会代表到了市政厅，依靠起义声势，迫使旧政府同他们共同组成新的市政府——常务委员会，决议成立国民自卫军，以恢复和维持市内秩序。

在巴黎东南部有一座巴士底狱，1382 年建成，最初为军事堡垒，不久改为王家监狱，专门用以囚禁政治犯。这座阴森可怖的建筑物，由坚厚的城墙和 8 个高大的塔楼组成，塔楼的顶端是 8 个巨大的炮台，炮口对准巴黎劳动人民聚居的圣安东郊区；四周有 25 公尺宽的深水壕沟，只有通过吊桥才能进去。几百年来，它被视为君主专制的象征，为广大人民所痛恨。在巴黎人民起义顺利发展的时候，巴士底狱塔楼上的大炮仍然威胁着整个巴黎。

7 月 14 日，成千上万的起义者，主要是圣安东郊区的工人，手持武器，呼着"打到巴士底狱去！"的口号，奔向巴士底狱，把它重重围困起来。为了避免战斗中的伤亡，常务委员会派出了几名代表，举着表示其为使者的白旗，企图同监狱守备司令官德洛纳谈判，要他们放下武器，交出堡垒。死心塌地为国王效劳的德洛纳竟拒绝投降，下令向谈判代表开枪。起义群众无比愤怒，立即向监狱发起进攻。石工、木工和瓦工很快制成了攻城器械；起义者冒着枪林弹雨，逼近监狱的高墙，架起云梯，英勇地登城。投向起义者的政府军官兵也带来了大炮，对监狱大门进行轰击。守军凭着坚固工事，居高临下，负隅顽抗。经过四个多小时的激烈战斗，起义者牺牲了百余人。他们没有畏缩不前，反而越战越勇。终于一颗炮弹击中吊桥，打断了一条吊索；守军感到绝望，一些瑞士兵和伤残士兵迫使司令官投降。愤怒的起义者潮水般涌进堡垒，打死顽固的敌人，释放政治犯，活捉并处死德洛纳。至此，整个巴黎被革命势力控制。当晚，巴黎人民张灯结彩，欢庆自己的胜利。

巴黎人民攻克巴士底狱，标志着法国资产阶级革命的胜利开始。19 世纪末，法兰西第三共和国决定把 7 月 14 日这一天作为法国国庆日，一直相沿至今。

7 月 15 日，巴黎常务委员会选举了大资产阶级代表巴伊为市长，任命拉法耶特为国民自卫军司令，巴黎的政权转到了资产阶级手里。拉法耶特在这一天还下令拆毁巴士底狱；人们在其废墟上竖起一块书写着"这里埋葬了巴士底狱”的木牌。17 日，他又决定采用三色①帽徽作为国民自卫军的徽章。国王被迫恢复内克尔的职务，承认新的市府和国民自卫军。7 月18 日，国王亲自到巴黎从巴伊手上接受三色革命帽徽。这实际上是承认其权力的消失。

巴黎革命的消息传出之后，各大城市如里昂、波尔多、斯特拉斯堡等，平民纷起效法，攻打市政厅，捣毁税卡，组织常务委员会，建立国民自卫军。特权等级丧魂落魄，许多人逃亡国外。各地农民起义更是风起云涌。有的攻打领主城堡，捣毁庄园、寺院；有的烧毁封建契约，宣布取消租税和强加的封建义务；有的分配贵族霸占的草地、山林。全国人民掀起的革命风暴，从根本上动摇了封建制度，巩固并发展了巴黎人民革命的胜利。

君主立宪派登上新的统治宝座

1789 年 7 月 14 日以后，制宪议会实际上成为全国最高的行政和立法机关；左右大局、操纵议会的是第三等级的代表。在第三等级的代表中，起主导作用的是代表大资产阶级和自由派贵族利益的君主立宪派。其中最重要的人物有米拉波、拉法耶特、巴纳夫、拉默等人。他们希望通过议会，迫使国王改变专制制度，取消封建特权，制定宪法和改革税制。这同人民的部分愿望是相符的。

这一年的夏天，农民起义浪潮高涨，迫使制宪议会首先注意农民问题。8 月 4 日，议会彻夜开会，讨论关于废除封建义务的问题。许多教士和贵族慑于形势，纷纷表示，为了“祖国”和“正义”，愿意“牺牲”自己的权力。8 月 4—11 日，议会陆续通过决议，宣布取消农奴制度、教会什一税、特权阶级免税权，以及领主法庭、行猎、鸽舍、兔圈等封建特权。“八月法令”打击了封建制度，是革命初期的重大成果，但是没有废除封建地租、没有解决农民最关心的土地问题。这反映了君主立宪派的保守性，他们并不愿意彻底消灭封建制度。

8 月 26 日，制宪议会通过了著名的《人权宣言》。这个资产阶级反封建的纲领性文件宣称：“在权利方面，人们生来是而且始终是自由平等的”；

---

① 三色中之白色代表王室，而蓝红二色则代表巴黎市。这说明，当时人民仍然是忠于王室的。

"自由、财产、安全和反抗压迫"是"人的自然的和不可动摇的权利";"每个公民都有言论、著述和出版自由"①;"法律是公共意志的表现","在法律面前,所有的公民都是平等的"。宣言提倡人权和法治,从根本上否定了"王权神授"和封建特权;宣布了资产阶级自由、平等,以及"主权在民"和"三权分立"的民主原则,第一次用法律的形式把法国启蒙运动思想家的思想确定下来。宣言在打击封建制度、限制王权、进一步启发人民革命意识等方面都起了重大的作用,在封建制度尚占统治地位的欧洲大陆产生了广泛和深远的影响。

《人权宣言》规定私有财产是"神圣不可侵犯的","任何人的财产不得受到剥夺",确认了财产的不平等,不仅首先维护了资产阶级的经济利益,而且维护了第一、第二等级的财产。这说明了资产阶级革命不过是以新的剥削制度代替旧的剥削制度,将以财产的不平等代替从前基于出身不同的不平等。宣言所强调和保护的"一切人"的"权利""自由""平等",在资本主义的历史条件下,只能是虚伪的。

随着革命的发展,以国王为首的封建统治者惊恐万状,加紧反革命阴谋活动。路易十六为了分化瓦解革命队伍和拉拢君主立宪派的实力人物拉法耶特等,8月4日任命拉法耶特的三个亲信为内阁大臣,还在致议会的信中说什么:"我所以把他们从议会中选拔出来,为的是向你们表明我要同议会保持一种最可信、最亲近的协调关系。"可是,在议会通过"八月法令"和《人权宣言》之后,他又拒绝批准。不仅如此,这个善于玩弄两面手法的国王又于9月14日秘密调集军队,准备发动新的反革命政变——武力解散议会。10月1日,国王和王后,在凡尔赛举行盛大宴会,欢迎反动军官。在宴会上,军官们把三色帽徽掷在地上践踏,佩戴起白黑徽章②声称要置革命人民于死地。

这时,巴黎继续出现粮荒,物价不断上涨,家庭主妇买面包每天都要排队几小时,人心浮动。当国王阴谋武装镇压革命的消息传出之后,又一次被激怒的巴黎人民立刻行动起来。10月5日,缺乏面包的妇女成群结队,高呼"面包!面包!"冒雨奔向凡尔赛。她们说:"我们去找面包房老板、老板娘

---

① 《人权宣言》没有涉及结社、信仰等自由,有的学者认为,是由于许多代表对教会、等级制和行会制怀有仇恨所致。

② 白色代表国王,黑色代表王后。

和小老板。"① 沿途，又有成千上万的妇女和男人加入队伍，形成一支浩浩荡荡的革命大军。他们到达凡尔赛，冲进了制宪议会会场，包围了王宫。当时，国王在外行猎未归，群众同王宫卫队发生了冲突。消息传出后，巴黎国民自卫军纷纷赶来支援妇女的斗争；君主立宪派控制的制宪议会竟命拉法耶特随同前去，以防止群众和国民自卫军的"过激"行动。在革命人民的压力下，行猎归来的国王立即召集议会。晚11时，神志颓丧的路易十六批准了"八月法令"。此时，局势似已平静下来。但次日清晨，王宫卫队竟开枪打死一名国民自卫军。群众大为愤怒，奋起攻入王宫，搜寻、处死罪犯。国王被迫并在拉法耶特的护卫之下来见人民群众，答应批准《人权宣言》。群众高呼"国王到巴黎去！国王到巴黎去！"路易十六不敢抗拒，只好携带家小，在群众的包围、押解之下到了巴黎。两天之后，制宪议会也迁到巴黎。经过这一事件，巴黎人民不仅又一次粉碎了国王的反革命阴谋，而且使国王和议会处于自己直接监督和控制之下，巴黎作为革命中心的地位大大加强。

革命向前发展了，反革命势力并没有因此而停止活动。7月14日革命和10月5—6日事件之后，都有大批王党分子和贵族逃出巴黎和法国，许多人麇集在德法边境，科布伦次成了反革命巢穴。他们在普鲁士、奥地利等封建王朝的支持下，积极组织力量，企图卷土重来。10月5—6日事件后，路易十六立刻派出密使到马德里，要求从弟西班牙国王查理六世对法国革命进行干预。他在信中宣称：凡是他在革命人民压力下所干的一切事情和签署的一切文件均属无效。与封建统治阶级有着千丝万缕联系的君主立宪派也被10月5—6日事件吓得丧魂失魄，认为人民的革命行动对自己的统治是一个严重威胁。他们明显地朝右转了。米拉波被国王收买，拉法耶特也在暗中讨好王室，讷于言辞的西哀耶斯在议会里更加默不作声了。

但是，迅速发展的形势使人民的革命情绪越来越高涨，许多革命团体越来越活跃。在革命团体中影响最大的是雅各宾俱乐部。1789年初冬，制宪议会的部分代表经常在巴黎雅各宾修道院聚会。他们组织的政治团体叫"宪法之友社"，通称为"雅各宾俱乐部"。1790年，它的成员超过千人，在主要城市和许多市镇都有地方组织。雅各宾俱乐部的成员异常复杂，既有拉法耶特、米拉波等为代表的君主立宪派分子，也有布里索、佩迪昂等为代表的工商业资产阶级分子，更有罗伯斯庇尔、马拉等为代表的资产阶级革命民主派

---

① 指去找国王、王后和王子。

分子。随着革命的深入，雅各宾俱乐部的内部斗争也愈演愈烈，经过两次分裂，最终成为革命民主派的组织。

另一个重要革命团体是 1790 年夏成立的"人权与公民权之友社"，因其成员常在哥德利埃修道院集会，又被称作哥德利埃俱乐部。它的成员多半是小资产阶级，比雅各宾俱乐部更接近人民群众，在镇压反革命的运动中起过很大的作用。哥德利埃俱乐部的主要活动家有埃贝尔、德穆兰等。马拉和丹东也是它的领导人。

还有一个最激进的革命团体叫作社会俱乐部，是巴黎平民的组织。它在自己的机关报《铁嘴报》上提出，人人应有土地，但谁也不准有多余的东西，反映了小资产阶级的平均主义思想。

在 10 月 5—6 日事件和革命团体的推动下，制宪会议加紧了宪法的制定工作。1789 年底宪法的基本条文已经拟定，虽然还未经国王批准，但议会却根据它的精神于 1790—1791 年，先后通过法令，进行一些有利于资产阶级统治和扫除资本主义发展道路上的障碍的改革：确定新的行政区域，把全国分为 83 个省，建立 4.4 万个公社；取消了内地关卡和地方苛捐杂税；规定地方政权由选举产生；废除世袭贵族制和爵位；没收教会和逃亡贵族的土地；取消行会和它的法规；免去教会管理登记出生、死亡和结婚的职权，主教牧师由选举产生，并要宣誓效忠于宪法。

然而，制宪议会也作出决定，重申八月法令所规定的没有赎买的份地，贡赋必须照常缴纳；规定按大面积出售没收来的土地，地价要在 4 年内付清，这使绝大部分土地落入资产阶级手中。它通过议员勒·夏珀利埃提出的所谓《勒·夏珀利埃法》，宣布一切工人罢工、集会或结社均属非法，违者要受严厉的惩罚。特别是由君主立宪派极力主张并强制通过的"1791 年宪法"竟规定：法国是君主立宪制国家，国王是国家最高行政和军事长官，有权任命大臣、军官，对议会决议有暂时否决的权力。它还依据财产的多少，把全国居民划分为"积极公民"和"消极公民"，剥夺了占人口 85% 的受封建主义压迫最深的贫苦人民，即所谓"消极公民"的选举权和被选举权。这部宪法是《人权宣言》的倒退，充分反映了君主立宪派的妥协性和动摇性。

1791 年 9 月 30 日，制宪议会因宪法的制定、颁布而宣告结束。新的立法议会于 10 月 1 日诞生。在两年多的急风暴雨般的斗争中，封建制度和特权受到了严重的打击，资产阶级的统治和秩序逐渐确立起来。但是，由于掌握革命领导权的君主立宪派并不希望彻底消灭封建主义，他们在迅猛向前发展的革命形势面前，惊慌失措，千方百计地采取种种措施，抑制广大人民的革命行动。君主立宪派的倒行逆施势必遭受劳动人民及资产阶级革命民主派的严厉批判和激烈反对。新的更为深刻、彻底的反封建斗争的来临是不可避免的。

法兰西共和国的成立和吉伦特派执政

何　临

　　1792 年 9 月，法兰西共和国的诞生和吉伦特派统治的建立，是 18 世纪法国资产阶级革命中的重大事件和重要阶段，是 1789 年 7 月 14 日攻克巴士底狱而开始的革命的深入和发展的必然产物，标志着法国几百年封建君主制和三年君主立宪制的倾覆。

革命战争的爆发

　　1789 年 7 月 14 日革命后的两年中，制宪议会所进行的一些社会政治改革，特别是"1791 年宪法"（草案），虽然向封建统治阶级作了巨大的妥协和让步，但是并不能缓和这个阶级及其总代表路易十六国王对革命的极端仇恨，他们企图勾结外国封建统治者镇压法国革命的卖国行径从未中断。1791年 6 月 20 日夜，经过周密策划，路易十六全家化装溜出王宫，乘坐轿式马车，逃出巴黎，向东北边境急进，打算逃往比利时，率领流窜的保皇军和外国干涉军一同打回法国。车到瓦伦，路易十六被当地驿站站长认出。于是，警钟敲响了，人民群众拿起武器，从四面八方蜂拥赶来，国王一家被扣留后押回巴黎。

　　国王逃跑是一个严重的反革命事件，激发起法国全国，特别是巴黎人民的极大愤怒。在巴黎，国王逃跑的消息一传出，群众即行动起来，攻入王宫。他们捣毁了市内几乎全部的国王塑像，涂去了街道、建筑物和招牌上的"王家"字样，一致要求废除和审判国王。哥德利埃俱乐部 21 日就通过宣言，指出王权是同自由不相容的，要求立即成立共和国。社会俱乐部的《铁嘴报》载文大声疾呼，即使保留国王的影子，也会使革命的成果化为泡影。工商业资产阶级的重要代言人布里索宣称，路易十六自己破坏王权，国王同宪法已是不相容的了。要求废除君主制建立共和国的民主运动迅速席卷全国。

制宪议会中资产阶级革命民主派代表罗伯斯庇尔等人支持革命群众的要求，但是控制议会的君主立宪派害怕审判国王和废除君主制，将进一步促进人民革命的发展，否定自己保持君主制的政治纲领，从而危及自己的统治，便竭力为国王辩护。他们编造谎言，并强制议会通过声明，说什么国王是被"拐带"走的，而非叛逃，决定不予追究。由于在处理国王逃跑事件上的分歧，雅各宾俱乐部发生了第一次分裂。君主立宪派退出，另外组成了斐扬俱乐部①，其代表人物是拉法耶特、巴纳夫、拉默等人。

制宪议会关于国王逃跑事件的处理，对愤怒的巴黎人民来说，无异于火上浇油。7 月 17 日，近万名群众和革命俱乐部的成员在马尔斯广场集会，坚持要求审判国王，实行共和制度。制宪议会竟然派拉法耶特率军队前往镇压，向手无寸铁的人民群众开枪，当场打死 50 余人，打伤数百人。

9 月，制宪议会在君主立宪派的操纵下通过，并呈请叛逃未遂的国王路易十六签署了"1791 年宪法"。这个宪法宣布法国为君主立宪制国家，国王掌握国家行政和军事大权，有权暂时否决议会决议和对外宣战等。马尔斯广场事件和"1791 年宪法"的颁布，证明代表大资产阶级利益的君主立宪派已公开同封建势力妥协，叛卖革命。

按照宪法的规定，制宪议会于 1791 年 9 月 30 日解散，新选出的立法议会于 10 月 1 日开会。

立法议会有 745 名议员。其中，代表大资产阶级利益的斐扬派 264 人。他们控制着议会的领导权，满足于君主立宪政体，力图把革命限制在"1791 年宪法"的范围内，是立法议会中的右派。雅各宾派 136 人，是议会中的左派，但内部并不统一。其中，以布里索、佩迪昂为首的吉伦特派②是温和派，代表工商业资产阶级的利益。以库东、卡尔诺等人为首的山岳派③，是激进的民主派，他们接近罗伯斯庇尔④，人数虽少，但能代表人民群众的利益和要求，在议会外有广大群众的支持。议会里中间派最多，有 345 人。他们变

---

① 在斐扬修道院集会，故名。
② 因代表多由吉伦特省选出而得名。
③ 因在会场中所坐位置在较高的地方，故名。
④ 制宪议会决定它的议员不得当选为立法议会的代表，故包括罗伯斯庇尔在内的许多活动家未能参加立法议会。

化无常，总是跟随着最有势力的党派行动。在立法议会初期，他们站在右派一边。

立法议会一开始就面临着非常严重和复杂的政治局面。既要对付流亡的王党分子和贵族，又要处理国内的叛乱和骚动。战争危机更成为议会讨论的中心问题。

法国 1789 年 7 月 14 日革命的胜利以及《人权宣言》的发表，使欧洲各国封建统治者胆战心惊。他们害怕本国人民以法国为榜样，起来推翻自己的封建统治。随着法国革命的深入发展和影响的不断扩大，他们的仇恨也越来越加深，一直在积蓄力量，伺机出兵，镇压法国革命。路易十六逃跑事件发生以及因此而引起的群众运动高涨之后，8 月，奥地利皇帝和普鲁士国王联合发表宣言，公开号召欧洲各国反动派干涉法国革命，"挽救"法国国王并恢复其在法国的绝对统治。

面对外国干涉者的战争威胁，法国人民情绪激昂，纷纷要求武装起来同敌人决一死战。在立法议会中，代表大资产阶级和自由派贵族利益的以拉默兄弟为首的斐扬派反对对外战争。他们执掌政权，是既得利益者，害怕战争失利而危及自己的统治地位。代表工商业资产阶级利益的吉伦特派主张战争，他们希望利用战争扩大国内外市场，更希望通过战争把爱国的人民争取到自己一边，进而夺取政权。山岳派也反对战争，主张首先镇压和肃清国内的敌人，因为只有巩固了后方，才有力量反抗外来的干涉者和侵略者。

吉伦特派的对外战争的主张，正同王室的阴谋相吻合。法国革命发生后，路易十六一直秘密勾结欧洲各国封建势力，妄图借刀杀人，利用外国反动势力扑灭革命之火。立法议会开幕的前夕，即 1791 年 9 月 18 日，王后玛丽·安托瓦内特在给其兄奥国皇帝约瑟夫二世的信中说："被武力摧毁的一切，现在只有用武力才能恢复。"当立法议会对战争问题展开辩论的时候，路易十六一面公开支持吉伦特派的主张，竭力煽动战争，说什么外国干涉的威胁使得他这个"代表国民的"国王"受到了侮辱"；一面暗地加紧同各国封建统治者勾结。12 月 3 日，他给普鲁士国王威廉写信，说："我刚刚致函皇帝（指奥地利皇帝约瑟夫二世）、俄国女皇、西班牙和瑞典国王，向他们说明，以武力为后盾的全欧列强会议，是阻止法国乱党的最好方法。这样才可以恢复我们所希望的秩序，以免使祸害法国的罪恶殃及欧洲其他各国。"同月 14 日，他又给各国君主写信，迫不及待地要求他们出兵进攻法国。资产阶级民主派识破了主战派的阴谋。罗伯斯庇尔 1792 年 1 月 2 日在雅各宾俱乐部演说时就曾一针见血地揭露：只有亡命之徒和宫廷的阴谋家希望战争，他们妄图借战争和外国武装干涉压服人民。

为了尽快地挑起战争，1792 年 3 月，路易十六免去了斐扬派内阁，任命主战的吉伦特派组成新内阁。4 月 20 日，法国立法议会正式对奥地利宣战。不久，普鲁士加入奥地利一边对法作战。从这时起，战争断断续续地进行了20 余年，震撼了整个欧洲。

战争虽然是由法国首先宣布的，但是对法国人民，它是一场保卫革命、保卫祖国的正义战争。列宁曾指出，当时法国的"全体人民，特别是群众即各被压迫阶级，都充满着无限的革命热情；大家都认为当时的战争是正义的自卫战争，而且事实上也是这样。革命的法国抵御了反动君主制欧洲的侵犯"①。

8 月 10 日起义

战争爆发时，聚集在比利时边境的法国军队有 10 万人之多，与之对峙的奥地利军队只有 4 万人，普鲁士还没有做好战争的准备。如果法军积极发动进攻，战争可望迅速取得胜利。但是，由于法军仍然是旧的军队，缺乏战斗力，尤其是控制军队的将领和军官大多是贵族出身，其思想感情都是倾向封建专制制度和敌视革命的，他们不愿执行进攻的命令，有的还趁机叛逃，或故意向敌人提供便利，法军或者一触即溃，或者没见到敌人就慌忙退却。与此同时，国内的反革命分子却大肆蠢动起来。国王暗地里阻止制造、运送前线急需的军用品；王后偷偷地把法军的作战计划送给奥地利；反动分子竭力攻击和迫害主张保卫革命、保卫祖国的以罗伯斯庇尔、马拉为代表的资产阶级民主派。路易十六既然已达到挑起战争的目的，6 月，又解散吉伦特派内阁。重新上台执政的斐扬派这时便公开走上叛变革命的道路。负责前线指挥的拉法耶特竟丢下军队，只身跑回巴黎，到立法会议上叫嚷解散革命俱乐部。

法军节节败退，奥军进入国境，革命处于危险之中。法国人民义愤填膺，紧急行动起来，坚决要求抗击敌人，扭转日益恶化的军事形势。马拉、罗伯斯庇尔、丹东等人大声疾呼，要求并鼓励全国人民团结一致，为拯救祖

---

① 《列宁全集》第 25 卷，人民出版社 1963 年版，第 352 页。

国而战斗。在雅各宾派内部，山岳派和吉伦特派之间，也放弃分歧意见，共同谴责斐扬派内阁，主张立即惩治拉法耶特。在人民群众和革命力量的压力下，立法议会于7月11日被迫宣布"祖国在危急中"的法令，动员人民武装起来，保卫祖国。巨大的爱国热潮迅速席卷全国。巴黎人民几天之内就组织了1.5万人的义勇军，各地人民也纷纷组成义勇军，开赴首都和东北前线。马赛义勇军一路高唱《莱茵区军歌》奔向巴黎。这支歌就是著名的《马赛曲》，它很快成为一支风行的战歌，激励着法国人民奋起保卫祖国。在后来的第三共和国时，它被定为法国国歌。

各地义勇军到达巴黎后，人民的革命和爱国热情更加高昂了。资产阶级民主派深知要打退外来敌人，必须消灭国内的反革命势力，必须推翻叛卖祖国和革命的斐扬派统治。罗伯斯庇尔揭露立法议会在对敌斗争中的失职，要求废除国王，另行选举国民公会代替立法议会。丹东发表演说，主张取消"积极公民"和"消极公民"的区分。雅各宾派废除国王、建立共和国的号召，得到人民的热烈响应。7月17日，山岳派在立法议会上宣读了一份由590多名义勇军签名的请愿书。请愿书要求废除王权，审讯拉法耶特，撤换并惩办忠于宫廷和忠于拉法耶特的各省政府。巴黎各区也积极行动，有的自行宣布废除"积极公民"和"消极公民"的区别，有的发表宣言说："我们需要一个至今还未有过的政府……在这个政府里，一切都是由人民自由来做或是为了人民而做的。"

就在法国，特别是巴黎人民掀起新的民主共和国运动高潮的时候，普、奥联军总司令、普鲁士将军不伦瑞克公爵，于7月25日以奥皇和普王名义发表了一个宣言。他在这个由法国亡命者起草的宣言中狂妄地叫嚣，联军的目的是"结束法国内部的无政府状态，制止对王位和教会的攻击，重建合法权力，恢复国王被剥夺了的安全和自由，并且协助国王得以行使他原有的合法威权"。他命令"巴黎城及其全部居民一律均应立即顺从国王"。他警告说："如果国王、王后及王族稍受侵犯"，就要给予"永志不忘的惩戒"，就要"彻底毁灭"巴黎。不伦瑞克宣言充分暴露了欧洲封建统治者仇恨法国革命，粗暴干涉法国内政，妄图恢复法国封建专制制度的野心。他的威胁言辞，不仅未能吓倒英雄的巴黎人民，反而更加激怒了他们，促使他们再次奋起进行武装起义，加速了法国王权的倾覆。

资产阶级民主派的代表人物在情绪激动的人民中间开展了巨大的宣传和组织工作。马拉在自己创办的《人民之友》报上揭露了宫廷的反革命行径，要求逮捕国王和王后。他的文章在群众中引起了强烈的反响。罗伯斯庇尔领导的雅各宾俱乐部，鼓动立即解散立法议会，召开由普选产生的国民公会。他还团结了在巴黎的义勇军，组织了秘密的起义指挥部，并派人到巴黎各区发动群众。武装起义的准备工作在顺利地进行着。

格拉维利尔区首先向立法议会发出警告："立法者们，我们本来把拯救祖国的荣誉给了你们；如果你们拒绝这样做，那么，为了祖国安全，我们就要自己动手了。"8月4日，肯兹—文教区宣布：到9日晚11点，如果立法议会还不肯废除国王，就要"吹起集合号，立即起义"。但是期限到了，立法议会并没有表示态度。于是，肯兹—文教区便正式发出了武装起义的号召，许多区立刻作出了响应。半夜12点，法兰西剧院首先敲起了警钟，武装起义的烈火迅速燃遍了全城。

1792年8月10日晨，巴黎28个区的代表在武装群众的簇拥下来到市政厅，宣布旧的市府被推翻，并正式成立了巴黎公社①。公社任命山岳派的桑载尔为新的国民自卫军司令。他立即率领自卫军和起义队伍向王宫挺进，途中与国王的瑞士卫队发生了激烈的战斗，随即攻入王宫。国王路易十六携带家属仓皇逃往立法议会，乞求保护。当时担任议会主席的吉伦特派分子维尼奥竟然向国王保证，议会要坚决保卫"合法的权力"。就在这时，巴黎公社的代表也赶到了立法议会。他们要求马上废除国王，解散立法议会，召开普选产生新的议会。在革命群众的武力压迫下，立法议会被迫通过国王暂时停职、召开国民公会的决议。国民公会的代表由年满21岁的公民选举产生。8月10日起义胜利了！

8月10日起义的胜利，推翻了法国几百年来的封建君主制和三年来的君主立宪制。维护君主政体的立宪派的统治结束了。"1791年宪法"也被取消。法国革命向前发展了。

起义胜利后，巴黎公社承担起了保卫革命、抗击外国侵略的重任。它不仅逮捕了8月10日前当政的斐扬派部长，封闭了王党的报刊，对可疑分子进行了监视，而且还发出了征募志愿军的号召，短期内组成了3万人的军队。根据公社的命令和动员，巴黎周围筑起了堡垒，教堂的铁栅栏、大钟和铜像被销毁并改铸成大炮，许多房屋变成了制造武器的工场，妇女积极参加

---

① 法国拥有自治权的城镇政府机关通称公社。为了区别于1871年的巴黎公社，有人把这次成立的巴黎公社译为巴黎市府。

缝制军衣等工作。公社实际上成为与立法议会并行的政权机关。

不伦瑞克发表宣言之后，指挥普奥联军 10 余万人，于 7 月 30 日分三路发动进攻。8 月 16 日普军进入法国国境，9 月 1 日（一说 2 日）攻占凡尔登，打开了通向巴黎的大门。在这紧急关头，巴黎公社发出了战斗的号召：公民们，拿起武器来！敌人已经到了我们的门口，一切爱好自由的人们今天必须站在一个旗帜之下。我们要立即组织 6 万大军，同敌人决一死战。丹东也发表重要演说："我们必须勇敢、勇敢、再勇敢，法国才能得救。"巴黎人民热烈响应号召，义勇军整装待命，准备开赴前线。这时，普瓦松尼埃区向巴黎各区呼吁："立即裁决在押的为非作歹和阴谋叛乱的人。"于是，义勇军在出发之前，首先处决了那些在押的犯人。9 月 2—5 日，群众自发起来，惩办了大批反革命分子和嫌疑分子。虽然这个自发的革命恐怖行动，打击面过大，有的混淆了性质，有的本来可以从轻处理。但是，它对打击反革命势力、巩固革命的后方起了巨大作用。

义勇军迅速开赴前线。9 月 20 日，法军在凡尔登附近的瓦尔密高地，两次打退普军的进攻，迫使他们后退。这次战役尽管没有使普军受到重大损失，从军事上看，并非战略性的重大胜利，但是，它是法国反对外国武装干涉的第一次胜利，大大鼓舞了革命人民的斗志和信心。从此，战争的主动权转入法国手中。几天以后，法军开始反攻，突破比利时边界。11 月，法军又击败奥军，攻入中莱茵区。在南方，法军也进入萨瓦。敌人全部被逐出法国领土。法国封建特权阶级倚仗外力复辟的幻想遭到毁灭性的打击，法国革命得救了。

在义勇军开赴前线的同时，全国几乎以普选的方式进行了国民公会代表的选举。吉伦特派得票最多，布里索、维尼奥、孔多塞、佩迪昂都当选了。许多大城市，特别是巴黎人民拥护山岳派，他们选举出了罗伯斯庇尔、马拉、丹东、圣茹斯特、库东等人。斐扬派遭到了人民的唾弃，一个也没有当选。就在瓦尔密战役的捷报声中，9 月 21 日，新选出的国民公会在巴黎开幕。根据人民的意愿，会议一开始，首先讨论了废除君主政体、实现共和的问题。雅各宾派的格勒瓜尔在发言中说："国王们之于精神，一如魔鬼们之于身体。宫廷是罪恶制造所，是腐化之源，是暴君之巢穴。国王们的历史便是国民受残害的记录。"废除君主政体案在代表和旁听者的欢呼声中通过。当晚，借着火炬的光辉向巴黎群众庄重宣布。次日，国民公会又通过成立共和国的决定。这就是历史上的法兰西第一共和国。国民公会公布革命历法，以 9 月 22 日为新纪元的开始。这一年称为自由第四年，即共和元年。

吉伦特派的统治

在国民公会的 750 名代表中，吉伦特派约占 200 名，坐在会场的右边，这时已变成国民公会的右派势力；山岳派约 100 名，坐在会场的左上方，是左派力量。其余代表属中间派，称为"沼泽派"或"平原派"。初期，由于得到代表中等资产阶级利益的沼泽派的支持，吉伦特派在国民公会中占据优势和统治地位①，从而也把持了国家的行政大权。

吉伦特派借助议会和政权，在 8 月 14 日颁布法令，规定当年收获之后"立即开始将全部公有土地、公共权益和森林，在所有公社的全体公民中进行分配"。8 月 25 日颁布的法令，明文废除了"没有土地不属于领主"的原则，宣布"一切土地所有权都是脱离任何封建的或贵族的权利而自由的"。法令取消了君主立宪派时期关于农民必须提出证据才能免除或赎买贡赋义务的规定，而且反过来要求封建主提出真正合乎法律的文件才能拒绝赎买。领主一般是提不出这种文件的。8 月 28 日又颁布法令规定，领主必须把过去非法占有的公有土地归还农民。根据 9 月 2 日的法令，没收来的逃亡者的土地，要分成小块租给农民无限期使用，租金分期缴纳，或者由农民以现金购买。这些法令虽未完全实行，或者后来又有所变更，但是同君主立宪派统治时期的"八月法令"比较起来，无疑更有利于农民，更深入地推进了反封建制度的斗争。

在 8 月 10 日起义和 9 月处决反革命的日子里，吉伦特派已被人民革命的浪潮吓坏。他们认为现在王权已推翻，政权已经到手，革命就应当终止了。他们唯恐革命深入下去，会威胁自己的财产权和统治权。布里索在国民公会诞生后不久，就匆忙发表阐述吉伦特派政治主张的文章。他说："为了拯救法国，三次革命是必要的：第一次，推翻了专制制度；第二次，废除了国王权力；第三次，应该是消灭无政府状态。"吉伦特派的所谓"消灭无政府状态"就是要镇压山岳派和人民群众的革命行动。

---

① 当选为国民公会主席和秘书的佩迪昂、布里索、孔多塞、维尼奥等人都是吉伦特派的领袖或活跃人物。

　　9 月 23 日，即共和国成立的第二天，吉伦特派置建设共和国的大事于不顾，迫不及待地向山岳派发起了猛烈攻击，重新挑起了更为激烈的、仅仅停止了三天的党派之争。布里索在报上点名指责罗伯斯庇尔、马拉等山岳派活动家是"破坏者"，企图"摧毁一切现存权力，要造成普遍的平等，要去阿谀人民"。吉伦特派许多代表在国民公会中发言，要求追究 9 月 2—5 日"大屠杀"事件的责任，说什么这次事件使"巴黎公民"陷入了"麻痹与恐怖"之境，"现在已到了以断头台来对付暗杀犯及挑拨暗杀的人的时候"。他们硬把这次群众自发的行动，说成是山岳派有意煽动起来的。在此同时，吉伦特派还提出要建立"省卫军"，要求国民公会代表当选的各省，给自己选出的代表派卫兵以保障其安全。其用意是拼凑一支武装力量，调入巴黎，用来对付受山岳派影响、控制的巴黎人民和国民自卫军。在吉伦特派的鼓动和操纵下，国民公会通过决议，任命一个委员会来调查共和国的，尤其是巴黎的情况，并提出制裁挑拨屠杀和谋杀者的法律草案，以及由 83 省组织议会卫队的方案。

　　山岳派代表中等资产阶级、小资产阶级、工人、农民和城市平民的利益，反对吉伦特派的独裁统治，主张扩大共和国的基础，把革命继续推向前进。他们在国民公会中虽然属于少数，但在巴黎很有势力。山岳派所领导或控制的巴黎公社和雅各宾俱乐部成了革命的首脑和中心，获得了全国人民的拥护。他们同吉伦特派进行了针锋相对的斗争。罗伯斯庇尔著文回击布里索，指出吉伦特派是"伪爱国者"，他们建立共和国"只是为富人和官僚的利益而统治"，真正的爱国者要求"在平等和大众利益的原则上建立共和国"。在揭露吉伦特派关于九月事件所玩弄的阴谋诡计以及对山岳派的诬蔑时，山岳派的代表俾约—瓦伦义正词严地指出："现在敌人正在前进，我们的武力尚不足以抵御他们，竟有人要提出这血腥的法律，诬指最纯洁的人在与敌人勾结，诬蔑我们这些坚持抗拒侵略战争的人！攻击我们的人是谁呢？就是那些挑起这个侵略战争的人，他们显然在以他们的叛逆罪加于我们。"

　　8 月 10 日起义后，吉伦特派内阁把革命的巴黎公社视为眼中钉，认为它是和自己对抗的独立的政权，曾要求改选公社总委员会，企图借此改变公社的成分和性质。但在新的选举中，山岳派活动家仍然当选为领导者。吉伦特派不甘心于阴谋的失败，在 9 月 25 日国民公会的会议上，又叫嚷反对"这个受阴谋家指挥的巴黎"，提出"巴黎的权力必须和其他各省一样，缩小到

1/83"①，企图贬低巴黎作为革命中心的地位。他们为此甚至不惜分裂国家，鼓动各省脱离巴黎，建立个别的小邦，再自愿组成联邦国家。山岳派坚决驳斥了这种反动的主张。丹东严厉地指出："有人主张把国家割裂。我们必须用死刑对付这种人……法兰西必须是一个不可分割的整体。"丹东的主张，得到大多数代表的热烈赞同，吉伦特派的新阴谋又破产了。

在雅各宾俱乐部里，山岳派和吉伦特派同样为着上述问题开展尖锐的辩论和斗争。9月23日，山岳派成员在讨论到布里索当天早晨所发表的激烈文章时，要求布里索到俱乐部解释他所说的"破坏党"究竟是指什么。布里索对此采取轻蔑的态度，拒不出席。10月10日，俱乐部几乎全体一致地通过将他开除出去。接着，其他吉伦特派分子也纷纷退出俱乐部。雅各宾派发生第二次分裂。从此，它就成了以罗伯斯庇尔为主要领袖的真正的资产阶级革命民主派。

雅各宾派和吉伦特派斗争的焦点之一是关于如何处置国王的问题。这个问题不是路易十六个人命运的问题，而是一个严肃的政治问题。是否审判和惩办国王意味着是否要彻底消灭封建势力，是否要把革命进行到底。当权的吉伦特派走上了君主立宪派的老路，竭力袒护国王。他们甚至搬出业已废除的"1791年宪法"，说什么国王有不可侵犯的权力，拒绝对其审判。雅各宾派尊重人民的意志和要求，坚决主张处死国王，以粉碎王党复辟封建制度的幻想。

1792年11月20日，在王宫里发现一个秘密壁橱，其中藏有路易十六的通敌罪证：同外国宫廷和法国亡命徒的往来信件、各种反革命和武装干涉计划，等等。这些罪证一公布，整个巴黎都沸腾起来了，人民强烈要求立即审判卖国贼路易十六。圣茹斯特在国民公会上发言说："对国王必须提出诉讼，不仅因为他在统治时期犯下了罪行，而且因为他是国王。"马拉也指出："你们要拯救祖国……你们要保证人民的幸福，必须砍掉暴君的头。"罗伯斯庇尔要求国民公会宣布路易十六为法国的卖国贼、人类的罪人，立即以革命的名义判处死刑。

在强大的革命舆论压力下，吉伦特派被迫同意审判国王。12月11日审判正式开始，由国民公会主持。经过多次激烈的辩论，根据马拉的提议，1893年1月中旬国民公会的代表对判处国王的问题进行记名投票表决。结果

---

① 当时法国共有83个省。

是 387 票对 334 票，多数代表赞成对路易十六判处死刑立即执行。1 月 21 日在巴黎革命广场（今协和广场），国王路易十六被押上了断头台。同年 10 月，王后玛丽·安托瓦内特也被处死。

从处理国王这件事看出，吉伦特派已经成为革命的障碍，在政治上不能再领导革命前进了，必须让位给更激进的雅各宾派。

1792 年底至 1793 年初，法国又出现了严重的经济政治危机。由于国际反动势力的经济封锁和战争带来的沉重负担，工农业减产，财政恶化。11 月和 12 月，国库收入仅 6700 万利弗尔，而费用却需 36600 万利弗尔以上。吉伦特派不愿向有产者增税，却采取了大量增发指券①的办法，应付不断增加的支出，致使指券的价值不断下跌，日用品特别是粮食价格急剧上涨。奸商、富农趁机囤积居奇，造成了城市的粮荒。工人、手工业者和城乡平民，生活困苦不堪。这时，外国武装干涉者又卷土重来，英国纠集普、奥、荷、意、西等国，借口法国处死路易十六，组成第一次反法同盟，侵入法国领土。吉伦特派作战不力，前线指挥法军的吉伦特派将军杜木里埃在 4 月初公开叛变，投奔奥军。3 月初，王党又在西部的旺代省发动暴乱，迅速蔓延到全国 3/4 地区，封建复辟的危险再次袭来。

在这种情况下，广泛的群众运动又迅猛地高涨起来。人民强烈要求政府限制粮食和日用品的价格，严厉打击投机商和反革命分子。城市群众冲进商店，强令老板按他们规定的价格出售面包。工人举行罢工，要求提高工资。许多地区的农民自行分配公地。在此急风暴雨般的阶级搏斗中，出现了代表最贫苦阶层，尤其是城市贫苦劳动者利益的革命派——愤激派。愤激派的领袖扎克·卢（1752—1794 年）出生于沙兰特郡一个步兵中尉家庭，曾就读于神学院，后任教员和乡村教士。他 1791 年来到巴黎，次年加入哥德利埃俱乐部，并当选为巴黎公社委员，经常出席国民公会，在群众中享有很高的威信。他在一次演说中说："如果你们每天都在熬受投机商的折磨，那么仅仅砍掉暴君的头颅、推翻暴政又有什么用呢？他们（投机商）囤积食物，再高价转卖给饥饿的人民……应该起来打倒他们。"

当权的吉伦特派从维护资产阶级利益出发，极力强调"贸易自由"，拒绝人民的正当要求，并诬称愤激派的主张为"掠夺政策"，对他们进行镇压，

---

① 1789 年 12 月，制宪议会着手拍卖国有财产时，发行一种称为指券的证券，准备用地产偿还。后来指券在市场上流通，当作通货使用。

逮捕了许多人。雅各宾派站在资产阶级立场，最初对限价政策也采取否定的态度。后来，他们逐渐认识到必须采取紧急措施，解除群众的痛苦，才能在与吉伦特派斗争中得到愤激派和广大群众的支持，因此决定与愤激派实行暂时的联合。1793 年 5 月 4 日，在罗伯斯庇尔的提议下，国民公会通过"粮食最高限价法案"，实现了愤激派的一个重要的要求。雅各宾派和人民群众的联系进一步密切，从而奠定了推翻吉伦特派统治的基础。

在外敌大举入侵、国内王党纷起叛乱的严峻形势下，吉伦特派不顾共和国和人民的安危，仍然一意孤行，坚持反动政策，进行分裂活动。他们在国民公会中对维护革命利益的马拉提出控告，一度把他交付法庭审讯。5 月，又组织一个"十二人委员会"，对革命者进行迫害，相继逮捕了雅各宾派左翼代表、巴黎公社副检察长埃贝尔，以及愤激派领袖瓦尔勒等许多活动家。

对吉伦特派的种种倒行逆施，人民群众已忍无可忍。他们认识到，要挽救革命、挽救共和国，只有推翻吉伦特派的统治。1793 年 5 月 31 日—6 月 2 日，热爱祖国、忠于革命的巴黎人民，在雅各宾派和愤激派的领导下，第三次举起武装起义的旗帜，包围了国民公会，逮捕了吉伦特派的首领，把政权转移到雅各宾派手里。从此，法国反封建的大革命进入了它的最高阶段——雅各宾革命民主专政时期。

雅各宾专政

尤天然　洪　波

1793 年 5 月 31 日至 6 月 2 日的革命，结束了吉伦特派的统治，开始了"第一次法国革命"中"沿着上升的路线行进"的最后一个阶段①。这个阶段延续到 1794 年 7 月 27 日热月政变为止。因为执政的雅各宾派是以一种战时的特殊专政进行统治的，所以，这一年多时间，历史上通常称为雅各宾专政时期。

雅各宾专政的产生

雅各宾专政是雅各宾派在内忧外患的危急形势下同吉伦特派进行斗争，并同广大人民群众结成暂时联盟的产物。

1792 年 8 月 10 日革命后执掌政权的吉伦特派，代表工商业资产阶级的利益，在政治上主张联邦共和制，在经济上坚持自由主义，在外交上企图通过战争为法国资产阶级扩大市场。这种政策既招致英国和欧洲大陆上封建君主国以及法国王党分子的敌视，又引起国内下层群众的不满，更不适应当时特定形势的需要，这就决定了它必然要遭到失败。

1793 年春天，法国所面临的形势是严酷的。首先是军事危机。在 2 月 1 日法英宣战以后，逐渐形成了以英国为中心，包括荷兰、俄国、撒丁、西班牙、那不勒斯、普鲁士、奥地利、葡萄牙等在内的第一次反法同盟。新生的法兰西共和国四境都承受着敌国的武装进攻。3 月 10 日，旺代叛乱全面爆发，如同一把匕首插在共和国的背上。4 月 5 日，在比利时指挥作战的杜木里埃将军越境投敌，使前线处境更加恶化。这对于以军事胜利为支柱的吉伦

① 《马克思恩格斯选集》第 1 卷，人民出版社 1972 年版，第 625 页。

特派是一个重大打击。

其次是经济危机。货币贬值、物价上涨和粮食匮乏，严重威胁着人民的生活。1790 年开始发行、并被赋予纸币职能的指券，1793 年 1 月初还值票面额的 60%—65%，到 2 月只值 50%，而且一直在下跌。地主和农民不愿意以粮食交换贬值的纸币，使得市场上粮食供应紧张，粮价上涨。对外战争又影响了国外粮食的进口。大城市的靠工资生活的劳动者生活特别困难，他们的日平均工资收入为 20—40 苏，而面包价格有时高达每磅 8 苏。吉伦特派无视有关群众生存的紧迫问题，拒绝限制物价和征购粮食，因而同人民群众发生了尖锐矛盾。

最后是政治危机。起初曾控制着立法议会和国民公会的吉伦特派，在同雅各宾派和巴黎公社的斗争中日渐失去政治上的优势地位。他们企图停止革命，打击雅各宾派的主要堡垒巴黎公社，把首都巴黎的地位降低到同全国 83 个省一样，结果遭到失败。特别是在处置国王的问题上，挽救国王生命的阴谋被雅各宾派粉碎，吉伦特派的威信受到严重损害。由于下层群众的压力和雅各宾派的督促，国民公会被迫采取了一些非常措施：1793 年 1 月 11 日，将 1792 年 10 月 17 日成立的治安委员会改组，雅各宾派占了优势；2 月 24 日决定征兵 30 万；3 月 10 日成立革命法庭；3 月 21 日下令全国各公社建立监视委员会（或称革命委员会），负责监视嫌疑分子；3 月 28 日制定关于处决亡命者的法令；4 月 6 日，将 1 月 1 日成立的总防御委员会改组为以丹东为首的救国委员会；4 月 30 日正式确定议会特派员行使中央权力的职权；5 月 4 日颁布谷物最高限价法令；5 月 20 日规定对富人摊派 10 亿利弗尔公债。这些措施多数是违背吉伦特派意愿的，而它们执行之不得力又引起下层群众的强烈不满。要不要实行激烈的救国措施，成了双方斗争的焦点。

在斗争的决定性阶段，雅各宾派领导人罗伯斯庇尔首先发难。1793 年 4 月 3 日，他就杜木里埃叛变事件发言时说："我以为要采取的第一条救国措施，就是决定审讯所有被指控为杜木里埃的同谋犯，特别是布里索。"4 月 5 日，马拉主持的雅各宾俱乐部要求惩治"申诉派"，即在审判国王时企图以诉诸全民表决的办法挽救国王生命的吉伦特派分子。不久，巴黎公社也对吉伦特派提出同样的指控。吉伦特派采取反击措施：4 月 13 日对马拉提出起诉（24 日被革命法庭宣布无罪释放）；5 月 18 日提议解散巴黎公社，并成立"十二人委员会"对其活动进行调查；5 月 24 日下令逮捕公社领导人埃贝尔等（27 日获释）；5 月 25 日吉伦特派领导人伊斯纳尔在国民公会发言恫吓说，万一公社举行暴动，巴黎就可能被毁灭。这是向雅各宾派发出决战的信号，被称为"新不伦瑞克宣言"。

面对吉伦特派的挑战，雅各宾派和巴黎公社最后决定诉诸武力。5 月 26 日，罗伯斯庇尔在雅各宾俱乐部号召人民举行起义，说："当人民遭受压迫时，当人民除了自己一无所有时，谁不号召他们起来，谁就是胆小鬼。"5 月 29 日，巴黎 33 个区的代表在主教宫成立秘密的起义委员会。5 月 31 日，起义群众按照 1792 年 8 月 10 日的方式包围了国民公会，迫使它解散了"十二人委员会"。6 月 2 日再次起义，又迫使国民公会通过软禁 29 名吉伦特派议员的决议。两次起义的结果是吉伦特派统治的垮台和雅各宾派执政的开始。

雅各宾派与吉伦特派不同，为了应付内忧外患的危急形势，他们"不惜任何代价来实现和维护第三等级的革命团结，甚至不惜为此作出让步和妥协"。罗伯斯庇尔明确意识到这一点。他在当时的私人笔记中记下警句："人民应该与国民公会团结一致；国民公会应该利用人民。"雅各宾派执政初期颁布 1793 年宪法和三个土地法令，就是他们实行同平民群众结盟的两项民主措施。

5 月 30 日成立了附属于救国委员会的塞舍尔等五人小组，负责起草新宪法。6 月 9 日提出草案，10 日经救国委员会批准，11 日向国民公会提出，24 日被通过。1793 年宪法又称作"共和元年宪法"或"雅各宾宪法"，它包括新的《人权宣言》35 条，宪法本文 124 条。它规定，社会的目的是公共福利，政府是为保障人们享受其自然和不可剥夺的权利而设立的；公民享有劳动权、社会救济权和受教育权；主权属于人民，人民拥有反抗政府压迫的权利；成年男子享有普选权；最高立法权属于由直接选举产生的立法议会，最高行政权属于从各省候选人中选出的、24 人组成的行政委员会，它对立法议会负责。1793 年宪法通常被认为是最民主的资产阶级宪法，是最终建立民主共和国的蓝图。雅各宾派之所以急于制定和通过这部宪法，有其策略意义。塞舍尔在 6 月 10 日宣读宪法草案时指出，它是"我们对所有诬蔑我们只想搞无政府主义的诽谤者、阴谋家的回答"。的确，这部宪法仍然保障财产的充分所有权，仍然保障各省地方权力和各种民主自由，是为了避免关于"巴黎无套裤汉专政"的指责，为了使信奉联邦主义的农村不再议论 5 月 31 日和 6 月 2 日事件之"非法"。除却特权阶级以外，法国社会的各个阶级阶层都能从中读到令人快慰的条文。7、8 月间举行全民投票，结果以绝对多数获得批准。

雅各宾派还希望使广大农民群众立即看到5月31日和6月2日起义的实际成果，把他们团结在自己的周围。国民公会接连颁布了三个土地法令。6月3日法令规定把亡命者的土地分成小块出售，并允许贫农在10年内分期偿付地价。6月10日法令规定，按人口平均分配农村公社的公有土地。7月17日法令宣布，无偿废除一切封建权利和义务，销毁一切封建契约。这些法令是雅各宾派为了同农民群众结成联盟而付出的代价。列宁高度评价这些法令的深远意义，指出："用真正革命的手段摧毁过时的封建制度，使全国过渡到更高的生产方式，过渡到自由的农民土地占有制"，是造成1793年英勇爱国精神和军事奇迹的"物质经济条件"①。

这样，执政的雅各宾派通过这些民主措施，同广大城乡平民群众结成联盟，扩大了政权的社会基础，为走向专政准备了条件。

革命政府与恐怖

1793年夏天，形势更趋恶化。联邦党叛乱，因6月2日被软禁的一部分吉伦特派领袖从巴黎出逃而迅速蔓延开来。西北部的冈城成了暴动的中心，布列塔尼和诺曼底地区随之响应，他们建立了一支以温普芬将军为统帅的军队，准备向巴黎进军。里昂是中部叛乱的中心，军队的指挥权落入王党普雷西和维里欧侯爵手中，他们与撒丁王国的入侵军取得了联系。在西部，得到英国支持的旺代叛乱继续扩大，卡特利诺等指挥下的旺代军攻下索缪尔和翁热，企图攻占南特。到7月中旬，全国83个省中大约有60个省卷入了叛乱。

与此同时，前线也节节失利。英国直接参战，约克公爵指挥的汉诺威军在荷兰军的支援下包围了敦刻尔克。科堡亲王统率的奥地利军包围北部边境诸要塞，贡德和瓦朗西安相继陷落。不伦瑞克公爵率领的普鲁士军夺取了美因兹，进而包围兰道。撒丁王国的军队进逼萨瓦。西班牙军越过比利牛斯山，向鲁西荣推进。英国舰队封锁了法国大西洋和地中海海岸，科西嘉岛宣布脱离法国。

英国的封锁和国内的叛乱使粮食供应遭到阻绝，投机商人囤积居奇使物价飞涨，指券到7月已降到票面值30%以下。7月13日，雅各宾派著名领袖马拉被吉伦特派分子夏洛蒂·科黛刺杀。巴黎的气氛更形紧张。代表下层群

---

① 《列宁选集》第3卷，人民出版社1972年版，第166页。

众利益的愤激派要求实行恐怖政策，惩罚投机商，派革命军到农村征集粮食，逮捕一切嫌疑犯，清洗和改组军队等。9 月 4—5 日，巴黎群众手持武器走上街头，提出了"对暴君作战！对贵族作战！对囤积居奇者作战！"的口号。肖梅特率领代表团向国民公会坚决要求"把恐怖提上日程"。

这样，内忧外患的危急形势和下层群众的强大压力，就把掌权的雅各宾派推上了革命专政的道路。

一般把 1793 年 10 月 10 日宣布革命政府的法令看作恐怖统治正式开始的标志。实际上，7 月对救国委员会的改组和 8 月宣布"1793 年宪法"暂停实施，说明革命专制制度已经形成了①。

4 月 6 日成立的以丹东为首的救国委员会既没能驱逐入侵之敌，又没能预防联邦派的叛乱，也没能解决经济危机。7 月 10 日进行改选，丹东派分子落选，圣茹斯特、库东、圣安德烈等罗伯斯庇尔派分子当选。7 月 27 日，罗伯斯庇尔加入救国委员会。再经过 8 月和 9 月的调整，人员就固定下来，罗伯斯庇尔派掌握实权。

自 7 月全民投票批准宪法之后，全国约 4 万个公社的代表来到巴黎，参加 8 月 10 日革命周年纪念节表示拥护宪法。8 月 11 日，丹东派德拉克鲁瓦在国民公会提议根据新宪法筹备进行立法议会的选举。当天晚上，罗伯斯庇尔在雅各宾俱乐部予以坚决驳斥。8 月 12 日，各地代表向国民公会提议延期实施宪法，丹东发言表示赞成。8 月 23 日发出总动员令，宣布全国处于紧急状态。8 月 28 日，巴雷尔代表救国委员会在国民公会宣布："在阴谋包围我们时不能够简单地实施和平时期使用的宪法法律。"

革命政府的理论纲领，在圣茹斯特 1793 年 10 月 10 日的演说及罗伯斯庇尔 1793 年 12 月 25 日和 1794 年 2 月 5 日的演说中得到明确的表达。圣茹斯特指出，鉴于危急的形势，直到和平实现之前，宪法应当被搁置，政府应当是革命的机构。罗伯斯庇尔则指出，宪法政府只能在和平时期发挥作用，战时就得暂停，否则将会导致自由的毁灭。宪法政府的目的是保存共和国，革命政府的目的是创建共和国；革命本质上就是内战，因此革命政府必须采取非常措施以应付危急形势。和平时期政府的生命力在于施行仁政，战争时期政府的生命力既在于施行仁政，也在于实行恐怖；没有仁政的恐怖会祸国殃

---

① 《法国革命的政治史》作者奥拉尔认为，从 1792 年 8 月 10 日革命到 1795 年 10 月 26 日国民公会解散为止，法国的政府都是革命政府。

民，没有恐怖的仁政会软弱无力。

革命政府的组织纲领是国民公会根据圣茹斯特和俾约—瓦伦的提议，先后于 1793 年 10 月 10 日和 12 月 4 日通过的两个法令。它们具有临时宪法的性质，是革命政府的法律依据。这两个法令规定：最高权力属于国民公会，它同时兼有立法权和行政权；临时执行会议、各部部长、各军将领都受救国委员会监督；治安委员会负责国内的警察事务；被派遣到各军和各省去的议会特派员拥有广泛的权力，受救国委员会监督和指导；设置由中央任命的国务专员，负责在各地实施中央的法律。这两个法令建立了中央集权制，全国的权力集中于巴黎，各行政机关的权力集中于救国委员会。

革命政府是由救国委员会、治安委员会、革命法庭以及地方革命委员会等组成的。

救国委员会是革命专政机器得以运转的主轴。它控制了临时执行会议各部（1794 年 4 月 1 日改组为 12 个委员会），有权颁发行政命令，有权进行逮捕，直接负责外交事务、指挥作战、筹办军需，并通过粮食委员会（10 月22 日设立，1794 年 4 月 20 日改为粮食和贸易委员会）指导经济。它向国民公会提出的法案一般都获通过。它是雅各宾专政的决策机关，起着责任内阁的作用。

治安委员会是革命政府的另一重要机关，负责国内的警察和治安事务，被称为"恐怖部"。1793 年 9 月 13 日国民公会决定，此后治安委员会人员的名单由救国委员会提名。经改组后，成员保持为 12 人。

革命法庭负责审理一切反革命的企图和危及共和国安全的罪行。它的判决不得上诉或推翻。1793 年 9 月 5 日进行改组，其成员由救国委员会和治安委员会联合提名。改组后，审判员由 5 人增至 16 人，陪审员由 12 人增至 60人，检察长下属检事 5 人。法庭分成 4 组进行工作，简化了审判程序，加速了审判速度。

革命政府通过派遣到各省和各军的特派员、设在各县的国家专员以及各地方革命委员会，把中央的法律和政令推行到全国。

革命政府在军事、经济、政治诸方面实行了一系列严厉的措施。

在军事方面，颁布总动员令和改组军队。1793 年 8 月 23 日，国民公会通过了由卡尔诺和巴雷尔起草的"全国总动员令"。该令宣布，"从现在起到一切敌人被逐出共和国领土时为止，全法国人民始终处于征发状态，以便为军事服务。"法国人民不分男女老幼都要为战争出力；国家的一切物资都被用于战争；18—25 岁的未婚男子为第一批应征对象。到 1794 年春，法国拥有 13 个军，兵员总额近百万。1793 年 2 月原则上通过的关于把义勇军和正规军混合编制的法令在 1794 年春开始实行，两营义勇军和一营正规军合编成一个“半旅团”，欲使前者的爱国精神和后者的纪律性结合起来；废除了旧军队的白色军服，改行义勇军的蓝色制服；把大多数贵族军官清除出军队，同时从下层提拔高级将领；新军官们发挥主动性，克服旧军队的陈规陋习，创造适应于新军队的战略战术；军队特派员对指挥官进行严厉监督，任何无能和疏忽都被视为对共和国不忠；动员一批科学家和技术人员为军需生产作了巨大努力。这些措施为战争的胜利准备了条件。《法国革命史》作者勒费弗尔评论道：“一支真正全民族的军队奔赴战场，这是自古以来第一次；一个民族成功地装备和供应一支庞大的军队，这也是第一次——这就是共和二年大军的新特点。”

在经济方面实行统制政策，颁布严禁囤积垄断和全面限价的法令。1793 年 7 月 26 日通过的严禁囤积垄断的法令规定，囤积垄断是重大的罪行，凡储藏有所列举的几十种日用必需品者必须于一星期内向当地政府申报，并于申报后三天之内分成小份出售，拒绝申报或申报不实者均处以死刑，其财产予以没收；刑事法庭根据此项法令所作的判决不得上诉。鉴于 1793 年 5 月 4 日颁布的谷物最高限价法未能有效施行，9 月 29 日又通过全面限价令，对凡属于 7 月 26 日法令中列举的日用必需品均规定最高限价。除谷物、面粉、饲料、烟、盐及肥皂的价格须全国统一外，其他必需品的价格由各县规定，其标准为当地 1790 年的市场售价再加 1/3。违者买卖双方均处以所售物品价格之加倍罚金，并列入嫌疑犯名单。同时规定工资的最高限额为 1790 年标准再增加 1/2。这些法令可以认作是雅各宾派同城市平民结成联盟而采取的一项重大措施。此外，为保证军需和城市的供应，政府还采用征发制、国营制和配售制来管理经济。全国的所有资源、农民的农副产品、手工业者的制造品，都在征发之列。对外贸易、邮政和军事运输、银行和股票交易，都受政府的严格监督；政府直接创建了一些工场，又以提供原料和劳动力的办法控制私营工场的生产，征发产品，限制价格。在巴黎和一些大城市曾对某些生活必需品实行计口配售制①。为了保证上述政策的实行，于 1793 年 9 月 9

---

① 勒费弗尔强调指出，不能过高估计雅各宾专政时期国民经济国有化的程度，一方面雅各宾派视之为战时的权宜措施，另一方面客观条件也限制了此项政策实行的范围。

日正式成立了以隆森为司令的"革命军",被称作"第14军"。

在政治方面实行恐怖政策,颁布嫌疑犯令。1793年9月17日通过的嫌疑犯令规定:凡行为、关系、言论及著作表现为拥护专制政治、联邦制及敌视自由者,未能按规定证明其生活方法及已履行公民义务者,被停职或撤职的官吏,前贵族及其亲属或亡命者的代理人而未经常表现热爱革命者,革命期间出走的亡命者,均被视为嫌疑犯;各地监视委员会或代理其职权的其他委员会应在其辖区内编制嫌疑犯名单,并将他们收押,监管到和平时为止。这项法令对于真正的反革命分子无疑是可怕的威胁,但由于条文内容含糊和执行中的偏差,而使嫌疑对象不仅及于已犯罪者,且及于可能要犯罪者;不仅有贵族,还包括经济、宗教政策的反对者。据估计,到1794年5月,全国被逮捕的嫌疑犯总数达30万之多。

与此同时,革命法庭加紧了工作。1793年10—11月先后把王后玛丽·安托瓦内特,包括布里索、维尼奥在内的21名吉伦特派分子,罗兰夫人等判处死刑。随后又把奥尔良公爵菲力浦—平等路易,斐扬派的巴伊、巴纳夫以及一些将领送上断头台。派往各地的特派员拥有极大权力,各行其是,使中央对他们失去控制。科洛—德布瓦、富歇、巴拉斯、弗雷隆、卡里埃、罗维尔、塔利安等都曾在他们的派驻地,主要是叛乱地区进行过激的屠杀。据格里尔统计,仅被直接判处死刑者近1.7万人,如果加上未经审判而处死者(不包括在内战战场上杀死者),则达3.5万—4万人。在所有业经查明身份的死者中,贵族占8.5%,教士占6.5%,而原来的第三等级则占85%。恐怖使革命政府以强制力迫使全民族为救国而作出牺牲。

雅各宾革命政府所采取的各项战争措施,使他们能够动员全国的人力物力来对付国内的叛乱和外国的武装干涉,取得了明显的效果。1793年夏秋,共和国的军队先后攻下了由叛军占领的重要城市冈城、马赛、里昂、波尔多,后又收复被英军占领的土伦,从而平定了联邦派的叛乱。10—12月,控制了旺代全境。

此时,适逢反法同盟各国矛盾重重、指挥不一,故法军在前线也节节胜利。9月6—8日,乌沙尔的北路军在昂德斯科特击溃了约克公爵率领的英荷联军,解除了英军对敦刻尔克的包围。虽然法军没有乘胜追击,胜利并不完全,但它是雅各宾派执政以来的第一次胜利。10月15—16日,继任北路军司令的儒尔当在瓦迪尼击败科堡亲王率领的奥地利军,进入莫伯日。这次胜利虽非决定性的,但它增强了法军的信心。11月底,奥什的摩泽尔方面军和皮什格鲁的莱茵方面军攻入维桑堡防线；12 月 26 日，击败了不伦瑞克公爵率领的普奥联军，解了兰道之围，收复了阿尔萨斯。在东南方，克勒曼的阿尔卑斯方面军赶走撒丁军队，收复了萨瓦。在南方，西班牙军队也被逐出鲁西荣，退回比利牛斯山南麓。

　　到 1793 年底，法军已开始掌握战争的主动权，由防御转入进攻，由内线作战转为外线作战，使战场移到国境线之外了。1794 年春，根据卡尔诺的战略部署，以新任司令皮什格鲁的北路军为主力，对科堡率领的奥地利军发动进攻。6 月 25 日，阿登方面军和儒尔当率领的摩泽尔方面军占领沙勒罗瓦。6 月 26 日，两军在弗勒鲁斯会战中击溃奥军主力 10 万人。皮什格鲁和儒尔当两军于 7 月 8 日会师攻入布鲁塞尔，然后分兵对付英荷军和奥地利军，向荷兰和比利时继续推进，于 7 月 24 日占领安特卫普和列日，进而控制了整个莱茵河左岸地区。法军在弗勒鲁斯战役中赢得决定性胜利，第一次反法同盟遂趋瓦解，外国武装干涉暂告结束。革命政府的恐怖政策获得了成功。

雅各宾专政的瓦解

　　雅各宾专政取得了巨大的胜利，但在它内部包含着必不可免的瓦解因素。雅各宾派在国民公会中只占少数，它的力量在于同下层群众结成联盟，但这种联盟只是暂时的、有限度的，不可能长期维系在一起。革命政府和恐怖政策一度行之有效，但它仅出于形势所迫，只是权宜措施，绝非长治久安之计。在内忧外患的形势下，由各个社会阶层代表组成的革命领导集团内部可以保持一定程度的团结，忍辱负重，一致对外。一旦危象解除，内部分歧顿现激化，从相互倾轧变成生死搏斗，终于导致专政的瓦解。

　　雅各宾派区别于君主立宪派和吉伦特派的主要之点，在于它颁布较激进的土地法令和实施严厉的限价政策，以牺牲资产阶级的某些利益为代价，一定程度上满足了城乡劳动群众的当前愿望。但这种政策是有限度的。在公布 1793 年 6—7 月三个土地法令的同时，3 月 18 日关于凡宣传"土地法"（无偿平分土地）者均处以死刑的法令却没有被废除。罗伯斯庇尔认为"土地法""只是骗子们为了恐吓糊涂虫们所捏造出来的幻想"，"财产的平等只是一种空想"。在 1793 年 9 月 29 日全面限价令中，同时规定了工资的最高限额。1791 年 6 月 14 日剥夺工人集会结社权利的勒·夏珀利埃法也依然生效。

直到热月 5 日（1794 年 7 月 23 日），即热月政变前四天，罗伯斯庇尔派的公社还公布了巴黎工资的最高限额。雅各宾派领袖们终究是经济自由主义的信徒，他们厌恶"统制经济"，认为它只是战时被迫采取的权宜措施，不允许它超出革命防御所必需的范围。他们的出发点是与下层城乡劳动群众不同的，因此两者之间就不可能有真正稳固的联盟。1793 年 9 月逮捕愤激派领袖扎克·卢和瓦尔勒等，就是此一联盟发生裂痕的标志。

雅各宾派内部的斗争导致联盟的破裂和罗伯斯庇尔派的孤立。雅各宾派内部分为左、右、中三派，即埃贝尔派、丹东派和罗伯斯比尔派。斗争的中心问题是要不要严厉实行限价政策和恐怖措施。各派都想执掌政权，操纵两委员会。埃贝尔派是继愤激派之后城市下层群众激进运动的代表者，他们控制着巴黎公社。埃贝尔认为，一切罪恶都是囤积居奇者造成的，唯一的补救办法是断头机。他在《杜歇老爹报》上写道："正如不能宽恕较大的商人一样，也不能宽恕卖胡萝卜的商人"，"小商店也和大商店一样坏"。他们指责丹东派是"催眠派"，指责罗伯斯庇尔派是"新催眠派"。丹东派较多地继承了吉伦特派经济自由主义主张，并要求"爱惜人类的鲜血"，实行"宽容"政策。丹东支持德穆兰创办《老哥德利埃报》，猛烈抨击恐怖政策，矛头不仅指向埃贝尔派，而且指向罗伯斯庇尔派。

处于中间地位、受到两面攻击的罗伯斯庇尔派则是主流派，他们掌握着救国委员会的实权。这场斗争从 1793 年 9 月以后日渐加剧。罗伯斯庇尔派起初是摇摆不定的。1793 年 11 月狂热的反基督教运动造成严重混乱，罗伯斯庇尔联合丹东使国民公会于 1793 年 12 月 6 日通过了信仰自由令，从而给埃贝尔派以初步打击。丹东派于 12 月发动猛烈进攻，企图改组救国委员会，又使罗伯斯庇尔对他们失去信任。12 月 25 日，他对左右两派都作了谴责。

从 1794 年初起，罗伯斯庇尔派迫于形势而继续向左转。2 月 26 日和 3 月 3 日（风月①8 日和 13 日），圣茹斯特提出的风月法令规定：凡经审查被确认为"革命敌人"者应拘禁到和平实现时为止，其财产应被没收，无偿分配给"赤贫的爱国者"。此法令是极难实行的，事实上也始终未曾兑现，但它表明了罗伯斯庇尔派继续推行恐怖政策的决心。然而，埃贝尔派却想乘机

---

① 1793 年 10 月，国民公会颁布了《革命历》。《革命历》以 1792 年 9 月 22 日共和国成立之日为元旦，作为新纪元的开始。革命历 1—12 月分别称为"葡月""雾月""霜月""雪月""雨月""风月""芽月""花月""牧月""穑月""热月"和"果月"。

举行暴动以夺取政权。

于是，救国委员会决定分别镇压左右两派。3月13—14日夜间，逮捕了埃贝尔派主要代表人物埃贝尔、隆森、樊尚、摩莫罗、克洛斯等，于24日送上断头台。3月30日夜间，逮捕了丹东派主要代表人物丹东、德穆兰、德拉克鲁瓦、菲利波等，于4月5日送上断头台。在打击两派的同时进一步加强了集权。3月27日解散了由埃贝尔派掌握的革命军；4月1日取消了临时执行会议；4月13日处决肖梅特，5月10日逮捕帕什，进而彻底改组巴黎公社，代之以由政府任命的官员。反对派被镇压了，政府的权力更集中了，但专政的群众基础也被瓦解了，掌权的罗伯斯庇尔派陷于孤立。圣茹斯特清楚地感觉到这一点，写道：要使恐怖政策不成为两面锋刃的武器是极困难的，革命已经冰冷了。

罗伯斯庇尔派曾指望再度鼓起群众的热情，以求革命的团结。然而，强大的新反对派暗流已在形成。这次新斗争的场所不在政府之外，而在国民公会和两委员会内部。它的意义客观上超出了派别倾轧和争权斗争的范围，超出了斗争参与者的主观想象。

救国委员会内部本来就存在着分歧。极左派俾约—瓦伦和科洛—德布瓦，对罗伯斯庇尔等处决埃贝尔派、一度保护丹东派深感不满。温和派卡尔诺、兰代和科多尔省的普里厄，对罗伯斯庇尔等左倾的社会经济政策及恐怖措施极为反感。他们都反对罗伯斯庇尔、圣茹斯特和库东的"三头政治"。治安委员会同救国委员会之间有着权力之争，经常发生摩擦。瓦迪埃、阿马尔、服兰等人对罗伯斯庇尔的权势感到不安。在国民公会中，塔利安、弗雷隆、布尔东、勒让德尔等一批人则对罗伯斯庇尔恐怖政策的下一打击步骤深怀恐惧。反对派的矛头集中指向罗伯斯庇尔。关于他"独裁""专制"的指责已经时有所闻，刺杀他的事件也屡次发生。

遭到孤立的罗伯斯庇尔派决心继续实行恐怖政策，清除所有反对派。1794年6月10日（牧月22日），库东向国民公会提出由他和罗伯斯庇尔共同起草的"牧月法令"，虽遭强烈反对，仍获通过。该法令以含混的定义扩大了"敌人"的范围，宣布：凡是与人民为敌的都是罪犯，所有企图使用暴力或使用阴谋来破坏自由的人都是人民的敌人。法令取消了辩护人制度，规定：被诬告的爱国者可由爱国的陪审官作辩护，法律决不准许阴谋分子有辩护人。预审制度也被取消，审判程序大为简化。连国民公会议员也只要有救国委员会等的命令就可直接送交法庭审讯，而无须通过议会决定。从此开始了所谓"大恐怖"阶段。罗伯斯庇尔派的主观意图是严厉打击革命的敌人，但客观效果却并非如此。此一阶段恐怖的特点是，死刑判决数量激增，普通民众在死刑犯中所占比例明显上升。据统计，从 1794 年 3 月到 6 月 10 日的 3 个多月中，巴黎共处决了 1251 人；从 6 月 11 日到 7 月 26 日的 45 天中，则处决了 1376 人。7 月被处死刑者中，贵族和僧侣仅占 5%，中下阶层约占 74.5%，其余为军政官吏。

从 1793 年底起，特别是 1794 年 6 月弗勒鲁斯战役给反法联军以决定性的打击以后，人们对革命的胜利确信无疑了，因而对"贵族阴谋"的恐惧、报复的欲望、激进的狂热都开始减退了。恐怖的象征物——断头台遭到巴黎人民的冷遇甚至厌恶，不得不迁移到更僻远的地方。诚如恩格斯所指出的，在反丹东派和埃贝尔派的斗争中罗伯斯庇尔派获得了胜利，"但从那时起，对他来说，恐怖成了保护自己的一种手段，从而变成了一种荒谬的东西"①。恐怖已经失去了立足之地。由此，以罗伯斯庇尔派为核心的雅各宾专政，作为行使恐怖的机器，其垮台也就成为必然的了。

1794 年 7 月 27 日的热月政变，把罗伯斯庇尔等人也送上了断头台，以此作为雅各宾专政悲剧式的幕终。

雅各宾专政的历史地位

1793 年初夏，法国资产阶级革命在经历了 4 年的艰难历程之后，反动阶级的抵抗不仅没有放弃，并且因欧洲君主国的武装干涉而加剧了，革命面临着被扼杀的危险。雅各宾派就是在这种形势下被推上台的。

雅各宾派不属于一个阶级，更不是一个具有严格组织纪律的政党。从其出身、文化教养和拥有财产的情况来看，其主体是从事各种行业的业主，属于中、小资产阶级的范围。他们尊重财产所有权，主张经济自由。从意识形态来看，他们信仰启蒙运动中的理性主义，赞成政治上的自由、平等和个人主义。这个派别区别于大资产阶级各政治派别的一个特点在于，为了粉碎内外反革命势力，争取革命的胜利，他们不惜付出任何代价以求第三等级的团结，同城乡平民结成暂时的联盟。没有这一联盟是不可能击退内外敌人的凶猛进攻的。直到 1793 年 7 月 17 日土地法令颁布为止，一直持续不断的农民

---

① 《马克思恩格斯选集》第 4 卷，人民出版社 1972 年版，第 465 页。

起义和以巴黎为中心的城市"无套裤汉"运动，形成了强大的压力，迫使雅各宾派采取激进措施，走上专政的道路。

雅各宾专政完成了它的历史使命。它把第三等级各个阶级阶层可能调动的力量都调动起来，集中到前线，从而击退了内外反动势力的进攻，保卫了革命事业。它进一步荡涤了封建残余，把农民从封建制度和教会压迫下解放出来，从而为日后资本主义的发展扫清道路。它为了同城市平民结成联盟，甚至损及了本阶级的某些利益，从而使革命进程达到上升路线的顶点。它作为人民群众积极参与政治活动的资产阶级革命高潮阶段，具有十分典型的意义，对此后法国的历次革命运动和其他国家的革命都曾产生过重大影响，留下了所谓"雅各宾主义传统"。

然而，必须注意雅各宾专政赖以产生的客观历史条件。法国历史学家马迪厄认为："这个持续一年多的专政，与其说是一种深思熟虑的意识形态的产物，还不如说是内战和对外战争所带来的不可避免的压力的结果。"① 这是一场"强制性的试验"，各个阶级都得付出代价：资产阶级的经济自由和发财机会受到限制，包括农民和小业主的财产在内的几乎所有物质资源和人力资源都是征发的对象，大革命所珍惜的"人民主权"受到压抑；一切都以"胜利或者死亡"的口号予以衡量，暴力和断头台成为对付任何反抗的唯一和最终的手段。它无疑是战争时期的非常措施，连执政者都希望它不久即会不留痕迹地消失。事实上，随着前线的胜利，雅各宾专政也就失去其存在的客观必要性。

雅各宾专政是法国资产阶级革命整个历程中的一个阶段，是特定历史条件下的产物。把它同法国革命的各个不同发展阶段对立起来，以它的政策措施作为衡量革命或反革命的标准，或者把它同其他国家的资产阶级革命和改革对立起来，以它作为唯一彻底革命的模式，这些都不能说是历史唯物主义的态度。

---

① 奥拉尔也认为，革命政府是恐怖政府，是战时的权宜之计，它将同战争一起结束。不过他强调雅各宾专政的首脑人物背叛了1789年的原则，压制了自由，建立了暴政。

1794 年法国热月政变

端木美

1794 年 7 月 27 日（共和二年热月 9 日）法国反罗伯斯庇尔的各派势力联合起来，发动政变，结束了雅各宾派的统治，新兴的大资产阶级夺取了政权。这次政变史称热月政变。

反罗伯斯庇尔的阴谋

在雅各宾专政期间，城乡广大劳苦群众仍然十分贫困，濒临破产边缘。农民对征粮制、农产品固定价格政策怨恨不已。城市工人对政府规定的工资最高限额及保留制宪议会制定的《勒·夏珀利埃法》深为不满。1794 年春，政府给工商业者发放补助金，恢复奢侈品生产，减轻对投机行为的惩罚，更激起了人民群众的愤怒，甚至引起各行业工人罢工。广大劳动群众对雅各宾政府的经济措施大失所望，对政府逐渐疏远，甚至抱有敌意。

新兴的大资产阶级，形形色色的投机家，对雅各宾政府向富人征收特别税、实行最高限价法和极端恐怖政策痛恨万分。1794 年夏季，企望能够自由积累资金、肆无忌惮地掠夺财富的大资产阶级认定共和国已经巩固，封建王朝无从复辟，不愿再忍受雅各宾政策的束缚，准备打倒雅各宾派取而代之。

当大资产阶级和城乡劳动群众都对以罗伯斯庇尔为首的雅各宾政权的政策日益不满时，在国民公会、救国委员会和治安委员会中，反对派的力量正在逐渐加强。

从原则上来说，救国委员会和治安委员会具有同等权力，重大事件应由两委员会的联席会议决定。但后来救国委员会的权力逐渐增大，经常撇开治安委员会，独自草拟重要报告，处理各项重大事务，甚至连治安委员会职权范围之内的事务，救国委员会亦不和它商量，独断专行。革命法庭是由治安委员会直接领导和管理的机构。1794 年 6 月 10 日，罗伯斯庇尔和库东事先未和治安委员会商讨，便起草并使国民公会通过了有关革命法庭的法令。罗伯斯庇尔等人的这种做法侵犯了治安委员会的权力，后者十分不满，所以当国民公会讨论这个法令草案时，治安委员会的成员始终默不作声，以缄默来对抗。救国委员会内一部分人对罗伯斯庇尔及其拥护者的威信与日俱增，深感不安。卡诺曾说："倘使某一个人的功绩，甚或他的德行当作不可少之物时，就是共和国之不幸。"俾约—瓦伦说："爱护自由之民族，应当留意那些居高位者所具之德行。"到 1794 年夏天，在救国委员会和治安委员会中，反罗伯斯庇尔及其忠实拥护者的委员逐渐形成了多数。

国民公会中的弗雷隆、巴拉斯、塔利安、富歇等也互相逐渐靠拢，形成了一股反罗伯斯庇尔派的力量。巴拉斯是一个狡诈的政客、投机家。弗雷隆与丹东派主要人物德穆兰是同学，并为其妹密友。热月政变之后，他采取种种残暴手段迫害罗伯斯庇尔的支持者们，公开声称要为丹东和德穆兰兄妹复仇。巴拉斯、弗雷隆二人都在外省当过特派员。塔利安是在丹东帮助下被选进国民公会的。他在波尔多任特派员时，贪赃受贿、庇护投机商，并且肆意扩大杀戮范围，把数千人送上断头台。富歇是里昂的特派员，他在那里也制造极端恐怖。各地的爱国者控告国民公会的特派员在外地贪赃枉法，滥施恐怖，巴拉斯、弗雷隆、塔利安、富歇等人被召回巴黎。罗伯斯庇尔说："无论在什么地方，都不能再容许有任何党派或罪恶的痕迹。几个罪大恶极的人玷污了国民公会的名誉，国民公会当然是不会受他们压制的。"巴拉斯、弗雷隆、塔利安等人深知，如果罗伯斯庇尔获胜，他们只有死路一条。

弗雷隆、塔利安等人利用一切时机，拉拢国民公会中的沼泽派。沼泽派非常畏惧罗伯斯庇尔派的势力。丹东派曾两度恳求他们合作反对罗伯斯庇尔派，他们一直举棋不定。后来丹东派伪造一份罗伯斯庇尔拟定的即将送上断头台的国民公会成员的名单，上列沼泽派所有领袖的名字，才促使沼泽派下决心加入反罗伯斯庇尔的行列。国民公会中反罗伯斯庇尔派的联盟是一种暂时的结合，法国著名历史学家阿·索布尔曾说过："这个权宜之计的联盟只因为恐惧而得以结成。"

7 月初，罗伯斯庇尔的情绪一度颇为低沉，自 7 月 3 日起不再出席救国委员会的会议。而罗伯斯庇尔的敌人则加紧活动，他们投寄匿名信，三番五次地企图暗杀罗伯斯庇尔。治安委员会对街头要求逮捕罗伯斯庇尔的叫嚷不加制止。罗伯斯庇尔意识到，决战临近了。

政变的经过

1794 年 7 月中旬，圣茹斯特正在北路军中视察。罗伯斯庇尔看到形势急迫，遂将他调回巴黎。圣茹斯特返回后，主张立即行动。他说："敢干，就是革命的全部秘密"，应该猛打，快打。罗伯斯庇尔期望争取国民公会中的动摇分子，以打击最主要的敌人，所以决定首先在国民公会中发动进攻。

7 月 26 日，即热月 8 日，罗伯斯庇尔在国民公会发表了一篇精心准备的演说。这篇演说的主要内容有两点：第一点是回击政敌的责难，为自己辩护。罗伯斯庇尔说："埃贝尔和丹东的同党害怕我们的原则，责备我们不公平和暴虐……可是祖国却责备我们过于宽大。""难道说是我们把爱国人士投入牢狱，是我们到处造成恐怖？这是那些控诉我们的恶徒们干的勾当。"罗伯斯庇尔斥责那些诬蔑他为暴君的人说："你们这些诽谤真理威力的人们，你们自己就是最可鄙视的暴君。"第二点是谴责政敌在从事阴谋活动。罗伯斯庇尔声色俱厉地说道："我声明，我现在仍然相信有阴谋存在。"他认为从前大声疾呼反对埃贝尔的人们，现在却维护埃贝尔的同谋者，自称是丹东敌人的人又在步丹东的后尘，从前公开指责过国民公会某些议员的人，现在又和这些议员结成联盟来反对爱国人士。罗伯斯庇尔在演说中，把反对他个人和反对国民公会联系起来、等同起来。"他们为什么要迫害我呢？如果这种迫害不是他们反对国民公会的阴谋的一部分的话。"罗伯斯庇尔接着指出，阴谋分子的目的是要制造混乱，以陷害爱国人士和恢复暴政，因此，"革命政府拯救了祖国，现在需要排除一切暗礁来拯救它自己"。罗伯斯庇尔这一席话旨在动员国民公会揭露阴谋分子，击败他们。

但是罗伯斯庇尔的演说不够策略，未能收到预期效果。他没有把犯错误和具有不正当行为的人同进行阴谋活动的人区别开来，他未具体点明阴谋分子的姓名。国民公会中犯有错误或有不正当行为者，以及同这些人有瓜葛、牵连者甚众，因而与会者个个觉得自己是被谴责的对象，人人自危，其结果是促使中间派倒向反罗伯斯庇尔派一边。

罗伯斯庇尔演说完毕后，会场上一片寂静，好久没有丝毫反应。是赞成，还是反对，人们似乎一时难以决定。凡尔赛的代表勒库安特尔建议印发这篇讲词，库东提议把它印发全国，代表们接受了这些提议。然而，那些自觉受到责难和威胁的人很快清醒过来，倾向埃贝尔派的瓦迪埃首先向罗伯斯庇尔本人和演讲词提出责难。随后，先是丹东派后为埃贝尔派的俾约—瓦伦严厉抨击罗伯斯庇尔，说："不管是谁脸上的假面具，都应该扯下来；我宁愿听任一个野心家踏着我的尸体走上宝座，也不能因为我不发言而助长野心家的严重罪行。"原丹东派的康邦指责罗伯斯庇尔使国民公会的意志瘫痪。俾约—瓦伦和科洛—德布瓦要求在把罗伯斯庇尔的演讲词分发到各地之前，先经救国委员会和治安委员会审查。紧接着，丹东派的帕尼斯、倾向埃贝尔派的阿马尔等先后发言，攻击罗伯斯庇尔，反对把演讲词印发各地。于是，国民公会立即撤销了原决定，同意把演讲词交给两委员会审查。罗伯斯庇尔激烈反对，他说："怎么？我有勇气在大会上揭发我认为有关祖国存亡的事实，现在反而把这篇讲词转给我所控告的那些人去审查。"说罢，他愤然退出会场。形势的发展显然对罗伯斯庇尔十分不利，他在国民公会中也失去了多数人的支持。

当晚，罗伯斯庇尔来到雅各宾俱乐部。在这里，他拥有广泛、坚定的支持者，并受到热烈欢迎。他把白天在国民公会所作的演讲重复一遍，与会群众为之喝彩。他的敌手俾约—瓦伦和科洛—德布瓦想要发言，却遭到群众喝阻。罗伯斯庇尔过于乐观地看待他在俱乐部的胜利，以为自己仍然能争取大多数人的支持，决心第二天再回国民公会与反对派较量。

救国委员会和治安委员会当晚通宵达旦开会，力图协调各派意见，以求一致反对罗伯斯庇尔派。在国民公会中丹东派争得右派和沼泽派同意，共同对付罗伯斯庇尔。至此，各个反对派决定一致行动。

翌日（热月9日），国民公会会议完全被反罗伯斯庇尔分子所操纵。先是塔利安粗暴地阻挠圣茹斯特发言。接着，俾约—瓦伦起来指控罗伯斯庇尔曾经保护贵族、骗子和其他反对革命的人①，迫害革命者，实行独裁暴政、称他为"暴君"。塔利安大声叫喊，要求把黑幕彻底揭开。罗伯斯庇尔多次想上台申辩，都遭到阻拦，会场上响起一片片"打倒暴君！"的喊声。塔利安高兴地说：黑幕完全揭开了，阴谋家的假面具被戳穿了。他提议逮捕罗伯斯庇尔的拥护者国民自卫军司令昂里奥，大会采纳了这个建议。随后，大会又通过逮捕罗伯斯庇尔、库东和圣茹斯特的决定。与会各派一致鼓掌赞同。奥古斯丁·罗伯斯庇尔要求分担其兄的命运，自愿受捕。罗伯斯庇尔兄弟的

---

① 罗伯斯庇尔曾反对把73名对巴黎6月2日革命抗议的吉伦特派议员判处死刑，也曾反对国民公会特派员在外省制造极端恐怖。

忠实朋友勒巴也一起自动受捕。下午 5 时半，在与会者的欢呼声中，被捕者们被带出会场。罗伯斯庇尔愤怒地高喊："共和国完了，强盗们胜利了！"此后，罗伯斯庇尔被送往卢森堡监狱，其弟被送到圣拉扎尔监狱，库东被押往布尔勃监狱，勒巴被关押在巴黎裁判所附属监狱。

消息很快传遍巴黎，拥护罗伯斯庇尔的巴黎公社立即召开紧急会议，敲响警钟，自行在各区分部发动起义，企图用武力解散国民公会。

起义者从狱中营救出罗伯斯庇尔等被捕者。但是，罗伯斯庇尔等对领导起义犹豫不决，行动迟缓，昂里奥不敢组织力量袭击国民公会。总之这次起义缺乏准备、力量分散、配合不当。由于埃贝尔派的被镇压以及部分工人区对罗伯斯庇尔的政策怨恨甚深，在事变的紧要关头，他们也转向国民公会，削弱了巴黎公社的力量。

国民公会方面毫不迟疑地发起反攻。巴累使国民公会通过了一个法令，宣布罗伯斯庇尔等被营救出的人以及巴黎公社、雅各宾俱乐部和革命法庭的许多领导人不受法律保护，对他们可不经审判，立即处决。国民公会又委派巴拉斯去召集武装力量，另派 6 名议员辅佐他去发动各资产阶级区，向市政厅进发。这时，支持公社的军队和群众因无人领导，已经渐渐散去。巴拉斯所率军队从叛徒口中得到昂里奥发布的口令，于半夜时分出其不意攻入市政厅内。罗伯斯庇尔见反抗已毫无用处，自杀未遂，身受重伤；小罗伯斯庇尔跳窗折断一腿；勒巴自杀身亡；圣茹斯特虽镇静自若，但并未采取什么有效措施，只是束手待擒。次日（热月 10 日）下午 6 时左右，以罗伯斯庇尔为首的 22 名被捕者，不经审判，在游街示众之后被押往刑场，送上断头台。7月 29 日，即热月 11 日，巴黎公社的 72 名成员也遭到同样的命运。

热月 9 日政变结束了雅各宾派专政，代表中小资产阶级的革命民主派失败了，新兴大资产阶级夺取了政权，开始了热月党人的统治。

热月党人的对内对外政策

热月政变第二天，7 月 28 日，巴黎公社被解散。罗伯斯庇尔的追随者和拥护者受到追捕、迫害。政变者还利用一批资产阶级青年，即所谓的"弗雷隆的金色少年"四出活动，占领街道，搜捕雅各宾派，捣毁革命纪念物，毁坏马拉的雕像，把马拉遗骸迁出先贤祠。10 月 16 日，国民公会禁止各地人民团体通信往来。11 月 11 日，弗雷隆和塔利安率众攻打巴黎的雅各宾俱乐部。次日，国民公会封闭该俱乐部。12 月，让 1793 年 6 月 2 日被清洗的 73 名吉伦特派议员及 7 名侥幸未上断头台的吉伦特党人重返国民公会。同月 24 日，全面限价法被废除。革命法庭一再改组，释放大批在押的各种犯人。1795 年 5 月，革命法庭被正式撤销。救国委员会在政变后逐渐更换人员，丧失了领导地位。到 1794 年 8 月 24 日（果月 7 日），它只管军事和外交；14 个委员会没有统一的领导，革命政府名存实亡。1795 年 6 月，它被国民公会正式取消。

大资产阶级摆脱雅各宾专政后，肆无忌惮地追逐暴利，投机倒把，盗窃公款，种种非法牟利的事件层出不穷。巴黎上层社会少数新贵们穷奢极欲，享乐腐化成风，重新恢复的沙龙社交生活影响着国民公会议员，道德风尚大为倒退。

取消最高限价和经济管制之后，市面物价飞涨，指券跌价，通货膨胀。农民和商人拒绝接受指券，中小资产阶级破产比例增加。1794 年歉收，城市粮食供应极为困难，粮食投机商活动猖獗。巴黎工人、平民深受饥饿、穷困和疾病之苦。

1795 年春天，在政治压迫加强、饥馑严重的情况下，巴黎群众举行了两次起义。

1795 年 4 月 1 日（芽月 12 日）清早，蒙马特尔区的建筑工人首先行动起来，到国民公会请愿示威，各区工人纷纷响应。示威者的帽子上写着起义的口号："面包，1793 年宪法，释放爱国者！"起义者冲进国民公会，但他们缺乏明确的行动计划。政府立即调集资产阶级各区的国民自卫军，驱散了拥挤在国民公会中的示威者。国民公会镇压起义之后宣布巴黎戒严。

镇压并不能解决面包不足等严重问题，巴黎街市上依然乞丐遍布，饿死和自杀事件层出不穷。平民和工人群众中酝酿着新的起义。1795 年 5 月 20 日（牧月 1 日）清晨，工人们拿起武器，冲进国民公会会场。在武力的威胁下，国民公会接受了人民群众提出的种种要求：释放雅各宾派，管制物价，保证粮食供应，采取步骤实施 1793 年宪法，等等。这次示威仍然缺乏有力的领导和行动计划，热月党领袖调兵遣将又把他们驱散。

第二天，各区武装人民和一部分国民自卫军再次向国民公会进军，政府调集了 4 万军队来对付两万武装示威者。国民公会先用谈判的诱骗手法，答应群众的全部要求，让示威者解散回家；然后用军队迅速包围各工人区，逮捕了一切有制造"恐怖"嫌疑的人和被认为是同情雅各宾派的人。

　　芽月和牧月两次起义参加者虽然为数不少，并且勇于战斗，但终因缺少有力的领导和组织，没有明确的纲领，不免遭到失败。在起义过程中，国民公会中有十多个雅各宾派议员表示支持示威者的要求。但是这些被称为"最后的山岳党人"的议员原来与群众没有联系，不能给群众以具体的领导，扩大群众起义的初步成果。事后，他们也遭到热月党领袖们的无情打击。

　　在革命人民受挫，白色恐怖笼罩巴黎的时候，亡命国外的保王党人以为复辟时机已经成熟。1795 年 6 月，几千王党分子由英国装备，由英国舰队运送，在法国西部布列塔尼的基伯隆半岛登陆。1789 年 7 月 14 日攻打巴士底狱的英雄之一、年轻将领拉扎尔·奥什指挥共和国军队，集中兵力，一举歼灭之。热月党人靠革命发财起家，他们深知王党一旦复辟，他们的财产、政权以致性命都难保全。因此，他们以保卫革命和共和国的姿态出现，坚决镇压王党叛乱，继续抗击欧洲封建势力的反法联盟。这样，尽管热月政变以后国内出现大资产阶级镇压中小资产阶级民主派和人民群众的局面，但法国对反法联盟的战争从未停止。

　　1795 年 4 月 5 日，普鲁士和法国签订《巴塞尔和约》，普鲁士退出反法联盟，承认法兰西共和国，并且承认法国占领比利时和荷兰，莱茵河左岸地区归属法国，莱茵河为普法自然疆界。5 月 10 日，荷兰和法国签订《海牙和约》，并结成同盟。7 月 22 日，西班牙也与法国签订《巴塞尔和约》，把圣多明各的西属部分割给法国。这几起议和使得第一次反法联盟濒于瓦解。然而，对奥地利的和平谈判困难很多，主要是法国占领了奥地利在德意志和意大利的土地。由于基伯隆半岛王党分子登陆事件以及法国合并比利时，法国与英国之间的战争还要继续下去。

　　在镇压巴黎人民起义，平定基伯隆登陆的王党叛乱，取得对外战争的重要胜利以后，热月党人的政权暂时得到稳定。他们迫切需要以法律巩固自己的统治地位。1795 年 8 月，国民公会通过宪法（共和三年宪法）。它规定了很高的选举的财产资格，1793 年宪法的普选权被取消了。根据新宪法规定，立法机关由五百人院和元老院组成。五百人院享有创制和讨论法律之权；元老院由 250 人组成，享有批准或否决法律之权。两院的产生和任期相同。行政权由 5 名督政官组成的督政府行使，督政官每年改选 1 人，5 人地位相等，轮流担任主席，任期 3 个月。督政府任命 6 名部长处理政务。

　　热月党人为了牢牢地保住政权，又通过"三分之二法"，规定在新选出的 750 名两院议员中，必须有 2/3 为原国民公会议员。

　　国内王党分子妄想通过选举重获政权，但是"三分之二法"打破了他们的梦想，他们又妄图用武力夺取政权。10 月 5 日，即葡月 13 日，巴黎王党分子在几个富户住区发动 2.4 万人举行暴动，进攻国民公会。巴拉斯指挥5000 多人的军队进行回击，他手下的青年军官拿破仑·波拿巴使用炮兵摧毁了王党的巢穴，镇压了葡月王党暴动。

　　葡月暴动事件后，按照新宪法选举出来的立法两院基本上是热月党国民公会的继续。750 名议员中有 511 名是前国民公会议员，其中绝大多数还是共和派，曾投票赞成处死路易十六的有 158 人，赞成死刑缓期执行的有 37人。两院选出的 5 名执政官都是曾投国王死刑票的，即保王党称为"弑君派"的人物。

　　1795 年 10 月 26 日（共和四年雾月 4 日），存在 3 年之久的国民公会解散了，开始了督政府时期。

　　热月党人执行的政策，概括起来就是：他们为了维护新兴的大资产阶级的利益，一方面，对小资产阶级民主派和劳动群众加强压迫，对他们的反抗，实行残酷镇压；另一方面，对封建势力仍进行坚决斗争，维护了 1789年资产阶级革命的成果和原则。所以，如果说热月党人执政时期后退了，那也只是和雅各宾专政时期相比较而言。

　　我国史学界对热月政变的性质大体有两种意见：一种意见认为，雅各宾专政是彻底反封建的资产阶级革命民主专政，热月政变颠覆了这个专政，热月党人废弃了雅各宾派的一系列重要政策，所以热月政变是反革命政变。另一种意见认为，雅各宾派的许多措施是在严酷的斗争环境中被逼出来的应急手段，在很大程度上是在人民群众的压力下被迫采取的，不是建立资本主义新社会普遍适用的政策。热月政变结束了雅各宾派的非常措施，建立起资本主义的正常秩序。热月党中起主要作用的是原来的丹东派分子，他们主张建立一个具有安定秩序的有产者统治的国家，这种主张符合当时资本主义取代封建制度的历史潮流，所以不能称热月政变是反革命政变。

《拿破仑法典》的制定

李元明

《拿破仑法典》广义地说泛指拿破仑统治时期通过的五部法典：1804年的《法国民法典》，1806年的《民事诉讼法典》，1807年的《商业法典》，1808年的《刑事诉讼法典》和1810年的《刑法典》；狭义地说专指《法国民法典》。《法国民法典》于1804年3月21日由拿破仑签署公布实施，1807年9月9日被明令定名《拿破仑法典》。1814年波旁王朝复辟，《法典》改称《法国民法典》。1852年3月27日，恢复《拿破仑法典》名称。第三共和国起，又正式定名《法国民法典》，大体上一直沿用至今，但历史上和习惯上仍然采用《拿破仑法典》名称。

《法典》的酝酿和难产

大革命以前，尽管法国在政治上已经统一，但没有统一民法典。法律的实施以吉伦特河①口向东为界。南部是成文法地区，沿用罗马《查士丁尼法典》（一般称为罗马法）的某些部分。北部是习惯法地区，以官方文件予以肯定的习惯，主要是以巴黎和奥雷昂地区的习惯为准。南方的成文法、北方的习惯法，再加上封建惯例、教会特权、名目繁多的国王敕令，使得旧民法处于混乱不堪的状态。例如，在很多地区财产继承法对贵族或平民有不同的规定。在宗教信仰方面，天主教享有特权，而新教和犹太教则遭受歧视和压迫。妇女在法律上完全无权。外国居民无遗产继承权。在汝拉山脉一带还保留着奴隶制的残余和为奴隶制服务的立法。这种中世纪的、混杂的封建旧民法在法国大革命前一直统治着人民生活的各个方面。大革命胜利后，旧民法

---

① 又译纪龙德河。

虽然已经完全不适应革命后的法国，但并未正式废除，在一定程度上它还在起作用。

　　新兴的资产阶级为了确立和巩固资本主义生产方式，发展资本主义所有制，调整有产者的财产关系和人身非财产关系，着手制定一部统一的民法典。但是，新法典的诞生却经历了 10 年难产过程。究其原因，首先在于历届政府和国民议会，包括雅各宾革命专政，对于制定统一的、革命的新民法在巩固资产阶级革命成果、巩固资产阶级社会的重大意义上认识不足，大多满足于通过根本大法宪法和颁布大量的有关政治、经济、民事和刑事的单行法令。革命后历届政府所颁布的各种法令非常浩繁，其中一部分法令互有抵触，自相矛盾，失去了立法的强制作用。

　　其次，革命后出现了形形色色的思潮，对于制定一部什么样的民法典议论纷纷，意见极不一致。有的仍然迷恋于旧民法的原则，要求新民法丝毫不触犯罗马法的传统。有的要求与旧法制传统完全决裂，制定出一部前所未有的革命的民法典。有的法学家则在概念和枝节问题上纠缠不清、莫衷一是，而又没有一个权威的机构或人物根据法国当时的实际情况取舍定夺。这样，编纂统一的民法典就在争论中年复一年地拖延下来。以著名法学家康巴塞雷斯为首的法典起草委员会先受国民公会委托，继受督政府委托，曾于 1793年、1794 年和 1796 年起草过三部民法典草案，皆因意见分歧，一个接一个地被议会否决。

　　最后，法国国内激烈的政治斗争和连续不断的战争所引起的政局动荡和政府更迭，也在一定程度上妨碍了民法典的编纂。这使法国资产阶级夺取政权 10 年之后，还没有为法国提供一部统一的新法典。于是，促使统一的民法典问世的任务，就落在拿破仑身上了。

法典和拿破仑

　　《法典》之所以命名为《拿破仑法典》，不仅因为它是拿破仑统治时期的产物，更重要的是在促使《法典》的诞生中，拿破仑起了决定性的作用。拿破仑可以说是《法典》的催生婆。

　　拿破仑出生于科西嘉的一个法律家庭，从小酷爱读书，精于逻辑思维。16 岁的拿破仑已被卢梭的逻辑魅力所吸引。1786 年，他读了卢梭《社会契约论》后在一份手稿中写道："至于说到人类的法律，在君主违犯法律之后也就不可能存在任何法律了。"他接着写道:"如果法律不照顾民众的福利,民众与君主之间的契约就会自行废止。"1788年6月—1789年9月,拿破仑在奥松服役期间,翻阅了关于社会和政府的历史记载。古代波斯人、雅典人、斯巴达人、埃及人和罗马人的历史、地理、宗教、法律等,大大丰富了他的知识。有一次,他被罚关禁闭,在禁闭室发现了一本《查士丁尼法典》。他逐字逐句地把它读完,获得了惊人的法律知识。13年之后,拿破仑作为法兰西的第一执政,在进行政治和军事斗争的同时,着手进行国内的立法工作。

1799年12月14日,拿破仑颁布了新宪法,即共和八年宪法。新宪法明确规定:"共和国没收的亡命者的财产永远不得发还","法兰西民族同时宣布,经过合法拍卖的国家财产,不问来源如何,不得剥夺合法取得的权力"。与此同时,为了从法律上肯定农民阶级和资产阶级对封建阶级土地和财产的剥夺,进一步巩固资本主义生产方式,拿破仑政府于1800年8月12日组成了民法典起草委员会。起草委员会由著名法学家特隆歇、波塔利斯、比戈·德·普雷阿梅纳和马尔维尔4人组成。4个月后,草案写成,于1801年1月1日印出。按照拿破仑的命令,草案送交各个法院征求法官意见,由参政院立法专门委员会根据审查意见进行修改,并由参政院全体会议逐条加以讨论。参政院讨论草案时十分详尽,争论非常激烈,历时达数月之久。

拿破仑尽管国务活动繁忙,仍抽出相当多的时间参加讨论草案。参政院为此事共召开过107次会议,其中55次是在拿破仑主持下进行的。法国革命胜利后历届政府的主要领导人没有一个像拿破仑那样重视并坚定不移地领导过法典的编纂、讨论和最后完成的工作。据参政院立法专门委员会成员蒂博多的回忆,会议往往开到深夜。拿破仑专心倾听法学家们的讨论,能立即用精练的语言把讨论结果归纳出来。拿破仑能以准确的洞察力鉴别那些五花八门的引自法国旧法律或革命时期惯例中的条款,而决定取舍。新法典简明、有力,而又均衡得体。法国著名历史学家梯也尔写道:"他主持会议,往往提出一些深刻的、有条理的、明确的见解,与会者为之吃惊……他曾向执政康巴塞雷斯要来一些法学书,特别是国民公会为制订新民法而准备的各种有关材料。他如饥似渴地阅读这些书……不久,就把民法的一般原则作了分类,并很快同他业已掌握的某些概念联系起来。他对民事的深刻知识和极其清澈的理解力,使他有能力领导如此重要的工作,甚至能在讨论中提供大部分是正确、新颖、深刻的观念。"在激烈的辩论中,拿破仑是一个活跃的人物。他一会儿从事古怪的、近乎冒险的概念探讨，一会儿提出极为严谨的法律定义。他一会儿愤怒地对某些论点发出强烈的反驳，一会儿又轻松地闲谈着一连串戏言。拿破仑常常不拘泥于法律上的考虑，更多的是权衡政治上对法国的利弊。拿破仑之所以亲自参加草案的讨论，不是由于他对法律的个人爱好，而是为了从法律上加强资产阶级国家的政权。按他的话来说，就是为了"治理国家"。

在拿破仑的影响下，参政院通过了草案。但是，草案还面临着一场更严峻的考验。按照宪法的规定，《法典》草案还必须由保民院和立法院讨论通过。草案在保民院和立法院讨论时，遭到了猛烈的攻击。有的责难草案缺乏创造性，屈从旧传统，背离革命原则；有的攻击草案对罗马法无知，违背过去立法传统；还有的从纯立法的角度指责草案不是立法的有机产物，而是革命原则和罗马法的机械混合体，是政府法令的大杂烩。在这种群起攻击的情况下，保民院以65票对13票、立法院以152票对139票否决了草案。

拿破仑有自己的看法，他既不迷信旧的传统，也不受革命原则的束缚。他认为，现在之所以需要民法典是为了加强法治，而不是为了进行"抽象的哲学思维"。拿破仑不能忍受在他主持下逐条讨论通过的《法典》遭受保民院和立法院的否决，他也不能容许这样纯立法上的意见分歧使《法典》草案的争论长期拖延下去。1802年4月1日，拿破仑颁布法令修改通过程序，将保民院的讨论通过改为邀请保民院立法委员参加参政院的讨论，简化烦琐的批准程序。在拿破仑的直接干预下，1803年2月5日至1804年3月15日，《法典》草案的35章在立法院全部通过。1804年3月21日，拿破仑签署法令，正式颁布实施。法国著名历史学家米涅写道："波拿巴统治时期的政治虽然是专制的，但法国却有了超越于欧洲所有社会的民事立法，而那时欧洲的社会还处于极权统治下，大部分还保持着中世纪的法律体制。"梯也尔写道："第一执政的主要贡献在于为实现这一卓越的不朽事业提供了决心和坚韧不拔的意志，从而克服了到那时为止常常使这一事业归于失败的两大困难，即动荡时代中意见的无限分歧和不能始终如一地进行工作。"由此可见，法国资产阶级称颂拿破仑对制定《法典》的重大贡献，将《法典》冠上拿破仑的名字是很自然的。

《法典》的体系和结构

《法典》在编纂上借鉴了6世纪查士丁尼时期《法学阶梯》的体系。《法典》的结构包括总则，3编35章，共2281条。

《法典》的总则共有6条，规定了法律的公布、效力及其适用范围。总则规定，法律一经公布就生效，在法国全境有强行力；法律仅仅适用于今后，没有追溯力；法律适用于全体法国人，从而否定了承认等级和特权的封建法律制度。

《法典》的第一编"人"，包含关于个人民事权利、婚姻家庭关系和亲权的规定，实际上是关于民事权利主体的规定。民事权利的主体是出生后的法国人。第一编共11章，从第7条至第515条。其内容为：民事权利的享有及丧失，身份证书，住所，不在，结婚，离婚，父母子女，收养与非正式监护，亲权，未成年、监护及亲权的解除，成年、禁治产及裁判上的辅助人。

第二编"财产及对于所有权的各种限制"是物法，包含各种财产的所有权及其他物权的规定，实际上是关于静态中的民事权利客体的规定。该编只有4章，共194条，是《法典》条文最少的一编，但内容至为重要，因为财产所有权是统治阶级用以维护其经济地位的法律手段。该编内容为：财产分类，所有权，用益权、使用权及居住权，役权或地役权。

第三编"取得财产的各种方法"规定的对象颇为庞杂：首先规定了继承、赠予、遗嘱和夫妻财产制；其次规定了债法，附以质权和抵押权法；最后还规定了取得时效和消灭时效。实际上，该编是关于民事权利客体从一个权利主体移转于另一个权利主体的各种可能性的规定。这一编共有20章，自第711条至第2281条，是篇幅最大、内容最繁杂的一编。该编内容为：总则，继承，生前赠予及遗嘱，契约或合意之债的一般规定，非因合意而发生的债，夫妻财产契约及夫妻间的相互权利，买卖，互易，租赁，合伙，借贷，寄托及讼争物的寄托，赌博性的契约，委任，保证，和解，民事拘留，质押，优先权及抵押权，对于债务人不动产的强制执行及债权人间受分配的顺位，时效。

《法典》主要内容剖析

《法典》用简明有力的语言，对刚刚诞生的资产阶级社会生活的各个方面，作了有利于巩固资产阶级所有制的规定。革命时期以来资产阶级所取得的主要成果，启蒙运动思想家的基本观点以及革命各个发展阶段的主要社会立法及其理论原理都鲜明地体现在《法典》上了。

第一，《法典》的核心是全力保护资本主义所有制不受侵犯。

《法典》确立了绝对的个人所有制。第 537 条规定："私人得自由处分属于其所有的财产。"第 544 条进一步规定："所有权是对于物有绝对无限制地使用、收益及处分的权利。"

《法典》明确肯定了农民阶级和资产阶级剥夺贵族、教会土地和财产的合法性。《法典》第 545 条规定："任何人不得被强制出让其所有权，即使由于公共利益也要给以公正和事前的补偿。"

《法典》还从各个方面规定了个人所有制的实际内容和范围。《法典》第 546 条规定了"物之所有权，不问其为动产或不动产，得扩张至该物由于天然或人工而产生或附加之物。此种权利称为添附权"。根据添附权，第 547 条规定"土地产生的天然果实或人工果实（指耕种所得产品），法定果实（指房租、利息等），家畜繁殖的小家畜"均归属于原物所有人。第 552 条明确赋予所有人对土地充分使用的权利，即在法律规定条件下"在地上从事其认为适当的种植或建筑"，"在地下从事其认为适当的建筑或发掘，并采取掘获的产物"。

第二，《法典》十分注意调整各方所有权之间的关系，要求各方所有权之间相互尊重。《法典》第 640 条规定："低地对高地须接受从高地不假人力、自然流下之水。低地所有人不得建立妨碍流水的堤坝。高地所有人不得采取任何加重低地负担的行动。"第 643 条规定："如水供给区乡、村落居民的需要时，水源地所有人不得变更其水道；但如居民未经依法律行为或时效取得用水权，所有权人得请求用水的偿金。"

《法典》还对小块土地所有者之间的关系作了有利于双方的调整。第 682 条规定："自己的土地被他人的土地围绕，且并无通道通至公路时，土地所有人得为自己不动产的便利，要求在邻人土地上取得通行权，但负担与通行所造成损害相当的赔偿。"《法典》要求尊重邻人的所有权，不得觊觎邻人的不动产，第678、679条对此作了相应的规定。

第三，《法典》用法律条款保证了买卖自由、契约自由（或契约自治）的原则。《法典》第三编第6章（买卖）、第7章（互易）和第8章（租赁）对自由买卖、等价交换作了具体的规定。第1594条规定："一切法律并未禁止其为买卖行为之人，均得买受或出卖。"第1598条规定："交易范围内的物品，除特别法禁止出让者外，均得为买卖的标的。"并将劳动力也划为商品，第1710条规定："称劳动力的租赁者，谓当事人约定，一方为他方完成一定的工作，他方约定支付报酬的契约。"

《法典》用大量的条文贯彻契约自由或契约自治的原财。《法典》第1134条："依法成立的契约，在缔结契约的当事人间有相当于法律的效力。"这就是说，当事人之间的契约，除非该契约违反法律的规定，对于当事人就等于法律。《法典》赋予两个或两个以上的个人所表示的一致意见等于法律的效力，来使他们以自己的行为产生相互间的权利和义务。《法典》第三编规定依法订立的契约要出于个人的意见；订立的内容、方式以及订立双方的选择，纯属当事人的自由，其他个人和国家官吏无权干涉。确立了这个契约自由或自治原则，资本主义社会就可以自由地运行起来。

第四，《法典》用具体的法律条款把平等原则固定了下来。《法典》第1、3条明确宣布，凡颁布的任何法律在法国全境，共和国各部分均发生强制力，对于居住生活在法国境内的一切人都有强制力。《法典》第7条规定，民事权利与是否取得公民资格无关。第8条规定："所有法国人都享有民事权利。"这种权利不受年龄、性别、民族、出身、信仰等任何限制。只有丧失法国人资格或因法院的判决才能失去或被剥夺民事权利。

民事权利的平等是"法律面前人人平等"在民事规范内的体现。《法典》所体现的平等原则，在历史上是一大进步。但是，《法典》的平等原则有很大的局限性。这里且不谈在资产阶级社会里这种平等原则能否真正得到实现，而只指出一点，即使是形式上的平等，《法典》也没有贯彻始终。例如，在夫妻关系和亲子（女）关系上，《法典》规定了夫（父）是一家之长的原则。第213条规定，丈夫有保护其妻子的义务，妻子有服从其丈夫的义务。第217条规定，妻子不能自行处分其财产。第230条规定，妻子只是在其夫将姘妇留在夫妻共同家宅时才能要求离婚；而按照第229条规定，丈夫只需以妻子通奸为理由，就可以诉请离婚。第373条规定，父母婚姻关系存续中，亲权由父单独行使之。第384条规定，父亲在夫妻婚姻关系存续期间对其 18 岁以下子女的财产享有使用收益权。同样，非婚生子女也受到歧视，他们的继承权大大低于婚生子女。

第五，《法典》在社会其他方面（身份证书、婚姻、继承等）的立法规定也是为进一步巩固资产阶级社会制度服务的。

《法典》第 9 条规定，所有在法国出生的外国人，在达到成年时可以要求取得法国人的资格。第 10 条规定，丧失法国人资格并居住在国外的法国人的子女，只要履行第 9 条规定的手续，在任何时候都可以取得法国人资格。这些条款扩大了取得法国人资格的范围。

按照天主教会法，离婚是被禁止的。1792 年 9 月 20 日的法令准予离婚，只要一方提出脾气不合即可构成离婚理由。这个法令造成社会上随便离婚的风气，致使家庭基础不稳固。《法典》既准许离婚，又规定离婚必须持有严肃理由。《法典》第 229、230、231、232 条对此作出了相应的规定。

对于革命以后一直争论不休的继承问题，《法典》作了明确和细致的规定。《法典》承认死者生前立遗嘱的权利，但赠送遗产的数目则视其财产和子女的多寡而有不同规定。《法典》对遗产继承的条款既不同于罗马法的规定，又有异于革命时期的法令。《法典》承认死者生前对财产的一定支配权，从而维护了绝对个人私有制原则，又对他的支配权加以适当的限制，以利于死者家庭成员对遗产的分配基本平等。

从以上对《法典》主要内容的剖析中可以清楚地看出，这是一部典型的资产阶级社会的法典。《法典》用 2281 条法规调整了资产阶级社会的经济关系，也就是资产阶级社会的物质利益关系，包括财产的所属关系，财产的分配和交换关系，这是资产阶级社会存在的基础。《法典》一整套的法律规范保障了资本主义生产的发展，巩固了资产阶级的国家制度。

《法典》的意义和影响

《法典》是近代资产阶级革命以后，资本主义国家制定的第一部民法典，恩格斯称之为"典型的资产阶级社会的法典"[①]。它继承了罗马法的传统，充实了资本主义条件下新的立法因素，形成了新的民法体系，从法律上维护和巩固了资本主义所有制和资产阶级的社会经济秩序，对法国的资本主义发

---

① 《马克思恩格斯选集》第 4 卷，人民出版社 1972 年版，第 248 页。

展起了积极作用。

《法典》在促进欧洲资本主义的发展上起过重大的舆论和示范作用，对于世界各个资产阶级国家的民法典有着巨大影响。当法国军队进入莱茵河左岸和意大利北部，破坏了那里的封建制度之后，拿破仑便在那里推行《法典》。比利时和卢森堡现在仍然把它作为自己的法典。德国有 1/6 地区采用这部法典。德国科隆地区在《法典》的影响和推动下，发展了规模很大的工业，是当时德国最先进的部分。意大利北部的情况也是如此。在这以后，欧洲和世界的资本主义国家在制定自己的法典时，往往以《法典》为范本。《法典》在很长时间内，成为"世界各地编纂新法典时当作基础来使用的法典"[①]。意大利和荷兰直接采用了《法典》。《德国民法典》《瑞士民法典》《西班牙民法典》《智利民法典》《阿根廷民法典》《巴西民法典》都在很大程度上接受了《法典》的影响。法国的某些前殖民地，例如加拿大的魁北克省和美国的路易斯安那州的民法典都以《法典》为蓝本。

《法典》之所以有如此大的影响，原因在于：法国在 19 世纪是个强国，特别在拿破仑统治时期，法国的权威很大；《法典》文字简单明了，逻辑严谨，体系完整，它不仅继承了以往各类民法的优点，而且在内容上废除了一切封建桎梏，最适合于 19 世纪陆续建立起来的资产阶级国家的需要。因此，可以说《拿破仑法典》在法律发展史上占有十分重要的地位。

---

① 《马克思恩格斯全集》第 37 卷，人民出版社 1971 年版，第 488 页。

1812 年拿破仑远征俄国

孙祥秀

1812 年拿破仑远征俄国，是世界近代史上的著名战争，拿破仑一开始就投入了几十万兵力，是他对外战争中规模最大的一次。这次战争对拿破仑后来的命运产生了很大影响。毛泽东说："拿破仑的政治生命，终结于滑铁卢，而其决定点，则是在莫斯科的失败。"① 拿破仑远征俄国战争的失败，是欧洲两种政治势力消长的转折点，引起了欧洲各国反对拿破仑压迫的民族解放斗争。

19 世纪初欧洲政治舞台上的法国和俄国

1807 年 7 月 7—9 日，拿破仑和俄国皇帝亚历山大一世、普鲁士国王弗里德里希—威廉三世分别签订了《提尔西特和约》。和约条件对普鲁士非常苛刻，使它丧失了许多领土。但这个和约的签订，对于拿破仑·波拿巴来说，是一个辉煌的胜利。从这时起，拿破仑不仅是法兰西帝国②的皇帝，而且成了意大利的国王，莱茵同盟（包括萨克森在内）的大部分德意志土地的保护者，瑞士的统治者。在荷兰和那不勒斯王国，则分别由其两个兄弟路易和约瑟夫为国王；在威斯特伐利亚王国（德意志的整个中部和北部的一部分）由其三弟热罗姆为国王。拿破仑的军队驻扎在欧陆北部沿海地区的汉堡、不来梅、卢卑克、但泽、柯尼斯堡等地。在波兰，拿破仑任命其附庸和奴仆萨克森国王为大公，在那里建立新军，由法国的达乌元帅管辖。此时，伊奥尼亚群岛卡塔罗城，巴尔干半岛亚得里亚海沿岸的一部分，也在他的统

---

① 《毛泽东选集》第 3 卷，人民出版社 1953 年版，第 889 页。
② 当时的法兰西帝国包括比利时、德意志西部、皮埃蒙特和热那亚。

辖之下；普鲁士只保留了一块很小的领土，并且被剥夺了建设常备军的权力；而奥地利只能对他表示顺从。

拿破仑被在西欧的胜利冲昏了头脑，他曾经踌躇满志地对一个元帅说："经过五年我将统治世界，留下一个俄国，但我将制伏它。"他认为俄国是他通往世界霸主道路上的障碍，为了扫除这个障碍，他找到了开战的所谓"理由"。他说："难道这些仗是我要打的吗？难道那不是环境所迫而造成的吗？不用说这些战争总是过去同未来之间的斗争的一部分，而且我们的敌人由于结成了长久不变的联盟，就迫使我们不得不去征服他们，不然我们便会为他们所征服。"由于当时英国还在欧洲占着相当的优势，所以早在 1810 年秋天，他就意识到英国是个劲敌，不管在开罗、米兰、维也纳、柏林，或者在马德里都不能彻底战胜英国。而英国出口贸易主要对象是俄国，所以拿破仑认为，只有在莫斯科才能给英国以毁灭性的、致命的打击。这也是拿破仑进军莫斯科的战略意图之一。

但是，沙皇俄国是绝不会容忍由法国来主宰欧洲的。亚历山大一世一度欣然与法国联合，是因为他考虑到法国将比英国更有利于他掠夺瑞典和土耳其。《提尔西特和约》，实质上是个瓜分欧洲势力范围的条约。俄国"靠牺牲自己昨天的同盟者而获得了新的领土，并且同拿破仑结成了同盟来瓜分世界：西方归拿破仑，东方归亚历山大"①。

《提尔西特和约》签订以后，亚历山大一世自以为他的利益得到了法国的承认，从此以后，他就能够以"同盟者"的姿态出现了。所以每当拿破仑要求他支持时，他总是坚持考虑本国的利益，而向法国索取相当的代价。拿破仑想充当欧洲的主宰，沙皇亚历山大也想成为欧洲的霸主。两家都实力雄厚、野心勃勃、明争暗斗，谁也不认真履行在提尔西特谈判时彼此所作的保证。事实上，拿破仑和亚历山大是势不两立的对手，双方均有发动战争的准备。拿破仑帝国的扩张，必然引起沙皇俄国的不安和反对。

法俄矛盾已经发展到非用战争解决不可的地步，双方都在寻找开战的借口。

从法国方面来说，首先是大陆封锁政策的破产。反英大陆封锁政策，不仅对英国不利，而且对欧洲大陆各国人民都有严重的影响，如日用品、咖啡、茶、砂糖、等等，断了货源，因而价格随之腾贵，直接影响着大陆千百

---

① 《马克思恩格斯全集》第 22 卷，人民出版社 1965 年版，第 31 页。

万人的日常生活。这特别对俄国统治阶级不利。按照《提尔西特和约》规定，俄国必须参加法国对英国的大陆封锁体制，但它并未认真执行大陆封锁政策。亚历山大一世于 1810 年除夕颁布谕旨，宣布俄国不再受大陆封锁体制的约束。它在实际行动上抵制法国货进口，而欢迎英国货入境。当时，俄国的丝、天鹅绒、名酒等高级消费品都是从法国输入的。1810 年 12 月，亚历山大一世规定新的关税率，突然停止了丝、天鹅绒、名酒等的订货。这就引起了法国货的销售危机。拿破仑非常清楚，破坏大陆封锁政策的"元凶"是俄国，所以异常恼怒，决心要对俄国施行报复。

其次，拿破仑对俄国不认真执行《提尔西特和约》的其他规定也心存不满。1809 年，拿破仑攻打奥国。按法俄联盟条约规定，俄国应当出兵协同作战，但亚历山大只出兵波兰，而没有向奥军攻击。拿破仑认为这是背信弃义。此外，拿破仑当然还找了一些其他方面的借口，最明显的就是向俄国公主求婚一事。拿破仑无子嗣，与约瑟芬离婚以后，想娶亚历山大的妹妹安娜·巴夫洛夫娜女公爵为妻。当法国驻俄大使科兰古受命在圣彼得堡向沙皇提出这一要求时，亚历山大借口其妹之婚事要由皇太后做主，而婉言推托。此后，皇太后因拿破仑出身微贱，两家门第不配而明确拒绝了这门亲事。为此拿破仑怀恨在心，决心伺机进行报复。

沙俄政府认为，拿破仑想恢复波兰，这里面包藏着挖俄国墙脚的险恶用心，俄国对此不能坐视不管。所以，当华沙大公国扩大以后，亚历山大就敦促拿破仑作"决不重新建立波兰王国"的声明。拿破仑本来指望，一旦法俄战争爆发，可以得到波兰的支持，他当然拒绝作此声明。同时，拿破仑在东方的行动，诸如纵容土耳其反抗俄国等，也引起了亚历山大的不安。此外，因为拿破仑最初求婚于俄国公主，但还未得到俄国正式答复，就转而向奥国皇室联姻，沙皇认为这是在愚弄俄国。

双方都意识到战争不可避免，所以都对即将到来的战争进一步作了舆论的和军事上的准备。

1812 年的法俄战争

军事行动正式开始之前，双方首先展开了外交攻势。1812 年 2 月，拿破仑以威胁的手段强迫普鲁士与法国结盟。在即将到来的战争中，普鲁士须提供 2 万名士兵和 60 门大炮归拿破仑调遣。与此同时，俄国也在四处活动，劝诱普鲁士投入俄国的怀抱。法、俄都对奥地利积极进行拉拢。本来，奥地利是仇视法国革命的，慑于法国的强大，同意联姻，并在 1812 年 3 月同法国签订条约，结成联盟；然而在暗中却一直与俄国眉来眼去。拿破仑也想拉拢瑞典，但瑞典新王贝尔纳多特对拿破仑的行动十分反感，加上害怕英国的海军攻势，因此叛离了拿破仑转而与俄国结盟。对土耳其，拿破仑答应恢复 40 年间所失去之疆土作为法土结盟之报酬；俄国则向土耳其表示让步，愿意从所占巴尔干两公国撤走军队，加上英国对土耳其进行威胁，如果它与法国结盟，英国就用海军攻击君士坦丁堡，这就促使土耳其与俄国结成了联盟。

法俄双方在军事上都做了充分的准备。为了对俄作战，拿破仑广泛收集有关俄国的情报。早在 1810 年，他就命令下属将有关俄国的历史和现状的资料拿给他看。他仔细研究俄国的经济状况，秘密派遣间谍潜入俄国，甚至把伪造的俄国纸币运进俄国，以此扰乱对方的金融市场。1810 年底，拿破仑根据特里亚农敕令和枫丹白露敕令，筹备了 1.5 亿法郎军费。1811 年 11 月 14 日，拿破仑命令达乌元帅：一有信号就进入普鲁士，并迅速占领全境。

亚历山大一世也一直在积极备战。1811 年初，俄国虽然财政拮据，赤字高达 1 亿卢布，纸币贬值 5/6，但沙皇并不因此而削减军备开支；相反，加紧"厉兵秣马"，很快编成了两个方面军，共计 20 万人。双方磨刀霍霍，准备开战，一决雌雄。

进入 1812 年，战争已迫在眉睫。法国已经组成了总数达 51 万之众的远征大军。这支庞大的军队，有半数以上由其他附庸国家提供，包括波兰大公国、巴伐利亚、萨克森、意大利等。在多数外国军队中都有一个法国师作为支柱和核心。此时，俄国有两支主力军，一支由陆军大臣巴克莱·德·托利将军率领，约 15 万人，集结在维也纳北边；另一支由巴格拉吉昂公爵率领，约 5 万人，驻扎在沃尔希尼亚省。

拿破仑为了确保对俄战争中的战略主动权，出其不意，对俄国不宣而战。他预先制定的战略方针是：以速决战的办法，在短期内取胜；通过一两次总决战把俄军击溃后，迅速占领莫斯科，逼迫亚历山大一世投降，订城下之盟。

1812 年 5 月 9 日，法军经德意志各国向波兰前进，逐渐向维斯瓦河和涅曼河地区集中。5 月 16 日，拿破仑在萨克森国王的陪同下，进入德累斯顿。6 月 22 日，拿破仑在涅曼河附近的维尔科韦息卡签署命令，号召军队"渡过涅曼河，把战争带到俄国领土上"。这个命令被认为是正式的宣战书。6 月

23 日，拿破仑视察了骑兵和步兵驻地。为了不引起人们的注意，他改换了制服，仔细地察看了部队的部署，察看了架桥和进攻的准备。6 月 24 日拂晓以前，拿破仑指挥军队迅速经过架设在涅曼河上的三座浮桥，进入帝俄领土，并一举占领了科夫诺。法俄战争开始。

俄国军队见法军来势汹汹，采取防御战术，由巴克莱率领第一军团向德里萨方向撤退，接着又退到斯摩棱斯克。法军没有遇到很大的抵抗，就迅速到达斯摩棱斯克城下。8 月 17 日，拿破仑下令用火炮轰城，经过 13 个小时，全城夷为废墟。俄军拼死抵抗，顽强奋战，使法军付出了伤亡约 1.2 万人的代价。法军虽然伤亡较大，但在数量上明显占优势，巴克莱下令，放弃大火燃烧着的城市，与居民一道迅速撤退。巴克莱的撤退，在俄国统治阶层中引起了强烈不满。有人说巴克莱是叛徒。巴格拉吉昂认为，继续撤退是民族的奇耻大辱。他说，"陆军大臣是在将法军当作客人直接带往莫斯科"，因而坚决要求撤换巴克莱的职务。当时，出于民族感情，俄国士兵对退却也相当不满。在各种反对退却呼声的压力下，8 月 29 日，当俄军退到查列沃—扎米舍的时候，亚历山大一世终于下令撤换了巴克莱，任命老将库图佐夫为俄军总司令。

米哈伊尔·伊拉里奥诺维奇·库图佐夫是俄国杰出的统帅之一。他认为巴克莱的战略设想是可取的，法军劳师远征他邦，不可能在一个离开本土几千公里的、充满敌意的大国中进行长期战争。不熟悉俄国的地理，不习惯这里的气候，这一切对于拿破仑的军队来说是很不利的。但是，受命于危难之时的库图佐夫同时也知道，俄国宫廷绝不会允许他不战而放弃莫斯科。他接替巴克莱以后，就率 11.2 万正规军，配备 640 门大炮，将阵地设在距莫斯科 120 公里的波罗丁诺村。在这里待命抗击法军的，还有 7000 哥萨克和 1 万名莫斯科与斯摩棱斯克的义勇军。库图佐夫想通过波罗丁诺会战来提高俄军士气，并以此平息各方面舆论对战略退却的不满。

9 月 4 日，拿破仑的 13.5 万人的大军接近了波罗丁诺的俄军阵地。9 月 5 日，攻占了俄军前沿阵地谢瓦金诺多面堡。9 月 7 日，双方在波罗丁诺展开激战。法军拥有 587 门大炮，首先用炮火轰击俄军阵地。俄军也发起反攻，抵抗非常顽强，即使是一个较小的棱堡也经过多次争夺，几易其手。双方军队进退反复，展开残酷的肉搏战。争夺谢苗诺夫钝角堡的战斗尤为激烈。在这个地区集中了法军的 400 门大炮和俄军的 300 门大炮，双方混战成一团，伤亡惨重。在这次战斗中，巴格拉吉昂公爵受了重伤。拿破仑对拉耶夫斯基炮台进行了猛烈轰击。到下午6时左右，法军凭其优势的兵力，占领了炮台。俄军力图挽救战局，终因力量悬殊未能成功。激战一天，俄军炮台的守兵几乎全部牺牲。最后法军占领了波罗丁诺村。

这是一场极其激烈的血战，交战双方都以连续不断的炮火轰击对方，使双方都造成极大的伤亡。法军损失2.8万人，有49名将军死于这次战斗，俄军也损失4万人。波罗丁诺战役的结果，拿破仑未能全歼俄军，库图佐夫也不能给法军以致命打击。

9月13日，库图佐夫在莫斯科近郊的费里村召开了军事会议。会上，将军们对继续与法军作战还是撤退的问题进行了激烈的争论。库图佐夫坚决主张撤离莫斯科，以保存有生力量。他说："失掉了莫斯科并不就是失掉了俄国。"最后决定撤退。9月14日，俄军从莫斯科向科洛明和梁赞撤退。俄军实行了坚壁清野的政策，对军需品和生活用品能带走的带走，不能带走的销毁，居民和军队一起撤走。莫斯科变成了一座空城。

库图佐夫放弃莫斯科，把俄军集中在塔鲁丁诺村地区，切断了拿破仑军队向俄国南部地区前进的通路，为组织和准备对法军的反攻创造了有利条件。库图佐夫还竭力扩大俄军的数量，用后备军补充正规军。他也注意扩大和统一游击队的活动，并用正规军队加强游击队伍，为全面反击做准备。

9月15日，法军进入莫斯科。全城静悄悄的空无行人，几乎像一座死城的可怕情景呈现在远离国土的法军面前。当天晚上，莫斯科突然起火①，克里姆林宫的特洛伊茨塔也燃起火焰，熊熊大火一直烧了六天六夜。

法军历经长途跋涉和作战，早已十分疲惫，在大火之后的莫斯科，住处只能勉强解决，而口粮的供应则成了大问题。两个星期过去以后，士兵开始挨饿，尽管四处掠夺，也无济于事。拿破仑进驻克里姆林宫以后，面对这一严酷的现实，进退两难：滞留莫斯科，将军们是乐意的，但大部队长期离开法国十分危险；追击库图佐夫，又不知俄军去向，而法军中的马匹已死去大半，部队机动性和战斗力大不如前。

拿破仑反复权衡利害得失，决定与亚历山大一世缔约。莫斯科大火后不久，拿破仑派洛里斯顿将军，去俄国统帅部大本营求见亚历山大。拿破仑表示愿意让俄国在土耳其，包括君士坦丁堡自由行事，并暗示波兰问题也可以

---

① 对大火的原因有几种说法：有的说俄国人为了困死法国军队而放火；有的说拿破仑事先计划破坏这座城市；还有的说是酗酒的士兵趁火打劫的结果。

按照沙皇的意图解决。但亚历山大一世发誓，只要还有一个法国兵留在俄国，他就绝不能跟敌手谈判。

库图佐夫带领军队放弃莫斯科之后，不再继续向东撤退，而把兵力移到卡卢加，一方面保护有兵工厂的图拉，另一方面可以控制法军的交通线。在这里，他改组和扩建了军队，兵力超过 10 万人。此时，已近冬季，占领莫斯科 30 多天的拿破仑，看到同俄国缔约以谋求和平的设想已不可能实现，不得不下决心撤离莫斯科。他让莫蒂埃元帅率 1 万名法军留守莫斯科，10 月19 日，自己带领 11.5 万人的军队，沿着旧的卡卢加大道去追击库图佐夫。莫蒂埃在部分炸毁克里姆林宫之后，不久与大军会合。

10 月 24 日，当法军抵达马洛雅罗斯拉维茨时，与俄军遭遇。战斗极为激烈，在一整天的血战中，马洛雅罗斯拉维茨八易其手。最后法军占领了马洛雅罗斯拉维茨，损失了 5000 多人。在第二天举行的军事会议上，拿破仑根据实际情况，决定变更计划，改向斯摩棱斯克方向撤退，争取在俄军没有截断第聂伯河和别列津纳河之前渡河。

此时俄军得到新的补充，人数达 12 万人。为避免消耗兵力，库图佐夫不想猛追"穷寇"。在马洛雅罗斯拉维茨之战以后，俄军有意让拿破仑军队撤退，不对其施加任何压力。对库图佐夫来说，全部问题在于如何使拿破仑迅速退出俄国；但对英国在俄军中的官方代表威尔逊和很多德国人以及流亡的法国人来说，拿破仑退出俄国，事情并没有结束，而是新的麻烦的开始。他们认为重要的是摆脱拿破仑的压迫。所以，他们对库图佐夫不满，责备他缺少魄力。然而为了俄国的利益，库图佐夫没有让步。

严冬的风雪开始席卷俄罗斯的大地。法军撤出斯摩棱斯克时，人马已经疲惫不堪。饥寒交迫的兵士跌倒在雪地就再也爬不起来了，道路上尸体纵横。离开莫斯科时，法军还有 11.5 万人；11 月 14 日离开斯摩棱斯克时，只有 3.5 万人了。11 月 16 日，法军后勤基地明斯克被奇恰果夫率领的俄军占领，大批粮食落到俄国人手里。11 月 20 日，奇恰果夫的军队抢占了波里索夫的桥梁，并占领波里索夫城，赶走波兰守将东布罗夫斯基。波里索夫大桥是拿破仑的安全所系。法军乌迪诺元帅竭力争夺，未能夺回。拿破仑听到这个消息，大为震惊。大桥的失守，迫使拿破仑改变渡河地点，决定在北面的斯土江喀渡河。

为了迷惑俄军，拿破仑假装要从波里索夫渡河，让乌迪诺率领部分军队进攻波里索夫。他亲率大军悄悄渡过别列津纳河，往维尔纳后撤。11 月 26

日开始渡河，27 日，有一支近 1.4 万人的掉队法军，被一支哥萨克军追到河边。还没有渡河的维克多元帅，指挥部队把他们击退。哥萨克迅速将法军渡河的动向报告库图佐夫。库图佐夫立即通知奇恰果夫追击。奇恰果夫来迟了一步，拿破仑及其残部已到了右岸。

早在 11 月 6 日，拿破仑就获知马莱搞政变的消息。马莱是法国共和派分子，正当拿破仑在俄国激战时，他假造文告，说拿破仑已被俄军俘虏。拿破仑听到这一消息感到很懊恼，为了保住皇位，他不能不迅速回巴黎去。12月 5 日，拿破仑对他的元帅们说，他要离开部队，赶回巴黎再招 30 万名士兵，以迎击来犯的俄军。他把军队交给缪拉指挥。12 月 6 日，拿破仑在科林库尔、杜洛克等伴随下，离开军队回国。

缪拉率残部于 12 月 12 日到达科夫诺。库图佐夫主力离维尔纳尚有几昼夜的路程，残存的法军才侥幸地渡过了结冻的涅曼河。

至此，1812 年拿破仑远征俄国之战，以法军的失败，俄军的胜利而告终。后来拿破仑又组织军队试图卷土重来，终因莫斯科之战，法军元气大伤，国家财力消耗过大，拿破仑再也无法重振昔日威风。而沙皇亚历山大一世则以解放欧洲为幌子，拼凑反法联盟，组织大军步步紧逼巴黎。

拿破仑进攻俄国失败的原因及后果

法俄 1812 年之战，是法俄争夺欧洲霸权的一次大较量。战争之爆发，是因为双方在一系列问题上存在着无法调和的矛盾。

然而，就法国方面来说，拿破仑把大军开到人家的国土上，进行的无疑是一场掠夺性的战争；俄国人民被迫应战，打击入侵者，是一场正义的保卫战。列宁说："当拿破仑建立法兰西帝国，奴役欧洲许多早已形成的，有生命力的民族大国的时候，法兰西的民族战争便成了帝国主义[①]战争，而这种帝国主义战争又反过来引起了反对拿破仑帝国主义的民族解放战争。"[②]

征俄战争，是拿破仑一生中使用兵力最大，也是损失兵力最大的一次战争。由法国人和非法国人组成的军队进入俄境，战死者达 12.5 万人，因天寒冻死者达 12.2 万人，被俄军俘虏者达 19.3 万人。仅以帝国近卫军狙击兵

---

① 列宁在这里讲的帝国主义是泛指对别的国家的掠夺。
② 《列宁选集》第 2 卷，人民出版社 1972 年版，第 850 页。

第六团为例，在大军撤出斯摩棱斯克之时，还剩下 300 名兵士，31 名军官。到 12 月 19 日返回法国领土时，只剩下军官 14 人，兵士 10 人了，几乎"全军"覆没。俄国虽然取得了战争的最后胜利，但付出的代价也相当沉重，库图佐夫的 12 万大军，损失达 7 万人。

这次战争，为什么导致了拿破仑失败、俄国胜利的结局呢？

从法国方面来看。《提尔西特和约》签订以后，尽管法国处于西欧和中欧的霸主地位，但其内部矛盾是无法克服的。1812 年远征俄国以前，拿破仑与法国一部分资产阶级分子之间产生了分歧。他力图使资产阶级服从自己的意志。他认为，国家是"目的本身"，对欧洲进行经济掠夺，是为了法国资产阶级国家的利益。所以他在 1810 年 8 月 5 日的《特里亚农敕令》中规定，凡是从殖民地运来的重要产品都要课以重税。这当然对资产阶级中的商人阶层不利。这些人表示反对，破坏敕令的执行。有人甚至故意抬高物价，扰乱市场。即使拿破仑的亲属也并不真心实意地按他的意旨办事。

在拿破仑控制下的附属国，政治形势亦不妙。拿破仑在这些国家广为推行法国的制度，任何反对的意见都被看成是对他专制政权的不忠。然而，拿破仑无法在各附属国畅行无阻地推行他的政策。1811 年 2 月，拿破仑责成瑞典执行大陆封锁政策，否则法军将占领瑞典所属波美拉尼亚。这一威胁未能使瑞典国王贝尔纳多特俯首听命。1812 年初，瑞典与俄国结盟订约。而更重要的是欧洲各国的民族运动及民族战争蓬勃兴起，严重地打击了法国的力量。自 1807 年起，在一些地区接连不断发生反法运动和反法起义。特别是西班牙人民的抗法斗争轰轰烈烈，虽然约瑟夫建立了一支 2.3 万人的军队来维护帝国的利益，镇压人民的反抗，也无法将西班牙人民的斗争烈焰扑灭下去。在这种矛盾继续激化的情况下，拿破仑向俄国发动战争，是不可能有好结局的。

拿破仑在民心极不稳定的情况下，率领千军万马，跋山涉水，长途征战。战场远离本土，运输困难，后勤供应很难得到保证。这诸多不利因素，直接影响到法军战斗力的充分发挥。远征俄国的几十万军队又是拼凑而成的"杂牌军"，没有多少人真心实意为拿破仑卖命，这就大大地减弱了法军的战斗力。而且法军劳师远征，不适应俄国的气候和地理环境。在这里，盛夏天气闷热，大雨滂沱，道路泥泞难走。从涅曼河到维尔纳的 50 里行军中，有 1 万匹马因疲劳过度或吃了杂草而死亡。俄国的严冬更为难过。拿破仑曾谈到当时的情景说，"路上都是冰，每晚都死好些马，一死不是论百匹地死，而是论千匹地死，不过几天之内冻死 3 万多匹马，骑兵无马可骑，大炮及运输无马可用”。最根本的原因，是拿破仑在战略上的轻敌思想。他没有预料到俄国人民面对侵略者的屠刀时誓死保卫祖国的献身精神。他也没有料到，俄国人会把自己国家的城市烧光以与侵略者决一死战。

再从俄国方面看。在 1812 年的法俄之战中，与拿破仑拼凑而成的“杂牌军”不同，俄军是保卫祖国而战的正义之师。俄军战略指挥得当，又在本土作战，补充兵员、供应物资都很有利。重要的是俄国进行了一场人民战争，这是打败法国的决定因素。

在这场战争中，俄国的义勇军有力地配合了正规军的作战。在他们当中出现了无数英勇杀敌的农民爱国英雄。农民库林组织的游击队，计有 5000 名步兵和 500 名骑兵。他们俘虏了大量敌军，夺取了三门大炮，还得到了其他武器。女民兵瓦西里沙·科任娜组织青少年和妇女，用大镰刀和木叉做武器，四处打击敌人，俘虏了很多拿破仑的士兵。俄国的人民战争，使法军遭到了惨重的损失。拿破仑在欧洲其他任何地方从未遭到过这样的抵抗。所以早在 1812 年 9 月 23 日，他就向俄军统帅提出抗议，反对使用“野蛮异常”的作战方法，建议停止人民战争，说“军事行动应当符合一切战争中已有的作战规则”。

1812 年俄国人民反拿破仑的战争，加速了法兰西帝国的灭亡。俄国人打败拿破仑，宣告了拿破仑军队不可战胜的神话破产。这次战争不但对拿破仑的军事威力，而且对他在欧洲建立的政治体系都是一个沉重的打击。因为“拿破仑的大军在从莫斯科撤退时全军覆没，这成了西方普遍起义反对法国统治的信号”①。

---

① 《马克思恩格斯全集》第 22 卷，人民出版社 1965 年版，第 33 页。

法国 1830 年七月革命

冯　泉

1830 年 7 月，法国巴黎的市民、工人、学生举行武装起义，推翻了波旁复辟王朝的统治，把由银行家、交易所经纪人等组成的金融资产阶级的代表人物推上了历史舞台。这个事件史称"七月革命"。由于武装起义是在 7 月 27—29 日三天内进行的，所以也称为"光荣的三天"。

波旁复辟王朝的反动统治

在拿破仑"百日政变"失败后，路易十八于 1815 年 7 月 8 日，在反法联军的护送下重返巴黎。波旁王朝第二次复辟。

复辟王朝的经济政策表明它是旧贵族与大资产阶级妥协的产物。

复辟王朝时期，资本主义在法国农业中有了进一步发展。农村阶级分化加剧，土地越来越集中在大地主贵族手里。使用机器的大农场有所发展，农村的雇佣劳动比以前更加普遍。但分散的小农生产在农业中仍占优势，小农经营采用落后的生产技术。总的来看，法国还是个农业国。据 1826 年调查，全国 3185 万人口中，农村人口占 2225 万。为了保护大地主贵族的利益，波旁王朝实行保护关税政策，对进口粮食征收很高的关税。当国内市场谷物价格下跌时，就禁止谷物进口。

尽管因政府照顾大土地所有者的利益而对粮食、原料和燃料征收高额关税，产品成本和物价提高给法国产品在国内外的销售带来困难，复辟时期法国的资本主义工业仍然得到一定程度的发展。1814 年使用机器的工厂有 15 个，1820 年有 65 个，到 1830 年增加到 625 个。工业中羊毛用量，1812 年为 3500 万公斤，1825 年增加到 5000 万公斤；棉花用量，1812 年为 1030 万公斤，1829 年增加到 3500 万公斤。1827 年，棉纺织工人有 80 万，纺纱机 360

万台，织布机28万台。1815年丝织品的产值为4000万法郎，1830年增加到8000万法郎。蒸汽机的功率，从1815年到1826年增加了15倍，即从375马力增加到6328马力。煤产量从1815年至1830年增加了一倍。生铁产量从1810年到1830年增加两倍。随着工业革命的发展，工业资产阶级的力量有所壮大。

金融资产阶级，特别是大银行家，在复辟时期的经济政治生活中起着重要作用。拿破仑时代创办的法兰西银行同波旁王朝保持着密切联系，在波尔多等地又开设了一些新的银行和股份公司。证券交易所十分活跃，股票数量迅速增长，从1816年的7种增加到1830年的50种。商业资产阶级也得到很大发展。法国对外贸易从1815年的62100万法郎增加到1825年的120100万法郎。农村对城市产品的需求量也有显著提高。

与经济发展造成的阶级关系的变化相适应，复辟王朝时期形成了代表不同阶级、阶层利益的社会政治集团。

以路易十八为首的王党代表大土地贵族的利益。这个集团鉴于法国大革命后出现的不可逆转的客观现实，在维护旧贵族利益的同时，对革命后出现的一些有利于金融资产阶级和大工商业资产阶级的变化予以容忍。还在第一次复辟时（1814年3—6月），路易十八就在颁布的宪章中被迫宣布法国实行君主立宪制，保留了大革命时期国民公会所建立的，以后又经拿破仑加以完善和强化的政权体系，确认《拿破仑法典》继续有效，确认大革命中财产关系的变化，以此来满足大资产阶级的要求，以获取他们的支持。

以最反动的大贵族和高级僧侣为社会基础的极端派王党，属于王党的右翼。他们力图把法国社会拖回到大革命前的状况，恢复封建制度和贵族的无上特权，恢复与教会勾结和依靠教会的封建贵族统治。

代表比较温和的贵族以及与复辟王朝合作的那部分大资产阶级利益的君主立宪派，主张实行1814年第一次复辟时宪章规定的原则，实行以立宪为幌子的君主制，反对恐怖政策。

在以工商业资产阶级分子和知识分子为主体的自由党中，既有君主立宪制的拥护者，又有共和制的倡导者。前者主张建立代议制政府，实现资产阶级人身、言论、出版、选举自由，在此前提下拥护波旁王朝。后者多由中、小资产阶级分子，知识分子，大学生组成，主张推翻波旁王朝，建立资产阶级共和制。一部分自由党人在 1821 年建立了秘密组织烧炭党人①协会。他们企图以密谋方式推翻波旁王朝统治。

复辟时期的法国面临着错综复杂的社会矛盾，各派政治力量进行着激烈的斗争。这一斗争由于波旁王朝的反动政策而日趋激化。波旁王朝第二次复辟后，最反动的大贵族和高级僧侣怀着对革命的仇恨情绪，迫不及待地要求恢复革命前的旧制度。1815 年 8 月进行众议院选举，被选出的议员差不多都是大地主贵族和高级僧侣，402 个议席中，极端派王党分子获得了 350 席。这个议会在历史上被称为"无双议会"。根据议会决议成立的特别法庭，在极短的时间内对参加过法国大革命的"造反者"和拿破仑军队的将士作出了近万件的有罪判决，其中不少人被判处死刑。近 10 万人被认为有政治危险，革除了国家职务。亡命归国的贵族担任了行政和军事职务。白色恐怖遍布全国。许多地方采用私刑，迫害革命人民。议会还颁布了《煽动造反者惩治法》，对人民的反抗加以残酷镇压。军队受到清洗，刊物遭检查，出版自由被扼杀。这种猖獗的反动政策使法国社会各阶层人心惶惶，人民的不满和反抗情绪急剧高涨。

路易十八担心无双议会所施行的残酷恐怖引起革命，不得不在 1816 年 9 月解散了它。无双议会解散后所建立的新议会中，君主立宪派分子占优势，也有一部分自由党人。这个议会撤销了特别法庭，实行比较温和的政策。它存在到 1820 年。

1820 年 2 月，马鞍匠鲁维尔在歌剧院里用匕首将极端派王党首领人物、王位继承者阿尔图瓦伯爵的次子贝里公爵刺死。旧贵族又发动了新进攻。同年，极端派王党分子黎塞留组织新内阁，重新采用无双议会的反动政策，规定可以不经审判随意拘留当局认为的"阴谋者"达三个月之久，并建立书报检查制度，取缔了一些资产阶级自由派的报纸。6 月，议会通过了新选举法。按照这个选举法，3000 万法国人口中只有 1.2 万人有选举权。经过选举，极端派王党分子重新在议会中占了优势，在 220 个议席中获得了 198 席。1821 年组织了以维莱尔为首的极端派王党内阁，它力图消灭资产阶级革命的全部成果，使法国返回到革命前的时代去。

1824 年 9 月，路易十八逝世。其弟阿尔图瓦伯爵继位，称查理十世。他

---

① 烧炭党活动于 19 世纪二三十年代，旨在推翻复辟的波旁王朝。成员有资产阶级、自由贵族、知识分子、军人和农民。先后领导了几次起义，均因组织松弛、政见不一、脱离群众而失败。

是一个坚持君主专制统治的顽固分子，曾自诩从 1789 年以来只有他一个人丝毫没有改变。他在位期间，进一步实行反动措施。为了恢复天主教的统治地位，他加强了天主教在国家事务中的作用，让教会管理学校。他颁布了《盗窃圣物治罪法》，根据这个法令，凡被认为污辱圣物、圣像、教会祭器，窃取或毁坏教会财产者，均处以死刑，行刑前先砍去右手。1825 年 4 月 27 日，他又颁布"赔偿亡命者 10 亿法郎的法令"。根据这个法令，在革命年代财产受到损失的贵族获得了金钱赔偿，其数目比 1790 年没收他们的土地的收益大 19 倍。为搜刮这笔巨款，复辟王朝把 5% 的公债利息降为 3%，因而使公债的主要持有人大资产阶级蒙受损失，严重地侵害了资产阶级的利益。

在复辟王朝统治时期，劳动人民的生活日益恶化。农民因受到苛重的地租和各种捐税的剥削纷纷趋向破产。工人的生活每况愈下。随着机器的使用，失业工人不断增加，在业工人的工作时间延长，实际工资下降。同时，物价迅速上涨。1829 年比 1826 年小麦价格上涨 50%。法国经济史学家认为，4 法斤重的面包，价格达到 13 苏，就是一个社会危机的信号，因为它相当于工人平均日工资的一半。然而，4 法斤重的面包，在 1829 年时价格竟高达 21 苏。

波旁王朝的反动政策激化了社会矛盾，人民多次起来反抗政府。1821 年和 1822 年，烧炭党人两次组织武装起义。这些起义虽然遭到镇压，没有成功，却唤起了民众的反抗意识，为更大规模的反抗斗争创造了条件。工人的罢工相当频繁。1819 年，巴黎塞文织布厂采用梳棉机引起了罢工，1821 年、1825 年、1827 年和 1828 年，法国的白铁业、丝织业、烟草业和印刷业先后发生了工人罢工。这个时期还发生过粮荒暴动，饥饿的人群抢劫了运输的粮食，捣毁面包店。

查理十世的反动统治终于引发了一次新的人民革命。

七月革命的爆发及其过程

1829 年 9 月，查理十世任命忠于波旁复辟王朝的波黎尼雅克亲王组阁。波黎尼雅克是旧逃亡贵族，其父母与波旁王朝有着密切的关系。其他内阁大臣也都是极端派王党分子。内政大臣拉布尔包耐伯爵在法国大革命中参加过旺代的王党叛乱。军事大臣布尔蒙是在滑铁卢战役前夕背叛拿破仑的将军。资产阶级和人民群众仇恨这些封建专制制度的余孽。1830 年 3 月，众议院拒绝与内阁合作。查理十世虽宣布解散众议院，企图消灭资产阶级的政治势力，但是，同年夏天举行的议会选举，资产阶级自由派和君主立宪派反而击败了王党分子，在议会中占了上风。同时，资产阶级自由派的报纸也加剧了对政府的抨击。

1830 年 7 月，波黎尼雅克内阁向查理十世提交一份报告，认为报刊是对政府的一种威胁，是所有弊端之渊薮，制造丑闻的基地，败坏民风、改变民族性质的力量。报告认为必须取缔新闻自由。

7 月 25 日，查理十世根据这个报告，签署了四项敕命。翌日，四项敕命在《总汇通报》上公布。敕命规定，取缔报纸、期刊等出版自由。凡在 20 个印张以上的印刷品，都须得到国王或各省省长颁发的许可证方能发行，印刷设备要受到监督保管。敕令宣布刚举行的议会选举无效，解散新选出的众议院，重新选举。新选举法规定，根据地产主和土地占用者的身份来确定其选举权，再根据其纳税额来确定其被选举权。

敕命中关于取缔定期报刊自由发行，实行严格的审查制度的规定，扼住了资产阶级自由派的舆论喉舌，危害了报刊、发行等行业的厂主和工人的利益。根据新选举制度，选举权由土地资格决定，选举权只给予大土地所有者，全部工商业资产阶级都丧失了选举权。这样，选民减少 75%，众议员人数从 430 人减少到 258 人。众议院失去立法权，只剩下提供咨询的职能了。

查理十世的四项敕命立即引起了资产阶级、学生、工人群众的强烈不满，成了七月革命的导火线。

7 月 26 日，工人、小手工业者、学生在巴黎的许多地方举行集会，与军警发生了小规模的冲突。

与此同时，资产阶级很快形成了两个政治集会的中心。一个在大银行家拉菲特和卡兹米尔·贝里叶家中，一个在《国民报》编辑部。在拉菲特和卡兹米尔·贝里叶家中集会的众议员一致认为，查理十世的敕命是一次反宪章的政变。但只有少数人态度比较坚决，主张示威抗议。资产阶级自由派、巴黎选区议员亚历山大·德·拉波尔主张立即行动，由巴黎的议会代表及地方新当选的代表率先组织群众示威，反抗国王敕命。他即刻与《国民报》的集会者取得了联系。

《国民报》编辑部聚集了巴黎 40 多家报刊的编辑及撰稿人，他们愤怒地议论着国王违反宪法的行动，一致推选《国民报》主编梯也尔起草针对波黎尼雅克内阁的抗议书。抗议书中写道："政府现在丧失了合法性质，人们无须再服从它了。我们反对它。"

为了与复辟王朝进行斗争，从 7 月 26 日开始，老烧炭党人与《国民报》的记者及撰稿人聚会讨论了如何对抗国王敕命的问题。老烧炭党人绍楠提出，对抗不应停留在文字上，应当付诸行动。他的发言得到了与会者的拥护。会议决定在巴黎 12 个区建立委员会，领导抵抗国王敕命的运动。会议还决定收集枪支、弹药，在事态发展严重时，公开发动起义。12 个区的委员会大部分是老烧炭党人。会后，他们马上奔赴各区组织行动。然而，12 个区委员会的作用主要在宣传方面，因为在他们准备组织和发动起义之前，人民群众已经自发地投入战斗。

7 月 27 日上午，王家军队司令马尔蒙元帅遵照查理十世的意旨，命令军警封闭了《国民报》《时代报》。一些以印刷、装订、出售印刷品等工作为业的工厂、店铺被迫关闭。许多被解雇的工人首先走上街头示威抗议，学生也加入了他们的行列。他们高呼口号："打倒敕命！""宪章万岁！""打倒大臣！"下午，军警前去驱散在巴黎歌剧院附近的黎西路集会的人群。人民群众则以石头相迎。军警开枪打死一人、伤三人。顷刻间，四面响起了"复仇！""拿起武器！"的口号。人民群众从集会示威逐渐转变为武装起义。

黎西路枪响以后，守卫旺多姆广场东部纳夫大街外务部、司法部等政府机构的军警及巡逻骑兵队马上冲向旺多姆广场，向集会在广场的人群冲锋，挥舞警棍，追捕集会的群众。吆喝声与厮打声混成一片。群众愤怒之余也打死了一名军警。

此时，从黎士留大街用三辆马车运来了石头，群众用马车和石块，筑起了第一座街垒。在埃舍尔大街，人们夺取了一辆马车、一辆水车，又筑起一座街垒，以阻挡前来镇压的军警。但街垒很快就被军警攻占并拆除了。

负责指挥镇压群众的马尔蒙元帅企图以主动进攻的办法制止住人民群众的起义。他于下午 5 时发出命令，调动大批军队进入卡皮森大街、路易十五广场、外务部所在地、跑马场、罗亚尔宫、旺多姆广场、普瓦松尼埃林荫道、圣丹尼林荫道、巴士底广场、塞纳河上的新桥等地，镇压这些地方的示威群众。国民自卫军在行进中打死了群众数人，包括一名英国学生、一位老人。人民群众怒不可遏，巴黎陷于更严重的混乱。

7 月 28 日清晨 5 时，巴黎人民开始毁街道、筑街垒。他们手持猎枪、宝剑、手枪、军刀、铁棍、矛等各色武器，抛弃一切代表波旁复辟王朝的标记，插上激奋人心的法国大革命三色旗，准备战斗。军火商人慷慨提供武器，退役军人也出现在街头，参加人民群众的革命行动。当国民自卫军去市政厅执行守卫任务时，人民投掷的石头密如弹雨，士兵多有死伤。国民自卫军的一营前卫部队不敢去救护伤员，还险些被解除了武装。人民到处在主动向军队进攻。

面对这种形势，马尔蒙元帅在 28 日 9 时写给国王的急信中说："这不再是骚乱了，这是革命！"他请求国王采取和平措施，否则"王上的荣誉今天尚能挽救，明天就将错过时机"。同时，他调来增援部队，在巴黎主要建筑物采取防御措施，等待国王命令。

然而，11 时，查理十世在波黎尼雅克内阁的怂恿下发布了《巴黎处于戒严状态》的命令，并让马尔蒙全权负责镇压人民起义。马尔蒙接到查理十世命令以后，决定分兵四路进攻起义群众，企图以军事上的胜利保证国王和内阁在政治上的胜利。然而，在巴黎人民群众的英勇抵抗下，军队在进军中受到阻击，伤亡惨重。甘索纳率领的联队有 500 人，当他们到达预定地点时，子弹已用尽，死伤 97 名官兵。圣·沙芒率领的联队也损失了 1/10 的兵力。人民起义者有力地阻止了军队的行进。

中午，武装起义者占领市政厅。不久，兵力占优势的国民自卫军把它夺回。工人发起冲锋，重新将市政厅占领。激战两个半小时以后，国民自卫军弹药几乎用尽，起义者将其分割包围。马尔蒙再次向查理十世发出急信，他写道：虽然军队已取得一些进展，但通讯的途径已被隔断，他本人与联队长官的联系只有通过化装的军官来维持。"枪弹从所有房屋的窗口发射出来"，"局势越来越严重了"。

7 月 28 日夜间，人民继续构筑和加固街垒。在发生战斗的地区，街垒几乎布满各个街道。这时，全市街垒有几千个，起义人数达 8 万之多。

29 日早晨，起义者向国民自卫军发动了全面进攻。马尔蒙十分惊慌，他召集巴黎各区区长到司令部开会，促使国王停火；同时，在未得到国王及内阁许可的情况下向巴黎市民发布公报，答应起义者及众议院代表的和平要求。但公报无法张贴，起义者仍在不断进攻。

巴黎市中心的卢浮宫和杜伊勒里宫是国民自卫军顽抗的两个据点。守在卢浮宫的部队是两营瑞士兵，他们在卢浮宫，靠炮队扼守塞纳河弧形桥，居高临下，向勇敢冲锋的和企图接近该建筑物的起义者疯狂射击。起义者中的一些老烧炭党人，凭着以往武装起义的经验，决定第一步先占领路易十五广场制高点，夺取众议院大厦，然后延伸射击，封锁路易十五广场，从塞纳河以南威胁卢浮宫及杜伊勒里宫。

此时，旺多姆广场上驻守的国民自卫军第 5 连和第 53 连官兵，由于对人民持同情态度，接受起义者的劝降条件，停止射击，撤出广场。杜伊勒里宫北面空虚，国民自卫军的右翼被撕开了一个大裂口。在卢浮宫、杜伊勒里宫的南面，老烧炭党人按计划占据了路易十五广场制高点，突破塞纳河上的封锁，猛攻国民自卫军的这两个巢穴。

在人民起义者的猛烈攻势下，马尔蒙传令守在卢浮宫的沙里将军集中兵力顽抗。而沙里将军此时已失去镇静和理智，误认为是让他把士兵撤到院中集合。于是，国民自卫军如大堤崩溃，起义者顷刻间涌进卢浮宫，士兵们逃往临近的杜伊勒里宫。在跑马场指挥的马尔蒙慌忙召集残部，还想发炮抵抗，但已无济于事。他被迫发出全线撤退令，向西逃往查理十世此时的居住地圣·克鲁宫。杜伊勒里宫也为起义者占领，国民自卫军遭到了彻底的失败。

29 日下午，在人民起义胜利的形势下，资产阶级众议员们采取了篡夺革命果实的行动。30 个众议员在拉菲特家中开会，决定成立由众议员拉菲特、卡兹米尔·贝里叶、劳勃、绍楠和奥迪·德比拉渥组成的市政委员会作为临时政府，行使政权。会议决定让拉法耶特将军任国民自卫军总指挥，并宣布改组国民自卫军。

7 月 26 日，起义开始时，查理十世非常傲慢，这天，他很早出去打猎，很晚才回宫。马尔蒙两次向国王递送战报，警告王位已受到威胁，人民勇不可当，请求议和。而查理十世的回答却是宣布巴黎戒严，斥责马尔蒙失职。当资产阶级派以拉菲特为首的自由派众议员代表团前来议和时，国王认为众议院代表是来乞求和平，继续以武力相要挟。他冷冷地回答说，发布戒严令是宪章赋予他的职责。波黎尼雅克也持死硬态度。当得知一部分国民自卫军由于同情人民与人民联欢时，他叫嚷，如果这样，"就向军队开枪"。

7 月 29 日，国民自卫军溃败、倒戈的消息传来，查理十世和波黎尼雅克呆若木鸡。查理十世不停地重复念着在法国大革命中被人民推上断头台的路易十六的名字。稍稍镇定后，他召集内阁开会商量对策，以图顽抗。他决定解除马尔蒙国民自卫军指挥官之职，让王子掌握军队。然后，又解散波黎尼雅克内阁，代之以士兵出身、曾任法国驻俄国大使的摩尔特马尔为首的新内阁；并派遣维陶尔、西蒙维尔、阿尔固三人向市政委员会宣布解散内阁，收回敕令的消息，以图缓和人民的愤怒情绪，保住王位。这时，查理十世的阴谋已不可能实现了。

当国王的三个代表宣布国王决定时，市政委员会的委员们和自由派众议员的回答是："革命已经开始，必须使它完成，必须以一个更为自由的王朝取代一个过时的、不可救药的王朝。查理十世不能再回到巴黎人民血染的巴黎。"

7 月 30 日，梯也尔、米涅及一些报刊撰稿人起草声明，拥护奥尔良公爵执政。7 月 31 日，众议院开会欢迎奥尔良公爵。8 月 1 日，查理十世迫不得已任命奥尔良公爵为摄政王。8 月 2 日，查理十世退位，之后逃往英国。8 月 9 日，奥尔良公爵路易—菲力浦正式登上王位，从此开始了七月王朝统治时期。

七月革命的性质与意义

七月革命是一场资产阶级的革命。这场革命粉碎了在法国实行封建专制统治的梦想，沉重地打击了"神圣同盟"的反动体系，对比利时的独立、对波兰和意大利的民族解放斗争、对英国的议会改革、对瑞士争取民主的立宪运动都起了推动作用。七月革命在沙皇俄国也得到反响，普希金、莱蒙托夫和别林斯基都曾赞扬法国人民的这场伟大斗争。

七月革命胜利是人民群众英勇斗争的结果。阿舍尔·德渥拉柏尔在他的《两次复辟王朝史》中曾描述过："人民群众从未在一个革命中表现出如此勇敢、忠诚、宽厚、慷慨……许多穷人几乎没有衣服，汗流浃背，灰垢满身，缺少饮水而口干舌燥，饥饿使他们精疲力竭，他们拒绝给他们的钱，只接受一点浸酒的面包和水，休息片刻后，补充好弹药又去参加战斗。那些中立的旁观者向他们通报危险，毫不犹豫地救护伤员……"起义中，每幢居民房屋都为起义者打开，接待保护他们，而对国民自卫军来说则是堡垒。

在七月革命中，资产阶级对国王敕命的抗议和对政府的反抗仅停留在笔头上和口头上。7 月 26 日，当革命人民挤满街头，许多新闻记者和大学生鼓动人民与政府斗争时，《环球报》编辑雷缪绝望地说："你们把我们推向何处去？须知问题完全与革命无关，我们根本不要革命……除了合法的反抗别无其他途径！"7 月 27 日，人民群众曾聚集在银行家卡兹米尔·贝里叶的宅邸周围，要求他挺身出来领导运动。他却竭力驱散人群，怕这会触犯合法秩序，使自己的财产受到损失。7 月 29 日，人民取得了胜利，国王查理十世与波黎尼雅克如丧家之犬，败局已定，而一些自由派众议员却说："人民今日此举，实乃出人意料。明天就会变成失败……"他们的行为与人民的英勇精神形成了鲜明的对照。

当时法国工人阶级和其他劳动人民是怀着对波旁复辟王朝的仇恨自发地投入战斗的。他们缺乏组织，因而胜利的果实被大资产阶级所篡夺。人民的任何民主要求都没有实现。

七月革命以后，金融资产阶级修订了宪法，确立了资产阶级在立法上的权力，国王只有行政权。国王路易—菲力浦本身是一个政治上代表金融资产阶级的人物。马克思在揭露路易—菲力浦的政治统治本质时说："七月王朝不过是剥削法国国民财富的股份公司；这个公司的红利是在内阁大臣、议会、24 万选民和他们的随从之间分配的。路易–菲力浦便是这个公司的经理。"①

1830 年革命把法国社会的阶级斗争推向一个新阶段。这次革命排除了封建制度复辟的危险，巩固了资产阶级的统治地位，促进了资本主义关系的继续发展。从此，无产阶级与资产阶级的斗争在法国政治舞台上逐步突出起来。马克思指出："1830 年的革命把政权从地主手里夺来交给了资本家，也就是从离工人阶级较远的敌人手里夺来转交给了工人阶级的更为直接的敌人。"②

① 《马克思恩格斯全集》第 7 卷，人民出版社 1959 年版，第 14 页。
② 《马克思恩格斯选集》第 2 卷，人民出版社 1972 年版，第 372—373 页。

19 世纪 30 年代法国里昂工人起义

许明龙

1831 年 11 月和 1834 年 4 月,在法国里昂先后发生了两次工人起义。这两次起义是工人阶级为反对他们的直接剥削者——资产阶级,并维护自身利益而举行的最早的起义。它表明,一支新的社会力量——工人阶级开始登上历史舞台,因而,无论在法国工人运动史还是国际工人运动史上,都具有重要意义。

自 1789 年法国资产阶级革命以来,法国工人阶级积极地参加了历次革命运动。但是,在这些斗争中,工人只是资产阶级的追随者。里昂工人起义表明,工人阶级开始成为一支独立的政治力量,工人运动第一次从资产阶级民主运动中分离出来。因此,里昂工人起义在法国历史上也是重要事件,从此以后,资产阶级便不得不认真对付工人阶级了。

在波旁王朝复辟时期,法国政府极力保护大地主贵族和高级僧侣的利益和特权,使经济发展受到不良的影响。1830 年七月革命后,金融资产阶级攫取了政权,建立了资产阶级君主制。工人阶级虽然在七月革命中起了重要的作用,但他们的政治地位和生活状况没有得到丝毫的改善,现实生活使他们产生了初步的阶级意识。

进入 19 世纪后,法国的资本主义已相当发展,手工业生产开始向机器生产过渡,但仍处在资本主义发展的初期。30 年代初,手工业仍占主导地位,大部分工业企业是 10 人以下的手工作坊,大量使用机器的工厂为数甚少。在这种条件下,工人的斗争仍处在自发阶段,斗争的形式主要是捣毁机器和排挤外籍工人。他们还不了解自身所受痛苦的根源,不懂得应当直接向资本主义社会制度和资产阶级政府进行斗争。以丝织工人为主体、有各行各业工人参加的里昂工人起义就发生在这样的历史条件下。

1831 年里昂工人起义

丝织业从 15 世纪在里昂兴盛起来，到 17、18 世纪，已成为里昂经济生活的支柱。丝织业使里昂成为法国的第二大城市，并为法国带来巨大的经济利益。在当时法国的全部出口商品中，里昂的丝织品约占 1/3。因而，里昂有法国的曼彻斯特之称。

随着法国资本主义的发展，里昂的面貌有所改变。但直到 1831 年，里昂的丝织业仍旧停留在恩格斯所说的工业生产的第一个历史时期，即"手工业、小手工业师傅带着少数帮工和学徒，每个工人都生产整件物品"[①]。当时里昂约有 8000 个丝织业作坊，每个作坊通常有 2—6 台织机。作坊主便是师傅，织机是他们的私有财产，全家老少参加劳动，人力不足时则雇用帮工、学徒和其他辅助工。他们除织机外，不拥有其他生产手段和资金。生产的原料由包买商提供，制成产品后，仍由包买商负责销售。作坊师傅按产品数量向包买商取得工价，与作坊内的全体人员按一定比例进行分配。包买商不从事劳动，利用资本对作坊师傅和其他工人进行剥削。帮工一无所有，是仅靠出卖劳动力维持生计的无产者。而作坊师傅则是手工业劳动者，与帮工一样受到包买商的盘剥。这两部分人的经济地位虽不尽相同，但在反对包买商的斗争中，他们的利益却是一致的。他们都是里昂起义的参加者。

早在 1825 年，里昂已出现了最早的工人组织"互助社"。这个组织的成员仅限于作坊师傅，其宗旨是在反对包买商的斗争中相互支援、互通消息，在生产中互相帮助。为了不触犯刑法关于结社的规定，互助社通常分为 20 人以下的小组活动。尽管这个组织仍带有某些行会色彩，却是组织工人进行共同斗争的团体，所以它的影响不断扩大。

里昂的丝织业在波及范围极广的 1825—1826 年经济危机中遭受了沉重的打击，一半以上的织机被迫停产，失业工人一度占工人总数的 60% 以上。1827 年后略有回升，直到 1830 年，尚无显著发展。七月王朝为增加国库收入，满足资产阶级统治集团发财致富的愿望，采取了提高间接税的手段，致使物价上涨，食盐、酒等食品都增了税，房租也随之上涨，工人的负担因而愈加沉重。包买商为了压垮竞争的对手，往往以降低工价来达到降低生产成

---

① 《马克思恩格斯选集》第 3 卷，人民出版社 1972 年版，第 381 页。

本的目的。广大丝织工人深受其害，他们的收入明显低于七月革命前的水平，生活十分困难。当时工人每天工作 15—16 小时，微薄的工资不足以维持生计。他们住在阴暗、潮湿的小屋中，衣衫褴褛，饮食粗劣，疾病流行。工人的愤懑情绪与日俱增。

包买商支付的工价是工人们唯一的生活来源，工价的高低是与工人生死攸关的问题。1831 年初，一场以提高工价为主要内容的工人运动在里昂逐渐酝酿成熟。1 月 19 日，失业工人举行游行。2 月，工人征集签名，向众议院递送请愿书，要求改组劳资调解委员会，解决提高工价问题，在请愿书上签名的达 3000 余人。5 月前后，气氛渐趋紧张，各类集会日益增多。4 月 28 日，一个圣西门主义者宣讲团到达里昂，连续作了 5 次公开讲演。工人踊跃前往听讲，最多时达 3000 余人。圣西门主义者揭露社会的种种弊端，对工人深表同情，并向他们描绘一幅乌托邦式的理想社会的图景，对工人颇有吸引力，在一定程度上燃旺了工人们的斗争激情。6 月，共和派在里昂发行两种报刊，对七月王朝政府进行抨击。与此同时，人民之友社①也在里昂积极活动。这些政治派别的活动，使里昂工人以经济目标为主要内容的斗争，增添了政治色彩。

10 月 8 日，在丝织工人聚居的棕十字区，举行了有 300 余名作坊师傅参加的集会，决定推选 80 名代表，组成向包买商进行斗争的领导机构。会议通过决议，要求当局出面组织一个由工人代表和包买商代表共同参加的协商机构，就最低工价进行磋商。当局接受了工人的要求，表示愿意就此进行斡旋，但协商会议迟迟不举行。10 月 17 日，失去耐心的 150 余名工人高唱《马赛曲》上街游行。省长迪摩拉本人是一个矿业主，他作为官吏兼资本家，当然不会支持工人，但他慑于工人的强大压力，害怕事态进一步扩大，不敢采取强硬措施。于是，他玩弄两面手法，力图赢得工人的好感。10 月 21 日，工人和包买商的代表在省长主持下举行首次协商，未达成协议。工人们再次上街游行，对包买商施加压力。工人的行动吓坏了当局，省长一面下令加强防范，一面尽力撮合双方达成协议。

10 月 25 日是双方代表就最低工价标准进行最后一次讨论的日子。这天清晨，6000 余名丝织工人排成整齐的百人方队，秩序井然地向会场进发，给

① 该社成立于 1830 年 2 月，是一个小资产阶级共和主义者的政治团体，以反对七月王朝为宗旨，其成员写作并印发过一些小册子，在工人中有一定影响。1833 年 10 月改组为"人权社"。

自己的代表以无声的支持。双方代表经过 4 小时讨论，终于订出了最低工价标准。消息传出，停留在会场外面的工人们欣喜若狂，高呼"工人万岁！"与此同时，他们还高呼"省长万岁！"他们以为省长同情工人的疾苦，是他的居间调停才促成了协议的达成。不难看出，里昂工人的阶级意识尚处在觉醒的初期，他们只看到包买商对他们的直接剥削，看不到七月王朝政府的阶级实质，他们不但不反对迪摩拉省长这种伪善的官吏，反而把希望寄托在他身上，企图借助他的力量去同包买商进行斗争。里昂工人政治上的这种不成熟状态，是里昂起义失败的重要原因之一。

关于最低工价标准的协议达成后，包买商拒不执行，并派人去巴黎诬告工人。工人多次集会商量对策，决定拒绝以低于标准的工价进行生产。11 月 17 日，七月王朝的商业大臣在巴黎宣布里昂工人与包买商拟定的最低工价标准不具有法律约束力。包买商更加有恃无恐，明目张胆地彻底撕毁协议。面对包买商的猖狂挑衅，工人们怒不可遏，决定从当天起罢工一周，并定于 11 月 21 日举行大型集会，以示抗议。

当局闻讯后，立即作了镇压的部署。11 月 21 日上午，数千工人在棕十字区集合，走向包买商聚居的卡皮森区，途中与国民自卫军相遇。国民自卫军在事先不作任何警告的情况下，突然向工人队伍开枪，当场打死 3 人，打伤 10 余人。工人们被迫折回棕十字区自卫，一部分人修筑街垒，挖掘战壕，一部分人抬着同伴的尸体在街上游行，号召工人们拿起武器，参加战斗。棕十字区的丝织工人纷纷拿起棍棒、长矛、大刀、铁锹、鹤嘴锄奔上街垒。布罗托等其他区的制帽等行业的工人也赶来支援。下午，工人与军队交火。工人的街垒上飘扬着黑旗，其中一面写着："不能劳动而生，毋宁战斗而死！"这个口号反映出终日不得温饱是工人们起义的原因，起义的目的主要是实现经济要求。战斗正在激烈进行时，省长带着一名将军前来劝说工人放下武器，停止战斗。正当省长要向工人发表讲话时，政府军再次发动进攻。工人们对省长的意图发生怀疑，遂将他和将军暂时扣留。

罢工一经变成武装起义，互助社便失去了作用，领导工人进行战斗的主要是罗讷义勇军的成员。1831 年 1 月，在拉法耶特的影响和支持下，里昂曾组织过一支志愿部队，称为罗讷义勇军，向维也纳会议后划归撒丁王国的萨瓦进军，争取萨瓦回归法国。里昂 600 余名失业和穷苦的丝织工人参加了这支部队。他们当中的许多人曾在拿破仑时期当过兵、打过仗，军事素质较高。在政治上，他们对七月王朝不满，倾向共和主义。部队在边境受阻，返回里昂后自行解散。但其负责人之一拉孔布与许多人仍保持着联系。1831 年 8 月，里昂的形势日趋紧张，拉孔布秘密进行联络，部分恢复了罗讷义勇军的组织。这批工人的组织性和战斗性较强，而且有实战经验，在起义中起了很大的作用。

武装冲突开始后，拉孔布便成了主要指挥者。当晚，被扣的省长向拉孔布表示，如获释放，他保证让军事指挥官罗盖将军停止向工人进攻，并迫使包买商执行关于工价的协议。拉孔布身上同样反映出里昂工人的不成熟性。他轻信省长的保证，下令将其释放。次日凌晨，与省长同时被扣的那位将军也获释。

11 月 22 日，战斗继续进行，起义工人击退了政府军的进攻，转入反攻。越来越多的各行各业的工人加入起义行列。里昂工人在战斗中实现了自身的团结。当天黄昏，除市政厅、省长公署等少数据点外，起义工人控制了全城。政府的文武官员于当日深夜举行紧急会议，决定立即撤退。罗盖将军率残部撤离里昂，文官集中到省长公署。11 月 23 日凌晨，市政厅被起义工人占领。

起义工人既无明确的政治目的，又不认识反动政府的本质，因而当起义工人控制了全城，反动政府事实上已被摧垮时，他们却不知道如何处置用鲜血争来的胜利。反而是省长迪摩拉把拉孔布召到省长公署，授权他去市政厅主持市政事务。拉孔布和许多工人一样，认为事端是军方挑起的，省长是同情工人的。他到达市政厅后，组织了一个以罗讷义勇军成员为主的领导班子。由于这个班子设在原国民自卫军司令部办公室内，所以称为"临时司令部"。拉孔布想到的不是扩大战果，肃清残敌，而是派人到各区加强巡逻，维持秩序，防止抢劫，以表明起义工人并非匪徒。与此同时，他还派人去监狱释放因负债而入狱的贫民。

临时司令部建立不久，有人送来了一份事先拟就的告市民书，建议由拉孔布等签署后发布。告市民书写道："狡诈的官吏们事实上已丧失了人民的信任，……里昂将成立普选的初级会议，听取本省人民的要求，同时将组织一个新的公民自卫队。今后，内阁大臣们再也不能强迫我们听从他们的鬼把戏了。"这份告市民书实质上是推翻反动政府的宣言书，经拉孔布等在场的临时司令部成员讨论同意后，送印刷厂付印。数小时后，告市民书已经印好，少量已经张贴。这时有人指出，草拟这份文件的是一个拥护波旁王朝的保皇派分子。拉孔布等人认为与保皇派发生干系有损于他们的名声，况且推翻政府并不是他们的本意，遂下令立即停止张贴，并立即拟就一个通告，断然否认告市民书。

告市民书在棕十字区贴出后，起义工人的反应冷淡，因为其中并未提到工人的主要斗争目标——最低工价标准。随后的那份通告贴出后，起义工人更感茫然。由此可见，这次起义虽具有政治色彩，但这些政治色彩大多来自资产阶级和小资产阶级各个政治派别对工人运动的影响。就工人自身而言，他们争取的主要是经济目标，政治目标并不鲜明。

11 月 24 日，省长迪摩拉来到市政厅，改组了临时司令部，安插了一些政府官员。工人竟未表示反对。省长继续采取怀柔政策，宣布将重新召开会议，讨论最低工价标准，在包买商接受最低工价标准之前，包买商实付的工价与应付工价的差额，由政府支付。他还许诺拨款救济赤贫工人。他以这些为条件，要求工人复工。起义工人认为斗争目的即将达到，遂于 11 月 26 日开始复工。

七月王朝政府对里昂工人起义甚感恐慌，立即派兵镇压。11 月 29 日，路易—菲力浦的儿子奥尔良公爵和苏尔特元帅率兵到达里昂郊外。12 月 3 日进入市区。部分起义工人继续整修街垒，准备抵抗，但因无人领导而未能再次进行战斗。临时司令部无声无息地自行解散。一场轰轰烈烈的工人起义在阶级敌人的欺骗和镇压下失败了。

1834 年里昂工人起义

1831 年 11 月的起义失败了。里昂工人热切盼望的最低工价标准成为泡影，生活丝毫没有改善。但是，工人的血没有白流，战斗锻炼和教育了他们。他们提高了觉悟，增强了团结。自 1832 年起，互助社组织逐步扩大，吸引了更多的工人，领导体系也较过去完善。每小组（20 人以下）选出两名代表，若干组的代表组成中心组，各中心组的组长联席会议是全社的最高领导机关。1834 年初，中心组长联席会议改称执行委员会。在互助社的领导下，为保障就业、提高工资，经常向包买商进行多种形式的斗争。

在此期间，资产阶级和小资产阶级的共和派的活动也日趋活跃。各种团体日益增多，如人权社、进步社、独立者社、自由人社，等等。其中影响最大的是人权社，互助社的许多成员同时也是人权社的成员。"进步社"的领导人拉格朗热十分同情工人，在工人中享有一定的威望。

　　七月王朝对工人和共和派的结社活动十分恼火，于 1834 年 2 月向议会提出新的法案，在刑法禁止 20 人以上结社的基础上进一步规定，20 人以下的结社活动也在被禁之列。这项法案虽然尚未通过，但各地均已获悉，人民普遍表示愤慨。里昂的互助社本来是以经济斗争为主要目标的工人团体，而共和派的各个团体则致力于政治斗争，所以往常彼此虽有影响，却并无紧密地联系。现在，反对禁止结社法的斗争把它们团结起来了。

　　1834 年初，里昂的包买商将每一欧那①长毛绒的工价降低了 25 生丁。这个数字并不大，受到直接影响的工人也只有 1200 余人。但工人的觉悟已经提高，他们开始认识到工人的命运是彼此相连的，对包买商的斗争是全体工人的事。在互助社的号召下，里昂的全体丝织工人从 2 月 12 日起实行罢工。17 日，数百名工人在泰罗广场集合，准备向市政厅进发。当局派军队鸣枪示警，集会被冲散。包买商在当局支持下拒不让步。部分工人因罢工期间生活来源断绝而生活十分困难。互助社的执行委员会遂下令于 2 月 22 日复工，结束了这次为期 10 天的罢工。这次罢工虽未取得积极成果，但对包买商和当局无疑是一次严重的警告。

　　狡黠的反动当局在罢工高潮中借口不插手劳资纠纷，表面上袖手旁观，实际上支持包买商的强硬态度。罢工结束后，反动当局凶相毕露，悍然逮捕了 6 名工人。工人们被当局的卑劣行径所激怒，一场新的斗争已在酝酿之中。正在此时，3 月 25 日传来消息，扩大禁止结社范围的新法案已在议会通过。根据这项法案，工人不仅不能组织新的团体，原有的团体也将被迫解散。导火线就这样被点燃了。互助社与人权社等共和派团体共同组成一个总委员会，具体领导工人的斗争。当局定于 4 月 5 日开始审讯 6 名被捕工人，总委员会决定在那一天举行大规模的示威。不难看出，1831 年，起义工人争取的主要是经济目标，而 1834 年，工人争取的不再只是经济目标，主要的已是政治目标。这说明，工人运动在向前发展。

　　4 月 5 日，工人在法庭所在地圣约翰广场示威时，一名工人被枪杀。次日，8000 余名工人举行抬尸游行，在全市引起巨大反响。法庭不得不宣布将审讯推迟到 4 月 9 日。4 月 8 日夜间，总委员会举行会议，对情况作了分析，估计反动当局次日可能使用武力，遂决定以"结社、抵抗和勇敢"为口号，坚决给反动当局的暴力镇压以反击，但不主动挑起武装冲突。会议任命拉格

　　① 　法国古尺名，每欧那合 1.188 米。

朗热等人为总指挥。

　　形势日趋紧张，一场恶斗即将爆发。法院院长担心酿成流血事件，向当局提议移地审讯，以免触发冲突。当局未予采纳。1831 年 11 月的工人起义把政府打了个措手不及，当局事后在里昂全力加强戒备，修筑了许多碉堡和据点，配置了许多火炮，警卫部队的数量也大大增加。当局凭借这些镇压手段，企图伺机进行暴力镇压，扑灭里昂的工人运动。所以，4 月8 日夜间当局在部署兵力时，并未采取任何避免发生冲突的预防性措施。恰恰相反，包括步兵、骑兵、炮兵和工兵在内的 1 万余人控制了全市所有战略要点。当局还派便衣警察混在工人当中进行煽动，显然，反动当局蓄意要血洗里昂。

　　4 月 9 日，大批工人拥向法庭，有的进入院内，有的留在广场上。审讯正在进行时，军队突然向工人开枪。工人立即奔向工人居住点和市中心，修筑街垒，进行抵抗。大多数工人没有武器，而且事先虽预计到发生冲突，却缺乏周详的准备，所以不能组织有效的反击。最初的混乱过去后，全市形成了 6 个起义中心，其中最重要的是市中心的哥德利埃教堂。拉格朗热在这里指挥。他冒着炮火，往返于各个街垒之间，赢得了工人们的信任和赞赏。各行各业的工人纷纷前来支援，有的在街垒中与反动军队作战，有的赶制弹药，用织机上的零件熔制子弹，有的抢救照看伤员。工人们举起写着"不共和毋宁死"的红旗，把斗争的矛头直指反动的七月王朝政府。当局命令军队"街上见人格杀勿论"。军队以火炮轰击起义工人的街垒，放火焚烧工人的住房，并闯入民宅虐杀无辜平民，连病人和妇孺老弱也不放过。战斗是在双方力量对比悬殊条件下进行的，到 10 日夜间，当局已明显占了上风，但起义工人们仍顽强抵抗。据路易·勃朗后来分析，这时如要结束战斗，对当局来说并不困难，但当局蓄意拖延，为的是在战火中杀害更多的起义工人。4 月13 日，最后一批街垒被军队攻陷，最后一批起义工人在哥德利埃教堂前英勇献身，为工人的事业流尽最后一滴鲜血。1834 年里昂工人起义在火海血泊中失败了。

里昂工人起义的意义及其失败原因

　　马克思主义经典作家对里昂工人起义作了高度评价。马克思称 1831 年里昂工人起义时黑旗上所写的"不能劳动而生，毋宁战斗而死"为"现代无产阶级的口号"①。恩格斯说："1834 年的里昂起义也宣布了无产阶级反对资产阶级的斗争。"② 列宁在谈到 19 世纪 30 年代的法国时说道："工人阶级（随着资本主义的发展，随着一次或几次资产阶级革命以及没有成功的社会主义革命的经验的积累）正在成长、发展、学习、得到训练并且组织起来。换句话说，工人阶级正在从自发性走向计划性，从领导各阶级的一种情绪走向领导各阶级的客观地位，从自发发动走向持久的斗争。"③

里昂工人起义发生在法国工业革命开始发展的时期。这时的工人运动逐渐从自发走向自觉，从经济斗争转向政治斗争，并把两者结合起来。里昂工人的两次起义鲜明地表现了这样的特点。将这两次起义作一个对比，不难看出，1834 年的里昂工人阶级比 1831 年时成熟一些。他们初步认识到政府的阶级本质，组织程度有了提高，斗争目标的政治色彩更浓。

尽管如此，当时的工人运动毕竟仍然处在早期阶段。除了七月王朝政府的狡诈欺骗和残酷镇压外，两次起义失败的原因不难从工人阶级自身找到。

第一，里昂工人尚未形成一个团结一致的阶级。在斗争中，作坊师傅和帮工的要求不尽相同。赤贫的帮工在斗争中虽然最坚决、最英勇，但由于他们的地位和文化水平的限制，并不是工人运动的领导人。起领导作用的作坊师傅和手工业者，他们常常把帮工排斥在他们的组织之外，这就削弱了起义队伍的力量。

第二，互助社的主要宗旨是作坊师傅们在生产中相互支援，1831 年起义中曾起过作用的罗讷义勇军是一个军事性质的爱国主义组织，除此之外，并无一个代表全体工人的组织。况且，上述两个组织在起义的高潮中均未发挥强有力的领导作用。因此，就总体而言，两次起义都是缺乏组织的自发行动。

第三，1831 年起义中，除了要求增加工资外，工人没有提出明确的政治纲领。1834 年起义中虽提出了为共和而战的口号，但这个口号并不确切地反映工人阶级的根本要求，却在很大程度上反映了资产阶级和小资产阶级共和主义者的斗争纲领。马克思曾指出："里昂的工人们……以为自己只是共和国的战士，可是事实上他们却是社会主义的战士。"④ 这正说明里昂起义工人

---

① 《马克思恩格斯全集》第 3 卷，人民出版社 1960 年版，第 65 页。
② 《马克思恩格斯全集》第 23 卷，人民出版社 1972 年版，第 17 页。
③ 《列宁全集》第 11 卷，人民出版社 1959 年版，第 332 页。
④ 《马克思恩格斯全集》第 1 卷，人民出版社 1956 年版，第 486 页。

尚不了解自己的历史使命，因而也不可能提出反映这个历史使命的政治纲领。

第四，里昂工人既不认识国家的阶级本质，也缺乏与反动政府直接对抗的经验，因而在1831年的起义中，在胜利的时刻，依然听命于政府官吏，以致起义胜利了却收不到革命的效果。这些说明了里昂工人的两次起义是无产阶级武装反对压迫的尝试，斗争尚处在自发和早期的阶段。里昂的起义工人没有也不可能想到去夺取政权。打碎资产阶级国家机器的尝试需待40年后的巴黎公社起义者们去进行。

起义失败了，但斗争教育了工人：要改变自己的命运，只能依靠自己的斗争，不能对资产阶级政府寄予任何希望；而要有效地同资产阶级进行斗争，必须组织起来，加强团结，不仅为经济目标，也为政治目标而斗争。

里昂工人的两次起义在国内外引起了巨大的反响，各地工人举行了支持里昂工人的示威。一些地方的农民受里昂工人的鼓舞，奋起抗税。伦敦和维也纳的交易所中证券价格因里昂工人起义而下跌。英国报纸忧心忡忡，担心曼彻斯特的工人可能会学习里昂工人的榜样。

里昂工人起义使法国资产阶级胆战心惊。资产阶级报纸惊呼："我们这个商业和工业社会，如同一切社会，也有它的隐患，那就是工人。有工厂就有工人，随着工人日益众多和贫困，社会永无安宁之日。"这是因为，工人阶级此时已开始作为一支独立的社会政治力量和资本主义制度掘墓人，迈开步伐去登上欧洲的政治舞台。

普鲁士王国的兴起

曹增寿

  普鲁士王国是在 12—13 世纪所形成的勃兰登堡区的基础上发展起来的。这里原是一片荒芜的沙地平原，是德意志封建领主防御斯拉夫部落的前哨和向东方扩张的军事殖民地。15 世纪初，霍亨索伦家族从德意志民族神圣罗马帝国皇帝手里领有勃兰登堡后，又兼并原来被条顿骑士团所占领的普鲁士，逐渐形成勃兰登堡—普鲁士公国。17 世纪，霍亨索伦王朝利用德意志皇帝和德意志各邦在三十年战争中的衰落，不断扩充领地，增强实力。到 18 世纪初，发展成普鲁士王国，在德意志境内崛起争雄，成为德意志和欧洲政治生活中一个举足轻重的强大邦国。

勃兰登堡—普鲁士公国的形成

  勃兰登堡和普鲁士的形成与德意志封建主在东方的早期扩张分不开。13 世纪以前，德意志的政治、经济中心是在它本土的西部和南部，即在科伦—法兰克福—奥格斯堡一线，15 世纪中叶，它的中心才逐渐推移到易北河与奥得河流域。

  神圣罗马帝国在易北河以东的领土，是通过对斯拉夫人的长期侵略扩张获得的。早在 9—10 世纪，德意志封建主开始向东扩张，由于遭到斯拉夫人的抵抗，到 10 世纪末曾一度中断了向东的开拓。12 世纪，德意志皇帝巴巴洛萨·弗里德里希一世在意大利的远征中，以及在与教皇亚历山大三世的斗争中遭到失败，皇权衰落。地方诸侯势力日盛，他们为了追求新的领地和财富，教会为了扩大宗教势力范围，在"东进"口号下，再次掀起向拉贝河与波罗的海沿岸斯拉夫人进攻的新浪潮。大约在 1140 年，霍尔施坦伯爵、绍姆堡家族的阿道尔夫伯爵首先侵入荷尔斯泰因东部的瓦格棱，在波罗的海南岸建立了第一座商业城市卢卑克。1142年，萨克森公国威尔夫家族的狮子亨利侵占了奥布德利人的土地，建立了梅克伦堡公国。

1134年，萨克森公国境内阿斯卡尼家族的猛熊阿尔布莱希特（1134—1170年）从德意志皇帝罗塔尔（1125—1137年）手中获得易北河左岸卢提切人的土地旧疆作为封土，成为萨克森北部的边疆伯。以后，他不断向东扩张，在1142年以汶德侯爵继承人的身份做了哈斐尔河流域的主人，把势力推向易北河中游，并迫使勃兰尼堡公国①最后一个斯拉夫人的王公指定他为"继承人"，占有从易北河中游到奥得河中游的整个地区。他根据这个公国的名称，把所占领的地区易名为"勃兰登堡"，成为勃兰登堡的奠基者。

阿尔布莱希特把德意志西部的农民迁移到这里来开荒，建立起以小贵族为主体的骑士领地的庄园经济。这些新开拓的地区逐渐日耳曼化。不久，他本人及其后继者从威尔夫家族狮子亨利手中夺取了包括斯普累部落在内的斯拉夫人的土地。1240年，在斯普累河上建立柏林城，作为勃兰登堡的首都。

此后，历代勃兰登堡边疆侯还利用波兰封建主内部矛盾，不断把波兰西部疆界从奥得河及其支流一带向东推移，挤向瓦尔塔河与维斯瓦河流域，以扩大自己的疆域。他们还从德意志皇帝弗里德里希二世（1194—1250年）那里取得了控制斯拉夫人滨海地区的权力，奠定了阿斯卡尼家族在德意志东北部的基业。

普鲁士的形成是与德意志的封建骑士在波罗的海东岸的侵略扩张紧密相连的。地处波罗的海东岸和波兰之间的普鲁士，原来不是德意志的邦国。它是属于立陶宛的古普鲁斯人的居住地。当13世纪初德意志封建主组织"宝剑骑士团"②蜂拥到波罗的海东岸，侵占利沃尼亚时，另一部分德意志封建骑士也开始了向维斯瓦河与涅曼河之间的波罗的海南岸扩张，掠夺古普鲁斯人的土地。他们的行动曾得到罗马教皇的支持。1215年，教皇英诺森三世委派德意志修士基利斯丁为古普鲁斯人居住地的主教。他宣布新的十字军远征，号召德意志的封建骑士去征服信奉多神教的古普鲁斯人，强迫他们皈依基督教。于是，在13世纪初，由德意志天主教骑士组成的十字军军事组织

---

① 1928年，德意志国王，萨克森的公爵捕鸟者亨利一世（876—936年）把居住在哈斐尔河流域的汶德人（斯拉夫人的一支）赶到易北河上游以后，为了防卫汶德人反攻而在易北河中游所建立的公国。10世纪末斯拉夫人发动反抗德意志的起义，汶德人重返原地。

② 宝剑骑士团是德意志封建主，里加修道院院长西奥德里于1204年经教皇批准后，在波罗的海东岸的爱沙尼亚、利沃尼亚建立的。

条顿骑士团①开始进入这个地区，德意志封建主对古普鲁斯人的侵略更加疯狂起来。

企图在波罗的海沿岸扩张领土的波兰封建主也助长了德意志骑士对古普鲁斯人的侵略。1226 年，波兰马苏尔公国的康拉德大公为了同立陶宛人争夺古普鲁斯人的土地而求助于条顿骑士团，他把库尔姆地区赠送给骑士团大首领赫尔曼·冯·萨尔扎，以换取支援，从而把条顿骑士团引进了古普鲁斯人的居住地。

德意志侵略者遭到古普鲁斯人的顽强抵抗。直到 1230 年，条顿骑士团才以优势兵力镇压了当地居民的反抗，征服了这块土地，把它称为"普鲁士"。条顿骑士团迫使当地居民进行强制性的奴役劳动，并向这里大量移民，使普鲁士迅速日耳曼化。

赫尔曼·冯·萨尔扎在德意志皇帝弗里德里希二世和教皇格列哥里九世的斗争中，两面逢迎，与双方都保持良好关系。他一方面宣称骑士团将继续忠于皇帝，不仅从弗里德里希二世那里得到丰厚的赏赐，更重要的是得到了一张统辖整个普鲁士的里米尼黄金诏书和地位相当于帝国王公的职权。另一方面，他又向教皇表示要把所征服的土地全部献给教廷。结果，教皇又以教会采邑的名义把普鲁士恩赐给骑士团，并授权萨尔扎对普鲁士继续进行十字军远征。通过讨好皇帝和教皇，萨尔扎实际上使普鲁士正式成了条顿骑士团的领地。

骑士团在普鲁士站稳脚跟之后，开始排挤波兰在该地区的势力，并觊觎波兰的领土，对波兰造成严重威胁。1309 年，条顿骑士团占领了包括但泽（格但斯克）在内的东波莫瑞地区，封闭了波兰通往波罗的海的出海口，进一步加深了与波兰的矛盾。

条顿骑士团在波罗的海沿岸的扩张也加深了与立陶宛的矛盾。13 世纪 30 年代，占据利沃尼亚的宝剑骑士团在与俄罗斯人和立陶宛人的斗争中遭到失败，向条顿骑士团求援。1237 年，萨尔扎在教皇的支持下，趁机把宝剑骑士团并入条顿骑士团。这样，骑士团几乎占有了整个波罗的海的东岸和西岸，其势力一直延伸到东部的默多尔，为德意志人开辟了广泛的贸易和殖民

---

①　条顿骑士团，1198 年建于巴勒斯坦。它是德意志天主教会进行十字军东征的军事组织，成员只限于骑士身份的德意志贵族。其大首领位同王公，由骑士推选产生，终身任职。教皇曾授以该团"圣殿骑士"的称号，加强对它的影响。13 世纪初转入欧洲活动。

地区。但条顿骑士团并未就此满足，它还企图占领立陶宛，使原来由宝剑骑士团所占有的利沃尼亚与条顿骑士团所占有的普鲁士连成一片，在波罗的海沿岸建立起一个强大的、统一的骑士国家。这就对立陶宛形成了严重的威胁。

共同的敌人使原来相隙成仇的波兰贵族和立陶宛大公联合起来。1385年，波兰王国和立陶宛公国签订《克莱瓦条约》，两国宣布正式联合。1386年立陶宛大公雅盖洛同意皈依基督教，和波兰女王雅德维加结婚，并加冕为波兰国王。波兰和立陶宛合并后，共同向占有波兰领土的条顿骑士团进兵，收复失地。

条顿骑士团在波罗的海沿岸的统治是建立在极不牢固的军事扩张的基础之上的，一旦遇到强敌的攻击，就会土崩瓦解。1410年，波兰—立陶宛联军和条顿骑士团在格伦瓦尔德会战。波兰—立陶宛使用波希米亚雇佣军，并得到俄罗斯人的支持，大获全胜。条顿骑士团遭到惨败。此后，条顿骑士团领地内部矛盾重重。尤其是1454年爆发的普鲁士起义，对骑士团的打击非常沉重。再加上波兰的频繁进攻，使条顿骑士团的处境日益困难，它不得不于1466年同波兰缔结《托尔恩和约》，放弃了它所占有的部分领地。作为骑士团领地的普鲁士被割裂成两部分：包括但泽（格但斯克）在内的东波莫瑞、库尔姆和普鲁士的一部分割给波兰；普鲁士东部仍归骑士团领有，但必须臣服于波兰。条顿骑士团由此衰落。德意志封建主暂时停止了向东的扩张。

霍亨索伦王朝统治的开端

普鲁士是德意志封建骑士用武力占有的领地，原本同勃兰登堡的历史毫不相关。同样，15世纪以前，勃兰登堡是德意志诸侯向东扩张的边疆阵地，与霍亨索伦家族也毫无联系。这两个地处东西而又各不相关的区域，怎么会一同成为霍亨索伦家族的领地，形成勃兰登堡—普鲁士公国，后来又发展成为普鲁士王国呢？

霍亨索伦家族原是士瓦本公国的小贵族，10世纪起源于士瓦本公国布尔哈尔丁的霍亨索伦堡，1100年被封为索伦伯爵。1191年，索伦伯爵弗里德里希三世与德意志皇帝亨利六世（1165—1197年）联姻，获纽伦堡伯爵领地，改称弗里德里希一世。1227年，这个家族分为两个宗系：长子康拉德三世袭纽伦堡领地，形成弗兰哥尼亚系；次子弗里德里希四世袭索伦伯爵领地，形成士瓦本系。前者后来领有安斯巴赫和巴莱特，发展成为弗兰哥尼亚小王公。

在霍亨索伦君主国形成的历史上，最重要的有三件事：取得勃兰登堡选侯国，普鲁士公国与这个选侯国合并，以后普鲁士晋升为王国。

霍亨索伦家族占有勃兰登堡选侯国是采取卑鄙的贿赂手段实现的。1373年，神圣罗马帝国皇帝卢森堡王朝的查理四世（1347—1378年）夺取了对勃兰登堡的宗主权。1411年，勃兰登堡边疆侯阿斯卡尼家族宗室断嗣，该地区受盗贼骑士骚扰的市民向皇帝求援。当时正值卢森堡王朝才结束了1387—1389年的城市战争和1400—1410年皇室内部争夺统治权的混乱时期，皇室财源匮乏，负债累累。刚刚继位的西吉斯蒙（1410—1437年）皇帝根本无力援助勃兰登堡的市民。他为了抵偿债务，便任命弗兰哥尼亚的王公、霍亨索伦家族的纽伦堡伯爵弗里德里希六世（1372—1440年）为勃兰登堡的最高行政长官，去平息该地区的骑士骚扰。弗里德里希六世的野心很大，企图把勃兰登堡变为自己家族的世袭领地。他利用卢森堡王朝的经济困难，继续给皇帝贷款，使其债款累计高达40万金弗罗伦。这样，他便从身负重债的西吉斯蒙皇帝手中取得勃兰登堡边疆侯的爵位，建立起霍亨索伦王朝，改称弗里德里希一世。但是西吉斯蒙声明，他保留有赎回勃兰登堡选侯国的权利。弗里德里希一世为了打消西吉斯蒙赎回勃兰登堡的念头，便利用他在镇压捷克胡司运动①和解决天主教会"大分裂"的康斯坦茨宗教会议（1414—1418年）上所遇到的经济困难，再次"解囊相助"。西吉斯蒙皇帝终于在1417年正式宣布把勃兰登堡选侯国"恩赐"给霍亨索伦家族。

勃兰登堡选侯国与普鲁士公国的合并，则是由霍亨索伦家族通过婚姻关系实现的。

1486年，勃兰登堡选帝侯阿尔布莱希特三世（1414—1486年）死后，霍亨索伦家族再次分裂成勃兰登堡支系和老弗兰哥尼亚支系。前者保留了勃兰登堡选帝侯的爵位。老弗兰哥尼亚的阿尔布莱希特（1490—1568年）在16世纪初当选为条顿骑士团的大首领。1525年，阿尔布莱希特以宗教改革的名义，宣布放弃天主教，改宗路德新教，使骑士团的教会地产世俗化，把东普鲁士变为自己家族的世袭领地，改称为普鲁士公国，仍臣属波兰。到他

---

①　15世纪初，捷克人民反对德意志封建主和天主教会的民族解放运动，因捷克爱国者胡司而得名。

儿子阿尔布莱希特・弗里德里希（1553—1618 年）继位后，宗室绝嗣，阿尔布莱希特・弗里德里希本人又患精神病，于是，霍亨索伦家族的另一系，勃兰登堡选帝侯弗里德里希・约西姆（1598—1608 年）企图侵吞宗亲的遗产。他通过联姻政策，给自己的儿子约翰・西吉斯蒙（1608—1619 年）娶了普鲁士公爵的长女，获得对普鲁士公国的继承权。但是，普鲁士是波兰的藩属，未经波兰同意是不能兼领普鲁士公国的。勃兰登堡选帝侯便采取贿赂的办法，"用右手收买波兰国王的近臣，用左手收买贵族共和国的议会"①，终于在 1618 年普鲁士公爵阿尔布莱希特・弗里德里希死后，约翰・西吉斯蒙作为波兰王国的藩臣承袭普鲁士公爵，把东普鲁士并入勃兰登堡，形成了勃兰登堡—普鲁士公国。

1614 年，勃兰登堡选帝侯还根据遗产"继承权"，瓜分到下莱茵公爵的领地。1609 年，下莱茵公爵约翰・威廉（1592—1609 年）死后无嗣，引起他的亲戚勃兰登堡选帝侯约翰・西吉斯蒙和普法尔茨—劳恩堡的沃尔夫冈・威廉（1578—1653 年）之间争夺遗产的冲突。后经法国、英国与尼德兰"调解"，1614 年双方缔结《汉恩特协定》，沃尔夫冈・威廉瓜分到尤利希和贝尔格，约翰・西吉斯蒙获得马尔克（今鲁尔地区）、克列维和拉文斯堡等领地。这些地区都位于莱茵河下游与威悉河流域，对勃兰登堡选侯国具有很重要的经济意义。

这样，到 17 世纪初，勃兰登堡选帝侯便占有了三块辽阔而又分散的领地：维斯瓦河以东的普鲁士、中部的勃兰登堡和西部的下莱茵地区。领土面积由原有的 3.9 万平方公里增加到 8.1 万平方公里。

普鲁士王国的建立

普鲁士王国兴起于大选帝侯弗里德里希・威廉一世（1640—1688 年）当政之时。他是一个性情粗暴、学识浅薄、残忍谲诈和怀有兴建霸业野心的君主。在他即位之初，勃兰登堡—普鲁士公国领土分散、军备不足、政权不稳、国力脆弱。霍亨索伦王朝君主作为勃兰登堡选帝侯，是神圣罗马帝国的成员，必须听命于奥地利哈布斯堡王朝；作为普鲁士公爵，又受制于波兰王国。在三十年战争（1618—1648 年）结束后，作为这次战争中战胜国之一

---

① 《马克思恩格斯全集》第 12 卷，人民出版社 1962 年版，第 110 页。

的瑞典，根据 1648 年的《威斯特伐利亚和约》，占领了德意志北部近波美拉尼亚等大片领土和许多重要城市。通往北海与波罗的海的奥得河、易北河与威悉河的出海口都控制在它手中。波兰则控制着维斯瓦河下游。这些都严重影响了勃兰登堡—普鲁士公国的粮食出口与商业贸易。

为了摆脱政治上的屈从地位和打开贸易出口的北方通道，弗里德里希·威廉给自己和他的后继者规定了三项斗争目标：（1）取消波兰对普鲁士的宗主权；（2）夺取波罗的海南岸与奥得河下游的控制权；（3）在领土扩张的基础上，把分散在各处的领地和勃兰登堡连成完整的疆土。然后仿效法国路易十四建立一个君主专制的王国，与哈布斯堡王朝争雄德意志。

为了增强国家实力，弗里德里希·威廉同容克达成协议，国家承认容克有权向农民征收劳役和地租，有权对农民行使司法权；容克则同意弗里德里希·威廉向农民及城市居民征收军事税，建立一支常备军。弗里德里希·威廉还向各省派遣军事专员，建立军事官僚行政机关，加强专制统治。在经济上推行重商主义，发展军需行业、工场手工业和对外贸易，实行统一币制，以保护工商业的办法增加税收，充实国库。在外交上采取随机应变，背信弃义的狡诈手段，每次外交上的改弦易辙，均以获得新的领地或高额补助金为转移。

首先，在 30 年战争结束后，弗里德里希·威廉利用大国之间的矛盾，无视德意志民族利益，支持法国反对德意志皇帝、奥地利哈布斯堡王朝。在 1648 年缔结分赃性的《威斯特伐利亚和约》时，他托庇于法国，为霍亨索伦王朝攫取到一批新的"遗产"：远波美拉尼亚、哈尔伯施塔特、卡敏和明登等教会领地，满足了自己的领土欲望，增强了实力。从此，普鲁士王朝作为奥地利王朝的对手开始崭露头角，成为与德意志皇帝分庭抗礼的最大诸侯国。

为了获得优良的海岸线，弗里德里希·威廉利用波兰—瑞典战争（1655—1660 年），夺取被瑞典所占领的近波美拉尼亚和波兰的领土，并争取摆脱对波兰的藩属关系。在这次战争中，他时而站在瑞典一边反对波兰，时而又同波兰结盟去反对瑞典，不断出卖盟友，以求一逞。最后，根据 1660 年的《奥里弗和约》，从前臣属波兰王国的东普鲁士划归勃兰登堡选帝侯，取消了波兰对普鲁士公国的领主权。

然而，在与瑞典争夺波罗的海南岸与奥得河下游地区的斗争中，弗里德里希·威廉却未能达到他预期的目标。在法国路易十四为争夺西班牙哈布斯堡王朝的领地，以及与荷兰争夺海上贸易优势的法荷战争（1672—1678 年）

中，弗里德里希·威廉重演背盟弃约的故技，出卖盟友，谋取利益。战争前夕，他被荷兰重金收买，与之结成反法军事同盟。到1673年，他又接受了路易十四的80万利弗尔，对法国不战而降，并单独同法国签订了和约。事隔一年，当荷兰与西班牙国王、德意志皇帝建立起新的反法军事同盟时，弗里德里希·威廉又见风使舵，倒向反法同盟方面。他乘法国无暇顾及其盟邦瑞典之机，1675年在费尔贝林打败瑞典军队，占领了包括斯德丁在内的近波美拉尼亚和吕根岛。但是，法国屡获胜利，并把战争扩展到德意志境内，军事上取得绝对优势。1679年，荷兰等国背着勃兰登堡与法国签订《尼姆维根和约》，使勃兰登堡陷于不利地位。结果，在法国的胁迫下，弗里德里希·威廉不得不把他所征服的近波美拉尼亚等地区奉还给瑞典。

弗里德里希·威廉为了从法国得到一笔常年补助金（每年10万塔勒），不惜出卖民族利益，与法国缔结了反对德意志皇帝的秘密条约，竭诚地支持法国在德意志推行扩张政策。但是，他对自己小朝廷的利益——吞并近波美拉尼亚却矢志不忘。1688年，在他临终前，一再嘱咐自己的后继人要解除法国阻碍勃兰登堡占有近波美拉尼亚的"可恨的同盟"。

弗里德里希三世（1688—1713年）不仅继承了选帝侯的封号，而且继承了他父亲随机应变的外交方针，但他缺少他父亲的治国大略。他崇尚法国的一切，极力模仿路易十四宫廷的豪华生活，终日沉浸在纵马游猎、歌舞声色之中，恣意挥霍国家财富。他不满足封疆公侯的显赫声威，力图把勃兰登堡提高到像法国一样的"王国"地位。

1701年，欧洲爆发了争夺西班牙王位继承权的战争，法国和瑞典等国结成反哈布斯堡王朝的同盟，对奥地利形成腹背之势。弗里德里希三世利用德意志皇帝的困境，把3万名雇佣军出租给奥地利，取得1200万塔勒巨款，并迫使皇帝承认勃兰登堡—普鲁士为王国。马克思讽刺说："霍亨索伦选帝侯返回到了用活货币付账的古日耳曼习俗时代，区别只在于：古日耳曼人用的是牲畜，而他用的却是人。"①

作为勃兰登堡选帝侯兼普鲁士大公的弗里德里希三世考虑到普鲁士处在德意志神圣罗马帝国之外，可不受皇帝管辖，便决心定国号为"普鲁士王国"，这意味着霍亨索伦王朝将摆脱对皇帝的从属关系。1701年1月28日，弗里德里希三世在柯尼斯堡举行了隆重而豪华的加冕典礼，改号弗里德里希

---

① 《马克思恩格斯全集》第12卷，人民出版社1962年版，第110页。

一世，宣告普鲁士王国成立。

弗里德里希二世的扩张

18世纪上半叶，新王国的第二个君主弗里德里希·威廉一世（1713—1740年）统治时期，普鲁士逐渐形成为中央集权制的专制主义国家。弗里德里希·威廉一世是个粗野残暴、悭吝刻薄的君主，他用棍棒、体罚"教育"臣民，"治理"国家，力图把普鲁士提高到欧洲强国的地位。为此目的，他在国内加强课税，压榨人民，压缩民用开支；禁止外国商品输入，以防资金外溢，千方百计增加财力。他以武力为后盾，取消1653年邦议会关于承认容克（地主贵族）对农民任意征收徭役、地租和行使司法等专有特权，打破容克贵族垄断各省政治、经济的独立性，加强中央集权。他还非常重视扩充军队，国库收入的6/7用于军费，养兵8.5万人，居欧洲第四位，士兵服役期限长达25年。这样，弗里德里希·威廉一世就为他的后继者准备下一支庞大的军队和一个年收入700万塔勒的国库，从而也为普鲁士"奠定了到那时为止尚不为人所知的强国的基础"。

尽管1720年弗里德里希·威廉一世运用他所创建的军队，参加北方战争（1700—1721年），打败了瑞典，夺取了包括斯德丁城在内的近波美拉尼亚的部分土地，但是，他还没有完全实现霍亨索伦王朝统治整个波罗的海南岸的夙愿。直到他儿子弗里德里希二世（1740—1786年）统治时，普鲁士王国才真正成为欧洲的军事强国。

弗里德里希二世就其军事才能和外交手腕来说，是一个具有治国大略的君主。然而，他像勃兰登堡的历代君侯一样，崇尚棍棒和暴虐统治。他为了实现攻城略地、图强称霸的"宏图大业"，在所谓"开明专制"的掩饰下，进一步强化容克军事官僚机构，扩充军事实力，把军队增加到20万人，号称欧洲第一。在他统治期间，利用这支庞大的军队和他父亲遗留下的充实国库，连年征战，岁岁用兵，大肆扩张疆土。

1740年，弗里德里希二世刚刚即位不久，便乘哈布斯堡王朝在奥地利王位继承战争（1740—1748年）中的困难，加入了法国所组织的反奥同盟，参与瓜分奥地利皇室的遗产，以便夺取人多地广、物产富庶的西里西亚。弗里德里希二世先后在1740—1742年和1744—1745年对奥地利发动了两次西里西亚战争，打败奥地利。1748年，普鲁士抛弃它的同盟者，同奥地利签订

《亚琛和约》，摘取了"奥地利王冠上的明珠"——西里西亚，面积约 3.5 万平方公里，使普鲁士的领土一下子扩大了 1/3。为此，弗里德里希二世被容克贵族推崇为"弗里德里希大帝"。

普鲁士夺取西里西亚，加深了普、奥矛盾。奥地利不甘心丧失自己的领地，必然要联合其他强国反对普鲁士。弗里德里希二世则企图进一步侵占波希米亚，彻底打败奥地利，控制整个德意志。

随着国际形势的变化，普、奥争夺德意志霸权的斗争便很快卷进英、法为争夺世界霸权而进行的七年战争（1756—1763 年）中去了。18 世纪中叶，是英、法争夺殖民地和海上霸权斗争激烈的时期。英国需要在欧洲寻找帮伙对付法国，守护英王在大陆的汉诺威领地。英国首相皮特看到普鲁士的军事实力，决定每年用 67 万英镑的代价收买它。弗里德里希二世在狂妄领土野心的驱使下，1756 年 1 月，便与英国结成同盟，反对法国。

英、普同盟促进了法、奥联合。法国对弗里德里希二世在上次战争中背盟毁约的行为记忆犹新，现在又见他和英国合作，便决定同奥地利妥协，消除两百多年来的仇隙，支持哈布斯堡王朝反抗普鲁士，1756 年 5 月，结成法、奥同盟。俄国、瑞典和萨克森担心普鲁士强盛，也加入法、奥同盟，准备共同瓜分普鲁士。

七年战争一开始，普鲁士便四面受敌，陷入包围。奥军进攻西里西亚，俄军以 10 万之众进犯东普鲁士，两万瑞典军队占领了远波美拉尼亚，10 万法军越过莱茵河，逼近普鲁士南疆。1757 年，弗里德里希二世以他的军事指挥才能，在各条阵线阻挡了敌军，缓和了战局。但是，1760 年俄军占领东普鲁士后，继续西进，一度攻占柏林。法、奥军队乘机夹击，使普军处境再次恶化。加上 1761 年英国在海外打败法国，夺取了大部分殖民地，主要目的已达到，它便抛弃了自己在大陆上的同盟者，断绝了对普鲁士的经济支援，使普军的资源极度匮乏。

1762 年，普鲁士已濒于毁灭。弗里德里希二世在给他兄弟亨利亲王的信中说：如果"谁也不来帮助我们……我看不出有任何拖延或者防止我们的灭亡的可能性"。他在绝望中甚至已准备退位。值此间不容发之际，俄国外交政策发生了突然转变，才使普鲁士摆脱了厄运。1762 年 1 月 5 日，俄国女皇叶丽萨维塔·彼得罗芙娜逝世，即位的彼得三世是弗里德里希二世的崇拜者。他立即下令停止对普军的敌对行动，5 月 5 日单独同普鲁士签订和约，归还所有被俄军所占领的地区，并与弗里德里希二世合兵攻打奥军，使普军在战争中转败为胜。

1763 年 2 月，普、奥缔结《胡贝尔茨堡和约》，普鲁士获得对西里西亚的绝对占有权。七年战争使普鲁士上升为欧洲的军事强国，为雄踞德意志，争霸欧洲迈出了第一步。

弗里德里希二世不忘先祖"遗训"，力图把分散的领地连成广袤的疆土。他摆脱了七年战争的困境，恢复实力后，便准备向东扩张，夺取波兰的土地，使普鲁士和勃兰登堡连成一片。1772 年，他伙同俄国和奥地利第一次瓜分波兰，夺取了除格但斯克以外的波莫瑞地区、除托伦市以外的海乌姆诺省、马耳博克省和瓦尔米亚省等波兰的波罗的海沿岸地区、一部分大波兰地区以及库雅维地区，约 3.6 万平方公里。同年 11 月 13 日，普鲁士政府把这些新占领的辖区（除瓦尔米亚外）改建为玛里恩维尔德领地，统称为"新普鲁士"。1773 年 1 月 31 日，根据弗里德里希二世的意旨，该地区又易名为"西普鲁士"，把原来的柯尼斯堡和贡宾年等行政区域改建为"东普鲁士省"，从而使勃兰登堡，西里西亚，东、西普鲁士等地连成一块完整的区域，加强了对东部地区的政治统治和经济联系。

1793 年，普鲁士又伙同俄国第二次瓜分波兰，获得格但斯克、托伦两市，以及琴斯托霍瓦—索哈切夫—佳乌多沃一线以西的大波兰地区的几个省，腊维奇省的一部分和玛佐夫舍的一部分，共计面积 58300 平方公里的土地。1795 年，在俄、普、奥第三次瓜分波兰时，普鲁士又夺取了包括华沙在内的整个西部波兰。这样，到 18 世纪末，普鲁士王国的疆土，从 1740 年弗里德里希二世登极时的 118900 多平方公里，增加到 305600 多平方公里；人口从 224 万人增加到 868 万人，成为德意志境内最大的邦国。

普鲁士王国兴起的原因

三十年战争以后，当德意志各邦处在政治、经济全面衰竭的时候，勃兰登堡—普鲁士却在 17—18 世纪迅速发展起来，兴起为强盛的普鲁士王国，是有其多种原因的。

首先，普鲁士王国所处的重要地理位置是它经济发展的有利因素之一。随着新航路的发现，世界贸易航线由地中海转向大西洋沿岸，商业贸易中心也相应地由意大利和德意志的南部和中部转移到英国与荷兰，造成了德意志各邦的经济衰退。到 17 世纪末，德意志的工场手工业的生产在整个工业生

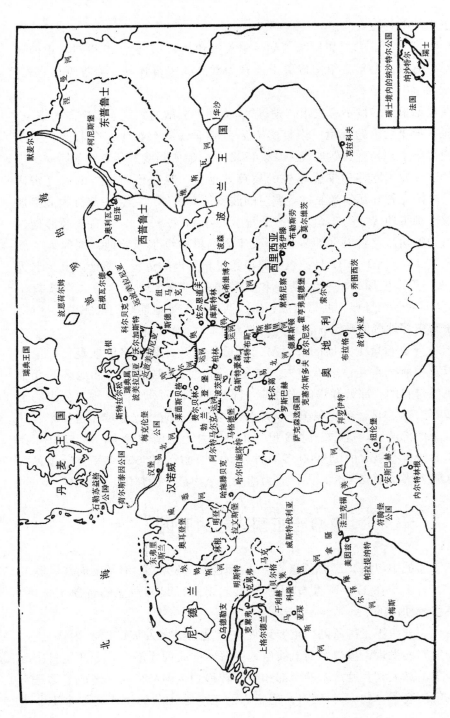

普鲁士王国示意图

产中所占比例还不到10%，而在世界贸易中所占的地位更是微弱。然而世界贸易航线的改变，对普鲁士并未产生多大的影响。德意志最重要的河流——莱茵河、易北河、威悉河与奥得河均有很长一段要流经普鲁士的领土，这就使它成为通向北海、波罗的海的交通要道和德意志对外贸易的中心。德意志西部和南部工业区的产品，以及东部和中部的农产品都必须经过勃兰登堡，从北海出口。1752年，普鲁士王国的商品输出达1690万塔勒，商品输入达2260万塔勒。从1752年到1785年，外贸逆差从570万塔勒逐渐下降到5.7万塔勒。日益发展的北方贸易在一定程度上促进了普鲁士的经济繁荣，改变着它在德意志以及欧洲的政治、经济地位。

残酷的封建农奴制经济是普鲁士王国兴起的重要基础。16世纪以来，随着商品经济的发展，易北河以东的德意志封建主加强了对农奴的劳役制剥削，扩大农庄经营，广大农民逐渐沦为农奴。尤其在三十年战争以后，在勃兰登堡—普鲁士加速了农民农奴化的过程。由于农村在战争中遭到惊人的破坏，土地荒芜，封建主就有可能任意把农民的份地并入自己的领地。而在战争毁灭性后果逼迫下到处流浪的居民开始定居下来，就使贵族有了充足的借口把农村居民作为农奴束缚在土地上，从而加深了农民对地主的依附关系，出现了普鲁士的"农奴制再版"。

18世纪下半叶，随着西方国家工业资本主义的发展，国际市场粮食价格不断上涨，进一步刺激了普鲁士容克地主追求财富的欲望。他们最大限度地驱逐农民，占有农民份地，扩大自己的耕地，形成许多巨大的容克地主庄园。相反，农民的农庄却在逐年减少。在地主攫取农民土地的过程中，还把大部分农民变成雇佣农奴，占有他们的劳动力，扩大出口粮食的生产。这就加强和巩固了普鲁士王国以农奴劳役制为基础的地主商品经济。

建立和加强封建军事官僚专制机构，巩固容克贵族的政治统治，是普鲁士王国兴起的另一个重要因素。从勃兰登堡大选帝侯弗里德里希·威廉，一直到弗里德里希二世，普鲁士的历代君主都特别重视加强军事官僚机构。他们不仅培植了庞大的容克官僚集团，强化政府机构，而且突出军队在国家政治生活中的作用。他们把军队视为国家的最高利益，一切都服从于军事需要，使整个国家的政治、经济和社会生活全部军事化，把普鲁士推上了穷兵黩武的军国主义道路，用不断的军事扩张来增强容克地主国家的威力。

在上述基础上，霍亨索伦王朝的君侯，利用三十年战争后德意志各邦的长期衰落，"靠贿赂的神权、公开的购买、零星的盗窃，对遗产的猎取和分赃的叛卖性条约"①，兼并它周围弱小邦国的土地；靠出租雇佣军，谋取补助金，充当法国或英国的附庸，在哈布斯堡王朝与欧洲列强的对抗中，不断背叛皇帝，出卖民族利益，使德意志国家在多次的国际冲突中遭到残酷的蹂躏，而使勃兰登堡—普鲁士公国发展成一个军事强国。

普鲁士王国的崛起，对德国和欧洲历史的发展具有深远的影响。19 世纪，随着它的政治、经济和军事实力的加强，以及国际地位的提高，在德意志国家的统一运动中和欧洲国际事务中越来越起着重要的作用。最后，终于在 19 世纪 60—70 年代，以普鲁士王国为中心，打破法、俄等国对德意志统一事业的干扰，通过王朝战争的道路完成了国家的统一。

---

① 《马克思恩格斯全集》第 12 卷，人民出版社 1962 年版，第 107 页。

普鲁士施泰因和哈登堡改革

肖辉英

19世纪初，普鲁士自由主义贵族代表人物施泰因、哈登堡等领导的资产阶级改革运动，削弱了贵族的特权，推动了普鲁士资本主义的发展，在普鲁士乃至整个德国历史上占有重要地位。

改革的起因

18世纪末19世纪初，普鲁士是一个封建专制主义国家。经济以农业为主，70%以上的人口在农村。土地集中在容克贵族手中，农业生产方式落后，产量很低。1770—1780年，西里西亚小麦产量平均增长速度只有英国同期的一半。与英、法相比，工业生产比较落后。1800年工业生产总值，以英镑计算，法国是1.9亿，英国是2.3亿，德国只有6000万。随着国家推行重商主义政策，大批有技艺的外国移民涌入普鲁士，促进了商业和贸易的发展。容克贵族也开始摆脱自给自足的庄园经济，向城市购买商品，加强了同城市的联系。但是，容克贵族仍掌握着农村的统治权。农民被束缚在他们的土地上从事繁重的劳动。租种贵族土地的农民，每周要在贵族土地上劳动5—6天。农业生产停滞不前，农奴制阻碍了生产力的发展。

普鲁士国王弗里德里希二世（1740—1786年）为了保证庞大军费和政府财政开支，采取一些发展工商业的措施：设置工商局，保护关税，建立煤矿和造纸、玻璃、丝绸等手工工场。这些措施有利于资本主义的发展。可是在农奴制统治下，农奴未获得人身解放，不能从农村流入城市，城市缺少发展资本主义的劳动力。容克贵族享有很多特权，如免税权、晋升军官权、自由出口货物权。农村生产的谷物不供应城市，高价出口，贵族从中获利，阻碍了城市的发展。在城市，封建行会严重影响了工场手工业的发展。普鲁士境内，关卡林立，赋税苛刻，商业贸易的发展受到限制。直到 19 世纪初，从易北河到马格德堡要缴 14 次税，这就不能形成资本主义发展所需要的国内市场。普鲁士资本主义的发展与封建专制主义、农奴制之间的矛盾，日趋尖锐。

在政治生活中，亲贵弄权，政治窳败。大小贵族，各自横掠一方，诸多不法，独断专权，把苛捐杂税强加于农民。城市里，国王的官员和容克贵族握有绝对统治权，资产阶级人士无权参与商讨国事。普鲁士国家行政管理机构庞大，官僚集团人数众多。军队是专制主义国家的支柱，早在 18 世纪上半叶，普鲁士的人口在欧洲大陆各国中居第十三位，军队人数却居第四位。到弗里德里希二世时，军队已发展到 20 万人，军费开支为 1300 万塔勒①，占国家全部收入的 4/5。军队中实行连队经理制，以少量开支用于士兵的给养、服装和薪饷，余下款数为连长所有。军官大发横财，士兵生活困苦。晋升军官靠世袭爵号，农奴及下层人民的子弟只能当兵。国王要求把士兵培养成毫无思想意志，只知盲目服从的工具。对稍有过失者，不是施以残酷体罚，就是肆意处决。这样的军队，士气低下，没有战斗力。

1806 年 10 月 14 日，拿破仑在耶拿和奥尔施泰特给普鲁士军队以毁灭性打击。签订《提尔西特和约》之后，法军占领普鲁士易北河以西全部领土，使普鲁士领土减少了一半，人口减少到 450 万，向法国赔偿战争费 1.5 亿法郎，军队被迫削减为 4.2 万人。

经济和政治上出现的危机，同军事失败一样，都暴露了普鲁士专制制度的腐朽。由于拿破仑的大陆封锁政策，中断了普鲁士与英国的粮食贸易，商业和手工业者也都受到经济损失。波茨坦附近的诺瓦专斯在 1808 年 4 月有 450 架织机，因缺少棉纱只有 5 架从事生产。普鲁士的财源枯竭，军队被瓦解，国家行政管理机构瘫痪，民生困苦，国势衰危。

为了挽救已临全面崩溃边缘的普鲁士国家，各阶层人士纷纷要求改革。1806 年 6 月，施泰因男爵呈文国王："如果要拯救德国，就必须彻底改变迄今所执行的政策。拿破仑采取分而治之、狼狈为奸的掠夺政策，奴役我人民，分割我国土，我们应针锋相对，实行公开的强有力的政策。"很多人也认清，"不进行改革，不进行革命，普鲁士就没有前途"。资产阶级作家布赫荷尔茨要求："把古老的封建贵族及其所有特权都扔进垃圾堆，并永远废除

---

① 德国旧时的一种银币名。

特权。"一些高级文官、军官，甚至国王也都主张改革。反动将军冯·律赫尔不得不承认："普鲁士国家已不能用旧有的形式延续下去，在整个形势大变动的情况下，从形式到内容采取维持局面的新措施已是不可避免的，是必要的。"

此外，在法国大革命影响下，民主思想在普鲁士开始传播。人们目睹了进步的资本主义制度给法国社会带来的生机，对比普鲁士封建专制制度的腐败，更加强烈地要求弃旧图新。这也是促使普鲁士自由主义贵族和资产阶级进行改革的一个因素。

19世纪初，普鲁士有很多改革家对农业、工业、城市管理、政府机构、军事、文化等进行改革，但就改革内容的深度及其影响之广而言，当首推施泰因—哈登堡的改革。

施泰因的改革

海因利希·弗里德里希·卡尔·施泰因男爵（1757—1831年）是拿骚帝国骑士的后裔，出生在受法国文明影响较大的德国西部。他曾就读于哥廷根大学法律系，后任普鲁士财政大臣和国务大臣。施泰因对法国大革命及其实行的新制度颇为赞赏，对雅各宾专政时期救国委员会的强大权威和打败外敌的胜利无比崇拜。有一次，他在致朋友的信中说："我多么希望能在那沸腾着的、群情激昂的法国人民中生活一段时间，以便向对法国大革命持怀疑态度者进行解释。"到英国旅行后，他对英国贵族自治管理也很推崇，所以多次向国王呈交奏章，表示改革的愿望。

早在他主管矿山冶炼业的时候，曾在东、西普鲁士与波兰的考察报告中，向国王指控造成"贵族与农民之间存在依附关系，把财产与自由留给贵族，把穷困、奴役和压迫留给农民的立法"，并指出："地主与农民的关系束缚了城乡经济发展，阻碍个人与国家财富的增长，是资产阶级发展的绊脚石。"他谴责普鲁士把领土割让给法国。于是施泰因遭到国王与贵族的反对。

耶拿与奥尔施泰特战役之后，普鲁士政局岌岌可危。国王威廉三世不顾人民安危，带领亲贵惊慌出逃。施泰因在这危难的岁月里，组织转运和保护政府金库，并呈奏国王，要求废除内阁政府："王朝已陷不幸，只有集结各方面力量，才能使它幸免于难，否则它将深陷泥潭。"他违背国王将10万塔勒奉献拿破仑之命，在奏章中说拿破仑的皇室的开支要由被他排挤的普鲁士君主支付，是"没有先例"的。国王阅毕奏章，勃然大怒，回敬施泰因说："不要把我看成是个慢性子人。"

后来，施泰因又拒绝接受国王任命他为外交大臣。国王盛怒之下，于1807年1月免除施泰因财政大臣职务。施泰因回到家乡拿骚隐居，写了著名的《拿骚备忘录》，继续完善改革计划，并成为立志改革者联系的中心。他在《备忘录》中强调改革的必要性："国王陛下，您如果不下决心接受改革之建议，继续在内阁影响下行动，其结果不是普鲁士的自行解体，就是失去独立，臣民对它的尊敬与热爱将消失殆尽。"他奏请国王审时度势，整肃吏治，恤养平民，重建家园。

普鲁士被拿破仑打败之后，山河破碎。军事改革家沙恩荷尔斯特描述当时的惨象："普鲁士的农村，相当大的一部分横遭毁坏，以致人们只有根据烟囱倒下残留的石头，辨认村庄的位置，有一半村庄被毁坏。饥饿与创伤引起了不可治愈的疾病。"1807年9月，国王在内阁训令中不得不承认："由于毗邻的政府的改革步骤①，废除农奴依附制已是刻不容缓了。"国王被形势所迫，于1807年10月重新起用施泰因，任命他为握有最高权限的国务大臣，允许他对普鲁士进行改革。

1807年10月9日，施泰因奏请国王发布的《关于放宽土地占有的条件限制和自由使用地产以及农村居民的人身关系》敕令（简称《十月敕令》），公之于世，开始对农业进行改革。敕令的中心思想是废除普鲁士按出身分等级的制度，废除农奴对地主的依附关系，保证农民人身自由。敕令规定：所有国民均享有各种不动产之所有权和买卖权，贵族可以购买市民和农民的土地，市民和农民也可以购买贵族的土地；允许容克贵族兼营手工业和商业，也允许市民和农民自由改变所从事的职业。敕令第11条规定："自本令公布之日起，一切隶属关系概行取消。取消通过婚姻继承或其他契约确定的隶属关系；自1810年圣马丁节起（11月10日）废除普鲁士农奴制，王室直辖领地的农民亦获自由。"

《十月敕令》在不同阶层中引起不同反响。在资产阶级官员与立志改革者中，增强了改革与争取民族复兴的信心。《人民之友》报颂扬《十月敕

---

① 拿破仑打败普鲁士后建立了附属于他的华沙公国和威斯特伐利亚王国。这两个国家根据法国的政府制度进行资产阶级改革，约有5万农民摆脱人身依附，获得解放。这对普鲁士进步的资产阶级政府官员产生很大影响，促使他们向普王进一步提出改革的要求。

令》是"国家获得新生的第一个伟大步骤,应当把它作为人类自然的、不可转让的权利"来庆贺。农民的反应最强烈,他们庆幸自己获得人身解放,成为自由的公民。在没有执行敕令的地区,农民自动拒绝给容克地主服劳役和纳贡赋。如在勒伊森道夫和施外特尼茨等村庄,1808 年农民占领了地主花园的大门,强烈要求答复农民的要求,给他们以自由,提高雇工的工钱,支持农业改革。地主请来 150 个法国驻兵,镇压农民的暴动。1811 年,在西里西亚发生了农民起义,先后有 200 个村庄卷入这次起义。贵族地主动用军队镇压,很多农民被杀害,300 多人被逮捕。

保守的容克贵族对《十月敕令》深恶痛绝,有的拖延贯彻,有的不敢公布它的内容,更有甚者说敕令是"第二次奥尔施泰特战役","宁要三次奥尔施泰特战役,也不要十月敕令"。贵族路德维希曾这样诅咒施泰因改革:"他用祖国革命化的手段开始了赤贫反对有产,工业反对农业,变化无常反对稳定的斗争。"

施泰因的农业改革,对改变普鲁士的农奴制产生了积极作用。《十月敕令》贯彻之后,普鲁士有 4.7 万多户农奴获得解放,变成了自由的公民,他们获得 432 万莫尔根①可耕种的土地。地主给农民的报酬有所增加,短工和雇工的年报酬从 1799 年到 1823 年提高了两倍。农民应服的劳役有 3/4 被废除了。由于实行自由买卖土地,无地农民可以通过购买土地变成有地农民,贵族不再有独占土地的特权。市民和农民可以自由地从事职业,工商业发展不受行会限制。劳动不受地区的约束,劳动力可以自由流动,农村人口可以进入城市,为城市工业发展提供劳动力。

《十月敕令》受到容克贵族的阻挠和破坏。他们利用土地可以自由买卖,趁机吞并农民土地或瓜分公有土地。由此途径,他们获得约 400 万莫尔根土地,其中 52% 是农民和小土地所有者的土地。

针对容克贵族吞并农民土地的现象,施泰因于 1808 年 2 月 14 日颁布了补充法令,又称"二月法令"。法令规定不允许容克贵族随意吞并农民的土地,要占领农民的土地必须经省政府的批准,同时规定禁止容克贵族对谷类加工的垄断。

在进行农业改革的同时,施泰因对城市也进行了改革。1808 年 11 月 19 日,颁布了《普鲁士王国各城市规程》。其中心思想是使城市摆脱容克贵族

---

① 田亩计量单位,1 莫尔根等于 25.5 亩。

的控制，扩大资产阶级的权力。《城市规程》第48条写道："全体市民通过市参议员作为自己的代表来参加一切公共事务。市民有权从市民中选出市参议员。"第108条规定："市参议员通过选举而获得无限全权，有权在本市一切公共事务中代表全体市民，为全体市民处理全部公共事务，并在有关公共财产，本城及全体市民的权利和义务的事项中发布有关的声明。"此外，还规定取消税务委员会，取消监督城市的专制主义国家机构；城市的资产阶级负责管理城市的教育、卫生保健、慈善事业及地产等。城市代表或参议员都是名誉职，除有病、兼职过多者，不得拒绝担任。城市选举不受行会限制，城市居民住在哪里，就在哪里选举。当选的市参议员大多数是商人或手工业者。

随着《城市规程》的执行，城市风移俗变，面貌为之一新。一份市参议会的报告写道："过去，城市的很多力量处于休眠无用状态，现在它已被唤醒，致力于改进城市的活动"，过去的政府"在经济和社会建设中采取的陈旧形式，已被涤荡清除"。资产阶级可以在国家法令允许的范围内，决定城市内部的相互关系，扩大了资产阶级的自主权。更重要的是，资产阶级把自己的代表选进市参议会，他们能够代表城市资产阶级的利益和要求，管理城市的公共事宜。

《城市规程》仍旧保留了贵族的一些特权，如监督地方团体财政收支；仲裁地方利益纠纷；批准地方确立的新法规；任命地方长官时，选出三人，由国王最后决定任命其中一人。此外，规程提出以财产多少确定人的社会地位。一般城市年收入在150塔勒和大城市年收入在200塔勒的人才有选举权和被选举权。1809年波茨坦举行第一次选举时，14万居民中，只有849人有投票权。这些说明施泰因城市改革存在的局限性。

关于国家行政管理机构的改革，早在任商业部长时，施泰因就思考了改革行政管理的方案。以消除国王、内阁独断专权，不负责任，行政管理混乱的现象。他在《拿骚备忘录》中提出，"考虑到国家的利益，必须推翻旧内阁政府"。在1806年4月27日备忘录中，他指出："普鲁士国家没有宪法，上层最高权力不是国王同国家代表共有，国家只是很多世袭力量和若干个省组成的新集合体。"他认为这样的行政管理，只顾局部利益，无视国家利益，"内阁办公室只忙于笨拙的、混乱的、拘泥形式的机械的工作，妨碍人的自由活动，滋长文官的惰性"，"文官内阁是国家的致命痈疽"。他主张废除内阁，精简机构，裁减官员，成立新的国家行政管理机构，提高办事效率，复兴普鲁士国势。

弗里德里希·威廉三世于 1808 年 11 月 24 日签署了施泰因的《关于改善普鲁士国家行政管理机构法规》，规定常务内阁会议取代由国王的亲贵组成的内阁，建立新的管理机构。政府下设财政、外交、内务、作战和司法五个部，分管国家日常事务。在常务内阁会议里，大臣们可以互相协商，同谋大事。国王应同高级文官直接接触，共享国家最高权力。文官可以向国王直接提出有关重大问题的建议。《改革行政管理法规》提出"废除地主世袭的审判权，把审判权和执行权分开"。建立教育部和基督教事务管理部，宗教与教育分离，以限制教会对教育的控制。施泰因强调，"现代化的国家必须具备现代化的有效管理"。为加强管理，提高效率，法规提出裁减行政人员 50%。

1808 年 12 月，颁布了施泰因关于行政管理改革补充法令——《普鲁士省行政管理法令》，规定各省成立省议会、省政府。省议会由城乡居民选举产生。省长是省的最高首领，负责管理县和区。他强调，"每个积极的公民，不论有 100 胡分①或 1 胡分田地，无论经营农业、制造业、贸易或商业……都有权当代表"。他认为这"关系到国家的安危，因为只有这样才能唤起人们的民族精神"。

施泰因的行政改革法规传开之后，举朝震动。那些保守的容克贵族惊慌失措，怀恨在心。他们鼓动国王同拿破仑勾结，阴谋推翻施泰因。但是，施泰因仍同改革者如沙恩荷尔斯特、格奈森瑙、阿伦特等商量改革方案。他坚定地鼓励他们说："在一处点燃火种，在另一处也点燃火种，不获全胜，决不罢休。"1808 年 11 月 24 日，国王终于解除了施泰因的职务。

施泰因任职仅一年，可是以他为代表所进行的改革影响普鲁士和德国的历史一个世纪之久。正像历史学家格因特·施密特评价施泰因时所说："他是这个时代的伟大人物，因为他与德国的独立、革新力量联系在一起，他是一切进步力量集结的中心。"施泰因的改革事业由哈登堡继续推向前进，普鲁士的资产阶级改革运动进入了第二个时期。

---

① 德国农户占有土地计量单位，大小因地而异，约合 7—15 公顷。

哈登堡的改革

　　卡尔·奥克斯特·哈登堡男爵（1750—1822 年）是开明的容克，学习过法律，通晓古典重农学派和自由主义经济学。他曾任外交部部长，1810 年出任普鲁士内阁总理，成为资产阶级改革运动的领导者和组织者之一，继续了施泰因的改革。

　　1807 年，哈登堡受弗里德里希·威廉三世的委托到里加写了《里加备忘录》，拟订改革普鲁士的计划。他在备忘录中指出，"要在个人自由的基础上，对社会政治生活进行改革"，实行民主的原则。对内调整贵族同农民及资产阶级的关系，对外与法国妥协，以求保存普鲁士。哈登堡的改革着重在以下几个方面进行：

　　实行普遍纳税制度和职业自由的原则。1810 年 10 月，哈登堡发布了财政法令，规定要向容克贵族征收土地税，剥夺贵族免缴土地税的特权。他还采取措施，逮捕那些拒不交纳土地税和聚众闹事的贵族。同年 11 月 2 日，颁布商业法令，规定在帝国内普遍缴纳所得税、土地税、财产和消费税，禁止贵族强行使用农民的制粉厂和酿造厂，取消农村禁止经商的条规。废除行会的强制法规，实行营业自由、契约自由。这一规定削弱了行会在经济方面的影响，有利于商业的自由竞争。

　　1811 年 9 月，公布了哈登堡的《关于调整地主与农民之间关系的敕令》。敕令的主要目的是使农民获得土地，解除十月敕令中所保留的农民对地主的负担和劳役。从这一点看，哈登堡比施泰因前进了一步。调整敕令规定：没有转为农民占有的产业要按本法令规定转为农民占有，附属在这些产业上的一切义务和权利应通过公平合理的物质补偿来解决。在未达成合理解决之前，农民不得拒绝承担劳役和地租。规定地主必须同意农民把世代使用的庄园土地转归已有，并解除他们的劳役及其他常规地租。其前提是农民应将所占用的庄园土地的 1/3 割归地主；如果农民要收回这 1/3 的土地，必须同地主协商用一次付款或以后按期交纳实物或货币的方式才能实现。法令还取消农民为地主服家务劳役。根据 1811 年报告，在调整中受益的农民达 16.1 万人，从 1811 年至 1848 年，有 289651 名农民解除了各种负担和劳役。

　　调整敕令保留了贵族的司法继承权、警察权和狩猎垄断权。1816 年，普鲁士政府在容克地主的策动下公布了对调整敕令的补充规定。此规定大大限制了对用金钱或土地赎免封建负担的农民的范围。此后，农民中较富裕的阶层如有牲畜的车马农，或只有在 1763 年以前始终保持占有产业的农民才能获得解放。大部分贫苦的农民不得不放弃 1/3 或 1/2 的土地。有的农民流浪在外，变成工人或农业工人。容克贵族乘机兼并土地，发展成大农场主。

为了团结各阶层力量，动员人民参加解放战争，哈登堡于 1812 年宣布了《犹太人平等公民地位法令》，强调犹太人与一切公民一样，享有平等权利和义务。这条法令在当时起了进步作用。法令公布后，大约有 7 万名犹太人获得普鲁士公民地位。在反对拿破仑的解放战争中，有 400 名犹太人自愿报名参战，其中有 72 人获得铁十字勋章，很多人为普鲁士的生存贡献了自己的力量。但这条法令仅仅适用于富裕的犹太人，普通的贫穷的犹太人，仍然受到社会的歧视。尽管如此，该法令还是迈向资产阶级自由主义的阶级关系的重要一步。

哈登堡继承施泰因的代议制思想，力图在普鲁士建立一个合乎时代精神的政府，把普鲁士建成具有民主结构的君主政体国家。为此，他继续进行行政改革。1812 年 2 月，他在柏林召开的省临时代表大会上提出，要组织一个代表大会，讨论决定重大问题，实行统一立法、统一征税。1815 年，他以内阁总理身份宣布：确立人民代议制，各省组织代表大会，原有的省领地委员会有工作效率的马上恢复工作，没有工作效率的要重建委员会；在省人民代表大会基础上选出国家的代表议会，会址设在柏林，实行两院制。议会代表有权讨论财政、征税立法。

哈登堡的改革思想、策略与施泰因有别。施泰因是把保存一个强大的普鲁士国家作为改革的动力，强烈的祖国观念促使他同拿破仑公开斗争。哈登堡的改革旨在保存普鲁士王朝，以同贵族调和、同拿破仑妥协的手段摆脱拿破仑控制。所以，他的改革措施很多方面保护了容克贵族的利益。开展改革不久，1813 年反拿破仑的民族解放战争开始了，一些改革方案在战后才渐渐付诸实践。

在施泰因、哈登堡等一批自由主义贵族和资产阶级改革家的领导下，普鲁士还对军事、文化教育等方面进行了改革。著名军事战略家沙恩荷尔斯特直接领导和组织了普鲁士军事改革。他同施泰因一起成立了军事改革委员会。该委员会 1808 年颁布《军事惩罚条例》和《军官惩罚条例》，规定在普鲁士一律实行普遍征兵制，资产阶级和其他阶层的人都有义务在军队中进行训练。要求举贤任能、择才晋升，打破贵族子弟无功受禄、控制军队的局面。军事改革提高了军队的军事素质，精减了组织，振奋了士气，为后来解放战争的胜利打下了基础。

随着资本主义工商业与城市的发展，资产阶级需要发展自己的文化教育事业，掌握新的科学知识。威廉·洪堡适应资产阶级需要，领导了普鲁士的教育改革。他成立了以知识分子为成员的"教育代表团"。该团的任务是对教育事业进行监督，以保证贯彻执行他的改革方案："学校不能被贵族或某一特权阶层独占，它必须属于整个民族或国家，实行普遍的全民教育；学校要尽可能发挥每个人的才能，教育要逐渐适应自然科学的发展，壮大国家力量。"在洪堡的领导与影响下，1810 年建立了柏林大学，1812 年制订了中学毕业考试制度。他还确立了教育的三个阶段：初等教育、中等教育和高等教育。这些改革措施对德国的教育事业产生了深远影响。

施泰因和哈登堡改革的影响与性质

施泰因和哈登堡所领导的改革，是一场资产阶级性质的变革运动，它为德国建立资本主义生产关系，为资产阶级登上上层建筑舞台开辟了道路。施泰因、哈登堡等改革家受法国大革命的影响，接受了英国君主立宪政体思想，代表资产阶级要求政治权力和掌握社会经济发展的愿望，也有利于部分容克贵族逐步地转化为资产阶级的农场主。他们领导的改革顺应了历史发展的潮流。

农业改革使普鲁士逐渐废除了农奴制，是从封建主义生产关系过渡到资本主义生产关系重要的一步。它为农业中发展资本主义开辟了一条特殊道路，即"普鲁士道路"。容克地主变成农场主，农奴变成农业工人，封建的容克地主经济慢慢地发展成资产阶级容克经济。农业中出现商品化生产与合理的管理体制，粮食单位面积产量提高了 50%。在国有土地上，1799—1808 年有 5 万名农民成为土地的主人。从 1811 年至 1834 年有 56791 名农民，到 1848 年有 70582 名农民变成土地的主人。

在城市，严禁行会的控制，实行职业自由，发展了资本主义经济。1816 年普鲁士王国的公路只有 3000 多公里，到 1831 年已有 6000 多公里。煤炭产量由 1816 年的 11.3 万吨上升到 1844 年的 40.8 万多吨。1796 年西里西亚矿山和冶炼厂开始引进蒸汽机，到 1830 年已有 245 台。

资产阶级代表选进了市参议会和教育代表团。他们根据资产阶级的政治经济利益，管理城市公共事业，发展工业、商业和文化教育事业，从而促进了城市的资本主义发展。

施泰因、哈登堡的改革是不彻底的。反动容克贵族的积习犹如群山阻挡着改革的步伐，一些改革措施无法贯彻，保留了某些贵族特权。如贵族的世袭司法审判权、狩猎垄断权、对地方重大事件的决定权等，未加触动。直到1872 年才废除地主的世袭警察权。农业改革过程中允许自由买卖土地，容克贵族趁机兼并土地。改革期间，骑士通过自由买卖或占领方式获得 400 万莫尔根土地。1816 年的补充法令使容克贵族得到更大好处，此后的 30 年里，贵族又得到 588235 莫尔根土地，有 4.6 万—5.4 万家农场连同 7 万个家庭小作坊落入贵族手中。到 1891 年，施泰因原来设想的乡镇自治才兑现。正因如此，德国的农业资本主义在普鲁士道路上发展是缓慢的，农民经受了巨大痛苦。国家的土地制度，变成了在长时期内仍保持着农奴制某些特征的资本主义制度。

德意志关税同盟的建立

罗宜家

德意志关税同盟是 1834 年在普鲁士领导下建立的一个统一关税区。最初包括德意志的 18 个邦国，1854 年基本上扩展到德意志全境。关税同盟的建立对促进德意志地区资本主义经济的发展和德意志民族的政治统一产生了重要影响。

关税同盟产生的历史背景

19 世纪初，德意志地区的政治经济状况发生了重大变化。这一变化同法国资产阶级大革命的影响，尤其是与拿破仑·波拿巴对德意志的统治紧密相关。

1792 年，奥地利和普鲁士联军向革命的法国进攻，妄图扼杀革命。法国进行反击，占领了德意志的莱茵河左岸地区，并在那里实行了废除农奴人身依附关系及封建赋税和徭役的改革。

1799 年，大资产阶级的代表拿破仑·波拿巴成为法兰西的统治者，成功地执行了扩张主义政策。当时的德意志诸侯各霸一方，虽冠有"神圣罗马帝国"① 的名称，实际上分裂为 360 多个独立的邦国。封建割据的德意志成为拿破仑扩张的首要目标。1803 年，拿破仑胁迫"神圣罗马帝国"的累根斯堡议会作出决议，一举取消 112 个小邦国，使法国占领下的莱茵地区成为统一体。1806 年 7 月，拿破仑组织了"莱茵联盟"，把巴伐利亚、符腾堡、巴登、萨克森等 21 个邦国置于他的"保护"之下。8 月，他迫使奥皇弗兰茨取消"神圣罗马帝国"皇帝称号。从此，"神圣罗马帝国"寿终正寝。同年

---

① 全名为"德意志民族的神圣罗马帝国"，公元 962—1806 年。

10 月，他又击溃普鲁士，从而控制了除奥地利以外的整个德意志。拿破仑对德意志的扩张，在客观上大大削弱了德意志的封建割据，对德意志民族的统一起了促进作用。

拿破仑把资产阶级的原则带到了德意志。在他控制的地区，封建制度被铲除，资产阶级的立法《拿破仑法典》成为这些地区现行法律。1807 年以后，在拿破仑允许下，普鲁士和莱茵联盟的大部分邦国相继进行针对封建农奴制度的改革。这些改革为资本主义的发展扫清了道路。同时，在战争年代拿破仑实行的"大陆封锁"政策①，也为德意志民族工业的发展创造了有利条件。这一政策阻止了英国商品对欧洲大陆的倾销，减少了最发达国家的竞争，促使德意志的萨克森和西里西亚地区出现了发达的棉、麻纺织业，萨克森的棉纺织机从 1806 年的 1.3 万台增加到 1812 年的 2.5 万台，并出现了拥有近千名工人的大型棉布印花厂。莱茵地区的采矿、冶金与金属加工工业也得到迅速发展。1800—1820 年，德国工业产值从 6000 万英镑增至 8500 万英镑。

1815 年欧洲列强最终战胜拿破仑，以"神圣同盟"为代表的反动势力在欧洲到处恢复封建秩序。在列强重新划分势力范围的维也纳会议上，1815 年 6 月 15 日"德意志联邦"②成立。这是一个由 38 个独立邦国组成的联盟，它的主旨是"要保持德意志内外的安全和德意志各邦的独立和不可侵犯"。其实质是保持德意志的分裂状态。联邦的常设机构是设在莱茵河畔法兰克福市的联邦议会，根据盟约的规定：奥地利的代表为议会常任主席。从 1815 年到 1848 年，奥地利首相、著名反动政客梅特涅始终把持着对联邦议会的领导权。恩格斯说："不错，德意志联邦曾宣称是永远不可分割的，但联邦和它的代表机关联邦议会，却从来没有代表过德国的统一。"③

维也纳会议还对德意志的领土作了划分。普鲁士由于在反拿破仑战争中的贡献，而得到了莱茵—威斯特伐利亚地区和半个萨克森王国。它成为几乎占有德意志全部工业发达地区、领土横贯东西德意志的大邦。相反，作为联邦盟主的奥地利失去了它在 1793 年占有的莱茵地区的领地，分得了意大利

---

① "大陆封锁"政策是拿破仑同英国争霸斗争中所采用的一种经济战略，内容为禁止一切英国产品输入欧洲大陆，以图在经济上扼杀英国。它以 1806 年 7 月拿破仑发布的《柏林敕令》为开端，1812 年以失败告终。

② 旧译"德意志邦联"。

③ 《马克思恩格斯选集》第 1 卷，人民出版社 1972 年版，第 508 页。

的伦巴底和威尼斯地区。它的经济重心已完全偏离开德意志。这对于以后关税同盟的建立，乃至普鲁士在德意志霸权的确立，产生了重要影响。

自"大陆封锁"政策结束后，特别是1815年和平时期到来，欧洲的经济形势发生了很大的变化。英国，这个当时世界上最发达的国家已经进入了工业革命的完成阶段。开拓世界范围的销售市场和原料产地已是英国工业赖以生存和发展的前提条件。为此，英国资产阶级提出了"自由贸易"的口号。自1813年，英国商品大规模涌入欧洲大陆。到1815年，英国商品在大陆的销售额，几乎占欧洲大陆总销售额的60%。

在欧洲大陆，除分裂割据的德意志外，其他一些政治统一的国家都有一个巩固的国内市场，而且实行着保护关税的贸易政策。例如奥地利，对输入的外国工业品几乎都要征收高达60%的进口税。而德意志的30多个独立的邦国却设置了百余条关税线，仅普鲁士自身就有60条关税线，致使德意志内部贸易陷于瘫痪。这些邦国对输入的工业品实行15%以下的低关税率，对成本低廉的英国工业品的倾销几乎没有阻碍作用。1814年，英国棉纺织品的输入量就超过德国自己的产量。德国著名经济学家弗·李斯特写道："在这个国度中大多数工厂或濒于萎缩，或苟延残喘，集市与市场都被外国产品所淹没，大部分商人已无所事事。"

面对严酷的现实，德意志资产阶级掀起了促进德国经济统一的运动。

早在"德意志联邦"的盟约中，资产阶级已提出"促进德意志经济统一"的条款。1817年莱比锡博览会时，来自德国各地的50多名工厂主和商人集会讨论对英国商品的抵制措施。1819年在莱茵河畔法兰克福的交易会上，来自萨克森、巴伐利亚、符腾堡、巴登、纽伦堡以及达姆施塔特等邦的70多名工厂主和商人联合签名，由弗·李斯特起草了一份致联邦议会的请愿书，要求联邦议会采取果断措施严禁英国商品的输入，并敦促尽快废除德国内部所有关税线，实现经济统一。

呈交请愿书后10天，4月24日，"德意志商人和工厂主协会"宣告成立。其宗旨是"在法律允许的范围内促进德国贸易和工业的发展"。它倡导建立全德关税区，主张振兴民族工业。协会在全德各邦的重要城市和地区都派有通讯员，随时掌握当地的贸易动向、经济情况以及各邦政府对经济统一的态度。它还派出代表团向各邦的统治者阐述协会的主张，谋求支持，以改变德国的经济现状。李斯特创办了协会的报纸《德国工商界报》作为资产阶级要求经济统一的喉舌。德意志的许多政治家在上面发表文章对协会表示支持。

1819 年 12 月，以协会主席约翰·谢尔为首的一个三人代表团访问柏林，受到普鲁士首相哈登堡等高级官员的接见。事后，谢尔在给协会的信中写道：“我们的主张得到了普鲁士的巨大支持。”此外，巴伐利亚、符腾堡等邦的君主也先后接见过协会的代表，以示支持。

但是，德意志联邦的盟主奥地利及其首相梅特涅却对协会持敌视态度。梅特涅认为李斯特的主张带有“煽动性和革命性”，因此，协会在奥地利境内被宣布为非法，成员受到迫害。奥地利实行的保护关税政策隔绝了它同德意志的经济联系，同协会所倡导的全德统一关税的主张格格不入。在这种情况下，资产阶级所期望的通过联邦议会促进德国经济统一是不可能实现的，相反，通过普鲁士的经济扩张得到了实现。

关税同盟是普鲁士推行经济扩张政策的产物。它的形成大致可分为两个阶段：1818—1828 年，由普鲁士实行关税改革导致地区性关税同盟建立；1829—1834 年，地区性关税同盟演变为德意志关税同盟。

普鲁士的关税改革和地区性关税同盟的出现

普鲁士是德意志的大邦，但它从来就不是一个经济统一体。普鲁士的状况是当时德意志的缩影。

由于普鲁士几乎占有全部德意志最发达的工业区，英国商品的倾销自然对它的打击最沉重。关卡林立严重阻碍了普鲁士内部贸易的正常进行，又刺激起猖獗的走私活动，使普鲁士政府财政上蒙受损失。再者，普鲁士军费负担沉重，1806—1815 年军费支出达到 20600 万塔勒，以后四年中又支出了 8100 万塔勒。1818 年，它的国债达 21700 万塔勒。在这种情况下，关税问题成为普鲁士发展经济和解决政府财政危机的焦点。改革势在必行。

普鲁士关税改革计划的制订者是高级财政顾问卡尔·马森和财政大臣碧洛。早在 1814 年，哈登堡首相就指令碧洛，要他着手进行赋税制度改革的准备工作。1817 年 1 月，碧洛向国王威廉三世呈交了关税改革草案。草案中包括征收国内产品消费税以及贵族免征此税的条款。

碧洛的提案遭到各方面的反对。威廉·洪堡对贵族免税的规定提出异议，他认为大多数的普鲁士人不会赞同这个规定，因此这种提案不能在国务委员会中获得通过。提案中拟定的关税税率同时受到了西部省份的保护关税主义者和东部地区的自由贸易论者的抨击：前者认为税率太低，而后者觉得税率偏高。此外，莱茵省和威斯特伐利亚省也持反对态度，他们担心关税统一后，各省的自治权受到削弱。鉴于这种情况，威廉三世没有立即接受碧洛的提案，责成国务委员会对提案逐条进行审议。为此，成立了一个以威廉·洪堡为主席的专门委员会。这个委员会从 1817 年 4 月到 6 月举行了 26 次会议，讨论碧洛的提案。最后，除了征收国内产品消费税和贵族免税的条款被否决外，通过了这个提案。经过国务委员会的审议，1818 年 3 月 10 日得到批准。5 月 26 日国王威廉三世正式颁布了这部普鲁士新的关税法。

新税法的主要内容是：废除普鲁士境内的所有关卡和关税，在王国的边界上建立统一关税线；规定了外国产品的进口税：一般原料免税，工业产品、消费品征收 10% 进口税，殖民地产品征收 20%—30% 进口税，过境货物按同等等级征税；盐及其制品和纸牌为国家垄断商品，禁止进口。

新税法包括 29 条关税法，394 条执行规定和两部分税率表。它最初分为普鲁士东、西部两种税制，东部关税略高于西部，并分别于 1818 年 9 月 5 日和 1819 年 1 月 1 日生效。1821 年这两种税制合而为一，成为普鲁士王国的统一关税。

普鲁士政府严格执行新税法，它的 394 条执行规定十分详细，甚至连普鲁士的边界线和关税线之间应有几百米的距离、进口货物的纳税方法和监督措施都有明确的规定。这样，国内市场建立起来了，普鲁士王国第一次成为经济的统一体。普鲁士的工业也摆脱了层层关卡的束缚，获得了发展的空间。新税法所规定的关税率虽然不高，还谈不上是保护关税，但是，如果考虑到普鲁士以前混乱的、漏洞百出的关税状况，那么新税法无疑对它的工业起了保护作用。新税法的最大受益者是工厂主们。因此，恩格斯称新税法是"政府对资产阶级的第一次正式承认"[1]。新税法的实施减少了普鲁士政府每年因走私活动而遭受的损失，获得了统一的征税权，从而保障了财政收入。

1818 年的关税改革是 19 世纪初普鲁士资产阶级改良运动的一部分。它为普鲁士的资本主义发展创造了统一的国内市场，对整个德意志贸易状况及经济形势产生了重要影响。从此，普鲁士开始了在德意志的经济扩张。

普鲁士的地理位置十分重要，它控制着中欧地区从荷兰到东欧，从莱比锡到莱茵河畔的法兰克福的交通线，以及东欧的粮食输出口岸。德意志内部

---

[1] 《马克思恩格斯全集》第 4 卷，人民出版社 1958 年版，第 53 页。

南北之间的贸易完全要通过它的领土进行。当时，运入普鲁士的货物有一半是过境货物。

由于普鲁士的重要地理位置，新税法的实施影响到整个德意志的贸易。首先，普鲁士邻邦的走私贸易锐减。其次，新税法规定的工业品税和以重量与体积征税的方法使大多数德意志邦受到损失，因为它们往往向普鲁士输出粗制品。这也使得各邦对普鲁士的出口贸易减少。最后，普鲁士的关税线阻塞了南北各邦贸易的传统通道，使萨克森等邦国的贸易陷入困境。新税法引起了德意志内部贸易的极大混乱。

各邦一致抨击新税法，称它是普鲁士对德意志的贸易讹诈。弗·李斯特在1819年4月14日起草的请愿书中也指责新税法阻碍德意志统一关税区的实现。但是，无论是各邦诸侯，还是"德意志商人和工厂主协会"，都未能改变普鲁士的政策。于是，出现了德意志各邦对普鲁士的贸易战。例如：1819年拿骚大公国提出在德意志进行贸易谈判的建议，没有得到反应，它于1822年实施了一种在边境征税的新税制；黑森—卡塞尔选侯国则直接提高了普鲁士皮革和铁的进口税。1819—1828年德意志各邦纷纷修改自己的关税体制，或寻求相互间建立关税联盟来对付普鲁士的新税法。

在新税法的实施过程中，普鲁士政府也遇到一些棘手的问题，其中之一就是如何对待它境内的"飞地"①。

在普鲁士东部，易北河两岸有9块"飞地"。它们共有居民16万人，其中安哈尔特家族的3块领地柯腾、斑堡和德骚面积较大。安哈尔特—柯腾地处普鲁士重要的水路交通线易北河上。这些飞地的进出口贸易必须通过普鲁士领土进行，而且它们所需的工业品和奢侈品绝大部分靠进口。如果普鲁士政府对这类进口听之任之，势必会在它的关税线上打开缺口，使新税法形同虚设。

因此，1818年底普鲁士政府决定对输入到这些"飞地"的外国商品征收进口税，此举给这些弹丸小邦带来了沉重的财政负担。迫于压力，1819年10月25日施瓦尔茨堡—桑德豪森小公国同普鲁士签署协定，加入了普鲁士关税区。协定的主要内容是：桑德豪森加入普鲁士关税体系；按照同普鲁士东部地区的人口比例，桑德豪森得到相应的关税收入；它同普鲁士共同承担着防止边界线上走私活动的责任。这个协定后来成为所有"飞地"加入普鲁

---

① "飞地"即一国处于他国领土包围之中的领土。

士关税体系时拟定协议的样本。

桑德豪森开创了先例，其他"飞地"在以后 10 年中陆续加入了普鲁士的关税体系。其中具有重要意义的事件是安哈尔特—柯腾同普鲁士所进行的控制与反控制的斗争。

柯腾大公费迪南德是普鲁士新税法最激烈的反对者。因为普鲁士的征税使他的政府财政受到损失，使他的尊严受到伤害。1819 年底和 1820 年初，在联邦成员讨论经济形势的维也纳会议上，他曾多次申明自己的经济窘境，以图会议作出决议迫使普鲁士改变关税政策。但他失败了，因为联邦主席奥地利不愿为这些小事同普鲁士决裂。梅特涅只是暗地里表示支持他。这位首相指示奥地利驻莱比锡的商业代表亚当·米勒为柯腾大公出谋划策。米勒建议柯腾利用易北河来输入商品。因为易北河是联邦决定的自由通商渠道之一，这样就可以避开普鲁士征税。然而，这个建议一经实行，立即引起普鲁士的反应。1820 年 6 月普鲁士关税卡扣留了柯腾商人舶运的货物。于是，柯腾向联邦议会提出指控。由于大多数邦国的反对和奥地利的压力，1821 年 12 月普鲁士同意不再征收易北河上的过境税，柯腾商人的货物被发还。

费迪南德取得胜利之后并未就此罢手，他的目的是依靠联邦议会的支持来破坏普鲁士的新税法。在短短几个月中，大批外国商品涌进柯腾，这个小公国成为向普鲁士走私的基地。普鲁士虽然从 1820 年起就在安哈尔特的三个小国的边界上设立了严密警戒的关税线，但它不能防范整个易北河流域的走私。在 1821—1826 年普鲁士政府因走私活动受到的损失每年达 50 万塔勒。新税法实际上失去了效用。1825 年普鲁士新任财政大臣阿道夫·冯·莫茨提出对柯腾采取强硬措施的主张。同年 2 月，普鲁士政府恢复在易北河上征收过境税；同时在联邦议会里也采取了强硬立场。尽管遭到各邦的强烈指责，普鲁士的做法却取得了胜利。1828 年夏，孤立无援的柯腾被迫加入了普鲁士的关税体系。

经过 10 年的斗争，普鲁士终于拔掉了插在体内的钉子，巩固了它的统一关税区。而新税法引起的贸易纷争并没有结束，德意志联邦的无能为力迫使各邦自谋出路。德意志中部和南部的一些中、小邦出现了谋求经济联合的运动。

早在 1819 年底德意志联邦成员讨论经济形势的会议上，巴伐利亚、符腾堡、巴登等邦的代表就为建立它们之间的关税同盟问题进行了接触。1820 年 5 月，巴伐利亚、符腾堡、巴登、黑森—达姆施塔特，萨克森—魏玛、萨克森和洛斯等小公国的代表又聚会于达姆施塔特，讨论建立统一关税区问题。这次会谈持续了近三年的时间。1823 年夏，各邦间达成一个统一关税的临时协议，但它最终未能成为现实。究其原因，是因为会谈的各邦由于经济状况不同对关税同盟的看法存在着深刻的分歧。巴伐利亚和符腾堡等拥有较强工业基础的邦希望同盟能起到保护自身工业发展的作用；而达姆施塔特等经济落后的邦则希望有一个自由贸易区。谈判解决不了彼此的根本分歧。达姆施塔特因财政面临困境不得不向普鲁士靠拢。

达姆施塔特是中德的一个小邦，90% 的人口从事农业生产，对外贸易是它获得工业品和输出农产品的命脉。普鲁士的关税线堵塞了它赖以生存的商路。1825 年，达姆施塔特财政与外交大臣杜·蒂尔试图同普鲁士签订一个贸易互惠商约，遭到莫茨的拒绝。莫茨坚持达姆施塔特必须加入普鲁士关税区。达姆施塔特最终屈服了。1828 年 2 月 14 日，双方签订条约。条约规定：达姆施塔特实行普鲁士的关税法，它的税收机构在普鲁士人的指导下进行改组；双方的关税收入按人口比例平均分配。这个条约还包含一个秘密条款，即由普鲁士来掌握达姆施塔特的财政机构。这样，达姆施塔特虽然保住了自己的经济利益，并因关税收入而改善了财政状况，但丧失了部分主权。对普鲁士来说，这是它经济扩张的第一个重大胜利。普鲁士外交大臣爱希霍尔在给国王的报告中指出："那些小邦都将沿着同样的道路前进，来依附于我们周围。"

普鲁士与达姆施塔特的结盟谈判和条约的签订，明显地表现出普鲁士经济扩张的意图，这促使德意志其他邦之间谋求经济联合的步骤加快了。

1828 年 1 月，巴伐利亚和符腾堡这两个工业较发达的邻邦建立了关税同盟，史称"南德关税同盟"。南德关税同盟采取了高额保护关税措施，以对付来自普鲁士和外国的贸易竞争。

南德关税同盟的出现使那些零散的小邦，尤其是像萨克森这样工业发达的邦，处境更加窘迫。萨克森面临南北两道关税壁垒的包围，工业品的输出和原料的输入受到阻碍。工厂主们在 1828 年曾两次上书国王，要求加入南部或北部两个关税同盟中的任何一个，以摆脱困境。可是，萨克森国王和贵族集团却持反对态度，他们担心这样会失去统治权和在图林根地区的霸权地位。

1828 年，中德各邦以及汉诺威、不伦瑞克等北部邦，由于反对南德和普鲁士两个关税同盟而相互靠拢。8 月 22 日，汉诺威、萨克森、黑森—卡塞尔、拿骚、不伦瑞克、奥尔登堡、莱茵河畔的法兰克福、不来梅及一些小邦的代表在卡塞尔城集会，开始结盟谈判。12月8日，宣布成立"中德商业同盟"。同盟的协议中并没有规定统一的关税制，最重要的内容是禁止入盟各邦同南北两个关税同盟订立任何商约。

这样，在德意志出现了三个同盟并存的局面。普鲁士以经济扩张来建立德意志关税区的设想受到严重挑战，而奥地利政府对此感到满意。因为限制普鲁士的经济扩张，维持德意志的分裂局面，就意味着加强奥地利在同普鲁士争夺德意志霸权斗争中的地位。奥地利采取的高额保护关税政策隔绝了它同德意志各邦的经济联系，分裂状况对它的经济发展影响不大。同时，它还可以利用自己控制的德意志联邦来对付普鲁士。分裂，还是统一，成为奥、普两强争夺德意志霸权斗争成败的关键。

从地区性关税同盟到德意志关税同盟的建立

1829年，发生了两件涉及关税统一的重要事情。一是5月间普鲁士同盟同南德同盟签订交通与贸易协定。协定规定：在两个同盟之间修建两条公路；一些本地产品，如铁制品，可在两个同盟间自由贸易；棉纱或棉织品的关税降低25%。然而，这两个同盟之间有中德商业同盟的成员邦阻隔，必须打开一条通道，协定才能付诸实行。为此，普鲁士财政大臣莫茨同图林根的两个小公国：萨克森—麦宁根和科堡进行接触。在普鲁士许诺给两个小邦以财政援助之后，双方达成协议，决定共同修建南北德之间的公路。同时，这两个小公国还答应在1835年1月中德商业同盟条约期满之时，它们将加入普鲁士同盟的关税区。

面对南德同盟和普鲁士的接触、图林根小国麦宁根及科堡对普鲁士的依附，中德同盟的其他一些成员也采取了相应的对策。

1830年5月，汉诺威、黑森—卡塞尔、不伦瑞克和奥尔登堡这四个领土相连的邦达成协议，建立了一个内部贸易自由的关税区，但是它们未能在统一关税上取得一致。

1830年法国七月革命给德意志以影响，萨克森、不来梅、汉诺威、巴伐利亚等地爆发了反对封建专制王朝的革命运动，给封建统治以很大冲击。汉诺威和萨克森统治者迫于压力取消了1815年恢复起来的等级议会制，实行了立宪制度。黑森—卡塞尔的选帝侯威廉公爵被迫退位。这些变化给普鲁士的经济扩张提供了机会，因为小邦诸侯们迫在眉睫的问题是考虑如何增加经济上的收益，来巩固自己的统治。

1831 年 1 月，萨克森—魏玛公国同普鲁士签署协定，决定 1835 年加入普鲁士的同盟。不久，黑森—卡塞尔这个中德同盟重要的成员也开始向普鲁士靠拢。

卡塞尔地处普鲁士东、西两部分之间，西部同莱茵省接壤，东部与普鲁士的萨克森省为邻。普鲁士为了打通自己东、西部之间的通道，在 1818 年曾向卡塞尔提出建立统一关税区的建议。但是，黑森大公惧怕这个强邻危及自己的统治，始终拒绝同普鲁士谈判。七月革命迫使威廉大公退位，他的后继者意识到民众的骚乱是其统治地位的主要威胁。另外，这个面积只有 3700 平方公里的小邦却有 700 公里长的边境线，它的贸易通道完全被普鲁士所阻断。它赖以生存的粗呢制造业、成衣制造业因原料进口和产品出口受阻而濒于破产。为此，它于 1831 年初同普鲁士开始了谈判，8 月 29 日加入普鲁士的关税区。在双方签订的条约中，卡塞尔得到了同达姆施塔特一样的待遇。

这样，普鲁士的关税区终于连接成一个整体，而中德同盟中经济最发达的萨克森王国和汉诺威、不伦瑞克及奥尔登堡却隔置两方。1833 年 3 月 24 日，萨克森加入普鲁士同盟。中德商业同盟完全解体了。

在卡塞尔加入普鲁士同盟之后，1832 年 12 月，普鲁士同盟和南德同盟即开始了关税联合的谈判。这时，南德同盟的巴伐利亚与符腾堡的工业品的传统市场不是被普鲁士同盟囊括其中，就是阻隔在外。它们的南方和西方则是奥地利和法国两道高额关税壁垒，外国工业品输入关税都在 50% 以上。在这种独木难支的情况下，1833 年 3 月 22 日，南德同盟与普鲁士同盟双方达成统一协定。它规定：按照普鲁士 1818 年新税法的条款建立统一关税区；条约于 1834 年 1 月 1 日生效。5 月 11 日，所有图林根地区邦国也加入了这个协定。

1834 年 1 月 1 日，在德意志 2/3 的土地上，由 18 个邦、2300 万人组成的"德意志关税同盟"出现了。同盟盟约第 4 条规定："在成员邦国的疆域内应具有统一的进口、出口和过境关税。"第 6 条规定："在各成员邦国之间将实行贸易和交通自由。"这样，在德意志核心地带，一个内部贸易自由、对外有统一关税的国内市场终于建立起来。

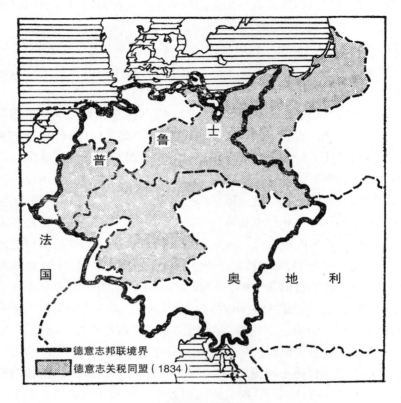

德意志关税同盟

建立关税同盟的影响

　　关税同盟是一个以条约为纽带的经济联合体。1833年普鲁士与各邦订立的条约有效期为8年，1841年续订后条约的期限改为12年。其后，在1853年和1865年，同盟条约又两次续订。在此期间，关税同盟的范围不断扩大。

　　1835年1月，汉诺威曾纠集原中德商业同盟的残余邦国组织了一个税务同盟，其成员有：汉诺威、不伦瑞克、奥尔登堡和里普—萨姆堡，但为时不久就被强大的关税同盟所吞并。首先是奥尔登堡于1836年依附于普鲁士，到1852年汉诺威也加入了关税同盟。此外，南德的巴登和拿骚，莱茵河上的法兰克福市在 1835 年和 1836 年归入关税同盟。这时，除了汉堡、不来梅、卢卑克三个经营中介贸易的海港城市外①，同盟扩展到了德意志全境。到 1854 年，普鲁士已基本达到了它将"同盟建成一个包括所有邦国在内的，以共同关税和贸易体制维系的整体联盟"的目的。而奥地利作为同普鲁士争夺德意志霸权的对手则始终被摒弃于关税同盟之外。

关税同盟所造成的统一的国内市场的日趋巩固，为德国的工业化奠定了基础。

从 30 年代末到 40 年代末，德国处于所谓"李斯特时代"②。关税同盟逐步采取了保护关税政策。1843 年，它的棉纱进口税提高 50%。次年，生铁和毛纺织品税提高 35%，其他金属制品税则提高了一倍。保护关税抵消了英国产品的竞争，促进了德国工业的发展。1840 年，德国的工业产值达到 1.5亿英镑，为 1820 年的两倍，占世界工业总产值的 12%。到 1860 年，它的产值大大超过法国，占世界工业总产值的 16%。这一时期内，德国的纺织业、采矿、冶金和机器制造业都得到迅速发展。机械织布机从 1843 年的 5018台，增至 1861 年的 15258 台。蒸汽机 1840 年为 4 万马力，1860 年达到 85万马力。

关税同盟的建立，打破了关卡林立、各自为政的割据局面，为铁路的发展提供了前提条件。1835 年，从纽伦堡到富尔特的第一条长 6 公里的铁路通车。1837—1839 年，从莱比锡到德累斯顿长达 150 公里的铁路建成。到 1860年，全德铁路总长度达 11633 公里。铁路网的出现和交通现代化无疑为德国的工业化创造了必要条件。

关税同盟的建立也为普鲁士在德意志的霸权地位奠定了基础。与德意志联邦相比，普鲁士领导的关税同盟是个能够统一行动的组织。在同盟建立之初，梅特涅已经预见到它对联邦的致命威胁。他说："在大联盟中出现了一个小的附加的同盟，它位于这个躯体最敏感的核心，联邦也只得很快适应这个赘物并走向灭亡。"在关税同盟中，各小邦都将自己的对外贸易和改变关税的权力交给了普鲁士。所以弗兰茨·梅林说：小邦"加入关税同盟就是普

---

　　① 这三个城市于 1888 年才加入德意志帝国的统一关税区。
　　② 1841 年李斯特的名著《政治经济学的国民体系》出版。他的关于德国经济情况的精辟论述，以及保护关税政策的正确主张，在德国资产阶级中引起巨大反响，同时也为普鲁士领导的关税同盟如何保护和发展民族工业指明了出路。1842 年起，关税同盟逐步提高了工业品进口税，实行保护关税政策。这一政策执行了近 10 年。这一时期史称"李斯特时代"。

鲁士统治德国的开始"。

从关税同盟的组织形式上看，在 1867 年以前，它没有常设机构，决策机构是每年举行的同盟大会。在同盟会议上，大致是每个邦国都有一票表决权。在普鲁士打败奥地利之后，1867 年关税同盟建立的同盟议会，成为普鲁士的铁血首相俾斯麦领导下的北德意志联邦的附属机构。德意志各邦真正成了普鲁士的仆从。

关税同盟的建立对欧洲经济政治形势也产生了重大影响。在同盟成立之初，英国皇家贸易委员会的官员就指责它"实质上是抵制英国工业和贸易的一个联盟"。法国同样反对关税同盟。它不希望一个强大的普鲁士出现在边界旁。同时，法国的葡萄酒和丝织品对德意志的出口因此受到了限制。历史证明，关税同盟是普鲁士扩张政策的产物，而它的建立又造就了一个强大的普鲁士。从这个意义上，可以说它直接影响到在普鲁士领导下完成德意志的统一。正如恩格斯所指出的那样："关税同盟是普鲁士的一个巨大成就。它意味着战胜了奥地利的势力，这还算不了什么。主要的是：它把中小邦的整个资产阶级都吸引到普鲁士一边来。……同时，关税同盟愈扩大，加入这一国内市场的小邦愈多，这些邦的新兴资产者也就愈习惯于把普鲁士看成是自己在经济上的前卫和将来在政治上的前卫。"[1]

关税同盟使德意志民族结成一个经济实体，使它在政治统一之前就成为世界经济大国。正是在这个意义上，梅纳德·凯恩斯恰当地指出："德意志帝国与其说是建立在血和铁上，不如说是建立在煤和铁上更真实些。"这"煤与铁"的基础则正是关税同盟铸造的。

---

[1] 《马克思恩格斯全集》第 21 卷，人民出版社 1965 年版，第 480 页。

1844 年西里西亚织工起义

郑宗育

    1844 年西里西亚织工起义是德国无产阶级与资产阶级第一次大规模的阶级搏斗，是德国工人运动的开端。恩格斯在论述 1848 年革命前夕的德国状况时指出："如果说资产阶级的积极运动开始于 1840 年，那么工人阶级的运动则开始于 1844 年西里西亚和波希米亚的工人起义。"[①]

起义的历史背景

    1834 年德意志关税同盟的建立，为德国资本主义的发展创造了有利条件。在 19 世纪三四十年代，德国开始工业革命。资本主义的工业相继建立起来，萨克森、莱茵区、柏林和西里西亚成为德国的工业中心。1840—1850 年，德国蒸汽机的功率提高了 6 倍半。蒸汽机的出现，推动了交通工具的革命化。1835 年 12 月 7 日，从纽伦堡至菲尔特的第一条使用蒸汽机车的铁路通车；1838 年建立了柏林至波茨坦的铁路线；1839 年来比锡到德累斯顿的铁路完工。40 年代，德国的铁路网日益紧密。1845 年，德国铁路总长度达 2151 公里，仅次于英国，居欧洲第二位。机器的使用、铁路的兴建，大大提高了劳动生产率，促进了经济的发展。在关税同盟的区域内，1834—1837 年，生铁的产量增长两倍，提高到 23 万吨；1840—1850 年，煤的产量从 340 万吨增加到 670 万吨；棉纱的产量增长 3 倍。萨克森的希姆尼斯城号称"德国的曼彻斯特"，成为德国棉纺织业的中心。西里西亚的亚麻生产也有发展，1837—1846 年，采用机器生产的亚麻厂由 5 个增加到 14 个。但总的来说，那时的德国，技术和工业的进步并不是它的特色。德国基本上"是一个手工

---

    ① 《马克思恩格斯全集》第 8 卷，人民出版社 1961 年版，第 12 页。

业和以手工劳动为基础的家庭工业国家"①。1845年，普鲁士的农业人口仍占总人口的74%。

随着德国资本主义的发展，德国无产阶级的队伍正在形成。1800年，德国城市工人只有8.5万人；30年代末增到45万人；40年代末已有90万人。1848年，德国城乡工人的总数达200万人。根据1846年的统计，当时普鲁士大约有45.7万个师傅、38.5万个帮工，以及55万个工厂工人。同一时间，在德意志关税同盟的区域内，在147968个工厂中，有1208123个工人，占关税同盟区域内总人口的4.44%。当时德国的工厂大部分规模很小。工人阶级的基本群众并不是工厂无产阶级，而是农业工人、手工业学徒、手工工场工人。

德国的工人阶级身受封建主义和资本主义的双重压迫和剥削，生活困苦不堪。其中，纺织工人的灾难尤为深重。他们黎明即起，每天在低矮、潮湿、通风透光设备很差的厂房里工作15—16小时，微薄的工资甚至还不够买马铃薯糊口。每遇马铃薯歉收，死于饥荒、染上斑疹伤寒以及其他疾病者不计其数，活不下去的德国人只好纷纷逃到国外谋生。40年代，德国移民的数目上升到434626人。

在纺织工人的队伍中，西里西亚的织工沉沦在最底层。当时的西里西亚省属普鲁士王国，是德国纺织业的中心。那里的工人主要是家庭手工业者。他们除了向领主缴纳织工捐，承担其他封建赋税和徭役以外，还要受到工厂主、包买商无孔不入的盘剥。纺织工人从工厂主的手中预支线纱，然后织成布匹，再交给工厂主或包买商。工厂主或包买商却乘机任意抬高线纱的价格，廉价收购布匹，甚至付给的是实物工资。由于封建主义和资本主义的重重剥削，西里西亚织工的生活境况非常悲惨。当时，一个自己有房子，还有1—2莫尔根土地的织工，一家老少终年辛勤劳动，至多只能收入60个塔勒②。其中1/3要向国家、乡村、领主缴纳诸如土地税、等级税、地租、房屋税、纺织捐、狩猎捐、社会捐、火灾保险费以及道路维修费等苛捐杂税。所剩无几的收入还要用来购买全家所有的生活必需品。他们入不敷出，衣衫褴褛，一顿丰盛的马铃薯就是他们的美餐。至于那些没有房屋的织工，每年还要交1—2个塔勒的房租，他们的住所连富人的畜厩都不如。旧的灾难没

---

① 《马克思恩格斯选集》第4卷，人民出版社1972年版，第204页。

② 当时普鲁士的一种银币。1塔勒约合3马克，1马克等于100分尼。

有消失，资本主义竞争的猛烈风暴又已袭来。1843—1844 年的销售危机给西里西亚织工带来了巨大的灾难。工厂主为了与英国机器生产的廉价产品竞争，保持世界市场的地位，更加紧对纺织工人的剥削。再加上 40 年代初，西里西亚广大地区连续发生三次马铃薯歉收，饥馑夺去了大批织工的生命。一个普鲁士官员在官方的报告中也不得不供认："在死亡的 36000 人中，就有 6000 多人确实是饿死的。"当时，西里西亚的织工几乎是全欧洲最贫困的人民。

在西里西亚地区，对纺织工人剥削压榨最凶狠的是彼得斯瓦尔道的大企业主茨万齐格尔兄弟，其剥削手段特别毒辣。譬如，一个织工织一匹 140 艾勒①的布，要整整 9 天的紧张劳动，其他工厂主付给工资 32 个银格罗申②，而茨万齐格尔兄弟只付给织工 15 个银格罗申。织 160 艾勒的粗棉布，一个织工需要紧张劳动 8 天，茨万齐格尔只付给 12—12.5 个银格罗申。这个数字微乎其微。当时德国将军的退休年金达 1000—2000 个塔勒。正是由于对纺织工人特别残酷的剥削，茨万齐格尔这个本来并不很富裕的包买商，几年之内变成了一个腰缠万贯的大企业主，造了 6 座非常华丽的住宅。当贫穷的纺织工人诉说他们连马铃薯也买不起，简直活不下去时，茨万齐格尔却嘲弄工人说，如果你们实在没有东西可吃的话，可以吃青草，今年的青草长得很茂盛。广大织工对这个为富不仁的工厂主恨之入骨。

西里西亚织工的贫困得到社会舆论的广泛同情。曾经当过书商的佩尔茨，原先是药剂师的施勒费尔，以及当时在布雷斯劳担任家庭教师、正在被追捕的大学生威廉·沃尔弗，都在报纸上公开揭露官吏、地主和工厂主残酷剥削农民和织工的罪行，竭力争取改善织工和农民的处境。他们的努力促进了织工支援协会的建立。正如威廉·沃尔弗所写的那样，在这个协会中，经常讨论一些有关社会主义的建议。诸如："人们应该组成一个大的社团，在这个社团中，作为生产者的织工，同时也应该参加他们自己生产的产品的分配；社团的全部活动，任用适当的、有经验的、领取工资的职员来领导。"所有这些言论在西里西亚都是第一次出现，对唤醒无产阶级的阶级意识起了推动作用。

在谈到 1844 年西里西亚织工起义的时候，1844 年 6 月 8 日赖兴巴赫县

---

①　从前德国的长度单位，约等于 2/3 米。

②　从前德国的小银币名，等于 12 分尼。

地方议会的报告中也不得不供认，工人阶级的真实的贫困是起义爆发的一个原因。然而，它认为尚有其他两个因素：其一是，织工们长期积压的仇恨导致他们起来反对个别的、通过压榨他们的血汗致富，而又过分傲慢和尽情享乐的工厂主；其二是，通过慈善家的报纸，以及由织工自己建立的、成为当时时髦的织工支援协会宣传和教育的结果。

1844 年初夏，工人们的困境达到了无以复加的地步。他们编唱歌谣，强烈谴责资本家的残酷剥削，联合阶级兄弟起来斗争。《血腥的屠杀》这首歌，共 25 节，表达了纺织工人强烈的反抗情绪。其中几节歌词如下：

> 茨万齐格尔兄弟是刽子手，
> 他们的家仆是帮凶，
> 一个个都仗势欺人，
> 一点也不留情。

> 你们这些无赖，你们这些恶魔！
> 你们是地狱的坏鬼！
> 你们夺去了穷人的财产，
> 你们应该受到诅咒。

> 想一想这些苦难吧！
> 想一想这些穷人的困境，
> 家里没有一片面包，
> 难道这不值得怜悯。

> 怜悯？哼！你们这些吃人的生番，
> 哪有这种美好的感情。
> 每个人都知道你们的目标，
> 就是剥掉穷人的皮和衬衣！

威廉·沃尔弗把这首歌曲称为"受苦人的马赛曲"。格哈特·汉普曼在他感人的剧本《织工》中也引用了它。马克思认为："这是一个勇敢的战斗的呼声。在这支歌中根本没有提到家庭、工厂、地区，相反地，无产阶级在这支歌中一下子就毫不含糊地、尖锐地、直截了当地、威风凛凛地厉声宣布，它反对私有制社会。"① 这支歌成为1844年西里西亚织工起义的进军号。

起义的过程

1844年6月4日，欧伦山麓的两个纺织村镇彼得斯瓦尔道和朗根比劳爆发了织工起义。这两个村镇成为起义的出发点与中心。

还在起义前夕，彼得斯瓦尔道的织工就经常在茨万齐格尔的家门口反复唱着《血腥的屠杀》这支歌。有一次，一个织工被抓住，在遭到毒打后，被送到当地的警察局拘留。织工们多次要求释放被捕者，均遭拒绝。6月4日下午2时许，一群怒不可遏的织工在下彼得斯瓦尔道出现，沿途的织工纷纷走出家门，参加这支队伍。随后，他们前往附近的卡佩伦贝格，并向茨万齐格尔的住宅进发。织工们要求茨万齐格尔增加工资，茨万齐格尔及其家仆报之以嘲笑和恐吓，拒绝了织工的要求。此时，被激怒了的人群冲进茨万齐格尔的住宅，撬开了所有的卧室、仓库、阁楼和地下室，砸烂了华丽的玻璃窗、镜子、枝形吊灯、火炉、瓷器、家具，乃至楼梯的扶手，撕掉了账簿、期票和证券。接着，起义队伍冲进茨万齐格尔的第二座房子，把打包室、烘干室和车库里贮藏的货物统统扔到窗外，撕毁、弄碎、用脚踩烂，或者分发给周围的群众。茨万齐格尔吓得魂不附体，带着家人仓皇出逃，并向赖兴巴赫的官厅告急。由于茨万齐格尔劣迹累累，声名狼藉，沿途无人敢于收留他，他直到布勒斯劳才找到了一个避难所。

6月4日傍晚至次日清晨，起义的织工捣毁了茨万齐格尔家中的一切剩余物资，有的织工建议把他的房子烧掉。多数人认为，烧了他的房子，他可以领到一笔火灾保险金；问题在于要把这家人弄穷，使他们也尝尝饿肚子的滋味，因此没有采纳这个建议。住在茨万齐格尔家附近的工厂主瓦根克纳希特，平日对织工比较"仁道"，所以他安然无恙。平时对织工肆无忌惮地剥削的工厂主，如费尔曼之流，当起义的队伍开到他的家门口时，他付给每个起义者5个银格罗申的酒钱，并且把黄油、面包、肥肉分给起义者，以平息织工的愤怒，才没有受到伤害。

6月5日，起义队伍迅速扩展到3000人。他们向拥有1.3万居民的朗根

---

① 《马克思恩格斯全集》第1卷，人民出版社1956年版，第483页。

比劳进发，集中打击工人最痛恨的工厂主迪利希兄弟。迪利希兄弟在朗根比劳雇用了2000多名织工、1000名摇纱工、800—1000名纺纱工。此外，还在路德维希斯多夫雇用了800名，在兰茨胡特雇用了1000名织工。是日，起义织工攻打迪利希兄弟的高地住宅。工厂主利用店员和家仆守卫。经过一场激烈的棍棒战，起义队伍被迫撤退。接着，起义队伍向迪利希的另一座房子发起进攻，受迪利希这家商号剥削的工人也参加到起义织工的队伍中来。迪利希兄弟被迫允诺，凡是保护他财产的织工，可以继续留在他的企业里工作，并且每人还可以得到5个银格罗申的酒钱。同时还叫人把他的诺言写在纸上，贴在门口。织工们马上排成两行，准备接受这个条件。此时，从施韦德尼茨开来的一股反动军队已经到达。迪利希兄弟自食其言，迟迟不兑现答应的条件。织工们忍无可忍，越来越逼近军队。反动军官冯·罗曾贝尔格少校命令军队向手无寸铁的织工开火，连发三阵排炮，顿时血肉横飞，织工、妇女、儿童惨倒在地。其中死11人，重伤24人。敌人残暴的镇压激起了起义织工的拼死反抗。他们迅即用石头、棍棒和其他应急武器与反动军队展开肉搏。敌人被迫撤退到彼得斯瓦尔道的一个前沿阵地，以便等待援军。起义者捣毁了迪利希兄弟的住宅，销毁了各种票据，取得了暂时的胜利。

6月5日晚10时，普鲁士政府从希维德尼察派来了增援部队。4个步兵连和1个配备有4门火炮的炮兵连在反动军官施利希庭少校的率领下，开到了彼得斯瓦尔道。次日凌晨，除1个步兵连留守彼得斯瓦尔道以外，其余3个步兵连和1个炮兵连开到了朗根比劳。不久，骑兵部队赶来增援。普鲁士政府还派兵驻防周围的纺织村庄。在一切准备就绪以后，反动军队对起义者进行猛烈的轰击。起义者英勇不屈、顽强抵抗。鉴于双方力量悬殊，一部分起义者赶到罗依特曼村附近的弗里德利希斯格隆，销毁了从茨万齐格尔的发货人家中搜出的货物；另一部分起义织工逃到山林里。此后起义队伍再也不能发动任何有力的进攻了。

在整个起义过程中，起义织工没有伤害工厂主的人身，没有放火，沿途商店，甚至工人非常痛恨的面包铺照常营业。起义失败以后，敌人开始了残酷的镇压，150名起义织工被捕，并被转交布勒斯劳高级地方法庭特种委员会受审。9月1日，87名起义者被判处9年徒刑，20—30下鞭笞；其余被捕者监禁14日，遭到10—20下鞭笞。被判刑的织工大部分是手工业工人和学徒。

起义的历史意义

1844 年西里西亚织工起义不仅反对资本家的剥削，而且也反对维护资产阶级私有财产的普鲁士政府。这次起义虽然被普鲁士反动政府残酷镇压下去，然而，它的意义是重大的。

以西里西亚织工起义为信号，唤醒了为贫困、压迫、失业所折磨的德国工人阶级，推动了德国工人运动的高涨。1844 年 6 月 7 日、8 日，西里西亚的主要城市布勒斯劳的贫穷手工业者和学徒走上街头，打碎了市内富商商店的玻璃窗，高呼"织工万岁"。6 月中旬，布拉格织工起义迅速波及东波希米亚的纺织山区，破坏机器和捣毁厂主财产的事件屡屡发生。柏林、亚琛的纺织工人，马格德堡的糖厂工人，英戈耳施塔特的建筑工人，伦德斯堡的木工都进行了罢工。据统计，1844 年罢工的次数比以往 10 年的总数还多。1844—1847 年，仅普鲁士铁路工人罢工就有 40 多次。尽管这些罢工大部分都是为了提高工资，改善劳动条件，但无产阶级在反对共同敌人即资产阶级的斗争中，逐步意识到本阶级团结一致的重要性，促进了无产阶级意识的形成。

在织工起义的影响下，农民也起来斗争。西里西亚成为农民反对易北河以东容克地主斗争的中心。他们抗租抗税，拒服劳役，焚毁地主田庄、商店、仓库的事件不断发生。城市小资产阶级的政治积极性日趋高涨，资产阶级反对派的运动日益发展。普鲁士革命形势逐渐成熟。

面对着这一形势，是赞成还是反对织工起义，各个阶级、不同派别经受了严峻的考验。马克思指出："一个有思想爱真理的人，在看到西里西亚工人起义爆发的时候，他所应该做的不是在这一事件上为人之师，而是研究这一事件的特殊性质。自然这就需要有一些科学的远见和一些对人的热爱才行。"① 而小资产阶级民主派、青年黑格尔派重要成员阿·卢格，在起义失败之后，却公然于 1844 年 7 月 27 日，以"普鲁士人"为名，在《前进报》上匿名发表文章——《普鲁士国王和社会改革》，诬蔑西里西亚织工"除了自己的家庭、自己的工厂、自己住的那个地区以外，什么都看不见"，把西里西亚织工起义说成是如同"某种地方性的水灾或饥荒似的"，降低了德国人

---

① 《马克思恩格斯全集》第 1 卷，人民出版社 1956 年版，第 484 页。

民在政治上反对专制制度斗争的水平，竭力否认西里西亚织工起义的意义。这反映了卢格轻视人民群众、惧怕人民革命的狭窄的资产阶级立场。

　　德国伟大的诗人、革命民主主义者亨利希·海涅则在其著名的政治诗《西里西亚织工之歌》中，声援纺织工人起义。他针对"国王和祖国与上帝同在"的普鲁士保皇党人的叫嚣，借织工之口，大声咒骂："古老的德意志啊，我们正为你织着寿衣，把三个诅咒织在寿衣上。我们织啊，织啊！"刻画了纺织工人作为旧社会掘墓人的愤怒形象。德国另一位诗人弗莱里格拉特（后来是共产主义者同盟盟员）也创作了卓越的诗篇《来自西里西亚的山巅》，唤醒无产阶级的意识，号召无产阶级起来斗争。威廉·沃尔弗在起义之后迅即著文《西里西亚的贫困与起义》[①]详细论述起义的原因及其经过，高度评价西里西亚织工起义。正是在西里西亚织工起义的推动下，无产阶级与资产阶级民主派的政治分野加速，一大批社会主义者迅速成长起来。他们的努力推动了在工人中间的社会主义和共产主义的宣传，促进了德国社会主义与工人运动的结合。

　　1844 年西里西亚织工起义虽然带有自发的性质，然而它表明德国无产阶级已作为独立的政治力量登上了历史舞台，显示了自己的力量，成为德国工人运动的开端。它与 1831 年和 1834 年的法国里昂工人起义、1836 年开始的英国宪章运动齐名，构成了 19 世纪 30—40 年代欧洲无产阶级的三大革命运动。

---

　　①　西里西亚织工起义后不久，这篇文章即写成，直到 1845 年初才在《德国公民手册》上发表，后来收入《沃尔弗全集》。

俄国斯杰潘·拉辛起义

金 捷

1667—1671 年，在哥萨克斯杰潘·季莫费耶维奇·拉辛（约 1630—1671 年）的领导下，俄国爆发了一场反对封建压迫的农民起义。这次起义波澜壮阔，席卷俄罗斯的广大地区，为俄国人民争取自由的斗争历史增添了光辉的一页。

起义前的俄国社会

从 16 世纪中叶起，沙皇俄国颁布一系列法令，限制农民自由迁徙，剥夺他们的人身自由，大大加快了俄国农民农奴化的过程。到 17 世纪中叶，英法等西欧国家的农奴制早已解体，而俄国的农奴制却仍在继续发展。在沙皇政府支持下，地主贵族巧取豪夺，贪赃枉法，占有越来越多的土地和农奴。如大贵族莫罗佐夫一家就有近 500 个村庄、4 万多名农奴、700 多名仆役，年收入仅现金即达 1 万卢布，在他家粮仓里存的粮食有几十万普特。为了聚敛更多的财富和永久占有农奴，当时大贵族屡次集体上书给沙皇，要求授予他们无限期地追捕逃亡农奴的权力，使农民彻底农奴化。1642 年，沙皇米哈伊尔·罗曼诺夫重申地主对逃亡农奴的追捕期限为 15 年。1646 年，沙皇政府下令重新进行人口登记，规定凡登入人口调查簿者一律不得自由迁徙。

为了进一步满足大贵族的要求，沙皇阿列克塞于 1649 年颁布《法典》，用法律的形式确认地主贵族对农奴的永久占有权。《法典》废除了追捕农奴的规定年限，允许地主贵族有权无限期地追捕逃亡农奴，而且可以把他们当成商品任意转让或买卖。

1649 年《法典》颁布后，国内阶级矛盾尖锐起来。1650 年普斯科夫、诺夫哥罗德等地相继发生了大规模起义。在普斯科夫,沙皇政府派来的统领被推翻,起义者一度夺取政权,成立了地方自治署,他们建立城防军,逮捕大主教,处死地主贵族。在沙皇派来的重兵包围下,一直坚持斗争3个多月。起义失败后,广大农民纷纷逃亡,以反抗沙皇政府的残酷统治。政府为保护地主贵族的利益,加紧搜捕逃亡农民,同时下令对逃亡农民实行鞭笞和棍责等酷刑;对收容他们的人也予以严惩。但是,这一切并没有阻挡住逃亡农民的洪流。1642年,顿河流域只有几千人,而到70年代就已有3万余人了。

顿河流域是沙皇政府统治薄弱的地区。从16世纪初起,许多农民为逃避农奴地位来到这里。他们被称为哥萨克,意即"无拘无束的人""酷爱自由的人"。最初哥萨克自由组成村社,其成员集体打猎、捕鱼、养蜂,没有明显的贫富差别。后来逐渐出现了阶级分化,少数哥萨克占有肥沃的土地和大量畜群,是哥萨克的富裕阶层。大多数哥萨克缺地少粮,在富裕哥萨克的剥削下过着贫穷的生活。17世纪初,这一地区已出现了哥萨克的军事组织顿河军。沙皇政府为控制哥萨克,并利用他们守卫东南部边界,对富裕哥萨克实行收买政策,赏赐给他们金钱、粮食、武器。17世纪中叶,从各地逃亡到顿河流域的农民越来越多,他们大多沦为贫穷哥萨克,同富裕哥萨克之间的矛盾越来越剧烈。

广大贫穷的哥萨克要争取生存的权利,忍无可忍,纷纷走上反抗的道路。1666年夏天,瓦西里·乌斯率领数百名哥萨克举行起义。他们掀起的反对封建农奴制的斗争遍及整个莫斯科地区,并在距图拉8俄里处建立了大本营,但在向图拉进军途中,被沙皇政府军队击退。1667年初,俄国与波兰战争结束,很多在战争中倾家荡产的人来到顿河流域。顿河哥萨克人口骤增,粮食奇缺,该地区各种矛盾更趋激化。正在此时,一支由拉辛率领的哥萨克起义队伍在顿河地区崛起。

斯杰潘·拉辛大约于1630年出生在顿河齐莫菲依斯克村一个富裕的哥萨克家庭,其教父雅科夫列夫是哥萨克的上层人物。拉辛担任哥萨克军队的首领,见多识广,性格刚毅,在顿河一带颇孚众望,曾经见过他的荷兰人扬·斯特来斯这样描写他:拉辛"是一位高大的中年人,身材魁梧,脸色傲慢而坦率,但为人谦逊,十分严肃"。1658年,拉辛随哥萨克首领瓦西里耶夫率领的使团前往莫斯科,就哥萨克的需求问题与沙皇政府进行谈判。1661年,他随哥萨克军事统帅布达诺,同卡尔梅克酋长达成共同反对鞑靼人入侵的协议。1662—1663 年，他率领顿河哥萨克在莫洛奇诺耶湖地区进行了反对土耳其人和克里木鞑靼人的战斗。常年戎马生涯使拉辛有机会接触俄国的广大群众，亲眼看到贫苦哥萨克及劳苦大众在封建统治下的悲惨生活，从而逐渐产生了反抗封建压迫者的思想。拉辛的哥哥伊凡在俄波战争期间因擅离职守被多尔戈鲁基大公下令绞死。亲人惨遭杀害，使他对沙皇政府更加仇恨。

起义初期的远征

1667 年春天，拉辛将顿河卡恰宁斯克一带的贫苦哥萨克召集在一起，提出了到伏尔加河、里海去掠夺富人商船的倡议。这一主张立即得到了热烈响应。

4 月，顿河刚刚解冻，拉辛的队伍开始了远征。他们出其不意地冲破沙皇军队的防守，来到了伏尔加河。在拉辛的指挥下，哥萨克夺得了几只属于沙皇和大主教、富商绍林的船，缴获了船上的粮食和货物，杀死了沙皇的官吏和看守，释放了船上准备流放到阿斯特拉罕和捷列克河一带去的囚犯。拉辛对囚犯、士兵和船夫说："你们都自由了，到你们所愿意的地方去吧。我不愿强留你们。但是谁愿和我一道，谁就将是自由的哥萨克。我只打杀领主和富有地主，对于穷人和贫民，我要与他分享一切，犹如兄弟一般。"大部分囚犯表示愿意加入哥萨克的队伍。

5 月 25 日夜，拉辛率领队伍分乘 35 只大船，经过察里津、阿斯特拉罕城到达里海。阿斯特拉罕城防司令希尔科夫闻讯后，立即派鲁任斯基副团长率兵 1700 余人截击。但是，这些士兵中很多人都是逃亡的农奴，他们对哥萨克十分同情，拉辛轻而易举地取得了胜利。他将俘虏的士兵编入自己的队伍，很快地占据了雅伊克城。他们以该城为基地，在那里度过了冬天。

沙皇政府对哥萨克的"骚乱"大为震惊，除责令伏尔加河与里海沿岸的驻军严加防守外，于 1667 年 7 月 19 日召开专门会议，商量对策。会议决定对拉辛的这支队伍采取两面手法：一方面，撤掉镇压拉辛不力的希尔科夫将军的职务，将普罗佐罗夫斯基伯爵由莫斯科派往阿斯特拉罕任城防司令，给他配备了四个射击军团，准备以武力镇压哥萨克；另一方面，委派拉辛的教父雅科夫列夫于 11 月来到雅伊克城，劝说拉辛停止反政府的行动，不再"盗劫作案"，放回被俘虏的沙皇士兵，返回顿河地区。

雅科夫列夫的劝降活动遭到拉辛的断然拒绝。同年冬，普罗佐罗夫斯基又派代表团前去劝降，拉辛下令将代表团团长西夫佐夫投入河中，以表示同沙皇政府斗争到底，誓不投降的决心。1668 年春，沙皇军队以重兵围攻雅伊克城。3 月下旬，拉辛放弃该城，率领队伍向里海进发。

1669 年初，拉辛部队到达波斯辖地里海海岸后，曾派人与波斯国王谈判，要求赐给他们一个岛屿，允许他们在波斯境内永久定居。与此同时，沙皇也派使者通知波斯国王，说拉辛率领的起义军已到达里海，建议波斯军队与沙皇军队联合起来，共同消灭哥萨克"叛军"。波斯国王站在沙皇一边，处死了前来谈判的哥萨克代表，并对拉辛部队进行了突然袭击，打死了 400 余人，拉辛最重要的助手之一谢尔盖依·克里沃依也在战斗中英勇牺牲。拉辛只好撤离波斯辖地。临走前，他们抢劫和破坏了波斯的一些城镇，捣毁了波斯国王的夏季官邸，以示报复。同年 6 月，拉辛部队途经库拉河口的斯温岛，遭到波斯麦涅达汗率领的由 150 条平底船组成的舰队的袭击。经过一场激烈的海战，哥萨克虽获得了胜利，但自身伤亡很重，加上缺乏粮食，疾病蔓延，战斗力严重削弱。同年 8 月，拉辛的队伍开始向伏尔加河下游的阿斯特拉罕城撤退。

拉辛部队的再次出现，使普罗佐罗夫斯基十分不安。他派人将沙皇的开恩诏书送交拉辛，提出只要哥萨克交出武器和俘虏，归还从波斯掠得的财宝，就同意让他们回顿河。这时拉辛领导的起义军只余下 600 人，而沙皇政府军却有 3000 多人，为了保存实力，不致全军覆没，拉辛答应了谈判条件。

8 月 21 日，拉辛的队伍开进阿斯特拉罕，驻扎在阿斯特拉罕城附近的小岛上。拉辛交出了旄节、旗帜和俘虏，却没有将武器全部交出。沙皇政府当局要求他交出起义军的名册，被他拒绝。沙皇政府要求他将起义军中的阿斯特拉罕人交出，也被他拒绝。拉辛说：我不能出卖自己的朋友和那些出于爱戴和忠心而跟随我的人。

9 月，拉辛率部队开往顿河。离开阿斯特拉罕时，许多农民、手工业者、游民和沙皇军队中的士兵纷纷加入起义军，拉辛的队伍很快又壮大起来。途经察里津时，新扩充的起义军砸开监狱，放出了囚犯。

拉辛队伍在察里津附近渡过顿河。这一消息迅速传遍了伏尔加河和顿河流域。劳动人民欢欣鼓舞，奔走相告，纷纷前来投奔拉辛，起义军的声威大振。这时，一个十分重要的问题被提上了日程：部队向何处去？今后斗争的方向是什么？起义队伍中出现了两种意见：一种认为应当继续去里海和伏尔加河抢劫商船；多数人则主张去莫斯科赶走"沙皇的叛徒——领主"。拉辛采纳了第二种意见。起义部队在卡加尔尼茨基镇附近建立了一座"土城"。他们在这里修建了船队，聚积物资，以防备当局的突然袭击，同时准备发起新的进攻。

拉辛领导的 1667—1669 年的远征，其范围之广、影响之大，远远超过了顿河哥萨克以往进行的仅以谋取衣食为目的的活动。这次远征在某种程度上已带有反对封建统治的色彩，摇撼着沙皇的统治。更重要的是，拉辛部队通过远征积累了丰富的战斗经验，扩大了自己的队伍，储备了必要的粮食和弹药，为后来全国农民战争的兴起在组织上和军事上作了一定的准备。

挺进莫斯科

1670 年 4 月，拉辛杀死了前来劝降的沙皇使者叶夫多基莫夫。一些企图叛变的富裕哥萨克也同时被打死，投入顿河。拉辛以此表明誓与封建压迫者血战到底的决心。

当月，拉辛率领起义军沿顿河向伏尔加河前进。在潘申城，他与瓦西里·乌斯领导的队伍会合。许多逃亡的农民、手工业者和贫穷的哥萨克，也从顿河和伏尔加河流域来到这里，进一步壮大了起义军的力量。

起义军在潘申城召开了大会。拉辛在会上明确宣布了起义的目的和行动计划："从顿河去伏尔加河，然后再从伏尔加河向莫斯科挺进，消灭大贵族变节者和城市中的长官及衙门官吏，把他们从莫斯科赶出去，使人民获得自由。"但是，起义军只反对领主和官吏，并不反对沙皇。他们认为作恶多端的领主和官吏是沙皇的叛徒。

起义军伪称起义队伍中有早已死去的皇太子阿列克塞·阿列克塞耶维奇，并说他是奉父命到莫斯科去惩罚叛徒的。起义军的号召在当时具有强烈的鼓动性，获得了广大劳苦群众的支持。至此，拉辛队伍的活动进入了一个新的阶段。起义军的主要成分由哥萨克变为贫苦农民，起义人数也从开始时的 1000 多人增至 1.2 万多人，其中主力部队约有 7000 人。一场轰轰烈烈、波及俄国广大地区的农民起义的帷幕正式拉开了。

1670 年 5 月，起义军离开顿河，开始向莫斯科挺进。他们的第一个目标是伏尔加河沿岸的重要城市——察里津。这里壁垒森严，驻军装备精良，但城里的居民支持拉辛的起义军。他们在夜里砸开了城门上的铁锁，将起义军放进城来。起义军决定将属于沙皇、官吏和商人的一切财产统统没收，分给人民。起义军首战告捷，士气大振。他们为巩固阵地，决定主动迎击派往阿斯特拉罕城的沙皇军队。

阿斯特拉罕城设有三道防线。城墙高达 8.5 米，厚 3 米。墙上设有灯塔，装备有 500 多门大炮，塔内储有大量军火、粮食。城下沿墙还有深深的壕沟。整个城内有 10.2 万多名守军。沙皇政府军自恃工事坚固，兵力雄厚，根本不把拉辛起义军放在眼里。他们夸口说，这个城市可以顶住 100 万人的进攻。6 月 22 日深夜，起义军对城市发动了猛烈的进攻。攻城前，城内居民即已同沙皇政府的官吏和军队展开了搏斗，迎接起义军的到来。拉辛对城市内的居民喊道："弟兄们，行动起来吧。赶快向奴役你们的暴君复仇吧，他们比土耳其人或异教徒更加凶猛。我是来给你们自由，解放你们的！"城市的穷人和工商平民都站在拉辛一边，沙皇军队的士兵也纷纷倒戈。次日清晨，起义军的旗帜飘扬在阿斯特拉罕城上空。

6 月 24 日晨，起义军举行大会，拉辛宣布将贵族、沙皇政府官吏和普罗佐罗夫斯基判处死刑。普罗佐罗夫斯基被押上阿斯特拉罕城最高的炮台推下摔死。一些作恶多端的大地主、农奴主也被处死。国库和地主贵族、巨商的财产被没收，按照平等的原则，分给了城内全体居民。

起义军赢得了广大劳苦群众的拥护，伏尔加河沿岸的被压迫民族，如摩尔多瓦人、楚瓦什人、马里人、鞑靼人都争先恐后地参加了起义军。伏尔加河流域不仅是阶级矛盾的中心，同时也是深刻的民族矛盾的中心。许多民族处于对沙皇俄国的封建依附地位。俄国不仅以实物税的方式掠夺粮食、皮革，而且经常强占当地农民富饶的土地，并以沙皇的名义赏赐给大贵族。反对农奴制压迫的共同目标把这些不同民族的人们紧密地联系在一起了。由于获得了人民的支持，起义进展十分顺利。8 月，起义军溯伏尔加河而上。萨拉托夫和萨马拉两个城市的居民提前举行起义，打开城门，迎接拉辛队伍的到来。伏尔加河西部和北部地区、下诺夫哥罗德地区、乌克兰自由村，也都燃起了起义的烽火。拉辛派出战友分别率领队伍支援这些地区的农民起义。各方面的力量彼此接应，起义的烈火越烧越旺。

农民起义的迅猛发展，使沙皇政府惊恐万状。沙皇四处调兵遣将，并任命尤里·多尔戈鲁科夫伯爵为总指挥，全力以赴讨伐起义军。9 月，起义队伍与沙皇军队在位于伏尔加河右岸的辛比尔斯克城相遇。拉辛起义军这时已发展到 2 万人。为了准备攻城，他们自己制造武器和利斧、木梯等攻城工具。拉辛向辛比尔斯克城邻近各县派去分遣队。分遣队所到之处杀死地主，抢走粮食马匹，废除封建贡赋徭役，摧毁旧的军政机构，成立新的农村公社政权。

1670年9月，拉辛发布文告说："斯杰潘·季莫费耶维奇通知你们全体平民：希望你们为上帝和国王效劳，为伟大的军队和斯杰潘·季莫费耶维奇效劳，我派哥萨克人去你们那里铲除变节者，铲除公社的吸血鬼。我的哥萨克人要完成上天的使命，你们可以去找他们求教，而奴隶们和奴仆可投到我的哥萨克队伍中来。"在拉辛的号召下，广大农奴从四面八方来到这里，成为围攻辛比尔斯克城的主力军。

9月，拉辛指挥起义军四次突袭辛比尔斯克，均未成功，队伍受到严重损失。这时，沙皇政府已派巴里亚京斯基大公率领军队前来支援。起义军在城外的斯维亚加河畔，同政府军展开激战。拉辛在战斗中腿部、头部受伤，险些落入敌人手中。

10月3日，沙皇政府援军同城内的守军汇合，拉辛起义军处在内外夹击下，形势十分不利。10月4日，拉辛乘船顺伏尔加河驶去，退到卡加尔尼茨基镇养伤。多数起义军战士在伏尔加河沿岸被歼。

当起义军主力在辛比尔斯克惨遭失败之际，其他各地的起义农民仍在积极战斗。伏尔加河右岸出现了一支由农妇阿廖娜率领的起义队伍。这支为数7000人的队伍不畏强暴，骁勇善战。他们捣毁地主庄园，袭击政府驻军，经常杀得沙皇军队丢盔弃甲，狼狈逃窜。在乌克兰自由区①，政府军遭到了起义农民的猛烈攻击，这支队伍是由拉辛的弟弟弗罗尔·拉辛率领的。起义农民经过浴血奋战，先后攻下了阿拉提尔、平扎、柯斯摩捷缅斯克等城市。

但是，这些零散的农民队伍毕竟难于长期抵抗装备精良的沙皇军队。沙皇调集重兵包围起义地区，对起义农民进行了残酷的镇压。9月下旬，起义军队分几路向驻扎在阿尔扎马斯城的沙皇军队发起进攻。由于组织不善，缺乏统一指挥，终于被沙皇军队各个击破，逐步歼灭。阿尔扎马斯城内开始了惨无人道的屠杀，到处绞架林立，血流成河。据目击者反映："此地令人一见而生畏惧之心：它活像地狱的大门。四周是绞架，每个绞架上都挂着四五十个人。在另一个地方，有许多被斩了头的尸体卧于血泊之中。"

然而，被俘的起义领袖都大义凛然、视死如归。面对刽子手的酷刑，他

---

① 从16世纪下半期起，乌克兰农民为反抗封建剥削及民族和宗教的压迫，大批逃往南方，在第聂伯河急流处的霍文季查岛上建立了自由区。这些农民被称为扎波洛什哥萨克。

们的回答是："我们要夺取莫斯科，杀死你们所有的贵族和官吏。"女英雄阿廖娜也不幸被俘。临刑前，她泰然自若地说："假如大家都像我那样作战，尤里·多尔戈鲁科夫伯爵只能望风而逃。"1671年初，沙皇军队占领了伏尔加河右岸的主要起义地区。

起义军败退后，沙皇加强了对顿河地区的控制，在这里建立了政府管理机构，并且收买了富裕哥萨克。沙皇颁布诏书说，只要他们肯同起义军作战，并能活捉斯杰潘·拉辛和他的兄弟弗罗尔·拉辛，他们以前的罪过就可以得到赦免。1671年4月，富裕哥萨克包围了卡加尔尼茨基镇，抓住了正在那里养伤的拉辛和他的兄弟，把他们押送到莫斯科。沙皇亲自参加了对拉辛的审讯。

拉辛在鞭打和烧红的烙铁等酷刑面前宁死不屈。1671年6月6日，拉辛在莫斯科的红场上被处以磔刑。行刑前，他鞠躬向人民告别，勇敢地走上刑台。刽子手先砍下他的四肢，再砍去他的头颅，将他的身体剁成数块，插在削尖的木桩上。这位杰出的农民起义领袖就这样为争取自由而献出了自己的生命。

拉辛虽然牺牲了，但他所点燃的农民起义之火，并没有因此而熄灭。拉辛的战友瓦西里·乌斯在多次失利的情况下，毫不气馁，率领起义队伍坚守阿斯特拉罕城。乌斯患病死去后，拉辛的另一战友谢鲁贾克担任了新的首领。8月底，沙皇军队大举进攻阿斯特拉罕城。谢鲁贾克率领起义农民顽强抵抗，与敌人进行了殊死的搏斗。11月底该城才落入沙皇军队之手。其他各地起义队伍的战斗也坚持了很久，直至17世纪80年代，这场声势浩大的农民起义才最终被沙皇政府残酷地镇压下去。

起义的特点和意义

1667—1671年的斯杰潘·拉辛起义是俄国历史上第二次全国农民战争。第一次全国农民战争发生在1606—1607年，由波洛特尼科夫领导。两次起义相距60多年。在此期间，俄国的农奴制经济急剧发展，封建社会的两大基本阶级——地主和农民的矛盾达到了非常激烈的程度。在这种情况下发生的拉辛起义，比起17世纪初的波洛特尼科夫起义有着很多不同的特点。

首先，起义参加者的成分发生了变化。两次起义的主要动力虽然同是农民，但在波洛特尼科夫的起义队伍中，卖身奴仆占主导地位，其他成员比较复杂，除农民、普通工商平民外，还有贵族和军职人员等。在拉辛的起义队伍中，站在斗争前列的是逃亡农民，其他参加者也都是深受农奴制压迫的普通工商平民和各族人民。

其次，拉辛起义反封建的倾向比第一次更为明显。俄国封建制度的日益成熟和封建国家组织的迅速发展，使得起义者提出了比之前更高的政治要求：在全国范围内反对封建农奴制度。如果说，波洛特尼科夫在起义中还只是号召"大贵族的奴仆"和下层市民"打死自己的大贵族……客商和所有商人"，"抢夺他们的财物"，那么，拉辛则要求"全体平民百姓""被奴役和被迫害的人们"，"一齐行动起来消灭叛徒和吸血鬼"，"讨伐领主、杜马成员、首领和官员"，"使人民得到自由"。

最后，起义者在组织能力方面比上一次成熟。除拉辛外，起义队伍中还涌现出了像瓦西里·乌斯、谢鲁贾克这样一批出色的领导人物。他们在起义中互通情况，协同战斗，与第一次起义相比，多少改变了那种分散作战、各自为政的不利局面。

但是，拉辛起义也同俄国历史上其他农民起义一样，有它的历史局限性。第一，起义缺乏明确的政治纲领。农民是封建社会的主要生产者。当他们遭受封建压迫，无法继续生存下去时，他们就要奋起反抗。但农民并不是先进生产力的代表，他们"还有大量的愚昧无知和缺乏自觉性的现象"①。他们不了解受压迫的原因在于整个封建制度，当然也不能提出明确的建立新的社会制度的纲领。

第二，起义农民只是反对作恶多端的封建地主和官吏，并不反对沙皇。"拥护好沙皇"是俄国农民战争的传统口号。拉辛领导的农民起义明显地反映出这种皇权主义情绪，表现出对沙皇的盲目崇拜。

第三，起义有比较严重的散漫性。这是农民在生产中处于分散地位的状况所决定的。拉辛起义不可能克服农民纪律涣散的弱点，而与之相对立的却是组织严密、装备精良的封建统治阶级的军队。双方力量悬殊，是拉辛领导的农民起义归于失败的一个重要原因。

拉辛起义失败后，大批起义农民被地主贵族变为农奴，俄国农奴制经济得到了进一步发展，世袭领地土地占有制已占明显的优势，但这次起义作为

---

① 《列宁全集》第8卷，人民出版社1959年版，第219页。

俄国人民为反封建而进行的一次规模巨大的斗争，却沉重地打击了沙皇政府的反动统治。它在国际上引起了反响，波兰、克里木准备向俄国提供军事援助，帮助沙皇政府镇压农民起义军。拉辛起义造成了这些国家封建君主的极大恐慌。起义中俄国各族人民同仇敌忾、团结战斗，为后来的反封建斗争树立了光辉的榜样。起义领袖斯杰潘·拉辛成了俄国历史上传奇式的人物。长期以来，在俄国的普通群众中流传着这样的民歌：

> 你，鲜红的太阳，升起来吧，升起来吧，
> 越过那高山峻岭，
> 透过那翠绿的密林，
> 温暖着我们穷苦大众，
> 我们这些善良人，逃亡者的心灵。
> 我们不是盗贼，不是土匪，
> 我们是斯杰潘·拉辛的伙伴和士兵。

拉辛起义得到革命家和进步思想家的重视。马克思曾仔细地研究过拉辛起义，并对历史学家描述这次起义的著作作了详细的摘要。俄国的启蒙思想家拉吉舍夫认为，拉辛起义是人民群众对农奴制压迫的一次有力反抗。列宁高度评价斯杰潘·拉辛。1919 年五一节，他在莫斯科红场拉辛纪念碑揭幕典礼上说："这个纪念碑就是纪念一位起义农民的代表人物的。他为了争取自由，就在这个台上献出了头颅。"[①] 斯杰潘·拉辛领导的起义将永远载入俄国解放斗争的史册。

---

① 《列宁全集》第 29 卷，人民出版社 1956 年版，第 296 页，文中所说"这个台"指洛布台，1534 年建于莫斯科红场，是沙皇政府用来颁布重要命令、举行宗教仪式和执行死刑的地方。

彼得一世改革

陶惠芬

17 世纪末 18 世纪初，俄国沙皇彼得一世进行了长时间的改革。这次改革在一定程度上改变了俄国的落后面貌，保障俄国夺得波罗的海出海口，使俄国从内陆国家扩张成濒临海洋的帝国。

改革的历史背景

从 17 世纪后半期到 18 世纪初，荷兰、英国已经走上了资本主义的发展道路，西欧其他国家的封建经济关系也在瓦解，资本主义经济关系逐步向前发展，资本主义手工工场的劳动生产率有所提高。据统计，早在 17 世纪中叶，英国毛织品的产值达 700 万英镑，原煤年产量达 300 万吨，占同时期欧洲总产量的 4/5。荷兰纺织工业发展得也很快，仅在列伊捷一地就有几十家大型手工工场、几百个小作坊、几万名工人。1664 年，荷兰全国生产各种布匹达 14.4 万匹。荷兰的造船业也特别发达，在阿姆斯特丹就有几十家造船厂。

与西欧相比，俄国还极端落后。到 17 世纪末 18 世纪初，俄国仍是一个封建农奴制国家。它的突出标志是封建贵族土地所有制。沙皇是全国最大的土地所有者。他在莫斯科的世袭领地有 1.5 万多俄亩。贵族也占有大量的土地。在 17 世纪最后 25 年，沙皇分封给贵族的土地上有 2.1 万多农户。大贵族阿·伊·剔兹布拉佐夫所霸占的村庄遍及 11 个县，男女农奴 2500 名。与此同时，农民土地不断减少。到 17 世纪末叶，俄国中部各县，农民耕地面积比 16 世纪减少了 20% —25%。农民使用土地要为地主贵族提供大量的劳役地租或代役地租。为了满足贵族的要求，1649 年，沙皇阿列克塞·米哈依洛维奇颁布《法典》，规定取消寻找逃亡农奴的年限，寻找逃亡农奴成了无限期的。《法典》还规定，地主不仅对土地有无限期的占有权，而且对农奴及其家庭成员也有无限期的占有权。1649 年《法典》把俄国的农奴制度最终确立和巩固下来。这项法规进一步巩固了统治阶级的政权和加强了对农奴的压迫。地主对农奴可以随便审讯、打骂、交换和买卖。在农奴制的残酷剥削和压迫下，农民运动风起云涌，其中最大的一次是 1667—1671 年著名的斯杰潘·拉辛领导的起义。

俄国在农奴制的统治下，生产十分落后。农村采用三圃制，生产工具主要是木犁、木耙。土地贫瘠，气候恶劣，几乎年年歉收。工业以小手工业为主。从 17 世纪下半叶，开始出现手工工场，但数量很少，全国总共只有 21 家。到改革前夕，生铁、弹药、枪支、呢绒、丝绸、纸张以及绦带等各种工业品、军需品、日用品和装饰品，几乎都要从西欧进口。

工业落后致使军事力量也十分薄弱。彼得继位初期，俄国没有正规陆军，也没有海军，在莫斯科只有 2 万名射击军[①]。士兵携带家属，战时打仗，和平时期从事商业和手工业。还有 9 万名新制团队[②]、7 万多名哥萨克骑兵和 2500 人的外国雇佣军。军队装备很差，使用火枪，质量低劣。

文化技术方面也很落后。全国绝大多数人口是文盲，在上层贵族统治阶级中间也有许多人目不识丁。国家非常缺乏人才，各方面的专家、技师、军官以至炮手，都要到西欧去聘请。

在这种极端落后的条件下，彼得一世妄图对外扩张，夺取出海口。这是贵族地主和新兴商人扩大与西欧通商的迫切要求，也是彼得一世的先辈遗留下来的悬而未决的问题。彼得继位后，立即着手实现这一目标。开始他是沿着索菲亚[③]的南下路线，于 1695—1696 年两次进军亚速，企图夺取黑海出海口。后来，他从西欧访问归来，于 1700 年发动北方战争，以争夺波罗的海出海口。俄国工业和军事力量极端落后的状况通过这两次战争充分暴露出来。第一次亚速战争和北方战争的第一次战役纳尔瓦战役都是因为俄国没有海军和军事装备极端落后而遭到失败。这使彼得认识到，俄国要夺取出海口，必须改变落后面貌，加强军事实力。

---

① 射击军又称特种常备军，1550 年伊凡四世建立。射击军终生服役，由国家供给武装和少量粮饷。

② 新制团队于 17 世纪 30 年代开始建立。新制团队士兵由征召而来，武器和装备由国家供给，平时士兵从事自己的职业，每年秋后，集中训练一个月。

③ 索菲亚是彼得一世同父异母的姐姐。

　　在国内，彼得还面临着争夺皇位的激烈斗争。1682 年沙皇费多尔①病逝无嗣，彼得的异母兄弟伊凡和 10 岁的彼得同时并立为沙皇，因伊凡头脑迟钝，彼得年幼，由索菲亚摄政。彼得逐渐成年，索菲亚担心政权将落入彼得之手，为了独霸大权，她于 1689 年煽动射击军，阴谋杀害彼得。这个阴谋没有得逞，她反而被彼得囚禁在修道院里。但是，支持索菲亚的势力时时威胁着彼得政权。1698 年，他们趁彼得在西欧访问之机，又利用射击军发动叛乱反对彼得政府，但这次叛乱很快被彼得亲信平息下去。

　　彼得上台伊始，就面临着两项巨大而紧密相关的任务：对内，巩固和加强自己的统治权力；对外，打败土耳其、瑞典，夺取黑海和波罗的海出海口，完成老沙皇梦寐以求的愿望。为了实现这两项"宏伟目标"，彼得一世开始实行欧化政策，大力进行全面改革。

西欧之行

　　1696 年，俄军占领亚速，但没有夺到黑海出海口。彼得派了一个高级使团去西欧。其任务有二：巩固和扩大反土耳其同盟；派"志愿兵"（留学生）去西欧学习，同时招聘外国专家、学者和技术人员到俄国传授知识和技术，雇佣军官、水兵、炮手，购买各种武器以及航海器材，等等。

　　1697 年 3 月 2 日，弗兰茨·列福尔特、费·阿·戈洛文和普·波·沃兹尼岑率领的 250 人组成的高级使团从莫斯科出发，其中有 35 名贵族志愿兵，专门去学习航海、造船和外语。志愿兵共编为三个小队。彼得隐瞒身份、更改姓名，以下士彼得·米哈依洛夫的名义编入小队。他既是使团去西欧学习的普通成员，又是使团的实际领导人。他说自己"是个小学生"，到西欧"是去向老师学习"。

　　4 月初，彼得随同使团到达当时属于瑞典的里加。彼得对瑞典的军事设施发生浓厚的兴趣。他不仅参观里加要塞，用望远镜观察军事工事，记录停泊在码头上的船只，统计卫戍部队数字，观看武器装备，而且还测量里加城堡的围墙和画下工事图形。这些行动引起里加城防司令达利贝尔格的怀疑，瑞典当局要求彼得一行立即离开里加。

　　彼得和使团从里加乘船前往普鲁士的柯尼斯堡。他同勃兰登堡选帝侯弗

————————

　　①　费多尔是彼得一世同父异母的哥哥。

里德里希三世进行了秘密会谈，并系统地学习造炮技术。普鲁士城防总工程师向他颁发了合格证书，上面写着："彼得·米哈依洛夫知识丰富，成绩优异，是个出色的炮手。"

8月8日，彼得到达荷兰造船业中心萨尔丹。他参观造船厂，买了一套木工用的工具，亲手进行操作。16日，他到阿姆斯特丹，同10名贵族留学生一起在东印度公司造船厂学习造船。11月中旬，他同留学生一起建造的彼得·保罗号三桅巡洋舰下水。教彼得造船的老师保罗发给他一张毕业证书，上面写着："彼得·米哈依洛夫是一个勤奋、聪明、手艺精细的木工，学会了造船和绘图设计。"

1698年1月，彼得一行从荷兰前往英国。11日，来到伦敦。在这里，彼得集中精力学习航海知识和造船技术。他还在捷普特费尔德城的一个造船厂钻研造船理论，绘制英国舰船图样。同时，彼得参观了军需库、高等院校、格林威治天文台、造币厂、天主教堂以及伦敦监狱，他还访问了英国皇家学会，拜访了牛顿和其他专家学者。

6月16日，彼得和使团到达奥地利首都维也纳。19日，彼得同奥皇列奥波利德会晤，双方就结成反土耳其同盟进行了会谈。在会谈中，彼得要求把当时属土耳其的刻赤海峡划归俄国，以控制黑海出海口。奥皇坚决反对，谈判没有取得结果。

7月15日，正当彼得和俄国使团准备启程去威尼斯，突然接到莫斯科罗莫丹诺夫斯基公爵关于射击军叛乱的奏文，彼得决定立即回国。23日，彼得一行到达波兰小城拉瓦鲁斯卡（今属乌克兰利沃夫省），得到叛乱已被平定的消息，便停留下来，同萨克森选帝侯兼波兰国王奥古斯特二世会晤。彼得发现波兰、丹麦等国同瑞典为争夺波罗的海沿岸发生争端，便决定抓住这一有利时机，从中渔利。为此，俄波双方进行了秘密会谈，在口头上达成了共同反对瑞典的协议。从此，彼得开始改变战略方向，从原来进攻土耳其，争夺黑海出海口，改为先进攻瑞典，争夺波罗的海出海口。

8月19日，彼得和使团到达俄国边境，结束了为期一年半的对西欧的访问。

改革的主要内容

彼得随使团出国访问，受到西欧很大影响。他一心想使俄国全面欧化，完成他对内、对外的宏伟业绩。

改革首先从一般风俗习惯开始。1698 年 8 月 25 日，彼得回到莫斯科。第二天，他亲自用剪刀把来向他祝贺的贵族的大胡子剪掉，不准人们留胡须。1699 年 2 月，在一次宴会上，他把贵族们的长袍剪短，不准人们穿俄罗斯旧式长袍，只准穿西装。同年 12 月，他实行历法改革，下令改变"创世日"即 9 月 1 日过年的俄国传统习惯，用公历即 1 月 1 日为一年的开始。

彼得改革的内容很多，其中具有重大意义的改革有下述几项。

军事改革是彼得一世改革的重点内容。他几乎用去毕生的精力建立俄国的正规陆军和创建海军。改革前，他曾做了两件事，为建立正规陆军奠定了基础：其一是，1691 年彼得组建了普列奥布拉任斯基和谢苗诺夫斯基两个"少年游戏兵团"。后来在军事改革中，这两个兵团成了他的正规陆军的核心。其二是，1698 年，他解散射击军，把原有 2 万人的射击军和 9 万人的新制团队改编成正规军。为了扩大兵源，他取消雇佣制和贵族军队，从 1699 年开始实行征兵制。征兵对象主要是农民，贵族和僧侣免服兵役。根据规定，每 25 户征召士兵 1 人，每次征召 3 万—4 万人。彼得在位期间，共征兵 53 次，应征入伍人数达 284187 人。到 1709 年，军队改编工作基本完成。

彼得所建立的正规陆军由步、骑、炮、工四个兵种组成，以步兵为主。四个兵种从编制到武器，从大炮口径到军服式样都作了统一规定。步兵继续使用滑膛火枪，新增加了三刃刺刀和榴弹。骑兵除冷兵器外，配备了短火枪、手枪和大军刀。每个骑兵团配备 2 门榴弹炮和 4 门臼炮。炮兵配备了重型大炮和 4 门轻臼炮。彼得政府下令在国家中部地区建立造炮场，在图拉和谢斯特罗列茨克建立两个大型兵工场；每三个教堂取下一口铜钟，铸造大炮。通过这些措施，俄国军队使用了本国制造的武器。在 1700—1725 年，彼得政府建立的兵工场共制造 25 万多支火枪、5 万支手枪、3500 多门大炮。1706—1708 年，每年生产 3 万—4 万普特的火药。

彼得多方采取措施培养俄国贵族军官，逐步代替外国军官。1701—1719 年，彼得政府先后开办了炮兵学校、军事工程学校、军医学校。1718 年，彼得政府设立陆军院，加强中央政府对军队的统一指挥。为了让军官真正具有指挥作战的能力，彼得规定，贵族青年到军队服役必须首先从当士兵开始，然后逐级升为军官，从而打破了贵族一入伍就当军官的旧制度。彼得政府设立了军衔制度，军官分成 14 级，根据军功任用军官。

为使军队逐步俄罗斯化，1711 年彼得政府规定，外国人在俄国军队中任职不得超过俄国军官的1/3。1720年，陆军院发布命令，禁止外国人再到俄国军队中任职。1721年，俄国政府规定，炮兵军官必须从俄国军人中挑选。

1716年，彼得制定《陆军条例》，规定了军队组成、军官义务、军规军纪和军事刑法等。条例要求全体官兵大胆勇敢，意志坚强，能经受得住战争的严峻考验，懂军事艺术，既能进攻，也能防御，能熟练地使用武器，等等。彼得十分重视激发士兵的斗志。在1709年波尔塔瓦大战前夕，彼得鼓动士兵说："你们不是为彼得而战，而是为俄罗斯祖国而战。"这样，到彼得执政末年的1725年，一共组建了130个团的俄国正规陆军，人数达20万人。

彼得认为，"仅仅拥有陆军的君主是只有一只手的人，既有陆军又有海军才能成为双手俱全的人"。他从1695年第一次亚速战争失败以后，就着手建立亚速舰队，自己参加造船。他下令，教会领地上每8000农户集资建一艘军舰，世俗贵族领地上每1万农户集资建一艘军舰。到1696年春，俄国建成了各装有36门大炮的"圣徒彼得"号和"圣徒巴维尔"号舰船、4艘放火船、23艘帆桨大船、30只小船、1300只平底木船。到1698年，俄国建造了52艘军舰。

北方战争（1700—1721年）爆发后，彼得创建波罗的海舰队。1701年，他命令在瓦尔霍夫河和卢卡河建造600只平底小船；1702年，在霞西河造了6艘三桅巡洋舰。1702—1715年，俄国共建造25艘战列舰，19艘三桅巡洋舰和298艘其他船只。1711年，枢密院会议通过决议，计划建造装载60门或50门大炮的舰船各10艘，装载26门大炮的三桅巡洋舰6艘，载有12或14门大炮的双桅侦察舰6艘。到1724年，波罗的海舰队实际拥有装载50—96门大炮的战列舰32艘、双桅侦察舰8艘、三桅巡洋舰16艘、帆桨大船85艘、小船300多只。彼得政府为培养俄国海军方面的专门人才，于1701年在莫斯科设立第一所航海学校。1715年，这所航海学校迁移到彼得堡，改为彼得堡海军学院。1718年，彼得政府设立海军院。

对外战争要求彼得进行军事改革，同时也要求发展生产、繁荣经济。彼得实行重商主义政策，鼓励发展工商业。1701年俄军在纳尔瓦战役失败后，彼得立即在乌拉尔开办了11个炼铁场和炼铜场。他先后开办了呢绒、丝织、制毛、制帆、皮革、造纸以及缆绳和玻璃等手工工场。到1725年，彼得政府所建造的各种类型的手工工场大约有240家。

为给手工工场提供劳动力，1703年，彼得下令把国有农奴编入手工工场。1721年1月18日决定，允许工场场主在不单独转卖的条件下，购买整村农奴。他贷给工场主数以万计的卢布，以解决资金问题。在彼得的扶植下，俄国工业品、军需品以及日用品的生产取得一些进展。俄国一向极度缺乏生铁，1700 年全国总共只生产了 15 万普特，到 1725 年生铁总产量增加到 81.5 万普特。1726 年出口生铁 5.5 万普特以上。

彼得为筹集军费和资金，进行了财政改革。从 17 世纪末到 1718 年，彼得靠增加间接税和直接税来扩大军费和资金来源。他巧立名目，强行征收养蜂税、烟囱税、磨刀磨斧税、蓄须税以及灰眼珠和黑眼珠税①。但是，这些税收仍不能满足彼得政府的需要。所以，1718 年 11 月 26 日，彼得政府开始进行人口调查，改征人头税，代替过去按户纳税的办法。据 1723 年调查结果，全国共有 1400 万人口，其中有 540 万纳税男性居民。根据规定，贵族、僧侣不纳税，地主农民每年每人交纳人头税 74 戈比，国家农奴交 1 卢布 14 戈比，郊区居民每人交 1 卢布 20 戈比。征收人头税后，国家预算中直接税总额占总收入的 55.5%，从 1680 年的 493900 卢布增加到 1724 年的 4731100 卢布。1724 年，俄国全部税收总数为 850 万卢布，其中人头税就占 460 万卢布。人头税使国家税收几乎增加了 3 倍。

彼得政府实行保护关税政策，1724 年，颁布了《关税法》，目的是奖励输出，限制输入，限制西欧工商业同俄国竞争。《关税法》规定，如果国内某种商品的生产超过了该种商品的输入额，则对这种输入品按其输入价格的 75% 课税；如果国内某种商品的生产达到了输入额的 25%，则对这种商品按 25% 课进口税。在输出方面，奖励输出制成品，限制输出原材料。以山羊皮为例，输出没有经过加工的山羊皮，征收 75% 的税；如果输出经过加工的成品，只征收 6% 的税。通过保护关税政策，保障了俄国工业的顺利发展，限制了西欧工业品与本国产品的竞争。

在文化教育方面，彼得政府开办了矿业学校、算术学校和外语学校。1702 年底至 1703 年初，彼得政府创办了俄国的第一份报纸《新闻报》。1710 年，简化了俄文字母，采用活字印刷术。1714—1719 年，建立俄国第一座博物馆。1724 年，枢密院决定筹建科学院。

彼得很重视对政权机构的改革。原国家最高政权机构贵族杜马②对彼得

---

①　彼得政府对乌拉尔地区少数民族巴什基尔人征收了 72 种税，其中一种是黑眼珠税和灰眼珠税。长黑眼珠的人交 2 个阿尔登（俄国旧铜币，1 阿尔登相当于 3 戈比）、长灰眼球的人交 8 阿尔登的税。

②　贵族杜马：沙皇俄国中央和地方咨议机关。15—17 世纪俄国贵族谘议机构。

实行改革政策非常不满，彼得对贵族杜马也极不信任。他在处理国内外重大问题时，经常不通过杜马，而由他一人决定。由于彼得对杜马采取这种态度，杜马成员人数逐渐减少。1699—1701 年，贵族杜马成员从 112 人减少到 86 人，实际参加会议的人数只有 30—40 人。到 1708 年，只剩下 8 人。贵族杜马名存实亡。

1699 年，彼得指定 8 个亲信组成办公厅，代行贵族杜马职务。1711 年 3 月 2 日，彼得下令建立枢密院，代替贵族杜马。他亲自任命 9 个枢密官，全面管理国家经济、军事、行政、司法等各项事务。3 月 5 日，彼得命令枢密院设立督察官，秘密监督各部门的工作。为了提高国家机构的办事效率，1718—1720 年决定枢密院设立 12 个院，代替过去职能混乱的 80 多个衙门，其中以陆军、海军、外交三个院为主。1722 年，彼得又设置被称为"帝王的眼睛"的总督察长的职务，监督、检查枢密院的工作。

彼得还进行了两次地方行政机构的改革，以巩固地方政权。1708 年，他把全国划分为 8 个省，每省设总督 1 人。总督不仅拥有行政上的权力，而且拥有军权。总督由沙皇任命，直接听命于中央。各省成立了贵族参议会，监督各省总督。1719 年进行的第二次地方行政改革，把全国划分为面积大致相等的 50 个州，每州又划分成较小的区。各州直属枢密院，州长直接同枢密院联系。俄国第一次建立了比较统一的地方行政机构系统，加强了中央集权。

彼得在进行中央和地方行政机构改革过程中，还进行了市政、贵族土地继承权和用人方面三项较为重要的改革。

1699 年，彼得决定在莫斯科建立商人自治机构市镇局。这个机构协助彼得政府征收税款，同时保证商人在经营中不亏本、不滞销。后来在地方行政改革中，市镇局征收税款的职能由省地方机构所代替。1720 年，彼得政府在彼得堡成立市议会，在市议会上讨论市政问题，选举市长。这个机构代表大商人、大企业主的利益，规定商人有自定捐税、建立同业公会等一系列特权。

1714 年 3 月 23 日，彼得政府颁布"一子继承法"，规定贵族只能把土地和其他不动产传给一个儿子，防止土地分散，进一步巩固了大地主、大贵族的土地所有制。同时，俄国形成了一批没有土地的贵族，他们或到国家机关中去任职，或到军队里服役。这项措施既保护了贵族的经济利益，又保证了贵族的政治地位。

1722 年彼得政府颁布的《官职等级表》把文武官职分成 14 级。在选拔各级官吏时，打破贵族世袭制度，不凭出身门第，而是量才使用，论功取士。当非贵族出身的人升到 8 级时，就可以获得贵族称号。这项措施有利于提高彼得政府机构的办事效率，加强军队的战斗力。

彼得为了加强自己的专制统治，还进行了宗教改革，限制教会占有土地和农奴的数目，第一次使教会服从世俗政权。1701 年，他恢复了教会衙门，由世俗官吏，前阿斯特拉罕总督伊·阿·穆欣——普希金任教会衙门的主管。同年，他把教会大部分收入收归国库。1721 年，他宣布取消大教长职务，成立东正教事务总管理局，规定教会为国家机构的一部分，东正教事务总管理局局长在世俗官吏中任命。从此，在俄国结束了教会与世俗政权分庭抗礼的局面，巩固了沙皇专制统治。

关于彼得一世改革，斯大林曾经指出，"彼得大帝接触了西方较发达的国家以后，就狂热地建立工厂来供应军队和加强国防，这也就是想跳出落后圈子的一种独特尝试"[①]。彼得一世进行这种"独特尝试"的目的是要改变俄国极端落后的状况，以保证对外战争的胜利，确立君主专制的中央集权统治。

同反改革派的斗争

彼得一世改革触犯了世袭贵族和教会的切身利益，引起了旧贵族和反动僧侣的不满。改革自始至终是在同反改革派的激烈斗争中进行的。处理皇太子阿列克塞案件使这场斗争达到高潮。

阿列克塞生于 1690 年，是彼得一世和他的第一个妻子叶夫多基亚·洛普辛娜的儿子。他从小不和彼得生活在一起，彼得不喜欢他的生母，父子之间关系一直很不融洽。反对改革的旧贵族和神甫们紧紧聚集在阿列克塞周围，形成一个"太子帮"，经常向皇太子灌输仇视改革的情绪，他们企图利用阿列克塞反对彼得改革。

阿列克塞充当了反改革派的总代表，表示一旦他当了沙皇，就解散军队、毁掉海军，恢复祖先施行的旧秩序。彼得一世多次争取皇太子支持改革事业，他置若罔闻，不听劝阻。彼得向阿列克塞严厉指出，如果不愿继承自

---

① 《斯大林选集》下卷，人民出版社 1979 年版，第 78 页。

己的改革事业，就要他出家，去当牧师。阿列克塞在密友基金的策划下，行韬晦之计，表示不继承皇位，愿当牧师。

1719 年，阿列克塞逃到维也纳，请求奥皇查理六世援助，夺取帝位。查理六世把他窝藏在那不勒斯高山上的圣·哀里莫城堡里。1717 年，彼得派心腹、富有经验的外交家鲁勉采夫和彼得·托尔斯泰到奥国交涉，要求奥皇交出阿列克塞。9 月，他们见到了皇太子，面交了彼得命令他回国的亲笔信。彼得在信中说："如果不回国，就以叛徒论处。"1718 年 1 月，阿列克塞回到莫斯科。

在莫斯科期间，彼得亲自审问了阿列克塞。3 月，阿列克塞和他的同谋者被押送到彼得堡，继续受审。6 月 24 日，彼得政府组成 127 人的最高法庭，宣判皇太子犯了借助外国军队，企图阴谋暴动，颠覆国家政权，篡夺皇位罪，处以死刑。6 月 26 日，阿列克塞死于彼得·保罗要塞狱中。其他同谋者，有的被判处死刑，有的被流放和监禁。反改革的太子帮遭到了失败，彼得政权得到巩固，改革得以继续进行。

1722 年 2 月，彼得为避免阿列克塞事件重演，宣布"取消长子继承权"，规定今后由沙皇自己挑选满意的继承人。

对彼得一世改革的评价

对彼得一世学习西方，实行改革，从来就有两种截然不同的评价。维护专制政体的俄国贵族历史学家尼·米·卡拉姆辛说，彼得一世实行欧化政策，进行改革，是"丢掉了民族精神"。斯拉夫派 ①代表伊·基列耶夫斯基谴责彼得走西方的路"是错误的和危险的"。西方主义者②代表波·卡达耶夫同斯拉夫派的观点完全相反，认为彼得学习西方、实行改革是完全必要的。他说："在彼得以前，俄国是野蛮的、愚昧的，或者说，纯粹是一张白纸，只有彼得才在这张白纸上画上了图画。"革命民主主义者别林斯基、赫尔岑、杜勃罗留勃夫、车尔尼雪夫斯基等把彼得改革看成是革命，认为彼得是最伟大的爱国主义者。

---

① 斯拉夫派：俄国 19 世纪 30—70 年代哲学和社会思想的派别。代表保守的贵族地主阶级利益，反对当时西欧资本主义社会政治和文化上的改革，特别反对欧洲资产阶级革命，对当时的社会主义学说和唯物主义哲学，更抱抵触态度，他们认为俄罗斯有独特的历史发展道路。

② 西方主义者：俄国 19 世纪崇拜西欧者。

1903 年，彼得堡布尔什维克党在庆祝建都 200 周年的传单里写道："彼得改革给自己当时的时代带来不少好处。"

斯大林指出："彼得大帝为了提高地主阶级和发展新兴商人阶级是做了许多事情的。彼得为了建立并巩固地主和商人的民族国家是做了很多事情的。"① 斯大林同时也指出，彼得"提高地主阶级、帮助新兴商人阶级和巩固这两个阶级的民族国家都是靠残酷地剥削农奴来进行的"②。正因为彼得改革的这种阶级局限性，广大被剥削被压迫的农奴和其他劳动人民对他的改革进行了反抗。1705 年，爆发了阿斯特拉罕起义；1707—1708 年，布拉文率领哥萨克举行起义；1705—1711 年，乌拉尔地区少数民族巴什基尔人在季尤麦伊和伊曼—巴梯尔领导下举行起义。彼得派军队进行了残酷的镇压。

彼得改革是在极端落后的农奴制条件下进行的。他开办手工工场使用的劳力、资金，建设军队征召的士兵、使用的军费，以及开凿运河和兴建彼得堡等，都是农奴承担的。所以，他不会也不能废除农奴制度。1721 年，他发布命令说，对农奴可以"一家一户为单位来出卖"。在彼得改革后，俄国既没有建立起资本主义的大工业，也没有建立起像西欧那样的资本主义国家。俄国仍然是一个落后于西欧的封建农奴制国家。

但是，彼得一世改革对俄国的发展具有进步作用，它在一定程度上改变了俄国的落后面貌。马克思曾指出，"彼得大帝用野蛮制服了俄国的野蛮"③。彼得所实行的重商主义政策，保护了俄国民族工商业的发展，促进了俄国资产阶级的诞生和成长。彼得改革是俄国近代化的开端。他在各方面取得的成就，在他的先辈米哈依洛维奇时期，在费多尔和索菲亚时期，都是不曾有过的。列宁曾明确指出："判断历史的功绩，不是根据历史活动家没有提供现代所要求的东西，而是根据他们比他们的前辈提供了新的东西。"④ 正是从这个意义上，彼得一世改革具有进步性。

---

① 《斯大林选集》下卷，人民出版社 1979 年版，第 298 页。
② 同上。
③ 《马克思恩格斯选集》第 2 卷，人民出版社 1972 年版，第 147 页。
④ 《列宁全集》第 2 卷，人民出版社 1959 年版，第 150 页。

北方战争（1700—1721 年）

耕　耘

北方战争是俄国为争夺波罗的海出海口同瑞典进行的战争。这场战争从1700 年开始，到 1721 年以俄国取胜结束。

沙皇俄国觊觎波罗的海水域由来已久

波罗的海位于欧洲北部，素以"北欧的地中海"著称，它的东端有芬兰湾和里加湾。波罗的海东岸矿产丰富，盛产粮食和木材。这里世世代代居住着芬兰人、爱沙人和利沃人。古罗斯国在其西部边界地区兴建了诺夫哥罗得、普斯科夫、波罗茨克等一批商业城市。它们距波罗的海较近，但并不相连。马克思指出："波罗的海海岸没有哪一部分实际归属过俄罗斯。"[①]

1240 年，罗斯扈从队在亚历山大·涅夫斯基率领下，在涅瓦河沿岸打败瑞典军队，1242 年又在楚德湖冰上打败日耳曼骑士，这才开始插足于波罗的海。1492 年，伊凡三世在纳洛夫河岸建立伊凡哥罗得城，在芬兰湾沿岸地区进一步加强自己的势力。16 世纪初，伊凡四世时期，俄国占领了白海沿岸地区。由于白海出海口不能全年通航，于是伊凡四世在 1558 年发动争夺波罗的海出海口的利沃尼亚战争，结果被瑞典、波兰和丹麦等国打败。根据 1583 年《普柳萨停战协定》，芬兰湾沿岸包括纳尔瓦、伊凡哥罗得等重要城市都划归瑞典。

从 16 世纪中期起，俄国为争夺波罗的海出海口，多次与瑞典兵戎相见。根据 1617 年《斯托尔波沃和约》，瑞典占领了芬兰湾沿岸的全部土地。1618—1648 年丹麦、瑞典、法国、西班牙等国进行的"三十年战争"结束

---

① 马克思：《十八世纪外交史内幕》，见《历史研究》1978 年第 1 期，第 15 页。

后，瑞典根据《威斯特伐利亚和约》，占领了波罗的海东岸的全部土地和大部分南岸地区，成了波罗的海沿岸居于统治地位的大国。1656 年 5 月，俄国利用波、瑞交战之机，向芬兰湾沿岸地区发起进攻。6 月，占领诺特堡、捷尔普特、吉纳堡和科坎加乌兹。8 月，向里加逼近。这时，波兰突然掉转枪口，准备收复乌克兰。俄国为避免两线作战，不得不于 1661 年同瑞典签订《卡尔迪斯条约》，把战争初期占领的芬兰湾沿岸的全部土地归还瑞典。直到17 世纪末，波罗的海东岸一直由瑞典控制。

17 世纪末叶，农奴制在西欧一些国家走向崩溃，但在俄国却仍处于发展阶段。沙皇政府为巩固和扩大封建统治，迫切要求掠夺新的领土和劳动力。当时，西欧国家资本主义发展需要从国外大批进口粮食，俄国作为农产品主要出口国，与西欧国家的贸易关系日益密切。当时的俄国仍是一个内陆国家，在南方，土耳其占据着黑海北岸及克里木半岛，封锁了俄国到黑海的出路；在西北方，瑞典控制着波罗的海沿岸的土地，堵住了俄国通向波罗的海的道路。随着新兴商人势力的增长，为加速发展对外贸易，俄国亟欲夺取西欧的出海口，彼得一世上台后声言，"水域——这就是俄国所需要的"。这一时期俄国政府奉行的对外政策完全是从俄国地主农奴主阶级和新兴商人势力的利益出发的。

彼得一世开始是沿着费多尔和索菲亚执政时的南下路线，企图夺取黑海出海口。1695—1696 年，彼得亲自率军，两次进攻由土耳其属国克里木汗国控制的亚速。1696 年，俄军虽一度占领亚速，并没有真正解决黑海出海口的问题。

为了占领刻赤海峡，夺取黑海出海口，1697 年 1 月，俄国政府同波兰、奥地利和威尼斯建立了反土耳其同盟。同年 3 月 9 日，俄国政府派"大使团"去西欧考察，彼得一世化名随同出访，企图巩固和扩大反土耳其同盟。这时，西欧各国正忙于以争夺西班牙殖民地为目的的西班牙王位继承战争，对俄国纠集的反土同盟不感兴趣；各国对俄国也怀有戒心，担心俄国一旦取代土耳其将会对西欧造成更大的威胁。因此，俄国大使团同荷兰谈判时，荷兰政府拒绝支持俄国进行反土耳其战争。1698 年 5 月，奥地利和威尼斯又决定同土耳其媾和，反土耳其同盟名存实亡。这就为俄国争夺黑海出海口造成了困难。

与此同时，西欧出现了新的形势：一方面，波兰—萨克森企图夺回利夫兰，丹麦企图夺回斯科尼亚，同瑞典的矛盾日益加剧。另一方面，瑞典的同盟国法、英、荷兰等国因忙于准备西班牙王位继承战争，在军事上和物资上不能帮助瑞典。这为彼得一世进攻瑞典，夺取波罗的海出海口提供了有利的条件。

彼得为夺取波罗的海出海口，从外交、军事两方面进行准备。在外交方面，1698 年 8 月 3 日彼得在拉瓦同波兰国王奥古斯特二世口头上达成共同反对瑞典的协议。1699 年 11 月 11 日，在莫斯科附近的普列奥布拉任斯基村，奥古斯特二世的代表卡尔洛维奇和帕特古利同俄国签订了反瑞同盟条约。1699 年秋，俄国政府还在莫斯科同丹麦大使盖因斯进行了谈判，双方签订了反瑞同盟条约。这样，建立了俄、波、丹反对瑞典的北方同盟。为了麻痹瑞典，彼得接见瑞典使节，再次表示，俄国将遵守俄瑞卡尔迪斯条约，承认芬兰湾属于瑞典，维护俄瑞友好关系。

在军事方面，俄国实行了募兵制，建立俄国历史上第一支正规的陆、海军。1700 年，俄国野战军有 4 万人，丹麦有 2 万人，波兰有 2.5 万人。瑞典有 14 万陆军和一支强大的海军，在军事上占绝对优势。俄国为了集中兵力对付瑞典，避免两线作战，1700 年 7 月 14 日同土耳其签订了为期 30 年的《君士坦丁堡和约》。同年 8 月 9 日，俄土停战。彼得立即把军队调往波罗的海沿岸。8 月 30 日，俄国正式向瑞典宣战。

北方战争的三个主要阶段

1700 年 2—11 月，是北方战争的初期阶段，俄军在这一阶段惨遭失败。

北方同盟的俄、波、丹三国仅仅是互相利用，各有自己的打算。因此，在战略部署上，兵力分散，不能采取一致行动。1700 年 2 月，奥古斯特二世首先率领萨克森军队偷袭里加，没有成功。同年 3 月，丹麦出兵进攻霍尔施坦，占领了一些要塞。随即，瑞典舰队炮轰丹麦首都哥本哈根。8 月，瑞典国王查理十二世率军 1.5 万余名在丹麦的西兰岛登陆，包围哥本哈根。丹麦军队被迫投降，同瑞典签订了《特拉文达利斯克和约》，废除俄丹同盟，退出战争。

1700 年 9 月 16 日至 11 月 9 日，3.4 万名俄军包围了瑞典要塞纳尔瓦。瑞典驻军只有 8000 人。俄军数量虽多，但缺乏训练，武器质量低劣，辎重行进缓慢，弹药粮食供应不足，军官指挥不力，纳尔瓦迟迟不能攻克。

11 月 30 日，查理十二率 2.3 万名援军抵达纳尔瓦地区。瑞军在炮兵攻击的配合下，突破俄军防线。俄国贵族骑兵望风而逃，士兵溃不成军。彼得一世聘用的奥地利军官柯洛阿向瑞军投降。纳尔瓦一战，俄军损失 7000 多人和 145 门大炮，瑞军损失约 3000 人。

在胜利面前，查理十二错误地估计了形势。他认为，俄军已被彻底打败，于是，便调兵南下，进军波兰。然而，彼得一世认为，战争并没有结束，仅仅是开始。

彼得一世为了夺取战争的胜利，进行了军事、工业等各方面的改革。他为了铸造武器，发展军火工业，大力开发乌拉尔矿区，发展冶金工业，改变了生铁需从国外进口的局面。同时，还在莫斯科和其他地区开办各种类型的手工工场，生产军需品。1702 年，彼得一世开始建立造船厂，筹建波罗的海舰队。经过一年准备，俄军补充了 300 多门大炮、10 个龙骑兵团。在外交上，彼得一世千方百计地拉拢波兰奥古斯特二世，巩固俄、波同盟，避免孤军作战。1701 年 2 月，双方在库尔兰比尔伊镇会晤。彼得一世答应奥古斯特二世派 1.5 万—2 万名俄军到波兰境内作战；在三年内，每年给波兰 10 万卢布的贷款。双方划分了势力范围，商定战争胜利后，波兰占领利夫兰和爱斯特兰，俄国占领因格里亚和卡累利阿。

1701—1703 年，俄军向波罗的海东岸大举进攻，先后侵入利夫兰，攻占诺特堡、尼恩尚茨堡、亚马、科波利亚和马连堡。1703 年 5 月 10 日，彼得一世下令在涅瓦河口建立彼得—保罗要塞，奠定了彼得堡的基础。1704 年，俄军占领了纳尔瓦、伊凡哥罗得和捷尔普特。

1705 年，瑞军占领华沙和克拉科夫。在查理十二的压力下，波兰国会废黜亲俄的奥古斯特二世，另立亲瑞典的斯坦尼斯拉夫·列申斯基为波兰国王。但是，仍有一派贵族支持奥古斯特二世。俄国为了支持奥古斯特二世，决定派俄军进入波兰。同年 6 月，彼得一世率俄军占领波兰的波罗茨克和库尔兰。不久，俄将缅什科夫公爵等又率俄军进攻格罗的诺。1705 年底至 1706 年初，查理十二率瑞军包围了俄军。这时，已被废黜但仍有一定势力的奥古斯特二世同瑞典进行秘密谈判，决定放弃王位，退出反瑞同盟。至此，北方同盟正式瓦解。彼得得知这一消息后，立即命令俄军从波兰撤回。

1707 年夏，查理十二率重兵远征俄国。1708 年春，瑞典主力部队进入当时波兰所属白俄罗斯境内，占领明斯克和莫吉廖夫。瑞军准备在这里同从里加出发的列文豪普特辎重部队会合，进军斯摩棱斯克和莫斯科。8 月 5 日，查理十二不等列文豪普特部队到来，便离开莫吉廖夫，渡过第聂伯河，直逼莫斯科西南重镇斯摩棱斯克。彼得一世根据谢列麦捷元帅的建议，采取了诱敌深入的策略，命令俄军向斯摩棱斯克方向撤退。当瑞军开到俄国边境线上的斯塔利什村时，查理十二才发现，眼前是一片焦土，村庄全被烧光了。瑞军濒临弹尽粮绝的境地，在这种形势下，查理十二被迫放弃进攻斯摩棱斯克和莫斯科的计划，率领军队返回乌克兰。

彼得一世决定截击列文豪普特辎重部队，1708 年 9 月 28 日，俄军在白俄罗斯列斯纳亚村与列文豪普特辎重部队相遇。经过激战，俄军伤亡 4000 余人，瑞军伤亡 8000 余人，火炮和 8000 余车辎重全部被俄军缴获。列斯纳亚村战役为俄军夺取波尔塔瓦战役的胜利扫清了道路。

1709 年 4 月 25 日，瑞典军队开始包围波尔塔瓦。战前，双方对这次战役都作了详尽的部署。彼得一世为置查理十二于孤立无援的境地，不惜重金收买波兰亲俄派阿达姆·谢尼西夫斯基支持俄国，又派戈利茨率领俄军围剿在波兰的克拉萨乌率领的瑞典军队，使查理十二得不到波王列申斯基的援助。与此同时，彼得还派出亚速海舰队，用武力威胁土耳其保持中立，防止土耳其出兵帮助瑞典。这次战役，俄国投入正规军 4.2 万人和 72 门大炮。彼得一世还在山峦起伏、森林茂密的地区构筑了 6 个多面堡。瑞军投入正规军 3 万人和 4 门大炮。

1709 年 6 月 27 日凌晨 2 时，瑞军开始向俄军阵地发起进攻，波尔塔瓦战役正式开始。

瑞典步兵分四路纵队，随后是六路骑兵，向俄军阵地猛扑过来。在缅什科夫率领的俄国骑兵攻击下，瑞典骑兵节节败退，步兵陷入了俄国多面堡的交叉火力之中。当天上午 10 点，双方进行了一场激烈的白刃战。瑞军企图正面突破，把俄军的左右两翼切断。彼得一世率领诺夫哥罗得军团猛烈还击，瑞军溃不成军。一颗炮弹打在受伤国王查理十二的担架上，国王从担架上掉下来，昏了过去。上午 11 点战斗结束，俄军获得全胜。俄军伤亡 4600 人，而瑞军有 9234 名官兵被打死，2874 人被俘。俄军占领了查理十二的指挥部，缴获了 200 万萨克森金币。

6 月 29 日，撤离波尔塔瓦的瑞军开往第聂伯河彼列沃洛奇纳城。6 月 30 日，缅什科夫率领 9000 人追赶逃跑的瑞军。瑞军疲惫不堪，陷入绝境。列文豪普特和克列伊茨特将军率 1.5 万余人向俄军投降。查理十二和马泽普带领少数随从渡河逃往土耳其。波尔塔瓦战役是北方战争的转折点，它结束了瑞军的优势。

波尔塔瓦战役胜利后，丹麦向瑞典宣战，奥古斯特二世在俄国的支持下，又被拥为波兰国王，重新恢复了俄、波、丹同盟。不久，普鲁士也加入了这一同盟。

1710 年，俄军先后占领里加、彼尔诺夫、埃兹耶利岛、列维里（塔林）、维堡和凯克斯果尔姆，进一步巩固和扩大了在波罗的海沿岸所占领的地区，这引起了英、法、荷等国的不安。查理十二也不甘心自己的失败，竭力鼓动土耳其反对俄国。1710 年 11 月，土耳其在查理十二的怂恿和英、法的支持下，向俄国宣战。彼得一世不顾长期战争的消耗，开辟第二战场。1711 年春，俄军开始进行普鲁特远征，双方在摩尔多瓦首府雅西附近的普鲁特河畔相遇。7 月 9 日，土耳其军队向俄军阵地发起猛烈进攻，俄军几乎全军覆没。彼得一世为巩固已占领的波罗的海沿岸地区，迅速派副外交大臣沙菲洛夫去土耳其谈判求和。7 月 12 日，双方签订《普鲁特和约》，规定俄国把亚速及其附近地区归还土耳其，拆除塔干洛格和第聂伯河上的要塞，让查理十二安全通过俄国回国。

俄土《普鲁特和约》签订后，俄军把主攻方向集中到了芬兰，企图逐步把战场推进到瑞典本土上去。1712—1714 年，俄军先后占领赫尔辛福斯（今赫尔辛基）、亚波、瓦扎和涅伊什洛特城堡，还占领了芬兰南部和波的尼亚湾的重要据点，夺得进攻瑞典的重要基地。瑞典军队被迫撤出芬兰。

1714 年夏，俄国舰队由彼得堡驰向亚波，增援在芬兰湾沿岸的俄国地面部队。行至芬兰汉果乌得半岛东海岸，与瓦特兰格率领的瑞典舰队遭遇，开始了汉果乌得战役。在这次战役中，彼得一世利用瓦特兰格兵力分散的弱点，充分发挥俄国帆桨快艇的优势，依靠划桨迅速接近瑞典舰队。瑞典大型舰队因无风而丧失了机动能力，遭到惨败。俄军在汉果乌得战役的胜利为其占领芬兰创造了有利条件。

汉果乌得战役后，彼得一世极力破坏法瑞同盟，以进一步置瑞典于困境。1717 年 8 月，俄、法、普三国签订《阿姆斯特丹条约》，规定法国不再向瑞典提供军事和其他物资援助。这项条约使瑞典失去了同盟国法国。军事上的失利和外交上的孤立使瑞典被迫同意与俄国谈判。1718 年 5 月，俄、瑞双方在阿兰群岛开始和谈，拟定了和约草案。同年年底，查理十二在挪威的腓特烈汉姆包围战中被人杀死，由他的妹妹耳里卡·埃累沃诺腊继承王位。新女王在英国的支持下拒绝和谈，俄瑞谈判中断。

俄国在波罗的海不断扩张势力，引起英国极大的不安，它希望波罗的海沿岸各国保持势力均衡，维护自己在波罗的海沿岸各国最高仲裁者的地位。1719 年 8 月和 1720 年 2 月，英国和瑞典签订条约，规定英国对瑞典进行经济和军事援助，帮助瑞典夺回被俄国占领的领土。1719—1721 年，英国分舰队由海军上将诺利斯率领，每年都到波罗的海向俄国施加压力。但由于商业上的利益，英国并没有采取坚决果断的措施，阻止俄国在波罗的海的扩张，也没有采取任何实际有效的军事行动帮助瑞典。俄国看出英国只是虚张声势，便得寸进尺，步步紧逼。1720 年 7 月，5000 名俄军在驻有英国分舰队的格林汗登陆，摧毁了瑞典沿岸设施。7 月 27 日，俄国舰队在克琅加姆岛又取得了一次重大胜利，缴获瑞军 4 艘三桅巡洋舰、104 门大炮，俘虏 407 名官兵。与此同时，俄国展开外交攻势，公开邀请瑞典王位最强有力的竞争者霍尔施坦公爵到彼得堡访问，答应把彼得一世的妹妹嫁给他，以此影响瑞典的对俄政策。瑞典政府深感继续同英国"合作"，只能是拖延战争和丧失领土。而俄国的两个盟国——丹麦和波兰已先后同瑞典签订了和约，退出战争。在这种国际形势下，加上连年战争使俄瑞两国都精疲力竭，于是两国重新恢复了几度中断的谈判。

《尼斯塔德和约》

1721 年 4—8 月，俄瑞双方在芬兰尼斯塔德城举行和谈。和谈一开始，俄国就向瑞典施加军事压力，以迫使瑞典屈服，满足自己的领土要求。这年夏天，5000 名俄军在瑞典沿海登陆，摧毁工厂 13 座，缴获小船 40 只和大量军用物资，造成直逼斯德哥尔摩的态势。8 月 30 日，俄瑞两国签订《尼斯塔德和约》，宣告持续 21 年之久的北方战争结束。和约满足了俄国的领土要求：利夫兰、爱斯特兰、因格里亚、部分卡累利阿连同维堡区都划归俄国。和约规定，俄国在条约换文 4 周之内尽量提前从芬兰撤军，将芬兰归还给瑞典；"沙皇陛下及其后嗣对于所归还的芬兰大公国领土永远不再有任何权力，也不得以任何名义或借口提出任何要求"。俄国把芬兰归还瑞典的这项规定完全是一纸空文，1809 年 9 月，沙皇政府撕毁条约，占领了芬兰的全部领土。

和约规定，保障利夫兰、爱斯特兰和厄塞尔岛上全体居民在瑞典统治时享有的各种特权、习俗和权利。在划归俄国土地内，对宗教信仰不作任何强制……但今后信仰东正教有同样的自由，不受任何干涉。事实上，沙皇政府为了对兼并的新地区加强统治，强制人们信奉东正教。此外，在和约中还规定，双方互换战俘、两国商人自由贸易，等等。

《尼斯塔德和约》使俄国得以确保自由出入波罗的海，由一个内陆国家扩张成为一个濒临海洋的欧洲强国。巩固了俄国在波罗的海沿岸所占领的阵地。1721 年 10 月 22 日，参政院为表彰彼得在对外扩张中的所谓"赫赫战功"，尊奉彼得一世为皇帝，授予他"全俄罗斯大帝"和"祖国之父"的称号。从此，沙皇俄国正式改称为俄罗斯帝国。

北方战争的胜利是彼得一世对内剥削人民、对外武装侵略得来的。彼得一世曾说，"金钱是战争的动脉"。北方战争的全部重担都落在人民的肩上，在战争期间，各种苛捐杂税和人头税增加将近 4 倍。数以万计的青年农奴被征入伍，死于战场。战争期间，人民起义此伏彼起，仅在 1705—1708 年的三年间，就连续爆发了阿斯特拉罕、布拉文和巴什基尔人（巴什基里亚人）起义。

马克思在评价彼得一世发动北方战争时深刻指出："持续 21 年之久的对瑞典战争，几乎占据了彼得大帝的全部军事生涯。无论是从这次战争的目的、结局，还是从它的持续时间来考虑，我们都可以公正地把它称为'彼得大帝的战争'。他的全部事业都以征服波罗的海沿岸为转移。"[1] 彼得在北方战争中的胜利，使俄国跨进欧洲大国的行列。从此以后，沙皇俄国凭借其大国地位，不断地干预欧洲事务，进一步向外扩张。

---

①　马克思：《十八世纪外交史内幕》，载《历史研究》1978 年第 1 期，第 17 页。

普加乔夫起义

徐顺娟

1773—1775 年，俄国爆发了顿河哥萨克叶·伊·普加乔夫领导的波澜壮阔的农民起义。起义的烈火燃遍了今乌拉尔河沿岸、乌拉尔南部和中部、西西伯利亚、卡马河沿岸和伏尔加河中下游广大地区，波及当时的奥伦堡等 6 省，总面积达 60 万平方公里，人口约 300 万。它是俄国历史上规模最大的反农奴制的农民战争。

起义的历史背景及爆发原因

18 世纪中叶，俄国的农奴制度由于受资本主义经济发展的影响，呈现两个明显的发展趋势：一个是对农奴的剥削压迫加重和农奴制度的加强，另一个是农奴制度开始瓦解。

当时，资本主义形式的工场、企业迅速增加，到 1767 年，全国已有 481 个纺织手工工场，182 个制铁、炼钢工场。其中有官办的，也有贵族地主、商人或农民经营的。工场中的主要劳动力是农奴，这是"俄国历史上把农奴劳动应用到工业中去的独特现象"[①]。随着工业、商业的发展，全国统一市场已逐渐形成，地主经济和农民经济越来越强有力地受到商品经济的影响。除了少数"上等农户"能经商致富外，大多数农民为了缴纳代役租、人头税，不得不忍饥挨饿，出卖农产品。地主、贵族为了增加收入，特别是为了增加货币地租收入，千方百计压榨农民的脂膏。

到了 18 世纪下半叶，农奴的状况普遍恶化。农奴的土地不断被贵族地主兼并，各种形式的封建剥削不断增加。有的地主甚至强迫农奴每周从事 6

---

① 《列宁全集》第 3 卷，人民出版社 1959 年版，第 426 页。

天徭役劳动，农奴只能在晚上和节日里耕种自己的小块份地。有些农奴沦为地主的"月粮"户、"家奴"，没有自己的份地，成年累月为主人劳动，按月领取一点可怜的口粮。沙皇政府为满足贵族地主的贪欲，颁布了一系列强化农奴制的法令，使农奴主对农奴拥有绝对权力。他们可以任意流放、监禁农奴，蹂躏女农奴，也可以将农奴赠予、买卖、抵押。农奴失去了最基本的人身自由，处于完全无权的地位。叶卡特琳娜二世时期是俄国农奴制的"黄金时代"，其剥削的残酷，正如列宁所说，同奴隶制没有什么区别。

其他农民的境遇也在恶化。国家农民①虽然在名义上是自由的，但同样要负担日益沉重的徭役、赋税。寺院农民因改纳货币代役租，生活也非常贫困。沙皇政府把许多国家农民编入官办或贵族经营的工厂，实际上把他们集体变成农奴。在乌拉尔地区各工厂，实行着典型的农奴制劳动，工匠们在极其恶劣的劳动条件下，冬季每天要工作 10 小时，夏季则是 14—15 小时，所得的工资却非常微薄。工厂主大量使用女工和童工，他们同成年男工的劳动强度基本相同，但得到的工资却少得多。工匠们还经常遭到鞭笞和禁闭。

居住在伏尔加河沿岸、乌拉尔地区的非俄罗斯族各族劳动人民，受到更为严重的政治压迫和经济掠夺。地主和工厂主侵占他们的土地、草场、林场来兴建工厂和矿场，把许多人强迫编入工厂劳动。除沙皇政府向他们征收皮毛实物税外，地方官府和寺院还勒索名目繁多的杂税，常常使许多巴什基里亚人（巴什基尔人）、卡尔梅克人等陷于破产和毁灭的悲惨境地。被称为"自由土地上的自由人"的哥萨克，也逐渐丧失昔日的自治权利。

在阶级矛盾极端尖锐的情况下，俄国各族农民的反抗斗争连绵不断。农民成群逃亡是最普遍的一种形式。在顿河、高加索、乌拉尔、西伯利亚等地，都有大批逃亡者。不少逃亡者结成小股武装集团，焚烧地主的庄园，杀死贵族、地主。

对地主阶级的统治打击最大的是农民的武装起义。在 1762—1772 年 10 年间，仅欧洲俄罗斯地区的农民起义即多达 160 余次。18 世纪 50—70 年代初，寺院农民也举行过 60 多次起义。其中西伯利亚的达尔玛托夫斯克寺院 3000 农民起义，历时两年多才被镇压下去。在这次起义后，叶卡特琳娜二世不得不颁布法令，宣布将寺院、教会土地分给农民，并将他们转为国家农

---

① 俄国的土地属于国家、教会封建主和世俗封建主所有。在上述土地上劳动的农民分别被称为国家农民、寺院农民和地主农民。沙皇政府对所有农民都课以重税。

民。此外，在纺织工厂和矿场劳动的工匠，乌克兰、伏尔加河沿岸和乌拉尔地区的非俄罗斯族人民，贫穷的哥萨克，也相继掀起了反农奴制压迫的起义。1771年，甚至在莫斯科也爆发了人民暴动。

劳动人民的斗争虽然遭到沙皇政府的残酷镇压，却越来越激烈，其人数之多、范围之广，说明整个社会已处于危机之中。叶卡特琳娜二世本人也承认"大难将临"，估计到"所有农民都参加的一场大暴动即将接踵而至"。事实也正是如此，随着农民斗争的进一步发展，终于在1773年爆发了普加乔夫领导的全国规模的农民战争。

起义的经过

1773年9月，农民战争首先在俄国东南部地区爆发，前后历经三个时期。

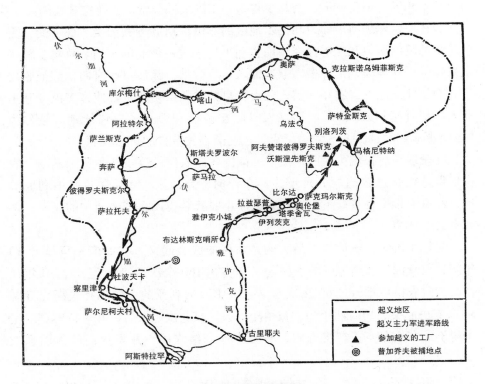

普加乔夫起义路线图

第一个时期（1773 年 9 月 17 日至 1774 年 3—4 月）。

早在 1772 年 1 月，聚居在雅伊克河（今乌拉尔河）的下层哥萨克，为了反抗沙皇政府剥夺他们的传统自治权，举行了暴动，杀死了沙皇派驻当地的官吏。起义被沙皇的军队镇压下去，哥萨克们受到更残酷的奴役，仇恨沙皇政府、贵族的情绪在民众中滋长。

叶梅连·普加乔夫约于 1742 年出生在顿河畔的齐莫维斯克镇一个贫苦的哥萨克家庭。从 17 岁起，他在哥萨克军服役。在 1768 年俄土战争中，他由于作战勇敢被提升为少尉，两年后，他患重病请求退役，未被批准。病稍好后，普加乔夫逃跑，几经周折，于 1772 年初来到捷列克河畔的伊肖尔村定居。没过几天，普加乔夫被捕。2 月 13 日夜，他又从那里逃出，于 11 月下旬来到雅伊克城。当时，俄国农民普遍存在幼稚的"皇权主义"思想，信仰沙皇。从 60 年代起，社会上广泛流传沙皇彼得三世未被叶卡特琳娜二世害死，仍然活在民间，曾多次发生利用这种传闻自称沙皇，号召农民起义的事件。这是当时俄国阶级斗争的一种特殊形式。普加乔夫受此影响，决定称自己为原君主彼得三世，希望因此而吸引更多的农民参加起义。一些后来成为起义军首领的哥萨克人，虽然知道他是一个冒充沙皇的普通哥萨克，仍跟他秘密商谈。普加乔夫答应恢复哥萨克的传统权利和赐予各种特权，哥萨克们则尊奉他为"彼得三世"，积极参加起义。

1773 年 9 月 17 日，普加乔夫组成一支由 60 名哥萨克、卡尔梅克人和鞑靼人组成的武装队伍，在离雅伊克城 100 俄里的托尔卡乔夫农庄举起义旗。他以彼得三世的身份发表讲话，并颁发了第一个文告，号召哥萨克人要像祖辈效忠先帝那样效忠于他，他将赐予他们"从上源至河口的河流、青草、土地以及钱饷、铅弹、火药和粮食"，让他们自由生息，子孙永世享受哥萨克的光荣。

起义开始后，普加乔夫的队伍很快扩充到 400 多人，他们绕过防守坚固的雅伊克城，溯河而上，从 9 月 20 日至 10 月 2 日，一路势如破竹，先后占领了伊列茨克小城、拉兹瑟普、塔季舍瓦、加尔卡林和萨克马尔斯克等要塞和城镇，缴获许多大炮、弹药、粮食。当地的哥萨克成群结队投奔起义军，或是打开城门，用面包和盐迎接起义队伍。这些胜利使起义军的政治影响迅速扩大，军队人数激增。

农民起义在这个时期的主要特点是：提出了比较明确的反封建纲领；有较高的组织性；起义力量发展迅猛。起义开始不久，普加乔夫已清楚认识到必须争取广大农民、手工工场工匠和非俄罗斯各族人民参加起义，才能壮大起义力量。从起义开始到 1774 年 3 月，他向哈萨克汗、巴什基里亚人、卡尔梅克人发布的许多文告中，明确宣布赐给他们土地、河流、森林以及"一生祈求的一切"，甚至给"各种身份的人"以"永久的自由"，使他们能像"草原上的动物"那样自由地生活。这些文告提出的"土地与自由"的口号，起到了动员群众的作用。不过，普加乔夫反对贵族地主的斗争比较温和，他曾主张要给他们一些钱财作为没收他们土地的补偿。

普加乔夫仿照沙皇政府的同名机构，建立了军事委员会。这是一个拥有政治、军事和行政权力的机构。它负责颁发普加乔夫的文告和各项命令，部署重大战役，筹集军需物资，行使最高审判权。军事委员会的建立表明，这次起义比俄国以往的农民起义有较高的组织水平。起义军规定有严格的纪律，凡抢劫、残杀和侮辱人民的人，都将受到严惩。当普加乔夫发现他的挚友雷索夫率领部下犯有上述罪行时，立即下令绞死了他。

起义军初期的胜利迅速传播到各地，人数很快发展到 3000 人。这时，起义军决定攻占沙皇政府在乌拉尔地区的统治中心奥伦堡城。从 10 月 5 日起，起义军开始攻城，双方多次激战。驻守该城的 3000 城防军屡次反扑，企图突破包围，没有得逞，于是坚壁固守等待外援。普加乔夫曾于 10 月 22 日和 11 月 2 日两次发动强攻，亦未奏捷。由于这年冬季早临，普加乔夫不得不在离城 5 俄里的地方安营扎寨，并于 11 月初在比尔达村建立了起义军大本营。普加乔夫期待奥伦堡城守军粮食、燃料断绝，被迫投降，因此采取了围困该城的策略，历时数月之久。

叶卡特琳娜二世到 10 月 14 日才得知雅伊克城和奥伦堡地区发生动乱的消息。政府迅速从各地调集步兵、骑兵和大炮，甚至从与土耳其交战的前线抽调两个骠骑兵中队，指派卡尔将军率领，紧急驰援奥伦堡。同时责令喀山、奥伦堡省各地方当局密切配合，企图一举消灭起义军。卡尔率领的讨伐军情况不明，军心不稳，士兵受起义军反农奴制文告的感召而倒戈的事件不时发生。起义军由于得到群众的帮助，事先得知讨伐军的行踪，于 11 月 7—9 日在尤塞耶夫村主动出击，轻而易举地击溃了卡尔的部队。11 月 13 日，又再次围歼了切尔尼舍夫上校的军队，取得了粉碎沙皇讨伐军的重大胜利。

沙皇讨伐军的惨败，使起义军声威大振。起义影响远及伏尔加河、卡马河沿岸、乌拉尔和西西伯利亚等地区。不仅俄罗斯族农民、农奴、工匠，而且聚居在这些地区的各个民族：巴什基里亚人、鞑靼人、马里人、卡尔梅克人等都奋起参加起义，因为普加乔夫的反农奴制纲领反映了各民族的共同利益。

与此同时，普加乔夫派将领到各地组织起义，形成了几个地方起义中心。在伏尔加河左岸的萨马拉—斯塔夫罗波尔地区，阿拉帕夫成功地组织了有1.5万人的队伍，占领了布祖卢克要塞和萨马拉城等地。这个地区成为起义主力军的大后方，不断供给兵源、粮食、弹药。在乌拉尔南部，工匠出身的赫洛普沙发动许多工厂的工匠起义，赶走厂主，没收其财产，建立自治机构，并组织大批工匠为起义军生产大炮、弹药。绰号奇卡的扎鲁宾，在巴什基里亚地区发展起义队伍，在乌法城附近的切斯诺科夫卡村建立了起义军的第二个大本营。与这个地区相邻的乌拉尔中部、西西伯利亚的一些重要城镇、工厂，都有起义军在活动。

随着农民起义的发展，普加乔夫对贵族地主的政策开始有了变化。封建地主的疯狂反扑说明，要使农民有"土地与自由"，就不能温和地对待地主。普加乔夫于1773年12月1日发布《全民告谕》，宣布所有人"从今以后不再承受任何重负"；"地主和世袭大地主是违背法律和扰乱公共安宁的真正罪犯"，应"不让其活命"；地主们的"田庄和财富""食物和酒"应没收作为农民生活之资。普加乔夫提出的更鲜明的反封建号召，进一步促进各地农民起义的高涨。

但是，普加乔夫在长期围攻奥伦堡城的同时，又攻打雅伊克城，使起义军主力大部分陷于当地。普加乔夫这个策略上的失误使沙皇政府赢得了时间。11月底，沙皇政府组成以比比科夫为首的第二支讨伐军，并颁布讨伐普加乔夫的檄文，诬蔑普加乔夫是"窃称先帝之名"的恶棍和叛国者。12月26日，比比科夫军队进入喀山省城，与地方军队配合，分别向南、向东扑向起义地区。从12月底到次年2月，萨马拉—斯塔夫罗波尔地区的起义军英勇抵抗，终因得不到外援，寡不敌众而放弃这个地区，向奥伦堡方向退却。1774年2月，沙皇政府的军队在齐莫维斯克镇逮捕了普加乔夫的妻子涅久热娃和他的三个孩子，押往喀山，烧毁了他的家。政府军还攻占乌拉尔中部起义军控制的城镇。

普加乔夫在雅伊克城获知萨马拉失陷的消息后，立即返回比尔达大本营，集结兵力，迎战前来大举进攻的政府军。双方在索罗钦斯克遭遇。经过激战，起义军受挫，撤至塔季舍瓦要塞。接着，3月22日在塔季舍瓦要塞，4月1日在萨克玛尔斯克小城，起义军两次与敌军浴血奋战，1180人阵亡，

4000 人被俘和受伤，终于失败。起义军的军事委员会大部分成员和一些将领在战斗中或阵亡或被俘。由米赫尔松率领的政府军，也于 3 月 24 日战败奇卡·扎鲁宾，攻占了切斯诺科夫卡第二大本营，解除乌法之围。4 月 16 日，雅伊克城亦被另一支政府军占领。普加乔夫带领 500 人的队伍，向乌拉尔南部退却。

第二个时期（1774 年 4 月中至 7 月 15 日）。

普加乔夫率领起义军进入乌拉尔后，立即在当地掀起了农民起义的新高潮。

4 月中，普加乔夫率余部进驻别洛列茨工厂，在此休整了 3 周。起义军派人到乌拉尔各工厂积极活动，策动了 64 个工厂的工匠参加起义。当时，工匠们的处境与农奴相差无几，他们说，他们之所以成为起义的积极参与者，是因为普加乔夫的宣言上写着维护"农民的全部利益"。当地的巴什基里亚人也从四面八方给普加乔夫派来了武装人员。5 月 6 日，普加乔夫亲率 4000 名起义军，攻占了马格尼特纳堡。次日，从雅伊克地区和从乌拉尔中部撤退的队伍，奉命到此会合，起义主力由此大大加强。

这时期农民起义的特点是：巴什基里亚人、乌拉尔工厂的工匠和俄罗斯族农民组成普加乔夫起义军的主要部分；起义队伍发展迅速，但组织性较差，没有固定的地盘，长期流动作战。

以当地巴什基里亚人为向导，普加乔夫的队伍迅速地沿着山路前进，沿途收编队伍，补充军需弹药。起义军攻占途中的工厂，破坏桥梁和堤坝，以阻止沙皇政府军队的追击。5 月 21 日，起义军与第三任讨伐军指挥官舍尔巴托夫派遣的军队遭遇，双方在特罗依茨克堡激战。普加乔夫的 8000 主力军战败，伤亡 4000 余人，损失所有的大炮和辎重。普加乔夫为了摆脱政府军，急速转移部队，向卡马河地区进军，6 月 18 日兵临奥萨城下。

为了重新壮大自己的力量，普加乔夫发布了几个重要文告，首次明确指出，一旦他重登帝位，将解除农奴对农奴主的人身依附。他描绘了一幅"不要求向国库缴纳人头税，不招募新兵"的幸福而又安宁的大俄罗斯国家的前景。他号召人民不要忍受压迫，立即起来反抗贪财致富的大贵族和地主。这些文告在巴什基里亚和卡马河地区广泛传播，激发越来越多的人民起来斗争。

6 月 21 日，奥萨城不战而降，通向喀山省城的道路已打通。卡马河沿岸的农民、鞑靼人、马里人、乌德穆尔特人欢欣鼓舞，热烈欢迎起义军并加入起义队伍。6 月 23 日，起义军在当地居民的帮助下，顺利渡过卡马河。当队伍挺进至喀山城下时，已发展到 2 万人。

7 月 12 日，普加乔夫向喀山城发起了总攻。经过几小时的激战后，起义军从北面突入城内。该城的政府军和由贵族、商人组成的国民军窜回内城固守。喀山城一时烈火冲天，起义军打开牢门，放出囚犯，其中有普加乔夫的妻女。普加乔夫下令，让这名妇女和孩子坐火车走。当别人询问为什么对他们这么优待时，普加乔夫说：他们是普加乔夫的妻女，我彼得三世被投入监狱时，普加乔夫曾替我受刑，所以对他的妻女要优待。普加乔夫说毕很快离开他们投入了战斗。

当起义军向内城发动攻击的时候，米赫尔松的军队跟踪而至。普加乔夫不得不将队伍撤出城外，迎战敌军。经过两次战斗，起义军因装备太差，大多数人没有受过军事训练，终于败北。2000 起义军牺牲，5000 人被俘，大批人四散撤入森林，一些巴什基里亚人返回家乡。普加乔夫率少数人马败退伏尔加河上游。

第三个时期（1774 年 7 月中至 8 月底）。

普加乔夫率领起义军余部西渡伏尔加河后，踏上了通向莫斯科的道路。由于他在起义初期曾说要"直捣莫斯科，在那里登帝位"，"打发女皇进修道院"，一些哥萨克要求立即实现进军莫斯科的计划。但普加乔夫深知力量不足，决定沿伏尔加河南下，到顿河地区重新发展起义力量。

伏尔加河流域人口稠密，主要居民是长期遭受农奴制压迫的俄罗斯族农民和农奴。这里也是楚瓦什、摩尔多瓦、马里、鞑靼、乌德穆尔特各族农民聚居的地方。在起义军未到之前，已有农民的反抗活动，起义军一进入这个地区立即激起广泛的农民起义，形成反农奴制斗争的高潮。

为了满足广大农奴和农民的要求，普加乔夫提出了更彻底、更激烈的反农奴制纲领。他在 7 月 28 日和 31 日分别向萨兰斯克和奔萨两城居民颁布了《全民告谕》，庄严宣布："凡是从前处于农民地位和隶属于地主的人都成为我王国的奴仆……授予自由，允许他们永远成为哥萨克。不召募他们当兵，免除人头税和货币税，不经赎买和纳代役租便占有土地、森林、草场"，要把受害的农民"从贵族和城市贪官"等凶手手中解放出来，把"世袭领地上的贵族……逮捕、处决、绞杀"。这些文告被称作"给全体农民的赐予状"，最清楚地表明了这次农民战争的性质与目的。

农民起义席卷伏尔加河沿岸，各族农民、农奴纷纷派代表和组织队伍迎接普加乔夫，争相传阅他的文告。一些有武装和马匹的农民加入主力军，其他农民自发地组成无数支有成百上千人的队伍，四出搜捕地主、管家，捣毁地主庄园，夺取地主的土地、财产。仅萨兰斯克城农民，3天内就处决了300名地主。有一位沙皇的将领曾胆战心惊地报告说："几乎没有一处村庄的农民不参加暴动，不设法搜寻自己的老爷或其他地主、管家，以了结他们的生命。"

但是，这时期的农民起义也更多地表现出自发性、散漫性。在伏尔加河涌现的众多的起义队伍，彼此很少联系，他们各自为战，往往驱逐了本乡地主后，便四散回家。一些跟随普加乔夫主力军活动的队伍，也时来时去，聚散无常，严重影响了起义军的战斗力。

普加乔夫的队伍从7月17日起疾驰南进，20多天内，未经战斗就先后占领了库尔梅什、阿拉特尔、萨兰斯克等城，各城督军、贵族、地主闻风丧胆，多弃城而逃。普加乔夫从这些城市缴获大量大炮、弹药和财物，委派各城司令官，处决贵族和地主，向居民散发食盐和财物。但是，为了避开政府军的追击，他迅速转移，占一城而弃一城，没有在任何一个城镇滞留。

面对如火如荼的农民起义，惊恐万状的沙皇政府急忙与土耳其缔结和约，从前线调回大批部队，派往伏尔加河右岸和顿河地区镇压起义军。莫斯科和邻近各省的城市都加强了防卫。

普加乔夫起义军于8月6日攻克萨拉托夫城，接着又占领了其他一些城市，继续向伏尔加河下游挺进。8月16日，他们在普罗列依卡击败城防军，次日夺取了伏尔加河沿岸政治、经济、军事中心杜波夫卡城。当起义军迫近顿河地区时，普加乔夫派代表同顿河哥萨克举行谈判，希望他们参加起义。但是，哥萨克内部的阶级分化使其上层已成为沙皇政府的爪牙；同时沙皇政府在顿河地区派有重兵，对顿河哥萨克控制极严。因此，普加乔夫的打算没能实现。这时，米赫尔松率领的政府军已接近察里津城（今伏尔加格勒），起义军被迫沿伏尔加河南下。8月25日，在离察里津75公里的萨尔尼柯夫村，普加乔夫起义军遭到政府军的毁灭性攻击，几乎全军覆灭。在这次战斗中，意欲叛变的炮兵统领丘马科夫故意置错炮位，不战而逃，沙皇政府的军队轻而易举地取得了胜利。这次失败加速了富裕哥萨克的动摇和叛变。9月14日，当普加乔夫东渡伏尔加河，撤至乌晋河时，丘马科夫、特沃罗戈夫等将他骗到河边，逮捕了他。然后又逮捕了他的妻子和子女，将他们一齐押送给西蒙诺夫上校。

起义失败的原因和影响

1774 年 11 月 4 日，普加乔夫被装在特制的笼子里送至莫斯科。由 35 名贵族组成的非常法庭对普加乔夫进行了审讯，经叶卡特琳娜二世批准，普加乔夫被判处极刑。1 月 10 日，莫斯科波洛特尼科夫广场上筑起了断头台和绞刑架。普加乔夫和另一起义将领彼尔菲也夫在断头台上先遭砍头，后被裂尸焚毁，壮烈就义。其他几位起义将领则被绞死。

沙皇政府军第四任指挥官潘宁继续讨伐和镇压各地的起义军，大约有两万名起义者惨遭杀戮。各地的起义队伍直到 1775 年秋，才被沙皇政府全部打垮或消灭。

俄国最后一次轰轰烈烈的农民战争被封建统治者血腥地镇压下去了，但是农民的斗争并没有停止，尽管沙皇政府在此以后加强了封建统治，农民反农奴制的斗争在 19 世纪初又蓬勃兴起。

普加乔夫起义规模之大、地区之广、反农奴制斗争之坚决和彻底，在俄国历史上都是空前的。但因历史和阶级的局限，没有代表先进生产力的先进阶级的领导，起义遭到失败是必然的。

首先，这次起义具有封建时代农民斗争共有的自发性和缺乏组织性的特点。18 世纪中叶的俄国农民是自给自足的小生产者。他们一方面有强烈的反农奴制的革命思想，另一方面又愚昧无知，没有明确的政治要求，不能在斗争中建立统一的严密的组织。

其次，起义农民虽然强烈要求消灭农奴制度，普加乔夫的许多文告虽然鲜明地提出了"土地与自由"的口号，却提不出新的社会制度和新的国家政体。他们都是沙皇政体拥护者，有浓厚的皇权主义思想，希望建立一个哥萨克式的，由一个"好沙皇""农民的沙皇"领导的自由平等的"农民王国"。这实际上是不可能实现的空想。

最后，普加乔夫起义军在战略上的错误，也是起义失败的重要原因。普加乔夫除了领导主力部队外，未能把各地起义军很好地联系起来，没有去统一组织各地的起义军协同作战。起义军长期围攻奥伦堡城，不仅是战略上的失策，也是农民起义自发性和目光短浅的表现。在这之后，普加乔夫起义军长途跋涉，流动作战，没有巩固的基地，很容易为强大的政府军所消灭。

普加乔夫农民起义虽然失败了，但这次农民起义的觉悟和组织性来说，比以前波洛特尼科夫、拉辛、布拉文所领导的农民起义要强；普加乔夫起义所提出的要求和社会口号，比俄国以前几次农民起义的口号更为明确。所以这次农民起义的意义和所发生的影响，自然比俄国以前几次农民起义的影响要大。它沉重地打击了封建的农奴制度，客观上为新的社会经济制度的发展和成长开拓了道路。农民战争的革命传统促进了新的先进的社会政治思想的产生，培育了拉吉舍夫、十二月党人和赫尔岑、车尔尼雪夫斯基等先进的民主主义者。

俄国十二月党人起义

金　捷

1825 年，俄国出现了第一次公开反对农奴制度和沙皇专制统治的武装起义。这次起义发生在俄历十二月，起义者被称为"十二月党人"，起义通称为"十二月党人起义"。十二月党人起义震撼了俄国封建专制制度的基础，促进了人民群众的觉醒，揭开了俄国解放运动的序幕。

19 世纪初叶俄国的经济政治状况

俄国发生十二月党人起义并非偶然，有其政治、经济和思想方面的原因。十二月党人生活在 18 和 19 世纪之交的年代。"一般说，这是资产阶级民主运动的时代，特别是资产阶级民族运动的时代，是迅速摧毁过时的封建专制制度的时代。"[①] 当时的俄国正开始走向一个变动的时期，旧的封建农奴制度趋于衰落，新的资本主义因素日益明显地表露出来。

俄国资本主义因素的增长首先表现在工业方面。19 世纪头 25 年，手工工场有较快的发展。1804 年，有手工工场 2400 多家，到 1825 年增至 5200 余家。手工工场的增加要求补充新的劳动力。1804 年，有工人 224882 名，1825 年增加到 340568 名。俄国的工业不仅有量的变化，而且发生了质的变化。手工工场有资本主义的和农奴制的两种类型。前者使用雇佣劳动，后者依靠农奴劳动。19 世纪头 25 年，农奴制的手工工场逐渐衰落，资本主义类型的工场有所发展。1804 年，加工工业中的雇佣工人为工人总数的 48%，1825 年为 54%。当时的俄国已经出现了使用机器和制造机器的现象。1812 年，仅莫斯科就有 11 家纺织厂，拥有 780 台纺纱机。1823 年，莫斯科的伊

---

① 《列宁全集》第 21 卷，人民出版社 1959 年版，第 125 页。

凡・基尔杰工厂生产的梳毛机、纺纱机和拉毛机达 356 台。尽管当时制造的机器数量不多、质量也不高，但它毕竟标志着俄国资本主义工业从工场手工业阶段开始向大机器生产阶段的过渡。

俄国资本主义因素在农业方面也有一定的发展。自 18 世纪末叶以来，俄国的商品经济发展很快，国内经济区域的划分越来越明显：莫斯科省、弗拉基米尔省、彼得堡和乌拉尔成为工业生产中心，南方黑土地带及西南部各省以农业和畜牧业生产为主。俄国各地形成了数千个定期市场，它们在国内贸易中显出重要作用。农产品逐渐卷入到商品流通的过程之中，谷物、亚麻、油脂等农产品被源源不断地运往市场。19 世纪初，俄国国内贸易流转总额为每年 9 亿卢布。俄国的粮食出口额也在不断增加。1801—1805 年，俄国的对外贸易额为 7510 万金卢布，1821—1825 年，增至为 8137 万金卢布。其中，亚麻、大麻、油脂占出口农产品的首位。商品交换在农业中的发展破坏了闭关自守、自给自足的自然经济。

总之，19 世纪初，在俄国工农业领域中都已出现了资本主义因素。然而，这种资本主义因素的增长受到了封建农奴制的束缚。资本主义生产方式要求大批自由劳动者的存在。但是，在封建农奴制度下，农民处于对地主人身依附的地位。大批农民被牢牢地束缚在土地上，未经地主允许不得从事手工业或签订债务契约。即使成了手工工场工人，也不能摆脱农奴制的约束，绝大多数还是缴纳代役租的农民。地主有权获取他们的工资，并可随时根据自身的需要将其召回。在农奴制工场中，工人直接隶属于工场主，生产是在无情剥削农奴劳动的基础上进行的。工人毫无劳动热情，劳动生产率极其低下。资本主义的发展需要广阔的市场和大量的资金，但是在农奴制的俄国，广大农奴入不敷出，购买力甚低，国内市场狭小，这种情况严重妨碍了资本的积累。因此，19 世纪初的俄国，生产力与生产关系之间的矛盾趋于激化。

当时，作为封建农奴制上层建筑的沙皇政府，竭尽全力维护腐朽的农奴制。特别是在 1812 年反对拿破仑侵略的卫国战争结束以后，沙皇政府的国内外地位暂时得到了巩固，加紧推行一系列的反动政策，首先是加强农奴制。沙皇通过许多法令扩大了贵族地主的权力。1814 年，沙皇政府颁发命令，宣布占有地产和农奴是贵族不可侵犯的特权。1822 年，沙皇又颁布了地主有权将农民流放到西伯利亚去的法令。广大农民并没有因为在战争中保卫了祖国而得到自由，反而陷入进一步被奴役的处境。其次是建立军事屯田制。陆军大臣阿拉克切也夫在全国实施了军事屯田制。军屯区居民一面从事繁重的农业劳动，一面接受野蛮的军事训练。沙皇政府因此可以不增加军费而拥有大量的常备军。再次，政府当局压制教育事业和出版事业。沙皇将教育部改为宗教事务与国民教育部，国民教育完全被置于教会的黑暗统治之下。报刊和书籍受到严格的检查，自由主义思想的萌芽遭到粗暴的扼杀。

　　沙皇政府的残酷剥削和压迫，激起了俄国人民的强烈不满。19世纪头25年，俄国广大群众的反抗斗争连绵不断。农民起义有281次，工人斗争达64起，斗争的烈火还蔓延到军队和军屯区。1820年10月，俄国最老的近卫军团队——谢苗诺夫斯基团的士兵在彼得堡举行起义，抗议团长的暴虐无道。起义士兵向邻近兵营散发传单，揭露农奴制度的黑暗，指出沙皇是"凶恶的强盗"，号召士兵起来与沙皇和贵族进行斗争。起义虽然被沙皇政府镇压，但它的影响很大，沉重地打击了沙皇的专制统治。

　　对当时危机四伏、民怨沸腾的俄国，一位十二月党人曾作过这样的描述："士兵由于操练、扫除、警卫而叫苦连天；军官因为薪资微薄和军令过严而牢骚满腹；水兵埋怨因长官专横使他们承担了加倍的繁重劳动；海军军官因无所作为而怨声载道。有才干的人在埋怨自己做官的门路被堵塞了，因为上级只要求他们俯首听命；学者们由于没有机会教书感到不满；青年人则抱怨学习受到了干扰。总之，每个角落都可以碰到心怀不满的人。"

　　社会上的普遍不满和动荡不安的局势，导致了统治阶级内部的分化。以沙皇为代表的贵族中的顽固派，力图推行反动政策来挽救封建制度的灭亡。另一部分贵族主张在保留农奴制与专制制度的基础上，实行一些有利于资本主义发展的改革。还有一部分贵族在国内外先进思想的影响下，看到了封建制度必然灭亡的历史趋势，走上了要求废除农奴制、推翻专制统治的革命道路。十二月党人革命家就属于后面这一部分人。

十二月党人的秘密组织及其纲领

　　十二月党人多数是贵族军官，他们在学校读书时就开始接触国内外各种进步思想。在俄国进步人物中，罗蒙诺索夫、普希金、拉吉舍夫等人都对他们产生过影响。其中拉吉舍夫的影响最大，他是18世纪进步的思想家，他的名著《从彼得堡到莫斯科的旅行记》深刻地反映了俄国社会生活中的种种矛盾，号召人民起来推翻封建制度。拉吉舍夫这部著作于1790年由他的私人印刷所刊印出版。不少十二月党人都读过这本书，从中得到了很多重要的启示。西方资产阶级启蒙学者反对封建、争取自由的思想也对十二月党人产生了一定的影响。他们如饥似渴地阅读卢梭、狄德罗、伏尔泰等人的著作，从中汲取了革命的思想。

反对拿破仑的卫国战争是十二月党人革命思想形成中的一个重要阶段。1812 年，拿破仑入侵俄国，激发了俄国人民的爱国主义热情。不少十二月党人投入到保卫祖国的行列中，并参加了 1813—1814 年的俄军出国远征。在远征期间，他们与俄国普通士兵朝夕相处、并肩战斗，对俄国人民群众有了比较深入的了解。这次远征的性质虽然不是正义的，但它开阔了十二月党人的视野，使他们的耳目为之一新。在这之前，十二月党人还只是从书本上接触国外进步思想，这次出国远征则使他们有机会亲眼看到欧洲的资本主义社会。通过对比，他们看到了俄国的黑暗和腐朽，认识到农奴制与沙皇专制统治是俄国落后的根本原因。由此，反对封建制度的革命思想在他们中间逐渐形成。正如列宁指出的：先进的俄国贵族军官"在拿破仑战争的时候，接触到欧洲的民主思想，受了感染"①。十二月党人回国后，沙皇的反动统治与国内的丑恶现实使他们愈加感到无法容忍。他们经常聚集在一起，议论国内外局势，探讨改变俄国落后状况的道路。他们得出结论：把农民束缚在土地上是使俄国陷于落后状态的根源；只有废除农奴制，推翻沙皇专制统治，才能把俄国从贫困、愚昧的落后状态中解脱出来。

1816 年，十二月党人建立了自己的第一个秘密组织——"救国协会"。它通过章程后改名为"祖国忠诚子弟协会"。协会的创始人是俄军总参谋部的青年军官 A. 穆拉维约夫，会员共 30 人。最初，协会的宗旨是解放农奴，后来又提出实现君主立宪制。但是，会员对如何实现这个目标并无一致的认识。这个秘密组织很快就瓦解了。

1818 年，成立了十二月党人的第二个秘密组织——"幸福协会"。它也要求废除农奴制，实现君主立宪制，但比救国协会更进了一步。它主张扩大协会队伍，允许贵族以外的其他阶层，如商人、市民、僧侣等加入协会，使协会的成员增加到 200 名。协会计划先利用 20 年的时间制造舆论，为未来的革命进行思想上和组织上的准备，到 1840 年再采取行动。20 年代初，随着俄国及欧洲革命形势的发展，协会的激进情绪日益加强，认为原计划太慢，需要寻找另外的斗争途径。1820 年 1 月，协会召开彼得堡会议，决定推

---

① 《列宁全集》第 23 卷，人民出版社 1958 年版，第 251 页。

翻沙皇专制制度，建立共和国。幸福协会成了俄国第一个争取共和制的革命组织。同年 10 月，受谢苗诺夫斯基近卫团起义的启发，协会开始考虑采取武装起义的斗争方式。翌年 1 月，为清除不可靠的会员，幸福协会宣告解散，重新改组。

1821 年 3 月，在乌克兰的土尔铁城成立了"南方协会"。它的主要领导人是佩斯特尔。这是一位意志坚强的政治活动家。他曾参加 1812 年的卫国战争和俄国军队的出国远征。1816 年加入救国协会时是俄国近卫重骑兵团的中尉，后担任维亚特步兵团团长。他主张共和制，认为"任何一种统治形式都不会像共和制那样，能给俄国带来更大的幸福和安乐"。在 1820 年的彼得堡会议上，他全面地论述了共和制的优越性，博得了与会者的一致赞同。

南方协会成立后，佩斯特尔制订了协会的纲领——《俄罗斯真理》。1824 年，南方协会通过了这一纲领。《俄罗斯真理》的主要内容有：废除农奴制，解放农奴；将土地分为"公地"和"私地"两部分，公地是公共财产，分给农民，但不能买卖，私地是私人财产，可以买卖、赠送、继承；推翻专制制度，消灭皇族，在俄国建立共和国；规定国家权力分立法权、执行权和司法权，国家最高立法机关为一院制的人民议会，行政权交给五人组成的最高杜马，司法机构为最高会议；反对联邦制，主张建立临时革命政府的专政；消灭等级制度，全体公民在法律面前一律平等；年满 20 岁的男青年享有选举权和被选举权，不受财产限制；确立信仰、言论、迁徙、出版等自由；发展工商业，等等。《俄罗斯真理》是十二月党人改造俄国的蓝图，也是俄国解放运动史上第一部共和国宪法草案。

在南方协会成立的同时，1821 年春，彼得堡组成了"北方协会"。协会的核心人物由 H. 穆拉维约夫、H. 屠格涅夫、特鲁别茨科依、奥博连斯基、鲁宁等人组成。1823 年，诗人雷列耶夫经人介绍加入北方协会，不久便成为协会的主要领导人。北方协会内部存在着意见分歧，分成了以 H. 穆拉维约夫为首的保守派和以雷列耶夫为首的激进派。

H. 穆拉维约夫是北方协会的理论家。他出身于豪门贵族家庭，其父曾担任皇太子的老师。1812 年之前，H. 穆拉维约夫在莫斯科大学读书。卫国战争爆发后，他投身到保卫祖国的行列。1813—1814 年，参加了俄军的出国远征。在国外，他结识了不少进步人士，回国后开始研究欧洲宪法。他赞成君主立宪制，代表着北方协会中的君主立宪派。他为协会草拟了一部宪法草案，其主要内容有：废除农奴制，解放农奴；承认土地是地主的财产，只给农奴以少量土地；消灭专制制度，实行君主立宪制，君主的权力由立法机关加以限制；最高立法机关为人民会议，立法机关的人民代表由选举产生；主张联邦制，把国家分为 15 个邦，如：黑海邦、乌克兰邦等，每个邦都有自己的首都；消灭等级制度，全体公民在法律面前一律平等；规定选举上的高额财产限制，妇女、文盲和游牧人没有选举权；确立信仰、言论、出版、集会等自由；实行发展工商业的措施，等等。

这部宪法草案经过协会成员的热烈讨论，由于两派意见不一，始终未能作为纲领性文件被协会通过。H. 穆拉维约夫拟定的宪法主张君主立宪制，为贵族地主保留了更多的特权，较之《俄罗斯真理》具有更明显的贵族阶级局限性。但他也提出了废除农奴制和专制制度，对沙皇的权力要作一定的限制。这部宪法草案虽然没有反映整个北方协会的政治主张，但对当时秘密协会的思想发展和斗争仍有积极的意义。

雷列耶夫在卫国战争前是彼得堡第一武备中学的学生。1813—1814 年，他随俄国军队出国远征。回国后，因对沙皇军队中的黑暗统治不满而离开军队。他大量阅读了 18、19 世纪国内外进步人士的作品，与普希金等人来往密切。1820 年，他发表了著名的诗篇《致宠臣》，揭露了陆军大臣阿拉克切也夫的丑恶行径，在社会上造成了很大影响。雷列耶夫作为进步诗人也因此闻名。雷列耶夫加入十二月党人组织后，很快成为北方协会的主要领导人。他的政治观点与《俄罗斯真理》大体近似，不同的是他主张联邦制，反对建立临时革命政府的专政。

在雷列耶夫的影响下，北方协会内部逐渐形成了以他为首的共和派，著名的十二月党人别斯图热夫兄弟、卡霍夫斯基都是共和派的成员。他们同雷列耶夫一样，家庭地位并不显赫，个人经历比较曲折，与社会有着广泛的联系。他们代表着北方协会中的民主主义倾向，在后来的起义中发挥了决定性的作用。

与南方协会、北方协会同时存在的，还有一个秘密组织——"联合斯拉夫人协会"。这个组织成立于 1818 年，当时叫作"第一亲睦协会"。领导人有陆军军官学校学生鲍里索夫兄弟、库兹明等人，宗旨是为民主制度而斗争。1823 年，它改名为"联合斯拉夫人协会"。协会没有周密的纲领，但明确提出废除沙皇制度和农奴制度，要求把各斯拉夫国家组成一个民主共和国联邦。这个协会要求把各斯拉夫国家组成一个联邦，同后来的俄国泛斯拉夫主义者要求建立以沙皇为首的泛斯拉夫联邦，政治目的是不同的。联合斯拉夫人协会的成员大多是家境清贫、官衔不高的军官。他们的政治观点较之南方协会、北方协会的成员更为接近平民。他们在普通士兵中进行宣传，鼓动人民起来革命。1825 年夏，联合斯拉夫人协会接受了佩斯特尔的政治纲领《俄罗斯真理》，与南方协会合并，从而扩大了十二月党人的力量。

尽管十二月党人在政治见解上存在一定分歧，但推翻专制统治、废除农奴制度的共同目标使他们越来越密切地联系在一起。为了使两个协会的成员在思想上达到统一，南方协会领导人佩斯特尔亲赴彼得堡与北方协会会谈，谋求联合。北方协会首领雷列耶夫也为促进双方联合作了很大努力。南、北方协会终于决定团结一致，共同进行武装起义。

此后，十二月党人继续扩大自己的组织，加紧开展革命活动。北方协会的雷列耶夫和 A. 别斯图热夫合力办了进步丛刊《北极星》，通过丛刊宣传十二月党人的观点，并把普希金、格里鲍耶多夫等著名人物团结在自己的周围。他们还创作了不少揭露俄国社会黑暗、号召人民起来革命的通俗短诗。这些短诗，言简意赅，流传甚广。南方协会以佩斯特尔的《俄罗斯真理》作为斗争的纲领，在乌克兰驻军中开展秘密活动，对发动士兵革命起了重要的作用。两个协会都先后与波兰的进步团体"爱知协会"建立了联系，这不仅扩大了十二月党人组织的影响，而且把十二月党人的革命斗争和国外反封建组织的革命斗争联系在一起了。与此同时，十二月党人积极准备起义，两个协会经常互派代表，共商起义计划。他们初步决定：利用皇位交替的时机发动起义，由北方协会在彼得堡首先夺取政权，南方协会在乌克兰响应。具体行动步骤到 1826 年再商定。

起义的发动和失败

1825 年 12 月 1 日，沙皇亚历山大一世突然去世。他死后无嗣，皇位应由其弟康斯坦丁继承。康斯坦丁早已声明放弃皇位，并指定其弟尼古拉为皇位继承人。但有关这种安排的法令，一直未曾公布。当军队、臣民向康斯坦丁宣誓后，宫廷又宣布尼古拉为新皇帝，要求举行再宣誓。这使国内人心惶惶，特别是军队内部不满情绪剧增。

亚历山大一世的去世打乱了十二月党人的计划，由于局势紧迫，北方协会来不及与南方协会取得联系。它内部在是否立即采取行动的问题上展开了激烈的争论。北方协会的重要领导人之一特鲁别茨科依，以种种借口说明马上举行起义是不适宜的。雷列耶夫则坚决认为，必须利用这一机会迅速采取行动。他的意见获得了北方协会大多数成员的支持。于是组织与领导起义的任务落到了雷列耶夫的肩上。

在准备起义的日子里，北方协会成员经常聚集在雷列耶夫家中，分析形势，研究情报。根据雷列耶夫的建议，北方协会决定在 12 月 26 日向新沙皇宣誓效忠日举行起义。行动的具体计划是将起义军队开进参政院广场，阻止新沙皇即位，同时发表《告俄国人民宣言》，宣布推翻沙皇政府，废除农奴制度，选举临时政府，召开立宪会议。北方协会推举有作战经验的特鲁别茨科依为起义军总指挥，奥博连斯基为起义军参谋长。

1825 年 12 月 26 日（俄历十二月十四日），天刚破晓，寒风凛冽，十二月党人按计划分别回到了自己的团队，他们先向士兵作了反对再宣誓的宣传鼓动，然后将起义官兵带到参政院广场。最先来到广场的是由十二月党人别斯图热夫兄弟和谢平—罗斯托夫斯基率领的莫斯科近卫团。上午 11 时左右，全团 800 名士兵肩负武器、斗志昂扬地在彼得一世的铜像前排成战斗方阵，等待其他起义团队的到来。沙皇尼古拉一世获知莫斯科近卫团列兵广场的消息后十分恐慌，立即命令在军队中享有威信的彼得堡总督米洛拉多维奇前往劝说起义军队撤回兵营。

正当米洛拉多维奇走进起义方阵时，起义军参谋长奥博连斯基当机立断，用刺刀将他刺伤，接着十二月党人卡霍夫斯基又朝他开枪，使这位总督受了致命伤，从而消除了沙皇瓦解起义军队的危险。彼得堡总督的被刺激怒了尼古拉一世，他亲自率领亲信的近卫军和骑兵来到参政院广场。他命令骑兵冲散莫斯科近卫团，但没有成功。下午 1—3 时，由十二月党人 H. 别斯图热夫率领的海军近卫团、苏特果夫和潘诺夫带领的掷弹近卫团也先后进入广场。至此，参政院广场上已有起义军官 30 人，起义士兵 3100 多名。

尽管如此，起义却未能按原计划进行。从一开始，十二月党人就面临种种不利情况：在起义官兵集中之前，国务院及参政院的成员们已对新沙皇宣誓完毕；尼古拉一世的登基诏书已经散发全城。这样，起义的最近目标——阻止新沙皇即位没有成功。当原计划已不能实现时，十二月党人理应马上制订一个新的行动计划，然而起义军的总指挥特鲁别茨科依在此关键时刻却临阵逃脱。广场上的十二月党人只好一边寻找特鲁别茨科依，一边指挥起义士兵原地击退沙皇军队的进攻。

在参政院广场上，挤满了围观群众，他们的人数超过起义者数倍，其中多数是奴仆、工匠、贫民和小官吏。他们对起义者深表同情，鼓励士兵们坚持到底，并用石块、砖头、木棍投向沙皇的侍从们。冲突越来越激烈，尼古拉一世多次命令皇家骑兵向起义方阵冲杀，却被起义者击退。不少沙皇近卫骑兵被当场击毙。这种局面延续了两个小时之久。

临近黄昏时，十二月党人才重新选出奥博连斯基担任起义军总指挥，但为时已晚。沙皇已调集重兵将起义军队层层围住，广场上的沙皇军队超过起义军人数4倍。夜幕降临，天色越来越暗，沙皇深恐天黑后"起义波及贱民"，下令对起义方阵发射霰弹。起义军队虽尽力反抗，终因寡不敌众，被沙皇军队残酷镇压了。当天夜里，起义广场血迹斑斑，首都街头戒备森严，全城开始大搜捕。北方协会的成员相继被捕，押往彼得—保罗要塞。

半个月后，彼得堡起义失败的消息才传到南方协会。南方协会认为，尽管共同行动的计划已失去原来的意义，但继续发动起义仍有助于乌克兰农奴的解放，从而也会动摇沙皇专制的统治。于是，他们决定仍按以前商定的共同行动计划举行起义。协会主要领导人佩斯特尔因奸细告密在这之前已被逮捕，领导起义的任务改由穆拉维约夫—阿波斯托尔来承担。他是切尔尼戈夫团的副团长，南方协会的领导人之一。

1826年1月10日（俄历1825年十二月二十九日），由南方协会领导的切尔尼戈夫团第五连在该连的驻地特利列斯村举行起义。当天晚上，起义部队进入科瓦廖夫卡村，与该团的其他两个连汇合后，继续向前进发。翌日清晨，占领瓦西尔科夫城，切尔尼戈夫团的全体士兵都来此城会师。起义人数达1164人。起义的领导人穆拉维约夫—阿波斯托尔和别斯图热夫—留明，在士兵中散发了起义宣言——《教义问答》。《教义问答》引用《圣经》作启示，号召推翻沙皇专制制度，建立共和国。1月13日，起义部队抵达莫托维洛夫卡村，在这里休整了一天，然后向基辅挺进。1月15日，在离科瓦廖夫卡村不远的地方，起义军与沙皇军队突然相遇。开始起义军还误以为是前来汇合的其他团队，毫无防备。而沙皇军队的炮火却十分猛烈，起义部队虽经奋战，终被击溃。在这次战斗中，起义官兵表现得非常英勇。起义的主要领导人穆拉维约夫—阿波斯托尔头部负伤，仍坚持指挥战斗。其他领导人，如库兹明，被捕后宁死不屈，开枪自杀。

十二月党人起义失败后，沙皇尼古拉一世对起义者进行了残酷的报复。

有 579 人被提交法庭，沙皇本人参加了对重要人物的审讯。经过半年多秘密审讯，五名起义的领导人佩斯特尔、雷列耶夫、穆拉维约夫—阿波斯托尔、别斯图热夫—留明和卡霍夫斯基被当作首犯，定为"特等罪"，判处碟刑。后来，沙皇下令"减轻"判决。1826 年 7 月 25 日，这五名十二月党人被绞死在涅瓦河畔的彼得—保罗要塞。另有 120 多名十二月党人被剥夺贵族称号，流放到西伯利亚服苦役。与起义有关的士兵被罚受鞭笞。切尔尼戈夫团被派往高加索与山民作战。

起义的性质及其历史意义

十二月党人起义在俄国解放运动史上具有重大的意义。在这之前，俄国多次发生过反对农奴制压迫的农民起义，但都缺乏明确的政治纲领，往往是自发的，并带有浓厚的忠君色彩。十二月党人起义与一般农民起义有所不同，它是俄国历史上第一次有组织、有纲领的武装起义。它提出了废除农奴制度、推翻专制统治的革命口号，直接反对骑在人民头上的贵族、官吏和他们的总代表——沙皇。这次起义强烈地震撼了沙皇的专制统治和俄国的农奴制度。列宁在 1914 年论述俄国解放运动的三个主要阶段时，把 1825 年作为俄国解放运动的起点①。十二月党人是俄国第一代革命家。

十二月党人起义在欧洲产生了一定影响，对欧洲的资产阶级民主运动也起了促进作用。19 世纪上半叶，在法国资产阶级革命的影响下，欧洲国家反对封建统治的革命斗争，犹如燎原之火，熊熊燃烧。当时的俄国是欧洲反动势力的主要堡垒，是反革命组织"神圣同盟"的支柱。十二月党人的起义动摇了"神圣同盟"的基础，成为席卷欧洲革命浪潮的一个重要组成部分。

作为贵族革命家，在十二月党人身上不可避免地存在着阶级的局限性。这种局限性首先反映在他们的纲领中。即使是在最激进的十二月党人纲领《俄罗斯真理》中，在要求废除农奴制、解放农奴的同时，也还允许大地主土地所有制的存在。在 H. 穆拉维约夫的宪法草案中，贵族的立场表现得更为明显。它承认地主对土地的所有权，虽然主张解放农奴，但只同意分给其少量土地。它还规定，只是拥有一定财产的人才能参加选举，以此来保证贵族在政治上的权利。

---

① 参阅《列宁全集》第 20 卷，人民出版社 1958 年版，第 240 页。

十二月党人的贵族阶级局限性还反映在他们与人民群众的关系上。十二月党人热爱祖国，同情劳动人民的疾苦。他们进行革命是为了改变俄国的落后面貌，使人民摆脱农奴制与专制主义的黑暗统治。但是，十二月党人并不相信群众。他们制订起义计划时，并没有考虑到争取人民群众的支持。在起义过程中，也没有想到依靠人民群众的帮助。起义失败后，很多十二月党人陷于悲观失望。这是因为他们未能把自己的事业与广大群众反对封建统治的斗争联系在一起，不理解真正的革命力量——人民群众还没有充分发动起来。尽管他们所进行的斗争客观上代表了俄国人民的利益，反映了广大群众的愿望，但是他们认为这种斗争只能由少数贵族来进行，不能有广大群众来参加。他们害怕轰轰烈烈的群众革命运动会触及自身的利益。十二月党人A. 别斯图热夫曾说过："我们最害怕的就是人民革命，这种革命一定是血腥的和长久的。"因此，列宁指出："这些革命者的圈子是狭小的，他们同人民的距离非常远。"① 脱离人民群众是贵族革命家的致命弱点，也是十二月党人起义失败的根本原因之一。

十二月党人起义虽然失败了，但十二月党人为之奋斗的事业并没有落空。他们提出的反对农奴制和专制统治的口号，为以后数十年的革命斗争所继承。他们的英勇斗争精神和无畏的革命气概，鼓舞着俄国人民前进。十二月党人起义对 1861 年农奴制改革和以后的俄国资产阶级民主革命都产生了深远的影响。

关于十二月党人起义的性质问题，在国内外史学界有着不同的看法。苏联研究十二月党人运动的著名专家涅奇金娜院士认为，十二月党人运动是俄国第一次公开反对沙皇专制统治和农奴制度的武装起义。"但十二月党人革命家是贵族革命家，在他们的行动中不可避免地带有贵族阶级的局限性。"这种观点在苏联史学界有较大的影响。

苏联学者加波夫认为，十二月党人运动就其参加者的成分而言，是贵族运动。就其实质而言，是一场资产阶级运动。中国有些学者也持类似的观点。有人认为：十二月党人运动按其变革社会生产关系上的客观任务而言，是一次具有资产阶级革命性质的运动，但是按其组成的阶级成分和斗争方式而言，又是一次贵族的革命运动。因此，可以说，十二月党人运动是一次具有资产阶级革命性质的贵族革命运动。

---

① 《列宁选集》第 2 卷，人民出版社 1972 年版，第 422 页。

苏联著名历史学家波克罗夫斯基（1868—1932年）认为，1825年十二月党人运动"是俄国资产阶级的第一次也是最后一次的革命表现"。我国有个别史学研究工作者也说十二月党人起义是"一次资产阶级革命运动"。其理由是：十二月党人不是贵族利益的捍卫者，而是贵族阶级的叛逆者，他们已经转化为早期的资产阶级革命者了。

奥地利玛丽亚·特莱西娅和约瑟夫二世改革

邱　文

1742—1790 年，奥地利女皇玛丽亚·特莱西娅和她的儿子约瑟夫二世相继进行改革，为奥地利国家奠定了近代政治、经济、军事、司法、教育的基础，在奥地利历史上占有重要的地位。

改革前的奥地利帝国

18 世纪前半叶，哈布斯堡家族统治下的奥地利帝国是一个多民族的封建国家。帝国的版图除奥地利本土的上奥地利和下奥地利各省、提罗尔、士底里亚以外，还包括匈牙利、波希米亚、克罗地亚、塞尔维亚、奥属尼德兰（比利时、卢森堡）和意大利的部分领土，包括米兰、曼图亚、米兰多拉以及那不勒斯王国的大陆部分等。境内居住着德意志、斯拉夫和匈牙利等二十几个不同民族。

奥地利帝国的经济远远落后于英国、法国、荷兰，甚至比某些德意志诸侯国家还落后。工业主要集中在维也纳和下奥地利，带有手工业性质。到 17 世纪末，维也纳 10 万人口中，仅有师傅 1679 人，帮工 4111 人，而且主要集中在裁缝、首饰、种花等行业，市场关系很不发达。但是，资本主义经济已经出现。早在 17 世纪下半叶，奥地利重商主义者贝希尔创建了半官方半私人性质的东方商业公司，下设许多手工工场，生产丝、毛织品，后因缺乏国家支持和封建行会组织的限制，该公司存在不久即瓦解。1703 年在维也纳建立国家银行。以后又修建了维也纳与克罗地亚、提罗尔、亚得里亚海的公路。这一切表明奥地利的资本主义商品经济有了一定程度的发展。

在农村，18 世纪上半叶奥地利本土已没有农奴的人身依附关系。农民大部分租种世俗贵族和教会贵族的土地，向他们缴纳货币地租。农村的家庭工业与收购商建立了联系，农村的资本主义商品经济也开始发展。但是，封建压迫仍很严重，农民除缴纳地租外，还要为领主服徭役，缴纳诸如牧羊税、养蜂税等名目繁多的赋税。受到周围地区农奴制加强的影响，奥地利地主对农民的超经济强制也有所发展，他们可以根据贵族等级特权强迫农民的子女在贵族庄园上充当雇工或奴仆。在帝国其他地区，例如波希米亚、匈牙利、西里西亚等地，盛行着以强制劳役为基础的大庄园制，出现了"农奴制再版"的发展过程。农民不得不履行沉重的徭役。1680 年，奥地利皇帝利奥波德一世颁布的徭役特许令把徭役限制在每周 3 日，事实上未被领主遵守，有的地方徭役高达每周 6 日。农民在受地主剥削的同时，还要向国家纳税，17 世纪中叶至 18 世纪中叶的 100 年间，赋税增加了 5 倍，农民必须把 60%以上的收入作为地租、赋税交给地主和国家。

封建剥削关系严重地阻碍了农业和手工业生产的发展。粮食产量很低，丰收年每公顷产量一般为 600—700 公斤，歉收年不足种子的 2 倍。工场手工业由于国内关卡林立，行会特权的限制，发展非常缓慢，其产值仅占工农业总产值的 10%。

在政治上，帝国处于四分五裂的状态。地方领主势力很大，割据称雄，与中央政权分庭抗礼。不经地方领主同意，中央政府不得直接向地方征税。国君必须同地方领主协商，确定财政和税收份额。世俗贵族和教会贵族都享有免税特权。每当遇到财政困难，即使在战争时期，国君也不得不就税收数额与地方领主讨价还价，以致延误时机。募兵也需经国君同地方领主协商，按人口摊派募兵数额。这样组成的军队，缺乏足够的训练，犹如散兵游勇，战斗力不强。地方领主执掌立法权与司法权，可随意对农民进行审判。天主教势力强大，控制教育，干预世俗事务。

贵族地主在残酷剥削农民的基础上过着骄奢的生活。大地主庄园建有剧场、音乐厅，供贵族们消遣娱乐。匈牙利大贵族埃什泰尔哈齐·米克洛什在费尔特沙建造的庄园豪华阔绰，闻名欧洲，当时人们认为可与法国的凡尔赛宫媲美。据文献记载，大贵族举行一次大型宴会的花费，能买一所小庄园。

帝国境内的民族压迫也很严重。哈布斯堡王室向波希米亚和匈牙利等地派遣官吏，对当地人民横征暴敛。哈布斯堡王朝还强迫这些地区的人民信奉天主教。1651 年 3 月，皇帝批准实行反宗教改革计划，没收一切非天主教徒的财产，宣布天主教是唯一的合法宗教。新教徒受到残酷迫害，在 1651 年后，从波希米亚逃亡和被逐出的达 3 万多人。新教学校被封闭，民族文化受到摧残，民族自治活动遭到镇压。

残酷的封建剥削和民族压迫，经常引起农民暴动和民族起义。1679—1680年，波希米亚北部的弗利德兰发生农民起义，要求皇帝废除封建义务和捐税，起义波及半个波希米亚。1703年，匈牙利拉科齐领导的反哈布斯堡王朝的民族大起义，延续了将近13年之久。1740年，奥地利士底里亚地区爆发了农民起义，农民赶走地主，焚烧庄园，拒绝交纳赋税，要求废除封建义务。农民暴动和民族起义严重地摇撼着哈布斯堡王朝的统治。

玛丽亚·特莱西娅（1717—1780年）就是在奥地利帝国面临重重矛盾的时刻登上王位的。她是查理六世（1685—1740年）的长女，受过系统的宫廷教育，学习过宗教史和世界史，能流利地使用德、法、意、捷和拉丁语。1740年查理六世去世，她根据新王位继承法《国本诏书》① 成为哈布斯堡王朝君主，年仅23岁。她曾写道："父王突然去世了……国内外贷款已消耗殆尽，国库储蓄资金不足几千古尔登②。我濒于缺少资金、军队和对策的困境。"在随后发生的危及王朝生存的1740—1748年奥地利王位继承战争中，玛丽亚虽然维护了自己的王位继承权，但是被迫把工业发达的西里西亚大部分土地割让给普鲁士。这次战争集中暴露了哈布斯堡王朝政治和军事的弊端：封建割据和不同地区之间的联系薄弱；政权机构臃肿庞杂，财政管理混乱不堪；军队不统一，缺乏严格训练。女皇认识到，"国家的弊端，绝不仅仅是个人，而是王朝机构造成的结果。战争期间，王朝机构在军队供应方面严重失效，只征集到本应征集的军费数额的1/3，这是奥地利军事失利的重要原因"。

当时，西欧正处于启蒙运动时期，法国启蒙运动思想家伏尔泰和狄德罗提出"开明专制"的主张，呼吁"开明"君主革新政治，抛弃旧的封建传统，摆脱宗教愚昧，以利于资本主义因素的发展。奥地利宫廷中受启蒙思想影响的大臣考尼茨曾多次向女皇进言："若不改革，则很难维持王朝统治。"

事实上，对处在内外交困境地的哈布斯堡王朝来说，改革已经是维持和加强自己统治的刻不容缓的事情。在对外战争失利和国内农民起义的压力

① 查理六世统治期间，为确保王位世袭权，于1713年制定新王位继承法——《国本诏书》，明文规定哈布斯堡世袭领地不可分割，若无男嗣，应由长女继承王位。

② 古尔登是奥地利中世纪时银币名称。1古尔登为20格罗申约等于1.7马克。

下，在"开明"君主革新政治的思想影响下，玛丽亚·特莱西娅女皇任命了一批精明强干的大臣，全面推行改革。

1742—1780 年的全面改革

在奥地利王位继承战争期间，为了适应战争的需要，玛丽亚·特莱西娅对王朝机构做过某些必要的调整。1748 年战争结束，奥地利有了喘息之机，她才开始进行全面改革。

在政治方面，玛丽亚任命内政大臣豪克维茨伯爵为顾问，重新改造各级政权机构。在中央一级，1749 年成立"公共及宫廷事务督导部"，负责王朝各邦（匈牙利除外）的内务和财政事务；"王朝、宫廷及国家事务处"负责外交；最高司法处负责司法；还设立了宫廷财务处、宫廷审计处和宫廷军事委员会。在邦一级，成立代办与财务处，属中央直辖，掌管行政和财政。邦下面设立县，作为基层行政单位。在 1756—1763 年的七年战争期间，1760 年成立了由首相考尼茨为首的国务委员会，作为内政外交最高咨询机构。1746 年成立的特莱西娅行政学校，贵族和市民子弟均可入学，其毕业生作为国君的官吏派往国家各级机构任职，逐渐形成了一支庞大的效忠国君、为"开明专制"服务的官吏队伍。这一套从中央至地方新设立的政权机构，剥夺了邦议会和贵族领主的行政权，在一定程度上消除了以前王朝机构的臃肿混乱，加强了中央的权力。豪克维茨还针对地方领主权力过大，执掌司法权和行政权的现象，确立司法、行政分权的原则，剥夺了地方领主掌管的司法权。

玛丽亚从自身经历中认识到，"一个国家的命运，取决于军队的战斗实力"。为了加强国家的防卫力量，准备进行收复西里西亚的战争，她责成有丰富实战经验的道恩元帅主持军事改革。道恩参加过波兰王位继承战、对土耳其的战争和奥地利王位继承战，1739 年晋升大元帅，1762 年任宫廷军事委员会主席。他建立了总参谋部，统率和协调部队行动；同时成立总军需局，保证军队的军需供应。针对募兵制存在的弊病，1748 年开始实行新的军税制和征兵制。每一领地（匈牙利和提罗尔一部分地区除外）每年向奥地利国家缴纳一定数额的军税，国家用这部分资金装备和训练新军队。新的征兵制固定征兵数额，兵源由各贵族领地提供，大部分新兵是用抽签办法从有服役义务的人们当中指定，终身服役，组成帝国的常备军。为了培养军队指挥人才，1751 年在维也纳新城建立一所玛丽亚·特莱西娅军官学校。废除中世纪的贵族世袭军官制，主要根据学历和军功提拔军官。军事改革之后，新组成的军队加强了训练，提高了战斗力。奥地利炮兵被改编为 3 个团和 1 个留守要塞团，装备了新式火炮，配置了火药手和掘壕士兵。炮兵在七年战争中发挥了很好的作用。到 80 年代，奥军由 40 年代的十几万人增加到 27.8 万人，大大超过了普鲁士军队的人数。

在外交方面，玛丽亚任命"头脑灵活"的考尼茨伯爵为外交顾问，主持改革。外交改革的总目标是收复"女皇皇冠上最美丽的宝石"——西里西亚，遏制普鲁士的扩张。考尼茨认为，"奥地利的天然敌人和传统敌人是普鲁士"。根据奥地利王位继承战结束后欧洲形势的变化，鉴于英国已经同普鲁士接近以抗衡法国，他在 1749 年提出对英国解除盟约，而与法国结盟，反对主要敌人普鲁士的主张。玛丽亚接受了考尼茨的建议，1753 年任命他为帝国首相，推行奥法结盟的政策。经过考尼茨努力周旋，在 1756 年促成了奥法和奥俄联盟的建立，结束了奥法结仇 100 多年的历史，形成了对普鲁士外交包围的态势。在七年战争进程中，奥地利最初在外交和军事上占优势，但当俄军于 1760 年 10 月一度占领柏林时，奥地利政府担心俄国实力过分强大而威胁中欧和巴尔干地区，未指令奥军抓紧时机追歼普军，使普鲁士的弗里德里希大帝免于彻底失败。考尼茨的外交改革最终并未达到遏制普鲁士扩张和收复西里西亚的目的。

在财政经济方面，玛丽亚责成钦前道夫和哈茨费尔德伯爵主持改革。为了增加国库收入，维持庞大军队的开支，1751 年公布了《普遍征税法》。该法令规定帝国政府直接向各邦征税，取消邦议会和领主们的收税权。每年的税收由 900 万古尔登增加到 1400 万古尔登。同年公布特莱西娅土地册，把农民和贵族地产区分开来，实行一切臣民，包括贵族和教士按照纳税人的财产和等级普遍纳税：大主教每年纳税 600 古尔登、贵族 200—400 古尔登、农民 48 格罗申、雇农 4 格罗申，取消了贵族的免税特权。1761 年成立的宫廷审计处负责国家年度预决算，管理国家出纳和收支总账簿。

1762 年，奥地利政府成立一个由新兴工商业资产阶级和新贵族的代表组成的宫廷商业委员会，作为制定和推行国家经济政策的参谋部。该委员会根据重商主义原则，对外国工业品课征重税，对进口原料减少关税，禁止输出亚麻、羊毛和金属加工的工业原料，鼓励工商业者建立工厂，规定对新厂主免税 10 年。减少加入行会的强制规定；废除国内关卡，统一国内关税；实行统一度量衡（匈牙利除外）；以前通行全国的货币有10—12种，现以统一币制代替，排除不利于经济发展的障碍。加宽的里雅斯特港，改善直通该港的公路，致使每年开到该港的船只达3000艘；国家还修筑公路、运河网，促使国内统一市场的形成。

限制贵族地主对农民的剥削，减轻农民的负担，实行保护农民的政策，也是经济改革的一项重要内容。1767年，玛丽亚发布《农民地租和劳役法令》，依据各地情况和土地质量的不同，具体规定了农民租地的数量和为此承受的负担。根据1771—1778年的《劳役特许令》，劳役每周不得超过3天。1774年设立调整农民和地主法律关系的规章委员会，在县一级建立农民起诉领主的法院。废除了一些压迫农民的规章，例如农民只有得到地主许可才得结婚。地主对农民的剥削和审判权受到一些限制。

玛丽亚实行保护农民的政策，并非出于真正关心农民，而是企图改变封建领主对农民"杀鸡取卵"的榨取方式，缓和阶级矛盾，维护封建统治，并达到增加税收、充实国库的目的。她曾明确表示："如果我们要剪羊毛，就必须首先把羊喂好！"然而，这些措施遇到贵族领主们的强烈反对。关于限制劳役的规定，在王朝各邦难于实行，只在奥地利皇室庄园得到实施。有关限制领主审判权的规定，也只能在部分地区推行。

在司法方面，玛丽亚任命宗年费尔斯男爵为顾问，主持改革。他根据启蒙学者"三权分立"的思想，将司法与行政分开治理。在1749年设立帝国最高司法部，专对民事和刑事案件进行侦查与审判。内政会议行使对国家行政事务纠纷的审判权，发挥最高行政法院的作用。1753年，成立了以米夏尔·阿尔腾为首的法典编纂委员会。1768年，制定了新的刑法典和民法典，全部诉讼程序都集中于国家和它的法庭手中，限制领主对农民的暴行。新法典规定，审判权，特别是刑事审判权必须由受过法律训练的法官履行。废除刑讯，死刑只能由国王决定才可采用。惩罚分为两类：一类应用于"报复和威吓"的，一类是为了"纠正和教育"罪犯的。强制劳动成为一种主要的教育手段。这部法典对近代奥地利国家发展有很大影响，直到当今奥地利的法律中仍沿用这部法典的某些重要内容。

在教育方面，玛丽亚任命万·司维丁为顾问推行改革。当时的教育完全由教会把持，国家对学校从形式到教学内容均不能过问，教育状况十分落后。玛丽亚很重视教育问题，她说："对青少年的教育，是全民族真正幸福的最重要的基础"，"如果不通过良好的学校教育清除愚昧和无知，那么全民族的幸福就不可能到来。"1766 年，成立国家教育委员会，公布了国家教育总纲。其中第三章规定："所有年满 6 周岁的男女儿童，不分父母职业和财富多少，均应入学"，培养读、写、算的能力。在奥地利历史上首次实行了强迫义务教育。对大学也进行了改革，把天主教势力控制下的维也纳大学改组成世俗性大学。国家还拨出巨额补助金，在 1750—1770 年建立了一批专业学校，其中有矿业学院、技术学校、农业学校、商学院和一些师范学校。教育改革为世俗教育实行统一的学校制度和教学管理奠定了基础。

玛丽亚改革的目的是限制地方领主权力、加强中央集权、巩固王朝的统治，理所当然地引起顽固坚持自己特权的贵族地主的反对。他们采取"抗税"等形式进行抵制，对所谓"保护农民"的措施群起攻之。玛丽亚通过派往各地的官员进行说服，对违抗法令的贵族地主严惩法办，仍然收效不大。

玛丽亚起用和信任具有开明思想的大臣，大力支持他们的改革方案，成了哈布斯堡王朝历史上一名较有作为的君主。1780 年 11 月 29 日，她在经历40 多年战争和改革的岁月之后去世。

约瑟夫继续改革

约瑟夫二世（1741—1790 年）是弗兰茨一世和玛丽亚·特莱西娅女皇的儿子，1765 年继任"德意志民族神圣罗马帝国"皇帝，1780 年继承哈布斯堡王朝王位。

约瑟夫青年时代受到伏尔泰和"百科全书派"的影响，推崇启蒙学者的学说，主张大刀阔斧地进行改革。他宣称："要使哲学（指启蒙主义的政治学说）成为帝国立法的基础。"他 20 岁时便向新成立的国务委员会提出了一份治理国家的方案，主要内容是：君主总揽国家大权，取消贵族的一切特权，统一国家的行政、法律、经济和语言。他认为，国君只有实行开明专制，才能维持统治。在他 1765—1780 年参政期间，玛丽亚对他那雄心勃勃的改革欲望深感不安，限制他参与国事，特别是不让他参与外交和军事事务。二人经常为改革的速度发生争执。

约瑟夫为了熟悉他将要统治的那个国家，1766 年化名法尔肯施泰因伯爵，开始在国内和欧洲大陆旅行。他首先到奥属西里西亚、波希米亚和摩拉维亚，在劳德尼茨扶犁耕地，与农民谈话，了解徭役情况。后又漫游匈牙利、西根彪根、巴纳特、俄国和尼德兰，两次访问意大利和法国。通过广泛的旅行，他对帝国和其他国家有了感性的了解，对匈牙利、波希米亚等邦的贫困深为忧虑。在访问启蒙思潮盛行的法国期间，他预感到资产阶级革命风暴将要来临，对其妹法国王后玛丽·安托瓦内特劝诫说："这种状况不能持续下去。如果不能防止革命，那么时局将会变得十分残酷。"他认为，对奥地利来说，"微小的改革无关宏旨，只有全盘改革才有成效"。这次旅行坚定了他推行改革的决心。他力图把帝国建成强大富庶的中央集权国家，决心进行一场"上层革命"，并且"要立即从全面改革事业中见到成效"。

约瑟夫二世的改革主要在三个方面：进一步加强中央集权，实行"农奴解放"，大力限制罗马天主教势力。

同玛丽亚女皇相比，约瑟夫二世加强中央集权的措施更加激进。玛丽亚考虑到匈牙利在奥地利王位继承战中派出相当于全部军队1/5的4万精锐部队作出的贡献，以及匈牙利人的民族情绪，加强中央集权的措施仅限于在奥地利本土、波希米亚和其他一些地区实行。她对匈牙利作了较大让步，例如，匈牙利贵族有免税权；涉及匈牙利当地的问题，只邀请匈牙利人参加解决；允许匈牙利人参加国家行政部门的工作；甚至调换匈牙利总督，都要先取得匈牙利贵族的同意。而约瑟夫二世的行政改革涉及帝国各邦，匈牙利也不得例外。他力图把整个帝国联结成一个严密管理的整体，由宫廷事务处全权处理一切事务。他把全国划分为13个行政区，分别由中央指派的总督领导。他特别重视建立培养官吏的制度，提出通过大学培养或由国家考试录用官吏和法官，要求各级官员忠实地履行国家交付的职责。"考绩表"是考核官吏的主要形式，上级要对下属作年终鉴定。他还规定，德语是官方语言，要在几年之内，国家机关、各级司法部门和所有学校，一律改为用德文办公、办案和教学，取消拉丁语为官方语的规定。

1781年，约瑟夫二世颁布《臣民特许令》，规定在尚未废除农奴制的波希米亚和匈牙利地区同帝国其他地区一样废除农奴制。该法令规定："全体臣民应在国家土地法保护下，享有完全的自由。"农奴由此获得解放，获得迁徙、结婚和选择职业的自由，取消了"农奴"这个名称，变成农民。法令规定取消贵族地主的免税特权。约瑟夫二世采取"解放农奴"，"保护农民"的措施也同玛丽亚·特莱西娅一样，并不是要真正铲除地主对农民的封建剥削关系。他曾对一位反对改革的贵族说："如果我们不愿意期待农民什么也不给我们的时刻到来，作一些这样或那样的让步，不是更好一些吗?"

天主教会在查理六世和玛丽亚·特莱西娅时期有很大势力,不仅是最大的土地所有者,而且通过教会控制着人们的精神世界。教会掌管教育,还通过书籍检查机构监督文学和科学事业。听命于罗马教廷的天主教会成为国家的一种分离势力和保守势力。要加强中央集权,就必须削弱天主教的影响,使教会摆脱罗马教廷,置于国家管辖之下。约瑟夫二世认识到了这一点,对天主教会采取了一系列的限制措施。他宣布剥夺教会的书刊检查和出版批准权;重新划分教区,与行政区范围一致起来。他下令取消700多所既不从事教育,又不进行医疗护理的修道院,把被解散的修道院的财产用来建造国家神学院,培养能为国家效劳的神职人员。

约瑟夫二世对新教和其他教派采取宽容政策。1780年10月13日,他公布了《宽容契约法令》,准许所有基督教教派,例如路德派、喀尔文派和希腊正教教徒享有宗教活动自由和担任公职的权利,准许新教教徒组织自己的教区。1782—1783年,公布了《犹太人契约令》,确保犹太教徒享有国家公民的平等权利,允许犹太人子女上大学和取得学位。

约瑟夫二世限制天主教势力,对教会进行改革的措施,引起了罗马教廷的震惊。教皇庇护六世亲自到维也纳,企图说服这位奥地利皇帝在前往"卡诺萨"①的道路上就此止步,缓和对教会的改革政策。然而遭到约瑟夫二世的婉言拒绝,教皇败兴而归。

教会改革的措施并不表明约瑟夫二世反对教会,其目的是建立一个摆脱罗马教廷控制、由国家管理的教会。

约瑟夫二世的改革触犯了贵族地主的政治经济特权,引起了贵族的不满和抵制。反动贵族和腐朽官僚串通一气,公开进行反抗朝廷的活动。约瑟夫二世忽视非奥地利地区经济、政治发展的差异,抑制这些地区的民族意识,激化了民族矛盾,给反对改革的势力造成了可乘之机。80年代末,改革事业面临严重的危机。1789年,在法国大革命的影响下,哈布斯堡王朝管辖之下的奥属尼德兰发生了民族起义。约瑟夫二世被迫将奥地利军队撤离尼德兰,承认它的自决权,以避免这一地区脱离奥地利帝国。1790年,匈牙利农民举

---

① 在中世纪教皇与皇帝争夺授职权斗争中,1076年神圣罗马帝国皇帝亨利四世被教皇宣布革除教门。1077年1月,亨利四世到意大利请谒教皇格里哥利七世,悔罪求恕,在卡诺萨城堡门外冒雪哀求三天,才获准恢复教籍。此处指约瑟夫二世的教会改革与历史上亨利四世与教皇争权有类似之处。

行起义，反对自 1788 年开始的奥、俄对土耳其的战争中强加给他们的沉重的战争负担。此刻，约瑟夫二世身患重病，卧床不起，在临终之前被迫停止在波希米亚、奥属尼德兰和匈牙利实行的加强中央集权的政策，撤销了在匈牙利推行的"农奴解放"法令。他于 1790 年 2 月 20 日去世。临死前，他在自撰的墓志铭上写道："这里安睡着一个国王，他心地纯洁，却不幸目睹他的全部努力归于失败。"事实上，除废除农奴制之外，他的许多政策，其中包括加强中央集权和确立新的官吏制度等，都为后继者所继承。约瑟夫二世可算是欧洲"开明专制"君主的一个代表人物。

奥地利近代化的开端

在战争频繁、内外交困的情况下，玛丽亚·特莱西娅和约瑟夫二世两代人进行的改革，历时 50 余年。虽然女皇较为保守，约瑟夫二世趋于激进，但他们的共同目标都是借助封建专制权力，自上改革社会弊端，缓和阶级矛盾，以期建立一个经济发达、防卫能力强大的中央集权制国家。从客观效果看，应该说改革取得了积极的成果。

在政治方面，废除了自中世纪延续下来的政权机构，从中央至地方建立起新的各级政权机构，削弱了地方领主的权势，限制了天主教的势力，加强了帝国境内各邦（除奥属尼德兰之外）的联系和中央政权的实力。改革之后设立的内政、外交、财政、司法、军事机构，为近代奥地利国家搭起了支架。建立行政学校培养新的官吏，是近代官僚体制的开端；实行新的征兵制，建立常备军，设立军官学校培养军事人才，奠定了奥地利近代军事制度的基础；统一立法和编纂法典，为近代司法制度的发展作了准备。

在经济方面，玛丽亚女皇和约瑟夫二世推行重商主义政策，调整贵族地主与农民的关系，促进了资本主义工商业的发展。改革之后，波希米亚、摩拉维亚、下奥地利和阿尔卑斯山地区出现了纺织厂、呢绒厂、毛纺厂和麻织厂，兴办了制糖、造纸、玻璃、木材加工、冶金、化学和造船业，在奥地利历史上开始了空前规模的商品生产。以林茨毛纺厂为例，1762 年由原来只有几十人的小厂发展为有 4.8 万人的大厂。在波希米亚和摩拉维亚，有些工厂的规模与林茨毛纺厂不相上下。当时，维也纳已有丝织、金属制品等各类工厂 105 家。城市人口有所增加，非农业人口由 10% 上升到改革后的 20% 以上。维也纳人口达到 20 多万，出现了维也纳、林茨、维也纳新城等工业城市。在玛丽亚时代，有相当多的贵族开始兴办工厂，他们利用官厅的经济协助，大力发展生产。一些商人和银行家也纷纷建厂。许多有成就的工厂主获得了贵族称号。这说明贵族阶级与资产阶级有了一致的利益，新兴资产阶级的人数也比过去有了明显的增长。

经济的发展使国力有所增强。同改革前比较，到1762年，国库收入几乎增加了1倍，由3600万古尔登增加到5600万古尔登，达到了历史的最高水平。

改革促进了科学文化的繁荣。这一时期，奥地利涌现出海顿、莫扎特、贝多芬等世界著名的艺术大师，维也纳成为世界音乐之城。"奥地利人听不到音乐，就像失去了灵魂一样。"

当然，作为封建君主，玛丽亚女皇和约瑟夫二世的改革不可避免地带有阶级的局限性，他们是在加强王权和维护封建专制统治的前提下进行的改革，并不希望人民群众参加。约瑟夫二世曾说过："什么也不能依靠人民。"显然，广大人民群众的直接行动会危及封建专制统治，而没有人民群众的参加，就不可能挫败贵族反动势力的反抗。改革的结果，除奥地利本土之外，在帝国大部分领地上，仍然保存着农奴制。阶级矛盾没有得到缓和。玛丽亚女皇和约瑟夫二世在波希米亚和匈牙利强制推行德意志化，把德语作为统一国语，鼓励德意志贵族在非德意志民族地区扩大地产和积累资本，有意识地把匈牙利变成帝国的农业附属地，阻碍了这些地区资本主义的发展。改革不仅没有缓和帝国内部的民族矛盾，反而使之更加尖锐。

经过玛丽亚和约瑟夫二世的改革，随着国内资本主义因素的发展，随着领主贵族以至君主自身日益向资产阶级的转化，奥地利的"开明专制"的改革在19世纪初期发展为资产阶级的改革。落后的奥地利经过一个多世纪的发展，终于赶上了先进的资本主义国家。由此可以说，"开明专制"时期是奥地利国家走向近代化的开端。

1808—1814 年西班牙革命

刘北成

1808—1814 年，在封建的、天主教统治的西班牙发生了反对拿破仑入侵的民族解放战争；同时，也进行了反对专制制度、争取民主改革的斗争。前者赢得了胜利，后者却以失败告终。尽管如此，它仍然可以说是西班牙历史上具有重大影响的，未能完全成功的第一次资产阶级革命。

社会矛盾和民族危机

拿破仑入侵之前，西班牙是欧洲大陆上比较落后的国家，国内封建经济占统治地位。地主和教会占有全国 2/3 的土地，享有各种封建特权。占人口 80% 的农民中，一半人没有土地，以租佃为生；另一半人仅有少量贫瘠土地，以半自耕半打短工糊口。广大人民一贫如洗，乞丐遍及城乡①，盗匪丛生。

在沿海城市和一些省会，如巴塞罗那、塞维利亚、巴伦西亚、加的斯等地，资本主义工商业已经开始发展，但受到封建制度束缚，步履维艰。到 19 世纪初，工业产值不及农业总产值的 1/4，全部工业几乎都是家庭手工业、工场手工业和小型工厂。

政治上，西班牙早在 16 世纪就形成了君主专制政体，中世纪城市的自治特权被削弱了，议会也降为一种宫廷仪式。然而，由于工商业的贫弱，君主专制缺乏中央集权的物质力量，各省保留着相当大的自治权。有人描述："我们西班牙是由不同种类的材料建造起来的歌德式建筑，在西班牙有多少

---

① 据估计，当时西班牙有 15 万乞丐。

省就有多少不同的势力、特权、法律和习惯。"① 各省的币制、税制甚至军旗的颜色也各不相同。

天主教会在西班牙拥有巨大的政治经济势力，尤其统治着精神生活。两万多座教堂林立各地，宗教裁判所肆虐全国。庞大的僧侣阶层通过经营教会地产，征收什一税及其他各种名目的捐税，贪婪地吮吸着人民的血汗，同时对人民进行精神奴役。贫困和愚昧使广大群众沉溺于宗教狂热，他们笃守教规，信赖国王，尊崇贵族。

18 世纪后半叶，在资本主义经济发展和法国启蒙思潮的冲击下，国王卡洛斯三世实行"开明专制制度"，推行有限的改革。1788 年卡洛斯四世继位后，改革被废止。法国革命的爆发震动了西班牙社会，贵族和资产阶级中的少数先进分子要求实现启蒙运动的原则。失宠被黜的贵族霍韦利亚诺斯在1795 年发表关于土地法的著名备忘录，提出："要发展农业就必须扩大土地私有制。"他主张将大地主闲置的土地和农村公社的土地卖给耕作者，将教会的土地转交给农民，保障商业自由，废除苛捐杂税。这是一个试图通过立法手段来确立资产阶级私有制的改革纲领。

自 1792 年起，王后的宠臣、近卫军官曼努埃尔·戈多伊长期担任首相，独揽朝政。王室穷奢极欲，挥霍无度，腐败无能。1793 年西班牙加入第一次反法联盟，战争连连失利。1795 年戈多伊与法国签订了《巴塞尔和约》。法国以从侵占的西班牙本土撤军换取了西属圣多明各岛部分地区。戈多伊竟因此获得"和平公爵"的美名。1796 年他又接受了法国强加的《圣伊尔德丰索条约》。该条约规定：法、西结成同盟，任何一方遇有战争，另一方必须提供陆海军援助，而无权要求对方说明进行战争的原因。这样，西班牙就被绑在了频繁对外战争的法国的战车上。1805 年法西联合舰队在特拉法尔加角会战中被英国摧毁，33 艘主力战舰中只有 9 艘得以生还，西班牙与海外殖民地的联系被割断。戈多伊的内外政策引起许多贵族和资产阶级的强烈不满，反对以戈多伊为首的权奸的斗争成为国内政治的焦点。

1806 年 11 月，拿破仑颁布了旨在窒息英国的"大陆封锁"敕令，这一措施以对欧洲大陆的征服和控制为前提，因而首先和直接受害的是大陆各国。当时大陆与英国通商尚有两个窗口，即俄国和葡萄牙。俄国被迫接受《提尔西特和约》而加入大陆封锁体系。对于葡萄牙，拿破仑则有连同西班

---

① 转引自《马克思恩格斯全集》第 10 卷，人民出版社 1962 年版，第 473 页。

牙一齐吞并的打算。愚蠢的戈多伊为摆脱国内困境，向拿破仑献策瓜分葡萄牙，而由他当葡萄牙国王。拿破仑顺水推舟，策划了一个假途灭虢的把戏。1807年10月，法西两国在枫丹白露签订了关于瓜分葡萄牙和允许法军开进西班牙的秘密条约。条约尚未签字，法军已穿过西班牙北部边境，11月底占领了葡萄牙首都里斯本。翌年2月，成立了以朱诺元帅为首的葡萄牙新政府。戈多伊正期待分得一脔，拿破仑却派出10万法军源源不断进入西班牙，占据了北部许多战略要地。法国名将缪拉元帅率领大军直逼马德里。国王、王后和戈多伊准备逃往美洲，举国上下人心惶惶，积蓄已久的对戈多伊的愤恨公开爆发了。

1808年3月17日，马德里的群众捣毁了郊外戈多伊的官邸。第二天抓住他本人，将其痛打一顿。卡洛斯四世慌忙宣布退位，王储费尔南多继位，称费尔南多七世。与戈多伊长期不和的费尔南多被视为反对权奸的旗帜，受到拥护。两天后，卡洛斯四世在缪拉的支持下宣布退位诏书无效，父子反目，政局更加混乱。缪拉的军队开进了马德里。拿破仑见时机已到，摆出仲裁者的架势，把卡洛斯四世、费尔南多、戈多伊等召到法国巴荣讷城，以后又要卡洛斯四世将整个王室召来。至此，拿破仑废黜西班牙波旁王朝，取消西班牙独立的用心，图穷匕首见。

消息传到马德里，群情大哗。5月2日，发生了反对法国占领军的民众起义。几千没有组织、缺乏武器的群众与数倍于己、全副武装的法军英勇鏖战一整天。直到夜间，起义才被镇压下去。

拿破仑以马德里人民起义为借口，威逼卡洛斯四世父子放弃王位，将西班牙王室扣留在法国。继之，任命他的哥哥约瑟夫·波拿巴为西班牙国王，并赐给西班牙一部宪法，规定了君主立宪制，宣布了一些资产阶级社会的原则。拿破仑如愿以偿地把西班牙及其殖民地纳入他的帝国版图。然而，很快他就发现，这一行动铸下了大错。正如后人所说："他不仅未能控制西班牙和西印度群岛（西班牙的殖民地——引者注），而且使本来十分忍让的盟友变成不共戴天的敌人。"

全民起义和中央洪达

在拿破仑的淫威面前，西班牙大贵族和高级僧侣极尽奴颜婢膝之能事，他们的代表被"邀请"到巴荣讷迎接新国王，恭顺地宣誓效忠于新国王和新宪法。但是，民族危机唤醒了广大群众的民族意识，也为资产阶级自由派登上政治舞台创造了有利条件。波旁王室的被征服恰恰使"阻碍西班牙人民表现自己天生毅力的枷锁被打碎了"①。

继 1808 年 5 月 2 日马德里人民起义之后，在边远省份阿斯图里亚斯也爆发了起义，并建立了地方洪达②。洪达取代了旧政权，武装起人民，向拿破仑宣战。洪达与英国建立了联系，得到英国的武器援助，英国军队也开到阿斯图里亚斯。一个月内，全国各地依照阿斯图里亚斯这个"西班牙自由的最初摇篮"的榜样，组织了几百个洪达，建立了各自的军队，领导本地的抗法斗争。

洪达虽由普选产生，但当选者大都是旧制度下有名望的地主、僧侣、官僚及军官。而且各地洪达之间没有统一领导，各自为政，也没有明确的社会改革目标。它们的共同口号是：归还"我们的国王和元首费尔南多七世"，归还西班牙的独立和完整，洪达的口号受到群众的热忱拥护。在多数群众（主要是农民）的思想中，捍卫民族独立与忠于王室，保卫"圣教"，反对"无神论的法国"是合而为一的。受启蒙思潮影响的少数先进分子也开始了活动，他们竭力把捍卫民族独立与社会改革结合起来。他们代表了城市先进阶层——资产阶级、知识分子、手工业者和工人的要求。在民众情绪的推动下，塞维利亚、巴伦西亚等地的洪达实行了一些与军事有关的民主措施，如普遍兵役制（上层阶级不能例外），打破等级选拔军官，为筹集军费向贵族和富人征税，封闭修道院，拍卖贵族和修道院的地产等。可见，西班牙的反法独立战争从开始就表现出革新与反动两种倾向相交错的复杂性质。

战争开始后的一年半内，西班牙正规军担负着主要战斗任务，在国内的 3 个军团 5 万官兵，分别迎战法军。各地志愿兵民团也常常集合成大部队，或是配合正规军，或是独立作战。法军步步受阻，前进缓慢，代价高昂。法军将领杜邦率领 2 万军队去征服安达卢西亚省，在拜兰陷于西班牙正规军和民团的包围，弹尽粮绝，不得不于 7 月 20 日缴械投降。拜兰大捷戳穿了拿破仑军队不可战胜的神话，极大地振奋了西班牙军民。就在同一天，新国王约瑟夫进入马德里，首都居民家家户户门窗紧闭，教堂里丧钟乱鸣。更使约瑟夫沮丧的是，在葡萄牙对英作战的朱诺元帅与西班牙的联系被切断，西班

---

① 《马克思恩格斯全集》第 10 卷，人民出版社 1962 年版，第 466 页。
② 洪达，系西班牙语音译，意思是会议、委员会。

牙贵族中的动摇者开始明显转向反法立场。约瑟夫承认："上等人并不比流氓更忠于我。"10 天以后，他被迫撤出马德里，朱诺于 8 月底向英军投降。西班牙军民自拜兰大捷后反守为攻，节节取胜：进犯加泰罗尼亚省的法军被围困在两个要塞里；阿拉贡省首府萨拉戈萨的军民进行了英勇的保卫战并得到援军支持，迫使法军撤退；在丹麦芬宁岛为拿破仑效劳的西班牙军团也举行起义，大多数官兵冲破法军阻挠返回祖国参战。

最初的胜利使各省洪达沉醉了，它们都自称"最高政府洪达"，为了本地利益彼此争吵，甚至几乎酿成武装冲突。由于全国的强烈要求，9 月 26 日在阿兰惠斯由各省洪达和美洲殖民地的代表组成了中央洪达。中央洪达的成员几乎全是大贵族、高级僧侣和高级文武官员，其中多数是拥护专制制度的保守派，只有以霍韦利亚诺斯为首的少数人具有自由主义倾向。中央洪达似乎形成一种奇特的分工：少数派使它的宣言慷慨陈词，谴责"低能腐朽的专制制度为法国人的暴政开辟了道路"，许诺"在生活的各个领域必须进行改革"；而多数派则使它颁布法令逐项取消地方洪达的民主措施，并派出反动专员到各地"整顿秩序"，人民的爱国主义热情受到了压制。

拿破仑对西班牙战场上的失败大为震怒，他把失败归咎于将军们的无能。11 月，他亲率 30 多万法军越过比利牛斯山，以优势兵力接连几战击败西班牙军队，然后长驱直取马德里。进入马德里后，他宣布实行一系列改革，如废除封建主的领主权、取消宗教裁判所、关闭修道院等，企图吸引西班牙进步力量。他的将军们也连获大捷，占领了西班牙大部分地区。1809 年1 月，拿破仑返回法国准备对奥地利的战争，把西班牙交给约瑟夫，由将军们辅佐绥靖。然而，用刺刀送来的新制度只吸引了少数有知识的地主和资产阶级，这些人沦为法国侵略者的帮凶，被称为亲法派或约瑟夫派。法国军队夺取余下的城市仍然遇到顽强抵抗。萨拉戈萨军民进行保卫战，坚守了一个多月，法军破城后，战斗仍持续了三个星期，每条街道、每所房屋都经过血战，全城 10 万军民有 4.5 万人阵亡。加泰罗尼亚省的赫罗纳要塞坚持了七个月才被攻陷。1809 年夏天，中央洪达重新组织起 20 多万人的军队，由于训练和装备不足，连连失败。到年底，正规军基本上溃散了，大城市几乎都落入法军手中，唯一没有陷落的南部滨海城市加的斯，也处于法军炮火轰击之下。

游击战争和加的斯会议

自 1810 年起，法军在伊比利亚半岛上的主要对手是英葡联军，双方在葡西边界展开拉锯战。西班牙人民的反法斗争进入以游击战为主的阶段。

游击战在 1808 年 5 月 2 日马德里大屠杀以后就开始了。沦陷区的农民自发地拿起武器，袭击零散法军，惩罚亲法派。他们常常采取激烈的手段，将法军俘虏杀死、活埋、钉上十字架或投进火堆里烧死。12 月，中央洪达发出组织游击队的号召，游击战的规模更加扩大了。拿破仑认为，只有职业士兵才有资格战斗，武装的农民只是犯上作乱的暴徒。因此，他放纵法军士兵野蛮地对付游击战士及其亲属，烧杀淫掠，无所不为。结果，激起更强烈的反抗。1809 年，当西班牙正规军不断失利的时候，各地先后出现了由农民和溃散官兵等组织的游击队，它们的规模一般不很大，只有几十人。1810—1812 年形成 30 多支较大的游击队，每支达数百上千人。它们具有一定的组织纪律性，活动范围也不局限于家乡，但战斗一结束，就化整为零，甚至分散回家，藏起武器，从事农活。它们分别活动在北部的纳瓦拉省，西北部的坎塔布连山区，东北部的加泰罗尼亚省，从萨拉戈萨到锡甘萨的法西交通线、葡西边界和东部巴伦西亚省等地，大体形成了 6 个游击区。游击队中涌现出一些著名领袖，如农民出身的堂·胡安·马丁·狄亚士、神甫堂·黑多尼莫·梅里诺、原军官拉西、列诺瓦列斯、比利亚康帕，以及号称“小侯爵”的波尔雷和桑切斯等，其中最杰出的是使法军闻风丧胆的米纳叔侄。

哈维尔·米纳是个 20 岁的大学生，他领导的游击队活跃在纳瓦拉省及毗邻地区，以破坏法军通向葡萄牙前线的交通线为主要目标。他的队伍靠没收亲法派的财产和战利品保证给养，对普通居民秋毫无犯，因而得到人民的支持，粉碎了法军多次围剿。1810 年 1 月，他俘虏了纳瓦拉省总督，引起法军的极度惊恐。3 月，他不幸被捕，被解往法国，他的叔叔、富裕农民艾斯波斯·米纳接替了他的职位。艾斯波斯·米纳颇有才干，战术灵活机动，很快将队伍壮大到 3000 人。1811 年 5 月，艾斯波斯·米纳在阿尔拉班截击了法军元帅马塞纳的大型辎重车队，俘获 800 多名法军，只是马塞纳临时未随车队出发，才未被拿获。1812 年 4 月，在另一次伏击战中，米纳歼敌 700 人，毙命者中有约瑟夫的秘书。这些胜利震惊了拿破仑。阿尔拉班伏击战后，他曾下令贝西埃尔元帅率 7 万法军围剿游击队，其中主要对付米纳。米纳把队伍分成几个纵队，扩大游击活动区，挫败了围剿。贝西埃尔因此被撤职。到 1812 年 11 月为止，艾斯波斯·米纳指挥游击队打了 143 次胜仗，夺取 13 个要塞，俘获 1.4 万多名法军。

游击队的活动使约瑟夫的实际统治仅限于法军驻扎的地点。法军的联络经常中断，士兵不敢单独行动。法军在西班牙始终保持着二三十万人之多，其中直接与英葡联军作战的从未超过 7 万人。有多名法军元帅因无力剿灭游击队而先后被撤换。一位战争参加者写道："把法国人弄得精疲力竭的不是会战，也不是小战，而是看不见的敌人的不断的小型攻击，这些敌人遭到追击就立刻在人民群众中消失，不久又以新的力量出现。寓言中被蚊子折磨得要死的狮子，就是法国军队的真实写照。"

当沦陷区人民与法军艰苦斗争时，在未沦陷的少数地区，先进分子积极进行着社会改革活动。

中央洪达在 1810 年 1 月逃到加的斯。它因倒行逆施和战争失败而丧失威信，于 2 月自行解散。由它事先任命的五人摄政会议更加反动，甚至将中央洪达中的少数派成员逮捕下狱，将其领袖霍韦利亚诺斯解回家乡。

1810 年秋季，全国举行立宪议会选举。各地群众情绪激昂，将选举看作民族复兴的信号，许多沦陷区的游击队或武装的农民临时夺取城镇进行选举。比较民主的省份加泰罗尼亚和巴伦西亚选出的代表最多，而最反动的省份几乎没有选举。当选者约有 1/3 是资产阶级代表，其余是高级文武官员、僧侣、贵族，但政治情绪大多比较激进。许多当选者因批评和抵制中央洪达的反动措施而享有盛誉。

9 月 24 日，立宪会议在加的斯附近的累翁小岛上隆重开幕。翌年 2 月，加的斯的军事形势稍趋缓和，议会迁至城里。议会中只有 1/4 的代表拥护君主专制制度，他们被人们轻蔑地称为"奴才派"。多数代表主张建立类似英国的有限君主制，但是公民在政治权利方面应是平等的，他们自称"自由派"，其主要领袖是康加·阿奎列斯、穆尼奥斯·托雷罗和佩雷斯·德·卡斯特罗等。他们比霍韦利亚诺斯更坚决、更有毅力。许多僧侣代表为了维护教会特权而宁愿牺牲王室的特权，与自由派结成暂时的联盟。而且，加的斯是当时西班牙最激进的城市，议会开会时，居民挤满大厅的走廊，对反动分子施加压力。这样，贵族—资产阶级自由派在议会中占了优势，议会实际上成为资产阶级的临时革命政权。

议会召开后首先解散了五人摄政会议，代之以一个受它控制的三人摄政会议，然后转入主要议程：制定宪法。经过 15 个月的争论，1812 年 3 月，在法军轰击加的斯的炮声中，颁布了宪法，史称"1812 年宪法"。这部宪法是按照法国革命的精神，对封建时代限制王权的古法典进行改造的基础上制定的。宪法宣布了人民主权原则和分权原则，规定：国家最高权力机关是一院制议会，由普选产生；全体西班牙成年男子除家仆、破产者和罪犯外，都享有选举权；议会权限包括决定王位继承人、批准对外条约、设置或撤销国家官职、根据国王建议决定军队定员、规定国家财政收支、保障出版自由和制订国民教育计划等。宪法还规定在民主基础上实行地方自治，实行累进税、义务教育和普遍兵役制等。宪法自生效之日起 8 年内不得作任何修改。宪法实际上废除了封建专制君主制，把西班牙规定为具有比较充分的资产阶级民主的君主立宪国家。

议会还颁布了一系列法令以改造西班牙社会，如废除什一税和一切有关租佃的封建法律、取消行会和同业公会、规定工业自由等。这些法令如果付诸实践，则将为资本主义进一步发展扫清障碍。

自由派为了支持人民的爱国主义热情，对宗教偏见作了妥协。宪法将天主教定为国教，并禁止信仰其他宗教。但是，自由派使议会通过了关于取消宗教裁判所和废除教会所征收的许多苛捐杂税的法令，这就激起了整个教会对自由派的仇视。因而自由派的妥协策略只是授柄于人，加强了反动势力，日后成为自己的致命伤。

总的来说，1812 年宪法及其他法令是近代西班牙较好的立法文献。由于战争关系，加的斯议会的活动与广大人民的反法斗争被隔离开，1812 年宪法及其他法令只在极其有限的范围内实行。正如马克思指出的："在累翁岛有思想而无行动，在另一部分西班牙则有行动而无思想。"[1]

战争胜利和封建复辟

1812 年伊比利亚半岛上战局开始改观。拿破仑为准备对俄战争，先后撤走 18 万军队。驻西法军仍有 20 万，但战线长，兵力分散，捉襟见肘，顾此失彼。

英国将军威灵顿率领英葡联军再度进入西班牙，在游击队的协助下，捷

---

① 《马克思恩格斯全集》第 10 卷，人民出版社 1962 年版，第 483 页。

报频传。西班牙摄政会议任命威灵顿为西班牙全部武装力量的最高统帅，威灵顿按照英军编制，组织了 5 万西班牙士兵。拿破仑入侵俄国时，西班牙是欧洲大陆上的第二战场。英葡西联军中主要是西班牙和葡萄牙官兵。7 月 22 日，英葡西联军和桑切斯指挥的游击队在萨拉曼卡附近重创驻西法军副统帅马尔蒙元帅的大军。8 月，英葡西联军占领马德里。法军收缩兵力，接连丢失占领地，游击队跟踪追击，解放了这些地区。11 月，法军重占马德里。但是，由于侵俄战争失败，加之 4 年多半岛战争的煎熬，法军士气低落，在战略上转向消极防御，再次缩短战线，将兵力集中到西班牙北部埃布罗河一线，以与法国本土相依，"保卫拿破仑的后方"。

1813 年是西班牙反法独立战争凯歌行进之年。年初，游击队已大部分改编为正规军。在西北地区，波尔雷的队伍解放了加利西亚全部和阿斯图里亚斯部分地区。3 月，约瑟夫最终放弃马德里，向埃布罗河一线靠拢，桑切斯的游击队穷追不舍，为威灵顿开道。6 月 21 日，在维多利亚城附近，威灵顿指挥 8 万英葡西联军攻击由约瑟夫亲自指挥的 5.5 万法军，法军被打得七零八落，四处溃逃，伤亡惨重。联军缴获了 150 多门大炮和法国侵略者在 5 年间劫掠的 2000 辆大车财物，约瑟夫仓皇逃回法国。人们讥讽说："只剩一个拿破仑。"[①] 维多利亚一战震动整个欧洲，促使反法各国加速联合起来。10 月，反法联军在莱比锡大败拿破仑，半岛上的法军急速退回法国本土。11 月，威灵顿率军挺进法国，西班牙军队只有少数随联军作战，基本部分没有越过国界。1814 年 4 月，驻守巴塞罗那的最后一批法军撤离。5 月 18 日，西班牙领土上的战争结束了。

西班牙人民经过 6 年又 16 天的艰苦卓绝的斗争，牺牲了 30 多万人的生命，最终赢得了保卫家园的胜利，他们对于整个欧洲反对拿破仑的战争作出了重大贡献。这一点可从下列数字看出：拿破仑在 1805—1813 年共动员了 200 多万兵力，先后投入西班牙达 61 万，约占总数的 1/3。据法国复辟时期历史学家梯也尔估计，在 61 万侵西法军中，返回法国的仅有 1/3，其余都葬身他乡。

与前线形势相反，自 1812 年夏季，随着战局改观，欧洲封建势力抬头，西班牙的封建主和教会也逐渐嚣张起来。他们煽动群众的宗教情绪来反对自由派，自由派的处境日益恶化。1813 年秋季，按照宪法举行新的议会选举，

---

① "拿破仑"是当时法国金币的名称，这里用双关语来讥刺约瑟夫。

自由派只获得 1/3 的席位。不过，他们仍有一定的政治主动权。在他们的影响下，议会通过一项法令，规定凡破坏 1812 年宪法者均处以死刑。在莱比锡会战失败后，拿破仑为了防止英军从西班牙进攻法国，于 12 月 11 日强迫阶下囚费尔南多签订了《瓦朗塞条约》。按照条约，恢复费尔南多的西班牙王位，英法两国军队撤出西班牙。西班牙议会断然拒绝了这一条约，并宣布："国王不被认为是自由的人，在他尚未按照宪法规定在议会宣誓以前，任何人都不应服从他。"议会表现出捍卫民族尊严和 1812 年宪法的决心。

然而，从 1814 年 3 月费尔南多被拿破仑放回后，形势就急转直下了。费尔南多是个性格卑劣的反动分子，在法国软禁期间过着乐不思蜀的生活。他一踏上西班牙国土，就受到了反动势力和愚昧迷信的群众的狂热欢迎。加泰罗尼亚省省长郑重递交给他的 1812 年宪法被他轻蔑地塞进马车坐垫下。为了做好复辟的舆论和组织准备，他不按议会规定的路线回马德里，而是用两个月的时间绕道保皇势力最强的地区，获取了保皇派军队的效忠誓言。大贵族也汇集到他周围，向他提供财政支持。自由派领袖康加·阿奎列斯等忐忑不安地注视着费尔南多和保皇势力的活动，幻想费尔南多到马德里后会"了解人民的真实愿望"，因而怯懦地拒绝了艾斯波斯·米纳等人提出的采取果断措施的建议。

费尔南多准备就绪，于 5 月 4 日在巴伦西亚公然宣布宪法从来无效，并任命反动将军埃及阿为马德里所在省省长。5 月 10 日夜间，埃及阿策动政变，逮捕了全部著名的自由派领袖。5 月 13 日，费尔南多进入首都。接踵而来的是议会和省议会、市政府被解散，宗教裁判所、地主的一切特权、同业公会和行会制度以及臭名昭著的宠臣制的恢复，成千上万的自由派被监禁或流放。

1808—1814 年西班牙革命是在反拿破仑侵略的战争中发生的，负有捍卫民族独立和进行民主改革的双重任务，其实质是建立满足资本主义发展的民族国家。由于"对拿破仑的胜利就是欧洲的君主国对法国革命的胜利"①，西班牙革命也不能避免这一厄运。反法独立战争的胜利引出了资产阶级民主改革的失败。西班牙人民从拿破仑帝国统治下获得解放，而又回到黑暗落后的封建专制制度之下。

但是，这次革命揭开了西班牙资产阶级革命的历史，成为 19 世纪中五

---

① 《马克思恩格斯全集》第 22 卷，人民出版社 1965 年版，第 35 页。

次革命①的第一幕。它为西班牙人民留下两笔遗产，精神遗产是昭示了新社会制度原则的 1812 年宪法，物质遗产是经过战争改造的军队。战争摧毁了军队的贵族体制，来自各阶层的优秀分子和游击队领袖加入了军官行列，军队成为西班牙社会最革命的部分。但同时，军队由于在战争中长期失掉中央政府的控制，纪律松懈，又易于成为领导者手中的工具。在以后的革命中可以看到，1812 年宪法一再被先进分子奉为斗争的纲领，而军队既是革命的主要策源地，又以其御用军特性损害革命。

---

① 即 1808—1814 年、1820—1823 年、1834—1843 年、1854—1856 年和 1868 年的五次革命。

希腊独立战争

王延生

　　希腊是世界著名的文明古国，欧洲文明的摇篮。自罗马帝国以来，它却遭受了十几个世纪的外族统治。尤其是自 1453 年君士坦丁堡陷落以后，希腊蒙受了奥斯曼帝国近 400 年的军事封建制度的奴役。它在 1821 年爆发全民起义，开始了长达 8 年之久的争取民族独立的战争。这场战争是希腊历史上的重要里程碑，希腊民族从此获得新生，走上独立发展的道路。

独立战争的历史背景

　　希腊独立战争是土耳其统治阶级残酷剥削和压迫希腊人民而引起的，是腐朽的奥斯曼军事封建制度阻碍资本主义经济发展的结果。

　　奥斯曼帝国经济落后，生产力水平很低。从 17 世纪起，商品交换和对外贸易逐渐增长，自给自足的自然经济日渐解体，资本主义经济开始发展，这在希腊地区尤为突出。17—18 世纪希腊手工业获得发展，出现纺纱、染沙、丝织、制皂等手工业作坊。在曼泰莫霍里亚镇，冶炼白银的规模很大，白银匠达 500—600 人，他们向国家缴纳的年税高达白银 220 奥卡①。当时雅尼纳城的手工业最发达，泥瓦匠、裁缝、皮匠、制枪匠、金银匠、石匠等分别建立了行业组织。19 世纪初，纺织业发展较快，产品有棉纱、棉布、毛呢以及丝织品等。一些产品除满足国内市场外，还销往国外。

　　由于生产发展，贸易日益增长，雅尼纳、萨洛尼卡、佩特雷等地成为希腊国内的重要市场。希腊商人把橄榄油、葡萄干、棉花、酒、皮革、羊毛等农副产品销往国外，再把铜、铁、细布、绸缎等从国外运回本国。18 世纪

---

　　① 奥卡，土耳其重量单位，1 奥卡等于 1.28 公斤。

末，希腊的出口总额达 900 万戈罗西亚①，进口额 500 万戈罗西亚。18 世纪下半叶，海运业发展起来，希腊商船队驶出爱琴海进入地中海。梅索朗吉昂、伊德拉岛、普萨拉岛等地，发展成航海、修船和造船的重要基地。希腊商人和船主们沿多瑙河贩运货物，渐渐地掌握了奥斯曼帝国同德、奥、俄等国之间的贸易。在 19 世纪初拿破仑战争期间，他们还冲破英国的海上封锁，把大批货物源源不断地运到法国港口，获得高额利润。

随着资本主义经济的产生和发展，希腊出现了以手工业主、船主和商人为主的资产阶级，然而土耳其的军事封建制度却妨碍着他们的发展。19 世纪初奥斯曼帝国日渐衰弱，地方封建割据严重，地区间的贸易往来受到限制。希腊的商人和船主不仅要向土耳其中央政权缴纳捐税，而且遭受地方官吏的敲诈勒索和种种迫害，生命财产毫无保障。商人不敢把资本转入工业企业，商船主被迫寻求外国庇护，在船头挂起沙俄等国旗帜，或者被迫将船长期停泊在港口。手工业主由于英国廉价工业品进入希腊市场而纷纷破产。新兴的希腊资产阶级的生存和发展受到严重威胁。

在对外贸易交往中，希腊资产阶级开阔了视野，对西方的进步思想和文化有了更多的了解。启蒙学者伏尔泰、孟德斯鸠、卢梭等人的"人身自由和思想自由是不可剥夺的权利"的观点，以及"在法律面前人人一律平等"和建立共和国的主张，对他们产生了积极的影响。一些先进分子逐渐认识到，希腊人要获得自由，取得生存和发展的条件，必须摆脱奥斯曼帝国的统治，建立民族国家。

1789 年法国资产阶级革命，犹如一盏明灯照亮了黑暗的欧洲上空，也给受奴役的希腊人带来了希望。在它的影响下，希腊资产阶级革命家和爱国诗人里加斯·维列斯迪利斯（1757—1798 年）首先把希腊人民的夙愿变成了行动的纲领。里加斯出生在希腊色萨里亚一个富商之家，因不堪忍受土耳其人的压迫，流亡国外，侨居布加勒斯特和维也纳等地，从事爱国活动。他翻译出版西方进步书刊，创作爱国诗歌，对希腊人进行启蒙教育；同时积极筹划武装起义，创建了秘密组织"埃特里亚"（"社团"之意），制定了希腊未来的宪法，绘制了可供起义用的希腊大地图。他提出了巴尔干各国人民联合起来，共同反对奥斯曼帝国统治以及建立共和国等革命主张。1797 年末，正当他离开维也纳准备绕道的里雅斯特回国发动武装起义时，被奥地利当局逮

---

① 戈罗西亚，土耳其货币单位，在当时其价值相当于法国法郎。

捕，并被转交给土耳其政府。1798 年 6 月里加斯被土耳其当局杀害。正如他在临终时所说，"我已播下了自由的种子，它必将在希腊人民的心田成长、壮大、开花、结果"。

广大希腊农村，土地占有情况极不合理。据统计，1821 年起义之前，在伯罗奔尼撒地区，每个土耳其人平均占有 6 公顷耕地，而每 3 个希腊人还不到 1 公顷耕地。这深刻地反映了两个民族的不平等地位。希腊农民受着残酷的剥削，要缴纳地租，支付人头税和什一税等苛捐杂税，负担十分沉重。到 19 世纪初，什一税比过去增加了一倍，即从过去占土地收成的 1/10 增加到占土地收成的 1/5。

很多农民陷入绝境，被迫逃入深山老林过野人般的生活，或拿起武器进行反抗，成为"克来夫特"（"盗贼"）。"克来夫特"劫富济贫，打击土耳其地方官吏和封建势力，深得农民拥护。他们长期活跃在伯罗奔尼撒、色萨里亚等地区，但他们一直处于自发的分散状态，既不能动摇土耳其的统治基础，也经受不住反动势力的联合进攻。1805—1806 年伯罗奔尼撒的"克来夫特"，就在土耳其当局的镇压下遭到失败，其领袖科罗克特洛尼斯（1770—1843 年）被迫逃往爱奥尼亚群岛。截至 19 世纪初，希腊人民虽然进行了一系列的反抗和斗争，但均遭失败。

1814 年希腊革命组织——友谊社在敖德萨建立，其创建人是尼·斯库发斯等三人。斯库发斯（1779—1818 年）原是希腊阿尔塔地区的手工业者，因不堪忍受土耳其的残酷统治，流亡到敖德萨，一面经商，一面从事革命活动。敖德萨是重要商埠，侨居着大批希腊商人和船主。斯库发斯接受了里加斯的革命思想和正确主张，决心在希腊乃至整个巴尔干发动武装起义，推翻奥斯曼帝国的统治，建立独立自由的民族国家。成立友谊社是为了团结爱国同胞，"以便依靠他们自己的努力，实现长期寄希望于基督教国君主发慈悲而不曾得到的一切"。友谊社的成立表明希腊资产阶级有了新的觉醒，希腊民族解放运动进入了一个新的历史阶段。

友谊社肩负起组织和发动群众的任务。为了免遭敌人破坏，它一开始就建立起一套严密的制度，处于秘密状态。它的最高领导机构称为"无形政权"，最初由 3 个创建人组成，后来扩大为 10 人。成员之间的联系采用密语和暗号，如"刺"代表敌人，"花"是朋友，"树"是枪，"2"表示伯罗奔尼撒，"118"是科罗克特洛尼斯，等等。新成员入社必须宣誓，保证严守组织机密，忠于友谊社。

1814—1818 年，友谊社的活动局限在希腊侨民之中，组织发展缓慢，影响不大。为了便于同希腊内地取得联系，1818 年根据斯库发斯的提议，友谊社将总部迁到奥斯曼帝国的京城君士坦丁堡，还向希腊内地派出了一批"使者"。这些"使者"很快在希腊各地建立起友谊社的组织，两三年内其成员发展到 8 万多人。当时保加利亚、罗马尼亚和塞尔维亚等国人民也遭受着土耳其的统治，与希腊人民有着共同的命运和愿望。友谊社在保、塞、罗等国人民中也建立了支部。它的领导人还与这些国家的革命者建立了广泛的联系，决定共同反对奥斯曼帝国的统治。

1818 年斯库发斯逝世。1820 年阿莱克桑兹罗斯·依普希兰狄斯（1792—1828 年）被选为友谊社的总负责人。此人是法纳尔贵族出身。其父康斯坦丁曾先后为摩尔多瓦和瓦拉几亚公国的大公，1806 年在俄土战争中投靠俄国，带领全家侨居基辅，其祖父因此被土耳其人杀害。阿·依普希兰狄斯在俄军中曾荣立战功，得到沙皇的赏识，被提升为少将。他在希腊侨民中颇有声望。1820 年 10 月，在他的主持下，友谊社在比萨拉比亚的伊兹梅尔召开了一次重要会议，就是否立即发动起义以及举事的地点等问题进行讨论。会议决定，两个月后，即待依普希兰狄斯回到希腊，立即在伯罗奔尼撒举行起义。

1821 年起义与宣布独立

1821 年 3 月 6 日，依普希兰狄斯率领友谊社的部分成员，从俄国渡过普鲁特河进入罗马尼亚的雅西，宣布希腊总起义开始。他决定发动这里的希腊人起义，然后南下，经保加利亚和马其顿等地打回希腊去。据说，他所以改变友谊社原来的起义计划，是因为土耳其当局掌握了希腊人的秘密。一周之内，共有 2000 多名希腊人、保加利亚人、塞尔维亚人等参加起义。在向瓦拉几亚进军的途中，又有 5000 人加入起义军。这时，符拉基米列斯库领导的罗马尼亚人民起义正方兴未艾，并于 4 月 2 日攻占了布加勒斯特。最初希、罗两国起义军曾互相合作、共同战斗。不久，这两支起义军由于敌人挑拨离间而发生矛盾，依普希兰狄斯指责符拉基米列斯库勾结土耳其人，竟错误地把他杀害。最后在土耳其军队的镇压下，两支起义军都遭到失败。依普希兰狄斯逃入奥地利，遭奥当局监禁。从此，友谊社失掉领导核心，到 1821 年末已不复存在。

友谊社成员在希腊本土发动的大规模起义，为希腊独立战争的最后胜利奠定了基础。当依普希兰狄斯宣布总起义时，希腊伯罗奔尼撒地区正在进行着起义的最后准备。"每天深夜，希腊的制枪匠、铁匠、木匠和其他人，都背着土耳其人和他们自己的妻子，赶制战争必需品。"1821年3月28日，举行起义。友谊社成员尼古拉奥·苏利奥底斯领导阿格里季村的农民杀死了土耳其税史。他们攻打卡拉夫利塔镇，迫使土耳其三个哨所的士兵投降。

一般人认为，1821年三月二十五日（儒略历，即公历4月6日）是伯罗奔尼撒武装起义正式开始之日，独立后，被定为希腊国庆日和独立日。这一天，在佩特雷市的圣乔治广场，起义群众在主教捷尔曼诺斯竖起的大十字架前进行宣誓，成立"革命指挥部"，并向各国驻该城的领事发出照会，宣布希腊革命开始①。在卡拉梅城也爆发了起义，建立了"麦锡尼参议院"②。起义队伍迅速扩大，土耳其驻军龟缩到碉堡中等待援兵。希腊起义军民解放了大片领土。

伯罗奔尼撒爆发起义后，希腊其他地区的人民也揭竿而起。4月7日，斯佩采岛宣布起义，派出11艘武装船支援伯罗奔尼撒的起义军。4月22日，邻近土耳其海岸的小岛普萨拉，也勇敢地响应起义。4月28日，伊德拉岛起义军民派出战船控制科林斯地峡。5月7日，阿提卡地区的武装村民冲进雅典，迫使土军退守卫城。6月1日，梅索朗吉昂首次获得解放。短短的两个月内，起义的烽火就从伯罗奔尼撒燃烧到爱琴海诸岛屿和中部希腊（鲁麦里）地区。

土耳其政府用高压手段对付要求独立的希腊人民。伊斯兰教的一些极端分子乘机要求宣布"圣战"，杀掉奥斯曼帝国境内的全部希腊人。在君士坦丁堡等地，开始了对希腊人的大屠杀，东正教君士坦丁堡教区总主教格里高

---

①　关于希腊革命开始的时间和地点，在希腊史学著作中存在着不同的说法。其一是：革命开始于1821年3月6日，即依普希兰狄斯渡过普鲁特河进入雅西之日。伯罗奔尼撒的起义也并非发生在3月25日，而是在此之前1838年奥托国王决定3月25日为国庆日是为了赋予它"宗教色彩"，即与福音日联系在一起。其二是：捷尔曼诺斯领导起义者宣誓之日是在三月二十三（儒略历）。其三是：捷尔曼诺斯领导宣誓的地点不是在佩特雷，而是在圣拉符拉。其四是：根据1981年雅典出版的《历史》月刊报道，保存在荷兰国家档案馆中新发现的文献证明，捷尔曼诺斯主持的宣誓，"确实是在佩特雷的圣乔治广场，恰恰是在1821年三月二十五日"。笔者此处采用了第四种说法。

②　原文为ΜΕΣΣΗΝΙΑΚΗΓΕΡΟΥΣΙΑ，可译为麦锡尼元老院、参议院、第二议院等。是该地区起义的指挥机构。

利五世也被杀害①。

土耳其政府的大屠杀，使希腊人的斗争更加波澜壮阔。起义军民在陆地上击溃了一支 3000 多人的土军，在海上也战胜了土耳其舰队，烧毁了一艘土耳其双甲板的大军舰。随后起义军向特里波利斯集结，包围了这座伯罗奔尼撒的首府。从 7 月起，战斗日趋激烈。著名起义军首领科罗克特洛尼斯，同意土军中阿尔巴尼亚籍士兵携带武器撤走，孤立了敌人。10 月 5 日城门被打开，希腊人潮水般地涌进市内。特里波利斯的解放，是独立战争中的重要事件。至此，伯罗奔尼撒全境，除少数孤立的据点外，已获解放。

1822 年 1 月初，希腊起义者们召开了第一届希腊国民会议，正式宣布希腊独立，并通过了希腊宪法，建立了两个领导机构：议会和执行委员会（即政府）。执行委员会由 5 人组成，马夫罗柯尔达托斯②任主席。议会由 70 人组成，季·依普希兰狄斯（1793—1832 年）被选为议长。季·依普希兰狄斯是友谊社总负责人阿·依普希兰狄斯之弟。他受友谊社之托，于 1821 年初到达伯罗奔尼撒领导起义，在独立战争中曾发挥过重要作用。第一届国民会议的召开及宣布独立，大大地鼓舞了希腊人民的斗志，在国外引起很大反响。

土耳其当局的疯狂镇压

1822 年 6 月，土耳其苏丹派出大军前来镇压宣布独立的希腊人民。这支土军由步兵 2.3 万人、骑兵 6000 人组成，几乎没有遇到任何抵抗就到达了科林斯卫城。土军统帅德拉马里斯因此而愈加轻敌，一面向土耳其政府谎报军情，说希腊革命已被镇压下去，一面轻率地挥师南下，深入伯罗奔尼撒内地。科罗克特洛尼斯再次显示了卓越的军事指挥才能。他在阿尔沃斯和德尔维纳齐亚部署兵力，对敌人进行伏击和堵截，杀伤大量敌人，赢得了时间。土军迟迟不能到达预定地点，粮秣供应发生困难，被迫返回科林斯。但希军已截断其退路，并利用复杂的地形，取得伏击的重大胜利。德拉马里斯率少数残兵逃回科林斯，不久忧郁而死。残存的 5500 名土军官兵，在逃往佩特

---

① 总主教因拒绝提供著名的希腊人的住址，被一伙土耳其暴徒吊死之后抛入大海。后尸体被希腊人打捞上来运往敖德萨安葬。

② 马夫罗柯尔达托斯原侨居意大利，1821 年起义后返回希腊，曾任执行委员会主席、部长、大使等职。

雷的途中再次受到截击，除少数人搭船逃脱外全部被歼。至此，这支 3 万人的土耳其大军，终于在希腊军民的打击下全军覆没。科罗克特洛尼斯因战功卓著，被任命为伯罗奔尼撒地区希军总司令。

希腊人的胜利严重地挫伤了土军的士气。当原驻伯罗奔尼撒土军司令胡尔锡特帕夏企图再次调兵镇压起义军民时，土军士兵拒绝前去送命。土耳其苏丹因此对胡尔锡特帕夏的忠诚产生怀疑，派出刽子手来取他的头颅，胡尔锡特帕夏被迫服毒自杀。土耳其当局一时陷入混乱，无法立即派军前去镇压。

这时，希腊人本应利用有利时机乘胜前进，及时拔除敌人在伯罗奔尼撒半岛上的几个孤立据点，然后挥师北上扩大战果，解放希腊中部和北部地区，以便赢得独立战争的最后胜利。可是，希腊政府和军事首领们，忙于内部权力之争，贻误了战机。1824 年 4 月，召开了第二届国民会议，科罗克特洛尼斯被排斥在会议之外，并被撤销了总司令的职务。科罗克特洛尼斯及其拥护者不服，号召人民拒绝承认政府。为摆脱困境，执行委员会委任科罗克特洛尼斯为执行委员会副主席。但他在政府中处境孤立，无法正常工作，被迫辞职。随后，他派其子带兵冲进议会，驱散议员。部分议员逃到克拉尼基，建立了新的议会和政府。于是在 1824 年，形成两个政府并存的局面，并造成了第一次内部武装冲突。在冲突中，科罗克特洛尼斯失败，被迫放弃纳夫普利昂。不久，伯罗奔尼撒封建势力又联合科罗克特洛尼斯，起来反对当权者。经过激战，当权者获胜，科罗克特洛尼斯等人遭逮捕。1825 年初，希腊的第二次内部冲突结束。革命力量遭到严重损失，独立战争的形势开始恶化。

土耳其苏丹利用希腊内乱之机，重新集结军队，同时向名义上臣服于他的埃及国王穆罕默德·阿里求援。经协商，阿里同意帮助土耳其镇压希腊革命者，而土耳其苏丹则应允事成后将克里特、塞浦路斯等地割让给埃及。1825 年初，阿里派其子易卜拉辛统率 9 万名埃及陆海军前去镇压希腊起义军民。2 月 23 日，埃及步、骑兵 4000 余人在伯罗奔尼撒南端的麦索尼登陆，随后大批埃军进入该半岛。希军未能阻挡住埃军的进攻。希腊政府迫于舆论的压力和形势的要求，释放了科罗克特洛尼斯，再次委任其为总司令。但局面已难扭转，埃军占领了特里波利斯及半岛的绝大部分地区。

在鲁麦里地区，土耳其纠集了一支 3 万多人的军队，从 1825 年初开始围攻战略要地梅索朗吉昂，久攻不克，伤亡惨重。1825 年 12 月末，易卜拉辛率 1.7 万名埃军增援土军，共同攻城。希腊军民顽强抵抗，宁死不屈。1826 年 3 月末，城中开始断粮。守城军民以草、树皮、猫、狗、老鼠等充饥，坚持战斗。敌人几次诱降，均遭拒绝。城中疾病蔓延，死亡者日益增多。4 月 22—23 日夜，守城军民英勇突围，7000 名居民只有 300 人死里逃生，3000 多名战士也只有 1/3 幸存。

梅索朗吉昂的陷落，说明希腊军民处境十分困难。这时在伯罗奔尼撒，希腊人仅仅控制着纳夫普利昂和马尼地区，鲁麦里地区几乎全部落入土耳其人之手。海岛上的居民人心惶惶，准备逃往外地。但土耳其当局消灭希腊革命的目标并未实现，希腊政府仍然存在，希腊军民仍在坚持战斗。科罗克特洛尼斯领导军民采用游击战术，到处袭击敌人，埃军没有一天不遭到杀伤。在鲁麦里地区，新任总司令的另一起义军领袖卡拉依斯卡吉斯也采用相似的战术袭击敌人。起义队伍又重新活跃起来。

欧洲大国的干涉和独立战争的胜利

自 1814 年拿破仑战败后，欧洲列强重新划分了势力范围，并于 1815 年建立了旨在反对各国革命运动的"神圣同盟"。1821 年希腊革命正是在此种国际形势下爆发的，因此它当即遭到英俄等欧洲列强的敌视和反对。欧洲列强担心，接连发生的意大利、西班牙以及希腊革命将引起连锁反应，破坏欧洲的现状，损害它们的利益。另外，向外扩张，争夺势力范围，又是列强的本性。俄国政府借总主教格里高利被害之机，在向土耳其提出抗议的同时，照会其他列强，提出希腊自治的主张，随后又提出肢解希腊，建立三个自治公国的方案。当希腊人民获得节节胜利并宣布独立后，英国政府于 1823 年 2 月指示其驻君士坦丁堡大使向土耳其政府声明：如果土政府拒绝履行不迫害奥斯曼帝国境内基督徒的诺言，英国将难以与土耳其保持友好关系。接着，英国政府宣布承认希腊为"战斗的一方"，于 1824 年开始向希腊临时政府提供贷款。

1826 年以后，列强更加注意希腊问题。沙皇尼古拉继位伊始，就向土耳其提出以战争相要挟的最后通牒。英国政府担心，一旦俄国通过战争打败土耳其，它将会控制黑海海峡，希腊问题也将完全按它的意愿解决。"英国是不能同意俄国占领达达尼尔海峡和博斯普鲁斯海峡的。俄国如果占领这两个海峡，无论在贸易方面和政治方面，对英国实力都是一个深重的打击，甚至是致命的打击。"① 因此，英国政府决定与俄国实现某种妥协，以便牵制沙皇俄国的行动，防止它抛开英国独自与土耳其解决希腊等问题。在梅索朗吉昂城陷落的前几天，即 1826 年 4 月 4 日，英俄两国签订了《彼得堡议定书》。两国决定"调解"希腊问题，让其成为一个自治国，仍隶属于奥斯曼帝国，每年向它缴纳赋税。议定书还规定，两国都不在希腊谋求特权。就是说，双方都想阻止对方在这一地区取得优势。

法国不甘心在解决希腊问题上做旁观者，也要插手其间。1827 年 7 月 18 日，法国同英、俄在伦敦签订了一项三国协定。此协定基本上重复了彼得堡英、俄议定书的条款，但有一项补充规定：要求希、土双方立即停火，否则三国将采取行动。随后三国分别向希腊海域派出舰队。1827 年 10 月 20 日，三国舰队驶入纳瓦里诺海湾，受到土、埃舰队的袭击，于是爆发了著名的纳瓦里诺海战。经 4 小时激战，土、埃联合舰队遭到惨败，共有 59 艘各种战舰被击毁，6000 多名水兵被击毙。

土耳其遭受这一沉重打击后，希腊地区的形势发生深刻变化。随后不久，即 1828 年 4 月 26 日，俄土战争爆发。日趋衰落的奥斯曼帝国抵挡不住俄国的进攻，被迫在 1829 年与俄国签订了《阿德里安堡条约》，表示接受俄、英、法三国关于解决希腊问题的伦敦协定。在俄土战争期间，法国军队占领了伯罗奔尼撒，埃及军队被迫于 1828 年 10 月撤出希腊。

欧洲列强的上述活动，显然是出于自身利益的需要，为了争夺对该地区的控制权，扩大和巩固自己的势力范围，但客观上牵制并削弱了土耳其的力量。这时希腊内部的派系斗争略有缓和。在 1827 年 4 月召开的国民会议上，各党派取得妥协，决定邀请颇有影响的卡波狄斯特里亚（1776—1831 年）前来希腊主持政府。此人生于希腊，曾在俄国控制的爱奥尼亚"七岛共和国"任职。他的亲俄态度和能力深得俄国沙皇的赏识。他曾应邀去俄国，担任过沙皇的外交大臣，这时他已侨居西欧。1828 年初，他来希腊主持政府，采取一些整顿和改革措施，修改宪法，把权力集中在政府手中；整顿军队，加强纪律性，打击海盗和重新任命军官等。希腊的混乱局面有所改变。希腊军队利用有利时机开始反攻，于 1828 年先后解放了莎罗纳、卡尔贝尼西、沃尔察等地，1829 年占领安提里欧、纳夫巴克托等地。5 月 14 日，英雄城市梅索朗吉昂的上空重新升起希腊国旗。1829 年 9 月 24 日，由季·依普希

---

① 《马克思恩格斯全集》第 9 卷，人民出版社 1961 年版，第 14 页。

兰狄斯率领的希腊军队，在提佛附近的别特拉与5000多名土军交战，获得全胜。经过谈判，土军决定撤出鲁麦里地区。这是历时八年半之久的希腊独立战争的最后一役，它以希腊人的辉煌胜利而结束。

1830年2月3日，英法俄三国代表在伦敦签订了新的议定书，第一次规定："希腊将成为一个独立的国家，在政治、行政管理、贸易等方面享有完全独立的权利。"1830年4月，土耳其政府宣布接受三国的此项议定书。这样，希腊的独立正式获得国际上的承认。

在谈到希腊独立战争的胜利时，一些学者往往特别强调列强干涉的作用。英国学者休特利等人认为，"希腊的独立战争如果没有外国列强的武装干涉就不能赢得胜利"。这就忽视了希腊人民的作用。应当说，列强的干涉，削弱了土耳其的力量，客观上对希腊人民的反土斗争是有利的。但从根本上说，希腊独立战争的胜利，是希腊人民长期浴血奋战的结果。没有希腊人民长达八年半之久的流血牺牲，就没有希腊独立战争的胜利，也就没有希腊国家的独立。

希腊独立战争是在法国大革命后不久进行的。当时西欧大陆正处在资产阶级革命的时代，希腊独立战争不可避免地打上了这个时代的烙印。欧洲启蒙思想和法国资产阶级革命促进了希腊人民，尤其是资产阶级的觉醒，推动了希腊革命的爆发。

在这场战争中，革命领导者的重担落在新兴的资产阶级肩上。农民和其他劳动群众人数最多，受压迫和剥削的程度最深，积极地参加了战争，并成为它的主力军。希腊的其他阶级和阶层，如封建地主阶级和僧侣等，也程度不同地参加了这场斗争。希腊独立战争使希腊摆脱了400年奥斯曼帝国的统治，开始走上民族独立发展的道路，为希腊历史的发展开辟了新纪元。

希腊是第一个脱离奥斯曼帝国的版图获得独立的巴尔干国家。尽管当时希腊的独立是很不完全的，它的领土面积还很小，欧洲大国还主宰着它的内部事务，包括决定它的疆界、选择国王等，但希腊毕竟以一个独立国家的形式出现在世界民族之林。它的独立削弱了土耳其的力量，使巴尔干其他国家的人民受到鼓舞，促进了塞尔维亚、罗马尼亚、保加利亚等国民族解放运动的发展。

希腊独立战争在欧洲曾引起强烈反响，得到欧洲各国人民的同情和支持。英、法、俄、德、意、西、瑞（士）等国人民，曾掀起声势浩大的支持希腊的运动。许多进步人士在报刊发表文章，大声疾呼，声援希腊革命。著名诗人拜伦、普希金等曾满怀激情，写出了歌颂希腊人民争取自由的诗篇。一些国家的人民群众自动建立起支援希腊的组织，负责筹集款项和组织志愿人员去希腊作战。据统计，共有 2000 多名外国志愿者为希腊的独立事业献出了生命，其中包括拜伦。欧洲各国人民有力地支援了希腊革命，希腊人民的斗争也促进了欧洲革命运动的发展。希腊史学家科基诺斯认为，"对此，希腊人可以引以为骄傲，因为像希腊斗争引起的这种世界性的风潮之类的事件，在各文明国家人民的历史上还不曾有过"。

此外，希腊独立战争加剧了欧洲列强在东方问题上的矛盾和斗争，削弱了反动的"神圣同盟"体系，有利于欧洲各国人民的革命斗争。

三次瓜分波兰

刘邦义

波兰在历史上曾多次遭受外族的奴役和侵略。18 世纪后半叶，1772 年、1793 年和 1795 年，波兰三次被沙皇俄国、普鲁士和奥地利瓜分，给波兰人民带来了深重灾难。

瓜分前的波兰

波兰于公元 10 世纪形成封建国家。经过连年战争和领土变迁，到 16 世纪，波兰成为东欧强国。它的疆域北抵波罗的海，南到黑海沿岸，西起奥得河，东迄第聂伯河以东。17 世纪上半叶，其版图达到 99 万多平方公里，人口 1500 多万。从 17 世纪中叶起，波兰逐渐趋向衰落，终于沦为强邻争夺的对象。

波兰国势衰落的一个重要原因是封建奴隶制严重地阻碍了生产的发展，致使经济状况恶化。当时的波兰仍实行着劳役庄园制度。它的劳役庄园制与西欧的粮食市场有密切的关系。16 世纪和 17 世纪上半叶，西欧的粮食市场行情好，价格高，促使波兰的农业发展，粮食出口增长。英国资产阶级革命后西欧一些国家的生产关系也发生了巨大变革。从 17 世纪下半叶起，西欧不少国家粮食已能自给，对粮食的需求减少，粮价下降，波兰的粮食出口也随之减少，农业生产衰退。据统计，17 世纪 60—70 年代的 10 年间，经格但斯克（波兰主要进出口港）出口的谷物下降了 25%，谷物生产下降了 30%。

波兰经济状况的恶化，不仅使广大农民生活困苦，也使部分中小贵族纷纷破产。大贵族、大地主控制着波兰的经济命脉。他们乘机兼并土地，加强农奴制，把广大农民牢牢地束缚在土地上，从而中断了农民同市场的联系，使中小商人和手工业者逐渐破产，造成城市的衰落。

波兰国势衰落的另一原因是政治制度腐败。波兰从 14 世纪开始形成君主制度，但从来没有出现过像西欧和俄国那样强大的王权。后来，君主制逐步为贵族民主制所代替。1573 年确立了所谓"自由选王制"的原则，规定国王不是由世袭而是由贵族选举产生。国王必须每两年召开一次国会，未经国会同意，国王不得决定诸如宣战、媾和、征兵和征税等重大问题。自由选王制为贵族争权和外国干涉打开了方便之门。自由选王制明文规定，外国人有资格竞选波兰国王。据统计，1572—1795 年的 220 多年间，共选举了 11个国王，其中 7 个是外国人。

国王的宝座一旦被外国人占据，波兰的政治就更加混乱、腐败。这些外国人虽然当了波兰国王，但波兰的一切内政外交措施却以他们本国利益为转移，根本不维护波兰国家的利益。每次选举，总要出现极为复杂的局面，不仅波兰国内的贵族代表互相角逐，四邻诸国也纷纷插手，为波兰王位继承问题而兵戎相见，各国都力图把波兰置于自己的影响之下。

波兰政治制度的另一弊端是所谓自由否决权。随着贵族势力的强大，到17 世纪下半叶，大贵族控制了国家。1652 年，国会通过了自由否决权，即一切议案须经全体议员的同意才能通过，只要一人反对就不能通过。也就是说，人人可以使用否决权，结果什么决议也不能通过。长期以来，波兰国会制定的法案非常之少。在 1652—1707 年的半个多世纪中，共召开过 55 次国会，竟有 48 次没有通过任何决议，往往是议员们各执己见，吵骂一通了事。

自由选王制和自由否决权是波兰中央政府瘫痪、国力由盛而衰的重要因素。在这种情况下，波兰在对外战争中无力抵抗他国。波兰与瑞典、土耳其和俄国的多年战争，使国家遭到严重破坏，领土被占领，国际地位一落千丈。

波兰复杂的民族构成以及众多的教派也给波兰带来了不利的影响。当时波兰是一个多民族的国家，除波兰人外，还有相当数量的乌克兰人、白俄罗斯人、德意志人和犹太人。波兰人信奉天主教，乌克兰人和白俄罗斯人信奉东正教，而犹太人则信奉他们传统的犹太教。凡此种种都为外国的入侵造成了可乘之机。

波兰的东邻是俄国。早从 17 世纪起，沙皇俄国就常常利用乌克兰人民反对波兰民族压迫和封建统治的起义，打着维护"民族原则""信教自由""解放各族人民"的旗号，干涉波兰内政。1700—1721 年爆发了俄国和瑞典争霸的"北方战争"，俄国把波兰作为它的重要战场，不断派军队占领波兰的大片领土。波兰的国民经济遭到严重破坏。1721 年俄国打败瑞典，巩固了在北方的地位之后，进一步把魔爪伸向波兰。它用重金收买波兰反动大贵族，扶植亲俄势力；唆使部分议员运用自由否决权，以武力威迫波兰国会保留落后的《根本法》①，并通过了把波兰军队裁减到 2 万多人的决定（当时俄国却拥有 33 万军队）。到了奥古斯特三世（1733—1763 年在位）时代，波兰军队又减少到 1 万人以下，防御力量更加薄弱。叶卡特琳娜二世（1762—1796 年在位）继承了彼得一世的扩张政策。波兰是沙俄向西扩张的必经之地和最近的战略目标。

波兰的西邻是普鲁士。17 世纪下半叶，普鲁士成为中央集权君主专制的国家。它不断进行对外战争，版图逐渐扩大。1655 年，瑞典与波兰战争期间，普鲁士乘机与瑞典联合大破波兰军队。弗里德里希二世（1740—1786 年在位）时代，普鲁士在奥地利王位继承战争期间（1740—1748 年）侵占了原波兰领土、当时属奥地利的西里西亚地区，成了欧洲强国之一。普鲁士早已垂涎波兰的格但斯克等地区，它想占领这块领土把它的东西两块领土连为一体，而且占有维斯瓦河口控制波兰的对外贸易，并最终占领波罗的海沿岸地区。

波兰的南邻是奥地利。1515 年，奥地利侵占了波兰领土西里西亚，后西里西亚又被普鲁士占领。奥地利不甘心失去西里西亚，而且对波兰南部的其他领土，尤其是加里西亚，也早就怀有野心。

第一次瓜分

1764 年 4 月，叶卡特琳娜二世和弗里德里希二世签订了"友好"同盟条约，其中明文规定要"维护"波兰的现存制度，必要时向波兰进驻俄普军队。同年，当波兰举行国会选举时，俄国立即派出 5 万重兵开抵俄波边境，施加压力。结果，叶卡特琳娜二世的情夫斯坦尼斯瓦夫·奥古斯特·波尼亚托夫斯基当选为波兰国王。波尼亚托夫斯基登上王位后，站在俄国一边，结成反土耳其的"波俄联盟"，并允许东正教徒出任公职。

第一次瓜分前的波兰，如同一个垂危的病人，没有多大力量抵抗外国的

---

① 1768 年由波兰国会通过，其主要内容是"自由选王制""自由否决权"、给贵族以特权，限制国王的权力和给异教徒以平等权。

侵略。普鲁士国王弗里德里希二世担心，如果让俄国独吞波兰，便不能实现自己对波兰早就怀有的领土野心。因此，普鲁士首先提出与俄奥两国共同瓜分波兰的主张。

1768 年，弗里德里希二世打算带着自己草拟的瓜分波兰的计划，首先前往奥地利与奥国皇太子约瑟夫进行密商。奥地利惧怕俄国的扩张威胁自己的安全和利益，有与普结盟共抗俄国的愿望。但是，这次密商由于奥皇玛丽亚·特莱西娅的反对而未能成行。玛丽亚·特莱西娅之所以反对普奥接近，因为弗里德里希二世是她的死敌。次年 8 月下旬，约瑟夫背着母亲前往西里西亚与弗里德里希二世会见。这次会见未达成协议，但使普奥两国关系有所改善。1770 年 9 月上旬，约瑟夫和首相考尼兹前往当时属于普鲁士的摩拉维亚再次与弗里德里希二世会晤，双方达成了瓜分波兰的默契。

弗里德里希二世懂得，如果没有俄国的参加，瓜分波兰是不能成功的。1770 年末，他派遣自己的弟弟亨利亲王前往彼得堡。在叶卡特琳娜二世的同意下，亨利亲王开始草拟瓜分波兰的条文。沙皇俄国早有独吞波兰的野心，只是由于它在俄土战争（1768—1774 年）中陷入困境，暂时放弃了这个打算，同意俄普奥三国瓜分波兰。在俄普代表彼得堡密商的同时，普鲁士抢占了波兰西部大波兰①的一部分，并对格但斯克地区虎视眈眈；奥地利也突然侵入波兰南部克拉科夫附近的山区。

1771 年 6 月，俄普就瓜分波兰进行正式谈判。翌年 2 月，俄普两国同意奥地利参与瓜分波兰。1772 年 5 月，俄普奥三国在彼得堡举行谈判，并于 8 月 5 日签署了第一次瓜分波兰的条约。

根据条约规定，普鲁士占领除格但斯克（但泽）以外的波莫瑞地区、除托伦市以外的海乌姆诺省、马耳博克省和瓦尔米亚省等波兰的波罗的海沿岸地区、一部分大波兰地区以及库雅维地区，共计面积 3.6 万平方公里，人口 58 万。俄国占领德维纳河、德鲁齐河和第聂伯河之间的大部分白俄罗斯地区，包括里夫兰省、波沃茨克省的北部、维捷布斯克省、姆什切斯拉夫省和明斯克省的东南部，以及拉脱维亚的一部分地区，面积共达 9.2 万平方公里，人口 130 万。奥地利占领维斯瓦河和桑河之间的地区（包括克拉科夫省、桑多米什省南部），加里西亚的大部分（包括利沃夫、波多利亚和沃伦

---

① 大波兰：波兰历史地名，波兰国家创建时的中心地区，在瓦尔塔河流域，包括现在的波兹南、卡利什、温奇查、谢拉兹、布列斯特—库雅维、伊诺弗洛茨瓦夫等省和多布任地区。

的一部分），共计面积 8.3 万平方公里，人口 265 万。

普鲁士在划定边界时又从波兰夺取了华沙西北的戈普沃地区和库雅维的另一部分。奥地利除了条约规定外，也夺取了波兰的维也伯热和布格河之间的地区。

1772 年 9 月 18 日，叶卡特琳娜二世以俄普奥三国瓜分者的名义发表宣言，声称瓜分是为了"恢复波兰的和平与秩序"。俄普奥三国在条约签订后的第二年，即 1773 年 4 月中旬，逼迫波兰国王波尼亚托夫斯基批准这个瓜分条约。

波兰实行的是议会制度，在国王批准条约之前必须先经国会讨论通过。在俄普奥的胁迫下，1773 年 5 月在华沙召开了波兰国会。为了防范波兰人民的反抗，在国会召开之前，俄普奥三国分别派重兵开进波兰。国会开会那天，三国军队层层包围了国会大厦。俄国驻波兰大使率领普奥两国大使傲慢地进入会场，以霸主姿态监视国会进行。开会之前，俄国大使代表三国对会议进行威胁说，如果有人胆敢反对瓜分条约，那么三国政府将进行报复。会议宣布开始后，全场鸦雀无声，没有一个议员上台发言。这时，由俄普奥三国收买的几名议员提议推举臭名昭著的波奸波宁斯基为议长。还没有等到有人附议，波宁斯基就自动走上了议长席。这时一位来自立陶宛的爱国议员雷腾愤怒地高喊："议长必须由大会选举产生，岂能一人提名就登上议长席!"会场里顿时哗然。"驱逐外国恶魔!""应忠于波兰民族!"的呼叫声此起彼伏。波宁斯基一看情况不妙，急忙退出会场，溜之大吉。这一天的国会没有作出任何决定就散会了。

第二天，国会继续开会，警戒更加森严，会场入口处站满了荷枪实弹的俄国士兵。非议员一律不准入内，拒绝所有公众旁听。俄普奥三国代表强令到会的议员们表态支持瓜分条约。不少议员退出会场，以示抗议。以雷腾为首的爱国志士喊出了"头可断，血可流，波兰领土不可丢"的庄严口号。在这种情况下，俄普奥三国把国会撇在一边，直接逼迫波兰国王批准了瓜分条约。波兰爱国志士听到这一不幸消息，无不悲愤欲绝。雷腾不忍目睹祖国的灭亡，拔刀自刎。

波兰第一次被瓜分，总共失去了约 35% 的领土和 33% 的人口。

第二次瓜分

祖国被瓜分的严酷现实唤起了仁人志士的爱国热情。为了收复失地，洗雪国耻，维护民族独立，1776 年，一些爱国议员向国会提出了革除弊政、富国强兵的改革建议。波兰国王波尼亚托夫斯基在领土被瓜分、强敌压境、国事日非的严重形势下，不得不接受大多数议员的改革要求。议员们一致拥护并推选爱国志士安德烈·扎莫伊斯基负责起草改革方案。扎莫伊斯基查阅古今法政文献，参照西欧各国宪法，草拟了改革方案。其主要内容是：废除"自由选王制"，改行"世袭国王制"；废除"自由否决权"，改行"多数表决制"；废除"农奴制"，改行"自由农民制"；废除贵族特权制度，允许市民参加政权；发展工商业，奖励国际贸易，等等。就这个改革方案的内容来看，基本上适应了中小贵族和新兴资产阶级的需要，有利于加强中央集权、维护民族独立、削弱大贵族的特权。由于部分波兰大贵族的反对和俄普奥三国的暗中煽动，1780 年，波兰国会否决了扎莫伊斯基的改革方案。

1787 年，俄国与土耳其又发生战争；同时，普、英、荷、瑞等国准备对俄奥开战。俄普奥三国忙于战争，彼此之间又有矛盾，因而给了波兰一个喘息之机。在西欧，特别是法国启蒙运动的影响下，1788 年 9 月，在华沙召开了旨在改革的波兰国会①。1789 年法国资产阶级革命的惊雷，震撼了波兰大地。以著名爱国思想家和社会活动家胡果·科翁泰、斯坦尼斯瓦夫·斯塔希茨为首的波兰中小贵族和新兴资产阶级联合起来，建立了爱国主义党。他们提出要改善农民的地位，变农奴为自由民，使农民的权利得到法律的保护，实行货币地租制，取消劳役制；提高市民阶层和中小贵族的地位。显然，爱国主义党企图通过改革运动来削弱国内封建贵族的权力，争取民族独立和解放，从而为发展资本主义扫清道路。

在"四年国会"期间，广大爱国志士在国会内外，为维护祖国的独立和领土完整，反对俄普奥的侵略和奴役而斗争。法国革命的胜利，不仅鼓舞了波兰人民的斗争精神，也为波兰的改革提供了借鉴。在广大爱国志士的积极活动下，国会终于通过了 1776 年扎莫伊斯基的宪法改革方案，拒绝了沙皇俄国要波兰出兵土耳其为俄国助战的要求，并把波兰的国防军增加到 10 万

---

① 此国会到 1792 年结束，共进行了 4 年，史称"四年国会"。

人。波兰政府还照会各国驻华沙大使，要求俄国尽快从波兰撤军。对此，俄国大使蛮横地回答："决无意从波兰撤军！"

1790 年 3 月，普鲁士与波兰订立所谓《波普同盟条约》。普鲁士当局"指责"俄国军队赖在波兰不撤走，却只字不提普军的撤离问题。同年年底，普鲁士以所谓补偿普鲁士的关税损失为借口，向波兰提出了割让托伦和格但斯克的要求。在广大爱国志士和人民的强大压力下，波兰政府拒绝了普鲁士的要求。波兰国会于 1791 年初通过一项《国土完整议案》，表示"今后波兰领土寸土不割"。

同年 5 月 3 日，波兰国会经过激烈的辩论，不顾俄普奥的武力威胁，通过了胡果·科翁泰等起草的著名的《五·三宪法》。《五·三宪法》的主要内容是：给各城市选举议员的权利；宣布农奴为自由农民；以天主教为国教，但其他各教派也有传教自由；废除"自由选王制"，实行"王位世袭制"；废除"自由否决权"，改行"多数表决制"；实行三权分立，即立法权归两院组成的国会，行政权归国王及其任命的内阁，司法权归法院；没有国会的同意，国王不得制定法律或与外国缔结条约，但有权指挥全国军队及任命文武大臣。《五·三宪法》的产生，是爱国主义党力图限制大贵族的特权以加强中央集权的一种尝试，它为以后波兰资本主义的发展创造了条件。

《五·三宪法》的通过得到波兰全国人民的热烈拥护，引起了俄普奥三国政府的强烈不满。1791 年，叶卡特琳娜二世声称："波兰之政制行之百十年而无弊端，今反更张，实属谬举。"沙皇俄国一方面打击改良派，说他们与"法国的雅各宾党人无异"，"其目的无非是夺取政权"；另一方面则用重金收买反对新宪法的波兰大贵族。1792 年 4 月 27 日，在沙皇政府的策划和庇护下，一小撮大贵族在波俄边境城市塔尔果维采拼凑了一个"塔尔果维采同盟"，发动反对波兰中央政权的叛乱。同年 5 月，这个同盟认贼作父，引狼入室，以维护国内"秩序""保障和平"为名，把俄国的 10 万大军"请来"，对波兰进行公开的武装干涉。曾与波兰订立同盟的普鲁士，不仅拒绝援助，也乘机出兵侵略波兰。

波兰军民奋起抵抗俄普侵略军。开始，他们取得了一些胜利。由于波兰尚未来得及根据《五·三宪法》的决定组织起强大的武装力量，加之俄普军队两边夹击，波兰的武装力量最后还是遭到了失败。

1792 年俄普把波兰人民的改革和反抗镇压下去以后，着手策划对波兰进行新的瓜分。当时奥地利已卷入反法战争，无暇东顾，未参加第二次对波兰的瓜分。

　　1793 年 1 月 23 日，即第一次瓜分波兰 20 年以后，俄普两国以防止所谓"雅各宾瘟疫"在波兰扩散为名，在彼得堡签订了第二次瓜分波兰的协定。根据这个新的协定，普鲁士攫取了格但斯克、托伦两市，以及琴斯托霍瓦—索哈切夫—佳乌多沃一线以西的大波兰地区的几个省①，腊维奇省的一部分和玛佐夫舍的一部分，共计面积 58300 平方公里，人口 110 万。俄国抢占了德鲁亚—平斯克—兹布鲁齐一线以西的乌克兰、白俄罗斯地区（包括明斯克）和立陶宛的一部分②，共计面积 25 万多平方公里，人口 300 万。

　　如同第一次瓜分时一样，在沙皇政府的策划下，1793 年 6 月 17 日在远离改革运动中心华沙的格罗德诺召开波兰国会，以"批准"瓜分条约。俄国大使希维尔斯亲临格罗德诺，一面用金钱收买国会议员，一面派兵包围会场，并威胁道："在议员未投票承认条约之前，军队不放他们离开会场。"沙俄当局的威胁，激起了议员们的极大愤慨，他们拒绝投票。双方僵持了一个多月。9 月 23 日，俄国大使派兵冲进会场，逮捕了 4 名议员。这一暴行更激起了波兰国会议员的愤怒。他们质问俄国大使，凭什么理由非法冲进会场逮捕议员！这位大使蛮横地回答："逮捕即逮捕，何须理由！"会场鸦雀无声，议员们静坐不语，以示抗议。最后俄国大使竟说，诸位沉默，我政府即认为你们已承认条约。亲俄派议长毕亚林斯基马上随声附和，说什么"沉默即表示同意"。宣布全体一致通过条约，国会散会。就这样，在敌人刺刀下的"哑巴会议"，在法律上承认了第二次瓜分波兰条约。这已是 9 月 24 日拂晓的事。

第三次瓜分

　　波兰被第二次瓜分后，国家面临着灭亡的命运。在民族危亡之际，一部分进步的小贵族和新兴资产阶级分子开展活动，准备起义。爱国主义的鼓动在城乡劳动人民中得到了广泛而热烈的响应。起义的火焰首先在波兰古都——克拉科夫城点燃了。

---

　　①　波兹南省、格涅日诺省、卡利什省、塞拉兹省、伊诺弗洛茨瓦夫省、库雅维—布列斯特省、普沃茨克省、多布任地区。
　　②　明斯克省、维尔诺省、基辅省、勃茨拉夫省、波多利亚省、沃伦省的东部和里托夫斯克—布列斯特省的一部分。

领导克拉科夫起义的是波兰民族英雄塔代乌什·科希秋什科（1746—1817年）。科希秋什科出生于一个乡村小贵族家庭。1776 年他参加了美国独立战争，并以其杰出的军事和组织才能立下赫赫战功，深受美国人民敬佩。1792年，他以将军的身份参加波兰军队的反俄战争，后流亡国外。1794 年 2 月末，科希秋什科从巴黎秘密回到克拉科夫。3 月 24 日，他率领 4200 多名波兰骑兵和步兵，在克拉科夫广场庄严宣布举行民族起义，进行"不胜则亡"的宣誓。科希秋什科号召波兰军民奋起驱逐外国占领者，严惩卖国贼，恢复 1772 年波兰被瓜分前的疆界，为祖国的独立和民族的解放而斗争。他强调指出，波兰社会各阶层"在祖国面前，不论其职业、出身如何，也不论是贵族、僧侣、市民、农民，还是犹太人，一律平等。人人都要为祖国效劳"。

科希秋什科率领起义军向华沙进击。沿途人民纷纷参加，起义队伍不断壮大，达 4000 多人。4 月 4 日，起义军与优势的俄军在克拉科夫以北的腊茨瓦维采附近初次交锋。参加起义的农民志愿军——"镰刀军"① 奋勇作战，经过 5 个小时的激战，总计歼敌 3000 人，夺得大炮 12 门，击毙了俄军指挥官，取得了这次战役的胜利。首战告捷，威震敌胆，鼓舞了人民的斗志，打击了俄军的气焰。

起义军胜利的消息很快传遍全国，起义风暴席卷维斯瓦河两岸。同年 4 月 17 日，首都华沙的手工业者和城市平民在鞋匠扬·基林斯基以及梅耶尔的领导下，发动了声势浩大的起义。经过两天激战，打败了占优势的俄军，华沙宣告解放。

1794 年夏，科希秋什科领导的起义开始衰落。其时，除俄军外，普军也从西里西亚向起义军进攻。6 月 6 日，起义军一部在西部城市科齐内被俄普联军打败。6 月 13 日，俄普军队采取一致行动，包围华沙。在腹背受敌、敌我力量悬殊的情况下，科希秋什科率领首都军民展开了英勇的保卫战。10 月 10 日，在华沙省的玛契约维采附近的战役中，起义军陷入俄军的重围。浑身血污、多次负伤的科希秋什科率部突围，不幸坠马被俘。11 月 6 日，俄军攻入华沙。8 个多月的波兰人民起义失败了。

科希秋什科领导的爱国起义被镇压下去以后，波兰第三次被瓜分临近了。在瓜分前夕，普鲁士抢占了克拉科夫；奥地利抢占了桑多米什、卢布林省和海乌姆诺地区以及沃沦地区；沙皇俄国则把涅曼河和布格河流域的波兰

---

① 以长把大镰刀为武器而得名。

领土划入自己的版图。1795 年 1 月，俄国为拉拢奥地利作为自己反对土耳其的盟国，同时也由于奥地利是俄国的宿敌——资产阶级法国的敌人，俄奥背着普鲁士缔结密约，把克拉科夫划给奥地利。

1795 年 10 月 24 日，俄普奥三国经过谈判签订了第三次瓜分波兰的协定。根据协定，奥地利获得了直至维斯瓦河和布格河交点以南的领土：包括克拉科夫、卢布林在内的全部小波兰地区①、乌克兰的西部和玛佐夫舍的一部分，共计 47500 平方公里，人口 50 万。俄国把上次瓜分前处于波兰疆界内的立陶宛、库尔兰、西白俄罗斯、乌克兰、沃伦西部即直到涅曼河和布格河一线为止的领土，共计 12 万平方公里并入了自己的版图，人口 120 万。普鲁士夺取了其余的西部领土：波莫瑞西部地区、格但斯克地区、瓦尔米亚、大波兰地区的剩余部分、玛佐夫舍的其余部分和华沙，共计 5.5 万平方公里，人口 100 万。

波兰被俄普奥三国瓜分完毕，它作为一个独立国家灭亡了。从此以后，波兰人民分别置于俄普奥三国侵略者的铁蹄之下，长达 100 多年，直至 1918 年赢得民族独立。在波兰灭亡之后，亡国之君波尼亚托夫斯基于 1795 年被押送到彼得堡，依靠俄普奥三国的年金，过着被软禁的生活。1796 年 11 月，叶卡特琳娜二世死去，波尼亚托夫斯基被遣送回波兰的格罗德诺。不久，他又回到彼得堡，1798 年 2 月 12 日，他在那里去世，终年 66 岁。

在 1772 年、1793 年和 1795 年三次瓜分波兰中，沙皇俄国夺取波兰的土地共 46.2 万多平方公里，约占原波兰国土的 62%；普鲁士夺取 14 万多平方公里，约占 20%；奥地利夺取 13 万平方公里，约占 18%。就夺取的土地面积而言，沙俄最多。在瓜分波兰的过程中，沙皇俄国起了决定性作用，是瓜分波兰的罪魁。有的历史学家说"奥地利和普鲁士是瓜分波兰的倡议者和主要负责者"，这不符合历史事实。

---

① 小波兰：波兰历史地名，与大波兰相对而言，在维斯瓦河上游流域，包括现在的克拉科夫省、桑多米什省和卢布林省，三次瓜分前还包括罗斯省。三次瓜分时，该地区一部分被奥地利占领（称为加利西亚），另一部分被俄国占领。

西班牙王位继承战争

徐晓光　杜　平

18 世纪动荡纷繁的欧洲外交舞台，是由 1701—1714 年的西班牙王位继承战争拉开帷幕的。这是近代历史上欧洲强国为争夺贸易霸权和政治优势进行的第一次国际性战争，它对 18 世纪欧洲强国力量对比的变化和国际关系新格局的形成，产生了十分重要的影响。

西班牙的衰落与英法之争

这场战争既因西班牙王位继承权问题而得名，不消说西班牙与战争有着直接联系。但这场战争中西班牙只扮演了陪衬甚至是任人宰割的角色，而本来与西班牙王位继承问题毫无关联的英法两国倒成了主角。要明了造成这种状况的缘由，有必要对战争爆发之前，也就是 17 世纪下半叶欧洲主要国家的力量对比，作一回顾和分析。

西班牙在 16 世纪曾是盛极一时的欧洲殖民帝国。在军事征服、商业扩张和殖民掠夺的狂潮中，西班牙统治的区域已超过了罗马帝国的版图。在欧洲，它占有富庶的尼德兰和意大利的米兰、那不勒斯，以及西部地中海的西西里和撒丁岛。在中南美洲，它占据了西印度群岛、墨西哥、哥伦比亚、智利和秘鲁的广袤土地。在大西洋沿岸各国开足马力进行的商业竞争中，西班牙是一度遥遥领先的佼佼者。但从 16 世纪后期始，这个帝国已出现了由盛转衰的迹象。因封建专制王朝忽视民族工业在经济生活中的地位，不是扶持反倒抑制了工场手工业的成长。虽有大量的美洲黄金源源不断地流入西班牙，却并未成为本国资本原始积累的重要源泉，而是随着连年战争的巨额耗费、宫廷和贵族生活的奢侈无度及购买大宗英法等国工业品而大量流失了。整个西班牙的经济基础十分薄弱，16 世纪末工商业已出现了委顿下降的趋势。1588 年对英海战中"无敌舰队"的覆没，又使西班牙海上力量和商业优势发生了急剧的变化。1609 年尼德兰资产阶级革命的成功，更使西班牙在遭受沉重打击后失去了它在欧洲大陆上最重要的一块属地。17 世纪上半叶，西班牙这种下降趋势仍在继续。在三十年战争（1618—1648 年）中，西班牙受到进一步的削弱。国内经济在战争耗费和战后修复中丧失了任何活力，一度得到恢复的远洋舰队重又濒于毁灭。

至 17 世纪下半叶，当英、荷、法等强国迅速扩充实力并为争夺欧洲和海上霸权兵戎相见时，西班牙的哈布斯堡王朝君主已是捉襟见肘空有心愿了。让西班牙感到恐惧的是，沦为欧洲二等国的现实使它的自身利益受到威胁。英法等国已开始抢夺西班牙的海外殖民地，庞大的殖民帝国支架变得愈发难于维系。

对西班牙意味着衰落的 17 世纪，对于英国来说却是崛起的时代。在 16 世纪末战胜西班牙取得海上霸权的基础上，凭借着资本主义生产关系在工业、商业和农业领域内并行前进的稳固发展，英国的海外扩张取得了长足的进展。1600 年东印度贸易公司的建立，打开了印度和亚洲其他地区的商品和原料市场。1609 年弗吉尼亚贸易公司的创立和其后在北美陆续建立的英属殖民地，又使英国商业殖民统治的触角延伸到新大陆，并为国内资本原始积累提供了重要来源。17 世纪中叶英国爆发了资产阶级革命，取代封建专制统治、代表工商业资产阶级利益的克伦威尔政权一方面着手改造国内旧的生产关系，另一方面也积极为英国的海外扩张创造更有利的条件。1651 年议会颁布了著名的《航海法》，规定英国港口运进或输出的货物都要由英国船只运载，其用心主要是以此扭转荷兰以庞大商船队垄断转运贸易的局面。而当时荷兰已成为英国谋求海上霸权和商业扩张的主要障碍。荷兰不得不接受英国挑战，但在 1652—1654 年的英荷战争中败北，被迫承认了英国的《航海法》。1664—1667 年、1672—1674 年英国又两次发动对荷战争，彻底挫败了"海上马车夫"荷兰。英国还迫使对方交出了它在北美的殖民地新尼德兰（今纽约），扩大了自己的殖民地范围。

在战胜荷兰重新巩固海上霸权后，17 世纪下半叶英国的扩张又与新的竞争对手法国冲撞起来。英法矛盾取代了英荷矛盾，双方争夺欧洲和海上霸权的冲突表现得更为尖锐。英国资产阶级感到庆幸的是，1688 年的"光荣革命"不仅使法国支持的斯图亚特复辟王朝寿终正寝并迎来了君王立宪统治，而且荷兰执政奥伦治的威廉三世入主英国，使得英荷这两个海上强国在外交上协调一致共同对付法国。1689—1697 年，英荷参加并筹划了由德意志神圣罗马帝国君主和选帝侯、西班牙君主和瑞典君主组建的奥格斯堡同盟的抗法战争。这次战争的胜利，有力地遏制了法国在欧陆的进攻态势，并削弱了法国业已取得的欧陆霸权。

　　法国在 17 世纪后半叶处在"太阳王"路易十四（1643—1715 年在位）的统治之下，这是法国君主专制制度和社会经济发展的鼎盛时期，同时也是法国向外急剧扩张并谋得欧陆霸权的时期。这个时期，路易十四在欧洲大陆发起的战争就有四次。第一次是 1667—1668 年的法比战争，法国得到了位临法比边界的重镇里尔和其他 11 座要塞城镇。第二次是 1672—1679 年的法荷战争，这是在英国发动 1672—1674 年第三次对荷战争时交替进行的一次趁火打劫。法国的主要成果是得到了邻近东部边界的弗兰斯孔太，并使它抢夺的主要目标莱茵河地区受到威胁。在 1679—1684 年法国向莱茵河地区推进的第三次战争中，路易十四又以军事征服和外交手段并用的方法，先后强占斯特拉斯堡、阿尔萨斯、卡萨尔、皮德蒙特、卢森堡和西属尼德兰的一些要塞，并在和约中迫使西班牙和奥地利承认法国对这些地区拥有 20 年占有权。至此，路易十四在欧陆的扩张已达到高峰。1689—1697 年法国发动第四次战争，其目标仍是莱茵河地区。但与前不同的是，英荷两个大国已携手共事并联合了多数国家对抗法国。其结果法国仅保住了斯特拉斯堡，而以往侵占的地盘大都丢掉了。路易十四当然不肯就此作罢，他在积蓄力量准备反攻，并把英国作为争夺欧陆优势的主要敌手。

　　在北美，法国与英国在 17 世纪下半叶也展开了争夺殖民地的激烈斗争。在占有魁北克、蒙特利尔、阿卡迪亚、纽芬兰等地的基础上，1682 年法国又占据了密西西比河流域、新奥尔良以北的一片土地，取名路易斯安那。90 年代法国殖民者屡次对新英格兰地区侵扰劫掠，而英国殖民者也以进攻魁北克作为回报。但从总的方面来看，法国在北美的扩张能力与英国相比仍是有限的。路易十四认识到，法国能否在北美取得优势，这在很大程度上将取决和依赖于它在欧洲大陆的优势能否巩固。

　　路易十四一面在积蓄力量，一面在寻找一个适当的机会重新走向战场，以维持和巩固法国的欧陆霸权地位，并在海上和殖民地范围内同英国争夺世界霸权。

　　这样一个机会，而且是路易十四想象不到的良机终于来临了，这就是 18 世纪初西班牙王位继承权问题给予了法国上好的机缘。

遗产纠纷引起的厮杀

17 世纪末，西班牙王位继承权的归属问题成为欧洲各国宫廷十分关注并私下谈论的话题。西班牙君主查理二世多病且无子嗣可继承王位。长期以来，欧洲各国宫廷相互之间结成了姻亲纽带，所以，与查理二世有嫡传关系的王位候选人皆为异国王室成员。这就使得继承西班牙王位并承接在其名下的一份巨大遗产（由西班牙本土及广大的殖民地和属地组成），成为欧洲强国觊觎和争抢的一个重要目标。

法王路易十四在查理二世健在时，就对王位归属表示了莫大的兴趣。17 世纪 90 年代，他即同英荷两个大国商议合伙瓜分西班牙遗产的问题。因为法国看到奥地利大公查理（原西班牙国王菲力浦三世的孙子）是王位的合法继承人之一，而一旦这成为现实，法国将不会从对它充满敌意的奥地利那里捞到什么。法国希图引诱英荷以大国压力干预遗产瓜分，并由此防止可能再度出现的以英荷为轴心的反法同盟。1698 年 10 月，法国与英国签署了瓜分西班牙遗产的秘密协议。其内容是：法国同意将西班牙王位交予另一位王位候选人、巴伐利亚选侯的太子约瑟夫·斐迪南，他将领有西班牙本土、西属尼德兰和西印度群岛。米兰和卢森堡则分给奥地利大公查理。法国保证永不谋求西班牙王位，但要获得意大利的那不勒斯、西西里和法西交界的吉普斯夸省。英国签署协议的动机是，只要西班牙王位不落入波旁王朝之手，法国就无法独吞这份遗产，英国便可继续维持和利用欧洲的均势。为此它也支持巴伐利亚选侯之子为西班牙王位继承人，并在瓜分一事上与法国暂时合作。

英法的这笔交易完全是背着西班牙干的，查理二世得知此事后恼怒异常，很快指定巴伐利亚选侯的太子为其全部遗产的唯一继承人，以确保西班牙大帝国不致分割。但是，1689 年年仅 7 岁的继承人斐迪南却突然病故，这就使遗产纠纷发生了戏剧性的变化。查理二世看到如将王位转交哈布斯堡家族成员、奥地利大公查理的话，西班牙及其属地和殖民地将面临被法、英等国瓜分的危险。他在病中断然决定，将西班牙王位交予法王路易十四的孙子安茹公爵菲力浦，称菲力浦五世。但遗产必须是完整无缺地转交，他认为这样做虽非上策却比王国遭受四分五裂要好些。

1700 年 10 月，查理二世正式签署遗嘱，次月便去世。西班牙王室的摄政团向法国转呈了查理遗嘱，并声称如法国不能全部接受遗产，就将把王位继承权转授给奥地利大公。

路易十四面临重大抉择，如接受遗嘱，就将违背与英国密约中的承诺，导致与英对立，并将使自己面临整个欧洲的挑战。因为吃尽了法国扩张苦头的多数国家，绝对不能接受路易十四较先更为强大的统治权力。但若拒绝接受遗嘱，到了手边的西班牙遗产便将立即转落到对它并不友好的奥地利哈布斯堡王室手中。

没有过多地犹豫，路易十四选择了接受遗产的方案。这在他是一条铤而走险、但前景又十分诱人的道路。接过西班牙王位将使法西两国合为一体，成为欧洲大陆上最强大的霸权势力。路易十四喜不自胜地欢呼道："比利牛斯山再也不存在了！"使他感到振奋的是，接过西班牙的广大属地和殖民地，法国将变成一个世界帝国。这正是"太阳王"多年以来的梦想。

1701年初，路易之孙菲力浦启程到西班牙继位。路易同时颁布特旨申明，菲力浦亦有继承法王的权力。这已是将法西王冠系于一人的计划付诸实施。接着，路易将法国卫戍部队开入西属尼德兰诸省要塞和米兰公国，并派出若干舰只前往南美洲的西班牙属地，俨然充当起西班牙王国"接收大员"的角色。这种武装接管的粗暴行为，实际上已是法国向欧洲多数国家挑起战争事端的开始。

一切与法国敌对的力量重新结合起来。英国不能容忍路易十四独霸欧洲和建立超乎于己的世界霸权，同时也不满意路易十四企图支持斯图亚特王朝再度复辟的干涉内政行为，议会通过了支持对法战争的议案并决定拨款。本有权继承西班牙王位的奥地利哈布斯堡王室也因遗产被法国劫夺，怀恨在心，准备一战。德意志神圣罗马帝国皇帝在德意志最富实力的勃兰登堡和汉诺威选侯支持下，反对西班牙全部势力投入法国的怀抱。丹麦、瑞典出于害怕法国扩张的心理，也站到了反法阵营当中。只有德意志的巴伐利亚和科隆（科伦）两地的选侯，是路易十四可怜的同盟者。

1701年秋，针对法国驻兵尼德兰以武力威逼欧洲国家就范的行为，英国、荷兰、德意志等国在海牙成立了"抗法大同盟"。大同盟的领袖是德意志皇帝，但实际上起核心作用的是英国。虽然有的国家在1701年时就已对法宣战或已进入战争状态，但直到1702年5月英国对法、西宣战后，大同盟的联军才真正形成。英国不仅是对法战争的指导者，而且是为联军方面提供经济援助的"财政部长"。由此可见这场即将到来的战争的性质，主要是英法两强为争夺欧洲和世界霸权而进行的一次较量。

战争的进程

西班牙王位继承战争在 1701 年即拉开战幕。欧洲范围内的四个战场是：意大利、德意志、尼德兰和西班牙。

意大利战场在 1701 年，即抗法联军尚未全面形成之前就已开战。这一年萨瓦亲王尤金率军进入意大利，从侧翼包抄法军阵地，在卡尔皮和基亚拉先后取胜，俘获法军将领维洛罗伊。法军新统帅旺多姆公爵在援军支持下极力反攻，尤金将军再度在卢扎拉战役中击败法军。在其后几年内，联军一直保持着战局优势。1706 年 9 月尤金将军在都灵大获全胜，法军颓势已无法挽回。1707 年 3 月，法国被迫在米兰会议上签和。

在德意志战场上，德奥组成的联军出师不利。1702 年在弗里德里希和黑森林的败北，使位处法德交界的阿尔萨斯落入法军之手。1703 年 9 月，法军及其盟友巴伐利亚军队在霍希斯塔特再创联军。但这种不利局面很快得到了扭转。在尼德兰几度获胜的英国统帅马尔博罗公爵约翰·丘吉尔，迅速地率军沿莱茵河进入巴伐利亚，与尤金将军指挥的另一路联军会同作战。1704 年 8 月，联军在布伦海姆战役中取得了辉煌的胜利。自此以后法军在德意志战场上的进攻便很难得手，双方处于相持状态。

在尼德兰战场上，联军的战绩十分出色。1706 年 5 月，英国统帅马尔博罗公爵在拉米伊之战中将法军打得一败涂地，联军占领了佛兰德斯和布拉邦特两个重要地区，而只把瓦隆留给了法国人。1708 年，联军两位杰出的将领马尔博罗公爵和尤金亲王再次合作，在奥德纳德一役中击败法军统帅旺多姆的部队。同年，联军夺取了里尔。这时，法王路易十四迫于困境提出休战议和的建议。大同盟方面向法国提出：尼德兰边界法军占领的要塞须还给荷兰；斯特拉斯堡要归还德意志；法国王室不得占有西班牙王位而应让与奥地利大公查理。这些要求，尤其最后一项，法国不能接受，和谈中断，战争又起。1709 年 9 月，在法比边界的马尔普拉奎特战役中双方投入了很大的兵力，这是战争爆发以来最激烈和最残酷的一场战斗，法军和联军双方均损失惨重，但联军夺得了最后胜利。自此，法军已无力侵占西属尼德兰的广大腹地，而只能在边界地带进行一些周旋。

在西班牙战场上，1704 年联军夺取直布罗陀是初战阶段的最大成果。但菲力浦五世在法国和西班牙贵族势力的支持下，作了顽强的抵抗。1707 年 4

月，法西军队在阿尔门萨打败联军。联军亦毫不示弱积极反攻，在1708年9月占领了米诺卡，在1710年占领了马德里，确立了这个战场的胜局。

在欧洲已是战火纷扬的同时，英法在北美又进行着一场争夺殖民地的战争。因1702年安妮女王继威廉三世登上英国王位，这场战争又称"安妮女王之战"。1702年英国殖民者开进佛罗里达，烧毁了西班牙在那里建立的圣奥古斯丁堡。法国殖民者则进攻马萨诸塞，荡平了英国在那里建立的迪尔菲尔德。1707年，英国殖民军发动对阿卡迪亚的远征，1710年攻占了罗雅尔港。1711年，英国政府派出海陆联合部队远征魁北克和蒙特利尔，但没有获得成功。可是至此英国却取得了殖民地战场的优势。

1710—1711年，联军在欧洲大陆和英军在北美殖民地已是稳操胜券，再打下去会更加有利。但这时却出现了议和迹象，提出议和的不是陷于困境的法国而是连连得胜的英国。这主要因为在1710年的选举中，代表工商业资产阶级利益、极力要继续战争的辉格党内阁倒台，而代表土地贵族利益、以为战争耗资巨大却不会给他们带来多少好处的托利党执政，他们希望快些终止战争与法国修和。托利党内阁一方面罢免了英国统帅马尔博罗公爵，另一方面着手单方面与法国秘密谈判。英国退出战争，使得大同盟失去了领袖和依靠。多数国家也无心恋战，纷纷准备议和之事。

1712年2月在乌特勒支召开了和会。1713年4月交战双方缔结了《乌特勒支和约》。这时只有德意志帝国还与法国有着零星战事，但已是孤掌难鸣了。1714年3月，德意志与法国也签订了《拉施塔特和约》。至此，西班牙王位继续战争已告结束。

《乌特勒支和约》 与新格局的形成

《乌特勒支和约》的签订，不仅使欧洲暂时得到了和平，而且对整个18世纪欧洲国际关系的变化与发展产生了深远的影响。

根据《乌特勒支和约》，各国承认法国波旁王室成员菲力浦五世为西班牙国王，并继续享有西属殖民地的统治权。但有一个重要条件，即西班牙国王永不得兼任法国国王。西班牙国王菲力浦五世亦郑重宣誓，他和他的继任者将永不谋求法国波旁家族的王位继承权。

对原西班牙属地，同盟国方面在和约中作了如下瓜分：那不勒斯、撒丁、托斯卡纳的一部分、米兰和西属尼德兰部分让与奥地利哈布斯堡王室；

西西里划归萨瓦公国；西属格尔德兰（在尼德兰）让给德意志的勃兰登堡选侯。这样，西班牙王国在欧洲的几块重要属地就被瓜分一空了。

法国在和约中自然也要受到损失。它在尼德兰所占的几处领土割给奥地利的哈布斯堡王室，军队从洛林撤出，而在西南部的一些土地又被迫让与萨瓦公国。只有里尔和敦刻尔克归属法国，是对懊丧的路易十四仅有的一点安慰。但法国在北美的损失则要惨重得多。法国被迫将纽芬兰、阿卡迪亚和哈得逊湾地区的全部土地让与英国。这就使法国在 17 世纪用尽心机开拓的殖民地带，大部分化为乌有了。

英国是这场战争的最大受益者。它不仅得到了法国给予它的大片北美殖民地，而且从西班牙手中获得了直布罗陀和梅诺卡岛上的要塞，从而得到了它梦寐以求的地中海出海口的钳制权。更重要的是，英国在和约中还取得了贩运黑奴的独占权力。这种获利甚丰的独家经营，是英国政府和工商业资产阶级投资战争而捞到的与地盘同样珍贵的一份红利。

《乌特勒支和约》和《拉施塔特和约》（德奥在前和约基础上对涉己部分的讨价还价，变化和意义较小）的签订，形成了欧洲国际关系的新格局。这主要表现在以下方面。

西班牙在王位继承战争后进一步衰落了。它丢掉了在欧洲的重要属地，战争也使本土饱受创伤，并使本来就不景气的国内经济濒于破产。哈布斯堡王朝的统治被新的波旁王朝所替代，又切断了西班牙与奥地利、德意志因家族体系的紧密关联所能得到的支持。这些变化，使得西班牙从战前的二等国下降到三等国的地位。自此它在 18 世纪欧洲的政治生活中已失去影响，成了一个默默无闻、在大国冲突的夹缝中求生存的小伙计。

原在哈布斯堡家族统治中声望低于西班牙的奥地利，却通过这次战争提高了自己的地位。它在《乌特勒支和约》对西班牙属地的瓜分中获利最大。在新获得的地盘内，工商业一直就很发达的米兰和托斯卡纳部分地区是最有价值的。而原西属尼德兰是奥地利君主早就巴望的富足之地。西班牙的王朝更替，还使得奥地利成了哈布斯堡家族体系的主干。它与德意志结成的紧密联系，使得它在欧洲政治生活中的发言权变得日益为人们所重视。奥地利在战后已上升到大陆强国的地位。

对法国来说，这场战争无疑是灾难性的。路易十四要建立世界帝国的梦想完全破灭，它在欧洲大陆曾获得的霸主地位也已丧失。尤其是法国在北美与英国争夺殖民地的若干成果得而复失，这种形势表明它在北美的最后阵地也将面临英国的挑战。战争过后，法国国内也出现了严重的财政危机。1715年路易十四在沮丧和感叹中死去时，他留给法国的是一个在外交和内政上都不大景气的摊子。西班牙王位继承战争的结局，标志着法国衰落的起点。

法国的灾难，无疑是英国的福音。在《乌特勒支和约》中英国得到的北美殖民地的扩展、奴隶贸易的专卖权以及地中海咽喉的钳制权这三项成果，意味着一项在和约中没有形成文字但在事实上已得到确认的优势。这就是从18世纪初法国被击败起，英国进入了一个在扩张道路上已无劲敌而独霸世界的新阶段。法国在欧洲大陆的优势一旦被摧垮，它在北美的最后据点也将被英国拔除。1756—1763年的七年战争，就是英国在西班牙王位继承战争的基础上对法国殖民势力的一次最后扫荡，其结果是英国海上和殖民地霸权的最终确定。

英国之所以能在这次战争中联合欧洲多数国家战胜法国，主要是得力于它的均势外交政策的成功。英国清醒地认识到，如要遏制法国或其他任何一个强国在欧洲大陆称霸的行为，就只有建立和维持欧洲各国的均势政治。促进并依靠多国同盟的力量组合防止和抵御争霸国家的强权政治，设法拆散争霸国家可能与欧洲他国结成的同盟关系，以造成争霸一方的孤立，使其面对整个欧洲而不敢贸然行动。如争霸者一意孤行挑起战争，和平时期的统一战线就将变为军事同盟。作为一个欧洲岛国，英国则可以利用这种均势外交操纵其间，通过结盟关系干预欧洲大陆的事务，并在各国寻求支持时充当幕后策划人的角色。在战时，英国对同盟国方面提供经济援助，参与负责军事行动计划的制订和实施。在战争取胜后，英国一方面支持同盟国对战败国所提出的要求以削弱敌手，另一方面一般不对战败国提出欧洲以内的领土要求。这样做一则可以在国际性冲突中屡次充当仲裁者的角色，加强欧洲多数国家对英国的依赖性；二则可以不直接卷入欧陆事端而继续维持欧洲的均势局面，使其可以在实际政治、经济生活中充当各国的"保护人"和"生意人"角色。这种均势外交政策，虽在17世纪时英国就开始采用，但只是到了西班牙王位继承战争之中和其后才成为一项原则。它不仅成为18世纪英国外交所遵循的不变方针，而且至20世纪初时，又成为英国政府取代19世纪的"光荣孤立"外交而重新使用的一项传统政策，可见其影响之深远。这的确是值得人们重视的。

18 世纪中叶欧洲国家之间的七年战争

丁朝弼

　　七年战争是法国资产阶级革命以前发生的最后一次全欧性冲突，也是 18 世纪英国和法国争夺殖民地和海上霸权规模最大的一次较量，战争的一方是英国、葡萄牙、汉诺威、普鲁士和某些德意志邦国；另一方是法国、俄国、瑞典、萨克森、奥地利和大多数德意志邦国。

普奥争雄与英法争霸

　　战争的直接原因是普鲁士王国和奥地利帝国之间矛盾的进一步激化和发展。18 世纪中叶，分裂混乱的德意志境内形成了普鲁士与奥地利互相对峙、互争雄长的局面。普鲁士在弗里德里希二世①统治期间（1740—1786 年），军事、政治力量进一步增长。弗里德里希二世是启蒙时代的专制君主，又是 18 世纪一个突出的军事家。他对内励精图治，对外积极进行扩张。1701—1714 年西班牙王位继承战之后，除英、法之间的矛盾进一步加剧之外，普鲁士和奥地利在中欧展开了激烈的竞争。法、普拒绝承认玛丽亚·特莱西娅的奥地利帝位继承权，并要分割广大的哈布斯堡王朝的领地，1740 年爆发了奥地利帝位继承战（1740—1748 年）。战争结果，虽然玛丽亚·特莱西娅的权力得到承认，而获利最大的却是弗里德里希二世。他依靠军事力量和狡诈的外交手段，从奥地利夺走了富饶的西里西亚，获得了 1.6 万平方公里的土地和 100 万人口。奥地利并不甘心蒙此屈辱。玛丽亚·特莱西娅宣称：不久就会物归原主，"即使为此要我卖掉最后一条裙子都行"。从此，普、奥争夺西里西亚和整个德意志主导地位的斗争更加激烈，双方都在准备新的战争。

---

① 旧译腓特烈。

七年战争更广泛更深刻的原因和背景是英、法之间争夺殖民地和海上霸权的斗争。早在十六七世纪，英、法继葡萄牙和西班牙之后开始了广泛的殖民活动，展开了竞争。英国曾先后战胜西班牙和葡萄牙，逐渐取得海上优势。从 17 世纪后半期起，它便集中力量对付法国。18 世纪是英、法之间争夺殖民地和海上霸权的决斗时期，也是创造巨大的不列颠殖民帝国时期。七年战争正是这场决斗的高潮。

西班牙王位继承战争实际也是英、法之间的第一次大冲突，结果英国开始取得优势。18 世纪中叶，法国决心加紧殖民活动，想从英国手中夺走海上霸权。为此，法国加紧赶造战舰，充实军火。到 1756 年，法国舰队几乎已和英国舰队势均力敌。在北美和印度，双方则一直在进行不宣而战的战争。

1749 年，英国北美弗吉尼亚殖民当局向阿巴拉契亚山以西的俄亥俄河流域殖民。法国驻加拿大总督杜肯发表文告，声称阿巴拉契亚山以西为法国所有，并在俄亥俄河上游建一城堡，取名杜肯堡。1754 年，弗吉尼亚总督派出一支小部队开往俄亥俄河，对法国人进行骚扰，但被击退。1755 年，北美英军总司令亲自率军 2000 进攻杜肯堡，大败。双方武装冲突频频发生，不断升级。

在印度，1748 年后，双方即在德干高原的海德拉巴和东南沿海的卡纳蒂克发生激烈冲突。开始，法国占领了卡纳蒂克首府阿尔科特，向英国人发动全面进攻。但 1751 年春，当时尚为英国东印度公司一名职员的罗伯特·克莱武率领一支 500 人的部队，乘虚突击夺下阿尔科特。法国调集 1 万人的兵力围攻阿尔科特长达 53 天，终未攻下。1754 年，双方缔结和约，暂时维持均势。但和约尚未获得国内批准，七年战争的枪声便已打响，更大的战争开始了。

逆转联盟

七年战争前夕，由于普鲁士的迅速崛起和英国的收买政策，欧洲各主要国家之间发生了一次戏剧性的重新组合，出现了一个所谓"逆转联盟"（或称为"外交革命"，"同盟政策的革命"）。

普鲁士的崛起首先威胁到奥地利，也使俄国和法国深感不安，从而使整个欧洲局势复杂化，迫使各国重新考虑自己的对策，调整各自关系。

英国为了维持其海上优势，建立殖民大帝国，在欧洲大陆采取了假他人之手，孤立和打击法国的策略。奥地利帝位继承战之后，英国便刻意组织一个奥、俄、普为主的反法大联盟。英国首先想要利用奥俄同盟，并着重想要抓住俄国。英王室在欧洲大陆有一块领地——汉诺威。英国如要拉拢某个国家反对自己的敌人，便以保卫汉诺威为名，用提供补助金的办法，"雇佣"该国出兵。1747 年，英国即与俄国签订了所谓"补助金协定"，英国付给俄国补助金，俄国提供一个军团来保卫汉诺威。1750 年，英国加入了早已存在的俄奥防御同盟。1755 年，英国为了孤立和牵制法国，与俄国签订了更广泛的新的"补助金协定"。据此，俄国提供 8 万军队反对英国在大陆上的敌人，为此而得到一次 50 万镑和每年 10 万镑的补助金。俄国不仅想以此防范法国，更想借此对付日益强大的普鲁士。

当弗里德里希二世得知俄国与英国有秘密协定后，担心陷于既与奥地利对抗又与俄国作战的可怕境地，便也积极行动起来。他想加入英、俄一边，以避免来自俄国的攻击，因而也向英国提出保证汉诺威安全的建议。这正符合英国彻底孤立法国的意愿，双方遂于 1756 年 1 月 16 日签订《威斯敏斯特协定》。该协定规定：双方负责维持德意志境内和平，用武力对付侵犯德意志领土完整的任何国家。至此英国外交似乎已取得巨大胜利，反法大联盟即将告成。哪知英、普协定不仅使法国，也使奥地利和俄国大吃一惊，都为各自昔日盟友的背叛行径所激怒，便立即向过去的敌人靠拢。

首先是奥地利的哈布斯堡王室与法国的波旁王室放弃了长期互相仇视和对抗的政策，两个世仇变成了盟友。奥地利帝位继承战争之后，奥地利即已开始拉拢法国，以此对抗普鲁士。1751 年，奥地利卓越的外交家温策尔·考尼茨亲王任奥地利驻巴黎大使，促使奥、法接近。当法国国王路易十五确实搞清弗里德里希二世已经背叛，便下定决心与奥联合。1756 年 5 月 1 日，奥地利与法国签订相互保证的第一次《凡尔赛条约》，缔约双方保证各自提供 24000 人的军队，援助另一方反击任何侵略者。在此之前，俄国实际上废弃了英、俄协定，于 1756 年 3 月 25 日与奥地利缔结攻守同盟，规定：俄国应提供 8 万人的军队援助奥地利进攻弗里德里希二世，一旦战胜弗里德里希二世，奥地利取得西里西亚，俄国取得东普鲁士。一个反对普鲁士的联盟初步形成。

七年战争爆发后，法、奥、俄进一步调整关系。1757 年初，俄国也参加了《凡尔赛条约》，法、俄之间取得谅解。1757 年 2 月 2 日签订俄、奥条约，除重申上次条约各款外，规定奥地利每年要向俄国提供 100 万卢布的补助金。1757 年 5 月 1 日，法、奥签订第二次《凡尔赛条约》。条约规定，双方准备调整各自的势力范围，法国在整个德意志境内提供 10.5 万人部队，增加向奥地利派出的分遣队，并给予奥地利以一定数目的年补助金。法、奥、俄反普联盟最终形成。随后，瑞典、波兰、萨克森及德意志各邦的大部分相继加入反对普鲁士联盟一边。

七年战争的各个参加国各有自己的打算和目的：奥地利想夺回西里西亚；法国想占领汉诺威；俄国力图削弱普鲁士，占领东普鲁士，扩大自己的西部边界；瑞典则要占领普属波美拉尼亚。普鲁士不仅要继续占有西里西亚，还想占领萨克森，扩张自己在波兰的势力。英国主要目的在于削弱和打击法国，扩大殖民地，建立海上霸权。

普鲁士先发制人

当弗里德里希二世获悉俄国已经备战的消息后，便决定先发制人，于 1756 年 8 月 29 日率军 7 万人，不宣而战入侵萨克森，七年战争正式爆发。弗里德里希二世全部占领萨克森后，于 1757 年 4 月进入波希米亚，围攻布拉格；5 月击败遭遇的奥地利军队。普军一面围攻布拉格，一面向南进军。6 月 18 日在科林地区，弗里德里希二世轻率向奥军发动进攻，遭到惨败，3.3 万人的兵力损失 1.3 万人，只得放弃布拉格，撤回萨克森。

奥地利军队在科林的胜利使联盟各国受到鼓舞，决定协调行动，筹划 39 万军队从各个方面围剿弗里德里希二世。随后，法军占领汉诺威，法奥联军从西面，俄军从东面威胁柏林，普鲁士处于相当危险的境地。

弗里德里希二世频频调动军队以应付险恶形势，并于 1757 年 11 月 5 日在波恩以东的罗斯巴赫村附近与法奥联军会战。联军共约 6.4 万人。法军指挥苏比兹元帅判断失误，把普军迅速机灵的运动误认为是撤退，失掉战机。弗里德里希二世采用他首创的"斜形战斗队形"[①]，以其机动性和突击性，仅 1 小时便击败了双倍于己的联军，取得辉煌胜利。结果联军死伤 3000，被俘 5000，其中包括 8 名将官和 300 名军官，并损失了 67 门大炮、7 面国旗、

---

① 弗里德里希二世本人对斜形战斗队形作过这样的解释：当面对敌人时，把自己兵力的一翼缩回，增强准备进攻的另一翼，对敌军的一翼作侧击。这样部署兵力的优点为：（1）一支小型的兵力可与较大的兵力作战；（2）可以在一个决定点上攻击敌人；（3）假使被击败了，也只是一部分兵力受损失，其余兵力可用来掩护退却。

15 面军旗，而普军仅死 165 人、伤 376 人。

这一战役拯救了普鲁士，也标志着一度强大的法国陆军的衰落。此次战役后，法国的国际地位立即下降，而弗里德里希二世和普鲁士的军队却马上身价倍增。英国国会在罗斯巴赫胜利鼓舞下通过决议，把给弗里德里希二世的补助金从 1757 年的 16.4 万镑增加到 120 万镑。

罗斯巴赫会战后，弗里德里希二世稍事休整，便在 15 天内行军 170 英里进入西里西亚的布雷斯劳附近。1757 年 12 月 5 日，普、奥两军会战于洛伊滕。普军约有 3.6 万人，其中 2.4 万人为步兵，1.2 万人为骑兵，共有火炮 167 门。奥军为 6 万—8 万人，火炮 210 门。奥军虽然占数量优势，阵地颇为坚固，但战线过长，两个侧翼之间相距 5.5 英里，兵力分散。弗里德里希二世先用骑兵佯攻奥军右翼，后用"斜形战斗队形"攻敌左翼，席卷其全线，最后骑兵冲锋，再次取得重大胜利。结果，普军死伤 6000 人，奥军死伤约 1 万人，被俘 2 万人。普军再次夺回西里西亚。洛伊滕会战在军事史上占有重要地位，拿破仑曾说：洛伊滕战役是"机动和决心的杰作"，单是这一战役就足以使弗里德里希二世跻身于伟大将领之林。

七年战争第一阶段的主要战场在欧洲大陆。弗里德里希二世充分利用反普鲁士各国政治、军事上的弱点和错误，先发制人，取得了巨大胜利。英、法在北美和印度战场上双方互有胜负，尚未决出高低。英国辉格党中有一部分人不愿继续战争，而以皮特为首的另一部分人坚持扩大战争，统治集团内部意见分歧，致使英国在经济方面和海上具有的一定优势无法充分发挥出来，以取得决定性的胜利。

1757 年 3 月，克莱武（此时已为正式军官）攻占了法国在孟加拉的殖民地金德纳格尔。法国受此打击后，与孟加拉的"纳瓦布"（相当于总督，臣属于莫卧儿帝国）结盟，共同对付英国。1757 年 6 月 23 日，在加尔各答以北 30 余公里处的普拉西村附近发生决战。克莱武因事先收买印军内奸，以极小代价取得胜利。孟加拉落入英国手中。但在北美，英国暂时失利，法国占得上风。1756 年夏，法军攻占英国在安大略湖畔的要塞沃斯威果。1757 年，它又占领英国在乔治湖畔的威廉·亨利要塞。在地中海，英国海军于 1757 年 5 月 20 日遭到一次严重失败，丢掉了地中海西部的战略要地梅诺卡岛。

英国海上成功

　　1759 年，战争进入第二阶段。在欧洲大陆，普鲁士因兵源枯竭，反普鲁士各国军队又在吸取经验教训，从而使普鲁士遭受一连串失败。俄军占领了奥得河畔的法兰克福东部的库勒尔斯多夫，对柏林造成很大威胁。弗里德里希二世企图攻击俄军的后方。1759 年 8 月 12 日，俄奥联军与普军在此进行了一次决战。有 4.1 万俄军和 1.8 万奥军投入这次战役，俄军统帅是萨尔季科夫。普军投入的兵力是 4.8 万人。这是弗里德里希二世所遭受的一次最惨重的失败，仅在 6 个小时内损失 1.9 万人，其中 48% 是他的老兵。溃退中，又有许多士兵逃跑，最后只剩下 3000 人。俄奥联军损失 1.5 万人。

　　1760 年 11 月 13 日，在萨克森的托尔高，普、奥发生决战。参战的普军为 4.4 万人，奥军为 6.5 万人。这次可算是弗里德里希二世所取得的最后一次胜利；但代价甚高，双方伤亡比例接近 1∶1。普军已成强弩之末。同年，俄军一度占领柏林。至 1761 年，弗里德里希二世穷于应付，疲于奔命。将近 10 万奥、俄军队驻扎在西里西亚，弗里德里希二世被赶出波兰，丧失一半西里西亚，奥、俄军队并不断在萨克森取得进展。

　　至 1762 年上半年，弗里德里希二世的处境十分险恶。敌军大量入境，内部兵源枯竭。1761 年 10 月皮特去职，接任的彪特首相改行亲法政策，普鲁士又失去英镑支持。弗里德里希二世在给他的兄弟亨利亲王的一封信中写道："如果和我们的愿望相违，谁也不来帮助我们，那么我直截了当地对你讲，我看不出有任何拖延或者防止我们的灭亡的可能性。"

　　反普鲁士联盟各国的矛盾，特别是俄国的突然变化挽救了弗里德里希二世。1762 年 1 月 5 日，俄国女皇叶丽萨维塔·彼得罗芙娜逝世，彼得·费多罗维奇继位，称彼得三世。彼得三世是弗里德里希二世的热烈崇拜者，因而在 5 月 5 日普、俄即签订和约。彼得还表示愿意援助弗里德里希二世，部分俄军奉命与普军联合，共同对付奥地利。经彼得调停撮合，5 月 22 日瑞典与普鲁士签订和约。1762 年 6 月，彼得三世被废，新继位的女皇叶卡特琳娜二世虽停止了极端亲普鲁士的做法，但也未向弗里德里希二世重新开战。实际上，俄国退出了战争，普鲁士的东方战线安全了。对此，弗里德里希二世高兴地喊道："谢天谢地，我们的后方自由了！"弗里德里希二世利用这种有利形势，把奥军赶出了西里西亚和萨克森。

战争爆发后不久，威廉·皮特任英国陆军大臣，在整个战争期间几乎成为政府的实际领袖。他建立个人权威，集中财权、军权和政权于一身。他在军队中打破惯例，蔑视胆小无能的布雷多克将军、舰队司令宾，大胆重用有才干、勇敢无畏的阿默斯特和沃尔夫将军、豪和福布斯勋爵、桑德斯和罗德尼等将领。他把英国的强盛和海上霸权看得高于一切，决心与法国进行第一次世界性较量。他充分发挥了英国在经济方面和海上的潜在优势，利用补助金雇佣弗里德里希二世缠住法国，让英国尽量摆脱欧洲大陆上的战争。他充分利用法国主要力量陷于欧洲大陆战场的有利时机，集中力量于海上和殖民地，特别是北美，力争消灭法国海上实力和夺取殖民地。皮特的战略思想和果断措施为英国赢得了胜利。

1759 年，法国曾计划从海上入侵英国。为此，法国地中海舰队奉命去与法国西海岸布勒斯特处的大西洋舰队汇合。在北上途中，于 8 月 19 日在葡萄牙海岸外的拉古什被英海军击溃。11 月 20 日，法国的大西洋舰队从布勒斯特出海，在法国西海岸的奎伯隆湾遭英国舰队毁灭性打击。法国海军主力丧失，对法国在北美和印度的战争产生了极为不利的影响。

从 1758 年起，皮特即开始调兵遣将，集中力量于北美，以夺取法属加拿大和路易斯安那。英军增加到 5 万人，法军只 1 万人。是年 7 月，英军攻占路易斯堡，不久又攻下了杜肯堡，并以威廉·皮特的名字改名为匹兹堡，打开了从陆上进军加拿大的通路。1759 年 6 月，英国一支陆军和一支强大舰队开始围攻魁北克。英、法军队在此进行了三个月的拉锯战。法国守军在不能获得母国支援的情况下，只好采取防御战略，在正面部署较强炮火。9 月 12 日夜，英军在其主将沃·尔夫率领下，在弗仑湾（今已改名为沃尔夫湾）大胆偷袭成功，进入魁北克后方亚伯拉罕平原，迫使法军决战。9 月 13 日，英、法两军决战于亚伯拉罕平原。法军终因军令不统一、战术错误而失败。9 月 17 日，英军占领魁北克。后经一年多的争夺战，加拿大全境皆为英军所占。

在印度，1760 年英、法军队在马德拉斯与本地治里之间的温德瓦西发生激战。结果法军战败，退守本地治里。英军从海、陆两面进行封锁，法军孤立无援，被迫投降。到 1761 年，英军在印度亦处于绝对优势。至此，英国在殖民地和海上的决定性胜利已成定局。

1762 年，西班牙和葡萄牙曾分别站在法国和英国方面参战，但并未对战争的进程和结局产生任何重大影响。

欧洲新的均势

　　1759年，英法之间已开始试探和平谈判。因英国条件过于苛刻和双方盟友的强烈反对，谈判归于失败。这次和谈暴露和加深了各同盟国之间的矛盾。到1762年下半年，战争双方均发生重大变化。英国已基本达到削弱法国、扩大自己殖民地的目的。皮特辞职后，英国便抛弃了普鲁士。法国已无力挽回败局。俄国事实上已退出战争。俄国的背叛动摇了奥地利的信心。交战各国都已出现从战争转向和平的倾向。英、法于1762年下半年重开和谈。10月23日，普鲁士与法国签订初步和约。11月11日，英法促成了普奥之间停战。经过谈判，签订了两个和约，全面结束战争。1763年2月10日，以英国、葡萄牙为一方，以法国、西班牙为另一方签订《巴黎和约》。1763年2月15日，以普鲁士为一方，以奥地利、萨克森为另一方签订《胡贝尔茨堡和约》。

　　根据《胡贝尔茨堡和约》，普鲁士重新获得西里西亚。根据《巴黎和约》，英国从法国手里夺取了加拿大、密西西比河以东的路易斯安那（新奥尔良除外）和俄亥俄河流域的全部土地；法国仅保留大西洋东岸的两个岛屿，即圣皮埃尔岛和密克隆岛，且只准做捕鱼基地，不得设防。法国在西印度群岛中的几个岛屿割给英国。英国则同意把战时夺取的瓜德罗普岛归还法国。英国还把战时夺取的哈瓦那和马尼拉归还西班牙，由西班牙把佛罗里达让给英国。为了补偿西班牙，法国又把密西西比河以西之路易斯安那和包括新奥尔良在内的密西西比河三角洲割给自己盟友，并付给它一笔赔偿金。在非洲，法国把塞内加尔给了英国。在印度，法国几乎丧失了它的全部领地，仅保留本地治里、开利开尔、亚南、昌德纳戈尔及马埃五个城市，并且只准作通商之用，不得设防，要拆除一切城防设施。

　　七年战争和《巴黎和约》对欧洲历史进程产生了重大影响。

　　法国在战争中不仅一无所获，而且大伤元气，它失去了大片殖民地和海上优势。英、法之间近百年争夺海上霸权的斗争以法国失败告终。法国在战争中的失败使其国际地位大大下降，从而结束了三十年战争以来法国的欧洲霸主的地位。七年战争及其后果也加剧了国内阶级矛盾和专制制度的危机。

　　奥地利在战争中被削弱，国际地位亦下降，随后在国内不得不进行改革。

普鲁士虽遭到重大损失，并未被各国打垮，并且保住了西里西亚。普鲁士地位提高了，已跻身于欧洲强国之列。这为普鲁士统一德意志奠定了初步基础，也使整个欧洲形势进一步复杂化。

俄国在战争中并未遭受重大损失。在欧洲大陆主要国家力量减弱的情况下，俄国力量却相对有所增强。这就为今后俄国进一步干涉欧洲事务提供了条件。

在整个欧洲大陆，由于法国霸权的衰落，又出现了新的均势。一方面，在中欧和东欧，俄、普、奥三国开始取代法国的影响和地位。七年战争结束后不久，1772 年瓜分波兰就是在没有法国参加下发生的。另一方面，则是俄国开始建立中欧和东欧这一地区的霸权。首先是普鲁士为了对抗奥地利，不得不更多地依靠俄国，"它愈多地摆脱德意志帝国的从属关系，则愈牢靠地陷入对俄国的从属地位"①。

英国从战争中获得了巨大好处。当《巴黎和约》刚刚缔结时，当时的英国枢密院长约翰·卡特芮特就说："这是英格兰亘古未有的最光荣的战争和最光荣的和平。"从此，英国夺得了海上霸权和更多的殖民地。"正是那个时候，才奠定了现时的这个东方不列颠帝国的基础。"② 殖民地的财富，特别是印度的财富源源不断地流向英国。海上霸权和殖民地的财富加速了英国的工业革命，使它成了 19 世纪最强大的工业国和"世界工场"。

① 《马克思恩格斯全集》第 22 卷，人民出版社 1965 年版，第 23 页。
② 《马克思恩格斯全集》第 9 卷，人民出版社 1961 年版，第 168 页。

维也纳会议的召开和神圣同盟的建立

刘宗绪

维也纳会议是欧洲各反动君主国打败拿破仑帝国之后在奥地利首都维也纳举行的一次国际会议。会议从 1814 年 10 月 1 日到 1815 年 6 月 9 日，历时达八个多月，其宗旨是尽可能消除法国大革命的影响，恢复旧的封建统治秩序，并且由各大国瓜分领土，重新安排欧洲的版图。所谓"神圣同盟"则是为了维护维也纳会议所强加给欧洲各国人民的反动秩序，由俄国沙皇倡议而组成的一个反动的国际联盟。1815 年 9 月 26 日建立之时，其成员包括俄国、奥地利和普鲁士。神圣同盟多次镇压了欧洲的革命运动。

维也纳会议的召开和列强在会上的角逐

19 世纪初，在拿破仑统治的法兰西第一帝国与欧洲许多君主国之间，进行了一场旷日持久的战争。尽管在怎样评价拿破仑的问题上，史学界还存在种种分歧意见，但是，谁都不能否认，这场战争属于两种社会制度之间的搏斗。拿破仑代表了方兴未艾的资本主义势力，其他各君主国则是旧的封建制度的维护者。战争的结局是拿破仑遭到了失败。这说明，在当时的力量对比上，封建势力比资本主义势力暂时还要更强大一些。恩格斯说："对拿破仑的胜利就是欧洲的君主国对法国革命的胜利。"[1]

1814 年 4 月 4 日，战败了的拿破仑被迫宣告退位，被欧洲反法同盟囚禁在地中海的厄尔巴岛。原法国波旁王朝国王路易十六的弟弟路易十八（原普罗旺斯伯爵）即位，建立了复辟王朝。同年 5 月 30 日，反法联军与法国签订了《巴黎和约》（第一次《巴黎和约》），规定法国恢复到 1792 年战争开

---

[1] 《马克思恩格斯全集》第 22 卷，人民出版社 1965 年版，第 35 页。

始前的边界，即放弃全部在战争中占领的土地；同时注明要召开国际会议以处理战后问题。这个国际会议，就是不久后召开的维也纳会议。

由于《巴黎和约》第三十二款规定会议在维也纳召开，奥地利皇帝弗朗西斯一世成为筹备会议的东道主，他的外交大臣梅特涅则将担任会议的主席。在和约的同一款上还规定，在战争中参加任何一方作战的全部国家都要被邀请出席会议。这样，参加会议的除英国、俄国、奥地利、普鲁士、法国以外，还有瑞典、西班牙、葡萄牙、土耳其，以及德意志境内和意大利境内许多邦国，如巴伐利亚、符腾堡、萨克森、汉诺威、那不勒斯、撒丁、教皇国，等等，代表总数达216人。此外，某些非正式的代表也参加了会议，如像法兰克福、奥格斯堡以及天主教德意志的代表，等等。那不勒斯甚至派来了两个代表团，一个代表旧日的正统王朝即波旁王朝，另一个代表缪拉政权①。在200余名代表中，操纵会议或起主要作用的是俄国沙皇亚历山大一世、奥地利皇帝弗朗西斯一世、普鲁士国王弗里德里希·威廉三世、英国外交大臣卡斯尔累勋爵、奥地利首相兼外交大臣梅特涅亲王、普鲁士首相哈登堡公爵和法国外交大臣塔列兰公爵。

开始时，在会上起决定作用的是英、俄、普、奥四国，后来又有法国参加进来。其中，尤以英国和俄国占有举足轻重的地位。还在会议开始之前，英、俄、普、奥四强的代表就在伦敦进行了频繁的幕后活动。英国外交大臣卡斯尔累根据英国传统的外交政策，主张在俄国和法国之间建立一个由英、奥、普控制的，包括德意志若干小国组成的中间地带，以造成欧洲大陆的势力均衡。在英国看来，这种均势既可以使它免除来自大陆的威胁，有利于自己放手从事海外扩张，又可以防止某一个大陆国家过于强大，变成自己的竞争对手。同时，维持均势也比较易于为各国所接受。因此，卡斯尔累最初估计会议将会比较顺利，所要解决的问题并"不太复杂"。然而，他过于乐观了。俄国以拥有重兵为资本，采取了咄咄逼人的态度，决心要大肆扩张自己的领土和势力。奥地利一心想恢复旧时的强盛，充当德意志的主宰，既不愿看到俄国过于强大，更担心普鲁士的扩张意图，因而对许多问题表现得极为敏感，尤其是对普鲁士和俄国怀有很大戒心。普鲁士则露骨地要求牺牲邻国利益以满足自己扩张领土的欲望，表现得十分贪婪。这样，在伦敦的幕后外交活动并未能使四强取得一致意见。

---

① 缪拉原为法国元帅，系拿破仑的妹夫，1808年被拿破仑封为那不勒斯国王。

1814年7月18日，梅特涅从伦敦回到维也纳。9月13日，卡斯尔累也到达了。两天之后，四强代表举行了非正式的会晤，参加者有卡斯尔累、梅特涅、哈登堡和俄国外交大臣涅谢尔罗德伯爵。他们就会议如何进行提出了许多方案，经过反复磋商，到9月20日总算达成了一个协议。根据协议，领土的瓜分与分配要由它们四国来决定，然后将其决定首先通知法国和西班牙，再通知全体与会国家；由普鲁士、奥地利、巴伐利亚、符腾堡、汉诺威五国代表组成专门委员会，去准备一份建立德意志邦联的方案；整个会议程序的安排由四个盟国和法国、西班牙共同讨论决定。这个协议明显地体现了四强企图主宰会议、决定欧洲命运的野心。

英国的卡斯尔累得到本国政府的训令，要尽一切力量把英国在战争中占领的欧洲和欧洲以外的土地固定下来，并且要以对英国有利的方式解决大陆上的领土纠纷。从当时情况来看，英国要把已占领的殖民地据为己有是不会遇到很大困难的，而解决大陆各国的领土纠纷则较为棘手。卡斯尔累仗恃国力雄厚，以欧洲事务调停人的姿态进行了活动。四强代表的私下磋商，总是由他主持。

沙皇亚历山大一世在会议中态度最为强硬。还在会议召开之前，俄国的将军们就放风说，一个拥有60万军队的人是用不着为了协商而烦恼的。在会上，亚历山大露骨地表示俄国要占有波兰，而且在任何协商中都不肯让步。

梅特涅则是个圆滑的外交家，有着随机应变的手段，但在为奥地利谋取更多好处上却非常执着。他竭尽全力要恢复帝国过去的占有地，同时又要坚决防止俄国的威胁，尤其是要防止普鲁士强大起来。他利用会议主席的身份穿梭于各大国代表之间，力图造成有利于奥地利的局面。

威廉三世的扩张欲望十分强烈，表现也很露骨。他对于自己强大的盟友俄国，既逢迎，又畏惧。由于不敢直接与俄国冲撞，而非常热衷于"补偿"原则。就是说在波兰问题上为屈从俄国而作出的让步，其损失部分要在德意志境内得到补偿，即牺牲邻邦以壮大自己。他最强调要把领土问题的决定权掌握在四强组成的指导委员会手中。

上述四强代表为会议所作的安排，由于法国的介入而发生了某些变化。1814年9月23日法国代表塔列兰来到维也纳。他是以路易十八政府代表的身份前来赴会的。9月30日，他和西班牙代表彼得罗·拉普拉多被邀请到梅特涅的住所。他们到达时，四强代表已在卡斯尔累主持下进行协商。塔列兰一心要为战败的法国重新争得大国的地位，打破四强操纵一切的局面。所以他提出质问，为什么同是《巴黎和约》签字国的葡萄牙和瑞典的代表未被邀请来参加讨论？他又抓住9月20日四强达成的协议中有"盟国"字样而提出诘问：盟国是什么意思？是反对谁的同盟？不会是反对拿破仑的，因为他已在厄尔巴岛。当然更不是反对路易十八的，因为他是和平的主要保障。他厉声说："坦率地说吧，先生们，如果这里还有盟国的话，那么这里就不是我待的地方。"他还指出，在《巴黎和约》签订之后，四国同盟就失去存在的意义，由四国控制一切的设想并没有历史的、合法的、必然的和道义的依据。几天之后，四国只好表示将幕后协商的参加国由6个增加到8个，即英、俄、普、奥、法、西、葡、瑞典8个《巴黎和约》签字国。

　　实际上，塔列兰并不是要求尊重更多国家的意愿，他抬出葡萄牙和瑞典，还进一步提出指导会议的机构只能由这八国组成，而且必须经由全体会议认可，主要目的就是打破四强垄断，为法国跻身强国行列造成机会，同时还可以扮演小国代表人的角色，抬高自己的地位。但是，四强坚持一切问题由大国决定，顽固拒绝召开全体会议，原定10月1日的大会被推迟举行。在这种情况下，塔列兰又使出了他的另一件武器——"正统原则"。10月5日，他正式通知四国代表，他同意全体会议延期召开，但是四国必须接受这一项基本原则。他写道："我什么也不要求，可是我给你们带来了重要的东西——神圣的正统原则。"

　　塔列兰在维也纳提出的"正统主义"后来确实被各大国所接受，成为会议奉行的指导原则之一。它使许多国家的旧王朝得以复辟，造成了历史的倒退现象。多年来，史学界对维也纳会议的正统主义原则采取了否定的、批判的态度，这无疑是正确的。但是，根据当时的具体情况，还应该进行具体的分析。正统主义的提出在当时还是具有一定积极作用的，虽然这并不是它的主导方面。塔列兰是从保护法国的利益出发而提出这一原则的。根据这一原则，法国在已经恢复了正统的波旁王朝统治的情况下，就应该得到尊重，不能任意损害其利益。同时，运用这一原则，一切恢复旧统治的国家也都不应该遭受列强的任意瓜分，从而可以为法国造成一个具有较少威胁性的国际环境，还可以借此限制各大国瓜分过多领土。在19世纪初期的欧洲大陆上，绝大多数国家还是封建国家，代表资本主义势力的主要象征仍然是法国。虽然波旁王朝已在法国复辟，但从社会结构上来看，它实际上是资本主义国家。复辟王朝也已不同于原来的封建专制王室，而是实行了君主立宪制。这多少体现了法国资产阶级革命的基本成果的不可动摇性。可以说，在当时的情况下，维护法国，就在相当大的程度上起着维护资本主义制度的作用。维护资本主义，限制几个大国随意宰割弱国，这在当时毕竟有着积极的作用。因此，对正统主义的提出需采取分析的态度，不宜单纯地视为复辟的理论而予以全面否定。

由于塔列兰的坚持，四强代表只得同意将会下协商的参加国扩大到 8 个。这样，《巴黎和约》的 8 个签字国未经其他国家承认就行使起指导整个会议的职权。它们在 12 月 9 日、10 日和 14 日的会议上擅自指定了德意志问题、文件起草等 10 个委员会，负责拟定解决各类问题的决议草案，打算把一切权力操在己手。它们只想由自己决定一切，并不准备召开全体会议。还在 10 月 12 日，以八国名义发布的公报就宣布，全体会议推迟到 11 月 1 日举行。10 月 30 日它们干脆宣布，全体会议无限期推迟举行。

于是，其他国家的代表便只能在无休止的宴会、舞会、观剧等各种社交活动中去进行一些非正式的接触，实际上是消磨时光，等待着几个大国来决定自己的命运。仅从住在霍夫堡的奥皇弗朗西斯一世的应酬情况来看，就不难想象出当时是怎样一种情景。他日复一日地举行招待会，宾客中包括一名皇帝、一名皇后、四名国王、一名王后、两名世袭亲王、三名大公夫人、三名皇族亲王。为此，每晚要摆宴席 40 桌。这些身份高贵的宾客，每人都要带来一大群管家、侍从、宫廷侍女，等等，以致每晚庭院中都排满了马车，马厩中的马不下 1400 匹。

与此同时，几个大国的代表们却在频繁活动，进行着幕后的交易。在八国代表中，西班牙、葡萄牙和瑞典的代表一直遭到冷遇，起不了多大作用。真正的大权仍然掌握在四强手中。从 1815 年 1 月 9 日起，塔列兰进入了这一核心，由四国协商变成了五国协商。在整个会议期间，五国代表的会议举行了 41 次，八国会议只进行过 9 次。而在五国内部，也是互相争夺，充满矛盾。从会议一开始，它们就围绕着波兰—萨克森问题进行了激烈的斗争。

18 世纪末，波兰遭到俄国、普鲁士、奥地利的三次瓜分，从欧洲地图上消失了。1807 年，拿破仑战胜第四次反法同盟后，在原来被普鲁士占领的波兰领土和奥地利占领的部分波兰领土上建立了一个"华沙大公国"，作为自己的附庸。这样，在维也纳会议上围绕着怎样解决波兰问题，列强之间发生了激烈的争执。还在 1813 年就已对华沙大公国实现了军事占领的沙皇俄国声称，它要以一种"道义"上的职责去重建波兰，使其恢复古代的自由与独立。具体办法就是在那里建立一个波兰王国，由俄国沙皇兼任波兰国王。亚历山大一世已俨然以波兰国王自居，命令其弟康斯坦丁大公到波兰去组建一支军队。他还写信给边沁，请这位哲学家为波兰起草一部"模范"的宪法，等等。

　　波兰问题对欧洲来说是一个全局性的问题，牵动着每一个大国的神经。首先作出强烈反应的是普鲁士，它当然坚决反对将自己在波兰的占领地白白地让予俄国，却又没有胆量去得罪这个强大的盟友，于是就强烈要求补偿损失，将过去拿破仑的忠实同盟者萨克森的领土全部划归它所有。萨克森是德意志境内的经济较为发达的地区，如果普鲁士所要求的补偿全部得到满足，它就会立即变得强大起来。这是奥地利绝对不能允许的，也是法国无法忍受的，英国也担心欧洲大陆的均势由此而遭到破坏。于是，各国围绕这一问题展开了钩心斗角。沙皇亚历山大一世支持普鲁士的要求，以便换取自己对波兰的占有。梅特涅担心俄国过分向西扩张对奥地利造成威胁，更反对普鲁士成为德意志境内压倒自己的力量。但梅特涅又没有勇气去公开与俄国对抗。塔列兰也反对俄、普的要求，尤其反对普鲁士的扩张。他曾说过，如果普鲁士达到目的，几年之内它就会变成军事强国，给邻国带来极大危险。路易十八在1814年10月25日写信给塔列兰，授权他可以去向英国、奥地利表明态度，在反对俄、普方案的斗争中，它们可以指望得到法国在军事上的合作。

　　由于在利益上的合拍，英、奥、法三国于1815年1月3日签订了秘密同盟条约。条约规定，三国如受到他国的进攻，就要互相援助，由法、奥各出兵15万，英国负责供给武器。这虽然是一个秘密的条约，但三国之间的合作姿态已使俄国不得不有所收敛。

　　与此同时，塔列兰又抬出了正统原则为萨克森国王进行了辩护。他指出，萨克森王已经像"父亲"一样统治其臣民达40年之久，在各方面都是贤德的。当然，他曾经由于盲目地屈从于拿破仑而犯下过错，但是，那些据此而羞辱他的人们，自己也犯有同样的过错，而且更为严重，更加不可原谅。这一番话显然是暗指亚历山大一世和威廉三世而言的，他们在1807年都曾卑怯地屈从过拿破仑。因此，大家都应按正统原则恢复自己的尊严，而不必单单加害于萨克森王。对此，亚历山大非常恼火，他曾当面责骂塔列兰，但是在英、奥、法同盟面前又不得不作出让步。这样，各国终于就波兰—萨克森问题达成了协议。

分配赃物的决议

　　根据几个大国经过争斗之后在 1815 年 2 月 11 日所达成的妥协，灾难深重的波兰再次遭到瓜分。它的大部分领土组成波兰王国，成为俄国的附属国，由沙皇兼任国王。奥地利继续占有加里西亚地区。普鲁士获得了波兹南和但泽。此外，在克拉科夫一带约 1000 平方公里的土地和近 10 万人口组成克拉科夫共和国，由俄、普、奥三国派驻使节，实际上是三国的共管地区。这样，俄国占有的波兰土地达 12.7 万平方公里，人口为 320 万。沙皇在波兰颁布了一个宪法，明文规定波兰王国是罗曼诺夫王朝的私产。作为对普鲁士的补偿，协议决定将萨克森王国北部的约占王国 2/5 的领土连同 85 万人口划归普鲁士。此外，它还得到了莱茵河两岸的大片土地即莱茵省、易北河沿岸的一些要塞，原威斯特伐利亚的部分领土和原属于瑞典的波美拉尼亚地区。萨克森的其余 3/5 土地被保留下来，仍由正统的萨克森国王统治。这一妥协使俄国的要求大部得到满足，普鲁士则部分地得到了满足，大体上维持了英、法等国所主张的势力均衡。

　　各大国在处理波兰—萨克森问题上的做法表明，正统主义和补偿原则是它们处理国际问题、特别是解决领土归属问题的基本准则，是它们任意摆布各弱小国家命运的主要依据，明显地体现了维也纳会议的反动性和奉行强权政治的特点。

　　随着最棘手的波兰—萨克森问题的解决，列强开始把注意力转移到了制定会议最后总决议方面。就在这时，拿破仑悄悄离开厄尔巴岛，于 3 月 1 日在法国南部登陆，20 日抵达巴黎。路易十八仓皇逃跑，拿破仑重登帝位。这一事件使正在维也纳集会的那些拿破仑的老对手们万分震惊。英、俄、普、奥、撒丁五国以及被四强控制的荷兰、比利时和德意志一些小国，立即组成第七次反法同盟，以七八十万军队向法国扑去。在 2 月 1 日接替卡斯尔累参加会议事务的英国威灵顿公爵，匆匆离开会场，到前线指挥作战去了。沙皇亚历山大一世、奥皇弗朗西斯一世、普王威廉三世和梅特涅、塔列兰等人留了下来，继续会议的工作。

　　在解决欧洲的一般问题上，亚历山大一世主张不要缔结总的条约，而由各有关国家去签订局部性的地区协议，这样做可以使他摆脱列强的牵制，放手去实现自己扩张的野心。但是，英国坚持制定总决议，梅特涅坚决支持，沙皇只好让步。起草总决议的任务交给了会议总秘书长根茨。根茨综合了各委员会的协议，制定出一个包括121个条款的总决议草案，于6月初发给了八国代表。由于草案中没有包括恢复西班牙波旁王朝在意大利的全部旧日权力的内容，西班牙代表拉普拉多拒绝在决议上签字。结果，由另外7个大国的代表于1815年6月9日，即滑铁卢战役的前9天，正式签署了这个最后总决议。接着，其余各国代表被逐个召去签了字。至此，从未举行过全体会议的维也纳会议，在几个大国搞了8个多月的幕后交易之后，终于收场了。

根据会议总决议，英、俄、普、奥四国攫取了大片别国领土。它们在2月间达成的关于解决波兰—萨克森问题的协议内容，在总决议中都包括了进去。此外，俄国还占有了芬兰和比萨拉比亚；奥地利占有了萨尔斯堡、提罗尔、达尔马提亚沿海地带、伦巴底和威尼斯；普鲁士除占有波兰、萨克森和威斯特伐利亚的部分领土外，还从荷兰那里得到了欧庞、马尔梅迪；英国则将其在战争中从法国、荷兰、西班牙手中夺得的殖民地正式予以占有，包括多巴哥岛、特立尼达岛、圣卢西亚岛、罗德里格岛、塞舌尔群岛、开普、锡兰（今斯里兰卡）、地中海的马耳他岛以及圭亚那的一部分，还取得了对地中海东部爱奥尼亚群岛的保护权。法国仍按第一次《巴黎和约》的规定，把1792年战争开始以来所占领的全部土地退出来，恢复到战前的疆界。从法国脱离出来的原奥属尼德兰（比利时）和荷兰被强行合并为尼德兰王国，交由拿骚—奥伦治亲王统治，以作为防御法国再起的北方屏障。瑞士被宣布为永久中立国，也是防卫法国的措施之一。

关于德意志问题，根据会议在6月8日签署的《德意志邦联成立法案》，基本上采用了梅特涅的计划：德意志邦联由35个君主国和4个自由市（汉堡、不来梅、卢卑克、美因河畔的法兰克福）组成，设立一个由各邦代表参加的、以奥地利为主席的邦联议会。由于这个议会并不具有中央政府的权力，实际上德意志封建割据的状态继续保持下来了。各邦国的争权夺势，尤其是普鲁士、奥地利为主宰德意志而进行的斗争，使德意志仍然处于动乱之中。

意大利又重新恢复了旧日的四分五裂状况。除伦巴底、威尼斯已划归奥地利之外，撒丁王国收回了被法国占领的尼斯和萨瓦的大部分（尚贝里地区未收回），同时还得了热那亚；托斯卡纳大公国划为奥地利斐迪南大公的世袭领地；帕尔马公国被授予原法国皇后、奥地利女大公玛丽·路易丝作为终身领地；摩德纳公国成为哈布斯堡家族的德埃斯特大公的世袭领地；卢卡公国归于西班牙国王查理四世之女玛丽·露易丝公主；波旁王朝在两西西里王国（那不勒斯）恢复了统治；罗马教皇也恢复了对原辖地的统治。可以看出，奥地利势力在意大利占有首要地位。

北欧领土也被重新安排，原属丹麦王国的挪威，被合并于瑞典；丹麦则得到了石勒苏益格和荷尔斯泰因两公国的土地。

按照正统原则，许多旧王朝又都重新登上统治的宝座，包括法国、西班牙、两西西里的波旁王朝、葡萄牙的布拉冈扎王朝、撒丁王国的萨瓦王朝、荷兰的奥伦治家族以及罗马教皇和意大利一些邦国的旧统治者。

拿破仑"百日"政权被击败后，1815年11月20日反法同盟各国又同法国签订了第二次《巴黎和约》。据此，法国割让了菲利普维尔、马利恩堡、萨尔布吕肯、兰道和尚贝里等东部边界地区，大体上恢复到1790年时的边界。此外，还要归还拿破仑从各国掠去的艺术品，赔款7亿法郎，交出全部军舰；在偿清赔款前，盟国军队要占领其军事要塞3—5年。

以上所述就是维也纳会议为消除法国革命的影响，恢复欧洲的封建旧秩序而为欧洲安排的一幅政治地图。正如恩格斯所说："当'科西嘉怪物'最后被牢牢地禁闭起来之后，大大小小的帝王们立刻在维也纳开了一次大会，以便分配赃物和奖金，并商讨能把革命前的形势恢复到什么程度。民族被买进和卖出，被分割和合并，只要完全符合统治者的利益和愿望就行。"①

"神圣同盟"的建立及其倒行逆施

维也纳会议的各项反动决议完全违背了历史的潮流。法国革命在欧洲所产生的影响，靠这种反动的决议是消除不了的。这一点，列强自己也意识到了。所以，尽管卡斯尔累曾扬言这些决议将能维持至少7年的和平，但是他仍然向亚历山大提出，由最后总决议的7个签署国发表一个声明，宣布在必要时将以武力维护决议的执行。然而，沙皇另有自己的打算，他要充当整个欧洲的宪兵。早在1804年和1812年，他就曾表示要用基督教的名义把欧洲各国联合起来，在需要之时相互支援。打败拿破仑"百日"政权后，他在巴黎正式提出了由俄、奥、普三国缔结成"神圣同盟"的方案，并且起草了有

---

① 《马克思恩格斯全集》第2卷，人民出版社1957年版，第641页。

关的文件草案。他在草案中大谈"神圣宗教的崇高真理"，声称指导它们全部行动的是"正义的、基督教博爱的与和平的箴言"。草案将三国君主比作其臣民和军队的"父亲"，并说它们三国的政府和人民今后将要像"一家人"一样地相处。亚历山大宣布，它们三国热烈欢迎一切承认其"神圣原则"的国家加入这一同盟。正是根据这一文件，三国君主在 1815 年 9 月 26 日正式签署了建立神圣同盟的条约。

　　起初，这些空洞的漂亮话并未引起人们的重视。卡斯尔累把它视为一种玄想和胡言乱语。就是参与其事的梅特涅也认为这是些无价值的高调。可是时过不久，他们就发现这个同盟乃是维护欧洲反动秩序的重要工具并极力予以支持。后来的事实证明，神圣同盟正像恩格斯所指出的，是"所有欧洲的君主在俄国沙皇领导下反对本国人民的一个阴谋"①。欧洲大陆绝大多数的君主都陆陆续续加入了这个同盟。

　　神圣同盟建立两个月之后，在签订第二次《巴黎和约》时，英、俄、普、奥又签订了《四国同盟条约》。条约规定，四国要以武力维护维也纳会议的决议和第二次《巴黎和约》。这样，四国同盟实际上就成为神圣同盟的一个补充。到 1818 年，法国偿清了全部赔款，于是神圣同盟决定结束联军对法国的占领。不久，法国也加入四国同盟，从而使其变成五国同盟。法国加入列强维护反动秩序的行列中来，使亚历山大非常高兴，他高叫和平已经确立。梅特涅也兴奋地说，现状不会再起变化了。然而，他们完全错误地估计了形势。

　　1820 年，在意大利境内的那不勒斯、皮埃蒙特和西班牙都爆发了资产阶级革命，直接冲击了那里的刚刚恢复了统治地位的正统王朝。于是，在同年 10 月 20 日，在西里西亚境内的特劳波，由亚历山大主持召开了神圣同盟会议，根据梅特涅的要求集中讨论了镇压意大利革命的问题。11 月 19 日，俄、普、奥三国签署了《特劳波协定书》，宣布这些国家的君主有权对任何一国发生的起义实行干涉，并将因革命而引起政府变动的国家开除出神圣同盟。从 1821 年 1 月起，会议移至靠近意大利的莱巴赫继续进行，并作出决议由奥地利出兵前往镇压。接着，数万奥军侵入那不勒斯，3 月 23 日将革命镇压下去。与此同时，奥军帮助撒丁军队将皮埃蒙特的起义扑灭。俄国为染指意大利也派出了军队。但是军队到达时，革命已被镇压下去，未能得到开进意

_____

　　① 《马克思恩格斯全集》第 22 卷，人民出版社 1965 年版，第 35 页。

大利的借口。

对于西班牙革命，神圣同盟也是不能容忍的。还在 1820 年 5 月 8 日，俄国外交大臣涅谢尔罗德就曾向西班牙革命政府发出备忘录，公然对革命者进行辱骂并威胁要"纠正"和"消除"革命。1922 年 10—12 月，神圣同盟在意大利的味罗纳再次举行会议。亚历山大表示要派 15 万俄军前往镇压。由于奥地利和法国担心俄军需穿越本国国境于自己不利，阻止了沙皇的计划。11 月 19 日，俄、奥、普、法共同协定，由法国派兵前往镇压，亚历山大则在俄国西部边境驻扎一支 10 万—15 万人的所谓神圣同盟预备军。1823 年 1 月，这四国分别向西班牙政府发出最后通牒，叫嚷要同西班牙反革命军队一起共同来"解放"西班牙。最后通牒遭到西班牙拒绝后，10 万名法军在昂古莱姆率领下于 4 月侵入西班牙，5 月 23 日攻下首都马德里，将革命镇压下去。

这时，西属拉丁美洲殖民地的独立战争正在如火如荼地发展。神圣同盟曾企图以武力镇压那里的民族解放运动。还在 1817 年，西班牙革命爆发以前，俄国就曾怂恿西班牙国王向神圣同盟求援，帮助他去镇压拉丁美洲革命，后来又答应在西班牙派兵时可以支援军舰。镇压了西班牙革命后，俄国曾唆使法国派兵以神圣同盟名义前往干涉。由于英国担心这样会使它同美洲的贸易受到损害，美国也极力加以反对，并于 1823 年发表了《门罗宣言》，这个干涉的计划才未能实现①。

维也纳会议的反动决议和神圣同盟的倒行逆施是不可能长久维持下去的。1822 年希腊革命者摆脱了土耳其的统治宣布独立。沙皇俄国想进行干涉以便趁机在巴尔干半岛建立起自己的主宰地位，为此于 1824 年在圣彼得堡召开了神圣同盟会议。但是，英国和奥地利都坚决反对俄国在地中海东部建立自己的霸权。梅特涅甚至公开违反维也纳会议的正统主义原则，主张让希腊获得完全独立。结果这次会议不欢而散，暴露了神圣同盟的深刻危机。不久之后，1830 年法国七月革命的胜利和正统的波旁王朝被推翻，更加沉重地打击了神圣同盟。到 1848 年遍及欧洲大陆的革命爆发时，这些嚣张一时的"神圣"的原则就被扫除干净，从而变成了历史的陈迹。

---

① 这里采用的是关于这一问题的较为流行的观点。还在 1957 年，苏联《近代和现代史》杂志第 3 期上就发表了波尔霍维金诺夫的文章，认为不存在神圣同盟武装干涉拉丁美洲的现实可能性。这种看法可供参考。

19 世纪初叶的空想社会主义

完 珉

19 世纪初叶，欧洲出现了三位伟大的空想社会主义者——圣西门、傅立叶和欧文。马克思和恩格斯在创立科学社会主义理论的过程中，曾经认真地研究了这些空想家的著作，在深刻揭示空想社会主义学说存在的一系列错误和分析它的历史局限性的同时，又批判地继承了这个学说中一切有价值的东西，把空想社会主义当作创立无产阶级科学世界观的历史借鉴。19 世纪初叶的空想社会主义是马克思主义的重要思想来源。

空想社会主义是伴随资本主义生产关系的出现而产生的思想体系。资本主义生产关系，最先是在西欧发展起来的。14—15 世纪，意大利开始了资本原始积累的进程，15 世纪末 16 世纪初，英、法、德、尼德兰、西班牙等国，资本主义开始有了程度不同的发展。伴随这一发展，便产生了现代无产阶级的先驱——城乡早期无产者。这些无产阶级的前辈，在积极参加资产阶级领导的反封建斗争中，幻想直接实现本阶级的政治愿望和经济要求，并为此进行了最初的斗争。在 16 世纪初，有德国农民战争中的闵采尔起义和再洗礼派的活动；在 17 世纪，有英国资产阶级革命时期的"掘地派"运动；在 18 世纪末法国资产阶级革命时期，出现了"巴贝夫密谋"的斗争。早期无产者群众进行的这些最初的斗争，不可避免地遭到了失败。但是伴随这些斗争，却产生了相应的理论表现——空想社会主义思想。早在 16 世纪和 17 世纪初，就有关于理想制度的空想描写；到 18 世纪，出现了直接的共产主义理论；19 世纪初，空想社会主义发展到高峰，空想家们突破幻想外壳而显露出的天才思想萌芽更为丰富，其代表人物被恩格斯称作社会主义的创始人。因此，空想社会主义是现代无产阶级的先驱——早期无产者群众的世界观，是不成熟的社会主义学说，是早期无产者群众谴责和反抗资本主义剥削与压迫的理论表现。

从虚幻的描写到战斗的"法"的理论

空想社会主义思想诞生的标志是 1516 年英国人托马斯·莫尔《乌托邦》一书的问世。在《乌托邦》中，莫尔揭露了英国资本原始积累时期早期无产者和破产农民的苦难，用"羊吃人"的形象语言，控诉了资本主义靠血腥剥夺农民起家的罪恶。他有史以来第一次提出了私有制是人类一切社会苦难的总根子的论断。莫尔认为，只有完全废止私有制，才能建立公正的秩序。为此，他幻想出一个没有剥削、没有压迫、没有私有财产，实行共产主义制度的理想国度。在莫尔的观念中，共有首先是指生产共有。乌托邦社会在经济上是一个统一体，全部土地都是共有财产。手工业和农业所生产的一切产品都是整个社会的财产，产品的分配，采用按"需"分配的原则。

莫尔之后，在 17 世纪，早期空想社会主义的其他代表人物，基本上都是沿袭《乌托邦》开创的道路来勾勒他们的思想，描绘出一幅幅理想社会的蓝图。其中有两部著作最有名，这就是 1623 年出版的意大利人康帕内拉写的《太阳城》和 1675—1679 年出版的法国人德尼·维拉斯写的《塞瓦兰人的历史》。这两本书都继承了《乌托邦》的传统，一方面抨击现实社会的黑暗，另一方面幻想出理想的"太阳城"和"塞瓦兰国"。但与乌托邦相比，它们又有自己的特色，把对某些社会主义原则的猜测向前推进一步。例如对"劳动"的态度，康帕内拉明确提出劳动光荣的思想，维拉斯则提出了劳动竞赛的主张等。

在莫尔和康帕内拉之间，即 16 世纪 20 年代，德国爆发了波澜壮阔的农民战争，从中涌现出一位德国早期无产者的代表人物托马斯·闵采尔。他的空想社会主义思想和对现实社会的批判，与他的革命实践相联系。他积极投身于革命运动，依靠雇佣工人和贫苦农民，建立秘密革命组织"上帝的选民同盟"，展开实际斗争并为之献身。他的演讲和小册子，如《对诸侯讲道》《书简》等，表述了德国早期无产者和其他劳动群众对一系列社会主义原则的向往。在闵采尔所设想的未来社会中，消灭了私有财产，不存在阶级差别，社会成员不是互相孤立和对立的，也不存在同他们格格不入的国家制度。

17 世纪英国又出现了一位空想社会主义者杰腊德·温斯坦莱。他是英国资产阶级革命过程中出现的"真正平等派"或"掘地派"领袖。他不但继承了莫尔的传统，而且像闵采尔一样，领导群众为实现平等权利而斗争。他的空想社会主义思想与其前辈相比，开始具有论战形式和理论化的特点，为18 世纪法国以论战性和"法"理论为特点的空想社会主义学说开辟了新路。《自由法》是温斯坦莱 1651 年完成的代表作。他用拟定法律草案的形式，提出了未来社会的基本纲领，包括土地公有、不准雇工等原则。温斯坦莱第一次把生产资料和生活资料加以区别，主张生产资料（土地等）公有，而家具等属于个人，并受法律保护。温斯坦莱开始把所有制的中心问题转到生产方面来，主张保持消费的个人性质。而在此之前的空想家们都还未能做到这一点。

空想社会主义萌发时期，空想社会主义者主要是用文学形式描绘幻想中的理想社会。因为他们处于资本主义生产方式发展的初期，资本主义的固有矛盾还没有明显暴露出来，他们还不可能通过理论阐发自己对理想生活的认识，即他们对一系列社会主义原则的猜测。此外，在他们对未来社会的各种描写中，在天才的思想火花之间，也存在不少严重错误。例如莫尔仍然在他的理想国中容忍奴隶劳动；康帕内拉为了消灭私有制竟主张实行公妻制，等等。

17 世纪以后，随着资本主义的发展，法国早期无产者的队伍不断壮大。他们不但要求推翻封建统治，而且痛恨新兴的资本主义剥削。因此反映无产者这种不满情绪的空想主义日益活跃，像《塞瓦兰人的历史》那样的空想小说竟相出现，引起了社会上的巨大反响。进入 18 世纪，西欧空想社会主义思潮的重心转移到法国。这时的空想家，继承温斯坦莱的传统，开始突破《乌托邦》的空幻形式，发展为战斗的"法"的理论。

18 世纪法国历史的重大事件是启蒙运动的兴起和发展，而启蒙运动的开路先锋神甫梅叶，就是一位空想社会主义者。梅叶在他的唯一著作《遗书》中，曾经粗线条地勾画了以公有制为核心的未来社会原则。

到了 18 世纪中叶，法国出现了西欧空想社会主义第二个发展阶段的两位著名代表马布利和摩莱里。他们在启蒙运动中进一步举起了早期无产者的理论旗帜，在资产阶级的思想运动中，表达了早期无产者的愿望和要求。1753 年摩莱里出版《巴齐里阿达》，1755 年出版名著《自然法典》。马布利几乎在同一时期发表《论公民的权利和义务》等一系列论战著作。他们以强烈的战斗精神和较为严密的理论，特别是以法律的形式，阐述了自己的空想社会主义思想。他们提出了经济法、土地法、取缔奢侈法、行政管理法等进行社会改革的法律草案，以打击大地产所有制，反对财产的继承和集中。摩莱里主张把社会划分为小规模的、自给自足的经济单位。马布利幻想建立一个"比柏拉图的共和国还要完美的共和国"，那里人人都是穷人，人人又都是富人，人人平等、人人自由。

但是，法国手工业和小农经济占统治地位的历史条件，限制了他们的眼界。早期无产者仍受到小生产者落后意识影响的时代特点，在他们的著作中反映得十分鲜明。因此，他们都倡导平均主义和禁欲主义。摩莱里认为要实现普遍平等，必须在生产和消费两个方面都贯彻绝对平均主义原则。他要求立即取消分工，把繁重的体力劳动交给社会一切成员平均负担，认为社会上一部分人以脑力劳动为职业是一种必须消灭的特权。同时，他提出应该绝对平均地分配消费品，社会成员在衣食住各个方面都必须完全相同。马布利则推崇斯巴达人的生活方式，认为人的最高品德是清心寡欲、节制自足；人的需求越少，幸福就越多。他甚至要求文明民族应像落后民族那样生活，粗皮裹身，脚不着履，席地而卧。这正是恩格斯说的"苦修苦炼的、禁绝一切生活享受的、斯巴达式的共产主义"[①]的典型。

巴贝夫是法国大革命时期的空想社会主义者。他于 1796 年组织了"平等派密谋"团体，试图以武装起义推翻资产阶级的统治。他在《平民宣言》等文中，表达了通过武装起义，建立革命专政和过渡到"未来新型社会制度"的思想，开始探索实现理想社会的途径。这是他思想中最有价值的部分。但是，他要求消灭大城市，使社会的公民都成为贫苦的农民，主张"没有任何差别的绝对的平等"。诚如马克思、恩格斯在《共产党宣言》中所说，这是普遍的禁欲主义和粗鄙的平均主义的反映。

禁欲主义和平均主义思想，早在莫尔、康帕内拉、温斯坦莱那里已经有所表现，到了摩莱里、马布利、巴贝夫就更加突出了。任何思想都无法超出当时的历史条件。早期的这些空想社会主义者要在大工业出现以前的生产条件下实现共产主义，无法克服理想社会和很低的生产力之间的矛盾，迫使他们不得不把平均主义和禁欲主义当作未来社会的原则。这种理论的错误是不言而喻的：实行平均主义，必然要压抑生产者的积极性，导致高产量向低产量看齐，复杂劳动向简单劳动看齐，其结果是使生产停滞、倒退，使空想家要实现社会平等和普遍解放的理想落空。

---

① 《马克思恩格斯选集》第 3 卷，人民出版社 1972 年版，第 406 页。

从莫尔到巴贝夫，空想社会主义经过 200 多年的发展，一方面在批判私有制和社会不平等等问题上产生了广泛影响；另一方面在对未来理想社会原则的探索中，却走入了平均主义和禁欲主义的死胡同。如何摆脱这种困境，成为空想社会主义思想存在和进一步发展的严峻课题。

资本主义时代的三位伟大智士

历史的车轮驶进了 19 世纪，空想社会主义在进行过工业革命的英国和经过资产阶级政治革命洗礼后的法国，掀开了自己最光辉的一页。

18 世纪后半期，英国先后有了珍妮纺纱机、蒸汽机等发明，推动了整个工业的飞跃发展，形成声势浩大的工业革命，机器排挤了手工，大工厂取代了手工工场，促成了现代无产阶级的诞生。工业革命标志着资本主义的巩固和发展，但从此资本主义固有矛盾也逐渐暴露出来。特别是 1825 年英国爆发了资本主义世界的第一次经济危机，令人瞩目，也发人深省。

1789 年法国大革命"把全部封建遗迹从法国地面上一扫而光"①，为法国资本主义的发展和资产阶级统治的确立扫清了道路。但是革命后的新制度，对广大劳动人民来说，只不过是用雇佣奴隶制代替了封建奴役而已。"和启蒙学者的华美约言比起来，由'理性的胜利'建立起来的社会制度和政治制度竟是一幅令人极度失望的讽刺画。那时只是还缺少指明这种失望的人，而这种人随着世纪的转换出现了。"② 这就是三位资本主义时代的伟大智士——圣西门、傅立叶和欧文。

圣西门（1760—1825 年）出生于法国一个贵族伯爵之家。大革命的洗礼，使他由贵族子弟经过曲折的道路转变为"工人阶级的发言人"。圣西门曾受教于著名的启蒙学者、百科全书派代表人物之一的达朗贝尔，受到启蒙思潮的深刻影响。他 19 岁去美洲参加过美国独立战争。法国大革命爆发后，圣西门曾积极投身其中，但随着革命的深入发展，他的革命热情却逐渐低落，他始终不能理解雅各宾专政时期的革命措施。1802 年，圣西门开始了研究和写作生涯。他注意到法国大革命后工人阶级境况日益恶化的事实，决心为改进最穷苦阶级的精神和物质状况而工作，逐渐形成自己的空想社会主义

---

① 《马克思恩格斯选集》第 1 卷，人民出版社 1972 年版，第 171 页。
② 《马克思恩格斯选集》第 3 卷，人民出版社 1972 年版，第 408 页。

思想。

圣西门围绕"改造社会"这一主题，写了许多著作。他 1803 年发表《一个日内瓦居民给当代人的信》，1808 年出版《十九世纪科学著作导论》。1813 年，他又写成两部著作：《人类科学概念》和《论万有引力》。但圣西门遇到的却一直是舆论界的沉默。直到 1814 年，他的《论欧洲社会的改组》一书出版，才受到社会注意。1817—1818 年，他发表了《论财产和法制》一书，提出要用"实业制度"来改造社会。1821 年，圣西门的《论实业制度》一书出版，进一步清晰地论证了实业制度的观念。圣西门生平最后三年，连续出版了《实业家问答》《论文学、哲学和实业》《新基督教》三部著作，全面而系统地论述了他的学说。

傅立叶（1772—1837 年）和圣西门是同时代人，出生在法国贝桑松一个富有的呢绒商家庭。其父曾担任过当地商业法庭庭长。傅立叶中学毕业后，也开始从事商业活动。这使他观察到贵族、资产阶级奢侈糜烂的生活和广大劳动群众的悲惨处境，为他后来形成自己的空想社会主义思想提供了丰富的材料。在法国大革命的高潮中，傅立叶的商品被征用，本人被强拉入吉伦特派的军队，后来又受到革命政权的拘禁和审查。这些遭遇对他的刺激很大，从而使他对革命和革命战争终生抱否定态度。

大革命后，傅立叶继续经商。1803 年底，他发表论文《全世界和谐》，第一次公开提出他的空想社会主义思想。此后，他 30 余年如一日，为宣传他的理想而奋斗，直到 1837 年病逝。

傅立叶的著述内容庞杂，他那无所不包的体系的中心是对资本主义制度的批判和对他的空想社会主义思想的论证。傅立叶写了许多小册子，还有三部大部头的著作：1808 年出版的《关于四种运动和普遍命运的理论》（简称《四种运动的理论》），1822 年发表的《论家务和农业协作社》，还有 1827 年间问世的《工业和协作的新世界，或发现情欲分类的吸引人的劳动和适合天性的劳动的方法》（简称《新世界》）。《新世界》一反过去艰涩怪异的文风，清晰流畅地全面阐述了他的观点。傅立叶留下的遗稿，后来陆续发表，其中最有意义的是 1845 年发表的《论商业》一文，此文无情地鞭笞了资本主义商业的罪恶，受到恩格斯的高度重视。

与圣西门、傅立叶并列的欧文（1771—1858 年）是英国杰出的空想社会主义思想家。如果说圣西门是法国大革命的产儿，那么欧文就是英国工业革命的产儿。他的一生都和工业革命密切相关，在亲身参加这场革命的过程中形成了自己的空想学说。他还直接参加和领导过英国早期的工人运动。

欧文出生在英国威尔士蒙哥马利郡的小镇纽塘，父亲是个手工业者，家计艰难。欧文 9 岁就被迫辍学自谋生路。他当过学徒和店员，凭自学掌握了丰富的哲学、文学、经济学知识。他有卓越的组织才能，十八九岁经营一个生产精纺机的小工厂，取得了很好的成绩。1791 年他应聘到曼彻斯特一家有500 名职工的大纺纱厂当经理，后来成为查尔顿公司的股东和经理。他的组织才能和经营方法很快为人们所赏识，20 岁就在英国实业界崭露头角。

年轻的工厂主从自己的经历中体会到资本主义的弊病和工人阶级的苦难，开始摸索改造社会的方法，致力于社会改革的实践。1800 年欧文担任有2000 人的新拉纳克大棉纺厂的经理，开始了他的改革活动。这个破败、肮脏的工厂，在欧文的治理下出现了奇迹。"在这里，酗酒、警察、刑事法庭、诉讼、贫困救济和慈善事业都绝迹了。"[1] 新拉纳克成了模范移民区。欧文成了欧洲最有名的慈善家。欧文看到，工人生活改善的同时，企业的利润仍有增加；工人生产的财富比人们消费的多，二者之间的差额，就是工人创造的利润，被企业主无偿占有了。当欧文终于领悟到利润来自对工人的剥削这一真理以后，他得出了革命的结论：工人阶级创造的财富应当为大家共同的福利服务。这样，欧文从一个资产阶级的慈善家进而转变为空想共产主义者。他的"共产主义"是通过纯粹营业的方式，作为商业计算的果实产生出来的，它始终都保持了这种实践的性质。从此，欧文不惜抛弃自己在上层社会中的名望和声誉，满腔热情地宣传自己的理论，坚持从事一系列实践活动。

1824—1828 年，欧文率其信徒在美国创办新和谐公社，实验示范他的空想理论。失败后返回英国，直接转向工人阶级，继续为自己的理想而奋斗。他创办《危机》杂志，宣传自己的学说。在他的影响和领导下，英国出现了300 个生产、消费合作社。欧文成为工人运动的领导者。他参加工会运动，1833 年 10 月在伦敦成立了"大不列颠和爱尔兰全国产业部门大联盟"，它实际上是英国第一个工会组织，欧文当选为主席，成为英国职工会的奠基人。"当时英国有利于工人的一切社会运动、一切实际成就，都是和欧文的名字联在一起的。"[2]

但是，晚年的欧文开始脱离工人运动。声势浩大的宪章运动，他也没有

---

[1] 《马克思恩格斯选集》第 3 卷，人民出版社 1972 年版，第 413 页。
[2] 同上书，第 415 页。

参加。

欧文留有大量演讲词和小册子，还有《新世界观或论人类性格的形成》（1813 年），《致拉纳克郡的报告》（1820 年），《新道德世界书》（1842—1844 年）、《人类思想和实践中的命运》（1849 年）等著作。在最后一本书中，欧文对自己的全部学说作了简要概述。

批判的空想的社会主义思想

圣西门、傅立叶和欧文三大空想社会主义者的学说，是在西欧主要国家的资本主义制度纷纷确立的时期产生的。处在这一时期的空想家有可能比以前的空想社会主义者更深刻地观察和揭露资本主义制度的弊害，抨击它的全部基础，而不再像他们的前辈那样，往往把资本主义和封建主义混为一谈。同时，他们也有可能把各自的空想学说建立在现代化大生产和对消费资料无限增长可能性的认识上面，克服了早期空想社会主义那种要求历史车轮倒转的倾向，摈弃了粗鄙的禁欲主义和平均主义。

19 世纪初叶空想社会主义的基本内容和历史意义，可以从如下几个方面分述。

第一，在资本主义制度刚刚胜利之后，三大空想家就洞察了这个制度的几乎一切弊病，虽然他们没能得出科学的结论，却对它进行了机智有力的批判。这是 19 世纪初叶空想社会主义学说的精华。

圣西门、傅立叶把法国大革命前资产阶级思想家的狂热预言和革命后的冷酷现实进行对照，揭露了新制度下的一系列社会矛盾，特别对社会生产力空前增长的同时，贫富悬殊也空前增长的极端不合理现象提出控诉。他们尖锐地指出：文明运行于"罪恶的循环"之中，"贫困是由富裕产生的"。傅立叶把 1825 年第一次资本主义经济危机称为"多血症的危机"，深刻地指出了资本主义经济危机的实质。他描述资本主义是一种"每个人对全体和全体对每个人的战争"的制度，说文明制度的基本原则是"为了几个富人，就必须有许多穷人"，工厂主和商人所关心的是如何缩减工人的工资和怎样增长自己的财富。因此，资本主义文明就是"复活的奴隶制"，雇佣劳动是奴隶劳动，工厂就是"温和的监狱"。

傅立叶还出色地鞭笞了资本主义商业。他十分熟悉其中的内幕，历数其重重罪恶，指出资本主义商业是撒谎和欺骗的场所，全体人民的陷阱；商人是一帮抢劫犯、强盗和海寇。在傅立叶看来，在资本主义制度下，商业是控制整个社会的新的社会权力，不但政治、经济生活以商业利益为转移，甚至文人学者也沦为商人的奴仆。他讥讽道：金牛犊把整个学术界拴在自己的战车上，各种各样的学者拜倒在商业财神的脚下，他们焚香祈祷的只是金钱。

圣西门则指出资本主义是一个"黑白颠倒的世界"，在这个世界，同剥削阶级的极端奢华相反，劳动群众普遍遭受奴役和贫困。社会上到处充斥着专横、无能和阴谋。利己主义的坏疽，侵害着一切政治机体。统治者无恶不作，噬去劳动者绝大部分收入，许多穷人没有工作，劳动力价格非常低廉，他们吃得很坏，不但物质生活十分贫困，精神状况也很悲惨。圣西门也认为资本主义制度是一种新的奴役形式。

欧文是从政治经济学的角度批判资本主义的。他用营业会计的数字，说明劳动者阶级创造的宏伟生产力，在资本主义社会只使少数人发财致富，而自己反而更加贫困。资产阶级在"个人自由""个人竞争"的口号下，自由地为追求利润而剥夺千百万人的健康和生活中的一切享受，无产阶级却只获得挨饿的自由。因此欧文说："从效果上说，人为工资制度（即资本主义制度）比野蛮或文明社会历来实行过的奴隶制度都更残酷。"欧文认为资本主义是棵"罪恶之树"，应当连根砍掉。

三大空想家不仅揭露资本主义的罪恶，而且力图找出这种罪恶的根源。圣西门认为资本主义灾难的原因是社会有两个值得同样畏惧和仇视的敌人——无政府状态和专横霸道。傅立叶从生产的无政府状态中看到了"一切灾难的主要原因是生产的分散性和不协调的劳动"。欧文则进一步指出：私有制使人变成魔鬼，使全世界变成地狱。他认为要清除资本主义的一切弊病，就必须消灭私有制，建立共产主义。通过这些议论，虽然还不能说他们已经看出资本主义的基本矛盾，但是显而易见，欧文已经"猜到了文明世界的根本缺陷"[①]。

空想社会主义者对资本主义的批判，不但在当时是启发工人阶级觉悟的宝贵教材，就是现在也还是我们认识资本主义本质、学习马克思主义的很好的参考资料。

第二，三大空想家都提出了一套改造社会的方案，在这些空想方案中，包含着他们对社会主义原则的天才猜测，在社会主义思想的发展历史中具有

---

① 《马克思恩格斯全集》第 2 卷，人民出版社 1957 年版，第 107 页。

巨大价值。

圣西门要用"实业制度"代替资本主义。什么是实业制度呢？圣西门解释，实业制度是使生产者（即"实业家"）变成统治阶级，掌握政治、经济、文化各方面权力的社会制度。在实业制度下，社会按最有利于生产的方式组织起来，消灭一切游手好闲、寄生和不劳而获现象，最大限度地实现平等和自由，高速发展经济以促进个人和公共福利，尽善尽美地运用科学、艺术和工业所取得的知识来满足人们的需要，等等。限于历史条件和某些资产阶级倾向的影响，圣西门在反对不劳而获的同时，却分不清工资和利润的区别，因此在他的实业制度里，所谓"实业家"不仅指工人、农民和其他劳动者，而且也包括企业主、商人和银行家等资产阶级分子。他错误地认为企业主、银行家所得利润就是他们正当的劳动报酬。但是，圣西门的实业制度诸原则的出发点和他所关心的问题，还是为了"保证最穷苦阶级的身心生活得到迅速和最圆满的改善"。他在最后著作《新基督教》中，直接作为工人阶级的发言人出现，宣告他的努力的最后目的是工人阶级的解放。

傅立叶设计了"和谐制度"以取代资本主义。他认为，人人都有劳动的欲望，绝对的懒散是没有的，如果设计一种社会制度，使每个社会成员都能表现出对劳动的爱好，唤起劳动对人的吸引力和乐趣，社会上的寄生现象就能消灭，社会财富就能极大提高，加上合理的分配方法，广大人民的贫困和苦难就能克服，从而使社会实现团结、合作和普遍幸福。为此，他认为必须在全世界建立成千上万个法郎吉组织，靠法郎吉和法郎吉联合体的力量达到这一目的。法郎吉是和谐社会的基层组织，是一种有组织的生产和消费合作社。法郎吉成员在这些组织里过着自由劳动、尽情享受的幸福生活。

圣西门和傅立叶在设计未来理想社会方案时没有提出消灭私有制。欧文的理想社会制度则是建立在生产资料公有制基础上的各个"劳动公社"的联合体。劳动公社是一种由农、工、商、学结合起来的经济和社会组织，它兼有城市的现代化生产和生活设施以及农村自然风光的优点。欧文认为，由于劳动公社建立了共产主义公有制，因此资本主义竞争引起的破坏、奴役和贫困就会被消除，进而使阶级、特权和剥削压迫被消灭，失业和游手好闲等现象也因为实行了集体生产和义务劳动而不复存在。在公社制度下，人们受到良好的教育，科学技术得到极大发展，机器被广泛应用于各个领域，减轻了社会成员的劳动强度，并使各种产品极大丰富。"因此可以让每个人都随便到公社的总仓库去领取他所要领的任何物品。"欧文坚信自己设计的公社制度一定会在全世界取得胜利。他的理想是：先建立起模范公社进行示范，然后逐步推广，普及欧洲和全世界，最终把全球"联合成为一个只被共同的利益联系起来的伟大共和国"。

透过空想社会主义者对未来社会的描写，我们可以从中看到许多积极内容。如圣西门提出的一切人都应当劳动，消灭一切寄生现象的原则，用有计划有组织的生产代替资本主义生产的无政府状态，以及他提出的对人的政治管理应当变为对物的管理和生产过程的指导思想；傅立叶提出的劳动将由痛苦的谋生手段变成人们的乐生要素；欧文和傅立叶的消灭三大差别的方案等，都为科学社会主义提供了有价值的素材。

第三，空想社会主义者在社会历史观方面本质上都是唯心主义的，但是其中也含有唯物史观和辩证法的因素。这在圣西门和傅立叶的空想学说中尤为明显。传统的历史观崇拜偶然性，把人类历史看成一系列偶然事件的堆积。圣西门却力图在历史进程中寻找规律性。他提出历史科学应该像自然科学一样成为"实证科学"，认为人类历史是不断进步和发展的历史，新的社会形态总比旧的社会形态进步和优越，每一个新的社会制度的产生都是过去历史发展的结果和自然延续，因而没有永恒的社会制度，而人类如果掌握了历史发展的规律，就有可能根据过去的历史预见将来的社会发展。他把自己的实业制度建立在现代大工业的基础上，看作历史发展的必然结果。"傅立叶最伟大的地方是表现在他对社会历史的看法上"①，在他关于社会发展阶段的神秘幻想中包含有辩证法思想和唯物主义因素。他制作了社会发展阶段图表，说明社会是从低级到高级发展的，每个历史阶段都有它的上升时期和下降时期，并以此证明，资本主义制度也是暂时的。

19 世纪初叶的空想社会主义虽然在社会主义发展史上占有特殊地位，作出了巨大贡献，但是，三大空想家的理论毕竟是与不成熟的资本主义生产状况和阶级状况相适应的不成熟的社会主义思想，因而存在一系列根本错误。把这些错误归结为一点，就是这些空想学说的理论基础都是历史唯心论。

唯心史观使空想家们求助于启蒙学者的"理性"，从"思维着的悟性"出发去批判资本主义。这种批判，因为不是建立在对资本主义制度下生产力和生产关系、经济基础和上层建筑的矛盾认识上，不是对社会经济生活和阶级关系进行科学分析得出的结论，故只能把资本主义简单地当作不符合人性

---

① 《马克思恩格斯选集》第 3 卷，人民出版社 1972 年版，第 412 页。

的坏东西抛弃掉。因此，虽然他们对资本主义的批判不乏深刻之处，但最终却无法说明资本主义的本质，不能揭露它的基本矛盾。

唯心史观使空想家们无法找到变革现存社会的物质力量和正确道路。他们虽然同情无产阶级，却仅仅把这个阶级当作一个遭受不幸，急需搭救的社会阶层。他们不懂得阶级斗争是历史发展的动力，不了解无产阶级埋葬资本主义、建立社会主义的伟大历史使命，而仍然囿于英雄、天才创造历史的传统观念，并把自己看成是发现真理、拯救人类的天才人物。傅立叶说：我一个人使 3000 年来的幻想和愚蠢化为乌有。圣西门认为自己是继苏格拉底后的第二个天才。他们从头脑中想出各种救世良方，但因为不是立足于现实的物质基础，这种方案越详尽周密就越是陷入纯粹的幻想。

他们从资产阶级人性论出发，天真地认为：人类之所以走上邪路，只是因为人性被引到邪路上去了；人类一旦获得天才人物理性的指导，就会复归本性，跟随天才人物一道实现变革社会的理想。因此，他们虽然实际上反映了早期无产者的要求和愿望，却以救世主自居，要调和社会上各阶级的矛盾冲突，惧怕阶级斗争，否定暴力革命，幻想通过典型示范进行宣传，赢得统治者的帮助，实现理想社会。圣西门反复讲法国大革命是血腥的、惨无人道的行为，使他"心碎"。他到处呼吁统治阶级的当权人物采纳他的方案，曾多次上书拿破仑乞求支持。傅立叶期待资本家出钱入股兴办他设计的法郎吉，曾为此广告声明每日中午 12 点在家恭候投资者光临。欧文去美洲苦心经营"新和谐"共产主义移居区的"实验"达四年之久，还多次向维多利亚女王、沙皇等君主和美国总统发出呼吁，幻想得到他们的协助。然而空想家们幻想把自己头脑中发明的美妙制度从外面强加于社会的试验，一开始就注定要成为空想，因为他们没有也不可能估计到阶级斗争这一根本问题。

空想社会主义的历史意义，是与历史的发展成反比的。在无产阶级还没有作为一个独立的阶级登上历史舞台的时候，圣西门、傅立叶和欧文的学说在理论上代表着早期无产者的利益和要求，他们的思想在许多方面都是革命的。但当无产阶级的革命斗争已经发展起来，特别是当无产阶级已经有了自己科学的世界观和革命的理论武器马克思主义以后，历史就宣告空想社会主义完成自己的使命而寿终正寝。19 世纪中叶以后，某些三大空想家的学生们仍然坚持他们老师的过时学说，堕落为"反动的或保守的社会主义者"① 的

---

① 《马克思恩格斯选集》第 1 卷，人民出版社 1972 年版，第 284 页。

事实，生动地表明了空想社会主义的历史局限性。例如，以巴扎尔和安凡丹为首的圣西门的信徒，在圣西门逝世以后新的历史条件下，夸大歪曲圣西门关于银行在"实业制度"下所起作用的思想，幻想通过资本主义的银行信贷手段把资本主义生产组织起来。这种方案恰恰适应了当时资产阶级摆脱经济困难的需要，使"圣西门成了巴黎交易所的庇护天使，欺诈行为的先知，普遍营私舞弊的救世主"①，把具有进步历史意义的圣西门的空想社会主义思想变成维护资本统治的思想工具。

---

① 《马克思恩格斯全集》第 12 卷，人民出版社 1962 年版，第 31 页。

美国独立战争

黄绍湘

美国独立战争是指 1775 年爆发的，持续 8 年之久的，英属北美 13 个殖民地反抗英国殖民统治、争取民族独立的战争，以 1783 年英美签订《巴黎和约》而告结束。

北美殖民地与英国矛盾的激化

16 世纪到 18 世纪初，在西欧各国资本原始积累时期，北美洲先后成为西、荷、法、英等殖民主义国家的殖民地。北美洲原是土著居民印第安人世代生息的大陆。欧洲殖民主义者相继侵入北美洲之后，他们交替地采用以诱骗订约手段或武力驱逐甚至剿灭的方式，掠夺和侵占印第安人的大片土地。北美洲逐渐殖民地化的过程，也就是印第安人沦为被奴役民族的过程。

英国向北美洲进行殖民和掠夺，在时间上较迟于西班牙、荷兰与法国，但其工业资本发展较这些国家为早，因而它在北美建立的殖民地比较巩固。1607—1733 年，英国在北美洲大西洋沿岸陆续建立了 13 个殖民地——北部 4 个：马萨诸塞、罗德岛、新罕布什尔和康涅狄格，合称新英格兰；中部 4 个：宾夕法尼亚、纽约、新泽西和特拉华；南部 5 个：弗吉尼亚、马里兰、北卡罗来纳、南卡罗来纳和佐治亚。弗吉尼亚于 1607 年最早创建，因而有老殖民地之称。佐治亚最后于 1733 年建立。先后到达上述殖民地的有西欧各国的移民，其中以英国移民最多，此外还有德意志人、苏格兰人、爱尔兰人、荷兰人、法国人、瑞典人等。英国移民中，人数以因圈地运动而丧失家园的农民最多；其次为清教徒的中产阶级商人、小厂主和手工业者，他们大多是逃避宗教迫害而移来的，还有为逃避英国资产阶级革命而移来的旧教徒贵族地主。其他国籍的移民为逃避战祸、贫困和宗教迫害的劳动人民。贫苦的劳动人民构成英属北美殖民地社会的主要人口。移民中还有在欧洲预先出卖劳动力到北美殖民地服一定期限劳役以抵偿路费的"自愿契约奴"和被拐骗来北美殖民地服劳役的"强制契约奴"。1775 年，契约奴约为 25 万人，占人口的 10％。自 1619 年起还有从非洲被贩运来美的黑人。1660—1682 年，黑人在各殖民地先后被法律规定为终身奴隶。各殖民地以农业为主，但由于地理、自然条件的不同，北部殖民地发展了工商业，中部殖民地发展为农业区，南部殖民地逐渐建立起以黑奴劳动为主的种植园经济。

北美殖民地在一百多年的创建、发展过程中，英国对它们的控制逐渐加强。至 1752 年，除罗德岛、康涅狄格两个自治殖民地得以由有产者选举总督，由英王批准；宾夕法尼亚、马里兰、特拉华 3 个业主殖民地总督由业主①指派，由英王批准外，其余 8 个殖民地都成为由英王直辖的英王殖民地，总督由英王指派，代表英王行使权力。各殖民地设有参事会，是总督的助手，由总督遴选殖民地内的绅士充任。继 1619 年弗吉尼亚首先建立议会之后，各殖民地相继成立了代表殖民地新兴资产阶级利益的议会。殖民地议会有颁布法律、征税、分配经费等权力。经过与总督的长期斗争，议会还取得了对总督薪金开支的支配权，并逐渐发展成为殖民地人民争取自身权利的机构，同宗主国英国进行政治斗争的中坚力量。

英属北美殖民地是有阶级的社会，内部冲突不时发生。除白人移民与印第安人的冲突外，各殖民地不断发生市民、手工业工人和小农争取土地和政治权利的斗争、契约奴和黑奴的反压迫斗争。殖民地的被压迫阶层反对上层统治者的斗争，往往与反对英国殖民统治及其代理人的斗争交织在一起，因而具有反英的性质。当民族矛盾还不十分尖锐的时候，人民的反英政治斗争往往被殖民地统治者镇压下去。

由欧洲各国迁来的移民，在新的环境中长期共同生活，产生了民族意识，逐渐形成了美利坚民族。随着殖民地生产的发展，英国对北美殖民地在经济上和政治上剥削、压迫日益加深，殖民地与宗主国的矛盾日益上升为主要矛盾，各阶层人民普遍产生了要求摆脱民族压迫的愿望。

北美殖民地与英国矛盾的激化，以英法七年战争（1756—1763 年）结束、英国获得胜利为转捩点。在此以前，英国虽颁布了一系列航海法、贸易法、工业法，限制北美殖民地经济的发展，但因先后对荷兰、法国展开争夺

---

① 英王把北美大片土地"封赐"给他的宠臣或大贵族，受地者称为业主。

海上霸权的战争，执行这些法令并不严格；而且英国执行航海法使烟草滞销，在经济上遭受严重打击的只有依赖烟草出口的南部种植园主。北部殖民地商人通过与南欧、西非、西班牙和法国的美洲殖民地，特别是西印度群岛进行走私贸易，获利甚巨，出现了早期的商业繁荣。

七年战争结束，英国在北美洲接管了法属加拿大，控制了密西西比河以东的新法兰西领土，把北美殖民地视为禁脔。早在 1763 年，英王为了便于控制殖民地，颁布了敕令，宣告阿巴拉契亚山脉以西的土地为王室产业，禁止殖民地人民向西迁移。英国对法战争耗费浩大而债台高筑，于是对殖民地执行了加紧征收重税和经济掠夺的政策，并严厉缉私，限制殖民地人民的对外经济活动。1765 年，英国颁布印花税法，严令所有报纸、小册子、执照、商业文件、法律证件和各种印刷品，甚至毕业文凭都一律要贴印花税，直接损害了殖民地每个人的经济生活和文化生活，激起殖民地人民展开反印花税法的斗争。革命的群众会社如"自由之子社""自由之女社"组织起来，采取行动，把税吏游街示众，迫使他们辞职。1765 年 10 月，9 个殖民地的代表，在纽约召开了反印花税大会，通过决议，提出"无代表即不纳税"① 的口号，将群众的反英斗争推向高潮。各殖民地人民也掀起强烈的抗议示威运动。英国不得已废除了印花税法。

1767—1768 年，英国颁布三次《唐森德税法》，对输入殖民地的纸张、玻璃、铅、颜料、茶等物课税，并加强缉私，企图征税 4 万英镑，用以支付殖民地官吏和驻殖民地军队的费用。《唐森德税法》的实施损害了殖民地各阶层人民的利益，激起劳动人民和知识界的反抗，商人也展开了强大的抵货运动。1770 年，英国被迫废止《唐森德税法》。

70 年代，英国进一步对殖民地推行高压政策。1770 年发生了波士顿惨案②。1773 年通过茶税法，帮助东印度公司将茶叶直接运到北美殖民地倾销，引起波士顿爱国青年的反对，爆发了倾茶事件，各殖民地对此作出强烈的反应。1772 年底到 1773 年初，全国 80 个城镇建立了通讯委员会，成为殖民地之间的秘密联系、互通消息、推动革命运动的组织。1774 年，英国政府通过 5 项不可容忍的法令，诸如封闭波士顿港，增派英驻军，取消马萨诸塞

---

① 这个口号的意思是，英国议会没有殖民地的代表，殖民地人民没有向英国纳税的义务。

② 英国 1768 年派近千名驻军驻扎在波士顿。英士兵胡作非为，引起当地人民的强烈反抗。1770 年 3 月发生英驻军镇压群众的流血事件，史称"波士顿惨案"。五位爱国者惨遭枪杀，其中一人是黑人水手阿塔克士。

的自治权，确立英国对殖民地的司法权，并将俄亥俄河以北、阿巴拉契亚山脉以东的广大地区划归魁北克。英国从政治上、军事上对殖民地加紧控制与镇压，使英国与殖民地人民之间的矛盾发展到不可调和的地步。殖民地人民以武装斗争来争取民族独立，已成为不可避免的趋势。

1774 年 9 月 5 日，除佐治亚外，12 个殖民地的代表 55 人在费列得费亚城召开了第一届大陆会议。保守派和温和派的席位占多数。资产阶级民主派只有萨弥尔·亚当斯和帕特利克·亨利等几个人。保守派极力主张与英国妥协，由于当时殖民地人民反抗英国的情绪高昂和资产阶级民主派在会议中慷慨陈词，大陆会议通过了《关于殖民地权利和怨恨陈情书》，同时向英王呈递了和平请愿书。这次会议虽没有充分反映殖民地人民的革命要求，但它是殖民地形成自己的政权的重要步骤。10 月 26 日第一届大陆会议结束。1774—1776 年各殖民地相继成立了州政权。1774 年左右，所有殖民地都成立了通讯委员会，加强了联系。

独立战争初期的军事政治(1775 年 4 月—1777 年 10 月)

当大陆会议对进行武力反抗犹豫不决的时候，美国人民趁英国政府和殖民地当局尚未做好镇压起义的准备工作之前就行动起来了。新英格兰人民纷纷组织民团，并在某些地方贮藏军火武器。马萨诸塞总督托马斯·盖奇闻讯后，即于 1775 年 4 月 18 日派遣 800 名英军前往康科德和列克星敦搜索。这个消息为技工组织的情报队获悉，银匠保罗·雷维尔和工人威廉·德维斯骑马向当地爱国者报信。翌日黎明，英军路经列克星敦和抵达康科德时，都遭到民兵和农民伏击。英军在返回波士顿途中，万余名民兵从四面八方对准英军射击，英军溃退。列克星敦和康科德的战斗，发出了"声闻全世界的枪声"，揭开了美国独立战争的序幕。

反英的枪声既打响，蕴藏在人民中间的反英力量迸发出来，战争的烈火到处燃烧。一支号称"绿山少年"的 84 人志愿部队由佛蒙特北上，向加拿大进军，夺得了香普冷湖附近提康德罗加英军炮台，控制哈得逊河北段。在志愿部队胜利的基础上，一支陆上远征队北上向加拿大境内出击，虽然最后失利，1776 年初被迫撤退，但英军不得不以半数留驻在加拿大，因而加拿大的出击，在一定程度上起了削弱英军战斗力的作用。

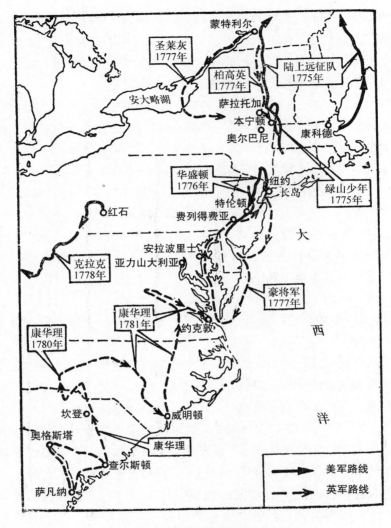

美国独立战争简图

列克星敦战斗后，英军退到波士顿城内。为了夺回波士顿，1200 名大陆军和民兵在普雷斯科特上校率领下，于 1775 年 6 月 16 日夜偷袭驻在波士顿的查理士顿区内的英兵。美军占领了波士顿附近的般克山高地，在布里德山顶修筑了工事。次日，新英格兰民兵一日之内打退英军三次向布里德山顶冲锋。只是最后在英军炮火猛烈威胁下，美军才撤退，这就是著名的般克山战斗。美方伤亡 400 余人。英方虽保住了山头，但伤亡达 1000 余人，极大地消耗了有生力量。般克山战斗后，民兵包围了波士顿。

在人民反英武装斗争的推动下，1775 年 5 月 10 日，第二届大陆会议召开。它在 1781 年邦联政府组成以前，一直执行着国家政权的职能。代表共 66 人，都是富有的上层人物，新当选的代表有本杰明·富兰克林和托马斯·杰斐逊。在独立问题上，保守派和进步派展开了激烈的斗争。为调和两派矛盾，7 月 6 日大陆会议委托杰斐逊（进步派）和迪金逊（保守派）共同起草了一份《关于拿起武器的原因和必要性的公告》，措辞激动人心。与此同时，在保守派的坚持下，大陆会议呈递给英王一份和平请愿书（7 月 8 日）。8 月遭英王拒绝，英王并宣布殖民地进行公开的叛乱。保守派的指望落空了。

由于前线军情紧急，1775 年 6 月初，第二届大陆会议通过决议组织大陆军，任命乔治·华盛顿为大陆军总司令，接管包围波士顿的民兵，改组为大陆军。华盛顿是弗吉尼亚的大种植园主，1754—1758 年曾参加对法战争，因而具有军事指挥才能。他在独立战争中作出了重大贡献。6 月 23 日，华盛顿赴前线途中，即得知般克山战绩。7 月 3 日就职后，奉命率新军对波士顿英军采取包围态势。1776 年 3 月，夺取了波士顿南面的道尔切斯特高地，设置大炮以控制波士顿全城。3 月 17 日，英军被迫撤离波士顿。

1776 年 1 月，托马斯·潘恩代表殖民地人民要求独立的呼声，写出《常识》这一小册子，用通俗的语言，指控英王乔治三世对殖民地的种种暴行，揭露英国君主制的腐败。它还深入浅出地阐述天赋人权的哲理，鼓吹独立的迫切性和同英国作彻底分裂的必要性，号召人民起来建立民主共和国。这篇革命檄文，是进行独立战争的响亮号角。

1776 年 6 月，英军在南卡罗来纳建立基地的计划未能得逞。在北部，英舰队司令豪率舰驶回哈利法克斯进行增援。由于美国人民组成游击队，此出彼没地到处打击和牵制英军，迫使驻美英军无力发动新攻势。在这大好革命形势下，7 月 4 日第二届大陆会议通过《独立宣言》。独立宣言第一部分阐述和发展了天赋人权和社会契约说，宣称人人有生存权、自由权和追求幸福权，人民有变更或废除旧政府、建立新政府的权利，这是资产阶级的革命原则和理论的依据。第二部分历数英王 27 条罪状，痛斥英王对殖民地的暴政，说明殖民地人民被迫行使天赋权利进行反抗的理由，向全世界庄严宣告北美 13 个殖民地脱离英国独立。马克思认为它是世界上"第一个人权宣言"①。

---

① 《马克思恩格斯全集》第 16 卷，人民出版社 1964 年版，第 20 页。

独立宣言起草人是资产阶级民主派托马斯·杰斐逊。约翰·亚当斯和富兰克林参加了起草委员会。独立宣言的发表是对英国高压政策的总答复，这显示了美国各阶层人民要求独立自主的决心和信心。

由于英军实力强大，1776年、1777年大陆军在军事上面临严峻的态势，但国际环境对美国是有利的。首先，法国是英国的劲敌，七年战争结束后，法国势力全部被逐出北美，两国关系更加恶化。其次，英国夺取了西班牙的佛罗里达和直布罗陀，英西关系也很紧张。英荷商业竞争从17世纪就很激烈。这些国家间对英的矛盾，都是对美潜在的有利因素。但法国仍垂涎北美广大市场，西班牙占有美国西部广大领土与墨西哥，也是虎视眈眈地观察着北美形势的变化。

从军事力量对比来说，当时敌对双方的力量悬殊。英国本土有750万人，经历了资产阶级革命，并开始向工业革命迈进，拥有一支训练有素的陆军和海上无敌的强大舰队，装备优良，海陆军配合，可以先发制人。它在亚洲、非洲、美洲都占有殖民地，是当时最强大的殖民帝国。英国在美侵略军约3万余人。而北美13州资本主义经济尚处于萌芽阶段，财政困难，没有正规军，也无舰队，兵力薄弱，武器落后，弹药缺乏，处于劣势。美大陆军在1776年长岛战役前为1.8万人，1776年底曾降到5000人。但英军劳师远征，不谙地理情况，利于速战速决，不能旷日持久。而美国人民在自己本土上作战，熟悉地形，利于开展广泛的游击战，不断袭击英军，消耗其有生力量。只要美军能坚持作战，就可以逐渐变劣势为优势，取得最后胜利。

在反英战争过程中，美国人民不仅要同强大的英军作战，还要同效忠派作斗争。效忠派是指那些在经济上、政治上、思想上与英王室有千丝万缕联系，丧失民族立场，在强敌压境时甘心充当奸细进行反革命活动的人。也有暗藏的效忠派，伪装成爱国者，进行反革命阴谋活动。效忠派除在纽约、宾夕法尼亚和南卡罗来纳占多数外，在其他各州人数较少。从1775年马萨诸塞议会成立安全委员会以后，各州、各城镇都设立了安全委员会，没收效忠派的财产，限制他们的言论、出版权利。在13州宣布独立后，效忠派活动日益猖獗，自己组织武装，残杀本国人民或协同英军作战。由于资产阶级和奴隶主通过大陆会议掌握着领导权，未能放手发动群众起来制止效忠派的反革命活动，致使安全委员会没有充分发挥对效忠派实行专政的职能。对效忠派镇压不力，妨碍了殖民地内部革命秩序的稳定，影响着美军作战的顺利进行。这对独立战争走向胜利来说，是一个消极因素。

1776 年 3、4 月，英军自波士顿和纽约撤退，即赴加拿大境内哈利法克斯补充人员、给养，不久又发动强大的海陆军攻势，入侵纽约。1776 年 7 月占领纽约的斯塔坦岛作为英军大本营。华盛顿驻在长岛的布鲁克林高地上。8 月 27 日，英军在长岛登陆。9 月 15 日占领纽约城，直到 1782 年为止。11 月，美军又失去哈得逊流域的两个要塞。华盛顿的军队不得已向新泽西退却。当时英军利用效忠派进行骚扰，美军险象环生。华盛顿率领的大陆军只剩下 5000 人。华盛顿军向新泽西退却时，士气低落。"文化战士"潘恩随军前进，为了激励士气，写出了《美国危机》，以鼓舞士兵斗志。华盛顿军成功地躲过英军康华理主力军的攻击，12 月，在渔民的帮助下，偷渡特拉华河，袭击特伦顿英国黑森雇佣军 1000 余人；次年 1 月 3 日，向普林斯顿进军，华盛顿先遣部队的默塞尔将军被杀。华盛顿重整旗鼓，以少数士兵钳制附近敌军，突袭驻扎在普林斯顿的英军 3 个团 5000 人。突袭的胜利挽回了一些颓势。1777 年 9 月 26 日，费城又陷落于英军之手。华盛顿被迫率领大陆军撤退到费城西北的福吉谷过冬。

英国政府被上述胜利冲昏了头脑，从渴望尽快结束战争的意图出发，采取了一个笨拙的冒进计划——三路大军进攻奥尔巴尼。第一路军由柏高英率领驻香普冷湖畔及哈得逊河畔的英军南下；第二路军由巴里·圣莱杰率领的杂牌军向安大略湖南下；第三路由豪将军自纽约北上支援。但豪将军未配合行动，圣莱杰中途遭民兵击溃，退回加拿大，致使英国政府企图以钳形攻势切断新英格兰与其他各州的联系的计划落空。三路大军中只有柏高英率部孤军深入。他派驻佛蒙特的一支 1000 人的分遣队，在本宁顿被民兵英雄约翰·斯塔克率领的佛蒙特绿山少年义勇军全部歼灭。新英格兰民兵四起，柏高英军队陷入重重包围之中。1777 年 10 月 7 日，他在萨拉托加率 6000 名英军向美军投降。萨拉托加大捷是美国独立战争的转折点，大大增加了北美 13 州人民抗英必胜的信念，也促进了国际形势向有利于美国的方面转化。

美法同盟和美国独立战争的胜利（1778—1781 年）

萨拉托加大捷，促成美法于 1778 年 2 月订立美法同盟条约，这是独立战争中的一件大事。早在《独立宣言》发表前，1775 年底第二届大陆会议秘密通讯委员会，曾通过法国著名剧作家博马舍取得了法国政府的一些援助。大陆会议 1776 年 3 月曾派遣锡拉斯·狄安，9 月又派遣特使本杰明·富兰克林出使法国，争取与法国签订同盟条约。富兰克林是美国著名的政治家、科学家和外交家，他卓有成效地利用当时英法之间的矛盾进行外交活动。法国舆论主张援助美国，但法国专制王朝顾虑援助美国人民反英战争，将刺激本国人民的革命运动，举棋不定，仅暗地里供给美国一些军火。萨拉托加大捷顿使美国战事全局改观，胜利在望，这时法国政府才下决心和美国缔结同盟条约。

根据美法同盟条约，法国参加反英战争，其舰队开往西印度群岛和美国海岸，支援美国人民作战。1779 年法西缔结联盟，西班牙以法国同盟者身份在海上参加反英战争。荷兰于 1780 年也参加反英战争。北欧的丹麦、瑞典在俄国和普鲁士倡导下发起"武装中立"。欧洲一些国家陆续参加，抗拒英国拦截中立国船只的行为，进一步孤立英国，并且大大分散了英国的兵力。同时，美国还从法、西、荷诸国取得了大量的经济援助。自 1777—1783 年，美国获得法国贷款 635 万美元，向西班牙借款 17 万美元，向荷兰贷款 130 万美元。美国革命的领导者善于利用国际矛盾，推行正确的外交政策，取得了大量的国际援助，也是美国对英作战终能取得胜利的原因之一。

由于美国人民进行的是反侵略的民族解放战争，是进步的正义战争，美国得到了欧洲进步人士的支持。他们共筹集了 200 万镑来支援美国人民的斗争。欧洲有 7000 余名志愿军参加了美国独立战争。法国的空想社会主义者圣西门、法国革命者拉法耶特、波兰志士科希秋什科和普拉斯基都同情美国革命，到美国参加了独立战争。普拉斯基于 1779 年 10 月 9 日光荣地牺牲在保卫查尔斯顿（在南卡罗来纳）的战斗中。当时来美参战的还有法国罗尚博伯爵和德国军官斯徒本等人。罗尚博曾率领 5500 名志士到美国参战，斯徒本为美国训练了大陆军，使之正规化。国际友人的援助，在美国独立战争中起了一定作用。

1778—1781 年是美军由挫败转向胜利的岁月。1778 年豪将军奉召回国，由柯宁顿继任，驻扎在费列得费亚城。1778 年 6 月，第一批法国军舰驶抵美国的特拉华河口，打破了英国的海上封锁，形成对英军的威胁。英军担心法国舰队封锁特拉华河，切断英军退路，于是撤出费城，退守纽约。华盛顿军队乘机截击英军于马默思，未获胜利，驻扎在白平原，与英军形成对峙局势。1778 年 7 月，英舰击败法舰于新港（在罗德岛西南）；11 月法舰撤到西印度群岛。

这一年，英国海军大部分转移到地中海、加勒比海、非洲和印度沿岸对法、西舰队作战，英军用以封锁美国海岸和在北美作战的兵力锐减。美国私掠船频繁出动，击沉英舰。英军在北方战场已无力发动新攻势，即采取骚扰政策，洗劫马萨诸塞、罗德岛、康涅狄格沿岸城市，将主攻方向转向南方战场。1778 年 12 月 29 日，英军占领佐治亚重要沿海城市萨凡纳，蹂躏佐治亚大部分地区，并建立了亲英政权。萨凡纳易帜时，美军 5000 人被杀，这是美军最严重的损失。这时美大陆军处于困难时期，只有游击队在南方战场英勇苦战，袭击英军。

　　1780 年 5 月，英军海陆联合远征，攻陷南卡罗来纳沿海重要城市查尔斯顿（占领到 1782 年 12 月 14 日为止）。英军总司令柯宁顿错误地认为南方战场胜利局势已定，令部下康华理防守查尔斯顿，自己率部队返回纽约。大陆会议先派霍雷肖·盖茨指挥南方大陆军，盖茨大败于坎登。大陆军副总司令纳撒内尔·格林将军接替盖茨。格林系铁匠出身，亲自指挥南方战线，他重新组织、调配南部军队。在他的正确领导下，游击队十分活跃，灵活机智地打击敌军。美军在南方从劣势变为优势。1780 年 8 月，托马斯·萨木特在南卡罗来纳北部石山及悬岩，以游击战术击溃英军与效忠派的联军，截获英军的供应，一并切断了康华理的交通线。10 月 7 日，游击队在绰号"沼泽狐"马润的领导下，在王山（位于石山及悬岩的西北部）地区重创英侵略军和效忠派。1781 年 1 月 17 日，劳动人民出身的丹尼尔·摩根将军在王山附近考彭斯苦战英军，诱敌深入，取得辉煌胜利。摩根急行军，与格林将军汇合于北卡罗来纳西北部吉尔福特法院，同英军恶战，美军伤亡很重。但康华理远离英军补给线，未敢恋战，撤退到最近的港口威明顿（在南卡罗来纳境内）。经过吉尔福特战斗，北卡罗来纳境内英军全部撤出。

　　游击战的辉煌胜利，使美军转入优势，利于进行战略反攻。英军至此已失去锐气，士气不振。而康华理主观盲目，于 1781 年 4 月贸然北上，8 月占领弗吉尼亚的约克敦，自以为得计，实际上已龟缩一地，陷于被动。果然，最后决战的时刻到来。格林将军回师南卡罗来纳，与南方各游击兵团配合，收复广大腹地，利用熟悉地理和群众拥护的有利条件，从南方对康华理军进行战略包围。华盛顿率领大陆军，与罗尚博和圣西门率领的法军组成美法联军挥师南下，直捣弗吉尼亚，包围约克敦。拉法耶特也参加包围约克敦的战役。法国海军司令格拉斯伯爵率领 28 艘法国战舰，由西印度群岛驶来接应，进入切萨皮克湾，切断康华理由海上逃跑的退路。战斗于 10 月 17 日开始，康华理突围失败，走投无路，于 10 月 19 日投降，8000 人放下武器。1782

年，在美国本土上，只有西部还有战争。弗吉尼亚人克拉克早在 1778 年向西部进军，进入英国占领地俄亥俄地区，肃清了当地的英军，占领了文森斯。他在与英军作战中，肆意焚烧印第安人村庄，屠杀印第安人，使这次正义战争蒙上了灰尘。

1782 年 10 月，美国、英国、法国、西班牙代表在巴黎谈判议和。由于法国和西班牙索酬太奢，美国单独与英国议和，签订《巴黎和约》草案。次年换文，英国正式承认美国的独立，划定美国国界，同意美国占有密西西比河以东的土地等。持续 8 年之久的独立战争到此胜利结束。

大陆会议是独立战争的领导机构。大陆会议于 1777 年 11 月 15 日通过了《邦联和永久联合条例》，简称《邦联条例》。1781 年大陆会议根据《邦联条例》组成了邦联政府。它集中行使的权力极为有限，实际是一个松散的州际联盟。1786 年，马萨诸塞州发生了由独立战争退伍老兵丹尼尔·谢司领导的农民起义，起义虽被镇压下去，但资产阶级和奴隶主对此心有余悸，决心强化中央政权。

1787 年，以修改邦联条款为名，召开了费城制宪会议，自 1787 年 5 月 25 日到 9 月 17 日，秘密地进行讨论。资产阶级和奴隶主在蓄奴制问题上作了妥协，使奴隶制延续下来，大小州的矛盾也得到调和。会议制定了《联邦宪法》。根据新宪法，1789 年美国建立了实行三权分立的联邦制共和国，正式接管了邦联政府。广大人民群众对宪法不附载保障人民权利的任何条款表示不满，掀起抗议运动。结果，宪法正文后面增加了 10 项修正案，在美国政治史上，以"人权法案"著称。补充了人权法案之后的美国宪法，在当时是一个进步的政治文献。从此美国进入了资本主义的发展阶段。

美国独立战争的意义和影响

美国独立战争是世界历史上第一次大规模的殖民地争取民族独立的战争，正如列宁精辟地指出："现代的文明的美国的历史，是由一次伟大的、真正解放的、真正革命的战争开始的。"[①] 独立战争的胜利，推翻了英国对北美的殖民统治，建立了美利坚合众国，使它实现了政治上的独立，并解放了它的生产力，为美国资本主义的顺利发展开辟了宽广的道路。独立战争是美

---

① 《列宁选集》第 3 卷，人民出版社 1972 年版，第 586 页。

国历史发展的里程碑。

美国独立战争打开了英帝国殖民体系的缺口，为殖民地民族解放战争树立了范例。

美国独立战争在性质上是资产阶级革命。由于广大人民群众的参加和在独立战争进程中展开了争取民主的斗争，各州在政治制度上宣布了共和制，并实施一些保障人民基本权利的措施。独立战争胜利后，废除了殖民地时期封建残余的长子继承法、续嗣限定法和代役税，契约奴制也基本上被废除。8 万多名亲英分子在战时和战后被驱逐出境，他们的土地被充公，伸张了正义。这一切给资本主义的发展以有力的推动。

美国独立战争具有国际意义。美国独立战争的胜利，给欧洲资产阶级革命以一定的推动力。马克思曾经指出："十八世纪美国独立战争给欧洲中产阶级敲起了警钟。"① 它给予英国资产阶级、新贵族的腐败寡头政治以直接打击，推动了英国资产阶级的民主革命运动。美国独立战争直接影响着法国人民反对封建专制的革命。在法国革命时，法国人民不仅在政治上学到了美国革命人民的斗争经验，如在制定《人权宣言》时，吸收了美国独立宣言的内容，在军事方面也采用并发展了美国人民反英战争中的游击战术②。美国独立战争的胜利，给拉丁美洲人民反对西班牙和葡萄牙的封建统治的解放运动以巨大推动力，同时也声援了爱尔兰的民族解放运动。

但是，以独立战争形式表现的美国革命具有很大的局限性。领导权始终由资产阶级和奴隶主掌握，下层群众浴血奋战，但在政治上并没有取得很大的发言权。在战争过程中和战后，美国国内政治民主化程度不够，具体地表现为以下几点。

第一，土地问题没有很好解决：阿巴拉契亚山脉以西的土地虽宣布为国有，但大量土地落入大商人和土地投机者手中。封建残余的租佃制仍然存在，在纽约州的哈得逊河谷十分突出。直到 1862 年美国内战期间颁布了《宅地法》，才使小农只缴纳证件费就可以获得土地，基本上解决了土地问题。

第二，黑人奴隶制保存下来。独立战争中，5000 名黑人（自由黑人与奴隶）参加作战，从康科德战斗到约克敦最后战役，黑人都有一份功绩。独

① 《马克思恩格斯全集》第 23 卷，人民出版社 1972 年版，第 11 页。
② 参见《马克思恩格斯选集》第 3 卷，人民出版社 1972 年版，第 208 页。

立战争后，北部和西北部虽都直接或逐渐废除了奴隶制，但在北部特别是南部，很多州都出现了一股剥夺自由黑人投票权的反动逆流，使黑人丧失了各种基本民权。在南部，由于棉花种植的推广，蓄奴制反而获得了发展。直到独立战争后 80 年，才通过南北战争割除了这个毒瘤。

第三，妇女在美国革命中纺纱织布，担任后勤工作，对革命作出了贡献。美国革命以争取人的权利为号召，而占人口半数的妇女却没有获得选举权。直到 1869 年，怀俄明州才首先给妇女以选举权。1920 年，妇女选举权才在宪法第十九条修正案中得到承认。

第四，在制定宪法时，美国统治阶级以尊重印第安人部落主权为借口，不把印第安人列入选举人口计算在内，实际上蔑视了印第安人的基本人权，印第安人既不能享有公民权，也没有土地所有权。而且在独立战争后，美国统治阶级对印第安人实行驱逐和屠杀的种族灭绝政策，在美国历史中写下了可耻的一页。

美国谢司起义

程 华

　　1786 年秋，美国马萨诸塞州西部爆发了一次声势浩大的农民武装起义。这次起义坚持数月之久，范围波及该州西部及中部大片地区，在美国历史上、特别是美国人民群众运动史上留下了光辉的一页。这次起义的主要领袖名叫丹尼尔·谢司，史称"谢司起义"。

邦联政府面临的政治经济困难

　　1781 年，新独立的美利坚合众国基本结束了战事，跨入了它历史上的一个新时期。这是一个在政治上、经济上恢复、调整、重建的阶段，是从殖民地向合众国、从依附屈从走向独立自主的过渡。一切有待于从战乱中恢复，在废墟上重建。在此后五六年内，美国度过了异常困难的时期。

　　在这个时期，美国的政体是邦联制。早在独立战争期间的 1777 年 11 月，大陆会议就授权一个委员会，以约翰·迪金逊为主起草了《邦联和永久联合条例》，即通常所说的《邦联条例》。在各州批准的基础上，该条例于 1781 年 3 月 1 日起正式生效。

　　根据《邦联条例》建立起来的邦联政府实质上是一个权力分散、软弱的机构，是由 13 个州组成的一个松散的联盟。在这个联盟中的每一个成员均拥有自己的"独立、自由和主权"，中央的权力十分有限。其最高政权机关是由一院组成的邦联议会，由各州派遣 2—7 名代表参加，每州拥有一票表决权。凡有关宣战、媾和、缔约、举债、募集军队、调整货币等重大问题，须有 13 个州中 9 个州的同意才能决定。对于各州来说，邦联议会只是一个咨询机构。

　　邦联政府的软弱性还特别表现在以下两个致命弱点上，其一，邦联议会没有任何征税和管理贸易权，而各州在诸如发行纸币、规定出入口税等方面的方式方法又都不尽相同。国家向各州每年征收款项的数额由各州认领，如有特殊需要，国家也只能向各州"募集"；其二，邦联议会向各州所发布的一切命令都是非强制性的，《邦联条例》也没有规定邦联政府对执行其命令所必要的保证措施。因此，各州如果认为该项命令不适合本州，便可不执行，而邦联政府却无权处罚它们。邦联政府好像一个"乞丐"，各州对它的政令通常是拒绝，无意采纳。

在经济上，这个时期的美国也处于严重困境之中。在 8 年独立战争期间，大陆会议为支付数额巨大的军费开支，不仅借了大笔内债，还欠了法、西、荷等国不少外债。据粗略估计，到 1786 年初，国家全部债务合计超过4200 万美元，其中外债占 800 万美元以上。在 1781—1786 年，各州向邦联国库缴款的数额每年仅为 50 万美元，国库极为空虚。政府连一般正常开支都难以维持，又何谈还债呢？

邦联没有统一的币制，各州都有发行纸币的权力。大陆会议在战时曾发行总值达 4 亿多美元的纸币——大陆券，各州也各自发行了一批为数不少的纸币。于是，在战争末期和刚刚结束之后造成了这样一种状况：在流通领域内硬币极为缺乏而纸币则泛滥成灾，其恶果是通货膨胀、物价飞涨。到 1781年底，原来与硬币价值相当的纸币已经变成几乎一文不值的废纸了。当时的邦联财政部长罗伯特·莫里斯曾试图采取措施进行改革，在他的倡导之下，于 1781 年在费城建立了北美银行，发行新纸币，同时规定大陆券一律作废，凡还债、纳税必须以北美银行新纸币或硬币支付。由于各地的抵制，莫里斯的改革无法推行，他本人也被迫下台，而改革的消极影响使广大劳动人民更加穷困了。

自 1777 年底起，大陆会议和各州共没收了 300 处英王与效忠派地主的田庄，共值 4000 万美元。州政府将这些土地分别进行拍卖，使大商人和土地投机家们乘机占有了这些土地，从中获取暴利。1785 年，邦联政府颁布了一个土地法令，规定西部土地由邦联政府统一出售，以 640 英亩为单位，每亩售价 2 美元，买者须将所有款项一次付清。这无疑完全剥夺了广大劳动人民购买土地的机会，大大便利了土地投机商人。

美国的对外贸易在独立战争之后也一度出现停滞。法国、西班牙撤销了一切曾在战时给予美国商业上的便利和特权。英国则在商业贸易方面不断给新生的合众国施加压力。通过颁布新的航海法，英国向美国关闭了它在西印度群岛的所属港口，同时对美国开往它的其他港口的船只严加控制，对于一些美国货物征以重税。1783年后，英国大量的廉价物品开始涌入美国市场，不仅破坏了美国民族工业的发展，还导致了美国本来就已十分短缺的硬币严重外流，加剧了国内的危机。

政治、经济各种因素互相结合、互相影响、互为因果，使邦联政府面临着严重的危机。这场危机直接的、最大的受害者是处于社会最下层的广大劳动人民，特别是众多的小农。他们曾积极地参加独立战争，但独立后的资产阶级政府却给他们带来了比独立前更为贫困的日子。

危机四伏的马萨诸塞州

马萨诸塞州是这次全国性危机的重灾区。

马萨诸塞是位于美国东北部的一个著名的海湾州。1780年，马萨诸塞州制定了自己的州宪法，它集中反映了该州东部商人的利益和要求。根据州宪法规定，立法机关由两院组成，选举人和被选举人财产资格的限定比革命前还要高。参加选举的人必须是土地所有者，每年纳税不少于3镑，或者其财产值60镑。只有拥有价值达300镑财产的人才有被选资格，而竞选参议员的财产要求就更高了。在下议院，各地代表数目之多少大致依据各地人口多少而定。但在参议院，代表席位却根据缴税数目的多少而分配。这造成地区间的不平衡，东部沿海较富裕的地区代表席位明显多于西部，充分体现了这部州宪法的保守性。

与其他州一样，马萨诸塞州在独立战争中也欠下一笔债务。据估计州债总数至少达700万美元，此外，它还要为邦联承担700多万美元的债务，两者相加在1500万美元以上。这对于一个人口总数不到38万的州来说，是个不小的包袱。

750英里长的曲折的海岸线为马萨诸塞州商业、贸易、渔业的发展提供了优越的条件，因此，渔业、航海业和造船业成为该州生存与繁荣的重要基础。马萨诸塞州曾是13州殖民地重要的造船中心。独立前，在它的港口建造的船只价廉物美。据统计，当时英国船只总吨位的1/3是在北美殖民地建造的。1772年，新英格兰制造的船只占各殖民地制造总数的68%。独立后，造船业失去了英国买主，经济上受到重大打击。当时法、荷、德等欧州其他国家也在加紧与美国进行贸易竞争，马萨诸塞州的造船业十分不景气。据当时驻波士顿一位法国领事的官方报告：独立战争前马萨诸塞州每年下水 125 艘新船，而 1784 年只有 45 艘，到 1785—1786 年，下降到每年只有 15—20 艘了。

马萨诸塞州还是独立战争前 13 州与西印度群岛贸易的重要通路，特别是新英格兰地区通过马萨诸塞州的港口将它们生产的粮食、鱼类等运往西印度群岛。独立后这条通路被堵塞了。1783 年 7 月英国在其颁布的航海法中规定，此后来往于英属西印度群岛与美国之间的贸易船只必须是由英国建造、由英国海员驾驶的。这不仅打击了马萨诸塞州造船业和航海业，也使它失去了以捕鳕鱼业为主的商品市场。大量的农产品没了销路，许多居民丧失了生计，它的经济处于严重的衰退之中。

然而，州统治者、大商人、大土地投机家们丝毫没有减轻他们的剥削压迫。他们首先就把沉重的州债、国债负担尽可能转嫁到劳动人民身上。为此他们强摊硬派各种捐税，而且税额比新英格兰其他地区都要高。在各种苛捐杂税中，以人丁税最重，它的税收占该州全部税收比率的 40%。州政府规定，不论贫富贵贱，该州每人每年都要缴纳高达 50 美元的人丁税，这几乎占去了一般农民家庭全家收入的 1/3。

在独立战争期间，马萨诸塞州为大陆军提供的兵员最多。该州有一个小村，战争中阵亡或失踪的人达 300 人之多。另一渔村至战争结束时有 400 多个妇女做了寡妇，近千名孩子成了无父的孤儿。活下来的士兵在战后退伍回到农村，由于家境贫寒，不得不将作为对他们的报酬的一张小小的土地凭证以极低廉的价格出售给商人和投机家，变成无地的农民。另外，农产品的价格自 1783 年起一直在跌落。1785 年马萨诸塞州粮食丰收，由于失去国外市场而在仓库里堆积、腐烂。在硬币十分稀少的情况下，农民们又蒙受着大陆券和旧纸币作废的巨大损失。在农村，农民们甚至不得不以物易物，换取生活必需品。贫苦的农民或靠借债度日，或以低于 1/3 的价格出售他们的地产，或因无钱还债被关进监牢。仅 1784 年一年，在该州不到 5 万人口的伍斯特县就有 2000 多件与债务有关的诉讼案，法院连其中的一半都处理不完。律师们乘此机会大肆牟利，讼费极高。人们愤怒地指斥他们是强盗、吸血鬼、小偷窃贼和油嘴滑舌的流氓无赖。

联邦政府的软弱，国家经济的萧条，导致了社会的动乱，人民的不满孕育着反抗，一场暴风雨就要来临。

谢司起义的过程

早自 1782 年始，马萨诸塞的人民就开始自发地进行了零星的斗争。人民群众要求延长还债期限，降低赋税，并特别强烈地要求大量发行纸币。他们认为贫困是钱币缺少引起的，只有重新大量发行纸币才能给他们的生活带来转机。到 1786 年止，在美国 13 个州中，已有 6 个州先后发行了新纸币，而在马萨诸塞州，则没有实现。人们被深深地激怒了。独立战争以后几年内劳动人民生活的日见恶化，终于导致了处于社会底层的人民群众长期积聚的不满和怨恨的爆发，他们开始进行频繁的斗争。

1786 年初，马萨诸塞州一个镇有 50 多个人上书请愿。在请愿书中，他们诉说了几年来的苦难："在战争末期，出于牢固地保证和促进我们的人民的自由之热望，我们毫无怨言地向我们的国家提供了一切要求于我们的援助和支持……但是我们恳请你们注意，在最短期间，如果你们还不采取什么有效措施来保障人民生活，我们一半居民就要破产了……诉讼案件非常多，而律师们索取讼费在我们看来非常高昂苛刻。如果算一下近 5 年里向我们征收的捐税——州税、县税、镇税和班税，可以看出总额相当于我们所有农庄的出租收入……我们没有钱，天天都在抵押和出卖地产……许多人已经逃走，其他的人希望逃往纽约州或另外某一州去。"在 1786 年上半年，该州其他县、镇的群众也举行集会，通过请愿方式表达他们的要求。越来越多的人民加入了这一行列。

在群众呼声的压力下，州下议院于夏初召开会议，讨论了有关问题，但受到保守势力的阻挠，人民群众的要求遭到拒绝。下议院刚刚休会，群众便行动起来。8 月底，罕布什尔县 50 个镇的代表在哈特费尔德召开大会，谴责州政府和法院。随后，1500 多名起义群众手持武器来到北安普敦，迫使设在那里的县法院停止审理关于债务问题的案件。

这一消息迅速传遍了马萨诸塞州。伍斯特、米德尔谢克斯、布里斯托尔等县的人民群众纷纷仿效罕布什尔县的做法，自发组织起来，进攻和冲击当地的地方法院。

马萨诸塞州最高法院定于 9 月底在该州西部的斯普林费尔德开庭。起义农民们决定阻止最高法院开庭，以制止在下一次州选举以前对债务继续进行审理。州统治者们为了遏制日益高涨的农民起义，为保证州最高法院的顺利开庭，也采取了措施。州长詹姆斯·鲍多因下令废除保障人身自由的法案，逮捕一切所谓危害"公共安全"的群众领袖，送交法庭审判。接着，他又授命舍培德将军率领部队武装保护法院所在地。

1786 年 9 月 26 日，马萨诸塞州的斯普林费尔德，警备森严。与此同时，该州西部 600 多名起义者在他们一致推举出来的领袖丹尼尔·谢司的率领下，向州最高法院所在地进发。当起义者们看到警戒在法庭周围的政府军队时，他们的怒火一下子爆发出来。谢司向法院递交了一封措辞强硬的信，要求最高法院立即停止对人民进行任何起诉。这一要求遭到拒绝。双方发生了冲突。在混乱中州最高法院被迫中止开庭，舍培德的军队也随之撤出斯普林费尔德。

斯普林费尔德的小小胜利标志着谢司起义的正式开端。

丹尼尔·谢司是一位曾经参加过独立战争的老战士，退伍后定居于康涅狄格河以东一个叫佩拉姆的小镇上，过着艰难的生活。由于在独立战争中的战绩，他在当地享有较高的声誉。在人民群众的支持下，他成为马萨诸塞州这次起义风暴的主要领袖。在成功地阻止了斯普林费尔德州的最高法院开庭之后，谢司便率领他所领导的一支农民起义军转战于该州西部罕布什尔一带。与此同时，马萨诸塞州中部和西部的其他几个县也掀起了武装起义的浪潮。在该州最西部伯克什尔县的格雷特巴林敦，800 多起义群众中止了法庭审理，并将一些支持政府的人驱逐出该镇，抄了他们的家，焚烧了当地几个首恶分子的房屋。在斯普林费尔德及附近地区，还活跃着另一支农民起义军。它的主要领袖卢克·戴伊曾任大陆军中的少校衔军官。在米德尔谢克斯县，起义者们早在 8 月就冲击了康科德的地方法院，领导者是雅布·沙吐克和内森·史密斯。他们公开宣称："消灭一切债务的时刻已经到来！"上述两支起义军的活动与谢司遥相呼应，形成了一次声势浩大的革命运动。

起义者们在斗争中不断提出他们的政治、经济主张。他们要求：立法机关迁出波士顿，废除州参议院，修改州宪法，重新分配土地，取消一切公私债务，降低政府官员的工资和土地税、人头税，反对对人民进行迫害的法庭，等等。特别是谢司起义军还较为明确地提出了"平均财产"的口号，他们指出：美国的财产是由于全体人民的共同努力才免于英国的剥夺，因此它应该是全体人民的共同财产；谁要是反对这一点，那么他就是平等和公正的敌人，人民就应该消灭他。这一口号得到了广大劳苦大众的衷心拥护，吸引了许多人参加起义。起义军不断扩大，势力愈来愈强。

1786 年的冬季，严寒袭击着马萨诸塞州，11、12 月气温已达零下，积雪遍地。这对在农村中坚持游击战的起义军是一个严峻的考验。11 月底沙吐克的起义军在米德尔谢克斯县的密林中遭到敌人突袭，损失惨重，主要领导人沙吐克也在格罗敦被捕。群龙无首，这支起义军被敌人驱散了。沙吐克起义军受挫的消息传到正在伍斯特县的谢司起义军中，引起震惊，军心浮动。谢司一方面稳定大家情绪，另一方面收编了沙吐克起义军的残部，重新整编训练，准备进行大规模行动。

12 月初，在谢司指挥下，起义军围攻伍斯特的法院大厦，中止了法案审理，并冲进监狱，释放了大批因负债而遭监禁的穷人。

为维持统治秩序，州长鲍多因慌忙于年底召开紧急会议，筹划对起义的镇压。当时国库空虚，经济萧条，州政府无力筹措军费。但马萨诸塞州的富商、银行家、工业家们此时已认识到他们的切身利益正在受到严重威胁，纷纷"慷慨"解囊，在不到 24 小时内凑足了为镇压起义而建立军队的费用。到 1787 年 1 月中旬，一支从各县召集来的约 4400 人的队伍已齐集在伍斯特待命，本杰明·林肯受命为这支军队的总指挥。

这时，谢司已率领着他的一支 1200 多人的队伍到达斯普林费尔德以东的威尔布拉汉姆。起义队伍虽然壮大却缺乏装备，因此他们决定重返斯普林费尔德，进攻设在那里的联邦火药库，夺取武器武装自己。当时联邦火药库由舍培德将军率领 1100 多人把守。为了抓紧时机，赶在林肯军队到达之前发动攻击，谢司便于 1787 年 1 月 24 日派遣信使与当时正在斯普林费尔德以西坚持起义的卢克·戴伊联系，约定于 1 月 25 日共同行动，东西夹击斯普林费尔德的火药库。戴伊收到信后立即回信要求把联合夹击的日期改在 1 月 26 日。由于信使在途中被舍培德的人捕获，这封信没有送到谢司手中，联合行动的计划落空了。

1 月 25 日下午，当谢司率领起义军向斯普林费尔德前进时，舍培德早已在那里等候。起义军行进到离火药库约 150 码时，舍培德开始向起义军发出威胁。他摇着一面旗并警告谢司，如果再向前走他就要向起义军开枪射击。"来吧，我正等着呢！"谢司大叫着，并指挥众人继续前进。敌人开火了，由于火力太猛，起义军又在明处，难以隐蔽，几名起义者倒下了。队伍很快被打散，在混乱中退到离斯普林费尔德约 10 里远的鲁德劳。1 月 27 日晨，林肯的军队赶到斯普林费尔德，立即命令舍培德率军越过康涅狄格河阻止戴伊起义军与东部起义军汇合。林肯自己率军追赶谢司起义军。在敌人的追赶下，起义军不得不昼夜兼程，由南向东北方向撤退，先后经过南哈德利、阿姆赫斯特，最后到达佩拉姆，占据了两座被积雪环绕的山头，暂时歇息下来。林肯率军赶到哈德利，急派信使要求与谢司谈判。林肯威胁起义军：与政府对抗是无益的，如果及时悔悟，放下武器，还能得到政府的赦免。

经过初步交涉，起义军代表与林肯的谈判定于2月3日进行。这只不过是起义军的一个缓兵之计。在谈判进行的这一天，谢司却秘密拔营东移，率领着起义队伍迅速到达皮特萨姆。将近黄昏时，林肯才得知这一消息。他连夜率军启程，经过一夜追赶，于次日晨到达起义军驻营地。起义军连日来鞍马劳顿，加上前一夜北风凛冽，气候严酷，放松了警惕。2月4日晨，当谢司起义军正在皮特萨姆早餐时，被林肯的军队包围。起义军猝不及防，虽经奋勇抵抗，终因寡不敌众，150多名起义者，包括谢司本人，当即被俘，余部被打散后逃往各地。

林肯在打败谢司起义军之后，率军继续剿灭马萨诸塞州西部其他小股起义军。2月26日，伯克什尔县最后一支起义军失败。1786年马萨诸塞州以谢司为首的农民起义至此结束。

谢司起义的意义

谢司起义失败了，但是它的精神却激励了千千万万美国劳动人民。从1786年9月—1787年2月，除谢司领导了一支规模、影响最大的起义军活动在中部地区外，马萨诸塞州从最西端的伯克什尔县到极东北的埃塞克斯县，都爆发了一些零星的斗争，使这场农民起义运动遍及全州的大部分区域，先后有上万人加入其中。与谢司起义同时，邻近各州如新罕布什尔、佛蒙特的人民也揭竿而起，投入到反对州政府统治的斗争中去。许多没有亲身参加起义的人也对起义军抱着深切的同情。1787年4月马萨诸塞州举行新的州选举，镇压起义的元凶原州长鲍多因在竞选中失败，原州立法机关的222个议员中只有62人再度当选。新任州长汉考克在群众压力下不得不将谢司和另外13位起义领袖由死刑改判监禁，并于1788年6月将他们赦免释放。

谢司起义强烈地震动了美国的统治阶级，使他们中的许多人看到美国邦联统治无力所带来的弊病。还在谢司起义正在兴起之时，乔治·华盛顿和当时负责邦联外交的约翰·杰伊就在通信中预测到一场危机即将来临。华盛顿忧心忡忡地说："每一个州都有易燃物，一粒火星就可以让它们变成燎原大火。"

1787 年 5 月 25 日，制宪会议在费城开幕。在会议上通过了《美国 1787 年宪法》。为了防止类似起义再出现，他们特别在宪法中规定："合众国应保证全国各州实行共和政体，保证各州不受外侮，并应各州州议会或行政机关（当州议会不能召集时）之请平定内乱。"杰斐逊在看到宪法全文时不禁感慨地说道："谢司起义给我们的制宪会议打下了如此之深的烙印……"

由于时代的局限性，特别是小农思想觉悟的限制，这次起义本身存在着许多不可避免的弱点。起义军缺乏统一领导，没有全面的计划，州内几支起义军未能联合起来，又缺乏必要的联系，最终被敌人各个击破。在整个起义过程中，起义者们主要是将矛头指向给他们带来直接灾难的法院，在州统治阶级的威胁利诱下，起义军中一些人还产生了动摇……这些都是导致谢司起义失败的重要因素。

谢司起义是美国独立以来首次规模较大的农民起义，它给了美国大资产阶级和剥削者有力的打击，对美国进入联邦时期及其宪法的制定产生了一定的推动作用。

门罗主义的提出及其演变

罗凤礼

门罗主义是美国在西半球推行霸权主义的工具。它源于美国第五届总统门罗于 1823 年 12 月 2 日提交国会的国情咨文。咨文中有关外交方面的主要内容在当时通称"门罗宣言"。1853 年美国官方人士把门罗宣言升格为门罗主义。19 世纪末 20 世纪初,当美国进入帝国主义阶段,开始称霸西半球的时候,门罗主义成为美国在西半球的霸权主义的代名词。第二次世界大战后,美国不满足半球霸权而要称霸全球,门罗主义不再适应需要而逐渐衰亡。

门罗宣言产生的背景

詹姆斯·门罗就任总统期间(1817—1825 年),虽然国内经济迅速发展,政局相对稳定,被某些历史学家称为"和谐时期",但在国外,门罗政府却面临着比较动荡的局面。

从 1810 年开始,西班牙在美洲的殖民地开展了争取民族独立的武装斗争。独立不久的美国人民对拉丁美洲人民的斗争深表同情,热情支援。而美国政府则利用西班牙穷于应付殖民地起义的困境,夺取其战略要地。1819 年,门罗政府的国务卿约翰·昆西·亚当斯逼迫西班牙签订《佛罗里达条约》,从西班牙手中夺得了垂涎已久的佛罗里达。这个条约在 1821 年被双方批准生效。1822 年前后,西属各殖民地和葡属巴西相继争得独立。美国政府看到拉美各国独立的趋势势不可当,便于 1822 年 3 月决定承认它们的独立。此时,美国不仅扩大了自己的疆域,还成为第一个同拉美独立国家建立正式外交关系的国家。

在欧洲,1815 年拿破仑垮台,以俄、奥、普为首的神圣同盟企图恢复

1789 年法国大革命以前的欧洲旧秩序，到处扑灭革命，恢复旧王朝统治。1821 年，神圣同盟指使奥国出兵意大利，镇压了那不勒斯和皮埃蒙特的资产阶级革命。1823 年春，法国根据神圣同盟的决定，出兵镇压西班牙自 1820 年掀起的革命，推翻资产阶级立宪政府，复辟了费尔南多七世的专制统治。

神圣同盟仇视和镇压一切资产阶级革命的行为使美国舆论界极为不安，他们从中看到对美国本身的威胁。费城的《国民报》在 1821 年连续发表评论："毁灭本共和国必然已列入这个君主国同盟的计划之中……在镇压欧洲之后，我们的共和体制将是永久保持那种秩序，将王权统治扩展到整个文明世界的唯一障碍。"法军占领西班牙后，美国人更加担心神圣同盟会利用西班牙宗主国的名义来镇压西属美洲的独立运动，进而把矛头指向美国。

1823 年 10 月 9 日，门罗政府接到美国驻伦敦公使拉什的报告，说英国外务大臣乔治·坎宁建议同美国发表联合声明，以阻止神圣同盟对拉丁美洲的干涉。在门罗看来，英国的建议证实了神圣同盟侵犯拉丁美洲的意图。英国为争夺拉丁美洲的贸易特权而反对神圣同盟的干涉。在这一点上，美国同英国确有共同的利益。但对于坎宁建议的目的，门罗政府是怀疑的。英、美都久已觊觎西属殖民地古巴。坎宁的建议要求美英共同作出不占有"任何"西属殖民地的保证，门罗政府怀疑英国人设下了圈套，使美国永远不得染指古巴。为应付来自神圣同盟的严重威胁，门罗总统有意接受坎宁的建议。

前总统杰斐逊也主张与英国合作抵制神圣同盟，甚至宁可暂时放弃割取古巴的机会。杰斐逊致书门罗，认为与英国合作并不违背传统的孤立主义原则，因为即使由此发生战争，这战争也不是"英国的"，而是"我们的"，其目的是"创立美洲体系"，从美洲"清除列强"，"这是坚持我们自己的原则，不是背离它"。国务卿亚当斯坚决反对接受坎宁建议，他认为神圣同盟不大可能入侵拉美。是否接受坎宁建议，门罗总统一时难于作出决断。

1823 年 10 月 16 日和 11 月 15 日，门罗政府接到俄国的两份照会。照会谴责资产阶级共和制，并向美国政府表明：俄国将"忠实于他与盟国一致谨守的政治原则"，绝不承认拉美新国家的独立。据俄国驻华盛顿公使解释，这里所讲的"政治原则"就是"西班牙对其殖民地的最高统治权"。沙皇政府的这种态度，不能不给美国政府增加新的压力。

11 月 16 日，门罗政府又收到拉什公使从伦敦来函，报告说坎宁搁置了先前的建议。此时坎宁不再需要美国的合作了，他在 10 月已迫使法国保证不对拉美进行武装干涉。而法国当时控制着西班牙，又有较强的海军实力，是西属美洲独立运动的主要威胁。没有法国参加，神圣同盟是不能远征美洲的。门罗政府不知道法国的保证，因此对坎宁突然搁置英美合作建议迷惑不解，担心神圣同盟勾结英国从而增加对美洲的威胁，也担心英国单独抵制神圣同盟干涉拉丁美洲，会使拉美国家"完全投入它的怀抱"，"使它们由西属殖民地变为英属殖民地"。素以冷静著称的亚当斯也认为形势十分严重，美国"必须及时果断地行动起来"。

门罗宣言的内容

面对上述国际形势，门罗决定在 1823 年 12 月 2 日的国情咨文中阐明美国政府的立场。经过同亚当斯等内阁成员的多次磋商，门罗在咨文的对外关系部分提出两个原则——"不再殖民"原则和"不干涉"原则。

所谓"不再殖民原则"是指除原有美洲殖民地外，不允许欧洲国家在美洲开辟新的殖民地。门罗写道：美洲大陆从此以后"不能再视为任何欧洲国家殖民的对象"。"对于任何欧洲国家既有的殖民地或附属领地，我们没有干预过，也将不加干预"。

在门罗咨文之前，国务卿亚当斯已经提出过不再殖民原则。1821 年 9 月，沙皇颁布敕令将俄国在北美的殖民地（今阿拉斯加）的南部界线从北纬 55°向南扩展至 51°，并禁止外国船只在此线以北沿岸的广大海域航行。这种独占性的殖民控制损害了美国资产阶级的利益。亚当斯于 1823 年 7 月照会俄国政府表示反对，并表明美国不准在美洲建立新殖民地的态度。亚当斯认为英国在美洲进行新的殖民扩张的危险远比俄国严重，故也将此内容照会英国。门罗在国情咨文中俨然以美洲的代表者的姿态，公开宣布上述美国的观点，便突出了它的重要性，使它具有针对所有欧洲列强的普遍意义。

"不干涉"原则，包含两层意思。其一是不许欧洲国家干涉美洲。门罗写道：神圣同盟"将其制度延伸到西半球任何部分的任何企图都是对我们和平与安全的威胁"，任何欧洲国家对于新独立的拉美国家"进行干涉以压制它们或以其他任何方式控制它们的命运，我们只能看作对美国不友好的表示"。其二是美国不干涉欧洲。门罗表示，美国从不参与欧洲国家之间为它们自己的事情发生的战争，美国将继续奉行"不干涉"任何欧洲国家内部事务的政策。

不参与欧洲的政治纠纷是美国建国以来一贯执行的孤立主义政策的主要

内容，因此门罗不干涉欧洲内部事务的声明没有什么新东西。但公开宣布不许欧洲国家干涉美洲却是前所未有的，这是孤立主义政策的一个重要发展，是美国对神圣同盟威胁的严重警告。

为了给"不再殖民"和"不干涉"原则提供理论根据，门罗竭力宣扬美洲的共和主义，把美洲当作一个完全不同的体系同君主专制主义的欧洲截然分开。他说：神圣同盟的政治制度"同美洲的政治制度存在根本区别，这是由它们各自不同的政体产生的"。这种将美洲与欧洲区分开、隔离开的"美洲体系"思想是门罗宣言的核心。

1823 年的门罗咨文是门罗主义的蓝本，但在当时及其后若干年内，并无人称它为"门罗主义"，只称为"门罗宣言"或"门罗原则"。

门罗宣言的发表客观上具有一定进步意义。当时，拉丁美洲独立运动面临着神圣同盟的威胁，门罗宣言的发表对拉美独立国家是一种道义上的支持，对神圣同盟多少有所牵制；门罗宣言字里行间流露出对欧洲封建君主专制的不满，宣传了美洲的资产阶级民主共和思想。所以，门罗宣言发表后，拉美的债券立刻涨价，表明拉美国家的信誉有所提高。而神圣同盟的核心人物、奥地利首相梅特涅则认为，门罗宣言攻击了欧洲君主们的"原则"和"制度"。

当然，门罗宣言的实质是利己的，包含了美国根深蒂固的扩张主义。宣言发表后，当智利、哥伦比亚等拉美国家为抵制欧洲威胁要求美国援助或缔结同盟时，美国均予拒绝。美国驻智利公使阿兰在 1824 年春对智利外长说，门罗宣言的意思是美国有权"根据它本身的利益和今后可能产生的需要"采取行动。阿兰的话准确无误地表达了门罗政府的意图。同时，门罗宣言从语气到内容都表现出美国资产阶级以美洲主人自居，所谓"美洲体系"的含义就是"美洲是美国人的"。因此，门罗宣言只是企图限制欧洲列强在美洲的行动，它不仅针对神圣同盟，同时也反映了美英之间的矛盾。然而，它却绝不限制美国自己，这便为美国日后在西半球的扩张留下了后路。

门罗主义成为美国对外政策的基本原则

门罗宣言发表后，它的原则在一段时间里并未付诸实施，欧洲列强依然在美洲肆意活动。1833 年英国占领福克兰群岛，法国在 1838 年针对墨西哥和阿根廷实行海军封锁，1830—1841 年英国在中美洲这块战略要地曾三次扩大自己的殖民地，美国政府对这一切没有表示任何抗议。这主要是由美国当时实力不足决定的。门罗宣言发表时，美国海军舰只和兵员的数量仅及法国的 1/4、俄国的 1/8，它还无力限制欧洲列强在美洲的行动。因此，到 40 年代初，门罗宣言几乎已被人遗忘。

随着美国在北美大陆的不断扩张，复活门罗宣言的时机逐渐来到了。到 40 年代，美国西进先锋们已经在太平洋沿岸定居，要求向西扩张的言论充斥国会内外，弥漫舆论界。但是，在北美有切身利益的英国和法国竭力遏止美国的扩张。在英美共管的俄勒冈，英国力图排挤美国，压缩它的地盘；美国则向英国提出强硬要求，企图占有北至 54°40′ 的全部俄勒冈。对墨西哥所属的加利福尼亚，美、英、法都各怀野心，企图并吞。得克萨斯虽已于 1845 年 3 月并入美国，但它仍对英、法两国曾百般阻挠和破坏这次合并耿耿于怀。

1845 年 12 月 2 日，美国总统詹姆斯·波尔克在致国会的年度咨文中重申门罗宣言关于"不再殖民"的原则，并断言："现在来重申和再次肯定门罗先生宣布的原则是适合时宜的"，"我们不同意在北美大陆的任何部分设置或建立新的欧洲殖民地或领地"。波尔克还对门罗的"不干涉"原则作了发挥。他说：只有北美大陆的人民才有权决定他们自己的命运，这里的任何国家如果要求加入美国，"将由他们和我们来决定问题，不许外国干涉"。

在波尔克的国情咨文中，不许欧洲殖民的地方，主要是指加利福尼亚，不许外国干涉的地方，是指已经合并于美国的得克萨斯和以后可能出现类似情况的其他地方。波尔克重申门罗宣言的原则，不是简单地重复。例如，门罗宣言不许欧洲插手的是"美洲大陆"或"西半球"，而波尔克却只讲"北美大陆"。这种变化不是实质性的后退，而是因为美国正忙于在北美大陆扩张，对中、南美洲无力顾及。这种适应形势加以变通的手法正是美国后来运用门罗宣言的一贯做法。

此后，门罗宣言的原则便越来越多地出现在报纸杂志和国会的辩论中，并在美国的扩张中加以实施。1846—1848 年，发生了美国侵略墨西哥的战争。美国一举夺得了加利福尼亚和新墨西哥。在俄勒冈，美英通过讨价还价的谈判，于 1846 年划定了以北纬 49° 为英美管区的分界线。美国横跨北美大陆，囊括两大洋岸的梦想实现了。随着美国实力的加强和扩张野心的膨胀，门罗宣言的地位逐渐提高。1853 年，在国会辩论中，人们开始以"门罗主义"来称呼"宣言"。但是，此时美国的羽翼尚未丰满，它在整个拉美的经济、政治实力还赶不上欧洲列强，不少政客因此对于门罗主义能否得到实现提出异议。他们认为美国既然无力使欧洲列强遵守门罗主义，就不应提出任何类似的抽象原则或主义。美国统治阶级内部的这种分歧经过 60 年代的一场外交风波得以消除。

60 年代初，乘美国内战之机，西班牙在多米尼加重新建立了殖民地，法国拿破仑三世在墨西哥建立了以马克西米连为首的傀儡王朝。这无疑是对门罗主义的严重挑战，也是对美国利益的威胁。美国国务卿威廉·西华德本着门罗主义的精神，强烈要求西、法撤出多米尼加和墨西哥。与此同时，多米尼加人民和墨西哥人民掀起了武装反抗欧洲殖民者卷土重来的激烈斗争，西、法国内人民也反对本国政府的政策，加之西、法财政拮据，这一切使西、法政府陷入困境，终于在 1867 年之前，先后撤出多米尼加和墨西哥。美国政客不能全面估计促使西、法撤军的各种因素，他们认为这是美国政府推行门罗主义外交政策的巨大胜利。此后，门罗主义成为美国统治阶级一致采用的对外政策的基本原则。正如美国总统格兰特在 1870 年 5 月 31 日的一份咨文中所说："门罗总统宣布的主义已经成为所有政党的信条。"

从 1845 年波尔克复活门罗宣言到 1870 年格兰特奉门罗主义为美国对外政策的"信条"，这一期间欧美的形势与 1823 年相比已经发生了很大变化。神圣同盟已经垮台，进步的美洲同封建反动的欧洲的对立不复存在。门罗借以标榜的反对欧洲封建专制主义干涉威胁的理由早已不复存在。相反，波尔克重提门罗宣言后，美国立即发动了侵略邻国墨西哥的战争。门罗主义成了美国同欧洲列强争夺拉美的工具。

美帝国主义称霸西半球的旗号

到 19 世纪 90 年代，美国已发展成为世界经济大国。资本主义经济的迅速发展要求广阔的销售市场，而距美国最近，又具有很大潜力的拉丁美洲市场却被欧洲列强统治着。为了自身的利益，美国与欧洲列强在拉丁美洲的争夺变得日益激烈。门罗主义则成为美国称霸西半球的旗帜。在门罗主义演变历史上，围绕委内瑞拉和英属圭亚那边界的斗争具有重要意义。

长期以来，英国当局不断改划英属圭亚那的西部边界，侵吞委内瑞拉领土，使得委内瑞拉共和国和英属圭亚那之间常常发生边界争端。在 19 世纪 70 和 80 年代，委内瑞拉曾几次请求美国帮助抵御英国的欺凌，美国均不理睐。到 90 年代，随着扩大销售市场的需要日益迫切，美国的态度发生了重大转变。《银行家杂志》在 1894 年写道，若"从德、英手里夺得南美市场并永久保持它，那真是一大胜利，即使付出重大牺牲也是值得的"。

在委内瑞拉边界争端中，美国特别注意到英国当局把原属委内瑞拉的奥伦诺科河口划入英属圭亚那的版图。此地是南美北部地区贸易路线的要冲，落入英国手里将对美国十分不利。1895 年 6 月，颇有影响的参议员亨利·洛奇著文声称：英国侵吞委内瑞拉领土是"直接违犯门罗主义"，"美国人民尚不愿丢掉门罗主义，也不愿放弃他们在西半球的正当的最高权力。相反，他们现在……准备为维护门罗主义而战斗"。

1895 年 7 月 20 日，国务卿奥尔尼在致英国政府的照会中，对门罗主义作了新解释。他写道："今天美国是本大陆的实际主宰，它的指令就是它干预范围内的人们的法则。"奥尔尼要求英国把争端交付国际仲裁解决。这个要求遭到英国首相索尔兹伯里的拒绝。美国总统克利夫兰随即作出更强硬的反应。他在同年 12 月 17 日的咨文中宣称，如英国拒绝仲裁，美国将作单方面调查，然后将把英国对于确属委内瑞拉土地的掠夺视为"对美国权力与利益的蓄意侵犯"，美国将"以一切方式予以抵抗"。一时间，美英之间剑拔弩张，似乎战争一触即发。

英国资本家害怕在美国的大量投资受损失而反对同美国作战，此时英国在外贸及殖民扩张中又面临新崛起的德国的严重挑战。索尔兹伯里为避免在国内外孤立，于 1896 年 1 月表示愿同美国妥协。经谈判双方终于达成协议，同意由美英各出两名代表，加上一名俄国的国际法专家，组成仲裁法庭来裁决有争议的边界问题。1899 年 10 月仲裁的结果是委内瑞拉保住了奥伦诺科河口，其余大部分争议地区划归英属圭亚那。委内瑞拉对这个决定十分不满，只是迫于美国的压力才勉强接受。海上霸主英国在领土上虽未吃亏，但它终于接受了美国的干预，这表明它默认了门罗主义的原则。

1898 年美西战争之后，美国不仅在经济上，而且在军事上成为世界强国。英国却在 1899—1902 年陷入布尔战争的泥潭，它在远东与德、俄等国也有争夺势力范围的尖锐矛盾。为了摆脱外交困境，英国不得不在西半球对门罗主义继续作出让步。1901 年，英国同美国签订《海约翰—庞斯福特条约》，美国获得单独开凿和控制中美地峡运河的权力。1903 年 2 月 14 日，英国首相鲍尔弗在一次演讲中竟为门罗主义捧场。他说："我们欢迎美国在西半球增加影响……因此门罗主义是完全没有问题的。"

由于美国扩张咄咄逼人，不仅迫使英国对门罗主义的态度发生了变化，而且其他欧洲列强在拉丁美洲的政治影响也日益削弱。但是，直到20世纪初，欧洲列强仍在经济和财政方面在很大程度上控制着拉丁美洲。它们是拉美国家的债主，为了逼债经常调动军舰进行威胁和骚扰；同时列强又以金钱为诱饵，嗾使拉美诸国内部各派纷争，从中坐收渔利。美国要完全成为西半球的"主宰"，就必须排除欧洲在大洋此岸的经济财政势力，并对拉美国家实行监护，为此门罗主义又有了"延伸"的需要。欧洲债权国为了讨债，企图强行控制多米尼加海关和税收。面对这种危机，西奥多·罗斯福总统于1904年12月6日在国情咨文中又对门罗主义作了新的解释。他写道："在西半球坚守门罗主义可能迫使美国……行使国际警察的权力。"

老罗斯福在发表宣言之后，立即采取行动。他抢在欧洲国家前面干预多米尼加。1905年初，他派出的谈判代表迫使多米尼加政府同意由美国人代管海关，并分配海关收入。在这过程中，老罗斯福曾派美国军舰游弋多米尼加水域，以防止多米尼加人民的反抗。

塔夫脱政府（1909—1913年）完全继承了老罗斯福的政策。国务卿诺克斯是美国垄断资本的著名代理人，他推行"金元外交"，即以外交掩护美国资本在国外的掠夺，同时又以资本输出来推进美国的外交，达到由美国垄断资本全面控制弱小国家的目的。在拉丁美洲，他便是打着门罗主义旗帜，以"国际警察"的粗暴手段来实现这个目的。

1909年春，尼加拉瓜政府为偿还旧债继续在伦敦举借新债，悖逆了美国要顶替欧洲做拉美新债主的欲望。1909年10月，尼加拉瓜国内爆发反政府暴乱，塔夫脱政府乘机颠覆尼加拉瓜政府，扶植亲美分子上台。在美国国务院安排下，由纽约银行家向尼加拉瓜贷款，供其偿还欧洲债务。尼加拉瓜的海关则由纽约银行家来掌握。1912年，塔夫脱应亲美的尼加拉瓜新总统迪亚士之请，又派2500名美国水兵在该国登陆，帮助镇压反迪亚士的暴乱。事后美国留下一部分水兵长期驻在尼加拉瓜，名义上是美国公使馆的"卫队"，实际上是支撑那里的傀儡政府。

1913年，威尔逊就任美国总统。他声称："我要教导南美国家选举贤明人士上台！"实际上在充当国际警察的角色。1915年7月，他派美国海军干预海地的内部纠纷，将海地变成完全依附于美国的保护国。在海地，不仅海关，就连国内财政收入、公共工程以及警察部队都由美国人控制。美国还有权采取任何措施来"保护"海地的"独立"。在老罗斯福时期沦为美国保护国的多米尼加，从 1911 年起，接连发生骚乱。威尔逊于 1916 年派海军予以占领，由美国海军军官组成军政府在那里直接统治达 6 年之久。

第一次世界大战期间，实力本已落后于美国的欧洲列强忙于战争，无力顾及西半球。门罗主义为美国同欧洲争夺西半球作辩护的作用已经减弱，而成为美国帝国主义直接干涉拉美国家的工具。在 1917 年美国参加第一次世界大战之前，美国占有 5 个保护国，除上述多米尼加、尼加拉瓜、海地外，还有美西战争后控制的古巴和 1903 年从哥伦比亚分裂出来的巴拿马。这些保护国都处在加勒比海和中美地区，是开凿和保卫中美地峡运河的战略要地，又是美国控制南美以及西进太平洋的要冲。

第一次世界大战后，在 1919 年召开的巴黎和会上由威尔逊倡导成立了国际联盟，通过了《国际联盟公约》。其第二十一条规定，该约绝不妨碍"像门罗主义那样的地区性协议"，这是第一次在国际关系文件中正式载入并承认门罗主义。被战争削弱了的欧洲列强终于公开地承认了美国在西半球的霸权。国联把门罗主义说成"地区性协议"，是对拉美人民权利和意志的漠视，遭到了拉美人民的强烈反对，但是，美国参议院仍拒绝批准国联公约，其中一个重要原因是美国政客们不满意国联公约对于门罗主义的解释。他们认为，什么是门罗主义，只能"由美国自己来解释"，"完全不受"国联的"管制"，国联对于美国认为与门罗主义有关的任何问题都不应插手。此时美国统治者推行门罗主义的狂热达到了高峰。

门罗主义的衰落

第一次世界大战后欧洲列强负债累累，美国则从债务国变为最大的债权国，成了欧洲国家的债主。它将势力伸向全球，开始追求全球霸权。仅为美国半球霸权服务的门罗主义已不再适应垄断资产阶级追求全球霸权的要求而开始走向衰落。

早在 19 世纪中叶美国侵占墨西哥大片领土时，拉美人民便开始对美国产生恶感。到 20 世纪初，老罗斯福对门罗主义作出新解释，美国在西半球充当国际警察后，拉美各国朝野上下越来越严厉地批判门罗主义。洪都拉斯总统指出，拉美国家认为门罗主义"是对它们存在本身的威胁"。墨西哥外交部针对国联公约有关门罗主义的第二十一条宣称："墨西哥没有承认也不会承认门罗主义"，"因为它侵犯墨西哥的主权和独立，强行把美洲国家置于被保护地位"。在 1928 年于哈瓦那召开的第六次美洲国家大会上，21 个与会国家中有 13 个不指名地谴责美国的武装干涉政策。迫于拉美国家舆论，胡佛政府于 1930 年 6 月公布的国务院备忘录宣布，1904 年老罗福斯对门罗主义的解释与门罗主义原义不符，说门罗主义并不包含武装干涉政策，企图以此缓和拉美人民对门罗主义的不满情绪。

从 1929 年 10 月到 30 年代前期的经济危机，削弱了美国垄断资本家对拉美的投资和贸易。他们对拉美的兴趣暂时低落，这成为美国放松武装干涉拉美的契机。1933 年 3 月 4 日，富兰克林·罗斯福总统在就职演说中宣布，美国将执行"睦邻政策"。1933 年 12 月 28 日，罗斯福在一次演讲中说："此后美国的明确政策是反对武装干涉"。在这次演说前两天，美国政府代表在第七次美洲国家大会上签署了《各国权利与义务公约》，保证不干涉拉美国家的"内外事务"。1934 年底之前，美国把驻在海地等保护国的驻军全部撤回。后来，德国、意大利法西斯猖獗，他们在美洲的爪牙加紧活动。美国为了稳住"后院"，更加强了对拉美的怀柔政策。

罗斯福尽管在拉美放弃了武装干涉政策，却未放弃门罗主义。在第二次世界大战爆发前夕和战争之初，罗斯福政府接连援引门罗主义，声称美国有权保护加拿大、纽芬兰、百慕大、格陵兰，禁止荷属西印度群岛和法属圭亚那等地转归德国，因为这些地方都位于西半球，属于门罗主义不许欧洲干涉的范围。

1941 年 12 月美国参加第二次世界大战。1945 年 7 月美国参议院顺利地通过批准《联合国宪章》的决议，此时的参议院与 1919 年和 1920 年否决国联公约时的情形迥然不同，几乎没有什么人提到门罗主义，没有什么人以门罗主义为理由反对美国参加联合国这个世界性的国际组织。大战结束后，美国成了资本主义世界的霸主。杜鲁门政府于 1949 年签订《北大西洋条约》，正式同欧洲的资本主义国家结盟，抛弃了门罗主义的基础即所谓"美洲体系"原则。虽然美国官方从未正式宣布放弃门罗主义，实际上门罗主义终因时过境迁而逐渐衰亡。此后，美国干扰、控制、甚至武装干涉拉美国家的事件仍时有发生，但它所打的旗号已不再是门罗主义，而是所谓维护"世界秩序"。

美国西部的开拓

何顺果

　　美国的"西进运动"作为一个大规模的移民运动，兴起于北美独立战争之后。它与东部正在展开的工业革命紧密联系、相互促进，构成了18世纪末和19世纪美国历史发展的重要趋势。

西进运动的兴起

　　美国最初13州位于大西洋沿岸，1776年宣布脱离英国独立，建立新兴的美利坚合众国。通过革命战争（1775—1783年），美国从英国手中夺取了阿巴拉契亚山脉和密西西比河之间的土地，美国领土由此扩大一倍。接着，它在1803年以1500万美元的代价，从法国手中购买了路易斯安那，这使美国的领土再次增加一倍。19世纪四五十年代，美国先后以武力和外交等手段兼并得克萨斯和新墨西哥，夺取俄勒冈和加利福尼亚。如果加上1867年购入的阿拉斯加，美国的领土便是第三次增加一倍。据统计，到1872年，美国的面积达350多万平方英里。这样，美国就把它的边界线推进到太平洋，成为一个地跨两大洋的大国。

　　阿巴拉契亚山以西，原来也是印第安人世代生息的地方。如同整个美洲一样，自16世纪以来，这里也成了欧洲殖民者角逐的舞台，参加争夺的主要有西班牙和法国。这两个殖民帝国的占领，多半停留于"政治的占领"，并未大规模地进行移民和开发。直到美国独立时，阿巴拉契亚山以西绝大部分地方仍是沉睡的处女地。甚至直到1840年以前，密西西比河以西地区也只有几千名美国人。散布于"大沙漠"和太平洋沿岸的人口，只占美国人口总数的1%。美国人向西部推进的过程，是一个逐步开拓处女地的过程。这片富饶和辽阔土地的开拓，对美国历史的发展产生了巨大影响。

英属北美殖民地人越过阿巴拉契亚山向西部渗透的活动，早在殖民时代就已开始。1673 年春，亚伯拉罕·伍德上尉曾派遣两个"边疆人"，即詹姆斯·尼达姆和加布里埃尔·亚瑟，考察彼德蒙特南部地区，以寻找新的贸易机会。这两位冒险者到达了今天田纳西东部的法兰西布罗德河。这是历史上美国人到西部去的最早记载之一。然而，在整个 17 世纪内，英属北美殖民地人向西部的推进并未取得多大进展。

18 世纪初，英国商人开始通过易洛魁人同西部进行皮货贸易。不久，皮货商就深入到俄亥俄河流域，以及阿利根尼山以西的许多地方。与此同时，土地投机活动在殖民地发展起来，并在 18 世纪中叶采取了大规模的形式。其突出的表现，就是以俄亥俄公司为代表的一批土地投机公司的形成。这些公司专门从事土地投机买卖，并以此作为资本积累的主要来源。土地投机者们把目光盯在了俄亥俄河流域的大片土地。此外，在殖民地出现了封建义务复活并加强的过程。土地贵族利用特权力图获取最大的利益，对拖欠地租的土地持有者实行最严厉的惩罚，肆意扩大地租的范围，致使一些地区的地租成倍增加。有的地方地租收入在几十年内甚至增加了 100 倍。土地兼并和集中不断扩大，大土地所有制在新的非封建的基础上形成。许多小农不是丧失土地，就是承受过重的租税，因而纷纷要求到西部去。这样，在 18 世纪中叶，向西部的推进史出现了扩大的趋势。

这股向西部扩展的潮流，很快为英法七年战争（1756—1763 年）所打断。战争中，英国从法国手中夺得了阿巴拉契亚山和密西西比河之间的土地，本应为殖民地人向西部的推进开创一个好条件，但随着英、法矛盾的解决，殖民地与宗主国的矛盾突出起来。为了加强对北美殖民地人民的控制，英王于 1763 年颁布了所谓"宣告令"，禁止其臣民到西部去"定居和购地"，殖民地人到西部去成为"非法"的活动。结果，到 1775 年独立战争爆发时，西部只建立了三块较大的定居地：田纳西的瓦陶加，1768 年为弗吉尼亚一批"占地者"所建；俄亥俄河的福克斯，1769 年由宾夕法尼亚人所建立；绿蔷薇河和新河一带，1769—1770 年由弗吉尼亚另一批移民建立。据统计，独立战争结束时，阿利根尼高地有 2.5 万—3 万定居者。尽管受到限制，"西进"的序幕毕竟是拉开了。

美国独立后，面临的形势是十分严峻的，它虽然在政治上取得了独立，在经济上"仍然是欧洲的殖民地"。如果不建立强大的民族经济，政治上的独立就不会巩固。发展资本主义和民族经济，成了这个独立国家的主要任务。它必须把"向深度"的发展即开展工业革命，同"向广度"的发展即向西部扩张结合起来。美国革命为此创造了一切必要的条件：西部大片既肥沃又便宜的土地，对美国人及潮水般涌入美国的欧洲移民具有极大的吸引力；推翻了英国在北美的殖民统治，拆除了英王给美国人设置的屏障，打开了通向西部的道路；在交通方面，除了过去修建的一些军事路线而外，1775年由丹尼尔·布恩开辟的"荒野之路"，在1796年成为通往内地的正式公路，以后又修建了更多的公路和运河。所有这一切，把各种各样的人，如土地投机者、农场主、工人、职员都引向西部，造成了近代历史上一个大规模的群众性的移民运动。

"旧西部"的开拓

阿巴拉契亚山和密西西比河之间的土地，自1763年以来一直是英属北美殖民地的一部分。独立战争结束后，它被正式划归美国所有，成了联邦政府的公共土地储备。不过，这大片土地当时并未完全掌握在美国手中。西班牙人控制着河口重镇新奥尔良。英国继续占领着西北奥斯威戈、尼亚加拉、底特律和麦基诺等要塞①。为了有效占领这些地区，解决国家的财政困难，1784年、1785年和1787年国会先后提出了三个有关西部土地的法令和条例，决定在西部设立"领地"制度②，并向移民出售公共土地。这些法令，尤其是1785年《土地法》和1787年《西北条例》，为西部的开拓翻开了新的一页。

1787年和1790年，西北领地、西南领地相继建立。来自新英格兰、中部各州和南部的一些人首先涌入西南领地，在那里建立起田纳西州（1796年）。到1800年，大约有30万人在西南领地内定居。他们主要从事玉米栽培和烟草种植。与此同时，更多的新英格兰和中部各州的拓荒者，源源不断地移往俄亥俄河以北。1787—1788年，俄亥俄公司派遣的移民在马里塔建立

---

① 在1794年《杰伊条约》中，英国才同意1796年6月1日放弃这些要塞。而新奥尔良直到1812年才转归美国。

② 按1787年《西北条例》的规定，应在新获得的西部土地上建立领地，由国会任命一名总督、一名秘书和三名法官管理；领地享有一定自治权，在条件成熟后得建立一个民选的议会；领地将选举国会议员一人，该议员在国会有辩论权而无投票权；尔后条件成熟，该领地可取得与原有诸州平等的地位，成为联邦的一州。

了西北领地上的第一个定居点。另一些人则在土地投机者约翰·赛密斯带领下，沿俄亥俄河而下在辛辛那提落户。在伊利湖岸，康涅狄格土地公司建立了克利夫兰村，向拓荒者开放了该公司所有的土地。5 年后，整个西北领地已有 1300 名定居者，他们大部分住在伊利湖南岸的村庄里。1803 年，在西北领地上建立了第一个州，这就是俄亥俄州。

由于移民不断增加，西北领地几次重组。1800 年，在该领地内建立了印第安纳领地。1805 年，又从印第安纳领地的北部分裂出密歇根领地。它的西部 1809 年又建立了伊利诺斯领地。到 1812 年，印第安纳领地的人口达到 2.5 万，伊利诺斯领地的人口达到 1.3 万。总之，在 1812—1814 年第二次美英战争结束时，美国的移民区就像一个巨大的三角形，它的底边在东部的大西洋沿岸，而顶部刚好在俄亥俄河和密西西比河的交汇处。这个三角形的北部为大湖平原，南部为海湾平原，二者都是在 1812 年战争以后约 30 年内，在"大迁徙"中被移民占领完毕的。

对于农场主来说，大湖平原是一个很有吸引力的地方。第二次美英战争结束后，美国政府设立了"保密地"制度，有计划地把印第安人移入某些禁区之内。1830 年，政府颁布了交换土地的法令，把东部各州印第安人的土地与从密西西比河西岸各印第安部落那里弄来的土地交换。结果，住在密西西比河以东的印第安人几乎全部被赶出家园。他们在军队的押解下进入"印第安纳购买地"。克洛契人拒绝放弃他们居住的阿利根尼山地，进行了长达 10 年之久的斗争。最后在 1838—1839 年冬，整个部落被迫迁居保留地，路上死了 1/4 人口。仅"黑鹰战争"后五年，印第安人割让的土地就达 200 万英亩。

在西部拓荒者的压力下，国会通过了 1800 年、1804 年和 1820 年土地法。根据《1800 年土地法》，拓荒者可以 2 美元一英亩的价格购买土地，但一次购买的最低数额为 320 英亩，在 40 天内先支付买价的 1/4，四年内全部付清。根据《1804 年土地法》，地价为每英亩 1.64 美元，一次购买数额为 160 英亩。到《1820 年土地法》通过时，联邦的公地政策进一步放宽和改进，地价降低为每亩 1.25 美元，一次购买的最小数额为 80 英亩。1815—1830 年，来自肯塔基或田纳西的受种植园扩张威胁的移民，大量涌入五大湖的南部。到 1830 年，移民区已伸展到印第安纳波利斯，并占了伊利诺斯 1/3 的南部地区。1820 年后的八年间，还有近一万名矿工进入伊利诺斯西北部和威斯康星西南部，成为该地铅矿的最早开采人。

1825 年联结哈得逊河，大西洋与五大湖的伊利运河通航，东北部开始显出"农业衰退"现象。加上其他方面的原因，成千上万新英格兰的农场主，以及中部各州的拓荒者放弃或出卖他们的土地，移居西部。其中，大多数到了印第安纳和伊利诺斯的北部，密歇根和威斯康星的南部。少数人穿过密西西比河，开始了征服衣阿华大草原的历程，密歇根是这股移民潮流的主要接受者。1831 年，大批新来者涌入底特律。之后，一些拓荒者沿该领地的道路到芝加哥去寻求好地。另一些人向北转到了萨克诺河和格兰德河流域。当 1837 年密歇根建州时，移民已穿过了这两条河流到了它的北部。

19 世纪 40 年代初，印第安纳州成千上万英亩土地为股票经纪人取得。他们以每英亩 5—10 美元的高价转卖，移民拒绝付这样高的地价，该州的拓殖运动发展缓慢。不过，伊利诺斯和威斯康星却很快被占领。1823 年，芝加哥还是一个小村，两年后已大大扩张。许多拓荒者为了寻找更好的土地，向北移居威斯康星。在那里，他们与从米尔沃基上岸的另一个东部来的移民潮流汇合。不久，许多德国人和斯堪的纳维亚人加入了新英格兰移民的队伍。当 1848 年威斯康星建州时，30.5 万居民中，几乎 1/3 是外国出生的。

1832 年，在威斯康星和伊利诺斯，以黑鹰为首的印第安人，受到了美国民团的无情进攻，大批妇女和儿童惨遭屠杀。对"黑鹰战争"的胜利，夺取了大湖平原印第安人的最后一部分土地。1833 年衣阿华对移民开放，进入该地区的移民潮流随即开始。在这里，"占地者"和土地投机家进行了激烈的斗争。为了获得"自由土地"，占地者们组织了许多"新垦地权益保护协会"。1846 年，当衣阿华建州时，该州有近百个这样的组织。大湖平原的最后一块处女地即明尼苏达，是 1837 年开始向移民开放的，到 1858 年该领地已具备了建州的条件。至此，大湖平原的开拓已走过了决定性的阶段。整个大湖平原，成为美国最重要的农业基地，即玉米和小麦产地。这里有"小麦王国"之称。

1793 年惠特尼轧棉机发明后，对棉花种植地的要求迅速增长。约翰·昆西·亚当斯总统决定进一步夺取印第安人的土地，以解决种植园扩张带来的土地问题。于是，总统的代理人同佐治亚以西的克瑞克人签订条约，迫使该部落放弃他们的打猎地，而以他们获得俄克拉何马部分地区作为交换。契洛克是一个文明程度较高的印第安部落，他们有自己的文字和宪章，在 1829 年杰克逊当选总统后被赶到了西部。佛罗里达的西密诺尔人一直战斗到 1842 年，才迁到俄克拉何马的印第安领地。印第安人的被迫西迁，为海湾平原的开拓扫清了道路。所以，在 1815 年后，当新英格兰人、南方人和德国人占领密西西比河上游时，这些地区的另一支移民大军也开始源源不断地涌入墨西哥湾平原，迅速地占领了今天的亚拉巴马和密西西比一带。

走在大种植园主前头的是小农。尽管有亚拉巴马热病流行，他们还是蜂拥而至。1819 年，这里已出售土地 2278045 英亩，价格高达每英亩 30 美元。当时海湾平原已有 20 万定居者，他们生产的棉花等于全国的 1/2。1817 年和 1819 年，亚拉巴马和密西西比先后成了联邦的成员。由于 1819 年开始的经济危机，20 年代移民运动的进程减慢。但 30 年代的繁荣又使这一运动迅速发展，到 1840 年，"棉花王国"的边疆已推进到密西西比河。阿肯色由于大量移民到来，于 1319 年获得了领地的地位。到 1835 年，该领地人口已过 7 万。

海湾平原的社会制度，是建立在奴隶劳动基础上的。大种植园主从来不到白人人口的 3%，却决定着南部的社会和政治生活。20% 的人口是小种植园主，他们一般只有几个奴隶。还有一些人是自由的农场主、没有奴隶的自由农民和贫穷白人，包括奴隶在内，占当地人口总数的 77%。

旧西南部同旧西北部的社会制度上的区别和对立，在拓荒过程中已显露出来，最终导致了南北战争（1861—1865 年）的爆发。俄亥俄河以北的移民，以东北部来的自由居民为主，实行自由劳动制度。而俄亥俄河以南的移民队伍中有许多来自南方，他们是带着奴隶进入这个地区的。那里的气候适宜棉花的种植，这促进了种植园制度的发展。

进入"新西部"

当 19 世纪 20 和 30 年代，密西西比河以东被农场主和种植园主占领完毕时，越来越多的不安定的边疆人开始越过大草原进入远西部，即落基山脉及其以西的地区。这里有丰富的皮货和矿产资源。所以第一批到这里来的移民，并不是从农业区来的寻求土地的小农，而是充满了浪漫色彩的冒险者、皮毛商、捕兽者和探矿人。1803 年，美国购买了路易斯安那，第二年，杰斐逊便派克拉克和刘易斯等人到西部去考察。他们从圣路易城出发，沿密苏里河及哥伦比亚河前进，最后到达太平洋。由杰斐逊派往西部的另一批考察者以朗为首，则从另一个方向到了红河。他们是美国人大规模开发远西部的先驱者。

在开发远西部的过程中，密苏里州起了特殊的作用。该州是在 1764 年建立的圣路易斯城的基础上发展起来的。1803 年杰斐逊购买路易斯安那时，密苏里地区已有 1 万人，其中包括 1500 名黑人。此后这里的居民逐渐增加，到 1840 年已有白人 5.6 万、奴隶 1 万和自由黑人 375 人。第二年，它被联邦正式接纳为州，成为密西西比河以西除路易斯安那州以外最早加入联邦的州，因此圣路易斯很自然地成了"通往远西部的门户"。也就是在 1820 年左右，美国便有了"旧西部"和"新西部"的说法。

"圣菲贸易之父"是密苏里州的富商威廉·贝克里尔。1822 年 5 月 25 日，他率领一支由 81 人和 25 辆大车组成的商队，带着价值约 3 万美元的货物启程，于 7 月 28 日抵达圣菲。当他在 10 月 24 日返回密苏里时，带回了 18 万美元的金银及价值 1 万美元的皮货。此后每年夏天，都有一两个商队从密苏里到圣菲去。1830 年，到圣菲的美国商队增加到 120 人。1831 年增加到 200 人。由此，开拓了通向远西部的贸易联系。墨西哥的金银也源源不断地经圣菲流入美国商人的腰包。据估计，1857 年运往新墨西哥的货物的价值（包括运费）达 100 万美元，其纯利由 10%—40% 不等。

对于未来的定居者来说，比打开圣菲贸易更重要的还是捕兽者的活动。早在刘易斯和克拉克从远西部返回的消息传开后，捕兽者就开始侵入落基山脉北部，最初主要是在密苏里河的上游。1823 年，在史密斯指挥下，由阿什利雇用的一些捕兽者，穿过落基山脉的南山口，到了格棱河。之后，一批又一批捕兽者便沿着他们走过的道路进入落基山脉，形成了用捕机捕捉河狸的狂潮，其足迹遍及那里的大小山脉和沙漠地区。这些捕兽者，每年 7 月在各个指定地点即"集合地"汇合，在那里补充从圣路易斯运来的咖啡、白糖和枪支等。待一两个星期后，他们便离开集合地再次进入森林。久而久之，昔日的商人和捕兽者便成了后来的"山区人"，而他们的集合地便成了山区人和美国文明的交接处。然而，山区人的时代是短暂的，由于各皮货公司的竞争，引起对河狸的狂捕滥捉，到 40 年代，这种皮货来源几乎绝迹。那些自称为山区人的美国商人便完成了他们的历史使命：为成千上万拓荒者的到来开辟道路。

在商人进入落基山的同时，少数美国移民开始进入得克萨斯。1821 年，密苏里人奥斯丁获得墨西哥政府允许带领 300 名移民到那个地区。然而他还未履行自己的计划就死去了。他的儿子斯蒂芬带着 150 个随从于当年年底到来，并在科罗拉多和布腊索斯河之间的肥沃的土地上定居。1823 年，墨西哥官方批准授予每个新来者 9 平方英里土地，每英亩只售价 12.5 分。于是一个移民浪潮便开始了，据说一年之内就有 2000 名美国移民到达奥斯丁的殖民地。这一成功，促使墨西哥进一步开放得克萨斯的处女地。1824 年和 1825 年的法律规定将整个地区向土地代理人开放，由这些人介绍和帮助移居该地区的每个家庭获得 9 平方英里农地和牧地；而土地代理人每移入 100—800 户还将获得 2.5 万英亩土地的奖赏。这样，几个月之内，得克萨斯的经济和人口地图就发生了变化，到 1830 年，那里的美国人已增加到 1 万。这些人后来成为美国分裂墨西哥领土，兼并得克萨斯的先锋。

　　美国在得克萨斯所干的事情，很快在加利福尼亚和俄勒冈重演。当 1837 年经济危机袭击整个密西西比流域时，占领落基山以西的想法就流行起来。在 19 世纪 40 年代，整个中西部掀起了"俄勒冈热"和"加利福尼亚热"。人们出卖了他们的所有物和生活资料，转移到"太阳落土"的地方去。1841 年春，69 名男人、女人和儿童集合于密苏里的独立城准备到西部去。但他们所有的资金，加在一起还不到 100 美元。其领导者先是约翰·巴特利逊，后是约翰·比德威尔。这批人越过南山口，穿过格棱河，沿着普拉特河向西前进，然后向北转到了贝尔河流域。在这里，他们分成两部分：一部分到了哈得逊湾公司的霍尔要塞，并继续向西；另一部分在比德威尔率领下穿过内华达北部，经亨博尔特河和内华达山脉，到了圣华金河的下游。这就开拓了有名的"加利福尼亚和俄勒冈小道"。通向远西部的道路为新一代美国移民进一步打开了。

　　向西移居的潮流在以后 5 年逐渐扩大。1842 年，在传教士伊莱贾·怀特等人领导下，一批人来到了俄勒冈。1843 年春，有不少于 1000 人的移民队伍带着 1.8 万只家畜，从独立城出发到达俄勒冈。据记载：1844 年有 5 批不大的移民队伍走上去加利福尼亚和俄勒冈的小道；1845 年有 5 批移民到了加利福尼亚，3 批移民到了俄勒冈；1846 年有 300 人到了加利福尼亚，1350 人到了俄勒冈。横贯大陆的迁徙是很艰苦的。据说有一支由唐纳兄弟组织的 89 名伊利诺斯移民，行径南山口和大盐湖南的 80 英里沙漠，最后到达加利福尼亚时，只剩下了 45 人。到 19 世纪 40 年代中叶，约有 5000 名美国人定居于俄勒冈，近 1000 名美国人定居于加利福尼亚。英、美两国为了控制俄勒冈，曾在 1818 年签订了一个共同占领俄勒冈的条约，同意该地区向两国商人和移民开放。但后来的实际情况是，英国皮货商人统治了哥伦比亚河以北的地区，加利福尼亚谷地却成了美国移民的天下。这就为以后争夺加利福尼亚的战争埋下了伏笔。

1846—1865 年是美国征服远西部的时期。波尔克以完成美国人的"天定命运"作为自己的竞选纲领，所以当美国人在 1844 年把他推上总统宝座的时候，只不过是为美国的扩张投了一票。1845 年兼并得克萨斯成为整个扩张的第一个突破口。1846 年初，泰勒将军奉波尔克总统之命占领格兰德河左岸。5 月，美国军队正式发动了对墨西哥的战争。9 月，美国军队进入墨西哥城。与此同时，在加利福尼亚的美国移民发动了"白熊旗起义"（1846 年6 月 14 日），宣布脱离墨西哥而独立。到 1846 年底，加利福尼亚落入美国之手，美国夺得了密西西比河以西的全部大陆。墨西哥战争刚结束，1848 年便在萨克拉门托的萨特锯木厂发现金矿。一股淘金热随之而起，7 年之内该地区人口由 1.5 万猛增至 30 万。它的吸引力是如此之大，以致世界各国的寻金者均闻讯而至。也正是在这时，华工开始进入美国的远西部。据记载，1848 年有 3 名中国劳工到达加利福尼亚，1849 年有 54 人，1850 年有 4000人，1851 年有 2.5 万人到达该地区。这些华工或者在矿区做工，或者当佣人，后来许多人转为拓荒者或筑路工人，为该地区的开发作出了不可磨灭的贡献。当淘金热渐渐平息下来之后，一部分淘金者转而从事农业，从而为加利福尼亚农业区的建立奠定了基础；另一部分淘金者则"倒流"回来，成为最后征服落基山脉和大草原的动力。

大陆边疆的结束

内战后的 30 年，是美国最后占领整个大草原，并大规模开发这些处女地的时期。到内战结束时，整个大西部只有堪萨斯城和落基山之间的广大地区尚未被占领。这是一片辽阔无垠的大草原，年降雨量大约只有 20 英寸，远远不能满足正常农业的需要。因此，在过去几代人的时间里，移民们不得不越过这片大草原，向草原以西的地方迁徙。然而，内战后大陆移民运动来得如此之猛，以致大草原也最终被移民的潮流所占领。引起这一变化的根本原因在于，边疆人为大草原的开拓提供了两大技术：一是找到了适用于该自然环境的经营方式——旱地农业耕作法；二是发明和改进了能克服该地区自然障碍的各种农机具。

早在 19 世纪 50 年代，美国政府已认识到改善横贯大陆的交通的必要。但直到南北战争爆发之前，一条铁路也未修成。1862 年，国会决定成立联合太平洋铁路公司和中太平洋铁路公司负责修筑横贯大陆的铁路。前者从奥马哈向西，后者从萨克拉门托向东，于 1869 年 5 月 10 日在犹他州的朴罗特利城接轨。与此同时，还修筑了从堪萨斯到丹佛城的铁路。这条铁路在夏延与联合太平洋铁路相接。托皮卡至圣菲的铁路于 1879 年建成，一年后又被批准把路线延伸到加利福尼亚。北太平洋铁路于 1864 年得到批准建筑，到 1883 年才全面竣工。它把苏必利尔湖畔的德卢思和波特兰连接了起来。1890 年，阿巴拉契亚山脉以西，铁路总长度达到 122534 英里。

由打开横贯大陆的小道开始，而以各铁路的建筑达到顶峰的交通运输革命，促使联邦政府进一步加强了掠夺印第安人土地的政策。在 1851 年，大草原上的游牧部落被召集到拉腊米，并被迫签订了一系列的所谓条约，答应迁居到政府指定的牧场上去①。此后那些年中，一些部落离开了他们在堪萨斯和内布拉斯加的土地，转移到北部或南部其他地方。但他们决不甘心失去自己的家园，到处都爆发了他们与白人之间的战斗和冲突。印第安人的失败为边疆人打开了大草原。

首先利用这一机会的是牧牛人。这些人很快认识到，这块广阔的土地非常适合他们特殊的经济形式。在这里，土地可以自由获取，牧草丰美无垠，没有树木和栅栏的障碍，牛群可在牧区之间随意转移。所以在接近东部市场的地方，畜牧业很快兴旺起来，数年之内就变成了当时世界上最大的"牧牛王国"。最初饲养的牛是从东部带来的"土牛"，被人们戏称为"移民牛"。有时牧人们也捕捉草原上的野牛来饲养。后来饲养的牛，主要是"移民牛"和长角牛杂交后的新品种，即所谓"牧区牛"，这种牛较为适合于开阔平原上的生活。

牧牛王国的中心在得克萨斯。这里的长角牛是早年由西班牙人引进的，后来数量成倍增长。到 1865 年，该地区约有牛 500 万头。最初由于缺乏市场，人们并未发现这些牛有什么价值。然而，当第一条铁路穿过密苏里河和堪萨斯河时，这些长角牛就逐渐显示了它的重要性。精明的得克萨斯人知道，这种牛在芝加哥和堪萨斯城每头可卖 30 或 40 美元。那么，为何不捕捉几群赶往北部，或用船只把它们运往其他市场获利？于是便有了"长途驱赶"这一形式的出现，并在这个牧牛王国的历史上写下了最富色彩的篇章。

---

①　据统计，从独立到 1887 年，美国同印第安部落共签订了 370 个条约，实际上都是掠夺印第安人土地的条约，没有一个条约是印第安人自愿的。

第一批赶往北部的牛于 1866 年 3 月启程，每群牛大约 1000 头，目标是密苏里太平洋铁路线上的锡达利亚。当农业边疆由东向西推移时，牧牛业的边疆也逐步西移。于是，长途驱赶的终点站，便先后由锡达利亚移到阿比林、埃尔斯沃思、道奇。据统计，通过这些小道赶往北部的牛在 400 万头以上。长途驱赶虽然是浪漫的，在经济上却是不可靠的，这种商业活动不久便开始衰落了。

与此同时，大牧场代替以往的散放制在大草原迅速扩大。得克萨斯西部和帕汉都地区首先分成了许多牧场，然后在堪萨斯、内布拉斯加和科罗拉多也兴起了牧场。在 19 世纪 60 年代末，牧牛边疆已进入怀俄明和蒙大拿，几年之后又侵入了达科他。到 1880 年，牧牛场已遍及从格兰德河到加拿大边界的整个草原，从密西西比河流域的农场到落基山的斜坡。牛的卖价迅速上涨，一头得克萨斯牛在 1879 年卖 8 美元，三年后卖价提高到 35 美元，如果到怀俄明还可转卖 60 美元。结果，1880—1885 年大草原上边缘和半边缘的土地都变成了牧场，这是牧牛王国的极盛时期。此后随着农业地域的扩大和自然灾害等原因，这个王国就再也不像以前那样发达了。

自内战结束以来，边疆农机具的改进和发明不断取得进展。风车的改进对提取家畜和灌溉用水带来好处，到 1879 年西部市场上每架风车售价达 100 美元。多铧犁、中耕机、各类条播机，在 19 世纪 70 年代中均投入使用。1878 年发明的打捆机，又加速了农作物的收获。90 年代，一个农场主就能下种、管理和收获 135 英亩小麦，而在这些发明之前，最多只能耕种 7 英亩。除此之外，《宅地法》所作出的给每个定居者免费提供 160 英亩土地的决定，以及 70 和 80 年代对远西部的大事宣传，给许多无地或少地的人带来希望和幻想。所有这些造成了边疆历史上最大规模的移民运动。1870—1890 年，大草原上移民区已扩展到落基山脉。

拓荒者们由于发明了旱地农业耕作法，每年使一半的土地休耕以积蓄水分，就能把两年的水用在一年的庄稼上，从而使大草原的开拓形势发生根本变化。在这 20 年中，有 4.3 亿英亩土地被拨用，其中 2.25 亿英亩被用于农耕。到 1880 年，堪萨斯和内布拉斯加已被移民住满，堪萨斯有 99 万名拓荒者，内布拉斯加有 45 万名拓荒者。同时，移民浪潮也进入达科他领地，这里在 1868—1873 年和 1878—1885 年形成两次移民高潮。到 1885 年，整个达科他领地由 55 万人占领。同年，怀俄明的人口为 6.2 万，蒙大拿的人口为 13.2 万。达科他、蒙大拿、华盛顿、怀俄明和爱达荷，都是在 1889—1890

年正式加入联邦的。

　　占领西部领土的最后的戏剧性的一幕，是在印第安领地即今天的俄克拉何马州拉开的。俄克拉何马是当时仅存的印第安人的永久领地，那里住着22个印第安部落，都是过去从密西西比河以东被迫迁来的。一些不法的边疆人决定夺取印第安领地，因为该领地的中部有200万英亩的三角地带未归任何部落所有。早在80年代初，以佩恩为首的一批"抢先者"开始袭击这个地区，从各方面向该地区移动。在这些人的压力下，国会按照《宅地法》决定开放这一地区，并于1889年3月23日得到总统批准。一个月后，即1889年4月22日，发生了边疆①历史上最野蛮的移民运动。这一天，大约有10万人拥挤在该地区的边界上，几个小时内就将它占领完毕。其后不久（1890年），美国人口调查局宣布："现在未开发的土地大多已被各个独自为政的定居者所占领，所以不能说有边境地带了。"美国历史家特纳认为："这一简略的官方说明，表示历史上一个伟大的运动已告结束。"

　　自西进运动兴起的100多年来，西部发生了翻天覆地的变化。由于千千万万人移往西部，美国的人口中心逐渐西移。昔日的荒地被大片大片地开垦出来，到1900年，西部已建立起409万个农场。为了满足工业生产的需要，大量的煤、铁、铜、锡、金、银等矿藏得到开采。在交通运输业不断改进和发展的情况下，19世纪中叶西部的农业逐渐商品化。一个个新的工商业中心，如克利夫兰、辛辛那提、芝加哥、圣路易斯等城市拔地而起，象征着新西部的诞生。在这个过程中，美国完成了由商业资本主义向工业资本主义的过渡，并迅速地向现代美国迈进。总之，随着西部的开拓，美国挤进了世界强国之林。

---

　　①　按照美国官方的定义，"边疆"一般是指人口密度每平方英里至少两个人的边缘地区。

海地革命

陆国俊

15 世纪末，哥伦布发现新大陆之后，拉丁美洲地区逐渐沦为西班牙、葡萄牙、法国和英国等欧洲列强的殖民地。到 18 世纪末，拉丁美洲人民在殖民地统治的漫漫长夜里已度过了 300 年之久。1790 年，英勇的海地人民首先点燃独立运动的火种。经过 14 个春秋艰苦卓绝的斗争，建立了世界近代史上第一个黑人独立国家——海地。

殖民统治的深刻危机

海地，印第安语即多山的地方，位于加勒比海海地岛的西部，1502 年沦为西班牙殖民地。1697 年，西班牙被迫同法国签订《莱斯维克条约》，把海地岛的西部即海地割让给法国。因法国称海地岛为圣多明各岛（西班牙人称它为伊斯帕尼奥拉，意即小西班牙岛），故当时海地被称为法属圣多明各；东部仍归西班牙，被称为西属圣多明各，即今天的多米尼加共和国①。

西班牙占领圣多明各后，到 16 世纪 30 年代，岛上原有的 25 万印第安人几乎被全部杀害。法国占领圣多明各后，为解决劳动力不足，通过劫掠或收买等方式从非洲西海岸运入大批黑人，将他们变卖为奴。仅 1789 年一年内，法国运入圣多明各的黑人奴隶有 4 万名。奴隶们从事繁重劳动，开辟种植园，以汗水和鲜血浇灌了圣多明各大地，年复一年，使圣多明各逐渐繁荣起来。1791 年，圣多明各有 792 个甘蔗种植园、2810 个咖啡种植园、705 个棉花种植园、3097 个蓝靛种植园。当年，圣多明各的蔗糖产量占世界首位。

英法七年战争（1756—1763 年）后，法国放松了对圣多明各工业的限

---

① 多米尼加共和国于 1844 年宣布独立。

制，手工工场和手工作坊亦有所发展。1791 年，圣多明各计有 3 个制糖厂、173 个酿酒厂、313 个石灰窑、61 个砖场及陶器厂。圣多明各早期的工业资本家和少数白色工人，就是从这些行业中产生出来的。

圣多明各的对外贸易，尤其得到迅速的发展。1789 年，法国出口贸易总值为 1700 万英镑，出口到圣多明各的商品总值达 1100 万英镑。1788 年，圣多明各出口到法国的商品总值达 800 万英镑，它的出口量比整个英属西印度的出口量多 1/3。圣多明各各港口船只云集，往返如梭，1789 年多达 1587 只，其商船数超过了当时闻名于世的法国马赛港。海地角、太子港、累凯等城市，发展成为重要的海港和经济中心。1791 年，海地角的人口达 5 万人，其规模可与当时美国的任何一个城市相媲美。

圣多明各的人口亦有急剧增加。据统计，1754 年总人口为 19 万人；1791 年达 54.5 万人，其中黑人奴隶 48 万人，黑白混血种人和"自由"黑人①约 2.5 万人，白种人 4 万人。

繁华而富饶的圣多明各被人们称为"安的列斯群岛中的一颗明珠"。

随着经济繁荣和人口增长，圣多明各的阶级矛盾和种族矛盾日益加深，最终以民族矛盾的形式表露出来，造成法国殖民统治的深刻危机。

法国在圣多明各建立了以总督和天主教大主教为首的殖民机构，进行殖民统治。法国殖民者多高据社会最上层，既是法国殖民统治的代表，又是殖民地所谓"白色优等民族"利益的维护者。他们把持圣多明各行政、军事和宗教大权，掌握着圣多明各的经济命脉，压迫和奴役殖民地人民。据统计，总督年薪高达 10 万利弗尔，地方高级行政长官年薪高达 8 万利弗尔。美国著名史学家杜波依斯曾这样写道：他们"拥有宫殿、镀金的大马车、数十匹马、训练良好的仆役和无边的权力。在 18 世纪，大概美洲没有一个地方的白人比圣多明各的白人生活得更舒适了"。

法国殖民者对混血种人实行严厉的种族歧视政策。随着圣多明各经济的发展，混血种人的经济力量也有所加强。他们占有圣多明各地产的 1/3 和个人财产的 1/4，但在社会上和政治上仍受到种种歧视。按照规定，他们必须参加地方警察组织，以尽执行法律、追捕逃奴之职。服役三年后，他们必须自备武器弹药，参加民兵组织，但不得领取任何工资和津贴。他们不能担任军官、律师、医生、教士以及任何可以信赖的公共职务。他们不能聚会，不

---

① 指赎了身的黑人奴隶，他们表面上"自由"，实际上地位与奴隶差不多。

能佩带刀剑和手枪，不经允许不能去法国留学，不准对白人进行报复。实际上，法国殖民者完全剥夺了圣多明各混血种人的公民权利。

殖民者对黑人奴隶更是惨无人道。他们把黑人奴隶当作私人财产，会说话的工具，任意摆布和处置。奴隶每日要从事 18—19 小时的繁重劳动。殖民者可以随意买卖、鞭打和处死他们，奴隶不得进行任何反抗。法王路易十四于 1685 年颁布的《黑人法典》中明文规定，奴隶威胁主人者——鞭打；击中主人者——断一手；偷窃主人者——去一耳；第二次偷窃者——绞死；举行暴动者——火焚。黑人奴隶由于遭到各种虐待，一个黑奴平均只能劳动 7 年，不是死亡，就是丧失劳动能力。

法国殖民者的种族歧视和阶级压迫政策，引起殖民地各族人民的不满和反抗。混血种人和"自由"黑人争取公民权的斗争此伏彼起，黑人奴隶争取自由权的斗争连绵不断。黑人奴隶不顾严峻的法律规定，冒着生命危险纷纷逃离种植园。1751 年，逃奴达 3000 余名。几乎每隔 5—10 年要发生一次黑奴起义，其中以 1671 年、1691 年和 1718 年的起义规模最大。逃奴组成叫"马隆"① 的游击队，在深山中坚持斗争。1783 年，一个名叫德·罗维拉的殖民军官在信中写道："在殖民地（圣多明各），殖民者经常处于被动挨打地位，就像坐在火药桶上一样。"正是这种经济关系、种族关系和阶级关系及其对抗趋势的发展，导致了海地革命的必然爆发。

革命的爆发

18 世纪下半叶美国独立革命的胜利，鼓舞了圣多明各人民的解放斗争。由于法国组织圣多明各混血种人队伍参加美国独立革命，在客观上为圣多明各培育了一批革命力量。

18 世纪法国启蒙思想的传入，给圣多明各人民反对法国殖民统治提供了思想条件。当时，伏尔泰、狄德罗和雷纳尔的著作，宣传启蒙思想的刊物，在圣多明各广泛流传。法国革命前夕，法国每郡出版的刊物只有 4—5 种，而圣多明各却有 50 种之多。这些作品宣传废奴思想，颂扬人人平等，同情暴力革命，为混血种人和"自由"黑人争取公民权，黑人奴隶争取自由权利的斗争，提供了思想武器。

---

① 马隆是法文 Marron 的音译，意为逃入森林的黑人。

1789 年的法国资产阶级革命及其《人权宣言》的公布，直接点燃了海地革命的导火线。根据《人权宣言》的原则，圣多明各混血种人和"自由"黑人立即进行争取公民权的斗争。混血种人文森特·奥热是最著名的领袖之一。奥热出生于圣多明各北部的冬冬，母亲是种植园主。法国公布《人权宣言》时，奥热正在巴黎留学，在法国革命者罗伯斯庇尔等人的支持下，积极参加争取黑白混血种人公民权的斗争，因遭到法国当局的反对而失败。他气愤地说："我们不愿意在这恶劣的环境中再待下去了……我们能招募像法国兵那样优良的士兵。我们自己的兵力将使我们受到尊敬和取得独立。"不久，他前往美国，筹措武器。后来，他到达圣多明各北部的格兰德·里维埃，建立起义军司令部。

1790 年 10 月，奥热率领 250 名混血种人和"自由"黑人起义军正式举行武装起义，揭开了海地革命的序幕。起义军打击法国殖民者，烧毁种植园，并打败法国上校马杜特率领的 600 名殖民军。马杜特受挫后，法国殖民当局增派 1500 名殖民军前往镇压。起义军终于失败，奥热及其余部逃往西属圣多明各。1791 年初，西班牙殖民当局将他们引渡到海地角。奥热被车裂而死，其余起义者有的被处以死刑，有的被流放。奥热起义失败的根本原因，是由于他们没有提出废除奴隶制度的口号，因而起义军没有得到广大黑人奴隶的支持。

1791 年 8 月 14 日，在黑人布克曼的领导下，海地角附近 200 余名奴隶秘密集中到盖门森林，筹划起事。8 月 22 日，黑人奴隶在"争取自由""宁死不当奴隶"的口号下起义。起义军冲击殖民机构，惩办殖民官吏，打击种植园主，分掉种植园主的粮食和食物，并放火烧毁种植园。在起义头两个月里，起义军杀死殖民者和种植园主 2000 余人，烧毁 180 个甘蔗种植园和 900 个咖啡和蓝靛种植园。

1791 年 10 月，杜桑·卢维杜尔（1743—1803 年）烧毁海地角北部的布雷达种植园，带领 1000 余名奴隶，加入起义军队伍。杜桑原是布雷达种植园主的奴隶，后提升为马车夫，曾研读过法国启蒙思想家的著作，受到启蒙思想的影响。杜桑参加起义军，把起义推向一个新的高潮。奴隶起义的烈火迅即燃遍整个圣多明各北部，殖民者和种植园主纷纷逃往海地角等大城市，请求殖民军的保护。

与此同时，圣多明各西部的混血种人在太子港附近举行起义，并公推里戈为领袖。里戈是混血种人，家庭富裕，曾留学法国，参加过美国独立战争。里戈在起义中提出"争取圣多明各独立"的口号，吸引了大批混血种人。他还吸取奥热起义失败的教训，对奴隶起义一度抱欢迎态度，吸收一部分奴隶参加起义队伍。起义军接连取胜，一度攻克西部重镇太子港，逐渐将起义烈火引向圣多明各南部。起义军人数增加到5000余人。

反对西班牙和英国的武装干涉

1793年春天，西班牙和英国结成第一次反法联盟，决定联合夺取圣多明各。3月，西班牙殖民军从西属圣多明各侵入圣多明各东部地区。杜桑领导的起义军一时没有认清西班牙殖民者的侵略面目，轻信了他们将给黑人奴隶以"自由"和"公民权"的诺言，于5月间加入西班牙军，被编入西班牙"补充军"。西班牙军共1.5万余人，分兵两路，向圣多明各北部地区进攻。

为发动奴隶起义，杜桑动员说："我正从事报仇雪耻的事业。我要让圣多明各实现自由和平等。我们都是骨肉兄弟，让我们团结在一起，为共同的事业奋斗吧。"奴隶们纷纷投入杜桑的队伍。杜桑所部接连攻克冬冬、戈纳伊夫和阿卡哈耶夫等重镇，法军降者达2000余人。到1794年，西班牙军和杜桑的部队已占领除海地角等城以外的整个圣多明各北部地区。杜桑部队的人数增至4000余人。

西班牙殖民地当局竟违背前约，拒绝在其占领区废除奴隶制度，并积极从事奴隶贩卖活动。正在这时候，法国驻圣多明各特派员桑托纳克为挽救殖民统治危机，于1793年8月29日宣布：他"将逐步地、毫无保留地、毫不动摇地解放奴隶"。1794年2月4日，法国国民公会根据桑托纳克的请求，正式通过法令，宣布废除包括圣多明各在内的殖民地的奴隶制度。这一法令立即在圣多明各的北部和西部地区执行，受到黑人奴隶的拥护。黑人奴隶纷纷宣布效忠桑托纳克。

5月6日，杜桑正式与西班牙当局决裂，发兵进攻西班牙驻军，然后到达马尔梅拉特镇与法军将领阿尔蒙那斯会合，向西班牙军发动全面进攻。几个月内，几乎收复了被西班牙军占领的所有领土。1795年，西班牙与法国签订《巴塞尔和约》，规定西班牙从圣多明各撤出全部军队，西属圣多明各割让给法国。接着，黑人起义军挥戈西进，反对英国武装干涉。

英国对圣多明各的侵略野心由来已久。英国首相皮特毫不掩饰地说，他完全赞同牙买加一个匿名记者的话：英国失去13州后，圣多明各将成为

"一个良好的补偿"。1792年12月24日，詹姆斯·查默斯中校在写给皮特的信里说："圣多明各对英帝国的利益是无可估量的，它能使英帝国对蔗糖、蓝靛、棉花和咖啡实行垄断。这个岛屿会世世代代地给工业巨大的支援和力量。"他建议英国同西班牙结成同盟，以便"永远阻止法国和美国侵入新世界，（使英国）有效地获得西班牙的无法估计的财产"。1793年9月，英国派兵侵入圣多明各。至1795年，英国先后派遣两批远征军共8000人，占领圣多明各西部和南部沿海地区，并占领了莱奥甘纳、太子港和马尔·圣尼古拉港等重要城镇。英国殖民者在这些占领区继续维持奴隶制度。

在反对英国武装干涉中，里戈等人领导的混血种人起义军起了重要作用。1794年10月6日，这支起义军攻占南部重镇莱奥甘纳，击溃英军1000余名，迫使英军残部退守太子港。12月5日，里戈率领的起义军2000余人，在太子港遭到顽强抵抗，伤亡惨重，被迫撤退。12月26日，里戈率军进攻南部重镇蒂布隆，迫使守将布雷福德弃城突围，英军1000余人被歼。1796年3月，里戈起义军在莱奥甘纳保卫战中，击败英军4艘战列舰和6艘快速舰的进攻，并击退3200名英军的侵犯。里戈被誉为"莱奥甘纳的英雄"。

杜桑起义军西进，加强了西部地区的反英力量。1795年2月，杜桑为分化敌人，争取投靠英国的圣多明各西部种植园主，向他们宣布："法国人，警钟敲响了，从致命的错误中惊醒吧！是你们脱离英国，重新取得法国公民尊严的最后时刻了！"杜桑在圣多明各中部的米留拔拉斯等地多次挫败英军，并协助法军镇压海地角的叛乱，救出了法国总督拉沃。为此，杜桑被任命为圣多明各的副总督。

1794年6月，法国将领休格率领法军从英国手里夺回加勒比海的属地瓜德罗普，宣布解放该岛奴隶，推动了加勒比地区英属殖民地奴隶的解放斗争。1795年，英属殖民地牙买加爆发一系列逃奴起义，打乱了英军在圣多明各的作战计划。同年7月22日，西班牙殖民军根据《巴塞尔和约》规定，从圣多明各撤退，英军陷入孤军作战的境地。加之，圣多明各黄热病流行，给英军造成了较大伤亡。此外，战争费用逐年增加：1794年为30万英镑，1795年为80万英镑，1796年为260万英镑。正是在这种困境下，英国政府于1796年作出了从圣多明各撤军的决定。

1798年2月，杜桑分兵两路，一路进攻圣多明各西南部的热雷米，另一路进攻中部的米留拔拉斯。这次战役的胜利，打开了起义军通向太子港的大门，使英军处于被动挨打地位。4月初，杜桑起义军开始包围太子港。英军新任司令官梅特兰根据英国政府的旨意，于 4 月 22 日与杜桑的代表在太子港海面的英舰"阿勃尔文纳"号上举行和谈。30 日，双方正式签订协定。协定规定，英军在停战后立即撤出太子港和圣马克等重镇，毫无保留地放弃一切军事设施；起义军则同意保证圣多明各西部种植园主的生命安全和财产所有权。

9 月初，杜桑和梅特兰签订一项秘密条约，规定英国与圣多明各继续通商，支持圣多明各与美国的贸易往来，保证不再侵犯圣多明各和以任何方式干涉圣多明各的内部事务。

10 月 1 日，英军正式向杜桑投降。在 6 年的武装干涉中，英军伤亡达10 万余人，其中死亡 4.5 万余人，耗费 1 亿多美元。英国军事史专家福蒂斯丘指出："英国的士兵牺牲了，它的财政空虚了，它在欧洲的影响削弱了，它的手臂在这致命性的年代里被束缚了、冻僵了、瘫痪了……战争最初 6 年英国虚弱的原因可以说就是在圣多明各这个地方倒了霉。"

推翻法国的殖民统治

1794 年 7 月，法国雅各宾派政权被推翻，建立了代表大资产阶级利益的政府。这个政府企图继续维持法国在圣多明各的殖民统治，恢复圣多明各的奴隶制度。杜桑十分担忧，他写信警告法国政府，如果"在圣多明各重新建立奴隶制，那么我向你们声明，那是不可能的；我们已经懂得如何应付危难以获得自由，我们将会懂得如何不顾生命去保卫自由。执政的长官们，这就是圣多明各人民的决心，这些就是他们让我传达给你们的原则"。

1796 年底，法国同意圣多明各选派代表参加法国五百人院。起义军利用这个机会，推选掌握军权的总督拉沃为圣多明各的代表，迫使拉沃离开了圣多明各。从这时起，杜桑实际上成了圣多明各的总督。1797 年，杜桑指责法国特派员桑托纳克管理经济不善，勒令他回国。桑托纳克离开后，杜桑控制了圣多明各的行政和军事大权。

接着，杜桑派出代表去法国，奉劝法国政府不要再派代表到圣多明各，但被拒绝。1798 年 4 月，法国委派埃杜维尔担任驻圣多明各的特派员。埃杜维尔诱劝杜桑到法国去过荣华富贵的生活。杜桑识破了他的阴谋，坚决拒绝。1798 年 10 月，埃杜维尔带领 1000 余人，分乘 3 只大船，灰溜溜地离开圣多明各。圣多明各实际上成了一个独立国家。

1799 年，代表圣多明各混血种人种植园主利益的一些起义军军官为反对黑人起义军掌握政权，举行叛乱。杜桑亲率起义军镇压西部和北部地区的叛乱活动。德萨林和克里斯托夫平定了南部地区的骚动。德萨林原系圣多明各北部科尔梅斯种植园的奴隶；克里斯托夫原系英国属地格林纳达岛的奴隶，7 岁时逃至圣多明各，当旅店的侍员。1800 年 8 月，杜桑率军抵达南部重镇累凯城。里戈等混血种人起义军军官纷纷逃往法国。这时，黑人起义军已发展到 5.5 万人。

1801 年 1 月，杜桑在穆瓦兹的配合下，率领起义军从圣多明各南部攻入西属圣多明各，几乎没有遇到什么抵抗就攻占圣多明各城，原西属圣多明各总督逃往古巴。至此，起义军统一了整个海地岛。

建设新圣多明各

在战火纷飞的年代里，圣多明各遭到严重破坏。据统计，1801 年白种人仅有 1 万人，比 1789 年少 2/3；黑白混血种人和"自由"黑人有 3 万人，比 1789 年减少 1/4；黑种人有 22 万人，比 1789 年减少 1/3。圣多明各的种植园几乎全部停止了生产，建设新圣多明各成为各族人民所面临的一项最迫切的任务。

杜桑首先选拔任命大批黑人和混血种人担任各级政府官员，建立起以他为首的新政府。他着手拟定各种政治和经济方案，并建立最高法院和军事法院，制定法令，以保证这些方案的实施。

杜桑认为，"耕作是政府的支柱，因为它能促进商业的交往，工业的发展，国家的繁荣富强"。政府抽调部分起义军，由德萨林率领，负责督促全国农业生产，将大片法国逃亡种植园主的土地分配给起义军官兵以及部分无地和少地的农民耕种。圣多明各的小农经济得到很大的发展，成为拉丁美洲地区小农最多的国家；在分配土地中，大片土地落到起义军军官手里，出现了一批新的种植园主。德萨林占有 30 余个种植园；克里斯托夫的家产，包括种植园在内，价值达 25 万美元；杜桑在圣多明各西部亦有规模很大的种植园，新兴种植园主的土地约占全国土地总面积的 2/3 以上。

政府先后颁布《关于种植园警务条例与产业主、农民或耕作者共同义务》等法令，严格确立了军事管理人员、产业主（种植园地主）和耕作者之间的关系。法令规定，永远废除奴隶制度；耕作者可以自由选择产业主，但应与产业主订立为期三年的合同；合同期间耕作者离开种植园需得到产业主或军事管理人员的批准；产业主不能任意买卖和鞭打耕作者；产业主不能让耕作者进行过长或过重的劳动；耕作者工资一般应占总收获物的2/3，但亦可由耕作者与产业主协商决定。法令确立了圣多明各种植园地主与农民的生产关系，废除了法国种植园奴隶主对奴隶的那种超经济剥削关系，在一定程度上解放了劳动力，提高了耕作者的积极性，也有利于圣多明各资本主义因素的滋长和发展。

为使大批游民回到种植园，解决农业劳动力不足的困难，政府发布命令，要求"凡是逃避劳动的人"立即回到其住所，由军事管理人员"组织他们从事耕作"，否则就送交给军事长官"惩罚"。杜桑向人民反复说明："没有劳动，自由就不能存在下去。"

政府还制定区别对待种植园主的政策。除对不法种植园主采取镇压政策外，对于那些"比较善良"和"同情革命"的种植园主，政府采取团结政策，保障他们的财产所有权和生命安全，号召他们返回圣多明各。在新政府的感召下，有数以百计的种植园主和种植园总管回到了自己的种植园。政府聘请他们当"教师"，组织和管理农业生产。

政府十分重视发展商业和对外贸易。它统一了货币，扩大货币流通；规定商品的固定税率，一切输入和输出商品、居民固定资产和手工业产品税率为20%，后来将固定资产和进口税率降到10%；废除苛捐杂税，政府将居民生活必需品税率降到6%；政府组织巡逻队，保护正常贸易；严肃法纪，惩办税吏贪污活动；发展交通运输业，修筑从圣多明各城到拉克萨马公路，长达200公里，并第一次推广使用马车。政府还同英、美签订贸易协定，扩大对外贸易。仅1805年，圣多明各咖啡出口量达300万英镑以上。出口商品总额很快超过了历史上的最高纪录。

1801年7月1日，政府正式公布圣多明各的第一部宪法。宪法规定，圣多明各仍为法国的殖民地；圣多明各永远废除奴隶制度；居民在法律面前一律平等；私有财产神圣不可侵犯；提倡自由贸易；杜桑为终身总督，有权选择继承人，等等。宪法基本上反映了圣多明各各族人民的基本要求，但从保护私人财产和发展自由贸易等条文来看，它主要反映了新兴种植园主和商人的利益。

在新政府的治理下，圣多明各社会秩序稳定，经济开始繁荣。耕作者有较好的工作条件和较高的工资，妇女有产假，青少年可以得到上学的机会。

许多非洲人慕名而来，把圣多明各看作他们的"第二故乡"。

打败拿破仑远征军

1799年11月9日，法国拿破仑·波拿巴发动政变，解散督政府。拿破仑上台后，对内实行军事统治，对外实行侵略扩张，企图在美洲地区重建法兰西殖民帝国。1801年，他在其妻约瑟芬、将领罗尚博和圣多明各种植园主的要求下，决定利用与英国签订《亚眠和约预备性条约》而取得暂时休战的机会，派兵征服圣多明各。拿破仑任命他的妹夫勒克莱尔为远征军司令，罗尚博为副司令，还有迪加、布代和布瓦耶等一批高级将领，于12月14日率领55艘战舰和3万名装备精良的法军从布勒斯特港出发，远征圣多明各。

杜桑从英国得到这个消息后，召开军事会议，拟订防御计划。他把圣多明各分为四个防区：圣多明各北部、西部、南部和原西属圣多明各，分别由克里斯托夫、德萨林、拉普吕梅和保尔·卢维杜尔防守。杜桑坐镇北部的海地角，负责指挥全国的抗法斗争，并协助克里斯托夫防守海地角。

1802年1月29日，法国远征军抵达圣多明各岛东部的萨马纳湾。正在这里视察阵地的杜桑立即向起义军发出号召："朋友们，我们要作好牺牲的准备。整个法兰西向圣多明各袭来了，要对我们进行报复，要使我们重新沦为奴隶。我们至少要以行动来表明，我们不愧为为自由而战的战士。"

勒克莱尔在萨马纳湾分兵四路，进犯各重要城市。2月2日，勒克莱尔率领5000名法军，到达海地角附近，并派使者去会见克里斯托夫，要求他让法军进入海地角，法军将"保证黑人自由""维护圣多明各和平"。克里斯托夫严词拒绝，他说，"只有当海地角变为灰烬后，你们才能进城；即使变为灰烬，我仍要进行斗争"。法军在罗尚博的指挥下，经过激烈战斗，攻占了海地角外围的几个重要据点。杜桑见海地角将被攻陷，下令烧毁海地角，将起义军撤回内地山区。

2月12日，勒克莱尔委派远征军军官、原杜桑的儿子在留法时的教师柯斯诺，带领杜桑的两个儿子到海地角西部的卢维杜尔种植园会见杜桑①。柯斯诺以法国任命杜桑为圣多明各副总督和放还杜桑的儿子为条件，诱使杜桑

① 法军远征圣多明各前，杜桑的两个儿子正在法国留学。拿破仑为迫使杜桑投降，将他们作为人质，随同法军一起带往圣多明各。

就范，遭到杜桑的拒绝。此后，杜桑又针对拿破仑来信中反对圣多明各独立的谬论，复信批驳道："为什么圣多明各不能独立呢？美国就独立了！而且美国是在君主制法国的援助下取得独立的。"他还揭露拿破仑企图以荣誉和金钱诱使他投降的卑劣手法，他说："你问我是否期求报酬、荣誉和财富。当然如此，但不期求从你那里取得。我的同胞对我的尊敬就是我的报酬，他们对我的爱戴就是我的荣誉，他们对我的无限忠诚就是我的财富。"他表示："我握有的权力，同你自己的一样，是合法的，除了圣多明各人民表达的愿望外，谁也不能迫使我把它放弃。"

起义军在同勒克莱尔的和谈中坚持寸步不让的原则，勒克莱尔便宣布杜桑和克里斯托夫为"不受法律保护"的人。他命令驻守在太子港、普莱桑斯、冬冬和圣拉菲尔的法军，合围西部的起义军司令部驻地戈纳伊夫。杜桑率领起义军4000人，埋伏在形势险要的拉佛纳·阿·郭鲁维尔峡谷中，伺机袭击来犯法军。2月24日，罗尚博率领5000余名法军进入起义军的伏击圈。两军激战，双方共死亡数千人。后因法国重兵压境，起义军烧毁戈纳伊夫，撤退到里特·阿·皮罗特。

与此同时，在南部战场，司令拉普吕梅节节败退，投降了法军；在东部战场，法军以制造杜桑假信的手法，欺骗起义军司令保尔·卢维杜尔投降。4月初，杜桑派克里斯托夫与法军和谈。勒克莱尔向克里斯托夫保证：法国将给黑人自由权利；允许起义军将领投降后统率原有起义军，并保留其原有职位。克里斯托夫接受了这些条件，率领1200名起义军投降法军。法军便集中力量攻击杜桑起义军的战略要地克雷塔皮埃洛。杜桑失败后，亦投降了法军，并进入海地角。勒克莱尔以杜桑"过度疲劳""需要休息"为借口，强迫他回到圣多明各西部的埃纳里种植园，实际上剥夺了他的一切权力。

1802年5月16日，勒克莱尔接到拿破仑的指令："务必恪守指示，在解决了杜桑、克里斯托夫、德萨林以及其他匪首，并在大部分黑人解除武装后，将所有参加内乱的黑人和混血种人一律送到欧洲大陆。"他于是策划逮捕杜桑的阴谋。

6月初，杜桑接到法军将领布代邀请他去戈纳伊夫谈判的来信。6月7日，杜桑到达军营时，被布代逮捕，解往法国。杜桑怒斥法国军官道："你们毁灭我，只能使圣多明各的黑人自由之树得到浇灌。这棵树会重新成长起来的，因为它已根深蒂固。"杜桑被解往法国后，关在阿尔卑斯山的茹乌城堡。因遭到残酷折磨，于1803年4月7日死于狱中。

在逮捕杜桑的同时，法国政府决定在西印度群岛恢复奴隶制度，并首先在属地爪德罗普实行。

法国的倒行逆施，激起了圣多明各人民的愤慨。1802 年 8 月，原混血种人领袖佩蒂翁在海地角附近首先率军起义。克里斯托夫等黑人将领亦积极举旗响应。法军顿时陷入四面楚歌的境地。加之瘟疫流行，法军死亡人数与日俱增。11 月 2 日，勒克莱尔患黄热病死亡。拿破仑闻讯后，破口大骂："该死的糖！该死的咖啡！该死的殖民地！"

1803 年 10 月，起义军攻克太子港。11 月 16 日，起义军在总司令德萨林指挥下进攻海地角。19 日，法军总司令罗尚博眼看难以挽回败局，下令投降。

在整个远征中，法国共派遣 6 万名军队侵入圣多明各，其中死亡者达3.5 万人，不少人被关进了监狱。只有 8000 名官兵逃生，他们乘坐法国舰船回国，途中全被英国海军俘去。法国远征军全军覆没。

11 月 29 日，圣多明各正式公布由德萨林等签署的《独立宣言》，庄严地宣告："圣多明各宣布独立了。我们恢复了我们原有的尊严，维护了我们的权利。我们宣誓：永远不把我们的权利委弃给任何强国。"

1804 年 1 月 1 日，为追念杜桑，德萨林在杜桑被捕的戈纳伊夫召集全体高级将领会议，向全世界人民宣告圣多明各独立，并将圣多明各改为印第安人的传统名称——海地。德萨林担任终身制督军。9 月，德萨林宣布自己为皇帝，号称加克奎斯一世。

海地革命之所以取得胜利，主要有三个原因：第一，有以杜桑为首的一批革命者的领导。杜桑不仅具有比较丰富的军事知识和杰出的指挥才能，而且善于吸收一些先进的欧美资产阶级思想，武装广大群众，使革命有了无穷的力量源泉；第二，海地各族人民有着高度的献身精神。他们为废除奴隶制度，争取民族独立与自由，不惜赴汤蹈火；第三，殖民者有各种不可克服的不利因素。法国、西班牙和英国殖民者之间钩心斗角，矛盾重重，不可能齐心协力镇压海地革命；拿破仑野心虽大，但因忙于在欧洲大陆同反法联盟诸国作战，对镇压海地革命亦力不从心。加之，这些殖民军离后方太远，战线太长，战争中又流行黄热病，更使他们陷入不能自拔的境地。

革命前，海地种植园经济具有以奴隶制为主要经济形态的多种经济成分。种植园的土地是封建占有制关系，种植园主与劳动者之间是奴隶制占有制关系，而种植园的产品主要是为了出卖，故具有资本主义的因素。这就是以这种多种经济成分为基础的种植园奴隶制度与古代奴隶制度的根本差别。

海地革命摧毁了奴隶制度，使土地从法国种植园主手里转移到了以海地革命领袖为代表的新兴种植园主的手里，但解放了的奴隶即农民仍被牢牢地束缚在土地上，受种植园主的剥削和奴役。这就是说，海地革命改变了以法国种植园奴隶主为代表的统治阶级和以奴隶为主体的被统治阶级的阶级关系，而确立了以海地种植园地主为代表的统治阶级和以农民为主体的被统治阶级的阶级关系。但由于海地革命发生在欧美资本主义日益兴盛、封建主义日益衰落的时代，发生在海地开始孕育民族资本主义因素的时代，并在革命中受到资产阶级启蒙思想和美法资产阶级革命的强烈影响，海地革命亦带有资产阶级革命的性质。

海地革命的领导权最初掌握在以奥热为首的混血种植园主的手里。随着革命的深入发展，阶级关系的变动，革命领导权亦发生了变化。由于某些混血种人领导者为着自己的阶级私利，对废除奴隶制度抱着动摇和反对态度，加之法国殖民者的挑唆离间，他们逐渐脱离革命轨道，以致与法国殖民者站在一起，反对以杜桑为首的黑人起义军。直到最后，由于法国殖民军继续压迫和奴役混血种人时，他们才重新投入反对殖民主义的革命队伍。所以，从海地革命的整个进程来看，革命的领导权主要是掌握在种植园黑人奴隶起义军手里。杜桑就是他们的代表。他不仅是美洲而且也是世界近代史上，第一个出身奴隶、领导奴隶起来闹革命，并宣布废除奴隶制度，创建第一个黑人独立国家的杰出领导人。

在我国史学界中，有的同志认为海地革命的领导权是"掌握在资产阶级化的种植园奴隶手里"。海地种植园奴隶，特别是那些革命的领袖是否"资产阶级化"了呢？没有。第一，从实行的革命政策来看，他们废除了奴隶制度，却加强了海地种植园的封建地主经济，仅是以海地新兴种植园地主代替了法国种植园奴隶主的地位；第二，从革命后果来看，他们并没有成为资产阶级共和国的领袖，而是成了封建国家的"皇帝"和"国王"，即海地种植园地主的最高代表。

海地革命的胜利具有十分重大的意义：它是世界上第一次奴隶起义取得胜利的革命。它的胜利鼓舞了美洲各国奴隶的解放斗争，使"全世界奴隶主听到可爱的海地所发生的事便战栗起来"（福斯特语），从而推动了美洲各国奴隶制度的废除。海地革命创造了依靠自己力量打败殖民主义者的新经验，为拉丁美洲各国人民争取独立自由树立了榜样，揭开了拉丁美洲独立运动的序幕。

巴西独立运动

黄邦和

巴西是 1500 年 4 月 22 日葡萄牙航海家卡布拉尔发现后沦为葡萄牙殖民地的。葡萄牙人奴役和掠夺巴西 300 多年，巴西人民反奴役、反掠夺的斗争也进行了 300 多年。1822 年 9 月 9 日，巴西宣布与葡萄牙脱离关系，独立成为巴西帝国。

葡萄牙对巴西的奴役与掠夺

葡萄牙人对巴西的奴役与掠夺，基本上分为三个时期。

第一个时期为"红木周期"。葡萄牙人占领巴西初期，发现这里人烟稀少，一片荒芜。居住在这里的是后来被称为印第安人的游牧民族，他们几乎处在石器时代。"黄金是白人刚踏上一个新发现的海岸时所要的第一件东西。"[①] 葡萄牙人到这里来因没有找到黄金而失望了。曾做过卡布拉尔船队舵手的阿梅里科·韦斯普西在一封信中埋怨"除了有一望无际的能从中提炼染料的巴西木和肉桂树以及其他一些自然奇景外，可以说，我们没有找到任何有用的东西"。殖民者决心转而掠夺既可提取染料又可做高贵家具的巴西木。葡萄牙王室宣布垄断对巴西木的采伐。当时王室尚未在巴西设立殖民统治机构，便将砍伐权出租，承租人员负责建立贸易站和探测海岸线，向王室缴纳租金和税金。1505 年，第一艘运载巴西木的船到达里斯本。1505—1515 年的 10 年间，运抵里斯本的巴西木达 2 万公担（2000 吨）。巴西木直径可达 1 米，高度可达 15 米。他们驱使印第安人砍伐了几乎半个世纪。从此，这种木材在巴西极为罕见了。这半个世纪，在巴西经济史上被称为"红木周期"。

---

① 《马克思恩格斯全集》第 21 卷，人民出版社 1965 年版，第 450 页。

第二个时期为"食糖周期",即种植园制度创立与巩固时期。1530 年,葡王室为了抵制法国人的入侵,巩固殖民地统治,派马丁·索萨带着"占领和分配那块土地,并在那里建立农庄"的圣谕,到巴西兴建了一些城市,将沿海地区划分为 14 个封地,分封给 12 个封建领主;从掠夺土地,开发农业着手,逐步建立了在巴西的殖民体系。

封建领主把封地内的土地留用 20%。其中大部分由奴隶耕种,一部分租给混血种人耕种。这些混血种人就成为佃农,欠租欠债的佃农变成失去人身自由的隶农。封地的其余部分,由封建领主分给从葡萄牙来的移民。1574 年巴西全部人口包括移民和印第安人才 1.7 万人。移民们也成了占地面积很大的地主。地主们发现巴西沿海地区炎热的气候与潮湿的空气适宜种植甘蔗,而当时的欧洲又把食糖视为极其珍贵的药物与调料,就引诱或捕捉印第安人作为劳动力,遍种甘蔗,设立糖坊,制作食糖,运往欧洲出售。从此,大种植园制与单一作物制这对孪生兄弟成为巴西殖民制度的基础。

巴西种植园不仅是一种土地制度,而且是社会政治、经济和军事的基本单位。种植园主有至高无上的特权。马克思说,"他们采用的生产方式不是从奴隶制产生的,而是接种在奴隶制上面的",是"建立在黑人奴隶劳动上的资本家",而"资本家和土地所有者是同一个人"[①]。事实正是这样,巴西的种植园主集资本家、封建主和奴隶主于一身。他们一开始就是为了做买卖、为了供应欧洲市场而生产,就这点而言,种植园主是资本家。但他的生产管理方式却具有封建制和奴隶制的全部特点。他的土地不仅是世袭的,而且对依附于种植园的那些佃农和隶农进行封建性的各种类型的地租和高利贷剥削。至于奴隶制就更突出了。开始他们追捕印第安人为奴,后来由于印第安人被折磨和屠杀殆尽,1532 年开始从非洲陆续贩进大量黑人为奴。到 1850 年,巴西 720 万人口中,奴隶占了 240 万。种植园主利用奴隶劳动,使巴西在 16 世纪中叶至 17 世纪末成为世界上最大的产糖国。到了 17 世纪末和 18 世纪初,仅伯南布哥、里约热内卢和巴伊亚 3 个封地的 598 家糖坊,就产糖 130 多万公斤。所以在巴西历史上称这一个多世纪为"食糖周期"。

第三个时期为"黄金周期"。1694—1696 年,葡萄牙人在米纳斯吉拉斯发现了大金矿。1729 年,又在圣弗兰西斯科河的塞罗·弗雷奥(今迪亚曼蒂纳)发现丰富的钻石矿。葡萄牙人从四面八方蜂拥至矿区,一时出现了

---

① 《马克思恩格斯全集》第 26 卷第 2 册,人民出版社 1973 年版,第 339—340 页。

"黄金热"，有的种植园主甚至抛弃种植园，带领奴隶赶来淘金。奴隶主们大量购进黑奴从事采矿，在这以前，巴西只有二三十万人口，"黄金热"潮中，巴西人口激增至 200 万人，每年输入的黑奴平均有 5 万之多。奴隶们在监工的皮鞭下，带着几块木薯和几根玉米棒，不分寒暑，昼夜拼命干，有的长期浸在河水中淘洗金砂，有的冒着石崩被砸死的危险在山上挖矿。奴隶主为了驱使奴隶为他们卖命，规定奴隶只要能挖到一定数量的黄金就可赎身。事实上只有少数奴隶达到定额赎了身，更多的奴隶却因此而丧命。

葡萄牙王室垄断黄金开采，规定矿主须将所得黄金上缴 1/5 给王室；后又设立冶炼局，规定所采得的金砂必须交给冶炼局铸成带有王室印记的金条才得在市上流通。据记载，采金者交付给王室的黄金，1699 年 514 公斤，1703 年 4400 公斤，1712 年增至 14500 公斤，1720 年经过登记运往里斯本的黄金达 25000 公斤。

葡萄牙从巴西掠去的钻石数量也很惊人。1730 年从巴西运去钻石，竟引起市场价格下跌 2/3。据估计，1729—1832 年，巴西生产的钻石超过 300 万克拉①（不包括走私的）。这些黄金和钻石都成了葡王室贵族和奴隶主们骄奢淫逸的本钱。

葡萄牙王室不仅直接奴役和剥削印第安人、黑人和混血种人中的劳动人民，还对土生白人和在巴西的商人采取了许多歧视性的政策。土生白人即使是世袭的大种植园主也不允许担任高级官职。巴西商人不得与外国人通商。来往于巴西的船只只能向葡萄牙租用，并须向王室缴纳重税，由王室编队航行。凡是葡萄牙能生产的产品，如小麦、植物油、葡萄酒、白酒、橄榄、硝石等必须由西印度公司负责从葡萄牙输入巴西，而不许巴西种植和制造。进出口货物都规定有利于葡萄牙的价格；食盐、烟叶、肥皂和渔业生产都由王室垄断，不许土生白人经营。苛捐杂税种类繁多，各种契约的订立，各种正式文件的编制，几乎所有商品（包括由封建主出售的奴隶免罪证），房屋出租，金砂（代替货币）的使用等，都要征税。虽然这些捐税最后都会转嫁到劳动人民身上，但总是限制了土生白人和商人的活动。还有一项十分荒谬的规定，不许在巴西出版书报、开办印刷所、设立大学和图书馆。这些政策激怒了土生白人和巴西商人，阻碍了巴西社会经济的发展。

殖民时期巴西的阶级关系极为鲜明。占据社会宝塔顶尖和上层的是在葡

---

①　宝石重量单位，1 克拉为 200 毫克，合 0.2 克。

萄牙出生的种植园主和官吏。第二层是所谓"自由人",他们是从欧洲来的一般移民、土生白人以及少数混血种人。第三层是在大种植园旁边耕种一小块土地,基本上自食其力的混血种人和少数未被追捕为奴的印第安人,他们虽在政治或经济上仰仗种植园主,因而要受其欺凌,为其服劳役,但毕竟还有较多的自由权。第四层是依附种植园主而有人身自由的佃农,其中有的沦为隶农,人身自由受到限制。第五层是压在社会宝塔最底层的印第安奴隶和黑人奴隶,他们是开垦巴西土地、开发巴西矿山、创造巴西财富和文明的主要劳动者,却过着牛马不如的生活。他们住在阴湿的土堡里,每天劳动十几个小时,动不动就饱受监工"鳕鱼鞭"的毒打。为首逃跑者要受"九斋日"的刑罚,即连续惨遭 9 个晚上的鞭打。

巴西这种阶级关系,一直延续到巴西独立以后,延续到帝国末期,直到奴隶制度废除,资本主义逐步发展,才出现较大的变动。

巴西独立运动产生的历史条件

巴西独立运动的产生,主要有三个条件。

第一,殖民地人民长期的反抗斗争。

早在 1558 年,印第安人艾普雷部族就与其他部族结成联盟,几乎把葡萄牙人赶出了伊列乌斯和塞古罗港两个"封地"。1561—1563 年,图皮族印第安人在圣保罗举行暴动,把葡人围在城里,还粉碎了里斯本派来解围的武装力量,迫使葡人求和,并释放了一批追捕来的印第安奴隶。1572 年开始,印第安人与葡人进行了"七年战争",占据了 300 多个村庄。正是在这些反抗浪潮冲击下,王室不得不从葡人在巴西的根本利益考虑,先后于 1570 年、1587 年、1595 年、1605 年、1609 年、1611 年发布禁止以印第安人为奴的敕令。到 1688 年,巴西东北地区爆发的以酋长卡宁德为首、拥有 1500 多人的起义,迫使葡萄牙统治者于 1692 年签订了保证不再奴役印第安人的条约。1750—1755 年,瓜拉尼部落的印第安人为反对葡萄牙、西班牙两国《马德里协议》中对他们的处理,对两国的镇压部队进行了极其顽强的战斗。这一仗,印第安人死了 1000 多人,终于迫使葡萄牙庞巴尔首相在 1758 年颁布了一条到 1775 年给印第安人以自由的法律。

巴西黑人的处境比印第安人更凄惨。自 1532 年开始,他们被迫离乡背井,来到巴西种植园或矿区,逐步代替印第安人繁重的奴隶劳动,成为"会说话的牲畜"，平均寿命不超过 25 岁。所以，他们的反抗更加激烈。种植园里黑人的斗争方式最普遍的是逃跑。他们成群结队地逃到腹地的深山丛林和荒野里，建立许多"逃奴堡"，恢复非洲黑人的生活习惯，并武装抵抗前来追捕的所谓"田野上尉"和"灌木上尉"（即猎奴队长）带领的猎奴队。

开始，逃奴堡是分散的，后来在伯南布哥的帕尔马雷斯一带建立了许多逃奴堡，他们以马卡科逃奴堡为中心联合起来。1630 年，黑人们选举甘加·赞巴为领袖，联合举行武装起义。他们建立村镇，建设教堂、炼铁作坊、理事会大厅等，制定法律，分配土地，发展多种经营的农业生产，与邻近地区进行贸易，还训练了一支有 1 万人的军队。它吸引了两万多人口，不少印第安人逃到那里并受到保护。那里俨然成了一个独立国家。别人也称他们为"帕尔马雷斯共和国"。1624—1654 年，荷兰人曾占领巴西东北部全部土地。荷兰殖民者曾于 1643 年、1654 年两次派兵镇压，并未成功。后来葡萄牙人于 1654—1684 年发动几次进攻，直到 1696—1697 年才把这个黑人"国家"镇压下去。这次起义前后持续 60 多年，在巴西黑人斗争史上是辉煌的一页。

矿区黑人也开展了一些斗争。1772 年，米纳斯吉拉斯有一处黑人暴动，曾占领圣托梅村。从矿区逃出来的黑人，在瓜里特胜河畔建立了一个逃奴堡，也存在了 24 年之久。1756 年，米纳斯吉拉斯的黑人还密谋发动一次大规模的暴动，后被发觉，遭到残酷镇压。

土生白人和巴西商人对宗主国的歧视与限制，从反感走向反抗。1660—1666 年，里约热内卢和累西腓的土生白人曾对葡萄牙总督官邸发动进攻，逮捕总督，一度掌握了当地的管理权。1684—1685 年，马腊尼昂地区的土生白人在贝克曼的领导下举行暴动，反对一家葡萄牙垄断公司对当地贸易的垄断权，一度建立了"洪达"，逮捕了地方当局的代表。1710—1711 年，伯南布哥的土生白人起义，要求建立自治共和国。巴伊亚州的萨尔瓦多居民为反对进口税提高 10%，要求取消食盐垄断，也举行暴动，摧毁了征收盐税官吏的房屋，包围了总督府。总督保证不再增税，暴动才停止下来。

以上这些斗争，只是对殖民者的直接回击，一般没有明确的政治纲领，更没有明确的独立思想。即使像帕尔马雷斯共和国那样规模大、时间较长的斗争，也只是黑人在局部地区的一种反抗，尚不具有独立运动性质。但这些斗争为独立运动的产生做好了准备。

第二，巴西资本主义因素的滋生冲击了旧的生产关系。18 世纪初，巴西资本主义的嫩芽开始有所萌动。黄金周期的出现，使巴西的阶级关系露出了变异的端倪。原先在殖民地占统治地位的种植园主，有的逐步兼为矿业资本家，有的组织了一些协调种植园主与宗主国关系的商业集团，有的转为奴隶商。原先的奴隶也有少数用采矿赎身的办法得到自由。1750—1777 年，葡萄牙庞巴尔首相进行了一些改革。比如将王国驻巴西的副王首府由以种植园主为中心的巴伊亚迁到了以新兴资产阶级为中心的里约热内卢，对最后的几个封建领主给予补偿后剥夺了他们的权力，取缔了宗教裁判所，允许创办手工工场、开办学校，等等。这些改革在客观上有利于资本主义成长。1777 年，玛丽娅女王把庞巴尔的改革扼杀了，但已开始成长的资本主义嫩芽却不可能完全被掐掉。1807 年法国出兵侵占葡萄牙。1808 年 3 月葡王室在英国帮助下迁到巴西，若奥亲王不得不再度进行改革，排除妨碍巴西全国统一市场发展的割据局面，开放港口，建立巴西银行，恢复一些工商业活动。这使出现枯萎的资本主义嫩芽重得滋润而成长。

随着巴西资本主义的滋生，葡萄牙王室迁到巴西，国内的各种矛盾日益发展。首先，王室迁入后，有色人种所受的奴役与剥削更加直接和残酷，赋税增加了，劳役频繁了。当时巴西的有色人种占总人口 400 万中的一半，有的省份高达 66%。他们大多是生产与生活中的奴隶，备受压榨，因而激化了与殖民者的矛盾。其次，微弱的新兴资本主义力量与王室的矛盾也很尖锐。葡萄牙王室迁到巴西，为报答英国护送之恩，给以其异常优惠的税率。当时葡萄牙商品的关税税率为 16%，别的国家为 20%，而英国只要 15%。结果，巴西市场几乎被英国垄断，所需工业产品几乎全由英国供给。这对巴西新兴的资本主义是一种摧残，引起新兴资产阶级的强烈不满。再次，巴西的种植园主和王室的矛盾日益显露。因为王室禁止他们种植小麦等作物，在推销种植园的产品时要受到葡人的居间剥削；他们在政治上受歧视，不能得到高官厚禄。

当然，奴隶、新兴资产阶级和大庄园主之间同样存在矛盾，但三者同王室的矛盾在当时更尖锐。这促使巴西人民对葡王室的离心倾向日益明显，旧的生产关系受到很大的冲击。

第三，欧美资产阶级革命的激励。18 世纪欧洲的启蒙思想武装了巴西的一些民族运动先驱者，欧洲资产阶级革命与美国独立战争的胜利给了巴西人民以斗争信心，海地革命的胜利与西班牙美洲如火如荼的独立运动更对巴西产生了激励作用。这些都促使巴西独立运动的到来。

巴西独立运动的三个阶段

巴西独立运动的完成，经历了整整 100 年的时间和一条曲折的道路，是有其特点的。它可分为三个阶段。

第一个阶段是武装斗争阶段。这个阶段从 1789 年米纳斯密谋开始，经过 1798 年的巴伊亚密谋和 1817 年的伯南布哥革命等伟大事件而正式展开。这些事件都具有资产阶级革命的色彩，有较明确的民族独立思想，要求与葡萄牙殖民者决裂，主张建立共和国和废除奴隶制度。

米纳斯密谋是由蒂拉登特斯组织的。米纳斯吉拉斯是巴西黄金热的中心，新兴资产阶级与自由矿工都在成长，一批批奴隶也集中到这里来。到 1785 年，黄金矿源日见枯竭。王室下令全力挖采，同时垄断冶炼过程，毁掉原有私人设立的手工冶炼工场，但仍按原来的税额向居民征税。这激起了新兴资产阶级和居民的强烈不满。1789 年，米纳斯总督巴巴塞纳子爵决定向居民追索过去积欠的全部税款，总计有黄金 596 阿罗瓦①，合 8940 公斤。这引起了人们的愤慨。

骑兵中尉若阿金·若泽·达·席尔瓦·沙维尔（即拔牙师"蒂拉登特斯"）和从欧洲回来不久的若泽·阿尔瓦雷斯·马西埃尔，以及一批进步的作家、诗人、医生、律师、神甫和军官等，秘密策划推翻葡萄牙殖民统治的武装起义。他们的纲领是：同葡萄牙决裂，建立共和国；组织新的民团，实行义务兵役制；开办各类工厂，允许自由贸易，废除对黄金、钻石开采的垄断；设立大学，发展教育；奖励生育，救济贫民；选定内地的圣若昂·德雷伊为首都。他们还酝酿提出废除奴隶制的主张，也设计了新生共和国的国旗。他们决定在殖民当局正式追收旧税的当天发难，计划首先击溃总督卫队，活捉巴巴塞纳。蒂拉登特斯主动承担了最危险的角色和最艰巨的任务。

由于密谋的参与者白人军官雷伊斯告密，起义失败了。蒂拉登特斯被捕下狱，后被杀害。这次革命烈火虽在点燃阶段就被扑灭，但它是巴西历史上第一次对全国有影响的、带有资产阶级革命性质的独立斗争，是巴西独立运动的开端。

1798 年的巴伊亚密谋也是一次夭折的起义。它反映了巴西独立运动的深

---

① 阿罗瓦，重量单位，1 阿罗瓦合 15 公斤。

入，说明独立和自由、民主的思想已在巴西中下层人民中传播与生根。密谋的负责人是两名黑白混血种的缝衣工人和两名士兵。参加者一为受了欧洲资产阶级革命思想影响的知识分子，二为裁缝、木工、石工、士兵、奴隶等，也有少数中下级军官。其中不少有色人种，也有妇女。他们的纲领比米纳斯密谋的纲领更激进、鲜明：主张建立独立的民主政府，解放奴隶，发展生产，增加士兵薪饷，与各国开展自由贸易，并对那些反对革命的人处以死刑等。

1798 年 8 月 12 日，他们秘密地在巴伊亚散发传单，张贴标语，准备在第革尔广场举行暴动。由于叛徒告密，就在暴动的当天，殖民当局突然进行大包围大逮捕。起义被镇压下去了，四个领导人被处以绞刑。这次起义进一步鼓舞了巴西人民要求独立的斗志。

1817 年伯南布哥的革命烈火，不仅燃烧起来，而且蔓延开了。伯南布哥是一个富有反殖民统治传统的地区。驻军中葡籍高级军官与巴西籍的中下级军官、士兵的矛盾比较尖锐。一批受欧洲资产阶级革命思想影响的先进人物，早就组织酝酿了独立的秘密团体。1817 年 3 月 6 日，殖民地当局下令在伯南布哥首府累西腓逮捕几个密谋起义的嫌疑分子。有一位下级军官拒捕，并刺死了一个前来逮捕他的少将，就此点燃了起义的导火线。起义者手持长矛利箭，走上街头，高呼"独立万岁！""自由万岁！"攻入炮台，逮捕了躲进炮台的省长。起义者组织了共和国临时政府，由商业、军队、神甫、农民和法律五个方面的代表人物中各推一人担任政府成员；还组织了以知识界为主的协商委员会。

临时政府发布了致伯南布哥与全体巴西人民的宣言，号召永远结束王权暴政，建立自由独立的巴西共和国；宣布取消苛捐杂税，废除贸易垄断，禁止葡萄牙船只出港；提高士兵薪饷，建立海军；鼓励世俗教育；废除等级特权制等。对解放奴隶问题，宣言中只是说政府希望"解放奴隶的工作能以正义与合法的方式来逐步实现"。

临时政府派出代表前往美国、英国和阿根廷等国，争取得到支持。

革命的烽火蔓延到帕拉伊巴州、北里约格朗德州、阿拉戈阿州与塞阿腊州，一时在东北地区出现了高涨的革命形势。

若奥六世得知伯南布哥起义的消息，立即派兵镇压。他用海军封锁累西腓港，以陆军进攻伯南布哥。经过激烈的战斗，终因敌我力量悬殊，起义军被迫退出累西腓，停止抵抗。这次起义从 3 月 6 日发动到 5 月 20 日失败，不到 3 个月，起义领袖多遭杀戮，被捕的起义群众达 2000 多人。

这次起义，无论方式、纲领和规模，都比前几次前进了一大步。它动摇了殖民统治的基础，使若奥六世感到命运岌岌可危而开始认真策划退路。

第二个阶段是巴西宣布独立，与葡萄牙仍然藕断丝连，实际上带有分立性质的阶段。

1814 年葡萄牙本土赶走拿破仑后，由于若奥亲王委托摄政的英国贝雷斯福德元帅的专横统治，激起人民对摄政王和在巴西的葡王室的反感。若奥六世不得不思考对策，处心积虑谋求把巴西独立运动扭到自己安排的轨道上来。

早在 1813 年，若奥亲王的顾问费雷拉就曾建议：把葡王国摄政的权力交给贝拉王子（即佩德罗一世），由若奥亲王出任独立的巴西皇帝，以防止一场民众的革命。若奥亲王不敢贸然行事。1815 年，在英国建议下，将葡萄牙国名改为"葡萄牙—巴西—阿尔加维联合王国"，表示葡萄牙与巴西"平等"，借此缓和巴西人民的革命情绪。这个骗局很快就被巴西更多的人识破，于是 1817 年爆发了伯南布哥革命。

1820 年 8 月 24 日，葡萄牙本土发生资产阶级革命，这对巴西产生了巨大影响。巴伊亚州和巴拉西州的军队建立了新的政权，各个州先后成立"洪达"，米纳斯吉拉斯州更为动荡，里约热内卢的驻军和人民也在骚动。1821 年 2 月 26 日，里约热内卢的圣安娜广场上聚集了许多葡萄牙军队，要求国王向葡萄牙的资产阶级宪法宣誓。若奥六世派王子佩德罗去现场观察，佩德罗被迫承诺了一些改革，缓和了形势。但葡萄牙国内的局势仍很紧张，新议会要求王室返回里斯本，皇后逼若奥六世回去，英国也坚持要他回去。若奥六世于 4 月中旬决定将王室带回葡萄牙。

4 月 21 日，若奥六世在行前任命佩德罗王子为巴西摄政王。没想到就在他下达任命的三天内，巴西一些州的"洪达"却宣布与佩德罗政府脱离关系，有些地区还提出了独立的口号。这给若奥六世当头一棒。王室船队将要启碇返葡时，里约热内卢海口的炮台看守所要求留下全部国库金银。若奥六世虽对这些"叛乱"进行了镇压，也意识到巴西独立已是一股不可阻挡的历史潮流。他在 4 月 26 日率王室 3000 人返葡前夕，对佩德罗面授机宜："如果巴西发生了坏得不能再坏的情况，硬要独立，你就自己来宣布独立，把王冠戴在自己的头上。"他还说，"如果巴西独立，最好是为你而独立，因为你还尊重我，王冠比落在冒险家的头上好得多"。这是若奥六世为保持布拉甘沙王朝在巴西的统治而留下的一个改牌换记的锦囊妙计。巴西著名史学家卡洛热拉斯说："这样做，巴西就可以在布拉甘沙王朝庇荫下，作为一个更大的葡萄牙投影而和平地继续其君主制的演变。"

佩德罗从担任摄政王到宣布"独立"，经过了观望、拖延和激动三个历程，最后演出了独立喜剧。从 1821 年 4 月 21 日担任摄政王到 1822 年 1 月 9 日宣布"我留下"的 8 个多月，佩德罗处于矛盾、犹豫和观望之中。他和他的支持者——巴西的大庄园主、大商人和继续留在巴西的葡萄牙贵族的基本要求是保持与葡萄牙的平等地位，建立葡萄牙与巴西的联合王国。以土生白人、著名的自然科学家若译·博尼法西奥教授为首的支持者，开展要求他留下的运动，成立"抗命俱乐部"。但巴西人民群众，包括一部分庄园主、土生白人中的商人以及新兴手工工场主、手工业者和城乡居民，尤其是有革命传统的米纳斯吉拉斯州和伯南布哥州的人民却希望与葡萄牙决裂而建立独立的共和国。可是葡议会咄咄逼人，认为佩德罗的想法大逆不道，先后通过了两个命令，规定巴西分割为若干省，每个省直接受里斯本管辖，巴西的一切政务均由里斯本指挥；同时撤销摄政王的机构，命令摄政王立即返葡"以便完成政治上的教育"。

若奥六世也不理解他儿子的用心，怀疑他会背叛布拉甘沙王朝。因此，佩德罗给他父亲写了一封信，他说："独立运动只是愿意保护我以及我们的军队"，"我自己的荣誉比整个巴西的荣誉还重要"。"我向陛下宣誓：永不违背信义"，"用血写下誓言：我立誓永远忠于陛下，忠于国家及忠于葡萄牙宪章"。他仍迟迟没有公开作出抉择，担心正在高涨的独立与共和的浪潮会将他淹没。他尤其担心米纳斯吉拉斯州以及在国内有巨大政治、经济影响的圣保罗州不支持他而使他陷入绝境。后来，他派人到圣保罗州和米纳斯吉拉斯州去收集要求他留下的"请愿书"。由当时担任圣保罗州洪达副主席的若泽·博尼法西奥教授草拟了一个所谓圣保罗州民众的请愿书，征集了 8000 多人的签名。1821 年 12 月 29 日，博尼法西奥等把请愿书呈送到王室参议院，请挽留佩德罗。1822 年 1 月 9 日，举行了上书仪式，由圣保罗州洪达的主席发表了"劝留"演说。佩德罗在这种"正合孤意"的场面上，表示"暂且留在巴西"，"等他们（指葡议会和若奥六世）对巴西情况完全了解后"，"再作去留"。群众表示不满。他才断然表示："为了大家的利益和民族的幸福……请告诉人民，我留下。"

此后 7 个月，佩德罗采取了拖延政策，不与葡萄牙彻底决裂。1 月 16

日，佩德罗任命了博尼法西奥教授领导的内阁。内阁在佩德罗同意下制定了一系列抵制葡萄牙的法令，如里斯本来的任何命令若未得到佩德罗的同意都不得在巴西执行；禁止任何葡萄牙军队在巴西登陆；命令驻里约热内卢的葡军返回里斯本等。内阁号召各州都承认亲王政权是全国最高权力机构，组成为建立制宪会议作准备的全国各州代表会议，颁布了召开制宪会议的法令。但是，佩德罗表示忠于对父王的誓言，仍以葡萄牙在巴西的摄政王身份活动。他的目的就是建立一个延续布拉甘沙王朝法统的立宪帝国，与葡萄牙平等联合。

巴西的独立派不满佩德罗的拖延态度，对他施加压力。5 月 13 日若奥六世生日那天，里约热内卢的议会代表团再向佩德罗上书，声明"巴西再也不能附属于一个小小的、遥远的、既保卫不了更征服不了它的国家"。佩德罗接受了代表团敬献的"巴西的永久保护者"的称号。他一方面有限度地放任独立派人士进行各种要求独立的活动，另一方面始终不愿流露出与葡萄牙决裂的意向。

8 月 28 日，巴西收到葡萄牙议会新的命令，指出佩德罗只是巴西行政机构的临时首脑，应立即返回欧洲；巴西内阁的大臣只能由里斯本任命；各州代表委员会和制宪会议都是非法的；博尼法西奥和现任的巴西内阁其他大臣以及拥护独立的人，必须受法律追究，等等。若奥六世在葡议会的压力下也写信给儿子，要他服从葡萄牙的法令，回到葡萄牙来。佩德罗正在圣保罗州的伊皮兰加河畔巡视。面对这个紧急局势，在里约热内卢的临时摄政王、王后娜利奥波尔迪娜主持了内阁会议，会上一致决议迅速派人把情况告知佩德罗。王后和博尼法西奥都写信力劝佩德罗与葡萄牙断然决裂。博尼法西奥的信中还说："王子必须在两条道路中仔细地选择一条，要么立即回到葡萄牙去，从而使自己成为葡萄牙的阶下囚，就像若奥六世目前的处境一样①；要么留下来，并宣布独立，成为巴西的皇帝或国王。"王子的另一位亲信也写信告诉他："在葡萄牙，已有一帮人公开讲要剥夺佩德罗的王位继承权，而拥护王叔米格尔做王位继承人。"

9 月 7 日，佩德罗收到信使送来的信后，激动得挥剑跺脚，摔掉葡萄牙发来的指令，并对他的神甫说："从今天起，我们同葡萄牙的关系结束了，我不再需要从葡萄牙政府那里来的任何东西。我宣布：巴西永远从葡萄牙分

---

①　当时若奥六世名义上仍为葡萄牙国王，但被议会限制了权力和行动。

离出来了。"接着，佩德罗向警卫部队高声喊道："巴西人，从今以后，我们的口号是：要么独立要么死亡！"1822年10月12日，佩德罗在博尼法西奥等君主派代表人物拥护下，被尊为立宪皇帝，称佩德罗一世。12月1日，又采用葡萄牙的传统仪式举行了加冕典礼。

在巴西独立过程中也有过战争。当佩德罗宣布"我留下"时，驻在里约热内卢的2000名葡军就曾企图逼他回国，但被当地1万多名人民武装逐出首都，勒令回葡。在巴伊亚的葡军将领马德拉曾率万余军队与巴西人民战斗，后来投降了。西斯普纳蒂纳省（今乌拉圭，当时在巴西统治下）蒙得维的亚的葡军抵抗了17个月，被赶走了。其他一些地方的葡军企图作乱，都没有成功。这些战争在整个独立运动中并没有产生直接的影响。

巴西宣布独立后，1824年，美国承认了它。1825年，英国和葡萄牙也承认了它。这是巴西人民斗争的胜利。然而，巴西的独立带有分离和分立的性质。葡、巴各立门户，彼此之间仍有血缘关系，在政治、经济、文化等方面交织着分割不开的网络。

巴西帝国由葡萄牙布拉甘沙王朝的嫡系继承人、葡萄牙王子统治，巴西帝国宫廷的大权几乎原封不动地由葡萄牙贵族掌握。1823年底，佩德罗一世解散制宪会议，任命自己的葡籍王室亲信组织新政府，大量葡萄牙出生的人担任州长和地方部队司令官。在独立时为佩德罗出过大力的土生白人博尼法西奥，也两度被排挤出内阁。巴西军队中的大多数军官是葡萄牙人。在巴伊亚战斗中被俘的葡籍官兵都被编入巴西军队。这些说明葡萄牙的法统依然在巴西延续。

1825年，葡萄牙王室承认巴西帝国的《葡巴条约》序言中，说此约是"为调整关于两国分离的所有基本问题而接受英王陛下的调停"而订立的。条约规定"巴西皇帝陛下为感谢他的尊敬的父亲和君主唐·若奥六世的关心与慈爱，同意最忠诚的国王陛下亲自承担巴西皇帝的称号"。这就是说，葡萄牙的国王同时也就是巴西的皇帝。在条约其他部分提及两国关系时，有的地方也用"分离"的词语。

1826年，葡萄牙国王若奥六世去世。葡王室作出决定，由佩德罗继任国王。佩德罗接受了继承权，兼任葡萄牙国王，并为葡萄牙制订了一部宪法，宣布大赦等。后因兼顾不及，才逊位给自己的幼女格洛丽亚。1828年，他的弟弟米格尔篡夺王位，他又进行干预。这时，巴西人民"认为皇帝对葡萄牙和他女儿的王冠比对巴西更感兴趣"。佩德罗遭到巴西人民的反对，更加

"依靠原籍葡萄牙的臣民，而把巴西人排斥在他的密友和顾问圈子之外，甚至巴西人连一个大臣的职位都保不住"。

巴西帝国独立后社会性质未变，奴隶制、大庄园制、君主制都一仍旧贯。英国人的特殊地位也未变。葡萄牙人在巴西的特权、地产、浮财、船舶、货物、利润等，均受到法律保护；即使前几年已被没收了的也悉数发还。葡萄牙运到巴西的货物受到国际法中最优惠税率的待遇。

这些说明巴西宣布独立，还只是实现了分立。如用形象的说法，这场独立喜剧，剧本主要是若奥亲王的顾问费雷拉构思的，作者主要是若奥六世，导演是博尼法西奥，主角是佩德罗一世。正因为博尼法西奥处于导演地位，所以巴西的种植园主和一部分封建的历史学家称他为"独立之父"。事实上，博尼法西奥虽是受过法国启蒙思想教育的学者，但他出身于大种植园主，被人视为保守派人物。在欧洲时期，他曾被法国资产阶级革命中群众的激进行动所吓坏，因此反对与葡萄牙彻底决裂，反对共和制度，主张走"阻力最小的道路"来使巴西人取得自主的权利。佩德罗面对独立与共和的世界性风暴，明知陈规的统治防线必然会被冲破，他考虑的是"从最恶劣的形势中作最好的打算"。博尼法西奥的"阻力最小的道路"和佩德罗的"最好的打算"结合起来，他们合作使独立后的巴西仍处在布拉甘沙王朝的统治之下。

第三个阶段是巴西人民争取完全的独立并取得胜利的阶段。这是巴西人民反对帝制，要求废除奴隶制，建立共和国，推翻布拉甘沙王朝，建立巴西人统治巴西的阶段，经历了巴西帝国全过程。在这过程中，巴西的葡萄牙色彩愈来愈淡，巴西的民族色彩一年胜过一年。到1899年巴西帝国被推翻，巴西联邦共和国宣告成立，葡萄牙人的布拉甘沙王朝从巴西被赶走，巴西人民才取得了独立运动的完全的彻底的胜利。

西班牙南美洲殖民地的独立战争

郝名玮

西班牙南美洲殖民地包括秘鲁、新格拉纳达和拉普拉塔①三个总督区以及委内瑞拉和智利两个都督区。1810 年，殖民地人民爆发了反抗西班牙统治的独立战争。殖民地人民浴血奋战 15 年，于 1826 年初赢得最后胜利。

独立战争的前提

18 世纪末 19 世纪初，西班牙南美洲殖民地的经济和社会有了较大的发展和变化，出现了拉普拉塔地区和委内瑞拉等经济比较繁荣的新的中心。1778 年以前，拉普拉塔地区平均每年出口 15 万张牛皮，1783 年达到 140 万张，主要供应英、法等国。委内瑞拉 18 世纪末可可年产量达 19.3 万法内加②，其中有 14.5 万法内加出口，远销英、法、荷等国。智利和拉普拉塔地区的小麦销往巴西、法国和毛里求斯。

金银贵金属的开采在殖民地经济生活中占有特殊地位。历史上素有"世界银都"之称的上秘鲁波托西银矿区，16 世纪 90 年代产量最高，年产值达 750 万比索；18 世纪 30 年代下降到 100 万比索；18 世纪末稳定在 400 万比索。这时，整个西班牙南美洲殖民地的金银年总产值为 1600 万比索。

殖民地的轻工业，如纺织、制革、面粉、肥皂、蜡烛、酿酒、金银器皿等，迅速发展，出现了很大的手工工场。秘鲁的库斯科地区、新格拉纳达东部地区、拉普拉塔的科尔多瓦和科恰班巴地区，都是著名的纺织业中心。科

---

① 新格拉纳达总督区包括今哥伦比亚、厄瓜多尔和巴拿马。拉普拉塔总督区包括今阿根廷、乌拉圭、巴拉圭和玻利维亚。

② 1 法内加等于 102.3 公斤。

恰班巴地区1788年有2000名纺织工人，1798年增加到8000人，每年要用原棉75万—100万磅。1787年，拉普拉塔地区出现了第一家大型腌肉厂——科利亚腌肉厂。厂主弗朗西斯科·梅迪纳的牧场上饲养着2.5万头牛和2000匹马。

18世纪下半叶，随着农牧、工矿业的发展，殖民地的自由雇工越来越多。秘鲁和拉普拉塔地区的中、小银矿主使用的劳动力大多是自由雇工。一些根据"米达制"，即强制劳役制为大矿主服劳役的印第安农民，服役期满后即以自由雇工的身份与矿主签订劳动合同，继续在矿上劳动。矿工整日在井下干活，长期不见阳光，工资极低。农牧业中的劳动力多半是领取工资的长工和短工。这些短工大都是失去土地、靠出卖劳力为生的印第安人、混血种人和黑人自由劳动者。工人们劳动十分繁重，总是日出而作、日落而息，待遇极差。秘鲁海岸地区的种植园主支付的工钱是比较高的，日工资也只有6个雷阿尔[①]。

农牧、工矿业的发展使外贸大幅度增长。布宜诺斯艾利斯港的关税收入逐年增加，1777年以前，平均每年不超过2万比索，90年代初增加到40万比索，1804年超过了100万比索。内部市场也开始兴旺起来，以拉普拉塔地区为例，商品税的收入1773年为2502比索，1780年为20428比索，1800年增至46390比索。

殖民地经济的发展，特别是商品货币关系的发展，农牧、工矿业中雇佣劳动的使用，使西班牙南美洲殖民地出现了资本主义的生产关系。然而，西班牙的殖民统治严重阻碍了这种关系的发展。

西班牙殖民者在殖民地实行封建专制主义的统治。殖民地的总督、都督、主教和其他高级官吏均由西班牙国王直接任命。总督和都督拥有行政、立法、司法、军事、财政和宗教等大权，他们有权任免殖民地各级地方官吏。所有这些大小官吏"把自己在殖民地的居留时期，看作他们一生中永远不会再有的幸福年月"，他们贪赃枉法，敲诈勒索，中饱私囊。

殖民地广泛流行委托监护制。殖民政权将一定地区和数量的印第安人分配给殖民者，名为委托他们对之进行"监护""教化"，实为强迫印第安人为殖民者服劳役。殖民政权大力推行"米达制"，每个印第安人村庄每年必须从所有18—50岁的人丁中抽派1/7到矿山服劳役，为期4个月。奴隶式的

---

① 8个雷阿尔是1比索。

劳动造成了大批劳力的死亡。1573—1673 年，波托西周围地区的印第安劳力从 11199 人减少到了 1674 人。殖民政权还强制印第安人交纳人头税。秘鲁的印第安人每人每年必须向西班牙国王交纳 5—10 比索的年贡。殖民压迫和剥削，使印第安人锐减。1525 年，秘鲁有 1000 万印第安人，到 1796 年只剩下 608894 人。由于印第安人劳力不足，西班牙殖民者从非洲运进黑奴，从事农牧业生产。19 世纪初，西班牙南美洲殖民地约有 30 万黑人。

天主教会是西班牙殖民统治的支柱之一。它用十字架、火和剑强制印第安人皈依天主教。它是殖民地最大的土地所有者，独立战争爆发前夕，它在秘鲁、新格拉纳达等地区拥有当地总地产的 1/2。它强迫印第安人服劳役，耕种土地，到手工作坊劳动。它还向印第安人强征什一税。它在殖民地建立宗教裁判所，镇压一切反抗西班牙国王和殖民统治的异端分子。

西班牙殖民政权制定了一整套极其严厉的制度，使殖民地的经济活动服从于宗主国的利益。它限制或禁止殖民地发展可能与自己竞争的工农业产品。例如，为限制秘鲁纺织工业的发展，不准从欧洲进口先进的纺织机械；禁止秘鲁和拉普拉塔地区发展制帽业，下令这两个地区出产的羊驼毛全部运往宗主国，供宗主国制帽用；在殖民地垄断水银、食盐、烟草等的生产和销售；禁止殖民地与别国直接通商。

西班牙在殖民地征收的捐税近百项，诸如商品进出口税、商品销售税、年俸税、矿产税、印花税，等等。殖民地金银产量的 10% 要上交给西班牙国王。18 世纪末，捐税加重，商品销售税由原来的 4% 增加到 7%，酒税增至 12%。混血种人要交纳人头税。秘鲁殖民政府 1780 年的捐税收入为 330 万比索，1799 年达 480 万比索。

西班牙的殖民政策，对殖民地的掠夺和剥削，引起了殖民地社会各阶级、各种族人民的普遍不满。19 世纪初，西班牙南美洲殖民地约有 780 万人，其中 40% 为印第安人，39% 为混血种人，黑人占 4%，白人占 17%。白人中大多是土生白人，西班牙人只占少数。以委内瑞拉为例，1800 年土生白人有 17 万，而西班牙人只有 1.2 万。然而，西班牙人是殖民地的统治者，掌握着政治、军事、宗教等大权。土生白人在政治上备受歧视，从未有人担任过总督、都督和外交官。他们只能当下级军官、下级教士。土生白人中形成了新兴资产阶级，主要是商业资产阶级。这个阶级与为市场生产的土生白人中的地主阶级一道，已发展成为殖民地有势力的社会阶级。他们掌握了殖民地的经济实力，要求"贸易自由""种植自由""销售自由"；要求政治权益，反对西班牙贵族、地主、商人对殖民地的政治、军事、宗教等方面的控制。

反对西班牙殖民统治最激烈的是受压迫最深、受剥削最重的印第安农民、黑奴和牧民，他们为土地和自由而战斗。反对殖民统治的还有其他劳动阶层，包括手工业工人、农业雇工、小商人、店员、小土地所有者、城市贫民等。这些劳动阶层的成员绝大多数是混血种人。各劳动阶层不仅遭受殖民统治的压迫，还受土生白人地主和商业资产阶级的剥削。阶级矛盾十分尖锐，但当时占主导地位的还是民族矛盾。"打倒坏政府！" "消灭查佩通！"①是殖民地社会各阶级、各种族人民的共同战斗口号。

18世纪70年代，美国人民推翻英国殖民统治，赢得了独立。80年代末，法国爆发了资产阶级革命。90年代，海地人民起义，赶走法国、英国和西班牙的殖民势力，建立了独立国家。这些国家人民的胜利斗争，为西班牙南美洲殖民地人民树立了榜样，指明了前进的方向。18世纪末，一些出身于土生白人地主和商业资产阶级家庭的知识分子，在欧美资产阶级革命和民族独立运动的影响下，在本地区积极传播欧洲启蒙运动思想和资产阶级革命思想，批判西班牙殖民制度。1794年，新格拉纳达的安东尼奥·纳里尼奥在波哥大翻译、出版了法国的《人权宣言》。1810年，拉普拉塔地区出版了西班牙文版的法国启蒙思想家卢梭的名著《社会契约论》。这本书和美国启蒙思想家托马斯·潘恩的《常识》在委内瑞拉广为流传。马里亚诺·莫雷诺1802年撰写了《论普遍实行的印第安人私人徭役制》一文，批判了强迫印第安人服劳役的制度，要求"正义和自由"。委内瑞拉的米格尔·何塞·桑斯撰文强烈批判了西班牙在殖民地推行的以经院哲学为主要教学内容的教育制度，强调实践和实验的重要性。

与此同时，反抗殖民统治、争取独立的武装斗争此伏彼起。影响比较大的是：1780—1781年秘鲁的图帕克·阿马鲁②发动的印第安人大起义，反对西班牙殖民奴役，要求恢复印加政权；1781年新格拉纳达索科罗地区的"平民派"起义，反对殖民当局的横征暴敛；1806年委内瑞拉人弗朗西斯科·米兰达率领数百名武装人员，从美国出发征战委内瑞拉；1809年拉普拉

---

① "查佩通"是西班牙南美洲殖民地人民对西班牙殖民官吏的蔑称。

② 图帕克·阿马鲁，本名何塞·加夫列尔·孔多尔坎基。为号召印第安人起义，他袭用1571年惨遭西班牙殖民者杀害的印加王图帕克·阿马鲁的名号，自称图帕克·阿马鲁二世。

塔总督区的丘基萨卡和拉巴斯两市人民起义以及基多市的土生白人起义。这些武装斗争虽然被殖民当局一一镇压了，但它们却唤起了殖民地人民的觉醒。

独立战争的爆发

1808 年 3 月 23 日，法军侵占西班牙首都马德里。拿破仑废黜西班牙国王费尔南多七世，将其软禁在法国，并派自己的哥哥约瑟夫·波拿巴到西班牙当国王。西班牙人民纷纷拿起武器，开展抗法斗争。各地区相继成立执政委员会，即洪达，行使地方权力。9 月 25 日，在阿朗胡埃斯组成中央执政委员会，以费尔南多七世的名义执政，统一领导全国抗战。1810 年初，法军差不多侵占了西班牙全部国土。中央执政委员会宣布解散，将权力移交给摄政委员会。

西班牙国内事态的发展，直接触发了南美洲殖民地的独立战争。战争分别在两大战区进行：北部战区，包括委内瑞拉都督区和新格拉纳达总督区；南部战区，包括拉普拉塔总督区、智利都督区和秘鲁总督区。

在北部战区，西班牙中央执政委员会解散的消息，首先传到委内瑞拉都督区首府加拉加斯。1810 年 4 月 19 日，以土生白人地主和商人为主体的加拉加斯市政会召开公开会议①，声明不承认摄政委员会，决定自行成立最高执政委员会，以西班牙国王费尔南多七世的名义执政。各省爱国力量纷纷夺取地方政权，宣布支持最高执政委员会。只有科罗、马拉开波和瓜亚纳地区在殖民势力控制下，声明只承认西班牙摄政委员会。

1811 年 3 月 2 日，委内瑞拉首届国民代表会议在加拉加斯开幕。在以米兰达和西蒙·玻利瓦尔等为首的爱国力量敦促下，代表会议于 7 月 5 日通过《独立宣言》，宣告委内瑞拉共和国诞生，史称第一共和国。

1812 年初，西班牙海军军官多明戈·蒙特维尔德奉西班牙摄政委员会之命，率领 200 余人乘船从波多黎各出发，到委内瑞拉的科罗登陆。他纠集科罗、马拉开波和瓜亚纳地区的殖民势力，向加拉加斯进犯。4 月 23 日，共和

---

① 市政会系拥有一定程度自治权的市镇地方机构。其职权为管理市政建设，维持地方治安，审理民事、刑事案件，监督医院、监狱工作，征收地方税，监督地方市场物价等。通常是在秘密的情况下开会讨论问题。遇有重大事件发生，召开"公开会议"，邀请地方上富有者参加议事，普通老百姓无权出席。

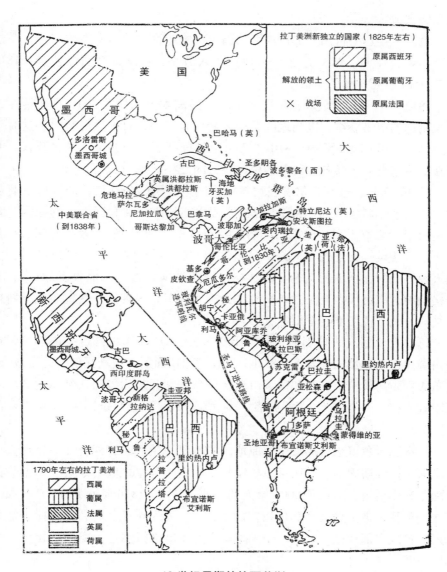

19 世纪早期的拉丁美洲

国政府授权米兰达统掌军政大权。米兰达调集 4000 人马，到巴伦西亚地区迎战敌军，在作战中连遭失败。迫于形势，他决定同敌人议和。7 月 25 日，双方签署"协议书"，米兰达同意放下武器；蒙特维尔德保证不伤害爱国者，并允许他们自由离境。30 日，米兰达同一批爱国军军官撤离加拉加斯。第一共和国被扼杀。

就在米兰达一行离开加拉加斯的当天，蒙特维尔德即撕毁协议，下令逮捕爱国者。31 日，米兰达在拉瓜伊拉落入敌手，被解往西班牙监禁，1816 年 7 月 14 日死于加的斯狱中。

1812 年 8 月初，玻利瓦尔同一批战友逃离委内瑞拉。于 10 月辗转在新格拉纳达的卡塔赫纳，同当地的爱国力量联合起来，打击殖民势力。这时新格拉纳达的爱国力量早于 1810 年 7 月下旬推翻了当地西班牙殖民政权，并正在抗击来自波多黎各和秘鲁的殖民势力的反扑。

12 月 15 日，玻利瓦尔发表致新格拉纳达公民的公开信，即历史上著名的《卡塔赫纳宣言》。他在信中分析了委内瑞拉第一共和国失败的原因：首先是由于"采取了联邦形式"，"各省我行我素"，全国陷入无政府状态；其次是未能建设一支正规军；最后是新政权"挥霍公共收入"，滥发纸币，引起人民群众的强烈不满。他呼吁新格拉纳达爱国力量支持他收复加拉加斯。新格拉纳达国民代表会议立即声明，支持他进军委内瑞拉，并宣布他为新格拉纳达公民，授予准将军衔。

1813 年 3 月初，玻利瓦尔率领 1000 余人，从库库塔打进委内瑞拉。在委内瑞拉爱国力量的配合下，8 月 7 日收复加拉加斯。玻利瓦尔召开市政会，宣布成立委内瑞拉第二共和国。市政会任命玻利瓦尔为爱国武装总司令，掌管军政大权，并授予他"解放者"称号。1813 年底，爱国军解放了东部地区。

一批逃至奥里诺科河沿岸草原地区的西班牙殖民军，纠合在军官何塞·托马斯·博维斯周围，利用草原牧民与土生白人地主之间的矛盾，以给牧民分配土地作诱饵，组织了 8000 余人的"保王军"。1814 年 6 月 15 日，保王军在拉普埃尔塔击败玻利瓦尔指挥的爱国军。7 月 6 日，玻利瓦尔撤出加拉加斯，转战东部地区。9 月 3 日，他离境前往新格拉纳达。委内瑞拉第二共和国失败。

1814 年 3 月，西班牙国王费尔南多七世回国复位。他力图使用武力恢复西班牙在殖民地的统治。1815 年 2 月 18 日，他指令巴勃罗·莫里略率领 1.6 万人的"远征军"，前往南美洲。4 月初，远征军抵达委内瑞拉。7 月 12 日，莫里略指挥 8000 余人开赴新格拉纳达，向那里的爱国力量反扑。

当时正在牙买加从事救国活动的玻利瓦尔，在 9 月 6 日给当地友人写的信，即著名的"牙买加之信"中指出了当时的形势，他写道："帷幕已经拉开，我们已见到光明；但还有人想使我们回到黑暗中去。镣铐已经砸碎，我们已经自由；但我们的敌人企图重新奴役我们。因此，美洲在作殊死的战斗。而殊死的战斗没有不赢得胜利的。"12 月下旬，玻利瓦尔获悉西班牙远征军已攻占卡塔赫纳城，立即前往海地。海地总统阿莱杭德罗·佩蒂翁热情支持委内瑞拉的独立事业，向玻利瓦尔提供了 7 条船和可以装备 5000 人的武器弹药。1816 年 3 月 30 日，玻利瓦尔率领 250 人回委内瑞拉。6 月中旬被殖民军打败。玻利瓦尔返回海地，重新组织力量。12 月 21 日，再次打回委内瑞拉。他总结了以往战斗的经验教训，决定改变战略，让开加拉加斯等大城市，深入奥里诺科河流域农村地区，与在那儿坚持战斗的爱国力量会合。他宣告废除奴隶制，声明胜利后给参加独立战争的人分配土地。大批黑人和混血种人积极参加爱国军。1817 年 7 月 16 日，爱国军解放重镇安戈斯图拉（今玻利瓦尔城）。

玻利瓦尔将总部设在安戈斯图拉，筹备召开国民代表会议。1819 年 2 月 15 日，国民代表会议召开，成立委内瑞拉第三共和国。玻利瓦尔当选为共和国总统和爱国武装最高统帅。3 月中旬，他率军前往阿普雷草原地区，与安东尼奥·帕埃斯指挥的"草原牧民军"共同作战。4 月 2 日，爱国军在拉斯格塞拉斯击溃殖民军，歼敌 400 余人，迫使莫里略率残部撤出中部地区。

中部地区解放后，玻利瓦尔决定进军新格拉纳达。1819 年 6 月初，他率领一支 2000 余人的"解放军"出征。解放军冒雨穿过新格拉纳达东部地区沼泽地带，翻越险峻难行的安第斯山脉，7 月 6 日到达通哈省的索查村。

8 月 7 日，解放军与西班牙殖民军 3000 人在波亚卡河一线交战，全歼敌军，俘虏敌军正副司令，全部校、尉级军官和 1600 名士兵。玻利瓦尔乘胜挥师南下，8 月 10 日收复波哥大。新格拉纳达的爱国力量配合解放军，战斗 65 天，解放了大部领土。

12 月 11 日，玻利瓦尔在安戈斯图拉国民代表会议上提议委内瑞拉与新格拉纳达合并，成立哥伦比亚共和国。17 日，代表会议一致通过他的提议，并选举他为共和国总统，选举弗朗西斯科·德·帕乌拉·桑坦德尔为负责新格拉纳达军政事务的副总统。

1820 年 1 月 1 日，集结在加的斯港准备开赴南美洲的一支西班牙远征军起义，反对费尔南多七世的暴政，拒绝到南美洲作战，要求实行 1812 年

"自由宪法"①。费尔南多七世被迫指示莫里略同玻利瓦尔和谈。11 月 25 日，双方代表在特鲁希略城达成停战半年的协议。

停战协议给了爱国军一个休整的机会。玻利瓦尔派人到美国、安的列斯群岛等地购买武器弹药，准备决战。1821 年 6 月 24 日，玻利瓦尔指挥 6500多人马，在卡拉博博与殖民军司令米格尔·拉托雷率领的 5500 名殖民军会战。不及一个小时，殖民军败阵溃散。29 日，加拉加斯光复。8 月 1 日，玻利瓦尔离开加拉加斯，前往新格拉纳达，指挥爱国军攻打盘踞在基多地区的殖民军。

1822 年 5 月 24 日，玻利瓦尔部将安东尼奥·何塞·德·苏克雷指挥2000 名爱国军，在基多市北皮钦查山重创敌军。敌军司令阿伊梅奇宣布无条件投降，基多解放。6 月 16 日，玻利瓦尔抵基多市。至此，哥伦比亚共和国的国土全部解放。

在南部战区，1810 年 5 月 18 日，西班牙中央执政委员会解散的消息传到拉普拉塔总督区首府布宜诺斯艾利斯。当天，以莫雷诺、马努埃尔·贝尔格拉诺为首的爱国者集会，要求西班牙殖民总督巴尔塔萨尔·西斯内罗斯立即召开市政会公开会议，讨论总督区组成新政府的问题。他们的要求得到以科尔内利奥·萨维德拉为代表的爱国军官的支持。5 月 24 日，市政会在殖民官员、大商人、大地主和反动主教的把持下，决定成立以西斯内罗斯为首的执政委员会。这引起了爱国者的强烈不满。25 日，他们带领市民涌向市政会，要求罢免西斯内罗斯，成立由爱国者组成的新政府。市政会在人民群众的压力下，改组执政委员会，成立拉普拉塔临时执政委员会，由萨维德拉任主席，贝尔格拉诺等 6 人为委员，莫雷诺和帕索任秘书。

拉普拉塔临时执政委员会仍以费尔南多七世的名义执政，各省纷纷宣布支持新政权。只有巴拉圭、东岸地区（今乌拉圭）、上秘鲁和科尔多瓦控制在殖民势力手中，与新政权为敌。

7 月中旬，拉普拉塔临时执政委员会派出 1150 人的解放军，以弗朗西斯科·奥尔蒂斯·德·奥坎波和安东尼奥·贡萨莱斯·巴尔卡塞为正副司令，征讨科尔多瓦和上秘鲁。前殖民总督利尼埃尔和一批殖民官吏从科尔多瓦向

---

① 1812 年 3 月 19 日，西班牙议会颁布西班牙历史上第一部宪法。它宣布国家最高权力属于国民；规定法律必须由民选的议会制定、通过；废除宗教裁判所、内地关税、什一税、贵族的某些封建特权等。

上秘鲁逃跑时，被解放军俘获。8 月 26 日，利尼埃尔等人被处决。

8 月末，解放军向上秘鲁进发。上秘鲁各地爱国力量配合解放军打击敌人。11 月 7 日，解放军在苏伊帕查与殖民军会战，全歼敌军，俘获并处决了敌军司令科尔多瓦、殖民省长尼埃托及其他主要殖民官吏。解放军乘胜推进到拉普拉塔总督区和秘鲁总督区的界河德萨瓜德罗河左岸，与秘鲁总督派来的援军隔河对峙。1811 年 5 月 16 日，卡斯特利与殖民军司令戈叶内切达成停战 40 天的协议。

与此同时，巴拉圭的爱国力量在何塞·加斯帕尔·托马斯·罗德里格斯·弗朗西亚的领导下，推翻当地殖民政权，于 6 月 19 日宣告独立。以何塞·阿蒂加斯为首的东岸地区爱国力量，于 1811 年 4、5 月间解放大部分领土，敌人龟缩于蒙得维的亚城负隅顽抗。

6 月 20 日，戈叶内切撕毁停战协议，在瓦基突然袭击解放军。解放军向南撤退，撤出上秘鲁。军事失利引起爱国力量对拉普拉塔临时执政委员会的不满。9 月 23 日，三人执政府成立，取代临时执政委员会。

三人执政府委任贝尔格拉诺为北方军司令。1812 年 9 月 24 日，北方军 1500 人在图库曼城外与 3000 敌人交战，大获全胜，毙敌 450 人，俘虏 700 人。图库曼大捷后，三人执政府改组，成立第二届三人执政府。

1813 年 2 月 20 日，北方军收复被殖民军占领的萨尔塔城。4 月，贝尔格拉诺率领 5000 人进军上秘鲁。10—11 月，在与敌军作战中连遭失败。贝尔格拉诺指挥剩下的 1000 人撤出上秘鲁，退至图库曼。

1813 年底，三人执政府任命圣马丁为北方军司令，接替贝尔格拉诺。圣马丁抵图库曼后，提出新的战略方案，主张训练一支人数不多、纪律严明的部队，从门多萨出征智利，消灭盘踞于那里的殖民军，然后经海路，攻克利马。布宜诺斯艾利斯政府同意他的主张。8 月 10 日，调他任库约省省长。该省与智利接壤，是圣马丁筹备实施其战略方案的理想场所。

1810 年 9 月 18 日，智利爱国力量赶走殖民总督，成立执政委员会，组成以贝尔纳多·奥希金斯为总司令的爱国军，扫荡境内的殖民势力。1814 年 10 月初，智利爱国军战败，西班牙殖民势力在智利复辟。奥希金斯率领仅剩的 500 名官兵，翻过安第斯山，进入库约省，与圣马丁会合。

1816 年 3 月 24 日，拉普拉塔地区国民代表会议在图库曼召开。会议在圣马丁、贝尔格拉诺等人的敦促下，7 月 9 日通过决议，宣告正式独立。会议推选胡安·马丁·德·普埃雷东为最高执政官。

以普埃雷东为首的政府全力支持圣马丁的战略方案的实施，将圣马丁组织起来的部队命名为"安第斯山军"，任命圣马丁为总司令。1816 年底，安第斯山军发展到了 5500 人，其中大多是英勇善战的黑人和混血种人。圣马丁对安第斯山军进行严格的政治和军事训练。

1817 年 1 月中旬，圣马丁指挥安第斯山军分四路先后攀越高达 4000 多公尺的安第斯山，向智利南部、北部和中部同时进击。圣马丁和奥希金斯率主力直插圣地亚哥城。殖民都督马科·德尔·庞特慌忙抽调 2000 兵力在查卡布科山布阵。2 月 21 日黎明时分，两军交锋。激战至中午，西班牙殖民军溃散。庞特在潜逃途中被爱国军捕获。14 日，圣马丁和奥希金斯率军进入圣地亚哥城。16 日，召开市政会公开会议，奥希金斯被推选为智利最高执政官。1818 年 2 月 12 日，奥希金斯在塔尔卡宣布智利正式独立。4 月 5 日，圣马丁和奥希金斯指挥 5000 人，在圣地亚哥城南 17 公里处的迈普平原与 5000 敌军决战。爱国军获胜，俘虏敌军官兵 3000 余人。

迈普战役胜利后，爱国军向南推进，解放了大部分领土。圣马丁在阿根廷政府和智利政府的支持下，花了两年时间，组织、训练了一支 4500 人的秘鲁解放军；还建设了一支 1600 人的海军，拥有 8 艘战舰、16 艘运输船。圣马丁自己担任总司令兼陆军司令，雇聘英国海军军官科克兰为海军司令。

1820 年 8 月 20 日，圣马丁挥师经海路北上，征战秘鲁。行前，他晓谕将士："这次出征的目的是将秘鲁从西班牙的奴役下拯救出来，使其成为一个自由的主权国家，从而完成南美大陆独立的伟大事业。"9 月 8 日，圣马丁率领解放军在秘鲁南部海港帕拉卡斯登陆，迅速占领了附近的皮斯科镇。他指令舰队封锁沿海港口，防止敌人从海上得到增援；同时派遣 1000 余人的部队插入内陆山区，发动群众，切断利马与内地的联系。他本人率领主力乘船北上，到秘鲁北部地区作战。1820 年底，北部地区全部解放。殖民总督于 1821 年 7 月 6 日率部撤离利马，退往内地山区。12 日，圣马丁率军进入利马。28 日，他正式宣告秘鲁独立，出任护国公，成立新政府。

然而，殖民总督尚有 2 万余兵力盘踞在秘鲁内陆山区，时刻威胁着新生政权。

1822 年 5 月 24 日，基多解放。圣马丁立即与玻利瓦尔联系，约定在瓜亚基尔会晤，共商解放秘鲁，实现西班牙南美洲殖民地完全独立的大计。7 月 26 日、27 日，他俩进行单独会谈，讨论了瓜亚基尔的归属、南美洲各国独立后实行何种政体以及联合作战等问题。圣马丁要求将瓜亚基尔划给秘鲁，主张君主制，建议两支部队联合作战，玻利瓦尔任总指挥。玻利瓦尔则认为瓜亚基尔是哥伦比亚共和国的领土，主张共和制，不同意两支部队联合作战，只愿派 1070 人支援圣马丁。会谈没有达成任何协议。27 日晚，圣马丁悄然离开瓜亚基尔。

圣马丁回到利马后，立即筹备召开国民代表会议。9 月 22 日，代表会议开幕。圣马丁在会上发表了辞职演说，向代表会议移交军政大权。当晚，他在安孔港只身登舟离开秘鲁，经智利回阿根廷。不久即前往欧洲，寄居法国。1850 年 8 月 17 日，在法国布洛涅城病逝。

圣马丁辞职后，秘鲁政府敦请玻利瓦尔出兵。玻利瓦尔指令苏克雷率3000 人先期进军秘鲁。他本人于 9 月 1 日抵秘鲁沿海重镇卡亚俄。秘鲁国民代表会议授予他全权，处理军政事务。

玻利瓦尔从哥伦比亚共和国调来军队，与圣马丁的旧部汇合，组成约 1万人的解放联军。1824 年 7 月初，他挥师进剿盘踞在内地山区的殖民军。8月 6 日，在胡宁与殖民军 8000 余人会战，歼敌千余。殖民军败走库斯科，沿途逃散 3000 多人。

10 月底，殖民总督在库斯科调集 9000 余人，扑向解放联军。玻利瓦尔指令苏克雷率领 5000 余名官兵迎战敌军。12 月 9 日，两军在阿亚库乔谷地开战。厮杀半日，殖民军全军覆没，死伤 2000 多，被俘 3000 多人，其中有殖民总督、14 名将军、16 名上校、68 名中校、284 名少校以及大批下级军官。殖民总督被迫签署投降书，命令所有尚在秘鲁和上秘鲁顽抗的殖民军缴械投降。马克思、恩格斯高度评价阿亚库乔战役，称之为"一次最终保证了西属南美洲独立的会战"①。

独立战争爆发后一直在坚持战斗的上秘鲁游击队，在阿亚库乔大捷的鼓舞下，向殖民势力发起最后攻击。1825 年 1 月底—2 月初，接连收复拉巴斯、圣克鲁斯、科恰班巴等重要城市。2 月 7 日，苏克雷奉玻利瓦尔之命，指挥解放联军进军上秘鲁，支援游击队清剿残敌。4 月初，上秘鲁全境解放。

7 月 6 日，上秘鲁国民代表会议在丘基萨卡开幕。8 月 6 日，上秘鲁宣告独立，成立共和国。为了纪念玻利瓦尔的功绩，定国名为"玻利瓦尔共和国"，不久改称玻利维亚共和国。

1826 年 1 月 23 日，秘鲁爱国军攻克西班牙殖民势力盘踞的最后一个据

---

① 《马克思恩格斯全集》第 14 卷，人民出版社 1964 年版，第 172 页。

点卡亚俄。西班牙南美洲殖民地全部解放。

独立战争的结果

西班牙南美洲殖民地独立战争的胜利，结束了西班牙300多年的封建专制的殖民统治，赢得了政治独立，先后建立了9个新的主权国家。它们是：巴拉圭（1811年）、委内瑞拉（1811年）、阿根廷（1816年）、智利（1818年）、哥伦比亚①（1819年）、秘鲁（1821年）、厄瓜多尔（1822年）、玻利维亚（1825年）、乌拉圭（1827年）。

新的主权国家都废除了君主制，实行共和制。各共和国均制定了宪法，进行一系列重大的政治、经济和社会改革，诸如禁止贩卖黑奴，取消印第安人的人头税，废除强迫印第安人服劳役的"米达制"，将国有土地分配给无地和少地的印第安农民，取消什一税，撤销宗教裁判所，实行政教分离，取消贸易垄断，废除种植禁令和专卖制，开放所有通商口岸，实行贸易自由、种植自由。这些改革的实施，为新兴民族国家的政治、经济发展及其资本主义的发展创造了有利的条件。

独立战争并不是一场资产阶级革命，只是在一定程度上完成了资产阶级革命任务的独立运动。这是因为独立战争的胜利并未引起各国社会经济结构和阶级关系的根本变化。各国土生白人地主和商业资产阶级代替西班牙统治阶级，成了各国的主宰。他们是独立战争的领导阶级。他们在战争期间曾高呼"自由""民主"的口号，那只是他们要从西班牙殖民统治下争得自身的自由和民主，而不是要为城乡广大劳动群众争取自由和民主。他们丝毫没有触动大土地所有制和封建的乃至奴隶制的剥削方式②。大地主所有制还有发展。1830年，阿根廷布宜诺斯艾利斯省的538户地主占地865.6万公顷；到1840年，293户地主即占地860万公顷。广大劳动群众依然处于政治上无权、经济上贫困的境地。这就严重地阻碍了新兴民族国家沿着资本主义道路向前发展。

新兴国家以农立国，注重发展世界市场需求的农牧产品，使自己仍然处于原料供应地和外国工业品销售市场的地位。例如，阿根廷成了英国毛织业

---

① 1903年，巴拿马与哥伦比亚分离，单独立国。

② 19世纪50年代，各新兴国家才先后彻底废除奴隶制。

的原料产地之一，1827—1830 年，向英国出口羊毛 8 万公斤；1856—1860 年增加到了 800 万公斤。外国资本，特别是英国资本，通过贸易、借贷、投资等途径，逐步控制了各国的经济。1825 年，英国与阿根廷、哥伦比亚等国政府签订"友好"通商条约，获得贸易免税权。英国资本垄断了智利的硝石、委内瑞拉的石油生产和阿根廷的铁路建筑。正如列宁所说，这些新兴国家，特别是阿根廷，成了英国的附属国，"它们在政治上、形式上是独立的，实际上却被财政和外交方面的附属关系的罗网包围着"。① 这是独立后各国政治、经济长期落后，资本主义发展缓慢的又一重要原因。

----

① 《列宁选集》第 2 卷，人民出版社 1972 年版，第 805 页。

墨西哥独立战争

冯秀文

墨西哥独立战争爆发于 1810 年，从开始起义到宣布独立，历时 11 年。它是当时席卷整个拉丁美洲大陆的反抗西班牙和葡萄牙殖民统治、争取民族独立的革命风暴的一个重要组成部分。

革命前的社会经济状况

墨西哥是拉丁美洲一个有着悠久历史和古老文明的国家。西班牙人到来之前，这里曾有过灿烂的古代文明，正处于从原始社会向奴隶制社会过渡的阶段。1521 年 8 月，殖民强盗科尔特斯以火和剑占领了土著居民——阿斯特克人的首都特诺奇蒂特兰。从此，墨西哥便沦为西班牙人的殖民地。

殖民者在征服过程中，实行了野蛮的种族灭绝政策。他们成批地杀害印第安人，"像赶羊似的把印第安人赶进围栅里，互相比赛，看谁能更灵巧地把印第安人一下子劈成两半，或者把内脏剜出来抛到外面"。特诺奇蒂特兰被攻占后，殖民者"把孱弱的居民成千成千地屠杀"，"使这个城市变成了一座废墟和一个可怕的屠场"。许多地区的印第安人被杀戮殆尽。因此，墨西哥的人口直到 18 世纪还没达到殖民者入侵前的水平。

殖民地时期，墨西哥和中美洲、西印度群岛一起属"新西班牙总督区"（简称新西班牙）。墨西哥的土地、居民和一切财富都被看成是西班牙王室的财产。代表国王的总督有至高无上的权力，集行政、军事、宗教大权于一身。在首府墨西哥城，设有主要行使司法和监督职能的检审法庭。总督下面设 5 个省①，省下面是负责地方行政事务的郡守和市议会。除市议会是由当

---

① 即新加利西亚、新比斯开、新莱昂、新墨西哥和尤卡坦。

地有权势的富人组成外，所有的殖民官吏都是国王和总督委派的。为了便于统治，西班牙人还保留了由土著酋长管理的印第安人村庄，作为殖民机构的基层单位。

殖民地时期的土地政策，起初是"大授地制"（"委托监护制"）。殖民当局把土地连同居住在土地上的印第安人一起授予征服者。如科尔特斯征服墨西哥后，被授予 22 个城镇，2.5 万平方英里土地，11.5 万名印第安人。征服者"监护"印第安人，使他们皈依天主教，交纳贡赋。印第安人必须为监护人无偿劳动。在这种制度下，印第安人名义上是自由人，但不能离开监护者，不能离开土地，实际上成了征服者的奴隶。他们除向酋长、税吏纳税外，还向监护主，西班牙国王缴税。结果，一个印第安人有时竟要交纳 20 次赋税。

18 世纪中叶，大授地制瓦解，开始大地产制。地主、教会、军官占有大量土地。印第安人由于土地被掠夺，不得不到庄园里给地主当雇工，租佃地主的土地，被奴役的地位依然没有改变。在庄园里，地主常常通过赊购商品、放债、替印第安人缴税等手段使雇工欠下一笔永远还不清的债务，以"债役制"的形式继续把印第安人束缚在土地上。马克思曾对此揭露说："在有些国家，特别是墨西哥……奴隶制采取债役这种隐蔽的形式。由于债务要以劳役偿还，而且要世代相传，所以不仅劳动者个人，而且连他的家族实际上都成为别人及其家族的财产。"[①]

过度的劳累、饥饿、疾病和非人的待遇，使印第安人大批死亡。以墨西哥中部为例，1519 年印第安人为 1100 万，到 17 世纪中叶只剩了 120 万人。为弥补劳动力的不足，殖民当局又把非洲的黑人输入墨西哥。但是，黑人也无法忍受繁重的劳动。1570 年，墨西哥有黑人 2 万多，18 世纪末仅剩下6000 人了。

墨西哥北部以采矿为主的地区流行"米达制"。根据这种制度，印第安人村庄每年要抽出 1/4 的人去矿山服役，每天劳动时间长达 18—22 小时。矿山的劳动条件十分恶劣，死亡率高达 4/5。凡被抽去服役的人，行前，村里都为他们举行"送葬"仪式。不少母亲将婴儿杀死，使他们免受开矿的折磨。因此，人们谈到这种制度时，说它"比任何天灾都可怕，比任何瘟疫都厉害"。

---

① 《马克思恩格斯全集》第 23 卷，人民出版社 1972 年版，第 191 页。

殖民地时期的经济政策和法律制度都是为宗主国的利益服务的。墨西哥只能生产西班牙本土不能种植或无法供应的作物，如小麦、大麦、水稻等。一切可能与宗主国竞争的农作物，如蚕桑、葡萄、橄榄、大麻等，都禁止种植。能为宗主国统治阶级提供暴利的农作物，如棉花、甘蔗、可可、蓝靛、烟草、金鸡纳树等，则大力发展。仅蔗糖一项，18世纪末，新西班牙总督辖区的年产量已达2.5万吨，其中2/3供出口。不准墨西哥开采和加工矿石，制造铁器；禁止生产丝绸、棉布和毛织品。只能把原料廉价卖给宗主国商人，制出成品后，再返回墨西哥高价出售。墨西哥与外国及与西属各殖民地间的贸易都是严格禁止的。对外贸易只能由宗主国每年两队结队行驶的商船队（"双船队制"）担任。这种垄断性贸易的利润极高，有些商人一个单程的航行获利率就高达300%。殖民当局还强征进出口税、销售税、纸张税、矿产税等名目繁多的苛捐杂税，对盐、水银、纸张、烟草、火药等实行专买专卖。殖民地末期，墨西哥的税收竟多达60余种。

残酷的殖民掠夺给宗主国带来了巨大的财富。1784—1789年，从新西班牙送入宗主国的钱达到年均600万比索，这个数字相当宗主国国库全部收入的2/3，"比人口多四倍的不列颠印度上缴英国国库的数量多一倍"。1809年，新西班牙全部收入1440万比索，其中800万比索送入了国王的腰包。

除殖民官吏和白人地主的压迫外，印第安人还受到教会的剥削。早在殖民者入侵的同时，西班牙的传教士就随之涌进了墨西哥。在整个殖民地时期，教会不仅在精神上愚弄人民，设立宗教裁判所镇压人民的反抗，而且还是最大的地主和高利贷剥削者。殖民地末期，它已占据着全国一半以上的耕地，通过经营矿山、商业，放高利贷，征收什一税及洗礼费等聚敛的财产达到4700万比索。墨西哥大主教仅财产收入每年就达13万比索。教会严格控制墨西哥的社会生活及文化教育。学校讲授的课程主要是神学。出版的书籍多半与宗教有关。一切进步思想及书籍，都被视为"异端邪说"。在殖民统治期间，仅墨西哥城以异端邪说罪名被烧死的就有41人。成百上千的人被投入监狱，进步书籍被焚烧。

殖民者贪得无厌的掠夺和野蛮的压迫不断激起墨西哥人民的反抗。1680年新墨西哥省印第安人起义，杀死几百个西班牙人，控制全省达12年之久。1712年恰帕斯地区的暴动有2万余人参加，坚持战斗几个月。1761年尤卡坦地区的印第安人起义，迫使殖民当局调动全省的兵力才把起义镇压下去。1767年，米却肯州的印第安人斗争扩大到100多个村庄。墨西哥独立战争正是这种反抗的总爆发。

18世纪中叶后，墨西哥的经济与政治形势发生了新的变化。尽管殖民者极力压制，墨西哥的经济依然在向前发展。墨西哥最重要的经济部门是采矿业，主要是采掘金银。随着宗主国需要量的增加，墨西哥金、银的产量不断上升。16世纪中叶，墨西哥银的产量占世界1/3。同期，新西班牙年产金银200万比索，1670年达到330万比索，1750年为1370万比索。在对外贸易上，宗主国不能满足墨西哥对商品的需求，非法的走私贸易十分兴盛，有的时候竟达到合法贸易额的10倍。这种情况，使宗主国不得不进行某些改革。

1765年，查理三世解除了加的斯港对贸易的垄断，另开了9个港口与殖民地贸易。1774年取消双船队制，殖民地之间可自由通商，关税也降低了。这些措施刺激了殖民地贸易的发展。1728—1739年，驶进韦腊克鲁斯港的船只为222艘，而1784—1795年，抵达墨西哥的船只已达1142艘。1778—1788年，宗主国与殖民地间的贸易总额猛增了6倍。到19世纪初，新西班牙的金、银产量又比18世纪中叶增加了近1倍，达到2300万比索。其中银产量比欧洲银产量的总和还多9倍。

仅次于采矿业的纺织业发展也很快。1571年新西班牙有80多家纺织工场。到1803年，仅克雷塔罗城一地就有纺织工场345家，织机1280台，工人9000人，年产值达1万比索。另一个纺织中心普韦布拉有一半人口从事纺织业。1807年瓜达拉哈拉的轻工业总产值达到300万比索。造船、玻璃、锻铁、制革、烟草、肥皂等行业都有了发展。1788—1808年生产增长了5倍。

生产的发展使阶级关系出现了变化。殖民地时期，阶级压迫和种族压迫是交织在一起的。殖民当局不仅根据欧洲人血统的多寡划分社会等级的高低，而且对出生在美洲的土生白人另眼相待。土生白人大部分很富有，但地位低人一等，基本上被排斥在殖民地的一切高级职务之外。如在殖民地时期的61个总督中，只有3个是土生白人；171个主教中土生白人只有41个。他们的经济活动也受到殖民政策的种种约束和"半岛人"①的压制。

18世纪中叶，随着经济实力的增强，土生白人开始作为一个新的社会阶层出现在历史舞台。他们不再把自己看成是西班牙人的后裔，自称为美洲

---

① 殖民地时期，出生在西班牙本土的殖民者被称为"半岛人"。在墨西哥也被蔑称为"卡丘平"，意为"装靴刺者"。

人。他们吸收欧洲的哲学思想武装自己，歌颂、赞美养育自己的土地，把墨西哥看成是自己的祖国。他们不满半岛人的歧视，要求自由贸易和政治权利。特别是土生白人下层中的低级神职人员、医生、律师、商人、军官，成了一支十分活跃的政治力量。

18 世纪 70 年代后，北美英国殖民地的独立战争和法国大革命，使资产阶级革命思想通过各种渠道传入了墨西哥。伏尔泰、孟德斯鸠、卢梭等人的著作在土生白人中秘密传阅。在启蒙思想的影响下，土生白人的思想日趋成熟。在思想界，出现了以哲学家巴尔托拉、阿尔萨特为代表的人文主义学派。他们反对殖民当局的经院哲学，提倡认真学习、探求真理、研究历史，并组织了"爱国者协会"，开办学校，宣传消除不平等、取消专制、摆脱西班牙控制、实行社会改革的主张。殖民当局对这股新思潮的出现十分不安。1767 年，西班牙国王卡洛斯三世亲自下令把鼓吹独立思想的耶稣会教士驱逐出新西班牙，并加强了对思想及舆论界的控制，要人民对国家大事"只能缄默和顺从，不能进行讨论和发表意见"。

1793 年，瓜达拉哈拉 200 多名土生白人密谋造反。1794 年，下层土生白人胡安·格雷罗在首都组织起义。1799 年，20 多名土生白人组成"砍刀会"，公开要求摆脱西班牙的统治而独立。这些活动虽然由于组织不周和脱离群众而失败，却预示着墨西哥与宗主国的决裂已不可避免。19 世纪初，当西班牙由于内政腐败和对外战争而日趋衰落的时候，墨西哥独立的时机终于到来了。

伊达尔戈领导的独立战争

墨西哥独立战争的直接原因是法国对西班牙的占领。1808 年初，拿破仑的军队越过比利牛斯山侵入西班牙。5 月，西班牙国王费尔南多七世被迫退位，由拿破仑的哥哥约瑟夫·波拿巴就任西班牙国王。

消息传到墨西哥，人们立刻骚动起来。土生白人兴奋地谈论着宗主国的事变，感到独立的时机已经到来。早就鼓吹脱离西班牙的教士塔拉曼斯特、墨西哥城市议会议员阿斯卡拉特、律师韦尔达德等人积极活动，要求召开国民大会，宣布墨西哥独立。土生白人控制的墨西哥城市议会认为，既然宗主国已处于无政府状态，墨西哥理应"还主权于民"，由市议会接管权力。然而，被半岛人控制的检审法庭却坚决反对任何脱离宗主国的企图。总督伊图里加来在双方的斗争中态度暧昧，他支持召开国民大会，又不赞成独立。9月15日，势力强大的半岛人发动政变，逮捕了总督，塔拉曼斯特等人都被关进监狱。这一行动，使首都爱国者的力量遭到了镇压。独立活动不得不以其他方式开始，这就是以武装斗争的形式在远离首都的乡镇首先发难。

墨西哥城西北瓜那华托州的多洛雷斯教区，有个土生白人神甫叫伊达尔戈。他1753年5月8日生于该州巴利阿多利德（今莫雷利亚）一个大农庄总管的家庭。1767年在该市一所耶稣会学校上学，后转到圣尼古拉斯神学院读书。1773年神学院毕业后，担任过教师、司库和院长。1793年任圣·费利佩教区神甫。伊达尔戈学识渊博，认真研究过古希腊、罗马的历史和法国大革命的历史，阅读了许多"禁书"，深受欧洲启蒙思想的熏陶。他在自己的教区宣传"人生来就是平等的"和"主权在民"的思想，揭露殖民当局的残暴和腐败。他在家里经常召开各阶层的人都可以参加的集会和舞会，使圣费利佩充满了自由的空气，被称为"小法兰西"。1803年，伊达尔戈来到了印第安人集中的多洛雷斯教区。他经常深入群众，了解人们的疾苦，传授农业知识，帮助印第安人种植殖民当局禁止的橄榄、桑树和葡萄，教他们养蜂、酿酒、鞣革、制陶等，深受人民的爱戴。

1808年首都爱国者的独立活动失败后，伊达尔戈和圣米格尔镇民团上尉阿连德、军官阿尔塔马、郡守多明格斯等爱国者建立了联系。他们常常秘密集会，分析宗主国和墨西哥的形势，还到墨西哥城、韦腊克鲁斯等地了解情况，酝酿独立。1809年，米却肯州首府巴利阿多利德发生了争取独立的密谋，由于计划败露，没有成功。1810年，在阿连德的介绍下，伊达尔戈参加了旨在推翻西班牙人统治的秘密团体"文学和社交会"①。他和阿连德等人一起制订了在全国发动起义的计划，准备于当年10月1日起义。

1810年9月中旬，密谋被告发，殖民当局立刻派兵搜捕起义者。15日，郡守多明格斯被捕。阿尔塔马获悉，星夜赶到多洛雷斯告诉伊达尔戈。伊达尔戈当即决定，与其束手就擒，不如提前起事。这时，天已黎明，伊达尔戈下令释放监狱里的囚犯，逮捕镇上的西班牙人。然后，像平常一样敲响教堂的大钟。当远近数千名印第安人到齐，伊达尔戈登上讲坛，把发生的事情告诉人们。他以坚毅的目光看着大家，激动地说："孩子们，你们愿意成为自

---

① "文学和社交会"是当时活跃在克雷塔罗市的一个反西班牙秘密组织，主要组织者是多明格斯、阿连德、阿尔塔马等人。它以文学和社交为名进行争取独立的活动。

由人吗？300 年前，可恨的西班牙人从我们祖先手里夺走的土地，你们愿意夺回来吗？"顿时，长期蕴藏在人们心中对殖民者的怒火迸发了。人群振臂高呼："绞死卡丘平！""打倒坏政府！""美洲万岁！"这就是墨西哥历史上著名的"多洛雷斯呼声"。这一响亮的呼声宣告了墨西哥独立战争的开始。

在伊达尔戈的号召下，印第安人拿起棍棒、斧头、砍刀、投石器等，很快就形成了一支几千人的队伍。起义军由多洛雷斯出发，一路上捣毁庄园，焚烧契约，严惩殖民者。广大被奴役的印第安人、债役农和矿工纷纷投奔起义军。9 月，起义军攻克瓜那华托城。10 月下旬，当起义军逼近首都时，人数达到七八万人。

当时，西班牙军队的主力远在北方的圣路易斯波托西。墨西哥城的守军只有 3000 多人，在特鲁希略上校的指挥下，布防在城郊拉斯克鲁斯山口一带。战斗开始后，起义军前赴后继，经过 9 小时激战，大败殖民军。特鲁希略损兵折将，只剩 2000 人左右退回城里。通向首都的道路打通了。此时，起义军本可一鼓作气拿下首都。但是，伊达尔戈认为起义军缺乏训练和弹药，不可能占领首都；即使占领了，也无法抵挡西班牙军主力的反攻。于是，不顾阿连德等人的反对，先打算与总督谈判，后决定撤退。这一决定错过了攻占首都的良机，挫伤了起义军的锐气，不少人开始退出革命队伍。

撤退途中，起义军在阿库尔科与卡耶哈统率的殖民军主力突然遭遇。卡耶哈率领 7000 人，其中 5000 人是骑兵，装备精良，训练有素。伊达尔戈的队伍大部分是毫无军事知识的印第安人，许多人甚至拉家带口跟着队伍前进，所以很快就被击溃。起义军撤退到塞拉亚，决定分兵两路：主力部队由阿连德率领去西北部的瓜那华托；另一支为数不多的队伍由伊达尔戈率领回到南方的巴利阿多利德。

伊达尔戈起义的同时，革命之火迅速在全国蔓延。圣路易斯波托西、瓜达拉哈拉等地都发生了争取独立的战斗。广大农民、矿工、手工业者、城市贫民和中小资产阶级分子都踊跃参加革命。根据形势的变化，伊达尔戈决定改变原计划，率部前往瓜达拉哈拉，与当地起义者汇合。

11 月 26 日，伊达尔戈的队伍进入瓜达拉哈拉。他采取了一系列壮大革命力量的措施。他在解放了的地区组织行政管理机构和统一的革命政府，出版发行 2000 多份的革命报纸《美洲觉醒者报》，颁布带有社会改革性质的革命法金。11 月 29 日的法令宣布废除奴隶制，10 天内必须解放奴隶，违令者处以死刑；取消人头税及对生产的垄断和烟草、火药、酒的专卖权等。12 月

5 日的法令要求把抢夺印第安人的土地归还原主，立即取消印第安人必须以地租偿还的债务，停止向印第安人公地征税等。伊达尔戈还十分注意团结所有土生白人一起战斗。1810 年 11 月 15 日，他发表《告全国同胞书》，号召尚在为殖民当局效劳的土生白人转到革命者一边来。他声明，革命者的目的仅仅在于"剥夺欧洲人的权力"。这些措施得到了人民的拥护，革命队伍又开始发展了。

起义军的主力在阿连德的带领下到达瓜那华托不久，就遭到了敌人的进攻。卡耶哈亲率几千名殖民军，分两路向阿连德猛扑。由于起义军的武器奇缺，又得不到支援，抵抗 6 个多小时后退出了该城。12 月中，阿连德率残部来到瓜达拉哈拉，与伊达尔戈重新汇合在一起。

1811 年 1 月中，卡耶哈带着 8000 多殖民军到瓜达拉哈拉镇压起义者。阿连德主张采取游击战术与敌人周旋。伊达尔戈却相信已有七八万人的起义军可以战胜敌人，主张出城迎敌。战斗于 1 月 17 日在瓜达拉哈拉城东南的卡尔德龙桥地区展开。起义军战斗很英勇，两次击败了殖民军的进攻。卡耶哈孤注一掷，调 10 门大炮向起义军阵地猛轰，一发炮弹击中了起义军的弹药库，引起混乱。卡耶哈乘势反扑，起义军失败了，数以千计的战士牺牲了。

卡尔德龙桥失败后，一部分人把失败的责任归咎于伊达尔戈。伊达尔戈被撤去了最高统帅的职务，由阿连德统领全军。阿连德决定向北方撤退，与那里的起义者汇合，同时求助于美国。由于叛徒出卖，起义军在萨尔提略北面的巴杭矿场中敌埋伏，伊达尔戈、阿连德等革命领袖全部被俘并陆续遇难。7 月 30 日，伊达尔戈被害。他的首级被送到瓜那华托，放在铁笼子里示众达 10 年之久。

1811 年 8 月 19 日，伊达尔戈的余部在腊伊昂的组织下，于西塔库阿罗建立了新的革命领导机构"美洲最高民族委员会"。其他地区的革命者也以游击战的形式继续活动。南方的莫雷洛斯力量逐渐壮大，成了继伊达尔戈之后独立运动中最杰出的领袖。

莫雷洛斯领导下的独立战争

何塞·马利亚·莫雷洛斯是印欧混血种人，1765 年 9 月 30 日生于巴利阿多利德一个穷木匠的家庭。父亲早亡，他从小就在村里务农，当过马夫。

1790 年考入伊达尔戈担任院长的圣尼古拉斯神学院。1798 年任乡村神甫。由于出身低微，莫雷洛斯接近下层人民群众，对印第安人的悲惨处境有切身的了解。在法国启蒙思想家的影响下，他很早就确立了反抗殖民统治的志向。

伊达尔戈起义后，莫雷洛斯立即投奔起义军，被伊达尔戈派往南方卡拉库阿罗地区发动革命。莫雷洛斯坚定勇敢，有卓越的组织才能，几个月的功夫就组成了一支二三千人的队伍，在南部山区开展活跃的游击战。伊达尔戈牺牲后，莫雷洛斯决定继承他的遗志，完成独立大业。

莫雷洛斯吸取了伊达尔戈失败的教训，非常重视起义军的军事训练，重视革命队伍的组织性、纪律性。他以灵活多变的战略战术多次打败政府军，先后解放了奇尔潘兴戈、库阿乌特拉、特华坎等地。1811 年底，墨西哥南部除首都和一些大城市外，几乎都被莫雷洛斯领导的起义军所控制。

1812 年 2 月，殖民军攻占了西塔库阿罗，把腊伊昂领导的最高民族委员会逐出该城。接着，卡耶哈又率 5000 名殖民军来到库阿乌特拉，企图消灭莫雷洛斯领导的起义军。莫雷洛斯指挥部队沉着迎战，尽管敌人炮火猛烈，攻势很凶，甚至几次攻入城内，他们都顽强抵抗，将敌人击溃。后来，卡耶哈改为围困。守城军民坚持了 72 天，水尽粮绝，5 月 2 日凌晨被迫撤退。拿破仑十分赞赏莫雷洛斯的军事才能。他得悉莫雷洛斯指挥军队胜利突围后，曾惊叹道："我要是有 5 个莫雷洛斯，就可以征服全世界。"

1812 年 8 月，莫雷洛斯的部队经过休整又转入进攻。起义者很快就收复了库阿乌特拉、奥里萨巴，不久攻占特华坎和瓦哈卡，次年 4 月拿下重要海港阿卡普尔科。南方又被起义者控制了。

1813 年 9 月 14 日，在军事斗争节节胜利的形势下，莫雷洛斯在奇尔潘兴戈召开了"美洲最高民族代表大会"（实际上它是个相当于议会的常设机构）。会上通过了莫雷洛斯起草的名为《民族意识》的重要文件。文件宣布："美洲是自由、独立的美洲，她不隶属于西班牙和其他任何民族、政府或王朝"，号召"赶走西班牙强盗"，"摧毁专制政权并代之以自由政府"，"按照人民的意志"建立主权来自人民的、三权分立的国家。文件还要求"永远废除奴隶制和血统差别""缩小贫富悬殊""废除徭役、贡赋、捐税等无数重课"，对外主张和平外交，尊重民族主权，反对侵略行动。这一文件表明，在莫雷洛斯的心目中，独立战争决不仅仅是争取国家的独立，而是有着更为深刻的政治内容。

莫雷洛斯同一时期签署的其他文件还宣布：所有的高官显贵都是"民族的敌人""暴政的随从"，革命军应没收其土地和财产；消灭大地产，发展小土地所有制，"每个劳动者都应得到一块足以谋生的土地"。这些切中时弊的主张深刻地触及了社会的阶级矛盾。比起伊达尔戈来，莫雷洛斯的思想前进了一步。会上，代表们拥戴莫雷洛斯为革命军的最高统帅，赋予他全权处理行政事务的大权。

奇尔潘兴戈议会作出的另一贡献，是通过了《墨西哥独立宣言》。当时，革命队伍中相当一部分人对宣布独立是不赞成的，他们想继续打着费尔南多七世的旗号活动。由于莫雷洛斯的坚决斗争，1813 年 11 月 6 日，大会通过了《墨西哥独立宣言》，宣布：墨西哥不再受西班牙的控制，已从殖民地变为一个独立的主权国家。

奇尔潘兴戈大会后，莫雷洛斯决定进攻敌人的战略重地巴利阿多利德，把革命向北方推进。但是，莫雷洛斯由于忙于组织会议，忽视了军队的训练。殖民当局乘机加强了反革命力量，组织了专门对付莫雷洛斯的北方军。1813 年 12 月 22 日，莫雷洛斯率 6000 人，带 30 门大炮来到巴利阿多利德城郊。守城敌军只有 1000 多人，本不是起义者的对手。不料，正在激战时，卡耶哈的北方军赶到。起义军腹背受敌，不得不撤出战斗，后又被敌人偷袭，遭到严重损失。莫雷洛斯的亲密战友、著名的游击队领袖马塔莫罗斯等被杀害。军事上的失利使革命队伍内部以腊伊昂为首的反对派抬头。他们撤销了莫雷洛斯的最高行政权，只让他指挥作战。这一决定削弱了革命队伍的战斗力。

1814 年，欧洲和宗主国的形势也发生了不利于墨西哥革命的变化。3 月拿破仑战败，5 月费尔南多七世在"神圣同盟"的支持下复位。顿时，反动势力又猖獗起来。墨西哥的殖民当局得到宗主国的增援，加强了对革命的镇压。他们恢复了旧的司法制度和宗教裁判所，重新强迫印第安人缴纳人头税，宣布对所有参与反政府活动的人处以死刑，还用拉拢收买土生白人的办法分化革命队伍。一时间，上层土生白人纷纷投奔殖民当局。

为了重申革命纲领，回击反动势力的反扑，1814 年 10 月 22 日，奇尔潘兴戈议会在米却肯州的阿帕辛坎颁布了墨西哥历史上的第一部宪法——《墨西哥美洲自由制宪法》。宪法宣布：墨西哥将确立共和政体，人民有权随时更换政府，行政、立法、司法三权分立；议会由每两年一次的三级选举产生，最高行政权由议会任命三人掌握，每年更换一人；总统抽签产生，每 4

月一次。它还规定了普选权、言论自由、人人平等、发展教育等民主措施。这部宪法是以 1812 年西班牙的进步宪法为蓝本，并参照美国、法国宪法制定的，远没有像《民族意识》那样表达下层人民群众的意愿，其烦琐的条文也不可能执行。但是，它宣布墨西哥为独立国家和确立共和政体反映了时代的潮流。

1815 年，南方的游击队除瓜达卢佩·维多利亚、腊伊昂、盖雷罗等仍在坚持斗争外，几乎全被镇压了。为了躲开敌人的追击，建立新的根据地，9 月底，奇尔潘兴戈议会决定迁往北方的特华坎。代表们要求莫雷洛斯担任护送任务。中途，由于走漏消息，11 月 5 日，队伍在特斯马拉卡一带遭到数倍于己的敌人的袭击。莫雷洛斯不顾个人安危，毅然留下狙击敌人。他们打败敌人的几次冲锋，最后因叛徒出卖而被俘。关押期间，莫雷洛斯坚贞不屈，1815 年 12 月 22 日壮烈牺牲。

伊达尔戈和莫雷洛斯领导的独立战争是下层民众广泛参加的革命运动，它不仅反映了殖民地被压迫人民的独立愿望，而且反映了广大人民对社会改革的要求，因而带有社会革命的性质。伊达尔戈和莫雷洛斯被害后，下层民众的革命力量遭受了很大损失。独立运动的领导权开始转到上层土生白人手中。这个阶层的代表就是奥古斯丁·德·伊图尔维德。

墨西哥的独立

奥古斯丁·德·伊图尔维德 1783 年 9 月生于巴利阿多利德一个白人大庄园主之家。15 岁便辍学当了地方民团的军官。伊图尔维德是个虔诚的天主教徒。1808 年首都的半岛人发动政变时，他的一家都站在西班牙人一边。多洛雷斯起义后，由于伊达尔戈和他曾在圣尼古拉斯神学院相识，便邀他参加革命，并答应任命他为少将。伊图尔维德害怕人民革命危及他的财产和地位，认为群众造反"会把全国夷为平地，破坏财富，激化欧洲人和美洲人的矛盾，牺牲数以千计的生命"，因而拒绝伊达尔戈的邀请，投奔了政府军。以后，他残酷镇压革命运动，野蛮屠杀起义者，甚至连他们的家属也不放过。他因为对起义军作战有功，由上尉擢升为上校。

伊图尔维德代表着上层土生白人的利益。这个阶层从殖民统治中获得了巨大的财富和较多的特权，虽然不满半岛人的歧视和压制，但更惧怕人民群众的反抗。独立战争初期，这个阶层和殖民当局一起极力扑灭革命的烈火。

当各地的人民起义被镇压后，他们与宗主国的矛盾又尖锐起来。摆脱西班牙控制的渴望，南美各国纷纷独立的榜样，使他们感到：墨西哥独立的果实已经成熟，是该采摘的时候了。

1820年3月，西班牙发生了革命。费尔南多七世被迫恢复1812年带有自由主义色彩的《加的斯宪法》。消息传来，墨西哥人民也要求颁布和执行这部宪法。这一形势，使上层土生白人开始担心宗主国革命的火焰蔓延到墨西哥，同样会威胁到他们的利益。于是，他们决定出来领导独立运动，使之按照自己的需要发展。这样，伊图尔维德就成了他们的理想人物。

1820年11月，在以墨西哥前宗教裁判所所长蒙特阿古多、宗教裁判所成员提腊多和检审法庭庭长巴塔耶尔为首的上层土生白人的支持下，伊图尔维德被任命为南部梅斯卡拉河地区军队司令，专门对付反抗殖民统治的由盖雷罗领导的游击队。开始，伊图尔维德企图消灭起义者，屡遭败绩，于是改为联合盖雷罗。

1821年2月24日，伊图尔维德在伊瓜拉城公布了他的独立纲领——"伊瓜拉计划"。其主要内容是：墨西哥摆脱西班牙和其他一切国家而独立；建立以费尔南多七世或波旁王朝其他代表为首的君主立宪政体；管理制度和行政机构维持现状；天主教为国教；保护教会特权，不侵犯教会财产；一切种族必须团结；全体居民都有参政权。这是一个充满对统治阶级妥协、让步，极力保护旧制度的极不彻底的独立纲领。它和伊达尔戈、莫雷洛斯的独立思想是根本不能相比的。但是，在大规模的人民起义遭到镇压的情况下，这一纲领毕竟反映了广大民众要求独立的愿望。它逐渐被广泛接受了。6月，瓜达拉哈拉公布了伊瓜拉计划，接着其他城市也纷纷仿效，宣布脱离殖民当局、拥护伊瓜拉计划。许多游击队领袖，如盖雷罗、尼科拉斯·布拉沃、瓜达卢佩·维多利亚等，都参加到伊图尔维德的队伍中来。

伊图尔维德声称要保证实现以"宗教、团结、独立"三原则为基础的伊瓜拉计划，建立所谓三保证军。不到半年，三保证军扩大到4万余人，攻占了瓜那华托、巴利阿多利德等城市，7月初逼近首都。总督阿波达卡被迫辞职。

7月30日，新总督奥诺多胡抵达韦腊克鲁斯。当时，西班牙军队不足6000人，只控制着首都等几个孤立的大城市。墨西哥殖民制度的废除只是时间问题。奥诺多胡感到，阻挡殖民地的独立已不可能，继续战斗下去只会使宗主国遭到更大的损失。西班牙的革命形势也不允许调集援军到殖民地来。

奥诺多胡决定同伊图尔维德谈判。1821 年 8 月 24 日，双方在科尔多瓦城达成协议，承认了伊瓜拉计划。9 月 27 日，三保证军进入墨西哥城。28 日，临时委员会宣布墨西哥脱离西班牙而独立，组成以伊图尔维德为首的摄政会议。

墨西哥独立了，代表上层土生白人利益的伊图尔维德窃取了革命的果实。1822 年 5 月，曾支持伊图尔维德上台的旧势力又一次策动军队叛乱，公然恢复帝制。7 月 25 日，伊图尔维德加冕，称为墨西哥皇帝奥古斯丁一世。但是，这一违背时代潮流的倒行逆施是不得人心的。同年 12 月，韦腊克鲁斯守军军官圣塔安那发动起义，不久便波及全国。1823 年 3 月 19 日，伊图尔维德被迫退位，流亡欧洲。11 月 7 日，制宪大会开幕。1824 年 1 月 31 日正式批准了国家的独立和共和政体。墨西哥人民的斗争终于取得了胜利。

墨西哥南部的中美洲，殖民地时期是新西班牙总督区管辖的一个独立单位。墨西哥独立战争开始后，这里也发生了土生白人领导的起义。1821 年 9 月 15 日，中美洲地区宣布独立；1822 年 1 月 25 日，合并于墨西哥。伊图尔维德帝国瓦解后，1823 年 7 月，中美洲脱离墨西哥，组成中美洲共和国联邦，首府设在危地马拉城。1838 年，中美洲共和国联邦解体，危地马拉、洪都拉斯、萨尔瓦多、尼加拉瓜和哥斯达黎加先后成了独立的主权国家。

墨西哥独立战争的特点和意义

墨西哥的独立走过了漫长而曲折的道路，同西属美洲殖民地其他地区相比，墨西哥的独立有着自己的特点。

首先，革命战争的爆发不是在首都。由于半岛人势力强大，首都爱国者的活动遭到严密监视和残酷镇压，独立战争不得不在远离首都的农村开始。这就决定了墨西哥独立的曲折路程。

其次，革命起于基层，最初由接近下层人民的土生白人领导，受压迫最深的广大印第安人积极参加，使其具有广泛的群众性。这些领导人物在广大群众的支持下，不仅要求国家独立，而且在斗争中提出许多符合人民要求的社会改革主张，使革命同时具有民族民主革命的性质。

最后，独立战争后期，上层土生白人掌握了运动的领导权，墨西哥实现独立是沿着一条极不彻底的道路完成的。到 1821 年宣布独立时为止，墨西哥不仅君主制没有废除，旧制度、旧秩序都得到了最大限度的保护。比起南美大陆其他独立国家来，墨西哥独立战争所取得的成果更加有限。

　　尽管墨西哥独立战争的道路崎岖曲折，毕竟是以墨西哥人民的胜利而告结束。套在人民头上300年的殖民枷锁被打碎了，墨西哥成了一个独立的主权国家。殖民制度的消灭，强迫劳役制、人头税、贵族爵位的废除和宗教裁判所的撤销，打击了封建制度，削弱了封建统治的基础，加之革命中资产阶级民主思想的传播，这一切又为墨西哥社会的进步和资本主义的发展创造了条件。

　　从国际范围来说，墨西哥和整个西属美洲殖民地的解放，是19世纪初叶世界近代史上的重大事件。它震撼了世界殖民体系，尤其是对古巴、波多黎各等尚处在西班牙统治下的殖民地人民，给予了巨大的鼓舞和支持。

　　若干年来，许多国家的史学工作者，在墨西哥独立战争问题上写有大量著述，对它的各个方面进行了详细考证。但是，对革命前墨西哥的经济发展程度、战争的领导权、运动的性质等问题，仍有颇大争论。有些人认为，革命前，墨西哥的经济主要是封建性的殖民地经济，资本主义因素十分微弱。还有的人认为，拉丁美洲从来就没有封建社会。因而，独立战争只是土生白人领导的分离主义运动。另一些人认为，革命前，墨西哥的资本主义已经有了相当的发展，独立战争实际上"是资产阶级代表人物举起争取独立的旗帜，领导人民群众进行的一次反殖反封斗争"。我国史学界的一般看法是，在欧美资产阶级革命直接影响下的这次运动，是以争取民族独立为主要目的的，革命的结果为资本主义的发展创造了条件，所以它应属于资产阶级革命范畴的民族解放战争，认为它仅仅是土生白人的分离运动或断言为资产阶级革命，都有所偏颇。

日本大盐平八郎起义

马新民

大盐平八郎起义是日本 19 世纪 30 年代最大的一次市民反封建武装起义。这次起义发生在"天下（日本）财政中心"的大阪市，由幕府官吏发动和领导，对统治阶级震动很大。它沉重地打击了德川幕府的封建统治，加深了德川幕府的政治危机，影响深远，在日本历史上占有重要地位。

起义的背景及其原因

大盐平八郎 1793 年（宽政五年）正月二十二日①出生在日本大阪市天满区的一个下级武士家庭。他 7 岁丧父、8 岁丧母，由祖父大盐成余抚养成人。其祖父是大阪市东"町奉行"所的"与力"②，大盐平八郎 14 岁继承祖父之业，做大阪市东"町奉行"所的见习"与力"，开始了他的警官生涯。

大盐平八郎任警职期间，忠于职守，秉公断案。他为维护封建秩序，巩固封建统治，曾不畏风险地处理过三大重要案件，即 1827 年逮捕天主教徒案；1829 年惩办贪赃枉法的衙役案；1830 年惩处伤风败俗的僧侣案，建立了被封建统治阶级称颂的所谓"大盐三大功绩"。这样一个忠实维护封建统治的卫道士，之所以发动和领导大阪市民进行反封建武装起义，有其深刻的社会历史背景。

大盐平八郎所处的时代，是日本历史上最后一个封建政权——德川幕府统治的晚期。当时，社会矛盾复杂尖锐，德川幕府政治、经济危机四伏，主

---

① 本文的月、日均为阴历。
② "町奉行"，德川幕府时期地方行政长官的官名。地方行政机构为町奉行所，设于江户、京都、大阪等城市，专门管理市内租税、户籍、诉讼、治安等。大阪设东、西两个町奉行所。
"与力"，町奉行属吏，负责地方治安。相当于现在的下级警官。

要表现在以下三个方面。

（1）商人聚集财富，幕府财政恐慌。

日本进入 18 世纪后，商品货币经济获得了前所未有的发展。随着商品经济的发展，社会阶级结构逐步发生变化，出现了一个靠经营手工业工场、放高利贷或出租土地发财致富的豪农豪商阶层。到 18 世纪中叶，全国百万富翁就有 70 家。国家的主要财富集中在大商人手里。据著名的社会经济学家本多利明 1790 年所作的估计，当时"日本国富的 15/16，被商人收取，1/16，被武家收取"。而幕府和各藩的财政状况则是困难重重，赤字累累。据统计，幕府财政在 1834—1836 年，平均岁入金 1148600 余两，岁出却达 1735700 余两，赤字近 59 万两。萨摩藩在 19 世纪前期，财政收入只有 35 万两，而累欠债务却高达 500 万两，岁入连交利息都不够。幕府和各藩为了筹措资金，往往不得不向豪商们借钱。他们除向京都、江户商人大量借债外，仅向大阪商人借债就有 6000 万两，每年作为利息交给大阪商人的大米有 300 万石①之多。当时利息都高达一成以上。这样年复一年，越陷越深，对商人的依靠性越来越大，幕府财政越来越困难，社会上甚至流传着"大阪富豪一怒，天下诸侯惊惧"的说法。

（2）封建等级制度紊乱，中下级武士对幕府和商人日益不满。

日本封建统治阶级把社会划分为士（武士）、农（农民）、工（手工业者）、商（商人）四个等级，规定占人口不到 10% 的"士"为"四民之首"。士属于统治阶级，一般来说是包括将军、大名直至士卒的，但通常所说的武士，则仅指将军、大名之下的士。农、工、商是被统治阶级。士这一当权的封建领主阶级内部，又以幕府将军为首，划分许多等级。将军之下有诸侯。诸侯称为大名，割据一方，其领地称"藩国"。幕府末期日本有 260—270 个大名。大名之下有家臣藩士，家臣之下又有家臣，直到士卒。德川幕府以它规定的土地收获量来计算领地的多寡。全日本的大名受封的领地总计 2000 多万石。大名们的领地，又有半数以上分封给家臣团。其余的众多武士仅领取多少不等的禄米。日本武士约有 40 万人，加上家属共有不到 200 万人，绝大多数是下级武士。在幕府末期，中级武士年平均收入为 100 石，大致相当于一个富农的收入；全体武士的平均收入，则在 35 石以下，与一般农民的生活水平差不多；下级武士的经济收入，往往比一般农民还不

---

① 1 石等于 180.5 公升。

如。随着幕府和各藩的财政经济恐慌不断加剧，大名不得不大量削减武士的俸禄。中下级武士的生活费用不断增加，而其俸禄却有减无增，日子越来越不好过。封建领主经常克扣和拖欠他们的俸禄，据史料记载，当时领主"借用家臣的俸禄，少则 1/10，多则 5/10—6/10"。《世事见闻录》描写了当时武士们穷困的情况："武士不论大小，一般都是穷困的。尤其是那些俸禄低微的武士，更是困苦至极……甚至于出卖祖传下来的武器。"穷到参觐交代时①，"向当铺借用衣服，回来时，速奔当铺送还"。为了弄到钱，武士们经常向商人借债，甚至典当武器，出卖武士身份，或采取通婚、当养子等方式与商人拉关系、攀亲戚。武士对商人的依赖，如当时人所记载："今世诸侯无论大小皆垂首强求于商人，依靠江户、京都、大阪以及其他各地的富商，以其资济来维持生活。"对农民、手工业者和商人具有"格杀勿论"特权的武士，现在竟沦为依靠商人资济来度日，并且每况愈下，不断破产，这使他们对幕府和商人十分不满，甚至达到"恨主如仇"的程度。

（3）国内阶级矛盾空前尖锐，人民反封建斗争此起彼伏。

德川幕府对农民的统治是十分残酷的，认为"农民和芝麻一样，越榨越出油"，甚至公然说"把农民弄得不死不活，是政治的秘诀"。特别是随着幕府财政困难日益加深，而变本加厉地压榨广大农民，使农民负担越来越重。在 18 世纪初期，幕府规定租率为"五公五民"。到 18 世纪末叶，租率变为"六公四民"或"七公三民"，有的地方甚至"八公二民"。农民一年辛苦所得，几乎尽被掠夺。不少农民为了谋生被迫流入城市，充当雇工。有学者估计，1785—1786 年的一年内，脱离农村的人数约有 14 万。农民生活的状况正如地主田中邱隅在《民间省要》中所描写的那样："所谓农民，是和牛马一样的，他们受着荷重赋税的压迫……以致丧失财产出卖妻子，或受辱而死者不可胜数。"日本人民的悲惨处境，使他们与封建统治阶级的矛盾日趋激化，反抗斗争此起彼伏，逐年增加。据统计，1830 年日本全国共发生农民起义 23 起，而到了大盐平八郎起义前一年，即 1836 年，农民起义多达98 起。不仅农民与幕府的矛盾十分尖锐，幕府与商人、武士及各藩的矛盾也越来越大。国内阶级矛盾激化，为大盐平八郎发动人民，进行反封建武装起

---

　　① "参觐交代"制始于1602 年，1635 年开始制度化。"参觐"是朝见将军，"交代"是轮换的意思。大体规定诸侯每隔一年住江户一年，但妻子需常住在江户做人质。这是德川幕府对诸侯实行的一种监督制度，目的是加强中央集权，防止诸侯叛乱。

义提供了有利条件。

导致大盐平八郎起义的直接原因，是发生在天保年间（1830—1844年）的大饥馑和引起米价飞涨的幕府暴政。

大盐平八郎于1830年辞去警官职务，专事教育与著述。从1816年起大盐平八郎就在家开设私塾，教同僚子弟文武两道。1825年他将家塾命名为"洗心洞"，向门生弟子们讲授"阳明理学"。阳明学派，是中国明代王阳明创立的学派，以"致良知"和"知行合一"为主旨。明末清初，阳明理学传到日本，发展成日本的一个重要学派。大盐平八郎发挥了阳明学中的"知行合一"观，他比阳明学的主张更重视实行，不仅要重视自己的道德修养，而且还要把这种道德修养加以推行，使自己和社会上的人们都来执行。他的这些理论和思想，从积极方面说，使他不断追求自身的道德完善，因而富有同情心。有一次新年时节，当他身着新衣享用佳肴时，不禁想起挣扎在冻饿死亡线上的穷苦百姓，写下了"着得新衣祝新年，羹饼味浓易下咽。忽思城中多菜色，一身温饱愧于天"的诗句。对穷苦百姓的同情和要用行动改变贫苦百姓的悲惨处境的决心，为此后大盐平八郎发动和领导市民起义奠定了思想基础。而黑暗的政治和残酷的现实，更加速了他的思想转变。

大盐平八郎富有正义感，任警官时又能广泛接触到日本社会各个阶层。统治阶级的穷奢极欲和劳动人民的悲惨处境形成的鲜明对照，使他思想感情逐渐发生变化，对封建统治阶级失去信心，对被压迫人民深表同情。他曾多次走访过农村，写下不少同情农民的诗文。"苹花蒲剑战风开，可知依然租税催。蚩虫鸣草声尤切，似诉农人荒耗哀。"有一次当他看到因暴雨所致，作物腐坏，哀声遍村，统治阶级对此却不闻不问时，愤然写道："田混池沟稻腐坏，村村拱手只空哀。莲虽君子无情甚，出水红颜一笑开。"

1830年，开始了天保大饥馑。据统计，在整个德川时代，共发生灾荒130次，大饥馑21次，其中著名的特大饥馑共有3次。天保大饥馑就发生在大盐平八郎辞职后的1830—1836年。灾荒年间，粮食收成锐减，1836年收获量只相当于一般年景的42%。1836—1837年的两年间，饿死人达5.6万之多，甚至出现人吃人的现象。据史料记载：当时如作半日之旅，则见路旁死骸，官吏不加收理，犬鸟争食，臭气刺鼻。大阪也同全国一样，惨不忍睹："今日在大阪求生者，稍有不顺，沦为乞丐者，一日达40—50人之多。特别是隆冬季节，寒气袭人，虽至春日，每遇寒雪袭击，冻饿而亡者，每日达30—40人。自去冬至正月，死亡之人4000—5000人。"整个饥馑年间饿死人数不计其数，仅津轻藩（现青森县）据说就饿死 4.5 万人以上。人民挣扎在死亡线上。

为帮助处于饥饿之中的穷人度过灾年，大盐平八郎四处奔走，向大阪的官商借钱救济灾民，均遭拒绝。富商们却趁荒年之机，囤积居奇，哄抬米价，牟取暴利。官府不仅不加制止，反而与奸商勾结，从中渔利，人民痛苦不堪。这使大盐平八郎进一步认识到，要解救饥民，就必须用武力推翻恶政，惩治奸商。他在起义檄文中说，"事至于此，忍无可忍，不得已敢以天下为己任，冒灭族之祸患"，遂决定进行武装起义。

起义的准备和经过

大盐平八郎决定起义之后，便积极着手各项准备工作。1836 年九月，他开始在洗心洞教授炮术，购买硫黄、铅等军用材料，赶制火药、炮弹、大炮、炮车等武器弹药。除自制一门木制"百目筒"大炮外，还向东町警官由比万之助的父亲彦之进等，借了几门铁制百目筒大炮，并准备了起义时用的旗帜、灯笼和草鞋等用品。

1837 年一月八日，大盐平八郎在洗心洞举行"义盟血誓"，正式成立了起义领导核心。参加义盟血誓的共有 60 人，其中下级武士 24 人，农民 17 人。起义领导者除大盐平八郎外，也有农村中的上层分子，如摄津国（现大阪府和兵库县一部分）东成郡般若寺村的村长桥本忠兵卫和摄津国守口村的富农兼典当业者白井孝右卫门等。他们参加策划起义，在经费上给予大力资助。

为了救济饥民和扩大起义队伍，1837 年二月一日，大盐平八郎以雇用工人填平宅内水池为名，将约定参加起义的 40 余人聚集家中。同月，他还将自己珍藏的 5 万册书籍全部变卖，换金 600 余两，并在六日至八日三天之内，按每户一朱①，全部分给 1 万户穷苦百姓。分配范围主要是摄津国东成郡的 19 个村和河内茨田郡的 9 个村镇，总计约 54 个村镇。大盐平八郎此举的目的有二：其一是这些村镇多是大阪市的近郊农村，受大阪市贪官奸商们的欺压和盘剥厉害，生活尤为痛苦，较之偏远地区的农民更加痛恨大阪的贪官奸商；其二是这些地方距大阪市较近，起义一旦爆发，他

---

① 1 朱为 1 两的 1/16，在当时可买白米两升弱。

们能迅速参加。

　　大盐平八郎的卖书费是由大阪的四家书店帮助散发的。大盐让他们散发时务必向领钱人说，如果你们一旦看见大阪天满区起火，便请速来大盐先生处，参加起义。可见，起义领导者对广泛动员群众参加起义是十分重视的。

　　为动员更多的人参加起义，大盐平八郎还印制了大量起义檄文。该檄文是大盐平八郎起义的纲领，也是号召人民参加起义的动员书。

　　起义檄文用汉文体日文写成，木版印刷。为了保密，在制版时，把原稿横行切断为 5 或 6 字一组，印刷时再重新组排，以防木刻匠人得知其内容。檄文印出后，装入中央写有"天降"字样的精制绢袋内，派人分头送往各地。檄文全文约 1800 字，其主要内容有以下几个方面。

　　（1）反对幕府统治。檄文开头明确指出：当今"四海穷困，天禄永终；小人治国，灾害并至；此盖往圣之深诫于后世人君人臣者也"。"天皇自足利家以来，如同隐居，久失赏罚之柄"。而今"我等兴师问罪，不同于乱民之骚扰；既欲减轻各处年贡诸役，并欲中兴神武天皇之政道"。这里主张恢复天皇政权的目的是为了反对幕府统治。

　　（2）揭露贪官污吏腐败无能，鱼肉人民。檄文说："达官要人之间，贿赂公行，交相增纳。甚至不顾道德仁义，以内室裙带之缘，奔走钻营，得膺重任；于是，专求一人一家之私肥，课领内百姓以重金。"

　　（3）揭露贪官奸商相互勾结，趁荒年之机，哄抬米价，谋取暴利，不管人民之死活，过着荒淫无度的糜烂生活："职掌当地政务之府尹暨诸官吏，竟复与之（奸商）相互勾结；朝夕猬聚堂岛①，计议米价行情，而置下民于不顾。"在今连年灾荒，"际此民生艰难时节，彼辈依然锦衣玉食，游乐于优伶娼妓之间，一如往昔"，"或则山珍海味，妻妾围侍，或则……饮宴无度，一掷千金"。

　　（4）檄文以"奉天命，行天罚"为口号，号召人们不要坐忍此世道，应"起而诛戮此辈殃民官吏，并于骄奢已久之大阪富商，亦将一并加以诛戮"。

　　（5）要求各村民在起义时，应把村中记录年贡租役之账册全部烧毁。

　　（6）要求各村穷苦百姓，不问其路途远近，凡闻及大阪城中骚动一起，即火速前来参加起义，共分官商之金银财米。

―――――――――

　　①　堂岛是大阪市有名的街道之一，米谷商多集中于此。

檄文还要求人们："此文应即传达于各村，为使多数百姓皆能见及，应将此文张贴于热闹大村之神殿"，并告诫说："檄文在向各村传达时，如被往来于大阪间官吏所悉，在他们欲报告大阪奸人之时，应马上予以斩杀。"

大盐平八郎起义檄文是当时日本历次起义、暴动中，最明确、最具体地提出反对幕府暴政，诛杀贪官奸商，救济穷苦百姓的文件，也是目前仅存的研究大盐平八郎起义最有价值的史料。

大盐平八郎把起义时间定在 1837 年二月十九日晚举行。他之所以将起义的时间定于该日，是因为他考虑到二月十九日，大阪东町奉行迹部山城守良弼和新任的西町奉行堀伊贺守利坚将共同巡视大阪市，是发动起义的绝好机会。可是，在起义之前，内部出了叛徒。二月十七日夜，大盐平八郎的弟子平山助次郎向东町奉行告密，由于大盐平八郎曾为维护封建秩序出过不少力，此经历使町奉行上下均不相信告密者的话，故未采取行动。翌日，参加过起义准备工作，详知起义计划的吉见九郎右卫门又叛变，并让其子英太郎和河合八十次郎向西町奉行告密。由于告密者还提供了起义檄文为证据，官府立即着手逮捕起义人员。二月十九日凌晨，险些被捕的濑田济之助逃至洗心洞，向大盐平八郎报告了起义计划已被叛徒告密。大盐平八郎深知情况紧急，刻不容缓，决定立即举行起义。

十九日上午 8 时左右，大盐平八郎稍作部署之后，便下达了起义命令。起义军首先火烧大盐平八郎住宅，以此向四周发出起义信号，并表示百折不回、血战到底的决心。

起义军打着写有"救民"字样的旗帜，兵分三路向前挺进。第一路为中军，由大盐平八郎亲自统率；第二路为前锋，由其养子大盐格之助同大井正一郎统率；第三路为后队，由濑田济之助率领。300 名起义者猛烈进攻，中午时，在大阪市民的积极支持下顺利地渡过难波桥，进入船场。船场是大阪最热闹的经济中心，众多贪官奸商居住于此，是起义军攻击的主要目标。

起义军到达船场时，大阪近郊区的般若寺村、守口町、贝胁村、三番村、北寺方村、稗岛村、善源寺村和上江村等地的农民，纷纷前来参加，起义队伍不断壮大。此时，大盐平八郎把起义军改分为两队，一队仍由他指挥，向高丽桥街方向进攻；另一队由大盐格之助指挥，向今桥街进攻。起义者在进军途中，或发炮，或放火，袭击富豪，捣毁米店，将所得财物、米谷分发给贫苦民众。沿途也有农民、市民甚至"贱民"① 参加。

　　起义军的猛烈攻击，使大阪贪官奸商胆战心惊。他们急忙四处调兵遣将，前来镇压起义队伍。下午两点多，起义军遭到幕府军的袭击，东西两町奉行的兵力亦出动，起义者陷入困境。到下午 4 点左右，起义者虽经浴血奋战，终因寡不敌众而溃败，大盐平八郎被迫隐藏起来。在油挂町美吉屋五郎兵卫家潜伏时，因有人告密，于三月二十七日遭到官军包围。他与大盐格之助不甘被捕受辱，引火自焚而死。

　　大盐平八郎起义虽然在当天即被镇压下去了，但它沉重地打击了贪官奸商。如起义者仅从巨商鸿池屋庄兵卫一家就夺取黄金 4 万两。起义军除用枪、炮等武器进攻外，还采取了火攻的方式。火烧范围，在天满区方面，从川崎至握川；在船场、上町方面，从东边的弓町至西边的中桥，从北边的大川至南边的内本町，均成为一片火海。烧毁房屋总计 3389 所，其中库房 230 处。火烧街道总计 112 条，占当时街道总数近 1/5。熊熊大火一直燃烧到二十日晚才被扑灭。

起义失败原因及其意义和影响

　　导致大盐平八郎起义失败的原因主要有以下几个方面。

　　首先，起义领导者没有提出解决农民最关心的问题——土地问题。在封建社会，统治阶级在经济上靠占有土地进行掠夺。广大日本农民则因少地或无地被迫沦为佃农。据统计，在信浓国夫神村，1753 年时拥有土地的有 29 人，无地的却有 73 人。这种情况，到了幕府末期，随着土地的进一步兼并而更为突出。广大农民迫切希望解决土地问题。然而，大盐平八郎起义檄文里，虽然在维护农民利益方面提出了"减轻各处年贡诸役"等口号，但对解决农民最关心的土地问题却只字未提。这使起义失去了对农民的吸引力。起义军未能得到广大日本农民的支持，势单力薄，寡不敌众，其失败也就在所难免了。

　　其次，起义队伍不纯。策划这次起义的领导者多是下级武士和村吏，在

----

　　① "贱民"是"秽多""非人"的总称。秽多专事皮革、屠宰、逮捕犯人、斩杀犯人等"下贱污秽"之业；非人，有世袭的，也有平民因犯罪被贬作非人的，主要靠卖艺、讨饭过活，前者被看作天生的贱民，不得成为平民，后者极少数可重新成为平民。他们处在社会的最底层，居住在指定地点，不得与平民杂居、通婚，备受凌辱和压迫。

阶级属性上属于统治阶级。他们之所以参加起义，只是因为对现状不满。在起义爆发前夕，有的领导者叛变投敌，动摇了起义队伍的军心，给起义带来极坏的影响。参加起义的群众中，有不少人是被起义檄文中"凡闻大阪城中骚动一起……火速驰来大阪共分金米"所吸引。当起义军打开豪商金库粮仓时，有不少人纷纷抢夺，而后各奔东西，严重削弱了起义军的战斗力。

最后，因叛徒告密，提前仓促起义也是造成大盐平八郎起义失败的一个原因。起义被迫提前8—9个小时举行，还有很多地区没有来得及通知，很多檄文没有来得及散发，有不少地区因未得到起义消息而没有参加起义。另外，起义军还存在着指挥不当、武器不良等缺陷。

大盐平八郎起义虽然失败了，它在推动农民斗争的高涨，加速日本封建社会走向崩溃等方面，有着重要的历史意义。

大盐平八郎起义把日本人民反封建斗争推向了一个新阶段。在大盐平八郎起义之前，日本曾爆发过无数次农民起义或暴动。这些起义或暴动往往是自发的、分散的，局限于反对当地封建领主。大盐平八郎起义则与他们不同，日本著名历史学家井上清认为，"这是明确和有意识地号召都市贫民与农民的反封建同盟的创举"。

大盐平八郎起义是日本历史上第一次由封建官吏领导的城市人民反封建武装起义。参加这次起义的有统治阶级的下层人物，有日本社会身份最低贱的人民群众，他们联合起来反对幕府。领导这次起义的日本统治阶级下层人士重视人民的力量，注重下层人民的要求，这表明封建统治阶级内部矛盾趋于激化，它的下层在思想上开始背离封建正统。

起义在当时被称为"三都"（江户、大阪、京都）之一的著名城市大阪爆发，其影响很大。大阪不仅是经济中心，在政治上和军事上对幕府都很重要。在这样的地方发生起义，使统治阶级丧失威信，政权发生动摇。幕府的大目付①和水户藩主都曾战战兢兢地说：如果收成再不好，固不在说，只要一点动静，也立刻会发生变化。为防止再有"变化"，统治阶级一方面加紧调集、拼凑军队以镇压和防范骚动；另一方面不择手段地对大盐平八郎起义进行种种诬陷和诋毁。

大盐平八郎起义的政治和社会影响也是广泛和深远的。

在大盐平八郎起义影响下，日本各地农民纷纷揭竿而起。四月六日，在

---

①　大目付是德川幕府职名，负责监察弹劾大名和日常政务。

江户浅草地方出现了署名"大阪浪人"的布告，号召在八日举行暴动。到了八日，在千住一个自称"大盐手下浪士"的人发动800人举行了起义。同月，在备后国（今广岛县）的三原，又有800人竖起"大盐平八郎门弟"的旗帜，举行了起义。

六月，在越后国（今新潟县）的柏崎，上州馆林"浪人"出身的生田万发动起义。生田万是有名的国学者，当他读了大盐平八郎起义檄文之后，非常激动，决心效法大盐平八郎。他在起义之前，按照大盐平八郎起义的做法，首先在柏崎地方广散起义檄文。其檄文的内容多与大盐平八郎起义檄文相同。起义者在袭击了村吏之后，一边把所得金米分给村民，一边向村民们说："我等是大阪大盐平八郎的一党，惩戒暴吏，拯救穷民"，号召村民参加起义。随后，起义队伍高举着写有"大盐平八郎门弟"，"奉天命，诛贼国"和"集忠臣，救穷民"的三面旗帜，向前进发，袭击了越后的代官所。参加这次起义的人数约有800人。

七月，在摄津的能势地方，有2000多农民高举着"大盐同伙"的标语，在大盐平八郎门徒山田屋大助的领导下，发动了大规模起义。起义者也散发檄文，要求朝廷命各处领主将其一国一郡的米谷平分给大家，解救痛苦的百姓。凡不服从者，一律施以武力。

40年代以后，日本人民的反封建斗争更持续不停地向前发展。1842年，近江爆发了有4万人参加的农民大起义。在此期间，农民起义和城市贫民往往在斗争中采取联合行动，共同打击封建统治者。大盐平八郎起义檄文的号召变成了现实政治斗争的战斗口号。

大盐平八郎起义事隔70余年之后，1918年爆发的"米骚动"还受到一定的影响。当时，大阪有一些人说：这次米骚动犹如"忍耐不住的大盐平八郎"起义。在山口县的宇部地方，有人散发署名为"国民义会大正大盐平八郎"的传单，要求减低米价，天诛富豪。

越南西山农民起义

梁志明

18 世纪下半叶，越南历史上规模空前的西山农民大起义推翻了阮氏、郑氏的统治，灭亡了黎朝，击败了外国武装干涉，建立了西山王朝。这次农民起义在越南和亚洲的近代历史上占有一定的地位。

封建制度危机的加深

从 16 世纪开始，越南封建国家进入衰落阶段。1527—1592 年，出现了"南北朝之乱"：北方莫登庸篡夺黎朝的帝位，建立莫朝；以阮淦为首的黎朝旧臣拥立黎维宁为帝，占有清化以南的地区，与莫氏对峙。南北相争和割据称雄的局面延续了 60 多年。进入 17 世纪，黎朝中央政权极度衰弱，徒具虚名，实际统治权落入北方郑氏和南方阮氏两大封建集团手中。郑氏以昇龙（今河内）为中心，挟持黎皇，称霸北方；阮氏以富春（今顺化）为中心，世袭称王，割据南方，自成独立王国。双方以渌江为界互相对峙。长期的分裂和内战不休，阻碍社会的发展，使越南封建制度陷入日益加深的危机之中。

郑、阮之间的对立日益紧张，从 1627 年到 1672 年将近半个世纪当中双方进行了七次激烈的大战[①]，另外还不断发生小的武装冲突。连绵不断的混战，造成经济停滞，农业生产遭到严重的破坏。官僚、地主乘机兼并土地。18 世纪初，土地私有制度大大发展，大部分土地集中到官僚地主和农村豪强手中。农村公社的公田因地主豪强的侵占日益缩小。在北方，许多私田被富豪剥夺，大批农民破产。为了缓和社会矛盾，1711 年郑王曾下令："诸权世

---

① 这七次大战的时间分别是：1627 年、1633 年、1643 年、1648 年、1655—1660 年、1661—1662 年、1672 年。

阀，诸衙吏富豪，不得趁社民穷苦漂泊之机，借故收买土地占为私有。"但并没有多少效果。郑王不得不承认："贫民的私有田大多落到富豪手中，贫民无立锥之地。"郑氏政权还不断增加租税。1721 年，它规定一项新的收税原则："先估计支出之数而后定民纳之数"，将耕地分为三等征税，此外连盐碱地、干枯的山丘和沙滩地也要纳税①。日益繁重的劳役和兵役也越来越沉重地加在农民和少数民族人民身上，封建国家忽视兴修水利，保护堤坝，造成旱涝灾害频繁。从 17 世纪末到 18 世纪，越南红河三角洲及清化、义安一带歉收、饥馑经常发生，且日益严重②。1741 年的饥荒遍及外路（即越南北方），海阳镇尤为严重。史载："民废耕耘，闾里储积殆尽，唯山南差可，流民扶携就食者塞道，米价腾贵，百钱不易一饱，民多仰菜茹，至食蛇鼠者。饿殍相望，存者不能什一，邑称素稠者，仅余五三户。"1789 年，义安仍然"饥荒疾疫，饿殍流移，见存者十五六"。到处是田地荒芜、村社凋敝的萧条景象，成千上万的农民饿死，许多人被迫离乡背井，出外逃荒。1730 年，越南北部有 527 个村社的居民几乎全部流散。1741 年，这样的村社增加到3691 个。到 18 世纪末，属于越北平原和清化、义安各镇的 11767 个村社中还有 1488 个村社的居民流散。

与此同时，盘踞南方的阮氏集团为了进行对郑氏的战争和对占婆与真腊（今柬埔寨）的征伐，也变本加厉地掠夺农民。17 世纪末，阮氏灭亡了占婆国，接着向湄公河三角洲的真腊领土渗透扩张，到 18 世纪中叶，把领土扩展到河仙和金瓯角，即今越南整个南部地区。阮氏政权通过"垦荒建邑"政策，以贫困破产的农民和战俘为劳动力在南部开垦荒地，建立居民点。

湄公河平原土地肥沃，地广人稀。阮氏允许富有的地主、官吏带着奴婢和招募流亡的农民到这里开拓土地。他们凭借权势，残酷剥削奴婢和农民，并霸占占婆人、高棉人的土地，这样在南方形成了一个大地主阶层，成为阮氏在南方的主要社会支柱。阮氏宗室强迫战俘开垦肥沃的土地，并将已垦殖的土地据为己有，变成"官田庄"或"官屯田"。这些田地虽然名义上是国

---

① 据潘辉注的《历朝宪章类志·国用志》：1728 年将耕地分为三等征税，一等田，每亩收 1贯，纳粟2/3；二等田收 8 钱，纳粟1/2；三等田收 6 钱，纳粟1/3。盐碱地、沙滩地均亩收 4 钱，干枯的山丘也要亩收 1 钱。

② 据《越史通鉴纲目》的记载，郑氏统治期间，特别是 17 世纪末到 18 世纪，越南北方水旱、饥荒、疫病经常发生。1679 年、1681 年、1684 年、1687 年、1695 年、1702 年、1712 年、1713 年、1726 年、1727—1728 年都发生较大的水灾或旱灾。

有，但实际是阮氏宗室所有，他们把耕种这些田地的战俘变成自己的农奴。

在中部顺化—广南地区，村社的公田、公地原来保存较多，农民主要依靠村社分配的田地生活。但地主豪强千方百计地侵吞和霸占公田公地。1776年，顺化有 26.5 万多亩田，除了抛荒地还有 15.3 万多亩，可是大部分农民却没有一块自耕地，被迫以日益高昂的地租租佃土地。在广治的丽水县，地租每亩有时达 12—20 贯。农民除缴纳高额地租外，还要缴纳各种苛捐杂税。黎贵惇在《抚边杂录》一书中指出：南部"每年有百项租税，而征收繁复，营私舞弊，人民困苦，有如双索套颈"。

从 18 世纪中叶起，南方的歉收、饥馑也普遍发生，甚至连素称富庶的湄公河三角洲，从 1760 年起也米价飞涨，饥馑遍野。阮氏统治集团聚敛了大量的财富，过着骄奢淫逸的生活。他们"视金银如沙，米谷如土，挥霍无度"。1765 年，阮氏政权的大权握在张福峦手中。他在阮王阮福阔（1738—1765 年）死后，废嫡皇孙阮福旸，擅立阮福淳为王，自称"国傅"，把持一切权力。他贪赃枉法，每年贪污达三四万贯，家有万金，并霸占田园、房屋不计其数。南方人民人人痛恨，称他为"张秦桧"。

由此可见，越南人民，尤其是农民与郑、阮两大封建统治集团为首的官僚地主阶级的矛盾成为 18 世纪越南社会的主要矛盾。这是导致这一时期农民起义的根本原因。

从 16 世纪开始，越南南北各地商品经济有所发展。在农副业和手工业发展的基础上，出现了专业手工业工人集中的手工业中心城镇。在北部，发现了铁、铜、金、银、铅、锌等矿藏，并进行了开采。到 17 世纪，一些城市繁荣起来。北部的昇龙、庸宪（海兴）、中部的清河（顺化附近）、会安，南部的柴棍（西贡）等城市和港口遐迩闻名。南、北方不仅分别与中国、日本、东南亚国家有着贸易关系，而且相继与葡萄牙、荷兰、英国和法国等西方国家发展贸易往来。手工业工场的出现，尤其是开矿业的发展，涌现了一批雇用成百上千工人的矿场。由于商品货币关系的发展，到 18 世纪已形成一个富有的商人阶层，越南社会内部也开始孕育着资本主义萌芽①。但是，

---

① 越南史学界关于资本主义萌芽问题存在两种意见：阮红峰等认为越南封建社会没有出现资本主义萌芽；明峥等认为存在着资本主义萌芽。本文限于篇幅不能详述。据已知资料，到 18 世纪，越南社会的商品货币关系确有发展，出现了一些城市中心，在某些手工业和矿业部门有了雇工剥削现象，但对此不能估计过高。笔者认为当时资本主义萌芽还是很微弱的，越南社会经济仍然是封建自然经济。

由于国家分裂和封建割据，各地关卡林立。郑氏、阮氏两个政权遍设"巡司所"①，抽征商税，加之封建政权实行抑制商业的政策，阻碍工商业的进一步发展，并造成一些手工业者、商人的破产。这引起商人阶层对封建统治集团的不满。

这一时期，少数民族也遭到封建政权的残酷压迫与掠夺。北部山区宣光、高平和谅山的侬族、岱侬族人民每年要用银钱纳税和缴纳贵重的土特产，还要经常出官差、服劳役。南部占婆人、高棉人和西原山区少族民族在阮氏集团"南进"扩张政策之下，土地被侵占，许多人被迫离开村寨，逃匿山林，生活极端困苦。他们从来没有放弃揭竿而起进行反抗的机会。

封建地主阶级与农民之间、两大封建集团之间、商人阶层与中央和地方封建主之间以及少数民族与封建统治者之间的这种种矛盾，是构成越南封建制度日益深重的危机，并导致 18 世纪连绵不断的农民起义的社会基础。从 17 世纪末开始，越南北方就爆发一些小规模起义。进入 18 世纪，农民起义的规模越来越大。参加起义的除了农民、手工业者以外，还有少数民族、商人、僧侣、儒生和一些不满的官吏。1737—1770 年，北方发生了阮当兴、阮选、阮蘧、武廷镕、黎维禖、阮有求、阮名芳和黄公质等领导的起义。其中阮有求领导的起义持续了 10 年（1741—1751 年）。他举起"东道总国保民大将军"的旗帜，提出"劫富济贫"的口号，拥有 10 万之众，活动在北部平原地区，逼近京城昇龙。黄公质的起义从宣光发展到山南（即南定），而后又发展到清化、兴化，从 1740 年一直坚持到 1768 年，共持续 28 年之久。这些起义虽然最终失败了，但沉重打击了封建统治阶级。

18 世纪作为农民起义的世纪载入了越南史册，而西山农民大起义则把这个世纪的农民起义推向最高峰。

西山起义的爆发

1771 年春，起义首先在西山邑（归仁府符离县安溪村，今越南中部平定省西部地区）爆发。起义的领袖是阮岳、阮侣、阮惠三兄弟。西山兄弟本

---

　　①　郑氏原设有巡司所 23 所，1663 年废除 13 所，1723 年废除 3 所，但又新设了 4 所，整个北方仍有 11 所。阮氏在南部各通商路口设有 51 个巡司所。此外南、北各地方官吏都设卡征税。商业税名目繁多，有铁税、盐税、鱼露税、船舶税、进出口税，等等。

姓胡，祖居义安省兴元县泰老乡。17 世纪中叶，在郑一阮战争中，其祖辈被阮军虏获，强制移至西山开荒。到阮岳一代才改姓。阮氏兄弟的父亲胡飞福家境变迁，成为西山寨主。三兄弟从小上学，有一定文化程度，他们的出身已不是贫穷农民①。阮岳担任过山区税吏（云屯巡司所的巡弁吏），并在山区与平原之间贩卖过萎叶②。因此，他目睹了封建政权的腐朽和各族人民的痛苦遭遇。阮氏兄弟拜张献为师，学文习武。张献是对当权集团不满，逃亡归仁的教师，赞赏三兄弟的才能，并用谶言暗中激励他们起来造反。张献曾对阮岳说："西起义，北收功，汝西山人，其勉之。"阮岳听到后"以为然，暗自喜"。

归仁府地险多山，位置冲要，既是阮氏集团向北与郑氏争霸的后方，又是向南吞并占婆、蚕食真腊的前进基地。这里的沿海平原盛产大米，西部山区出产林木土产。但在阮氏统治下，人民遭受剥削，生活艰难，阶级矛盾和民族矛盾尖锐。归仁原是占婆国的领土，居住在这里的占婆族和尚族人在占婆国灭亡后，或被阮氏强制同化，或被驱赶到西部高原，过着原始的艰苦生活。阮氏统治者又将战俘和北方掳掠来的农民强迫移置到这里开荒屯田。当地各族人民横遭官府的压迫，蕴藏着强烈的反抗情绪。因此，归仁成为西山大起义的策源地不是偶然的。

1771 年春，大旱，荒歉饥馑，流亡者增多。阮岳兄弟乘机起事。他们在西山设立屯寨，举起"劫富济贫，为民除害"的旗帜，广泛招纳群众，贫苦农民纷纷加入起义队伍。山区少数民族、华侨和商人以及个别地主富豪分子也参加了起义。

阮岳以"除奸臣张福峦，拥立皇孙旸"③ 为号召，在起义檄文中揭露"张福峦贿赂公行、秽乱朝政"的罪行，声称"西山倡议勤王"，以分化统治集团，争取南方各阶层的同情与支持。起义初期，西山军被称为"皇孙军"，受到欢迎，而阮氏官军则被称为"国傅军"，相当孤立。当时民谣说：

① 关于西山兄弟的出身成分问题，越南史学界意见不一：有的认为是小生产者，富裕农民；有的认为是下层封建主（当过寨主和税吏）；还有人认为属于商人阶层，因为阮岳做过商贩。法国学者谢诺说："阮岳是一个富裕的商人。"

② 萎叶是一种藤类植物的叶子，越南人吃槟榔时把萎叶和蚌灰同时放入嘴里嚼，这是一部分城乡居民的嗜好，阮岳把萎叶从山区收购后贩运到城镇。

③ 皇孙旸为阮王阮福淳之嫡孙，被张福峦集团排斥，传说"为人仁厚聪明"，受到群众同情，阮岳为分化统治集团，打击主要敌人，声称举兵拥立皇孙旸为王。

"'朝廷军'吗？那是国傅军！'呐喊军'吗？那是'皇孙军'！"①

　　阮岳为了壮大义军声势，不但与山区占婆族女酋长氏火结盟，还吸收地方名绅阮桩、豪富玄溪参加义军。1773 年初，阮兵率众从西山进驻坚城邑，自称第一寨主，管符离、蓬山二县；以阮桩为第二寨主，管绥远县；又以玄溪为第三寨主，负责筹备军粮。他们或捐助家资以助输军饷，或运筹帷幄协同指挥。这两人是从统治阶级中分化出来的代表。

　　1773 年秋，阮氏遣阮桩率军夜袭归仁府城，敌军惊溃，巡抚阮古宣逃跑。随后，阮岳将起义队伍分为中、前、后、左、右五军，互相接应，并乘胜入广南。由于华侨和华侨商人同样遭到阮氏封建统治集团的排挤和压抑，因此，广大华侨支持和参加起义军。广南华侨在集亭、李才领导下分别组织"忠义军"与"和义军"响应起义。主要由华侨组成的这两支队伍作战勇猛，屡立战功。阮岳又选择身材高大的当地人，"剃头辫发，与清人（即华侨）杂，战则醉饮，裸身，颈悬金银纸，以示必死，每为前冲，官兵莫能抗"。

　　西山军每到一处都惩治豪强恶霸，没收其财产分配给贫苦农民；焚烧田簿和税簿，废除阮氏颁布的一切赋税；捣毁官署，打破监狱，释放囚犯；没收官粮，赈济平民。这使起义声势愈来愈大。1773 年末，义军所向披靡，迅速占领了广义、会安等城，歼灭阮军大部分主力。到 1773 年底和 1774 年初，西山军以归仁为基地，拥有北起广义、南达平顺的广大农村和山区，将阮氏的领地拦腰截断，阮氏政权濒临崩溃的境地。

西山起义的胜利发展

　　在阮氏统治岌岌可危的时候，郑氏统治者郑森于 1774 年底遣大将黄五福率 3 万军队跨过浕江分界线，攻入南方。郑军打着"诛除奸臣张福峦，帮助阮氏灭西山"的旗号，企图一箭双雕，在全国建立其反动统治。阮氏统治者阮福淳被迫缚张福峦纳呈黄五福军前。张福峦虽伏诛，郑军仍继续南下。1775 年初，黄五福占富春，进入广南。阮福淳面临北有郑军，南有西山军的危困局势，不得不携带侄子阮福映从海上逃奔南部湄公河三角洲嘉定地区。

---

　　① 《大南实录·大南正编列传初集》.卷 30 载，当时有"兵朝兵，国傅兵。恶兵皇孙之语。恶即喊也。"

他把皇孙阮福映留在广南，企图利用阮福映的名声维系人心，抗拒西山。

阮福淳南逃后，西山军与郑军直接交锋，开头几仗，互有胜负。后来在一次战斗中，西山军失利，阮岳退守归仁。这时，西山军也处于南北受夹击的困境。北面郑军进逼，南面的阮军重占平顺—富安一带。为了摆脱腹背受敌的状态，西山领袖毅然决定暂时缓和与郑军的关系，集中力量打击阮氏集团。阮岳遣人持书与金帛往见黄五福，"乞纳广义、归仁、富安三府"，即当时西山所拥有的全部土地，并表示愿为"前驱，进取嘉定"。黄五福虽知是缓兵之计，但自己一时无力歼灭西山，便禀报郑王，遣使持印、剑、旗，封阮岳为"西山校长壮节将军"，企图唆使西山进攻阮氏军队，以便坐山观虎斗，坐收渔人之利。

与此同时，阮岳扶立留在广南的阮福映为王，将爱女寿香许配给福映，并致函驻守富安的阮军将领宋福洽，"诱以扶立东宫（即阮福映），奠安社稷之意"。宋福洽信而不备。阮岳乘机派阮惠领兵突袭，大败阮军，攻克富安。阮惠因首战告捷，被郑王封为"西山校长前锋将军"。1775 年底，疫病流行，南侵郑军死者大半，不得不从广南撤回富春。黄五福在北撤途中病亡，郑军威胁暂时解除。

北面形势稳定后，西山大军挥戈南下，发动对阮氏集团的猛烈进攻。1776—1785 年的 10 年内，5 次南征，直捣阮氏巢穴——嘉定，屡次击败阮军。1776 年，阮岳自称"西山王"，不再受阮氏约束。这时阮福映逃至嘉定，被立为"新政王"，阮福淳自称"太上皇"。1777 年，阮惠攻入嘉定地区，追至龙川，擒斩了阮福淳和阮福映。阮福淳死后，其侄阮福映收罗残部，向西山军反扑，被西山军屡次击溃，赶到一群海岛上，后逃亡暹罗，并向法国殖民者求援。建立 200 年之久的阮氏封建集团的统治至此被推翻，南部大部分土地被西山军解放。

为了挽救自己的失败，阮福映向暹罗国王乞援。1784 年 7 月，暹罗王的两名王侄昭曾、昭霜①率 2 万水军和 300 艘战船入侵嘉定。阮福映的残军跟随回国。在最初几次交战中，暹军获胜，占领嘉定许多地区。1785 年，阮惠率援军从海路到达美萩，在美萩河上的迪锦羡墨一段设下伏兵，诱敌深入，一鼓作气打垮了暹军。昭曾、昭霜率数千残兵逃回国内。阮军几被全部歼灭。阮福映本人再次亡命暹罗。但西山军没有巩固南方，就掉头向北方

---

① "昭"为暹罗王朝统治者的爵位，即亲王。

进军。

当西山军与阮军在南方激战时，北方形势发生变化。腐败的郑氏集团内部矛盾激化，政局混乱不堪。郑森的两个儿子郑楷、郑㮮各有一批官僚大臣支持，互相争夺王位。1782年郑森死后，郑㮮继承王位，郑楷不满。同年10月，昇龙驻军哗变。郑楷利用这个机会，推翻郑㮮，掌握了政权。昇龙驻军居功骄横无忌，结伙四出骚扰人民，形成"骄兵之乱"。这时，号称"北河第一号文武全才"的郑氏将领阮有整投向西山。阮有整得到阮岳的信任，他向阮岳陈述北方衰乱可取的情况，力促西山军北上伐郑。

1786年，阮岳令阮惠为统帅，阮有整为右军都督，婿武文任为左军都督，阮侣为水军统领，从归仁出发，进攻富春。阮惠军队攻占富春，乘胜北进，夺取了洞海。不到10天，阮惠军击溃了3万郑军，完全占有了㵋江以南的土地。

接着，阮有整又向阮惠献策说："今北河（即北方）将惰卒骄，我乘大胜而取之……此辰与机不可失也"，并提出"以扶黎灭郑为名，天下莫不响应"。阮惠听从了阮有整的计策，令阮侣留守洞海，派人回归仁报告阮岳，自统大军直取北河。

阮惠遣阮有整率先锋船队沿海北上先至渭潢（今南定），约以烽火为信号。自统大队兵船沿海进发，途经义安、清化时，派兵登岸，大张声势。各地郑军不敢抗拒。至渭潢，守城郑军望风奔溃。西山军占领了这个北部重镇，缴获100万斛粮食。阮惠以"扶黎灭郑"为号召，赢得北部人民的拥护。统治营垒分化，郑氏集团完全孤立。海阳等地农民起义军纷纷响应，与西山军联合。

郑楷万分震惊，匆忙派水军在红河下游的浮沙江一段堵截，又遣步兵阻击。阮惠施诱敌之计，以少数兵船出击，待郑军的弓矢、弹药消耗殆尽时，指挥大批船队猛扑过去。郑军水陆大军迅即溃败。浮沙江一役歼灭了郑军主力。西山军乘胜直捣昇龙。1786年7月21日，西山军击溃郑军，占领昇龙。郑楷往山西逃窜，被人民活捉，捕送西山军，途中自尽。仅用一个月的时间，西山军就打垮了郑氏集团。

推翻郑氏统治后，阮惠没有直接掌握政权。他恢复了黎显宗的权力，并纳黎朝公主玉忻为妻，着手稳定北方的社会秩序。但当西山军尚未在北部站稳脚跟时，在归仁称帝的阮岳对阮惠在北方得势不满，"既嫉其功又疑其贰"。他闻讯亲率军队急行七昼夜赶到昇龙，把北部政权交给黎朝皇帝，迫阮惠一同返回南方。

阮惠南返后，郑氏残余阴谋复辟。北方局势重又陷入混乱。黎显宗死后，1787 年，黎愍帝（维祁）继位，年号昭统。黎昭统软弱，以郑楷为代表的郑氏集团乘机重新揽权。驻守义安的阮有整受黎昭统密召，北上昇龙，赶走郑楷。阮有整又独揽大权，背叛西山。1787 年，阮惠令武文任率军北上，诛杀了阮有整。但武文任坐镇北部，拥有重兵，亦多行不法。黎昭统逃匿保禄山中。武文任以崇让公黎维𧺫为监国，自己掌握大权。将领吴文楚等不满，密报阮惠。次年，阮惠率军第二次进入昇龙，杀了武文任，令吴文楚等驻守昇龙，自己返回富春。

当阮惠领兵北上时，黎昭统遣侍臣黎炯与宗室数十人护卫黎朝太后和官眷，经高平进入广西，向清廷求救。1788 年 10 月，乾隆令两广总督孙士毅等率军入越①，扶助黎氏复国。12 月 22 日，孙士毅军队占领昇龙，重新扶立黎昭统为国王。阮惠在富春和义安聚集兵力后，于 1789 年正月，乘清军不备，攻入昇龙。孙士毅仓皇应战，败逃回国。黎昭统也逃亡广西。

至此，越南北方完全被西山军控制，黎朝灭亡。经过 18 年（1771—1789 年）的艰难战斗，西山起义军基本上统一了全国，结束了几个世纪之久的封建割据局面。从此，西山农民起义夺取政权的时期结束，进入西山朝时期②。

西山朝的建立及其内外政策

1786 年，阮岳在归仁称中央皇帝，封阮侣为东定王，辖嘉定；阮惠为北平王，驻富春。三兄弟各占一块地盘，分区而治。但阮岳骄傲自满，胸无大志，眼光仅限于归仁至富安一带，且过着日益腐化的帝王生活。阮侣懦弱无能，在嘉定听任大地主集团横行无忌，仅仅一年就被阮福映打败，1787 年逃

---

① 越南史书记载这次清朝出动了 20 万军队，60 万工兵、使役，被阮惠一举击溃（参见《越南历史》第一集等书）。但据《清高宗实录》《清史稿》记载，孙士毅及提督许世亨率两广兵 1 万，乌大经率滇军 5000 人出国。越南的记载显有夸大。

② 越南史学家文新认为，从 1771 年西山革命爆发到 1802 年被嘉隆反动封建集团打败，西山革命前后存在 31 年。有的越南史学家则认为，西山运动应分为两大时期：起义时期和西山朝代时期，第一时期是从西山起义发生到打败清军为止，具有农民起义性质；第二时期是光中阮惠建立新的封建朝代，直至西山衰落失败为止。笔者同意后者的意见。

回归仁后病死。唯有阮惠的政权不但管辖越南北部直至顺化、广南之地，而且在政治、军事、经济、文化等方面有一些值得提及的建树。

1788年12月22日，阮惠在富春称帝，年号光中。他立玉忻公主为后，嫡长子光缵为太子，在义安麒麟山下建立凤凰中都，改昇龙为北城，并制定文武官制①，组织了从中央到地方的各级政权机构；同时实行募兵制，创建了一支拥有步兵、水军、骑兵、象兵和炮兵等兵种的军队，军队又分为中、前、左、右、后五军。

为了恢复农业生产，1789年阮惠颁布《劝农诏》，针对"兵火频仍，加以饥馑，人口流移，田畴荒废"的情况，提出"复流移，垦荒闲"的农业政策，下令动员流亡农民回乡生产，允许农民认领和耕种荒废的公田、私田。他还下令"造丁田簿籍，丁分三项，田有三等"，规定田地均按土质好坏分等级纳税②。因北方人口流散，户口隐匿，逃避纳税，他下令实行信牌制度，"人给一牌，号曰信牌"，上写有姓名、籍贯，押有手印，牌上印有"天下大信"四个大字。无牌者为"漏民"，不仅本人要受罚，且要"罪及里长"。阮惠还限制佛教，令各县仅保留一座庙宇，原有寺庙不再修葺，不能读佛经，不会书写的僧尼一律还俗谋生。僧尼人数减少，增加了劳动力。经过三年，北方农业有所恢复。1791年就出现五谷丰登的景象。

农业的恢复，促进了商业发展。西山政权实行保护工商业的政策，允许商人自由经营。阮惠提出与中国"开关隘、通市集"，获清廷同意。在高平的平水关和谅山的油村隘"开市通商，抽免商税"。南宁还设越商的"牙行"（即商行）。西方资本主义各国的商船也能出入各商港，对外贸易复苏和繁荣起来。

在发展文化教育和改革民族文字方面也有一些成绩。阮惠重视教育，中央设国学，地方设府学和乡学。他颁布《立学诏》，鼓励村社办学，恢复和整顿科举制，遴选官吏，提拔人才。他规定历届旧科举当选的生徒须重新考试，以淘汰靠金钱贿赂当选为"三贯生徒"之类的不学无术之徒。阮惠还推广"喃字"③，下令以喃字为国家正式文字，凡政府公文、函件须用喃字书

---

①　据《大南实录》记载，西山官制有三公、三少、大冢宰、大司徒、大司寇、大司马、大司空、大司会、大司隶、太尉、御尉、大总管、大董理、大都护、大都督以及六部尚书，侍中御史等。

②　据《大南实录》记载，公田一等每亩例粟150钵；二等每亩80钵，三等每亩50钵；私田一等每亩例粟40钵；二等每亩30钵，三等每亩20钵。

③　喃字是根据汉字的形声、会意、假借等方法表达越南语言的方块字。喃字意为南国的文字。

写；建立崇正院，延揽隐居义安的名儒阮浃任院长①，专掌教事，主持将汉文经书译为喃字的工作。这一时期，产生了许多优秀的喃字作品，出现了潘辉益、阮辉量和胡春香等著名作家与诗人，揭开了越南民族文学史的新的一页。

以阮惠为代表的西山政权所执行的上述政策，无疑具有进步意义。但这些政策并没有持续多久，因为西山朝仅存在10余年，而且在1792年阮惠逝世后，他的许多政策没有坚持下去。另外，这些政策具有局限性，贯彻得也不力。西山朝任命了一些进步的士大夫为官吏，实施其改革，但大多数西山朝的官吏仍由郑黎的旧官吏和地主豪绅充任。这些人表面归顺西山，实际上继续骑在人民头上，歪曲新政权的措施，借机敲诈勒索人民。如借发"信牌"以检查"漏民"为名，四处搜捕，使百姓不胜其苦。

西山起义打击了封建统治势力。阮惠的农业政策有助于限制土地兼并，恢复农业生产。但是，封建官僚贵族的土地占有制没有触动。起义将领蜕变为新的地主贵族。广大农民需向这些新的统治者纳税并服役。

阮惠反对外侵，捍卫独立，作出了卓越的贡献。另外，他在建立光中朝之前就表露了对外扩张的倾向。1787年，阮惠出兵老挝川圹，迫川圹亲王昭松普纳贡称藩。建立新王朝后，自恃兵力强盛，逼迫万象国王承认为西山朝的藩属。万象国拒绝投降。1790年和1791年，阮惠令义安督镇陈光耀等统军侵入老挝，占领川圹，进攻万象，迫使万象国王弃城逃走。西山军洗劫万象国土，"获其象马钲鼓，长驱至暹罗界"。

在对清战争后，阮惠为巩固政权，曾于1789年遣使奉表向清廷谢罪请封。乾隆此时也不愿支持丧失人心的旧黎王朝，便正式承认阮惠的帝位，册封为"安南国王"。两国恢复邦交。阮惠表面缓和，内藏扩张野心。他在即位后写信给两广总督要求重新划分边界线，企图向清廷索取广西边地。被拒绝后，阮惠不满，加紧训练军队，制造战船，"阴有窥视两广之志"，并对左右将校扬言："假我数年，养威蓄锐，吾何畏彼哉！"1792年，阮惠借口向清廷求婚，探测清朝态度，企图"借此为兵端"，因一病不起未成②。

---

① 阮浃为当时著名儒士，隐居义安罗山县，号"罗山夫子"。阮惠写信延请，1792年在义安建崇正书院，任阮浃为院长。阮浃等译《小学》《四书》为喃字书，阮惠甚为嘉奖，并令将《诗经》《易经》译为喃字。

② 《大南实录》记载："惠令修表如清请婚，以探清帝意，亦欲借此为兵端。会遘疾不果往"。

西山政权的衰落和失败

18 世纪下半叶的越南虽有商品货币关系的一定发展，并孕育着资本主义的萌芽，但仍以封建自然经济为基础。由于长期的分裂割据，全国性的统一市场和经济中心不能形成。西山农民起义的风暴虽扫荡了国内反动封建统治集团，给封建制度以沉重打击，但囿于农民阶级的局限性，它仍摆脱不了旧式农民起义的根本弱点。

阮氏兄弟在起义取得初步胜利后，称王称帝，走上封建化的道路。阮岳在 1787 年称帝后，居于归仁"皇帝城"内，"日肆淫暴"，杀起义功臣阮桩，淫阮惠之妻，将阮惠征伐郑氏所获财宝尽归己有，蜕变为新帝王。阮岳称帝后，大封功臣，一些起义将领坐上了大司马、大司徒、大司空、大都督等官职的宝座，成为新的官僚贵族。阮氏兄弟也成为代表新老地主阶级利益的全国最高土地占有者，他们日益脱离人民，失去了群众的支持。

在历史上，获得胜利的农民领袖往往不能保持团结。西山兄弟也不例外。他们由互相猜忌、倾轧，发展为自相残杀，彼此削弱，终于走向衰亡。前面已经说到，当阮惠统军北上攻克昇龙时，阮岳担心弟弟的权威超过自己，率军疾驰昇龙，迫阮惠撤军南返。后来，兄弟之间的矛盾愈演愈烈。1787 年春夏，以兵戎相见。阮惠传檄声讨阮岳之恶，引兵包围归仁，架炮轰城，相持三月有余。阮岳粮尽，登城向阮惠求和，说："皮锅煮肉，弟心何忍！"兄弟相望痛哭一场，这才罢兵，但彼此的嫌隙已无法弥补。西山的内讧极大地削弱和消耗了起义军的力量，给阮福映势力以可乘之机。当阮惠围攻归仁时，阮福映于 1787 年 8 月从暹罗潜回嘉定地区，组织军队。1788 年占柴棍，逐渐占据整个南部地区。阮岳旧部被阮惠击溃后，逃到南部，投降阮军，增强了阮福映集团的力量。

忽视巩固南部，是西山在战略上的一个重大失误。1776—1785 年，西山军曾 6 次南征，攻占嘉定。每次打败阮福映，就撤出军队，仅留下少量军队驻守。阮福映却依靠南部大地主阶级的支持，每次失败后又卷土重来，重建军队，将南部变成他抗拒西山夺取政权的基地。

为了击败西山，阮福映不惜勾结西方殖民者。西方殖民者则企图通过援助阮福映，插手越南内部斗争，向越南进行渗透。1784 年底，法国主教百多禄作为阮福映的代表携带王子景为人质，赴法国求援。1787 年 11 月 28 日，在凡尔赛，百多禄代表阮福映与法皇路易十六的代表孟茅庵签订了一项条约。这个条约规定法国派遣战船 4 艘和一支由 1650 名士兵（包括炮兵 200名）组成的军队帮助阮福映。阮福映把昆仑岛、会安港割让给法国；给予法国在越南自由贸易的特权，保证不将此权力给予其他欧洲国家；允诺当法国在东方与另一个国家交战时供给法国兵员和粮食。《凡尔赛条约》是阮福映集团卖国的一个罪证，同时也暴露了法国殖民者对越南的侵略野心。由于1789 年法国资产阶级革命的爆发，这个条约未能实施。然而，百多禄仍不甘心失掉在越南扩张的时机。他出面到法国在印度的殖民地本地治里活动，动员法国在亚洲殖民地的资本家出钱购置武器，招募人员帮助阮福映。1789 年9 月，法国船只给阮福映运送了步枪 1000 支。随后有一批法国军官、水手和技术人员前来帮助阮福映训练军队、制造兵船、修筑城堡、铸造大炮。阮福映还从葡萄牙殖民者那里购买了步枪、铁炮和炮弹。外国殖民者的援助虽不是阮福映打击西山的决定因素，但阮军获得较先进的武器，在装备上占了优势。从 1790 年起，阮福映越出嘉定地区，向西山的基地——归仁发动进攻。

1792 年，阮惠准备调动大军与归仁的阮岳配合，南下与阮福映决战。同年 8 月 27 日，阮惠还发了出军檄文。但阮惠突然于 9 月 16 日患病去世，年仅 39 岁。阮惠是西山军的杰出领袖，在西山兄弟中较有远见，他临终前已预感到来自南部的严重威胁。病危时他召见陈光耀等将领，咐嘱说：死后丧事从简，一月内办定，速辅助太子从富春迁都义安，"以控制天下，不然嘉定兵来，汝等无葬地矣"。

阮光缵继位后，没有执行阮惠的遗嘱。光缵年仅 10 岁，没有能力和威望继承父业。大权握于国舅、太师裴得宣手中。他们不但没有迅速迁都义安，巩固北方政权，集中力量对付阮福映集团，相反却热衷于内部的争权夺利，西山内部的矛盾是导致西山衰败的一个十分重要的原因。

1793 年，阮福映进攻归仁，阮岳向富春求援。光缵政权派军解围。阮军退走后，裴得宣下令军队进驻归仁，"籍府库，收甲兵，而据其城"。阮岳气愤吐血而死。阮光缵封阮岳之子阮宝为"孝公"，仅赐符离一县为食邑，称为"小朝"。阮宝母子愤懑，收集旧部，准备反抗。后重占归仁，暗通阮福映。光缵发军镇压，阮宝被处死。此后，西山内部人心离散，大将之间互相攻击，动辄兴兵。西山政权完全变质，人民也不再拥护他们。这加速了西山的失败。

1799 年阮军攻入归仁，西山守军投降。围绕归仁和富春的争夺，西山军与阮军进行了异常激烈的搏斗。在西山后期，陈光耀、裴氏春等将领虽然进行了英勇顽强的战斗，曾一度收复归仁城，并调动北部 3 万军队进行反攻，但由于失去群众的支持和战略上的一系列错误，均归失败。1801 年，阮军攻入富春，光缵逃昇龙。1802 年，阮军攻占昇龙，光缵等突围渡河北走，至昌江被俘。西山政权被倾覆。

1802 年 5 月，阮福映建立了越南历史上最后一个封建王朝——阮朝，代表封建反动势力的阮福映登上帝位，对西山领袖及其后裔进行了疯狂的报复。阮岳和阮惠的墓室被掘开，尸骨被捣弃，头颅被"幽于狱室"。光缵兄弟及西山将领或被分尸碎骨，或遭象踩。他们的后代都被通缉、杀害。西山邑被改名为"安西邑"，有关西山的所有遗迹被下令销毁。轰轰烈烈的历时31 年的西山起义被反动势力残酷镇压，淹没在血泊中。

西山起义在越南和亚洲近代史上谱写了光辉壮丽的篇章。西山起义显示了越南各族人民反压迫反剥削的革命斗志。西山起义为越南人民留下了宝贵的经验和深刻的教训。这些都为后来反抗外国殖民主义侵略的民族解放斗争树立了榜样。

印度尼西亚蒂博尼哥罗起义

许永璋

1825—1830 年，印度尼西亚人民在民族英雄蒂博尼哥罗领导下，进行了一次反对荷兰殖民统治的大起义。这次起义沉重地打击了荷兰殖民主义者，揭开了近代亚洲民族解放斗争第一次高潮的序幕。

残酷的殖民压迫和削剥

荷兰殖民主义者对印度尼西亚人民的残酷压迫和剥削，以及由此而产生的印度尼西亚广大农民、手工业者和部分封建主同荷兰殖民统治者之间的尖锐矛盾，乃是导致起义爆发的根本原因。

印度尼西亚是东南亚一个美丽富饶的群岛国家，旧称"荷属东印度"。从 17 世纪初年起，荷兰殖民主义者就开始对印度尼西亚进行侵略活动。马克思曾指出："荷兰——它是十七世纪标准的资本主义国家——经营殖民地的历史，'展示出一幅背信弃义、贿赂、残杀和卑鄙行为的绝妙图画'。"① 1602 年成立的荷兰东印度公司，是荷兰进行殖民侵略的工具。它拥有强大的陆海军，在东方与英国进行激烈的殖民争夺。1619 年，荷兰殖民者占领爪哇岛上的雅加达（1621 年改名巴达维亚），并把这里作为进行殖民扩张的基地，不断蚕食印度尼西亚的领土。

爪哇岛上原来有两个较大的伊斯兰教封建王国——万丹和马打兰。荷兰东印度公司为了侵占爪哇，蓄意挑起并参与这两个王国的战争。正如一个荷兰殖民者所说的，它"唆使一个王国去反对另一个王国"，"不让万丹变得太弱，不让马打兰变得太强"。1752 年，荷兰东印度公司通过收买诱骗、武

---

① 《马克思恩格斯选集》第 2 卷，人民出版社 1972 年版，第 256 页。

力威胁和发动战争等手段，把万丹变成了自己的保护国。1755 年，它又把马打兰分裂为日惹和梭罗两个公国，迫使它们成为自己的附庸。到 18 世纪中叶，整个爪哇岛沦为荷兰的殖民地。

荷兰殖民者占领爪哇后，把它分成直辖地和藩属土邦两个部分，由总督进行统治。在荷兰东印度公司占领的直辖地，由荷兰人担任州长，而让原来的封建王公贵族担任各级政府官吏，为荷兰殖民统治服务。在土邦，名义上由封建土王统治，实际上处于荷兰东印度公司委派的驻扎官的监督之下。日惹和梭罗原为藩属土邦，后来也成为荷兰殖民政府的直辖地。

在经济方面，荷兰殖民者对印尼人民的掠夺是非常残酷的。荷兰东印度公司实行垄断贸易，独占土产品的收购权和专卖权，不准印尼人民与欧洲其他国家进行贸易，否则就要受到严厉的惩罚。例如，班达群岛的居民因为把香料卖给了非荷兰人，岛上的 1 万居民几乎全被杀光。公司还在印尼从事掳掠和贩卖奴隶的罪恶活动。1778 年，仅雅加达一地就有 1.3 万名从巴厘岛运来的奴隶。在直辖地，荷兰殖民者实行"实物定额纳税制"，公司给各州规定一定数量的实物贡赋，各州再按份额摊派下去，由村长强迫农民按时缴纳。在土邦，则实行"强迫供应制"，公司给各土邦分配每年应供应的产品种类和数量，各土邦再分派给乡村，由村长强迫农民供应。通过这些方式，荷兰殖民者从印尼掠夺了大量的财富。

到 18 世纪末，荷兰在同英国的竞争中逐渐衰落。荷兰东印度公司的贸易收入日益减少；公司职员大量贪污和进行走私活动，造成很大的亏空；同英国的战争（1780—1784 年）遭到失败，丢掉了许多殖民据点，还支出为数巨大的军费。1795 年，公司的债务已达 12500 万盾。所有这些，再加上印尼人民的反抗，迫使荷兰东印度公司于 1799 年底宣告解散。从此，印度尼西亚由荷兰政府直接统治。

1806 年，荷兰本土被拿破仑帝国占领，从而同英国处于敌对的地位。1811 年 8 月，英国的印度总督明托率领 100 艘战舰向爪哇进攻，荷兰的印尼总督詹森斯投降。于是，印尼落入英国之手。英国派莱佛士为驻印尼的副总督，在印尼进行殖民统治。拿破仑帝国崩溃后，荷兰脱离法国而独立。英国为拉拢荷兰以对付法国，便于 1814 年与荷兰签订条约，同意把它所占领的印度尼西亚归还荷兰。莱佛士等人不愿意离开，竭力阻挠移交，直到 1816 年，英国殖民者才退出了印度尼西亚。

荷兰在印尼恢复殖民统治后，势非昔比，被迫开放印尼的各个港口。工业发达的英美等国的经济势力在印尼加强了，几乎有排挤荷兰经济势力的趋势。例如：1819 年来爪哇的 150 多艘商船中，英国占 62 艘，美国占 53 艘，而荷兰只占 43 艘。荷兰恢复殖民地统治后，加紧向爪哇岛以外的印尼其他岛屿扩张，镇压各地的反抗，军事费用大大增加，不得不向英国借债，使印尼又有可能重新落入英国之手。在这种情况下，荷兰为了巩固自己在印尼的统治地位，除了实行保护关税政策以对付英美势力之外，又恢复旧日的垄断贸易、强迫供应制等殖民剥削方法，加紧进行压榨。印尼人民陷入更为深重的灾难和痛苦之中。

农民在居民中占绝大多数，他们受到最残酷的剥削和压迫。荷兰殖民当局除了保留英国占领时实行的货币地税外，恢复了以前的一些实物税。强迫种植和供应制度又开始实行，特别是扩大了咖啡的强迫种植。按规定，农民把强迫种植的农产品的一半或 1/3 缴纳给政府作为地税，剩下的产品可以自由出卖。事实上，农民并不能自由出卖收获物，贩卖农产品的是区长或乡长，他们可以随意规定产品的价格，大部分产品落到了区长或乡长们手里。荷兰殖民者还征收名目繁多的苛捐杂税，诸如房屋税、牲畜税、收割税、迁移税，等等。仅谏义里一地，就有 34 种之多。在中爪哇，税卡林立，多至350 所。甚至连怀里抱着的孩子，也要作为"货物"缴纳过路税。如此繁多而沉重的捐税，简直是敲骨吸髓。难怪印尼人民痛恨这些税卡，骂它所征的税收是"屁股税"。这一切，使印尼农民对荷兰殖民统治者充满强烈的仇恨和反抗情绪。

手工业者的处境也和农民差不多，他们除了遭受繁重的苛捐杂税的剥削外，还受到外国机器工业品带来的打击。在英国占领期间，机器纺织品的进口急剧增加；来印尼的欧洲船只的数量 4 年内增加了 10 倍。荷兰恢复统治后，为与英美竞争，输入的纺织品数量更有增无减。欧洲国家机器工业品特别是纺织品的大量输入，摧毁了在印尼手工业中占有重要地位的手工纺织业，使本地的手工业趋于没落，大批手工业者破产失业。

荷兰的殖民统治政策，也损害了一部分封建主的利益。1823 年荷兰殖民当局颁布法令，规定从 1824 年 1 月 1 日起，废除印尼封建主同欧洲人所订立的租借土地的一切契约，禁止封建主将土地出租给外国种植园主，原已出租尚未满期的也要废除租约。这样一来，这些封建主必须退回预收的租金，而这些钱已经花光。当日惹荷籍州长史密萨艾特要求退回预付款 4 万西班牙银元时，日惹土邦的宫廷却只能归还 800 元。虽然封建主可以把这一重担转嫁到农民身上，毕竟是损害了他们的现实利益，必然使他们对荷兰殖民者产生不满。

反抗荷兰殖民统治的封建主的代表人物就是蒂博尼哥罗。蒂博尼哥罗生于1785年，是日惹苏丹哈孟库·布沃诺三世的庶子，一位虔诚的伊斯兰教信徒和学者。他通晓历史和伊斯兰教经典。祖国光辉的过去，尤其是繁荣强盛的满者伯夷王朝①，在他脑子里刻下了深深的印记。他向往着重新建立起一个符合伊斯兰教教义的独立国家。在他的领地特卡尔勒佐，经常聚集着许多具有反荷情绪的伊斯兰教学者。蒂博尼哥罗本来可以成为日惹苏丹的继承人，由于他具有强烈的反荷情绪，荷兰殖民当局取消了他的继承权利，而把这个继承权给了他的兄弟玛斯·查罗特。

玛斯·查罗特即位后称哈孟库·布沃诺四世。1822年，哈孟库·布沃诺四世暴卒。荷兰殖民当局任命其幼子拉登·玛斯·墨诺尔为苏丹，只让蒂博尼哥罗担任四个摄政中的一个摄政。其实，苏丹只不过是听命于殖民当局的傀儡，摄政也形同虚设。王宫的日常政务都在日惹荷籍州长的监督之下办理。所有这些，使蒂博尼哥罗身感国土沦亡、主权丧失之痛，愤愤不平，增加了他的仇恨。起义开始后不久，他和他的叔父莽古甫美致荷兰副督兼荷军总司令德·科克的信中写道："我受到……虐待。我感到悲伤，因为老百姓蒙受苦难，我在日惹的领地遭到破坏。"信中还说，荷兰总督的代表日惹州长在政务方面专权，完全不征求他们的意见，"这是和传统习惯相背离的"。正是这种反抗荷兰殖民者的情绪，推动他走上了起义的道路。

起义的三个阶段

这次大起义的导火线是，荷兰殖民统治者为了方便军事运输，准备修筑一条从日惹到玛琅的公路。1825年7月，日惹荷籍州长史密萨艾特事先不同蒂博尼哥罗商量，擅自在他的领地特卡尔勒佐王宫附近修路。这条公路要穿过蒂博尼哥罗祖宗的墓地。对此，蒂博尼哥罗表示强烈的愤慨。他命人拔掉路基上插上的禁止通行的木柱子，要求将负责修筑道路的官吏革职。史密萨艾特拒绝了这个要求，并以筑路事件为借口，扬言要逮捕蒂博尼哥罗。

为了保卫蒂博尼哥罗，他的部下和支持者纷纷前往特卡尔勒佐聚集，人

---

① 满者伯夷，亦作"麻喏巴歇"，是1293—1451年印尼爪哇岛上强大的封建王朝。

数越来越多。史密萨艾特大为恐慌，企图让莽古甫美把蒂博尼哥罗骗到日惹王宫，对他进行监视。莽古甫美来到蒂博尼哥罗的住处，告诉他，荷兰殖民当局将要逮捕他。蒂博尼哥罗拒绝到日惹去。7 月 20 日，当他正开始给州长写回信时，响起了枪炮声。荷兰殖民军队开来逮捕他。在这紧急的时刻，蒂博尼哥罗命令周围的队伍进行抵抗。于是，反荷大起义正式爆发。

这次起义大致可以分为三个阶段：1825 年 7 月—1826 年 10 月是起义的高涨阶段；1826 年 10 月—1828 年 3 月是起义的相持阶段；1828 年 3 月—1830 年 3 月是起义的衰落阶段。

起义开始后，荷军立即前来镇压，蒂博尼哥罗避其锋芒，率领起义队伍从特卡尔勒佐撤到卡里梭科。接着，他在中爪哇的所有地区，都散发了号召起义的宣言。在《致札巴朗加①人民令》中，蒂博尼哥罗宣告，他和他的叔父莽古甫美"为改正伊斯兰教和消灭爪哇岛上的一切异教徒，在日惹进行圣战"，号召人民积极参加消灭荷兰殖民统治者的战争。广大人民群众和一些封建主热烈响应，纷纷投奔到蒂博尼哥罗的旗帜之下。起义队伍很快达到 6 万人。在日惹，参加起义的封建贵族便有 70 多人，包括 23 名王族人物。不少妇女投入了起义的行列。起义者越聚越多，卡里梭科一时容纳不下。起义队伍便开往斯拉朗，以这里作为起义的中心。起义军领导者除蒂博尼哥罗外，还有梭罗的著名阿訇奇阿依摩佐和著名将领雅贝伊、申托特等。

起义开始后，蒂博尼哥罗的队伍在离日惹首都十余公里的洛科乐袭击荷军取得了胜利，并向日惹进攻。荷兰殖民当局从三宝垄调来军队，企图增援在日惹的荷军。起义军歼灭了这支荷兰援军，缴获了大批武器。这次胜利，对起义军鼓舞很大。荷兰殖民者集中兵力，进攻斯拉朗，施行报复。蒂博尼哥罗主动撤离，使荷军扑空而回。

荷兰殖民军总司令德·科克在军事进攻的同时，曾不止一次地写信给蒂博尼哥罗和莽古甫美，进行恐吓和诱骗。他在 8 月 14 日的信中写道："范·德·卡勃仑男爵总督阁下（当时荷兰驻印尼总督——引者注）获悉日惹王国发生骚乱后，授予我全权到这里采取一切必要措施来处理你们和恢复安宁。"他伪善地说："我是爪哇的老居民和土著居民的老朋友，确实愿意同你们以及你们的全体部属进行谈判。"荷兰殖民者的这个阴险"建议"，遭到蒂博尼哥罗断然拒绝。9 月底，德·科克率领一支拥有数千名士兵并配备着大炮

---

① 札巴朗加位于三宝垄与北加浪岸之间。

的军队，向斯拉朗进攻。蒂博尼哥罗撤出斯拉朗，荷军再次扑空，一无所获。

蒂博尼哥罗的起义队伍主要是采取游击战术，避开大规模的战斗，遇有机会便给敌人以突然袭击，然后又迅速撤退。在流动作战过程中，起义军严惩荷兰殖民官吏，焚毁他们的仓库、住宅和种植园，撤除税卡。起义军经常转移，使荷兰殖民军疲于奔命。

起义军撤出斯拉朗以后，先转移到特鲁竹克、朱墨宁，后又到达勃罗科河西岸的德格索。这时，除了蒂博尼哥罗在日惹领导的起义外，在其他地区，由于蒂博尼哥罗起义的鼓舞和影响，也爆发了起义。从 1825 年底到 1826 年初，起义烈火蔓延到整个中爪哇和东爪哇的一部分地区，迅速发展成为声势浩大的反殖民主义战争。

1825 年 10 月，蒂博尼哥罗在德格索建立起伊斯兰教封建王国。在起义军官兵和伊斯兰教学者们的拥戴下，他开始称苏丹。他以莽古甫美为最高顾问，雅贝伊为统帅，并任命奇阿依·摩佐为宗教顾问。

最初，起义军的组织不固定，武器简陋，主要是刀矛棍棒，新式枪炮很少。随着起义的胜利发展，起义军势力日益壮大。蒂博尼哥罗着手建立严密的正规队伍。每一队由 500—1000 人组成，各有一个名称，如甫尔基约、土尔其约、阿尔基约，等等。每队都有一面旗帜。队长称为巴萨。各队士兵缠着不同颜色的头巾，穿长衣。这支部队同各地区人民群众的斗争密切配合，成为起义的骨干力量。

从 1826 年初起，蒂博尼哥罗起义部队向克拉顿到马吉冷的荷军防线发动进攻，在勃兰班南、卡拉珊和班都兰等地多次取得胜利。荷兰殖民者为了挽救败局，招募工人在勃兰班南建筑堡垒，以阻挡起义军前进。但是，梭罗地区的人民十分痛恨荷兰殖民者，使他们无法招到劳力，处境狼狈不堪。与此相反，起义军每到一地，都受到农民的欢迎和帮助。

1826 年 7 月，荷军向德格索进攻。经过激烈战斗，德格索失守。蒂博尼哥罗率军转移到卡玛尔、斯查蒂、勃列佐、班杜德、卡苏兰等地。接着，起义军向防守日惹地区的荷兰殖民者的走卒莽古尼哥罗的军队进攻，于 8 月 2 日大获全胜。8 月，蒂博尼哥罗还在格基宛、德朗固等地打败荷兰军队。由于这些胜利，使整个日惹（除了首都和若干地方）和梭罗西部地区，都在他的控制之下。起义达到了高潮。

为了阻止起义继续发展，荷兰殖民者将原先被英国人放逐到槟榔屿、后来又被荷兰殖民当局流放到安汶岛的日惹苏丹斯甫，即哈孟库·布沃诺二世召了回来，于 1826 年 9 月 21 日恢复了他的王位。哈孟库·布沃诺二世是蒂博尼哥罗的祖父，此时年逾七旬。荷兰殖民者打算抬出这位老苏丹来使蒂博尼哥罗归顺。可是，蒂博尼哥罗并未动摇，继续进行战斗。

这时，荷兰殖民军的总部已从日惹迁至梭罗。10 月，奇阿依·摩佐建议进攻梭罗首都。显然，这种放弃游击战术，将主力投入阵地战的主张，在当时是错误的。蒂博尼哥罗不顾申托特等人反对，接受这个建议，向梭罗发动了大规模的进攻战。10 月 15 日，在离梭罗 9 公里的卡窝克的激战中，荷军得到梭罗封建主军队的帮助。尽管起义军战士作战英勇，但在荷军的优势火力下伤亡很大。蒂博尼哥罗在战斗中身受重伤，不得不下令撤退。进攻梭罗失败后，起义的高潮过去了。起义军受到重大损失，而荷兰殖民当局也还无力战胜起义军，双方处于相持状态。

荷兰殖民者从欧洲增派装备精良的援军，并从印尼其他岛屿调来土著附庸军助战。他们在采取残酷狠毒的烧杀手段的同时，还对起义军中的封建主用小恩小惠进行收买拉拢，玩弄诱降花招。从 1827 年 7 月起，荷兰殖民者开始采用碉堡战术，企图把起义军封锁在勃罗科河与波科宛托河之间的地区。他们在起义军控制地区的周围，每隔 20—30 公里修筑 1 个碉堡，组织 14 个流动部队把这些碉堡联系起来。然后逐渐压缩，使起义军控制地区愈来愈小。即使在这种极其不利的情况下，起义军仍能坚持战斗。

1827 年 11 月间，南望地区的起义出现高涨局面。起义军在蒂博尼哥罗的部将拉登·萨斯拉迪拉加率领下，占领了许多重要市镇，一度威胁到三宝垄和泗水。南望的起义切断了荷军的交通运输线，打乱了荷军企图在勃罗科河以西和波科宛托河以东地区围困蒂博尼哥罗起义军主力的军事部署。12 月 10 日，在南望附近的比兰东岸，起义军重创纳赫斯指挥的荷兰皇家军队，引起很大震动。荷兰殖民当局慌忙从巴达维亚等地调来大批援军。南望地区的起义军经过顽强战斗，于 1828 年 3 月失败。

自南望起义失败后，荷兰殖民者掌握了战争主动权，起义进入衰落阶段。荷军把总部从梭罗迁到马吉冷，加紧对起义军进行包围。在反包围的战斗中，起义军著名将领申托特于 1828 年 9—10 月取得了一次重大胜利。他率军突破了荷军在波科宛托河的封锁线，进入八加连地区。蒂博尼哥罗也率领军队来到这里，极大地鼓舞了八加连地区人民的抗荷斗争。虽然如此，从总的形势来说，起义军处境日益困难。荷兰殖民者在不断缩小包围圈的同时，加紧施行收买分化政策。他们拉拢爪哇东部马都拉的苏丹查格拉·阿迪宁格拉特，使他不支持蒂博尼哥罗；引诱梭罗王公为镇压起义出力。他们还在蒂博尼哥罗起义军内部进行挑拨离间、威迫利诱的活动。

1828年下半年，荷兰殖民者一再谋求同蒂博尼哥罗谈判，遭到拒绝。但是，奇阿依·摩佐却于10月25日写信通知荷方，表示他愿意进行谈判。原来，自1826年10月卡窝克战役失败后，蒂博尼哥罗和奇阿依·摩佐之间的关系就开始恶化了。不久，奇阿依·摩佐不满足"宗教顾问"的地位，要求掌握宗教首长的权力，而蒂博尼哥罗则坚持要把宗教和行政权力都集中在自己手里。他们两人在争夺最高领导权的问题上发生了矛盾。这一矛盾的继续发展，终于为荷兰殖民者所利用。从1828年10月31日到11月12日，奇阿依·摩佐同荷兰殖民当局进行了三次谈判，最后投降了。奇阿依·摩佐的投降，削弱了起义的力量。

从1829年起，起义军的形势日趋不利。4月，申托特在勃罗科河和波科宛托河之间地区打过胜仗，但不久就在彭卡西战斗中受伤。8月，蒂博尼哥罗的长子邦格兰·阿迪巴迪·阿诺姆在唐基珊被俘。荷兰殖民者以杀害其子来胁迫蒂博尼哥罗投降。蒂博尼哥罗不为所动，继续坚持斗争。

8月底，蒂博尼哥罗转移到勃罗科河以西的格利尔山区。9月，莽古甫美投向荷兰方面，雅贝伊在战斗中英勇牺牲。月底，蒂博尼哥罗被迫退往八加连。荷兰殖民当局在各地张贴布告，声称："活捉或打死蒂博尼哥罗者，荷印政府悬赏5万盾，另赐一块封地及高贵的头衔。"以后又许下诺言说，所有背叛蒂博尼哥罗的人都将得到俸禄。

随着处境的不断恶化，起义队伍中的封建主愈来愈多地停止了斗争。1829年10月，申托特也在荷军的引诱下投降了。蒂博尼哥罗的起义军力量更加削弱。为躲避荷兰殖民军的追捕，蒂博尼哥罗时而在森林里隐蔽，时而穿过敌占区向别处转移。起义军只能从敌占区居民那里秘密地得到一些粮食，经常供应不足。由于长时间的徒步行军，蒂博尼哥罗往往因过度劳累而病倒。他仍然以顽强的毅力，坚持战斗。蒂博尼哥罗的坚强斗争意志，连荷兰殖民者也赞叹不已。一名荷军上尉施裘玛尔格尔无可奈何地承认："我们确确实实佩服蒂博尼哥罗，他尽管遭到接踵而来的失败，而且失去自己的亲生儿子和有才干的将领，但他仍然勇敢地同我军作战。"从这个殖民军官的话中，我们看到了一位反殖民主义英雄的崇高形象。

1830年初，蒂博尼哥罗又遭到新的打击。1月8日，他的宰相巴迪·达努列佐投降了荷军。2月9日，在抗荷运动日益衰退的情况下，蒂博尼哥罗指派两名使者去见八加连荷军军长格里连斯，表示愿意谈判。格里连斯虚伪地保证，如果谈判破裂，蒂博尼哥罗可以回去。蒂博尼哥罗轻信了殖民者的诺言，于3月8日带着随从人员前往马吉冷。

实际上，谈判开始前，德·科克已经接到荷兰驻印尼总督范·登·波士关于扣留蒂博尼哥罗的命令，布置了逮捕蒂博尼哥罗的军队，甚至连逮捕后尽快把他带走的马车都准备好了。3月28日，蒂博尼哥罗在谈判中提出，他要使印度尼西亚人民的精神纯洁化，因此他要做爪哇伊斯兰教的首长。德·科克拒绝接受这一要求，逮捕了蒂博尼哥罗。这时，蒂博尼哥罗要德·科克注意许下的诺言。德·科克竟然说，如果让他回去，战争将会再起。蒂博尼哥罗愤怒质问道："你为什么害怕战争？如果你有足够的军队，如果你真正是一个男子汉。"德·科克在解除了蒂博尼哥罗随员们的武装后，将他押往巴达维亚。至此，蒂博尼哥罗领导的印尼人民反荷大起义，最后失败了。

1830年5月3日，蒂博尼哥罗被放逐到苏拉威西岛的万鸦老。1834年，又被迁禁于望加锡（今乌绒潘当）。流放期间，蒂博尼哥罗的抗荷意志更加坚定。他经常对自己的家属和随从灌输爱国思想，想方设法同狱外群众取得联系。他写成一部自传，详细叙述了这次大起义的历史。直到晚年，他仍然坚贞不屈。1855年1月8日，蒂博尼哥罗在望加锡的监狱中逝世。

起义性质及其历史意义

蒂博尼哥罗起义，就其性质来说，是一次民族起义，一次爱国封建王公领导的反殖民主义的武装斗争。起义是在宗教的旗帜下进行的。蒂博尼哥罗号召为保卫伊斯兰教的纯洁而进行反对异教徒的"圣战"，带有明显的宗教色彩。

这次大起义的主力是农民和手工业者。一部分对荷兰殖民统治不满的封建主也参加了起义。他们反抗殖民压迫的行动符合农民和手工业者的要求，因此，能够得到人民群众的拥护。他们掌握了反殖民主义斗争的领导权。

这次起义之所以失败，有着多种原因。从主观方面来说，封建主不仅对殖民主义者缺乏本质的认识，而且也不可能持久地大规模地发动群众；起义军缺乏明确的斗争纲领和统一的作战计划；各个起义地区之间没有联系，没有一个巩固的根据地，到处流动作战，行动分散；封建主之间的争权夺利造成起义军领导集团内部不团结，一些封建主叛变投敌，等等。所有这些，都给荷兰殖民主义者造成了可乘之机。从客观方面来说，是双方力量对比悬殊。荷兰殖民当局对起义者进行军事镇压的同时，又着重玩弄阴谋诡计，用威胁利诱手段笼络和收买一部分封建主，阻止他们参加起义。殖民者在起义军内部进行挑拨离间，分化瓦解起义队伍，然后各个击破；推行"印尼人打印尼人"的政策，强迫梭罗、望加锡、马鲁古等地的封建主派出军队帮助荷兰殖民者镇压起义，在印尼人民之间和封建主之间制造矛盾与不和；还通过"和平谈判"进行拉拢和欺骗。奇阿依·摩佐就是在谈判中被收买的。蒂博尼哥罗本人也是在谈判过程中被逮捕的。正是由于以上各种原因，导致了起义的失败。

然而，这次大起义给予荷兰的打击是十分沉重的。在起义过程中，荷兰殖民者的住宅、仓库和种植园被焚烧和破坏，许多殖民官吏受到了惩罚。据荷兰官方估计，在 5 年起义期间，荷兰殖民政府消耗战费 2000 万盾。荷兰殖民军一共被打死 1.5 万人，其中荷籍士兵就有 8000 人。荷兰在印尼的军队不够使用，先后从本国派来了三批增援部队。到 1830 年，在爪哇的政府军达到 2.3 万人。庞大的军事费用使荷兰政府处于财政上一筹莫展的困境。1826 年，虽然政府缩减了 1000 万盾的开支，它的年度预算的赤字仍然有 200 万盾。1830 年，荷兰殖民政府所负债务已达 3000 万盾，年利息需付 200 万盾。总之，5 年的起义使荷兰殖民政府发生了严重的财政危机。

这次起义虽然被镇压下去了，但是印尼人民的反荷斗争并没有停止。就在这次起义结束之后，日惹等地仍有抗荷运动，蒂博尼哥罗的一个兄弟还在进行斗争。由于这次起义不仅在当时，而且对以后都有着很大的影响，因此印尼人民一直以崇敬的心情纪念着自己的民族英雄蒂博尼哥罗。在蒂博尼哥罗逝世 100 周年时，苏加诺曾发表演说，对 1825—1830 年反荷起义给予了高度评价。

特别有意义的是，在反对殖民压迫的共同斗争中，华侨和印度尼西亚人民结成了亲密的战斗友谊。居住在印尼的华侨，在蒂博尼哥罗起义一开始，就投入了这场正义斗争。他们有的参加了起义军，有的为起义军供应武器弹药和其他物资。在南望起义时，离南望几公里的港口拉森的华侨，从新加坡运来武器，支援起义军，从而使南望的起义坚持了数月之久。这些历史事实，是值得我们珍视的。

蒂博尼哥罗起义不仅在印度尼西亚历史上写下了光辉的一页，而且在世界近代史上也占有重要的地位。当时正是西方资本主义国家疯狂侵略亚洲各国，使亚洲各国先后沦为殖民地或半殖民地的时候，亚洲各国人民正在进行初期的反殖民主义斗争。在 19 世纪中叶亚洲各国民族解放斗争第一次高潮到来之前，蒂博尼哥罗起义吹响了高潮到来的前奏。接着这次大起义而来的，有伊朗巴布教徒起义（1848—1852 年）、中国太平天国农民革命（1851—1864 年）、印度民族起义（1857—1859 年），等等。所有这些斗争，在反对西方殖民主义方面，都起到了相互配合、相互影响和相互支援的作用。

19 世纪奥斯曼帝国的坦齐马特改革

朱克柔

1839 年 11 月，奥斯曼帝国年轻的新苏丹阿卜杜梅吉德（1839—1861 年）颁布敕令，宣布在国家行政管理体制方面进行改革。从此开始了延续 37 年之久的改革时期，直到 1876 年宣布立宪为止。改革一词在土耳其语中叫"坦齐马特"，根据敕令推行的改革，称之为"坦齐马特改革"。由于改革者声称他们的目的是要造福于国民，坦齐马特在史书上以仁政改革著称。

改革的背景

在宣布实施新的改革方针之前，奥斯曼帝国在改革问题上已经做过许多工作。这是由帝国的社会政治经济发展和国际形势所促成的。

18 世纪末 19 世纪初，奥斯曼帝国是一个庞大的封建帝国，领土横跨欧、亚、非三洲，面积达 470 多万平方公里，人口约 3660 万人。但建立在武力征服基础上的帝国的虚弱本质已暴露无遗。耶尼切里兵团①成为一批乌合之众，毫无战斗力可言，7.5 万人的兵团只有 1/4 的人能上前线。构成军队主要部分的非正规骑兵（西帕希）共 13.5 万人，第一次俄土战争（1768—1774 年）中只有 2 万人上了前线。帝国的财政状况恶化，国库空虚，入不敷出，靠出售包税权、卖官鬻爵、制造赝币、拖欠军饷官俸等弥补，甚至不得不考虑向它认为的异教徒国家借债，这在帝国历史上还是第一次。

帝国的衰落在对外战争中充分表露出来。四次俄土战争②，奥斯曼帝国接连遭到惨败，丧失了穆斯林集中居住的领土克里木半岛。法国、英国、奥

---

① 耶尼切里兵团，奥斯曼帝国的封建正规步兵，初建于 14 世纪 60 年代。
② 四次俄土战争的时间为 1768—1774 年、1787—1791 年、1806—1811 年、1828—1829 年。

地利等国加强了对巴尔干、中近东地区的侵略扩张。列强争夺奥斯曼帝国遗产的斗争导致所谓"东方问题"① 的产生。与此同时，在法国大革命的影响下，处于奥斯曼帝国统治下的巴尔干人民的民族解放斗争蓬勃兴起。1817 年塞尔维亚人民取得了民族自治权；1821 年希腊人民举行民族大起义，进行了艰苦卓绝的斗争。1830 年苏丹政府最终承认希腊独立。被压迫民族的解放斗争是加速帝国解体的重要因素之一。

在这种情况下，帝国统治集团中产生了以改革求生存的主张。苏丹塞利姆三世（1789—1807 年）以前，视线集中在改革军队方面。当时的先进人物，如易卜拉辛·米泰贵里卡认为只要引进先进的军事技术，帝国就能所向无敌。自塞利姆三世以后，对改革的注意力逐渐涉及国家体制等方面。

塞利姆除建立欧洲式的新式军队之外，还在欧洲重要国家的首都开设使馆，建立 12 人的咨询委员会，创办军事学校，建立火药厂、造纸厂、商船队等，甚至鼓励富裕的穆斯林购买商船。苏丹马赫穆德二世（1808—1839 年）把改革推向新的阶段。他吸取历来改革大都毁于耶尼切里暴徒的教训，把建立新军、推行改革同消灭耶尼切里兵团联系起来。他在消灭耶尼切里兵团的同时，还打击了宗教势力，取缔了与耶尼切里兵团有密切关系的贝克塔什苦修僧团② ，从而为改革初步廓清了道路。在以后的 10 多年的时间内，苏丹推行了一系列改革措施：废除过时的军事采邑制度，大部分采邑土地收归国有；废止没收罪犯财产的制度；仿照欧洲各国政府体制设立外交部、内务部、财政部，宰相的名称也一度改为总理大臣；建立邮政制度；进行全国性的人口普查；开办军事院校；发行官方的土文报纸；经济问题也受到一定重视，设立农业、工业、商业委员会。为了统筹规划改革事宜，苏丹建立了最高司法委员会，并召回驻英大使雷希德主持起草改革法令。马赫穆德二世的改革，是坦齐马特的前奏，为坦齐马特作了准备。

当时，赞成改革的主要有三种人。首先是统治集团中有政治眼光的一些高级官吏。他们通过各种渠道接触并了解西方各国，深知要维护帝国的统治和领土完整，必须进行改革以适应国际社会的发展。1830 年海军司令哈利勒

---

① 通常认为"东方问题"产生于 18 世纪末，结束于 1923 年土耳其共和国的成立，其主要内容是欧洲列强为争夺奥斯曼帝国的遗产而造成的国际问题。土耳其境内各被压迫民族的解放运动使这一国际问题更为复杂化。

② 哈只·贝克塔什·韦利（1204—1271 年）建立的伊斯兰教神秘主义僧团，对耶尼切里兵团的建立和发展有重大影响。

帕夏访问俄国后说："我比任何时候更加相信，要是继续拖延效法欧洲，我们就只有退回到亚洲，别无选择。"玫瑰园敕令的起草人、坦齐马特之父雷希德帕夏（1800—1858 年），在 20 年代就敬佩埃及帕夏穆罕默德·阿里改革的成就。1834 年，他被任命为驻法大使，两年后调任驻英大使，外交生涯使他对帝国的落后状况有了进一步认识。他积极主张在国家政治经济制度方面进行必要的改革。驻维也纳大使里法特帕夏是雷希德的主要合作者。他任驻外使节期间积极上书陈述自己的改革主张。上述这些人从自己的切身利益考虑，也要求实行某种程度的改革，因为苏丹对他们可以随意撤职放逐，甚至处死，没收家产。

赞成改革的第二种人是大土地所有者。苏丹马赫穆德加强中央集权的努力，虽然损害了他们中一些人的政治地位，但并未触动他们的经济利益。这些人通过各种手段攫取国有土地，不断扩大自己的田产，但在法律上这些土地仍属国家所有，不能算作真正的私产。他们希望实行改革，把他们的田地变为真正意义上的私产。因此，这部分人对改革的支持是极其有限的。

商人阶层也是支持改革的一个因素。恩格斯曾经指出："的确，土耳其的统治，也和任何别的东方的统治一样，是和资本主义社会不相容的；所取得的剩余价值无法保证不受总督和帕沙的贪婪和劫掠；没有资产阶级从事经营活动的第一个基本条件，即保证商人的人身及其财产的安全。"① 18 世纪末 19 世纪初，奥斯曼帝国的资本主义因素有了初步的发展。有一种叫作"有证商人"的大商人，他们每年缴纳 1200—1500 库鲁什②，就可获得苏丹颁发的证件，享有在帝国全境自由经商、免缴各种地方税捐等特权，但绝大部分从事外贸的大商人都是非穆斯林商人。手工业中的一些大手工工场也都属于基督教徒。伊斯坦布尔一家拥有上千工人的缝制军服的大工场，就属于保加利亚企业主。他们虽然也同穆斯林商人一样，赞成改革，其影响却十分有限。

由此可见，帝国内部支持改革的社会基础是极为狭小和软弱的，在下层穆斯林中得不到任何支持。相反，国内反对革新的势力仍十分强大。要是没有外部因素的促进，改革敕令也许还不会颁布得那么快。

---

① 《马克思恩格斯全集》第 22 卷，人民出版社 1965 年版，第 36 页。帕沙又译为帕夏。

② 库鲁什：土耳其钱币。17 世纪末仿西班牙币皮亚斯特铸造，当时 1 个库鲁什值 5—6 法郎，1780 年仅值 2 法郎。

在土耳其的外国商人历来对帝国小麦、生丝等专卖制度和禁止外国人获得不动产的规定表示不满。19世纪上半叶正是英国工业革命完成、西欧各国商品输出激增的年代，在土耳其的外国商人迫切要求改革奥斯曼帝国的一些制度。1838年8月16日，英国利用第二次土埃冲突前夕的有利时机，促使奥斯曼帝国作出让步，同意签订《英土商约》。据此，英国人除原来根据特权条约享有的治外法权，还迫使帝国废除内部商业专卖制度，英商可在帝国各地任意收购工农业产品，不受任何限制；英国商人输出商品只在输出港口缴12%的出口关税，运进商品只需缴5%的进口税。这使英商处于比帝国臣民大为有利的地位。同年11月，法国与奥斯曼帝国签订了同样内容的商约。外国的压力在某种程度上加速了坦齐马特诏令的宣布。

第二次土埃冲突及其引起的帝国内外局势的进一步恶化，是加速颁布改革诏令的重要原因，第一次土埃冲突（1831—1833年），埃及帕夏穆罕默德·阿里打败了他的宗主苏丹马赫穆德二世。苏丹被迫将叙利亚、阿达纳地区、克里特岛交给阿里管理，埃及帕夏的辖地达到186万平方公里，占帝国领土总面积的35%—40%。马赫穆德对此一直不甘心，总想伺机复仇雪耻。签订《英土商约》换得英国支持的保证以后，苏丹认为收复失地的时机已到，于1839年5月底派军队越过幼发拉底河，进入埃及易卜拉辛控制的地区。结果在6月24日的尼齐普战役中，4万土军（其中骑兵5000，炮兵3000）遭到惨败，1.2万—1.5万人（其中有7名帕夏）被俘，1.2万人在幼发拉底河中淹死。一个星期后，老苏丹在伊斯坦布尔病逝。7月14日海军司令费夫齐·阿赫梅德帕夏又率领舰队投奔穆罕默德·阿里。在短短20天内，帝国接连丧失了陆海军和君主，面临土崩瓦解的局面。年仅16岁的继任苏丹阿卜杜梅吉德只有接受阿里的和谈条件。英、法、俄、奥、普五国大使却于7月27日联合照会奥斯曼政府，宣布五国政府已就东方问题达成协议，要求奥斯曼政府"放弃任何没有它们参加的最终解决办法"。

在这种内忧外患的困境下，奥斯曼统治集团为了挽救帝国的覆亡和对被压迫民族的统治，防止外国进一步干涉内政，勉强就改革的基本原则达成了一致意见。苏丹指示雷希德加速改革诏令的起草工作。同年11月3日，帝国政府在伊斯坦布尔托普卡珀皇宫内的玫瑰园广场上举行盛大集会。帝国的高级文武官员、首都各界名流、各国使节都应邀出席会议。在新苏丹的监督下，雷希德宣读了改革诏令——《玫瑰园敕令》，揭开了坦齐马特的序幕。

《玫瑰园敕令》的主要内容

《玫瑰园敕令》由序言、基本条文和结束语三部分组成。序言在强调奥斯曼帝国上升时期教法的伟大力量之后，指出近150年来教法逐渐丧失力量以及随之而来的帝国力量的衰落，进而许诺恢复秩序，改善全体臣民处境。"我们深信，安拉应我们先知的吁请会给予帮助，我们着意制定新的规章，使奥斯曼帝国的各个地区得到励精图治。"

"励精图治"的基本内容在敕令第二部分得到了阐明，归纳起来有以下几个方面。

（1）保证生命、财产安全，保障人的荣誉和尊严。敕令认为，"人身安全是人最重要的天赋权利"，"如果没有财产安全，大家都会对政府、国家的召唤漠然置之……而公民安稳地掌握了各种财产，就会热心于自己的事业，致力扩大业务范围以求增加自己的利益"。文件宣布，"在按圣法（指教法——引者注）进行公开审讯、作出公正判决之前"，不允许用毒药或其他方法秘密或公开地处死任何人，也不允许侮辱任何人的荣誉；"未经审判而褫夺爵位和罢免官员有损其尊严"。

（2）正确摊派和征收赋税。文件谴责包税制，指出"过去错误地把专卖看作岁入的来源，现在这个祸害已经清除了。但包税的有害制度仍在使用，它从未产生过好的结果"。"在包税制下，一些地方的行政，财政管理听凭于一个人的专横，即有时落入最残酷的贪婪之徒的手中，因为居心不良的包税人只关心自己的利益"。"将来每一个奥斯曼臣民都应视其财产状况课以严格的一定数量的赋税"。

（3）实行正确的征兵方法和确定服役期限。敕令认为征兵不考虑各地人口数量的做法，"造成了不公道，而且给农业和国家工业以致命打击"；"而终身服役使士兵绝望，并造成国家人口减少"。因此必须"根据各地情况规定所应征召的数额，并把服役期限减少为4年或5年"。

（4）穆斯林和非穆斯林权利平等，敕令宣布帝国的全部臣民，不分信仰和教派，"毫无例外地享有这些权利"。

（5）废止没收财产的做法。罪犯的财产不再被没收，其继承人如未参与犯罪，就不应剥夺他的继承权。

敕令结束语部分宣布，"本规定的目的在于使宗教、政府、国家、人民达到繁荣"，苏丹"承诺不做任何违反此敕令的事"。

敕令的主要内容在某种程度上反映出社会经济发展的要求。宣布财产、生命安全，无疑有利于土耳其社会中资本主义因素的产生和发展。改革税收制度和征兵办法，也有利于社会稳定，改善人民的生活状况，促进工商业的发展。但敕令对经济发展的关心毕竟是有限的，没有直接提出发展工商业的要求。新闻、教育问题在敕令中也未得到应有的反映。相反，敕令的宗教性质十分引人注目。从序言到结束语，各部分都提到了遵守和加强教法。敕令是奥斯曼帝国从封建社会向近代资本主义社会过渡时期的产物。敕令制定人从维护旧的封建统治大局出发，进行必要的改革，以适应形势发展的要求。

《玫瑰园敕令》的颁布引起了巨大反响。当时的国际舆论，特别是法国报刊普遍夸大了敕令的意义，认为它是土耳其土地上的"人权宣言"，"和平而伟大的革命"，西方文化的胜利。但西方各国政界人士起初对改革持怀疑或否定态度。沙俄驻伊斯坦布尔大使布捷涅夫"不赞成这一闹剧"。英国外交大臣帕麦斯顿认为它是"旧制度的进一步完善和发展"。奥地利首相梅特涅认为敕令是"毫无意义的举动"，他甚至提出警告说："不要为了建立一个不适合你们的习惯和生活方式的制度，而破坏你们古老的制度，不要从欧洲文明引进不符合你们体制的制度，因为西方制度依赖的原则不同于构成你们帝国基础的那些原则。"

西方列强对《玫瑰园敕令》持这种态度不是偶然的。敕令是奥斯曼帝国主动采取的重大政治措施。尽管雷希德事先曾与梅特涅、帕麦斯顿等谈过自己对改革的想法，甚至还要求他们赞助改革，从外部给苏丹施加一定压力，但敕令的准备工作是在极为秘密的状况下进行的，各国使节只是从参加会议的请柬中才获悉此事。这引起了各国的疑虑。改革原则如能得到认真贯彻执行，正如当时西方报刊评论的那样，"不可避免地要改变帝国的形势，奠定土耳其走上现代文明道路的基石"。显然，这样的发展前景是西方列强所不愿看到的。后来，当他们发现改革原则不可能认真贯彻，而且可以利用改革谋取自己的利益时，很快就改变了态度。

国内对《玫瑰园敕令》的反应是积极的。人们普遍把它看作反对封建专横势力的支柱。许多官吏感到满意，因为它保证"旧的丝带和毒咖啡制度"（即赐死制度）不可能重返。非穆斯林人民也对它抱有希望，一位同时代人写道："不相信这些漂亮的话是困难的，因此人民兴高采烈地迎接仁政改革，把它同自己的命运联系在一起，非穆斯林特别高兴。"只有极端保守的官吏、教会人士公开表示不满，他们希望改革原则停留在纸上。

很明显，《玫瑰园敕令》的真正价值主要并不在于它所宣布的原则，而在于这些原则兑现的程度。这是国内各种力量都至为关心的问题。

坦齐马特第一阶段

人们通常以克里木战争（1853—1856 年）为界把坦齐马特分为前后两个阶段。这不仅是为了叙述方便，也是因为前后两段之间确有某些不同，需要加以区分。

敕令颁布以后，雷希德帕夏改组并加强了马赫穆德二世时成立的最高司法委员会，使其成为领导改革的实际机构。它负责起草改革方案和有关法令，以及给各省省督的训令；有权就省督的报告和对行政管理的指控作出结论；还可审处有关叛国和高级官吏渎职的案件。与此同时，雷希德等人积极推行行政、财政等改革。

行政改革的核心是加强地方政权对中央政府的依赖，防止擅权。根据 1839 年 12 月颁布的法令，从 1840 年 3 月 1 日起，省督、州长等官员开始领取薪金，按政绩升迁，禁止出卖官职。省州首府都要成立咨询委员会，由穆斯林和非穆斯林团体的代表组成，凡涉及地方行政、财政等事务，都应先在委员会里讨论。

整顿税收制度是财政改革的主要内容。什一税税率过去帝国各地差别甚大，如罗梅利亚不低于 1/8，在埃尔祖鲁姆为 3/10，巴士拉则为 1/3—1/2。有些地方什一税一年征收两次。1840 年 4 月 18 日法令统一了什一税的税率，规定今后什一税只能征收收成的 1/10，而且废除了穆斯林和非穆斯林在缴纳土地税方面的差别，只保留统一的什一税的名称。另一个法令废除了什一税的包税制度，所有包税契约一律无效，什一税改由财政部委派的税收官员征收。法令还取消了非常税——阿瓦里兹税和尼聚勒税①。非穆斯林缴纳的人丁税改由非穆斯林的教会团体首脑征收。

1840 年 3 月颁布的刑法确认了生命、财产、荣誉神圣不可侵犯和在法律面前人人平等的原则。这部刑法很不完备，叙述缺乏条理性，主要反对国家

---

① 阿瓦里兹税，初见于 15 世纪下半期，战时征收的实物税；尼聚勒税 16 世纪已有，是财政困难时对谷物、牲口征收的实物税。两者后来都演变为"正常"的税收。

机构中司空见惯的罪行，诸如专横、贪污纳贿、敲诈勒索、非法没收财产等。

这些改革法令表现出雷希德等人的进取精神。但改革刚一开始，立即遭到保守官吏、教会人士、包税人等封建保守势力的顽强抵制。在中央，保守势力的主要代表人物是宰相胡斯雷夫帕夏，内务大臣阿克夫帕夏，军事大臣兼军队司令、驸马哈利勒帕夏。他们以宫廷事务部、伊斯兰长老官署和陆军司令部为基地，策划阴谋，设置障碍，罗织罪名，处处与改革为敌。1841年顽固派借口"亵渎神灵"，一度把雷希德帕夏赶出了政府。地方上的官员大都消极怠工，依然我行我素。结果正如史官卢特弗指出的那样，"绝大多数的命令被置若罔闻，送上来的公文被锁入废纸箱"。许多改革措施没有得到真正贯彻，有的甚至被迫取消。

废除包税制度符合经济发展的要求，也是广大农民的迫切愿望。但由于地方当局的怠工抵制，征税人员的无能，加上缺乏必要的物质条件，国家征收的农产品无法及时运出，而在田头和仓库烂掉。国库得到的收入远远少于实行包税制。有些地方的农民仍然受到原先包税人的敲诈。结果怨声载道，上上下下都要求恢复老办法。1842年2月政府下令恢复包税制。对经济发展有一定意义的一项改革就这样夭折了。在以后的年代里，改革派再也没有勇气重提废除包税制问题，而只要求革除包税制下的某些弊端，如禁止国家官员包税、扩大地方决定税额的权力、把包税的有效期延长为5年。

非穆斯林的平等权利也徒具空文。因为正如马克思指出的那样，穆斯林和非穆斯林的平等权利"必然意味着用新的民法典来代替古兰经，换句话说，就是破坏土耳其社会的结构，在它的废墟上建立新的秩序"①。这显然不是改革派所期望的。他们所谓的平等权利，不过来自大家都是"同一个政府的臣民和同胞"的概念，即大家都是奥斯曼人，企图以此来维持对被压迫民族的统治。

其他实施了的改革也都收效甚微。政府部门的纳贿贪污、盗窃国库、滥用职权依然如故，并没有多少收敛。以致苏丹不得不在1850年规定宰相、伊斯兰长老、大臣等就职时都要对《古兰经》宣誓，保证不以任何形式纳贿和攫取国家资财。地方成立的咨询委员会实际上只是个地道的装饰品，对地方事务并不能起多少实质性的作用。

---

① 《马克思恩格斯全集》第10卷，人民出版社1962年版，第141页。

　　但是，第一阶段的改革毕竟也带来了一些积极的东西。首先，世俗教育事业有了一定的发展。1846 年正式确定了大、中、小学的三级教育体制。1847 年成立教育局（后改为教育部），统一领导世俗学校。到 50 年代初，仅伊斯坦布尔一地就有世俗小学 396 所、中学 6 所。伊斯坦布尔还开办师范学校，培养世俗学校的教师。由于财政、师资、课本等困难，世俗教育事业的发展受到很大限制。

　　其次，调整土地制度，使之有利于农村商品经济的发展。1845 年 6 月苏丹诏令规定，连续三年不耕种的国有土地应转让给另外的人，并发给塔布（证件）。这一法令促使土地集中在大土地所有者和富裕农民的手中。1847 年条令规定，国有土地占有者死后无合法继承人的全部土地都应归国家管理（过去地价在 2000 库鲁什以下的土地归包税人掌握），转让和出售国有土地的发证工作统一由地籍部门进行。此外，还扩大了国有土地占有者的继承权，掌握国有土地的妇女与男人享有同等权利，有权将土地传给儿女，不需缴纳塔布税。荒地无偿分发给一切愿意耕种的人，并免除 1—2 年的什一税。土地制度的这种发展趋向，在一定程度上适应了农村中商品货币关系发展对确定土地私有权的要求。

　　最后，改革扩大了国家政权活动的领域。国家不再是征税、征兵、执法的简单机器，开始注意教育、公共工程和经济的发展。1843 年在财政部下设立农业委员会（后并入商业部），负责制定发展农业的措施。政府发放种子、耕畜、农具贷款，开办农校和兽医学校，甚至促进创办大型的近代农业企业①。在工业方面，政府扩大并改建了一些国营工厂（制帽、纺织、造纸、兵工等），还鼓励开办私人企业。1840 年商业部批准保加利亚人季米特里兴建糖厂，准其从国外引进甜菜种子，并在生产、出售产品方面给予一定优惠。这些措施当然都是微不足道的，在实践中也没有取得多少成效。但它代表了新的努力方向。

　　外国人利用改革以扩大他们在土耳其的势力，在这一阶段成立的混合法庭上已初露端倪。1840 年土耳其商业部下设立商业法庭，由商业大臣领导，法庭成员由土耳其商人、行会和外国商人的代表组成。外国商人由于有治外法权，在法庭中占有优势。1847 年在外国使馆的压力下，伊斯坦布尔的商业法庭被改组成混合商业法庭。法庭成员由土耳其公民（穆斯林和非穆斯林）

---

　　①　主要由 1848 年革命失败后流亡土耳其的匈牙利政治难民建立。

和外国人各 10 名（后减为各 7 名）组成。外国成员由各国使馆从居住在土耳其的外国商人中遴选。使馆的翻译官有权参加审理对本国公民的诉讼。不久，伊兹密尔、阿德里安堡、萨洛尼卡、贝鲁特等大城市都开设混合商业法庭。混合刑事法庭、混合海上贸易法庭也接踵而来。由于土耳其商人不熟悉商业法律和诉讼程序，而外国人不仅聘用律师，而且得到翻译官的帮助，外国人在这些法庭中处于绝对有利的地位。这促使许多非穆斯林商人寻求外国人的庇护。外国列强利用改革来扩大自己的势力，在下一阶段得到充分的发展。

1856 年改革诏令及其实施

克里木战争中，土耳其与英法结盟，共同对付俄国在近东的扩张。英法军人以盟军的身份大批来到伊斯坦布尔，英法在土耳其的势力随之日益增加。这反映在战后的改革实践中，便构成了坦齐马特第二阶段的重要特点。

1856 年 2 月 18 日，苏丹阿卜杜梅吉德给宰相穆罕默德·埃明·阿里帕夏（1815—1871 年）发出训令，通常称之为厄斯拉哈特·费尔曼尼（意即改革诏令）。苏丹表示希望"恢复并更加扩大新的规定"，"为朕帝国的永久繁荣创造条件"。诏令的内容大体可归纳为以下几点。

（1）再次肯定《玫瑰园敕令》的基本要求，特别是有关保障生命、财产、名誉等部分。

（2）穆斯林与非穆斯林臣民在担任公职、教育、司法管理、纳税和服兵役等方面享有平等权利。

（3）保证宗教和信仰自由。

（4）广泛的经济振兴计划。宣布要建立银行和其他信贷机构，改革货币和财政体制，设立用于增加国家物质财富来源的基金，修建道路和河道，"消除商业和农业发展的一切障碍"，利用欧洲的科学、艺术和资本。

（5）进一步推行司法改革，许诺建立混合法庭，修订商法、刑法法典，改革监狱。

（6）准许外国人购买和出售不动产。

改革诏令由最高改革委员会负责制定，但其真正的制定者是英国、法国和奥地利的大使，特别是英国大使。1856 年 1 月英法大使就联合照会土耳其，其中包含了 1856 年诏令的基本原则。1856 年诏令的前言也专门提到

"列强的善意和帮助，他们希望看到奥斯曼国家的幸福，并愿意友好相处"。改善土耳其境内基督教徒臣民的处境，一直是沙俄干涉土耳其内政的主要借口。英国要在巴黎谈判桌上加强自己的地位，最大限度削弱俄国对近东地区的影响，就必须把捍卫基督徒利益的旗帜抓在自己手里。1856 年改革诏令就是适应英国的这种需要而颁发的。因此，改革诏令从制定之日起，就预示着外国政治经济渗透加强的不可逆转的趋势。

这一时期坦齐马特运动的主要领导人是阿里帕夏和福阿德帕夏（1815—1869 年）。他们两人几乎是轮流担任宰相和外交大臣。1856 年在结束克里木战争的巴黎和会上，阿里帕夏曾力图利用战胜国的地位，谋求废除外国在土耳其享有的特权条约，但遭到"盟国"英法的强烈反对。他们对土耳其代表说："你们的法律是偏颇的，仅为穆斯林制定的。改变你们的法律吧！那时我们就放弃特权条约。"盟国还违反土耳其帝国的愿望，要求把改革诏令列入和约之内。苏丹代表意识到这将成为列强干涉内政的借口，表示反对，但未能如愿。列强只同意在提到改革诏令时，加上这"并不提供干涉的权力"。当然，这种纸上声明并不能消除列强对帝国内政的干涉。

因此，1856 年诏令与《玫瑰园敕令》不同，它主要不是出自帝国内部改革图存的要求，而是外部压力下的产物。有的研究者指出，要是没有西方列强的需要，改革诏令也许就不会公布。

第二阶段的改革在广度和深度上，无疑超过了第一阶段，但成效却依然微乎其微。在制定各种法典方面，1858 年颁布了新的刑法典，60 年代初还颁布了《商业诉讼程序条令》，60 年代末开始着手编纂民法典。但它们的实践意义并不大。1858 年刑法基本上抄自 1810 年的法国《拿破仑法典》，叙述比 1840 年的刑法更为系统。它突出了巩固绝对专制制度的内容，而避开了涉及人民和国家权利的条款。1858 年的《土地法》扩大土地继承权的范畴，方便了土地流通，但只适用于国有土地和部分教会土地。土地占有者把土地作为偿债抵押的可能性仍受到限制，也无权把田地开辟为果园或变草原为耕地。60 年代，政府曾试图废除行会制度，把一些行会组织改组成公司。1874 年还宣布取消内部关税，但实际上有些地方的内部关卡一直存在到1898 年。

1864 年的省区法和 1867 年、1871 年的补充法令，确立了新的行政区划，全国分为省、州、县、乡四级。新的法令剥夺了省长的司法权以及他随意支配省内财政的权力，从而进一步加强了中央集权。1868 年设立的国务会议尤为重要。根据组织章程，"国务会议是讨论一切行政事务的帝国的中央机构"，甚至有权审讯官吏等。不少学者认为"它在一定程度上具有国民议会的性质"，"是向 1876 年宪法迈出的一大步"。实际上国务会议与近代议会毫不相干。它的穆斯林和非穆斯林成员全由苏丹指定。会议主席必须是大臣，因而是从属于宰相的。首任国务会议主席米德哈特帕夏，因在给外国人铁路租让权问题上反对宰相指示而被撤职。国务会议只能就苏丹和大臣提出的问题进行讨论，只有咨询权，没有立法主动权。国务会议根本没有限制君权的任何意图，它只不过是苏丹意志的驯顺工具。当时一位普鲁士外交官指出："假如某个大臣、省督或宗教官员因故解职，他就被任命为国务会议成员。这不是为了在那里做什么事，而是为了什么事也干不成。"

　　这一时期的改革对经济发展也有积极作用。国家陆续在伊斯坦布尔、伊兹密尔等地兴建了一些使用机器生产的近代企业。私人企业也有了发展。19 世纪中叶，布尔萨有十多家使用蒸汽动力和水力的丝织厂。安纳托利亚西部是私人地毯业中心。这里已经出现了大的地毯工场，它们联合了从漂洗羊毛到织毯的全部生产过程，有的拥有 300 台织机和 300 名女工，染毛的男工还不算在内。但大多数私人企业属外国资本家所有，只有少数企业主是本国的基督徒臣民和穆斯林。如黎巴嫩的 9 家缫丝厂，5 家属法资，2 家为英资，只有 2 家属本地人所有。1862 年游历小亚细亚的一位法国旅行家报道说：布尔萨郊区个别大地产里已使用雇佣劳动和农业机器，阿达纳省也广泛使用雇佣劳动。小亚细亚小麦收获量的 1/4 左右输往欧洲，棉花年产量 3 万巴尔①，其中 1.2 万—1.5 万巴尔用于出口。

　　改革大大加强了外国的政治、经济势力。1856 年成立的英资奥斯曼银行很快改组为英法资本的奥斯曼帝国银行。它拥有发行货币、代表国家向外举债等广泛特权。1861—1862 年外国获准在帝国开设邮政机构，享有治外法权的特权。1867 年外国人占有不动产的权利合法化。外国人还陆续取得了铁路、矿山等租让合同。奥斯曼帝国欠西方的债务在 1869 年高达 24 亿法郎，陷入无法自拔的境地。

　　外国资本的飞扬跋扈和外国商品的大量输入，使民族工商业处于奄奄一息的境况。1868 年的一个调查报告指出，最近 30—40 年，伊斯坦

---

① 每巴尔为 250 公斤。

布尔和于斯屈达尔①的织布机从 2750 台减少到 75 台，而织锦缎的机床从 350 台减为 4 台，丝绸机从 80 台减为 8 台。有一个叫托普兹卢奥卢·齐亚的人，用制造瓷砖赚的钱开了一座蜡烛工厂。经一位在欧洲学过化学的人帮助，终于使蜡烛质量赶上了欧洲产品，获得了很好的利润。但欧洲蜡烛生产商之间很快达成协议，决定降价 40% 与它竞争。土耳其蜡烛厂经不住竞争，被迫关门。这是土民族工商业在外国资本竞争下破产的典型例子。

西方列强越来越露骨地干涉奥斯曼帝国内政。英国大使亨利·布尔沃公然提出建立混合财政委员会的建议，要求土方邀请有专长的欧洲人，以便使帝国的财政、军队、邮政、公共工程等尽快走上欧洲轨道。一家外国报纸警告说："假如苏丹在最短期内不听从我们的善意劝告，我们可能面临这样的选择，或者土耳其政府以彻底毁灭国家告终，或者人民推翻政府。"70 年代英国人刘·法利在《土耳其的财政、政治衰落》一书中，甚至建议创办列凡特公司，接管奥斯曼帝国的欧洲部分，伊斯坦布尔则应成为欧洲列强"保护"下的"自由城市"。

从 1839 年到 1876 年，奥斯曼帝国共换了 39 任宰相、33 任外交大臣，外国干预是造成如此频繁调动的重要原因之一。这一时期担任宰相和外交大臣的人大都有列强的背景，如雷希德帕夏亲英，阿里帕夏和福阿德帕夏亲法，纳迪姆帕夏亲俄。1856 年宰相阿里帕夏就因英国大使斯特拉特福德的坚持而被撤换。土耳其著名史学家卡拉尔指出："上台执政已成为奥斯曼帝国国务活动家同大使们交易的对象。"

显然，坦齐马特实践有着矛盾的双重结果。一方面，帝国的行政管理体制开始发生变化，政治和社会生活中的世俗因素增多，商品货币经济有了进一步发展，促使资本主义因素有了新的增长。另一方面，改革有利于外国政治、经济渗透的加强，把帝国急速推向半封建半殖民地的深渊，这反过来又窒息了国内民族工商业的发展。改革基本上是失败的，因为改革家们追求的主要目的并未实现，距离所谓的"励精图治""永久繁荣"的目标更远了，整个帝国在西方列强政治、经济奴役下呻吟。

---

① 于斯屈达尔为伊斯坦布尔的亚洲部分。

英国对印度的征服

林承节

英国对印度的征服，从 18 世纪 50 年代的普拉西战役开始，至 19 世纪 40 年代兼并旁遮普为止，经历了将近 100 年的侵略与反侵略的过程。这段历史，无论对英国，还是对印度社会的发展，都具有重大影响。

英国侵略印度的开始

印度从 1526 年起处在莫卧儿王朝的封建统治下，阿克巴大帝（1556—1605 年）在位时，在北印度建立了稳固的统治中心，逐渐向南扩展，并采取一些促进农业、手工业发展的政策，使印度的封建经济在 17、18 世纪得到相当发展。然而，与同时期欧洲先进国家相比，印度还远远落在后面。17 世纪，英国的工场手工业、商业和航运业已达到相当高的水平，并实现了资产阶级革命；印度封建社会内部才刚刚有资本主义萌芽出现。印度遂成为西方殖民者的欺凌对象。

16 世纪以来，随着地理大发现，掀起了西方国家向亚洲、非洲、拉丁美洲进行殖民侵略的狂潮。印度是最早遭受侵略的国家之一。西方殖民势力出于资本原始积累的需要，掠夺东方国家的财富，喂养自己国家正在发展中的资本主义，并供封建贵族挥霍。葡萄牙、西班牙是东渐的带头者。英国后来居上，随着它本身资本主义因素的迅速发展，在对外侵略上越来越占领先地位。1600 年，英国的大商人成立东印度公司，从英国女王那里得到对印度洋贸易的垄断权。1702 年，它和另一个也获得对印度洋贸易特许权的新成立的公司合并，组成联合东印度公司。在这前后，又从国王那里得到建立军队、宣战媾和、占有领土、对所属居民行使审判等特权。这样，它就不仅仅是一个商业团体，而是一个拥有广泛的政治、军事和商业特权的三合一组织了。

这正是英国统治阶级对外扩张所需要的工具。让东印度公司出面侵略而由国家在幕后支持，这样做，大商人能赚钱，王室、贵族能得利，有利于与其他列强竞争，有利于保证侵略目标的实现，因而符合整个统治阶级的利益。

在英国人来印度之前，葡萄牙和荷兰商人已先后到来，后来又来了法国商人。他们在沿海城市建立商馆，收买棉纺织品、香料、蓝靛、硝石等。最初，葡萄牙人势力较强，他们依仗自己的海上优势，切断印度与波斯湾传统的海路贸易，并不时在沿海劫掠骚扰，使莫卧儿皇帝们感到不安。

英国商人来印度，最初也是渴望参与那能给他们带来神话般利润的印度棉织品和香料的贸易。1608 年，霍金斯作为第一个英国使者，衔命来印，要求通商。他觐见莫卧儿皇帝，未获允准。只是在英国船队于苏拉特海面打败葡萄牙船队显示出实力后，才得到贾汉吉尔皇帝的青睐①，1613 年被允许在苏拉特设商馆。1615 年，英王又派使臣托马斯·罗来印，要求在整个莫卧儿帝国境内通商。贾汉吉尔皇帝为了利用英国人平衡葡萄牙势力，答应了这个请求，但规定必须照章纳税。从这时起，英国东印度公司逐步在印度沿海岸设立商馆，开始购占土地，建立设有要塞的殖民据点。到 17 世纪末，已经建立了马德拉斯、孟买、加尔各答三个设防中心。17 世纪下半叶 18 世纪初，随着葡萄牙、荷兰世界地位的相继衰落，它们在印度的势力也跟着衰落下去。法国势力较强，它以南印度本地治里为中心，大力向海得拉巴扩展，大有与英争雄印度之势。18 世纪中叶，英法世界范围的商战也在印度进行。经过 1746—1763 年三次英法争夺印度的卡纳蒂克战争②，法国失败，其商业据点大多转到英国东印度公司手中。至此，英国人成了在印的主要外国势力。在这前后，它从莫卧儿皇帝那里又陆续得到不少商业特权，其中最重要的是以每年缴 3 万卢比的固定款项为代价换得豁免进出口贸易关税的特权（1717

---

① 苏拉特海战：1612 年，柏斯特船长率两艘英国船来印，在苏拉特附近海面上与葡萄牙船队相遇。当时葡船队在印度附近海域上有制海权，不断骚扰印度，阻碍印度商人对中东的贸易。莫卧儿皇帝很感不安。这次葡、英船队相遇，英船队打败了葡船队，显示了实力，结果促使莫卧儿皇帝同意英在印设贸易站。莫卧儿皇帝想利用英势力平衡葡势力。

② 卡纳蒂克战争：英、法在南印角逐，操纵自己代理人进行的三次战争（1746—1748 年、1749—1754 年、1756—1763 年），因卡纳蒂克王位继承问题是起因，故被统称为卡纳蒂克战争。卡纳蒂克是海得拉巴土邦的藩属。18 世纪中期，法国控制了海得拉巴，希望扶植代理人，把自己的势力扩大到卡纳蒂克，英国东印度公司则支持自己的代理人争夺卡纳蒂克王位，以扩大英国势力，削弱法国势力。双方的战争实际是英法间争夺南印的战争。英法在这里的角逐构成了世界范围内英法商战的一部分，结果英国胜利，法国在南印的势力范围大都转到英国手中。

年）。它的商业活动颇为发展，到 18 世纪中叶，设立的商馆已达 150 个。它已经在印度沿海地区牢牢立定脚跟。

莫卧儿皇帝们当时并没有把英国人放在眼里，也从来不曾想到，小小的东印度公司会掀起轩然大波。他们是以居高临下的姿态对待英国人的，正如对待先前所有来印的外国商人一样。英国人最初对莫卧儿皇帝是卑躬屈膝的，虽然怀着侵略野心，并不敢奢想征服印度领土。1688 年英国人曾尝试以武力要挟扩张商业势力，封锁了沿海一些港口，抓捕了印度商船。这一冒险行动激怒了奥朗泽布皇帝。他下令赶走英国人，东印度公司不得不赔款求和。奥朗泽布只是从财政收入方面考虑，才允许英国人继续在印贸易。在一段时间内，英国人只好满足于商业活动。然而，18 世纪中叶形势巨变。莫卧儿帝国的瓦解，以及英国人战胜法国势力，大大助长了他们的贪欲。随着力量增长，他们的野心也在上升，终于走上征服印度领土的道路。

印度的分裂为英国征服提供了便利

17 世纪以来，随着商品经济的发展，印度统治阶级奢侈花费猛增，导致封建剥削大大加重。一方面是对农民手工业者的榨取和对商人的勒索加强了，苛捐杂税层出不穷；另一方面地方和中央封建主之间争夺经济权益的斗争日益尖锐。莫卧儿帝国的经济基础是靠强大军事力量支撑的封建土地国有制。土地大部分分封给贵族，以服军役为条件，不能世袭。这是一种有条件的非世袭的封建土地占有制。17 世纪以来，封建主为了增加收入，力图把它变成无条件的世袭的封建土地所有制，这就造成了封建分立主义倾向的发展，它大大削弱了中央政权的力量。奥朗泽布皇帝为了维护国家的财政收入和伊斯兰教大封建主的利益，采取了牺牲印度教徒利益的政策，包括向广大印度教徒重征人头税，取消伊斯兰教封建主欠印度教商人的债务，没收印度教庙宇的土地等，结果激起了接二连三的农民起义和被压迫民族起义。印度教中、小封建主在这些起义中起领导作用。1699—1723 年阇底农民起义，1675—1715 年锡克教徒起义，两者均遭镇压。1656 年开始的马拉特人起义却越来越发展，1674 年建立了独立国家。它的势力在 18 世纪中叶伸展到整个中印度和部分北印度地区。

莫卧儿帝国在这些起义打击下，风雨飘摇，一蹶不振。各省总督乘机纷纷拥兵自立，坐地为王。统一的莫卧儿帝国从此瓦解，中央政权名存实亡。

诸侯中最强大的是马拉特人的国家。它本来有希望取代莫卧儿帝国统一印度，然而，马拉特统治者们在建立独立国家后，也变成了大封建主。封建大土地占有制的发展在马拉特国家中同样造成了割据局面，以致统一的马拉特国家在 18 世纪初就演变成为"马拉特联盟"。所谓联盟实际上是几个马拉特大封建主的暂时集合体。它到处抢掠，到处勒索，失去民心，遭到其他诸侯反对。由它统一印度已经不可能了。18 世纪上半叶，当诸侯正在混战之际，伊朗、阿富汗统治者相继入侵。1761 年阿富汗人在旁尼帕特重创马拉特人①，使其元气大伤。这以后，虽然阿富汗侵犯者被赶走，马拉特人的力量却再也没有恢复到原来水平。

　　18 世纪中叶的印度就是处在这样一种群龙无首的混乱状态。统一的中央政权既不存在，诸侯间同室操戈、互相水火。这一切，一直在冷眼观察印度局势的英国殖民者是不会不加以利用的。马克思曾经形象地描绘英国人征服印度的极其有利的形势。他说："大莫卧儿的无限权力被他的总督们打倒，总督们的权力被马拉提人打倒，马拉提人的权力被阿富汗人打倒；而在大家这样混战的时候，不列颠人闯了进来，把所有的人都征服了。"②

　　封建分裂状态至少在三个方面为英国人的征服提供了便利。第一，没有强有力的中央政权，不可能进行全国统一的抵抗。这一点鼓励了英国人的野心和冒险。他们没有后顾之忧，不怕在一个地方发动进攻会招致全面反击，危及全局利益。

　　第二，诸侯混战状态使英国征服者有可能广泛利用他们各自的内部矛盾以及他们相互间的矛盾，施展阴谋诡计，扩张自己的势力。各地统治者为保持自己地盘，常常求助英人，引狼入室。英人侵占一地仅仅被看作在众多诸侯之间又出现一个新的诸侯，并不引起更多注意。封建统治者们以漠然态度对待英国扩张，除非侵略到自己头上。

　　第三，诸侯混战局面还带来一个特殊矛盾：宗教争端的加强。莫卧儿王朝统治者信奉伊斯兰教，而在印度人民中，信印度教者占多数。奥朗泽布迫害印度教的政策已激起了宗教冲突。莫卧儿帝国瓦解后出现的诸侯，有信伊斯兰教的，如孟加拉、奥德；也有信印度教的，如马拉特联盟。这样，诸侯

---

　　①　旁尼帕特战役：1760 年阿富汗人又入侵印度，马拉特联盟起而迎战。1761 年 1 月 14 日，在旁尼帕特决战，马拉特人被阿富汗军队击败，统帅萨达舍奥·巴奥阵亡，元气大伤。
　　②　《马克思恩格斯选集》第 2 卷，人民出版社 1972 年版，第 69 页。引文中的"马拉提人"即马拉特人。

争霸就带有两大宗教争夺未来统治权的性质。宗教冲突严重妨碍印度力量联合抗英。

英国人征服印度所以得逞，正是因为他们不失时机地利用了印度的分裂局面，采取了极其狡猾的征服手段。

征服孟加拉

东印度公司征服印度是从占领孟加拉开始的。孟加拉是印度最富庶的省份，英国人在此早就设有许多贸易站，有很大商业势力，加尔各答又是他们的一个主要据点，所以他们决定从这里下手。当时，孟加拉统治上层为争夺纳瓦布（省督，实为国王）位置，分成派系，互相倾轧。英国人参与其中，支持纳瓦布西拉杰—乌德·道拉的政敌从事阴谋活动。纳瓦布一气之下出兵占领加尔各答（1756 年），这就成了英国人对孟加拉用兵的借口。

东印度公司最早有一支欧洲人雇佣兵队伍，但人数有限，用它来征服印度是不可能的。1746 年，英国东印度公司在马德拉斯开始建立印度土兵队伍。这是极其毒辣的手段，他们得以用印度人打印度人。

东印度公司得知加尔各答被占领的消息后，立即从马德拉斯派遣军队，由沃森海军上将和原公司小职员克莱武上尉率领，前来收复加尔各答。这个目的很快就达到了。

但东印度公司并不就此罢休，它要乘机实现征服孟加拉的更大目标。这并不是一件易事。纳瓦布有数万大军，且财力充足。克莱武知道单靠武力不可能得手，就依靠政治阴谋。军事进攻与政治阴谋双管齐下，以后者弥补军事力量之不足，这是东印度公司征服印度过程中自始至终采取的最狡猾的手段之一。

克莱武知道纳瓦布有很多政敌，包括他的将军米尔·贾法尔，就通过自己的大代理商奥米昌德牵线，与米尔·贾法尔订立了秘密协定。参加这个阴谋的还有纳瓦布的另一个将军罗·杜尔拉帕，并由孟加拉最大的银行家贾加特·塞特出面充当担保人。米尔·贾法尔是为了觊觎王位，贾加特·塞特是因为与纳瓦布有矛盾，不满意他对英比较强硬的政策，而奥米昌德则是为了赚一笔佣金，要价是 20 万卢比①。根据达成的协议，米尔·贾法尔、罗·杜

---

① 另一说是 30 万卢比。

尔拉帕将率军倒戈，在推翻西拉杰—乌德·道拉后，由米尔·贾法尔当纳瓦布；他应给予英国人各种赔偿费和报酬 150 万英镑，并答应要按英国人的利益制定国家的政策。贾加特·塞特给了克莱武一笔贷款，赞助他的活动。

在作了这一切准备后，克莱武率军进攻纳瓦布，纳瓦布迎战于普拉西。1757 年 6 月 23 日，当克莱武走向战场时，他内心还忐忑不安，唯恐发生变故。战斗开始后，纳瓦布的军队有少数投入进攻，已使英军感受很大压力。然而，米尔·贾法尔和罗·杜尔拉帕却按兵不动，故意放过进攻机会。正像克莱武事后给公司董事会报告所说："在战斗最激烈之际，我们注意到一支人数相当多的队伍徘徊在我们的右翼而不出击。他们表明是我们的朋友……战斗一结束，就给我们送来了祝贺信。"纳瓦布终于意识到自己被出卖而仓皇逃走。接着就是孟加拉军队的大溃退，克莱武军队的大追击。大功告成了，克莱武以 3000 兵卒（内有印度雇佣兵 2200 人）战胜了纳瓦布配有 40 门大炮的 7 万大军。连英国人编的《东孟加拉县志》都不得不承认，这场胜利的奥秘在于一场见不得人的幕后交易，是贾加特·塞特的卢比帮助克莱武的剑征服了孟加拉。胜利的第二天，米尔·贾法尔被扶上纳瓦布位置，成了东印度公司的第一条应声虫。东印度公司从此成了孟加拉的真正主宰。

直到 1772 年，东印度公司保留了纳瓦布的傀儡统治，自己宁愿当太上皇。这样做是为了掩饰侵略面目，便于统治，也便于扩大征服。在合法的外衣下，它的掠夺则是骇人听闻的。国库被搜刮一空，后来又用不断更换纳瓦布的办法勒取新的"酬谢"和"奉献"。1757—1765 年仅洗劫国库一项就抢得 5260 万卢比①。

榨取田赋是更主要的掠夺手段。1765 年，公司从莫卧儿皇帝那里得到了在孟加拉行使迪万权（征收地税、审理民事案件）的敕令，成了该省的行政长官，纳瓦布的税收机构从此转归英人掌握。为了最大限度地搜刮，实行了短期拍卖承包田赋制度，结果英国人接管第一年就由前一年的 8175 533 卢比提高到 14704 875 卢比，增加 80%，到 1793 年又提高到 26800989 卢比，比

---

① 英侵占孟加拉后，以"赔偿损失"为名，从孟加拉国库掠走 150 万英镑。立米尔·贾法尔为纳瓦布，得"酬礼"1238570 英镑，其中克莱武本人得 23.4 万英镑。1760 年，立米尔·卡西姆为纳瓦布，又得礼金 200269 英镑。1763 年米尔·贾法尔第二次被立为纳瓦布，又得礼金 500165 英镑。1765 年纳吉姆·乌德·达乌德被立为纳瓦布，又得礼金 230356 英镑。1757—1765 年，用不断更换纳瓦布办法总计得礼金 2169365 英镑。此外，勒索"赔偿"及其他所得 3770833 英镑，两项合计为 5940198 英镑。

接管前一年增加 330%。田赋成了公司掠夺的首要财源，其中相当部分被用作在印度扩大征服的战争费用。

东印度公司颁布法令强迫手工业者为公司生产，对产品只付半价，或干脆分文不给。同时，依仗权势，强买强卖，把贸易变成了抢掠。公司贸易免税，公司职员都进行私人贸易，还把免税证转卖给他们的代理人。印度商人遭到排挤，纷纷破产。想继续经商的只有当公司代理人。公司还诱使农民种植罂粟，由公司加工成鸦片，交予鸦片贩子，走私运进中国，毒害中国人民，公司和私商双双从中牟取暴利。如 1872—1873 年，印度对中国出口商品价值 120 万英镑，其中鸦片一项就占 105 万英镑。

对孟加拉的掠夺最鲜明地表现出原始积累时期殖民剥削的特点。这是一种不加掩饰的赤裸裸的暴力掠夺。1757—1815 年东印度公司从印度（孟加拉是主要的）共榨取财富约 10 亿英镑。无尽的财富像流水般涌向英国，立即转动了蒸汽机的轮子，促进了英国的工业革命，而孟加拉却完全破产了。经济凋敝，十室九空。1770 年发生大饥荒，有 1000 万人饿死，占居民总数 1/3 以上。千里赤地，横尸遍野，许多人口稠密地区变成了野兽出没的草莽。

孟加拉人民奋起反抗英国殖民统治。连东印度公司新安排的纳瓦布米尔·卡西姆都感到难以忍受了。1763 年，针对公司职员滥用免税权逃避税收，他下令豁免一切商人的内地贸易税，以使印商与英商处于平等地位。东印度公司认为侵犯了自己利益，企图以武力压制，米尔·卡西姆勇敢地发动反英起义。农民、手工业者热烈参加，部分商人也给予财力支持。但由于起义队伍成分复杂，缺乏军事训练，遭到失败。卡西姆逃到奥德，请求奥德纳瓦布出兵援助，又取得莫卧儿皇帝的支持。1764 年，由他们组织的联军对英发动进攻，10 月在布克沙战役中也遭到失败。东印度公司趁势从奥德夺占了贝拿勒斯地区，还迫使奥德接受保护条约。从此，整个恒河下游地区就都处在英国的统治之下了。

英迈战争与英马战争

占领孟加拉为东印度公司征服印度提供了巩固的基地。到 18 世纪末，它在印度直接间接控制的地区已经有几片了。1773 年前，它把直接控制的地区划为三个管区，即孟加拉、孟买、马德拉斯，各设省督管理。省督都由公司董事会任命。

18 世纪下半叶，随着英国工业革命的开展，日益发展起来的工业资产阶级要求打破东印度公司对印度的贸易特权和政治控制。适应这个需要，英国政府一面让东印度公司继续享有特权，以便鼓励它进一步扩大征服，一面逐步把统治印度领地的权力收到政府手中。1773 年英国议会通过《印度管理法》，决定将孟加拉管区的省督升格为总督，即英属印度总督，由国王任命，统辖东印度公司的全部领地。这样做，也是为了统一管理，准备进一步发动征服战争。1784 年，英国议会又通过《庇特的印度法》，决定在英国成立督察委员会（又称监督部、管理委员会），由内阁一大臣任主席，这个机构负责制定统治印度领地的方针政策。从这时起，对印度领地的最高决策权事实上已转到政府手里，尽管在名义上英属印度还是东印度公司而不是英国政府的领地。

在作了组织调整之后，东印度公司开始了新的征服。

印度中、西部和南部当时存在许多诸侯国家，较强大的有三个：马拉特联盟、迈索尔和海得拉巴。迈索尔位于东高止山脉和西高止山脉之间，自然条件好，资源丰富，受到征战骚扰也少，政治形势较稳定。1760 年军事长官海达尔·阿里掌握政权后，实行军事改革，建立了国家正规军，学习欧洲军事技术，严格操练，统一指挥，以代替由封建主们供养和统率的旧式军队。结果国力日盛。海达尔·阿里不断向周围地区征讨，扩大疆土，最强盛时西部版图达到了海岸。马拉特联盟 18 世纪下半叶也恢复了元气，军事力量得到扩充。它的势力范围北抵萨特累季河南岸，南与迈索尔接壤，是印度诸侯国家中最大的一个。海得拉巴也是一个较大的国家。在当时情况下，如果三者能够联合抗英，就能阻止英国殖民者向这大片地区扩张。然而，三者都想称霸中、南印，宗教信仰又不同，相互间不断征战，积怨甚深。英国人乘机从中挑拨，竭力加深它们之间的裂痕，还常参与它们的相互征战，从每个国家夺占土地。

英国人采取分化瓦解、各个击破的政策。1767 年发动了第一次英迈战争，拉拢海得拉巴、马拉特联盟（有兵力 29 万人）共同进攻迈索尔（兵力15 万人）。海达尔·阿里以骑兵突袭英纵深领地的战略迫英议和。1775 年，英国殖民者又发动第一次英马战争，夺占了一片土地。在严酷的事实面前，海达尔·阿里首先醒悟，他认识到最主要的危险是英国征服，努力说服马拉特联盟和海得拉巴的统治者共同抗英。后两者因都有失地在英手中，表示赞同。1780 年三者建立了抗英联盟。这是印度被征服过程中绝无仅有的一次有重要意义的联合。

　　按照计划，海得拉巴进攻马德拉斯的英属北部诸州，迈索尔进攻卡纳蒂克，马拉特联盟进攻孟加拉和孟买，还打算争取法国的援助。这一联合使英国征服者感到害怕。英国人决心不惜一切代价摧毁它。战争爆发后，他们就把从海得拉巴侵占的一块土地（贡土尔）归还海得拉巴，首先使之脱离反英同盟。又同马拉特联盟单独媾和，归还了先前占领的属于后者的领土，使马拉特人也与迈索尔分道扬镳。这样便孤立了迈索尔，使之不得不同意媾和。1784 年签订《曼加洛尔和约》，这就是第二次英迈战争。

　　之后，英国人进一步实行离间计，以共同瓜分迈索尔为诱饵，竟使马拉特联盟、海得拉巴和英建立同盟，并于 1791 年发动了第三次英迈战争。这时海达尔·阿里已逝世，其子蒂普苏丹率迈索尔军民英勇抵抗。由于四面受敌，寡不敌众，遭到失败。1792 年被迫求和，割领土一半给英。蒂普苏丹看到马拉特联盟和海得拉巴中了敌人离间计，十分痛心。1792 年签订《塞林加帕坦条约》时，他痛切地对马拉特统帅哈里帕恩特·劳说："你应当明白，我并不是你的敌人，你的真正敌人是英国人。你必须提防他们。"

　　这次失败后，蒂普苏丹励精图治，大力革新内政，扩充军队，准备最后决战。然而英国人却从其内部收买了一个内奸集团，为首的是首相普尔纳亚和轻骑兵司令卡马尔—乌德·丁。1799 年当英军发动第四次侵迈战争后，这个盘踞高级指挥岗位的内奸集团，用隐瞒军情、提供假情报、故意违抗军令等手段，破坏蒂普苏丹的军事指挥。结果，英军得以长驱直入，蒂普迎击敌人的第一次战斗便不得不在首都塞林加帕坦的大门口进行。当首都被围，蒂普英勇指挥军队与敌人拼搏时，这个内奸集团下令关闭内城城门，拒蒂普于城外，使他惨遭杀害，并在塔楼竖起白旗，引英军入城，迈索尔最终被征服了，其领土大部分被兼吞，少部分留下，扶植一个原罗阇（王公）的后裔充当傀儡。

　　迈索尔的沦亡使南印度失去了一支最坚强的抗英力量。在腾出手以后，英国人随即集中力量攻打马拉特人。1803 年，新任总督韦尔斯莱发动了第二次英马战争。马拉特联盟此时已是孤军奋战，加之内部纷争不止，最后不得不求和。1805 年与英订约，被迫割地赔款，承认是英藩属。东印度公司不满足于此，1817 年再次发动对马拉特联盟的战争，后者再次起而抵抗，但由于内部不和，互相掣肘，被各个击破。东印度公司兼并了它们的大部分土地，保留了瓜廖尔、印多尔、那格浦尔的国家残骸。派施华（宰相）再度举兵反英，领地被夺，马拉特联盟从此不复存在。

这样，英国人就又成了中、西部和南部印度的主宰。它新征服的大片地区划归孟买和马德拉斯管区管辖。1836 年又建立了西北省。

在新征服地区，英国人同样实行以原始积累为目的的掠夺政策。在孟加拉的许多做法被搬到这些地区。不过，由于征服印度接近完成，它的掠夺政策也逐渐有了长远打算。18 世纪末到 19 世纪二三十年代，英国当局开始实行正规的田赋和土地制度。首先在孟加拉实行永久性柴明达尔制①，在马德拉斯大部分地区和孟买实行莱特瓦尔制②，又在北印度实行马哈尔瓦尔制③。通过这套土地制度，改造印度的土地关系使之适应殖民剥削的需要，培植一个地主阶层作为统治支柱，并把征收高额田赋放在一个稳妥可靠的基础上。

资助条约与附属国体系

英国人用政治阴谋和军事进攻并举的办法征服了一些主要国家。但是，要在分裂得如此细碎的印度都实行这个办法，是英国力量所不及的。因此，除上述办法外，它采取了另一种征服形式，即建立藩属国体系。其办法是，用实力外交迫使一些封建统治者与它签订同盟条约，把它们变成东印度公司的附属国。最早的同盟条约叫《资助同盟条约》或《军费补助金条约》，主要内容是：（1）英国军队驻扎缔约国，承担防御任务，由该国担负全部军费。（2）缔约国在外交上接受英国殖民政权监护。这是不平等条约，接受它就等于接受英国保护。这种征服办法对英国人来说好处很多。这是不流血的征服，无须耗费公司钱财，且可为公司省下大笔日常军事费用。这种控制虽

---

　① 柴明达尔制：英国东印度公司在莫卧儿田赋征收制基础上改定的土地制度。它的主要特点是，在法律上确认莫卧儿时期的田赋包收人为土地所有者，由他们向政府交纳田赋。田赋估定后永久不变的称永久性柴明达尔制，主要实行于孟加拉、比哈尔、奥里萨、贝拿勒斯和安德拉邦北部。田赋估定后定期修改的称临时性柴明达尔制，主要实行于今北方邦。

　② 莱特瓦尔制：英国东印度公司为了掠夺田赋，主要在马德拉斯、孟买、贝拉尔和阿萨姆等地实行的一种土地制度。其特点是以个体农户"莱特"为对象确定地权和赋额，由莱特直接向政府交纳田赋。赋额是定期修改的，通常以 30 年为期。

　③ 马哈尔瓦尔制：英国东印度公司总结了实行前两种土地制度的经验后，在印度北部和中部实行的一种土地制度。其特点是以村社为对象确定地权和赋额，然后再将赋额分摊给各户，村社集体和各户共同承担责任，由村社首脑或其代表将田赋收齐后统一交政府。这种制度主要实行于今中央邦和马哈拉施特拉邦的部分地区、北方邦的阿格拉和旁遮普。赋额也是定期修改的，通常以 30 年为期。

然是初步的，但有军队驻扎该国，就能够左右其政局。一些王公所以接受这种条约，或出于英国人军事进攻的威胁，或和别的王公有争端，或内部有矛盾，欲借外力保护自己。

最早同英国人签订这种条约的是奥德和卡纳蒂克，此后有特拉凡哥尔、海得拉巴等。1813—1823年，总督哈斯汀斯使中印145个王公、卡提雅瓦尔145个王公和拉杰普塔纳20个王公进入资助条约体系。到19世纪三四十年代，全印已有600多王公成了英国东印度公司的各种形式的藩属国。印度被截然分成两部分：英属印度与印度土邦。这种征服形式把征服过程推进了一大步。

兼并信德和旁遮普

到19世纪40年代，印度尚保持独立的区域国家只有信德和旁遮普了。两国地处边境，进攻不便，且居民多信伊斯兰教，与阿富汗等邻国关系密切。所以英国在打败马拉特联盟后，20多年内没有向这两个国家进攻。它决定等待时机，徐图进取。

19世纪头30年，在已经完成的工业革命基础上发展壮大的英国工业资产阶级，对东印度公司垄断印度贸易和政治统治的状况再也不能容忍了。1813年，在工业资产阶级压力下，英国议会通过法令，取消了公司对印度的贸易垄断权。1833年又通过新法令，完全取消公司的贸易权，但允许公司作为"受国王及国会委托的"统治印度的机构继续存在20年。

1813年起，英国私商蜂拥来印，印度被迅速转变为英国的商品市场和原料产地，修筑了铁路，扩建了港口，架设了电报线。英国商行的徽记到处可见。廉价的英国棉纱棉布大量运销印度，挤垮了这里传统的手工纺织业，千千万万手工业者失业破产，累累寒骨漂白了印度斯坦平原。

1833年起，东印度公司开始在全国所有非固定田赋地区实行税制改革，降低了税率，放宽了修订周期，有的地区改为以土质好坏征税。其目的在于进一步改造印度的农业经济，增强其商业性质，以便适应扩大输出原料的需要。这一措施导致土地兼并盛行，农民大量丧失土地，变成佃农，生活更加困苦。而殖民者从印度榨取的农业原料却直线上升。

为了最充分地开拓印度市场，榨取它的无尽财富，征服信德、旁遮普的任务被提上日程。

19世纪上半叶信德存在着3个公国：海得拉巴、凯浦尔和米尔普尔。由于内部不统一，便利了英国的征服。早在1832年，英国东印度公司就强迫3个艾米尔（国王）签订了许可英国人在印度河航行及在信德经商的条约。后来，英国人在发动对阿富汗战争期间，又强迫他们签订新约，允许英印军队过境或驻扎，英国商品免税。英国人并乘机干涉它们的内政，把它们降低到附属国地位。此后，又利用它们的内部纷争，挑拨离间，唆使其互相反对，然后借口它们阴谋反英，于1843年对信德发动了战争。3个艾米尔集结2万军队，奋起抵抗。4月17日在米阿尼镇一带与英军决战，因军事力量悬殊，艾米尔的军队被击败，英国随即吞并了信德。

旁遮普的锡克教国家比信德要强大得多。19世纪初，锡克教王公兰吉特·辛格打败了旁遮普所有其他封建主，建立了统一国家。他实行了一些进步的改革，建立了正规军队，聘请欧籍教官训练，大大增强了战斗力；整顿国家财政，鼓励发展工商业，促进了社会经济的发展。然而，1839年兰吉特·辛格死后，内讧复起，各个集团争夺权力，相互残杀。一些封建主事实上脱离中央而独立。1844年，兰吉特·辛格8岁幼子即位，中央权力已极度衰弱。这时，锡克军队的中下级军官（中小封建主）不满封建上层的腐败，跃然登上政治舞台，参与国政。他们层层建立了军人代表会议。首都拉合尔的军人代表会议实际上掌管了中央政权，对不服从的和谋反的王公开始实行镇压。

英国殖民者看到锡克国家内乱，决定发动进攻。他们知道上层军官和封建主对军人代表会议参政心怀不满，就千方百计实行收买，勾结他们作为内应。首相拉尔·辛格、军队总司令特吉·辛格都被收买过去。军队代表会议的最大失误，就是对这些人还抱轻信态度，让最高军事指挥权还保留在他们手中。

1844—1845年，英军向朱木拿河和萨特累季河之间地区集结，准备进攻。1845年12月11日，首都军人代表会议为了自卫，向萨特累季河左岸的拉合尔领地派驻了锡克国家的军队。英国人诬蔑锡克军队侵略，立即对锡克国家宣战。12月18日，两军在穆德基镇激战。锡克军队攻势甚猛，英军感到招架不住。然而，正在紧要时刻，首相拉尔·辛格擅离战场，造成混乱。英军乘势反攻，锡克军队惨败。12月21日在菲罗兹沙赫一带会战中，总司令特吉·辛格也是在锡克军处于优势情况下下令撤退，把胜利拱手送给英军。1846 年 2 月，在索布拉翁的最后决战中，特吉·辛格、拉尔·辛格又临阵脱逃。特吉·辛格渡过萨特累季河后随即下令拆桥，切断锡克军退路，任英军杀戮。锡克国家的命运最终被葬送了。2 月 20 日，英军攻入拉合尔，把锡克国家变成藩属国。

锡克士兵和广大群众对英国统治者极为仇恨。1848 年 4 月 19 日，木尔坦城人民发动反英起义，锡克军队随即响应，并推动某些封建主参加。起义迅速扩展到其他地区。但是由于相互间缺乏一致行动，军队上层又百般破坏，起义最终被镇压。1849 年 3 月 29 日，英殖民当局宣布兼并旁遮普。旁遮普、信德很快就被开拓为重要的原料产地（棉花、小麦等）和商品市场。

英国对印度的征服，从 1757 年普拉西战役起，历经 92 年，至此全部完成。英国殖民者所以能以小吞大，归根结底是正在发展的资本主义制度对落后老朽的封建主义制度的胜利。

18 世纪中叶孟加拉的普拉西战役

曹 焰

1757 年 6 月 23 日，在印度孟加拉地区加尔各答正北约 120 公里处的普拉西村附近发生了一场战役，英国殖民军打败了印度军队。从此，英国东印度公司在孟加拉站稳了脚跟，并对印度进行了将近一个世纪的武力征服，使印度完全沦为英国的殖民地。因此，普拉西战役被看作印度由主权国家沦为英属殖民地的转折点，印度近代史的开端①。

普拉西战役发生的历史背景

1707 年莫卧儿皇帝奥朗泽布（1658—1707 年在位）去世后，莫卧儿封建帝国陷入四分五裂的状态。王室内部争夺王位，地方总督拥兵自立，农民起义此起彼伏，外族入侵接连不断。西方殖民者乘印度内部混战，加强了对印度的经济掠夺和军事侵略。

早在 17 世纪中期，英国殖民者开始侵入孟加拉，设货栈，置商馆，用金银收购香料、纺织品、蓝靛等货物。18 世纪中叶，英国势力进一步扩大，不再满足于商业掠夺，企图直接控制这个富饶的地区，因此，它同孟加拉的地方官吏的矛盾越来越明显。

1756 年 4 月，年轻的西拉杰—乌德·道拉继承外祖父阿里瓦迪汗就任孟加拉的纳瓦布。英国人依仗经济实力强大，拒不执行纳瓦布关于拆除商馆私自构筑的工事的命令，拒绝向纳瓦布缴纳赋税，窝藏反对纳瓦布的显贵。英

---

① 关于印度近代史的上限，国内外大体有五种看法：（1）1707 年，奥朗泽布去世；（2）1740 年，奥地利王位继承战争开始，英法在印度开始争霸，（3）1757 年，普拉西战役，印度开始沦为英属殖民地；（4）1761 年，第三次旁尼帕特战争；（5）1774 年，沃伦·哈斯汀斯就任英印总督。

国殖民者的这一系列挑衅行为激怒了西拉杰，他写信给英国人，愤怒地指出："我以万能的上帝和先哲的名义发誓，除非英国人同意填平堑壕，夷平防御工事，并根据与扎法尔汗纳瓦布时代相同的条件进行贸易，否则，我将拒绝考虑英国人的利益，还要把他们完全驱逐出我的国家。"

1756 年 6 月初，西拉杰率军攻占了英国在卡西姆巴扎的商馆。6 月 16 日，又统率 5 万大军包围了加尔各答。英国惊慌失措，向法国人和荷兰人求缓，均遭拒绝。4 天后东印度公司加尔各答参事会的大部分成员携带妇女儿童沿胡格里河逃到法尔塔。留守的霍尔威尔也只抵抗了一天，就在 6 月 20 日投降了。

霍尔威尔声称，西拉杰的军官把 146 名俘虏塞进了一间长 5 米多、宽 4 米的曾经做过军事监狱的黑房子里。第二天早晨 6 点钟，当牢门打开时，只有 23 名俘虏还活着，其余的 123 名都因窒息而死。这件历史上有名的"黑洞事件"，成为英国妇孺皆知的关于印度的三个事件之一[①]。虽然当时加尔各答参事会的记录没有提及此事，很多学者也怀疑它的真实性，但是它却被英国殖民者用作煽动民族仇恨，发动侵略战争的借口。

加尔各答失陷的消息传到马德拉斯，为了恢复英国人在孟加拉的势力，英国当局决定派遣海军上将沃森和尉官罗伯特·克莱武率军远征，收复加尔各答。野心勃勃的殖民主义者克莱武不以收复加尔各答为最终目的，10 月 11 日，他在写给东印度公司董事会的信中表示："我认为这次征讨不只以收复加尔各答为目标，而要永久性地巩固公司在那个地区的地位……我希望能够把法国人从昌德纳戈尔驱逐出去，使加尔各答成为设防城市。"

远征军由 900 名欧籍士兵和 1500 名土著雇佣军组成，于 10 月 16 日出发，12 月到达加尔各答。克莱武收买了守将，于翌年 1 月 2 日进入该城，还劫掠了胡格里城及其周围地区。

英国远征军的强盗行径激怒了西拉杰—乌德·道拉。他调集 4 万军队，向加尔各答进发，要把英国人永久驱逐出去。1 月 19 日，西拉杰抵达胡格里，2 月 3 日，进抵加尔各答郊区。克莱武表面上通过使节摆出谈判的姿态，暗地却策划突袭纳瓦布的军营。2 月 5 日夜，英军以近 2000 人的兵力突然袭击印军。但是，向导在大雾中带错了路，袭击的不是纳瓦布的军营，而是他的卫队，这引起了军营中酣睡的印军一片混乱。惊慌失措的印军以猛烈的炮

---

① 另外两个事件是本文叙述的普拉西战役和印度民族大起义（1857—1859 年）。

火还击，20 名欧洲人当场毙命。9 时，大雾消散，正在沼泽地中挣扎的英军暴露在印军面前。印军集中炮火射击，克莱武的副官在他身边倒毙。英军被迫抛弃两门炮，在上午 11 时仓皇逃回威廉堡，结果死 97 人、伤 137 人，纳瓦布死伤 1300 人。虽然这次夜袭对英军来说是一次失败，但是西拉杰却接受了他的军官的劝告，于 2 月 9 日，与英国人签订了和约。和约确认莫卧儿德里皇帝过去给予英国人的一切特权，规定英国人可以继续利用贸易敕书在孟加拉、比哈尔、奥里萨境内进行自由贸易，恢复各商馆，纳瓦布赔偿一切损失，英国人还可以自由地在加尔各答建立防御工事，另外还获铸币权。作为这些让步的交换条件，英国人与纳瓦布订立了攻守同盟。

为什么西拉杰不乘胜追击，再次把英国人赶下海去，却反而和他们签订了屈辱的和约呢？明显的原因有两点：加尔各答的陷落，胡格里的惨遭蹂躏以及被英国人夜袭，使西拉杰对他军中那些一直支持英国要求的军官的忠诚产生了怀疑，他担心依靠这些人不一定能重新夺回加尔各答。更主要的原因是西拉杰了解到阿富汗的统治者艾哈迈德沙·阿卜达利已经侵入印度，占领了德里，并正在计划与罗希拉人和奥德的纳瓦布一起进犯孟加拉。面对这一威胁，西拉杰只好不惜一切代价，求得英国人的支持，以免腹背受敌。

克莱武认为 2 月 9 日的和约只不过是一纸空文，纳瓦布随时都有可能撕毁。因此，必须在孟加拉扩大势力。1756 年在欧洲爆发了七年战争，英法在欧洲大陆展开了激烈的厮杀。在印度，英法殖民者也卷入了这场火并。1757 年 3 月 14 日，沃森和克莱武出其不意地向法国在孟加拉的主要居留地昌德纳戈尔发起了猛攻，只用了 7 天时间就把它攻陷了。英国人在昌德纳戈尔的胜利不仅为自己在孟加拉排除了强有力的竞争对手，而且消除了法国人支持西拉杰反对英国人的潜在危险，是克莱武进一步发动侵印战争的必要准备。

推翻西拉杰的阴谋

贪婪的英国殖民者对富饶的孟加拉早已垂涎三尺，时刻梦想占领这个地区。2 月 9 日和约签订后，西拉杰继续和法军在德干的指挥官布什保持频繁的书信往来。昌德纳戈尔被英军占领后，西拉杰又接受了法国的难民。由此，克莱武借口只要他率军返回马德拉斯，纳瓦布就会重建与法国人的关系，把英国人从孟加拉赶走，以所谓接受马德拉斯特别委员会的劝告的名义，决定"与孟加拉省不满纳瓦布和政府的暴政的任何势力或图谋担任'苏巴'（省长）的任何人建立联系，永久废除纳瓦布西拉杰一乌德·道拉"。

西拉杰是阿里瓦迪汗三女的后代。在继位后不久，姨母伽西蒂公主和表弟肖卡特·詹就分别向他的王位提出挑战，并举行了叛乱，而且受到英国人的支持。在几个月内，西拉杰就控制了伽西蒂，镇压了肖卡特·詹。但是，孟加拉有权势的贵族中对西拉杰的不满情绪并没有消除。受过纳瓦布制裁的贾加特·塞特等大银行家和马哈拉加·克里希纳昌德拉等大地主反对西拉杰的反印度教的政策，曾经密谋用纳瓦布的一个军事长官亚尔·拉蒂夫汗取代西拉杰，没有成功。后又密谋用另一个军事长官阿里瓦迪汗的妹夫米尔·贾法尔取代西拉杰。米尔·贾法尔曾被西拉杰废黜，也急于报仇。同时，纳瓦布的军队多数是波斯和阿富汗的亡命徒，他们只知有顶头上司，为出价最高的人服务，根本谈不上对纳瓦布或国家的忠诚，很容易被人利用。

克莱武决定利用这种形势。1757年4月底，东印度公司驻孟加拉首府木什达巴德的代表瓦茨报告说，密谋者要求英国人与他们一起推翻西拉杰，拥立米尔·贾法尔为纳瓦布。克莱武立即表示同意。

在东印度公司的前代理人、大商人奥米昌德的协助下，克莱武与米尔·贾法尔进行了谈判，签订了秘密条约。密约共14条，主要规定米尔·贾法尔在当上纳瓦布后，批准西拉杰给予英国人的一切补助金和特权；赔偿英国人等在西拉杰进攻加尔各答时所受的损失和军费，总数达1770万卢比；向东印度公司割让一些领土；在胡格里城以下的胡格里河上不设防御工事；与英国人订立攻守同盟；把在孟加拉、比哈尔和奥里萨的法国人和他们的财产一律交给英国人，并且永远不许法国人在这三个省份重新定居。

秘密条约起草后，奥米昌德要求英国人酬谢他30万卢比和1/4的西拉杰的珠宝，并在密约中予以载明，否则他就要把全部阴谋报告西拉杰。克莱武为了欺骗他，分写了两份密约，在红色的密约上，载有满足奥米昌德的条款，在白色的密约上没有这一条款。沃森海军上将拒绝参加这一欺骗活动，克莱武命人伪造了他的签名。这样就稳住了奥米昌德。为了保守秘密，英国殖民官员瓦茨以打猎为名把奥米昌德带到了加尔各答。

但是，秘密还是泄露了，西拉杰所采取的唯一应急措施是召见了所有的四名军事长官：米尔·贾法尔、罗易·杜尔拉帕、亚尔·拉蒂夫汗和米尔·马丹。他们重新向纳瓦布宣誓效忠。可是，除了米尔·马丹，其余三名军事长官都参与了推翻西拉杰的阴谋。

普拉西战役

一切准备就绪以后，克莱武给纳瓦布写信，指责他与法国人勾结，违犯了 2 月 9 日的和约，并且不等回信，就于 6 月 23 日凌晨 1 时把军队开到普拉西。具有划时代意义的普拉西战役揭开了序幕。

克莱武的军队包括 613 名欧洲步兵、100 名左右欧亚混血士兵和 171 名炮兵，另外还有土著雇佣兵 2100 名，总兵力近 3000 人。装备 10 门野战炮和两门榴弹炮。英军迅速占领了位于河堤的纳瓦布的猎舍和附近的杧果园。猎舍面积较大，用砖砌成，比较坚固，克莱武就在这里设立了司令部。杧果园长近 200 公尺、宽 300 公尺，周围有土墙和堑壕保护。后半夜，英军在这里露营。

由此往北约 1 公里半处，西拉杰—乌德·道拉设置了军事大营。他有步兵约 3.5 万名，大部分士兵没有经过训练，武器粗劣，纪律松弛；骑兵约 1.5 万人，绝大部分是来自西北的阿富汗族的优秀骑手，配用大刀和长矛。纳瓦布的炮兵装备 53 门野战炮，多数都是大口径的。法国军官圣弗莱领导下的 40—50 名法国军人指挥印度炮兵的行动。可是纳瓦布能够直接指挥的只有 2000 人，其余 4.8 万人由米尔·贾法尔等 4 名军事长官指挥。

纳瓦布占据着有利的战略要地。军营前有条堑壕，向东延伸近 200 公尺，转向东北达 4 公里半。转弯处有装备大炮的防御工事，由此向东，堑壕的前方有一座满布丛林的小山。山南近 800 公尺处是一个小人工湖。再往南近 100 公尺处是一个较大的人工湖。两湖周围都有较高的土丘。战役即将在这两个地点进行。

尽管人数众多，地形有利，纳瓦布觉得自己处于阴谋包围之中，忧心忡忡，对部下毫无信心。

6 月 23 日凌晨，纳瓦布的军队走出堑壕，摆开阵势。指挥印度炮兵的法国军人把 4 门野战炮架在较大的湖旁，离英军阵地最近，只有半公里多。在他们与巴吉拉蒂河之间，布置了 2 门重炮。在他们的后面是纳瓦布最优秀的部队——他的唯一的忠诚的军事长官米尔·马丹指挥的 5000 名骑兵和 7000 名步兵。旁边是纳瓦布的亲信印度教徒莫汗·拉尔。其余的部队约为 3.6 万人，部署在一个新月形的阵地上，由 3 名叛将指挥，罗易·杜尔拉帕居右，亚尔·拉蒂夫汗居中，米尔·贾法尔居左，对英军形成了一个包围的阵势。

克莱武在猎舍屋顶上监视着纳瓦布军队的调动。他看到印军不仅占领了和他的侧翼相对的阵地，还有抄他的后路之势，决定采取相应的行动，对付纳瓦布的强大阵势。他命令军队从杜果园出动，一字排开，左翼和司令部相连，正面部署欧洲士兵，两边各架3门大炮，土著雇佣军分别部署在左翼和右翼。同时他还派了一支小分队带着2门榴弹炮占领了左翼前方近200公尺处的几孔砖窑。

上午8时，战斗开始，双方激烈的炮战进行了半个小时。虽然英军炮火的命中率较高，但毕竟炮的数量少、口径小，抵挡不住纳瓦布密集炮火的攻击。克莱武命令他的士兵撤退到杜果园的土墙后面隐蔽起来。看到敌军后撤，纳瓦布军队的士气大增，把炮向前推进，更加猛烈地进行轰击。隐蔽在土墙后面的英军安全无恙，伤亡人数减少。他们在土墙上凿出炮孔，向印军开炮，印军伤亡有增无减。炮战连续进行了3个小时，仍不分胜负。米尔·贾法尔等3个叛将一直按兵不动。在这种形势下，克莱武也束手无策了。11时，他召集主要军官举行军事会议，决定坚守到天黑，半夜时分偷袭印军军营。

军事会议刚开过，下起了瓢泼大雨，持续一个小时。英军备有油布，把弹药苫好，印军没有这样的准备，弹药被雨淋湿，随之炮声越来越稀。米尔·马丹以为英军弹药也已潮湿，率一支骑兵向杜果园扑去，英军报之以一阵猛烈的炮火，击退了骑兵。米尔·马丹受了重伤，被抬进纳瓦布的军帐后死去。纳瓦布失去了忠诚的将官，军帐中一片混乱。

米尔·马丹的去世对西拉杰来说是无法弥补的损失。他只得求助于米尔·贾法尔，他摘下头巾放在米尔·贾法尔面前，乞求道："你必须保护这块头巾。"这是纳瓦布对臣属所能使用的最谦卑的请求方式。米尔·贾法尔表面上诚挚地表示竭尽全力，希望西拉杰撤退，把战场交给将官们处理。但是当他回到军营后，马上派人去向克莱武通报纳瓦布军营中所发生的一切情况，并要求克莱武立刻发起攻击。

米尔·贾法尔走后，西拉杰又把罗易·杜尔拉帕请来征询意见。他同样也劝说西拉杰撤退。西拉杰屈服了，给代替米尔·马丹指挥战斗的莫汗·拉尔下达了撤退的命令。然后，骑上仆人的骆驼，带着自己的2000名士兵，向木什达巴德方向逃去。

克莱武的部将基尔帕特里克少校看到纳瓦布的军队撤退，法国军人被遗弃在阵地上，立即集中炮火进行轰击，并派出一支小分队占领了法军阵地。

接着，克莱武命令其余的部队开始进攻。

克莱武来到法国军人抛弃的阵地上，开始对堑壕后面的印军展开了猛烈的炮击。坚守在阵地上的纳瓦布军队并不知道自己已经被出卖，还在顽强地抵抗。克莱武受到了印军炮火的还击，放弃了原来的阵地，向堑壕靠拢，他把一半步兵和炮兵部署在小湖的土丘上，余下的一半兵力大部分部署在右边近 200 公尺处的一块高地上，又挑选了 160 人部署在靠近堑壕的一个水塘后边。从这三块阵地发出猛烈的炮火。滑膛枪队也进行持续的瞄准射击，使印军遭受很大的伤亡。炮车上的役牛不再驯服，失去了指挥和后援的印军再也抵挡不住英军的攻击。克莱武又组织了两支强大的小分队去占领圣弗莱扼守的防御工事和它东面的小山。圣弗莱看到其他军队都已撤退，自己又受到英军的威胁，也只好撤退了。6 月 23 日下午 5 时，英军占领了整个堑壕和纳瓦布的军营。普拉西战役结束了。

普拉西战役的结局

纳瓦布军队总计 5 万人，只有米尔·马丹指挥的 1.2 万人和几十名法国士兵直接参加了战斗；3 个叛将指挥的 3.6 万人始终没有参战，处于中立状态。英军数量不到 3000 人。整个战役断断续续进行了不足 9 个小时。

据克莱武估计，印军 500 人阵亡，英军 18 人阵亡，其中欧洲人 4 人，印度人 14 人；有 45 人受伤，其中欧洲人 9 人，印度人 36 人。

西拉杰—乌德·道拉在 6 月 24 日晨逃回首府木什达巴德。他在战斗中失败的消息使全城陷入一片混乱。他尽力聚集力量，他的军官和士兵都四处逃散。尽管他向军队散发了许多金银，已经是徒劳无益了。大约半夜时分，传来了米尔·贾法尔已经进城的消息。西拉杰带着妻子拉特芙·温·尼莎和几个忠诚的仆从逃出了木什达巴德。他在溯河而上逃往拉杰马哈尔的途中，被一个名叫达纳沙的穆斯林出卖。7 月 2 日，在木什达巴德，米尔·贾法尔授意其子米兰将西拉杰杀害。一个具有一定爱国和独立思想的统治者结束了短暂的一生，年仅 20 岁，在位时间也只有短短 15 个月。

6 月 24 日，叛徒米尔·贾法尔会见了克莱武，并按照克莱武的命令立即返回木什达巴德维持治安。6 月 28 日，在木什达巴德，克莱武扶植米尔·贾法尔登上了纳瓦布的宝座，完成了普拉西战役的整个过程。

普拉西战役是一场侵略与反侵略的战争，受侵略的孟加拉失败了。这是由于错综复杂的社会政治军事等方面的诸多因素互相作用的结果。

首先，孟加拉内部矛盾重重，侵略者充分利用了这些矛盾。

印度虽然是一个历史悠久的文明古国，但是由于频繁的外族入侵、地区的严重隔绝、宗教和种姓的巨大差异等原因，以至到了18世纪中叶还没有形成统一的民族意识和爱国主义思想。再加上当时莫卧儿帝国正处在衰落的混乱之中，战争的紧急时刻，中央不能支援地方，地区之间也不能互相支援。在纳瓦布的军队内部，多数士兵只知服从自己的军官，根本谈不上对国家的忠诚。

在孟加拉，西拉杰推行的反印度教的政策，引起占人口多数的印度教徒的反对。他限制外国商人非法贸易的措施触犯了依附于出口贸易的商人和银行家的利益。他的轻举妄动又引起了一些握有兵权的将领的仇恨。因此，西拉杰在孟加拉内部是比较孤立的。

英国人充分利用这些矛盾，使用分化、欺骗等卑鄙手段，收买了西拉杰的军事将领，使他们在战役的关键时刻充当内奸，起了英国人所起不到的作用。

其次，英国人在战前扫除了法国人的势力也是保证在战斗中获胜的重要原因之一。

英国殖民者和法国殖民者对于印度人民来说同样都是外国侵略者，但是，在某些特定的形势下，出于各自的利益，其中的一方又可能与印方形成某种暂时的联合，以对抗另一方。克莱武认识到法国势力是自己独霸孟加拉的劲敌，因此，在马德拉斯出征之前就明确表示要把法国人从昌德纳戈尔驱逐出去。3月23日英军对法国人的胜利不仅消除了竞争的对手和西拉杰在反英斗争中可能借助的力量，而且还接受了法国人在昌德纳戈尔的物资储备，壮大了自己，为在普拉西获取胜利准备了更充分的物资条件。英国历史学家爱德华指出："不占领昌德纳戈尔，普拉西战役就不可能发生，帝国就不可能建立。"

最后，普拉西战役的胜负还取决于双方军队素质的优劣和指挥官个人才能的高下。

克莱武的军队虽然只有3000人，却是按照先进的欧洲方式训练、装备并由欧洲军官指挥的。他们在组织纪律性、机动灵活性和使用武器的熟练程度等方面，都比未受过多少正规训练的纳瓦布军优越得多。尽管纳瓦布军在数量上和大炮的数量、口径上均较英军占优势，但一遇到有组织的抵抗或进攻就溃不成军了。

克莱武机警、灵活、富于冒险精神，他的组织指挥才能比西拉杰要高明得多。作为战斗的必要准备，他还组织了推翻西拉杰的阴谋，分化了他的军事力量。在战役中，面对人数占绝对优势的印军，他能有效地调整军队部署，避免重大伤亡。并能抓住有利的战机，机动灵活地命令军队发起进攻，夺取整个战役的胜利。而西拉杰在战前就发觉了米尔·贾法尔等人的叛变阴谋，可是他优柔寡断，不敢采取果断措施剥夺其兵权。在战役中，他又不能利用人力、武器和地形的优势有效地组织进攻，在关键时刻，他轻信叛徒的谗言，轻率地下达了撤退的命令，仓皇逃跑，把军队丢在阵地上，铸成了整个战役的失败。

普拉西战役的影响

从军事角度上看，普拉西战役称不上一次战役，只不过是一场炮战，一次小规模的军事冲突。但是，从政治经济的角度分析，它却对印度历史的发展和英国东印度公司性质的改变有着重大的历史影响。因此，普拉西战役成了印度近代史印度殖民地时期历史的开端。尼赫鲁为此曾写道：“在孟加拉，克莱武利用鼓励叛逆和伪造的手段，毫不费力地就于 1757 年在普拉西战役中取得胜利。这日子有时被人们认为是大英帝国在印度开始的标志。”印度的史学界也赞成这一看法，马宗达写道：“普拉西战役……比世界上许多最大的战役都产生了更为重要的后果。它为英国征服孟加拉和最终征服整个印度铺平了道路。”

为什么说普拉西战役是印度近代史的开端？这是由于它的直接后果和深远影响所决定的。

（1）孟加拉由具有主权的独立王国开始变成英国的殖民地。战役前，纳瓦布是孟加拉拥有主权的独立的统治者。战役后，一种新的因素出现在孟加拉的政治生活中，米尔·贾法尔名义上是孟加拉的纳瓦布，实际上不过是英国主子手中的傀儡。他在 1757 年 7 月 15 日签订的条约中表示：“英国人的敌人就是我的敌人，无论他们是印度人还是欧洲人”；“无论何时，当我要求英国人援助时，我将负责供养他们。”这说明纳瓦布完全丧失了主权，在孟加拉出现了一个国家受着一个商业公司及其雇员有组织的掠夺和抢劫的前所未有的先例，标志着印度开始逐渐地沦为英国的殖民地。

（2）英国东印度公司由一个商业组织变成了殖民统治机构。战役前，公司只不过是一个商业贸易组织，在孟加拉的总督面前，公司处在卑下的仆人的地位，其贸易活动要受纳瓦布的辖制。克莱武原来不过是公司的小职员，因普拉西战役"功勋卓著"被任命为孟加拉的第一任省督（1758—1760年），统管公司的孟加拉事务。实际上，他成了孟加拉的太上皇，掌握着纳瓦布的废立大权，直接对孟加拉的地方官发号施令，干预孟加拉的内部事务，没有他的同意，任何重要的决定都不能通过执行。公司还获得了加尔各答以南约2290平方公里的"二十四区"（县名）领土上的征税权和在加尔各答设立造币厂的特权。它不仅拥有军队，还建立了法庭，变成了印度领土上的"独立王国"。马克思在1853年深刻地指出："七年战争使东印度公司由一个商业强权变成了一个军事的和拥有领土的强权。正是那个时候，才奠定了现时的这个东方不列颠帝国的基础。"①

（3）对英法争霸印度的斗争产生了深远的影响。战役前，英法争霸印度的主要战场是在南印度的卡纳蒂克地区，法国略占优势。英国在普拉西获胜的消息一传出，南印度的地方封建主纷纷疏法趋英。正是孟加拉丰富的人力物力资源有力地支持英国殖民者在第三次卡纳蒂克战争（1758—1763年）中战胜法军，基本上结束了多年来西方列强争夺印度的局面。

（4）孟加拉成为英国进一步殖民扩张的基地，孟加拉的物质财富促进了英国的工业革命。孟加拉是印度最富庶的省份，物产丰富，交通方便。它的手工业品远销全国各地，同时又吸收了全国各地的财富。普拉西战役后，英国殖民者更疯狂地掠夺和搜刮孟加拉的财富，加强了对印度的殖民扩张，加速了英国的原始资本积累，促进了工业革命的发生。英军进入木什达巴德时，仅盗窃宫廷库藏一项，就为公司及其职员带来了6000万镑的财富。克莱武分得23.4万镑，董事会的董事各得5万—8万镑，陆军和海军分掉了40万镑。就在7月3日西拉杰的尸体在木什达巴德游街的时候，200条装载金银珠宝的船只顺流而下，运往加尔各答。另外，据1772年两个委员会公布的材料，1757—1766年，战争损失赔偿金达3770833镑，印度人送给公司职员的"礼品"不下2169665镑，另外，克莱武个人每年还有3万镑的收入。

美国作家布鲁克·亚当斯在1929年指出："普拉西战役不久以后，孟加拉的掠夺物开始抵达伦敦，并且好像即刻就发生了影响，因为所有的权威都

---

① 《马克思恩格斯全集》第9卷，人民出版社1961年版，第168页。

同意'工业'革命是在 1770 年那年开始的",英国资产阶级"在 18 世纪下半期掠夺印度的基础上,建立了现代的英国"。印度使英国出现了前所未有的繁荣,成为英国女王王冠上的"明珠";同时,印度却越来越贫穷,她的居民陷入了具有"一种特殊的悲惨的色彩"的灾难。

非洲奴隶贸易 400 年始末

吴秉真

非洲奴隶贸易主要出现在 15 世纪中叶至 19 世纪末这一段历史时期。在这个时期，欧洲几乎所有在海上从事贸易活动的国家都在非洲大陆从事这项被马克思称为 "贩卖人类血肉"① 的肮脏勾当。西方列强由于贩卖非洲奴隶而发了财，非洲则因受到蹂躏，丧失了亿万生命，使大部分地区长期陷于混乱与瘫痪之中，社会经济的发展被遏阻。历时 4 个多世纪的非洲奴隶贸易，不仅是非洲历史上而且也是人类发展史上一段极其黑暗的时期。

早期的非洲奴隶贸易

像世界其他大陆一样，非洲历史上也存在过奴隶制，有过奴隶贸易。但是，非洲历史上的奴隶贸易同近代欧洲人在那里经营的奴隶贸易，无论从贩卖的对象、规模，还是从奴隶的来源、使用及其社会地位来看，都大不一样。当时的奴隶贸易主要有两类：一类是黑非洲国家自己经营的，一类是阿拉伯人经营的。前者被贩卖的人主要是由于战争或天灾而失去家庭的人。这种奴隶如果积极肯干，他们可以很快改变从属的地位，成为家庭中平等的一员，也可以买奴、蓄奴；他们的第二代一般也不被看作奴隶。这样的奴隶买卖，对社会的影响不大。

公元 1 世纪左右，有的非洲黑人经阿拉伯人之手被带到北非。7 世纪末，阿拉伯人进入北非后，把从埃及、苏丹、阿比西尼亚（今埃塞俄比亚）和桑给巴尔等地俘虏来的黑人，作为家庭内的奴仆使用，也有的使之充当士兵。他们还把抓来的黑人贩卖到阿拉伯国家以及波斯（今伊朗）、印度和印度尼

---

① 《马克思恩格斯全集》第 12 卷，人民出版社 1962 年版，第 545 页。

西亚等地，少量的还辗转到达中国。8 世纪时，有两名黑奴进贡给当时的唐朝皇帝。11—12 世纪，我国宋朝时，广州居民有人买非洲黑奴为家奴。14 世纪，西班牙人和葡萄牙人有的从北非把黑奴带到欧洲去贩卖。但总的来讲，在 15 世纪中叶以前，非洲奴隶买卖的规模是不大的，它只是作为一项附带的贸易活动在进行着。

奴隶贸易的兴起、发展与衰落

近代非洲贩卖黑奴的历史大致可以分为三个阶段。

第一个阶段大体上自 15 世纪中叶至 17 世纪中叶，这是勃兴时期。

1441 年，葡萄牙人船长贡萨尔维斯带领他的船员们沿着非洲西海岸往南绕过布朗角后上了岸。他们从那里带走了 10 个黑人回到欧洲。这是欧洲人在黑非洲掠夺奴隶的最早记录。1445 年迪尼兹·迪亚斯在塞内加尔河口掳掠 235 名非洲黑人，运回葡萄牙后拍卖为奴。此后，葡萄牙经常派出一些船只去西非海岸掳掠，把捕捉来的黑人带回葡萄牙，或作为农业劳力使用，或作为商品输往西班牙和意大利等地出售。不过，当时被掳走的黑人还不算很多。15 世纪下半个世纪，非洲输出的奴隶平均每年有 500—1000 人。

1492 年哥伦布发现美洲新大陆，正如恩格斯指出的，"奠定了贩卖黑奴的基础"[1]。到了 16 世纪，西班牙在西印度群岛和美洲大陆建立了庞大的殖民帝国。西班牙在征服新大陆期间，惨无人道地杀害了无数当地印第安人，它迫切需要廉价的劳动力来开发和掠夺殖民地，于是就鼓励从非洲输入奴隶。1501 年，第一船非洲奴隶从西非海岸横渡大西洋，运到了新大陆。此后，奴隶贸易变得日益重要起来，贩卖黑奴的规模也越来越大。

为了巩固并发展在奴隶贸易中得到的好处，西班牙和葡萄牙当局都采取了契约承包制度。西班牙于 1501 年发布了一种称为"阿西恩托"的特许证。它允许其他国家把非洲奴隶贩卖到西属美洲殖民地，但事先得向西班牙政府购买阿西恩托，交纳现金。葡萄牙也发放了这样的特许证，规定任何人从西非贩卖奴隶去葡属领地巴西，得向葡领取特许证，交纳税金。1604—1608 年，葡萄牙当局向在安哥拉的奴隶贩子发放了 1.7 万张特许证。葡萄牙在西非沿海建立碉堡，设置商站，并把自己的势力从几内亚湾沿岸扩大到赤道以

---

[1]　《马克思恩格斯全集》第 20 卷，人民出版社 1971 年版，第 520 页。

南的刚果和安哥拉。1571 年，葡萄牙以武力占领了安哥拉，以此为主要基地，掳掠奴隶输往美洲。到 17 世纪初，非洲输出的奴隶平均每年达 1 万多人。

这个时期葡萄牙、西班牙两国垄断了从非洲到美洲以及欧洲的奴隶贸易。奴隶贸易带来了巨额财富，欧洲其他国家看着眼红。此后，英国人、荷兰人和法国人等力图破坏这种贸易上的垄断。他们一方面通过走私贸易，在美洲突破西、葡的垄断；另一方面用武力开辟了同西非几内亚湾沿岸各国的贸易。1580—1640 年葡萄牙合并于西班牙。1588 年，西班牙的"无敌舰队"被英国歼灭。至此，葡萄牙、西班牙的海上威风一落千丈，被称为"海上马车夫"的荷兰便乘机夺取了葡萄牙在西非的奴隶贸易垄断权。至 17 世纪中叶，荷兰几乎垄断了海上的奴隶贸易。

从 15 世纪中叶至 17 世纪中叶，奴隶贸易的范围集中在大西洋东西两岸，因此史书上一般称为大西洋奴隶贸易。在非洲西海岸，从摩洛哥西南部到安哥拉沿岸的海岸线上，几乎全部向葡萄牙、荷兰、英国和法国等欧洲国家开放。尤其西非沿海的塞内冈比亚地区以及自沃尔特河与尼日尔河之间的下几内亚湾地区，包括今加纳、多哥和贝宁的沿海地区及尼日利亚西部海岸，被称为"奴隶海岸"。加纳的埃尔米纳、海岸角，贝宁的维达，尼日利亚的拉各斯，是当年著名的奴隶贸易港口。不过，当时黑奴不是世界贸易的唯一商品，它是同黄金、象牙等一起运销海外的。奴隶贸易大多是在国家的支持下由私人出面经营的。

从 17 世纪中叶至 18 世纪下半叶，是非洲奴隶贸易最猖獗的时期。奴隶成了黑非洲可供输出的"单一商品"。奴隶贸易成为非洲与欧洲、美洲之间唯一的贸易活动。参加奴隶贩运的国家，除葡、西、荷以外，还有英、法、普鲁士、丹麦、瑞典以及后来的美国等国。西方的奴隶贩子不仅麇集在西非海岸，而且深入大陆内地和东非海岸，进行着激烈的竞争。这是非洲奴隶贸易的第二个阶段，即高潮时期。

这个阶段奴隶贸易的急剧扩大，同美洲种植园经济的发展密切相关。17、18 世纪，在美洲，甘蔗、烟草、棉花以及咖啡、香料等作物的种植，迫切需要提供更多的奴隶劳动力，以便为欧洲市场生产更多的出口原料。特别是蔗糖，为当时欧洲难得的珍品，种植园主获利尤大。很多甘蔗种植园主在短短二三十年间就可以拥有百万英镑的家当。但种植甘蔗的劳动十分艰苦，工人死亡率很高。土著印第安人被疯狂杀戮已濒于绝灭，对非洲奴隶的需求愈加迫切。

当时，欧洲国家的经济理论界认为，一个国家的财富与力量，取决于黄金等贵重金属的多少。开展奴隶贸易可以满足这方面的需要。只要奴隶源源进入美洲的种植园，黄金、白银就会滚滚而来。奴隶贸易的规模，决定着殖民地经济是否繁荣，也直接影响欧洲国家的兴衰。17 世纪中叶，当荷兰几乎垄断了大西洋奴隶贸易时，英、法（特别是英国）以及其他欧洲海运国家都极为不满。17 世纪中叶，英国国内由于内战所引起的动乱基本结束。1653年，克伦威尔上台后，为了维护资产阶级和新贵族的利益，把奴隶贸易看成是头等重要的大事。1651 年，英国议会宣布《航海法》，规定非经英国允许，外国商人不得与英国殖民地通商。这是对荷兰海运的直接打击。1652—1654 年，英荷双方爆发战争。英国击败荷兰，荷兰被迫承认《航海法》。1664—1667 年和 1672—1674 年，英国又两次打败荷兰，夺取了荷兰在北美大陆上的殖民地，并迫使荷兰放弃在西非的一些重要贸易据点。这就为英国进一步开展奴隶贸易打开了方便之门。1698 年，英国议会正式批准贩卖黑奴的《奴隶贸易法》。1713 年，西班牙王位继承战结束后，签订了《乌特勒支条约》。英国人获得了在 30 年内，每年向西属美洲输送 4800 名黑奴的特权，从而标志着英国继荷兰之后，夺得了奴隶贸易的垄断权。

17 世纪中叶至 18 世纪下半叶非洲奴隶贸易的猖獗，还同英国在这个时期扩大资本原始积累、为工业革命准备条件有关。17—18 世纪大规模的殖民地掠夺和贩卖非洲黑奴，是英国资本原始积累的重要来源之一。1783—1793年，利物浦奴隶贩子共贩运奴隶 30.3 万多人，获利达 1500 多万镑。正如马克思指出的，"非洲变成商业性地猎获黑人的场所"，这是"资本主义生产时代的曙光"，是资本"原始积累的主要因素"[1] 之一。从棉纺织业开始的英国工业革命，大大刺激了美洲棉花种植园经济的发展，进而又"大大促进了非洲的奴隶贸易"[2]。以美国为例，1770 年仅罗德岛一地就有 150 艘船只从事奴隶贸易。1790 年，美国已有奴隶 69.7 万人。

这个阶段，西方国家的贩奴活动主要从两个方面进行：一是成立贸易公司，垄断海上贸易，主要是对非洲的奴隶贸易；二是通过"三角贸易"的方式，从中牟取高额利润。

---

[1] 《马克思恩格斯全集》第 23 卷，人民出版社 1972 年版，第 819 页。
[2] 同上书，第 486 页。

　　英、法都是在 17 世纪初开始由政府出面建立贸易公司。到 17 世纪中叶后，贸易公司有了很大的发展。1660 年，英国成立皇家开发非洲公司。1672 年，英国皇家非洲贸易公司成立，董事会成员除国王外，还包括 3 个公爵、8 个伯爵、7 个爵士和 27 个骑士。1680—1686 年，这个公司每年从非洲输出 5000 名奴隶。法国在路易十四统治时期（1643—1715 年），于 1964 年建立西印度公司。

　　英、法等国家组织的这些公司与第一阶段采用的猎捕奴隶的方法不同。它们得到国家的资助，有十分严密的组织系统，并有正规军队参加活动。它们除了在西非沿海建立贩奴据点和要塞外，还向非洲内地和东非海岸渗透。据统计，到 18 世纪末，仅西非几内亚湾沿岸就建有 40 个奴隶碉堡（加纳沿岸有 30 个奴隶碉堡）。到 18 世纪 80 年代，从非洲输出的黑奴每年平均近 10 万人之多。

　　非洲、欧洲和美洲之间的大西洋奴隶贸易是通过三角贸易方式进行的。17—18 世纪，是三角贸易的鼎盛时期。三角贸易分三个航程：欧洲人首先自欧洲国家的港口出发，到达非洲西部海岸，以廉价的制成品如酒、军火、棉织品及各种装饰品换取或掠夺奴隶，称为“出程”或“初程”。然后把奴隶从非洲运到美洲，同美洲交换矿产和农产品，称为“中程”。最后，把从美洲带回来的工业品原料和农产品运回欧洲，在欧洲市场出售，称为“归程”。一次三角贸易航程通常需 6 个月左右。三角贸易的三个航程都可以使奴隶贩子获得极大的利润。贩奴商人每出航一次，一般可以获得 100%—300% 的利润，最高可达 1000%。17 世纪，一个非洲黑人离岸价格是 25 英镑，运到美洲出卖时为 150 英镑，利润率为 600%。18 世纪时，其相应数字为 50 美元比 400 美元，利润率达 800%。

　　贩奴船的急剧增加也说明了这一点。以英国的利物浦为例，它原是一个荒凉的小渔村，由于奴隶贸易一跃成为英国的第二大商港。1709 年，这个城市只有 1 艘贩奴船，1730 年增加到 15 艘，1771 年增加到 105 艘，1792 年达 132 艘。马克思指出：利物浦是靠奴隶贸易发展起来的，“以奴隶贸易扬名天下的城市”[1]。英国的伦敦、布里斯托尔、格拉斯哥等城市也都积极开展这项贸易。

　　据估计，英国在这个时期所运去的奴隶比其他国家所运走的总和还多 4

---

　　[1]　《马克思恩格斯全集》第 12 卷，人民出版社 1962 年版，第 161 页。

倍。1709—1787 年，英国对外贸易的航行吨位增加了 14 倍，而当时所谓对外贸易主要就是奴隶贸易。欧洲其他海运国家也从这项贸易中获得很大的经济利益。拿法国来说，1716—1787 年，它的对外贸易增长了 10 倍。法国的南特、波尔多，荷兰的阿姆斯特丹，美国的纽约、波士顿、费城等，都是不同程度地靠奴隶贸易发展起来的。

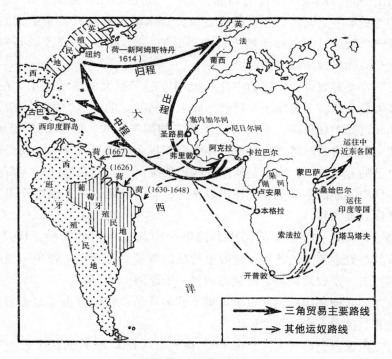

奴隶贸易航线示意图

从 18 世纪下半叶开始，到 19 世纪下半叶，奴隶贸易，特别是大西洋奴隶贸易，逐步趋向衰落，这是非洲奴隶贸易的第三个阶段，也是最后一个阶段。究其衰落的原因，主要有以下几个方面。

第一，18 世纪，当奴隶贸易走向高潮的时候，欧洲启蒙运动思想家伏尔泰、孟德斯鸠等人开始谴责奴隶贸易侵犯了人权；欧洲教友派、福音派等宗教团体也纷纷批判它反宗教的野蛮性质。到 18 世纪下半叶，特别是在美国独立战争和法国大革命的影响下，反对奴隶贸易同废除奴隶制的呼吁联系在一起，形成了一个波澜壮阔的废奴运动。

第二，非洲奴隶贸易的衰落，其深刻的经济原因则是资本主义经济的迅速发展。从 18 世纪下半叶开始，西方资本主义国家相继奉行自由贸易的政策，资产阶级热衷于把包括非洲在内的海外殖民地变成它们的投资场所、原料产地和工业品销售市场，而不再是把黑人当作"活商品"输往其他大陆。这样，它们可以获得大大超过从奴隶贸易中获得的利润。以棕榈油为例，从非洲输出一船棕榈油所获得的利润，就大大超过输出一船奴隶所获得的利润。随着资本主义向帝国主义阶段过渡，资本输出已具有特别重大的意义。垄断资产阶级通过向殖民地输出资本，更是一本万利，可以获取高额利润，对奴隶贸易的兴趣渐渐淡薄。

英国在反对奴隶贸易运动中比其他国家起了更大的推动作用。在英国，有很多人是从经济上考虑而支持禁止奴隶贸易的。他们认为种植园频繁的奴隶暴动和过高的死亡率，给社会经济带来的损失太大。加上北美 13 州殖民地的独立和国内的经济变化，使英国感到奴隶劳动并不合算。它需要在国内建立自己的劳动队伍，而不是从国外贩运奴隶。它希望在非洲开辟商品市场与原料供应基地而不是从非洲输出奴隶。也有的英国人从人道主义出发反对继续开展奴隶贸易。

第三，1861—1865 年美国南北战争中南部奴隶主的失败，1862 年美、英签订禁止奴隶贸易的条约，使奴隶贸易的规模急剧缩小，种植园经济受到严重的打击，是奴隶贸易走向衰落的另一个原因。

第四，非洲和美洲黑人奴隶英勇不屈的斗争，直接打击了奴隶贸易，也是促使它衰落和废止的重要原因。

西方国家首先是丹麦（1803 年）和英国（1807 年）通过了禁止奴隶贸易的法令，紧跟着美国（1808 年）、瑞典（1813 年）、荷兰（1814 年）等国也各自制定了类似的法律。到 19 世纪 20 年代，欧洲许多国家都宣布了禁止奴隶贸易的法令。但是，宣布禁止奴隶贸易并不意味着实际上终止了奴隶贸易。追求暴利的欲望往往超过了对法令的遵守。于是，在禁令背后，出现了两种新的情况：第一，走私贸易猖獗起来。当时除英国外，其他欧洲国家都在暗中进行奴隶贸易。特别是赤道以南地区，葡萄牙人在刚果、安哥拉和莫桑比克输出的奴隶人口比过去还要多。

19 世纪 30 年代，英国为了杜绝走私贸易，曾分别同法、西、葡等主要贩奴国家合作，缔结了海上船只《相互检查条约》和《设备条约》，规定进行海上巡逻，对有载运奴隶嫌疑的船只可以拦截检查，可以惩罚从事奴隶贸易的商人。美国在 1862 年以前一直拒绝签署这个条约，坚决反对任何人检查美国在海上的船只。这样，美国不仅自己继续在贩运奴隶，很多欧洲国家的船只为逃避检查，在大海上挂着美国的旗帜，公开贩运奴隶。

东非地区的奴隶贸易迅速而广泛地活跃起来，其中心主要在桑给巴尔和奔巴岛一带。19 世纪 30 年代，桑给巴尔建立了丁香种植园。为了满足种植园对劳动力的需求，桑给巴尔的商队到非洲内地去搜捕奴隶。40 年代，东非沿海纷纷组织了大规模贩运奴隶的商队，他们打着阿曼国王赛德·赛义德的旗号，带着武器，浩浩荡荡地从东非沿海到达坦噶尼喀湖东部的乌季季和维多利亚湖的卡腊格韦一带地方。60 年代，东非海岸的奴隶商人到达非洲大陆中部上刚果盆地和加丹加地区。与此同时，法、葡、荷等国的奴隶贩子也赶到东非海岸开展这项买卖，把奴隶转运到巴西和美洲其他地方。19 世纪 50 年代，黑非洲每年向古巴、巴西等地输出的奴隶就有 5 万人以上。其中东非输出的奴隶，在 19 世纪 30 年代后，最高年份达 4 万人。

19 世纪 70 年代，奴隶贸易基本上被刹住了。但它并没有绝迹，仍一直延续到 19 世纪末，甚至到 20 世纪初。

奴隶的反抗

奴隶贸易中被迫当作奴隶出卖的人，过去绝大多数是自由人。在贩卖奴隶开始阶段，他们大多是由欧洲人在非洲沿海采取突然袭击的办法捕捉来的。以后，欧洲人以廉价的工业品从非洲的一些酋长、国王那里换取奴隶，这些奴隶除极少数是刑事罪犯外，大都是酋长们从邻国抢来的。被掳的人失去了家庭，被剥夺了自由，精神上受到严重的打击，肉体上也受尽折磨，遭到非人的待遇。

奴隶从非洲运往美洲以前，一般要经过三个过程：（1）从被俘的地方送到沿海集中地；（2）在集中地经过挑选等待上船；（3）横渡大西洋。每一段过程奴隶都要经历一场生死的搏斗，其死亡率是很高的。

第一个过程包括奴隶被野蛮掳掠的过程。奴隶被俘后就得运往集中地。从被俘地到集中地路程遥远，常常要走数月。奴隶都是捕捉来的，有机会自然想逃跑，因此，他们都被戴上脚镣，有的还被一根五六尺长的铁链两个两个地系在一起。在铁链的两头是一条圆的铁领，紧紧地扣住他们的脖子。奴隶们如果没有工具，根本不可能把它打开。也有的奴隶贩子在奴隶戴上脚镣后，还让他们每人背上四五十磅重的商品，或背上一块大石头、一口袋沙土。奴隶贩子对待奴隶极其残忍，他们每天只给奴隶们一点点仅供活命的食物。在往集中地行进的途中，他们手拿鞭子，经常抽打那些跟不上队伍的人。由于饥饿和过度的疲劳，有的奴隶无法继续前进而跌倒在地。这时，奴隶贩子就一刀把他砍死，尸体扔在路旁，听任野兽吞噬。对那些不符合自己心意的奴隶，奴隶贩子也处以同样的惩罚。

奴隶到达沿海的集中站，需经一番严格的挑选，才卖给欧洲商人。在第二个过程中，欧洲商人对每个奴隶进行检查，挑选出他们认为合格的奴隶。然后，奴隶贩子就用火红的铁块在他们的胸脯和四肢烙上欧洲国家公司的标记。不合格的奴隶，他们经常就地廉价拍卖，甚至全部杀掉。

第三个过程是横渡大西洋。这是最恐怖的一段过程。奴隶上船时，衣服被剥得精光，手脚都用铁链捆着，一个个被塞进船舱里。他们像沙丁鱼罐头一样，被堆得密密麻麻。一旦有人得病，很快就互相传染。有病的奴隶，往往被扔下大海了事。19世纪初，许多国家通过了禁止奴隶贸易的法令后，"合法"的奴隶贩卖变成了非法。于是，在大海上，人们发现，当装载着奴隶的船只受到巡查的武装船队追踪时，奴隶贩子为了逃避惩罚，往往会无情地消灭这些活商品，把他们扔到波涛翻滚的大海里去。

19世纪美国著名诗人朗费罗在他的诗篇《证人》里控诉道：

> 大海的深处
> 泥泞的沙里
> 躺着被人遗忘了的
> 锁着铁链的人骸。
> ……
> 在死沉沉的黑暗里，
> 闪烁着不幸的奴隶的白骨，
> 他们从黑漆漆的巨浪里，
> 大声叫唤："我们是证人！"

奴隶从被俘到最后横渡大西洋到达美洲，死亡数字十分惊人。黑人历史学家杜波依斯认为，每贩运5个奴隶，最多只有1个能活着到达美洲。英国著名传教士和探险家利文斯敦根据他在中非旅行中亲眼看到的情况，认为每输出 1 个黑人，就有 10 人死亡。

非洲人民从奴隶贸易一开始就进行了英勇的反抗。随着贩奴活动的扩大，这种反抗更加激烈和广泛。15 世纪，当葡萄牙人刚出现在西非海岸，开始从事贩卖黑奴的罪恶活动时，西非沿海的犬谢岛和比扎戈斯岛上的居民就用毒箭射击他们，烧毁葡萄牙商队的住所，使他们无法活动。16 世纪初，刚果国王阿方索一世写信给葡萄牙国王约翰三世，谴责葡从事贩卖黑奴。刚果的属国恩东哥的国王和他的父亲，以及他的女儿恩津加女王，为了阻止葡萄牙人的入侵和在当地掳掠奴隶，从 16 世纪末开始，前后进行了 80 年的苦战。在东非沿海，被葡萄牙人占领并作为重要贸易基地的蒙巴萨，反抗斗争也从没有停息过。1631 年，当地的谢赫优素福·本·哈桑曾一度起义，宣告蒙巴萨独立，赶走了葡萄牙人。

非洲人民为反对贩卖奴隶，自己组织团体，采用不同的方式进行斗争。有的经常对外国人的贸易据点进行武装袭击，也有的利用宗教形式反对披着宗教外衣的奴隶贩子。前者比较著名的有 16—17 世纪活跃在西非沿海武装的亚加人，他们经常对一些村庄采取闪电式的武装袭击。后者有在刚果、安哥拉地区被称为刚果"圣女贞德"的金帕·维塔（她自称多娜·贝亚特里斯），她建立了黑人自己的宗教——安东尼教派，目的是要唤起黑人的民族自豪感，反对白人在非洲从事贩卖黑奴等不道德的行为。她的教义受到广大黑人的欢迎。白人传教士恨透了她，1706 年把她活活烧死。

在从非洲运往美洲的大海上，黑人的反抗更为激烈。几乎每次航行都发生奴隶的反抗和暴动，以致贩奴商在起航前不得不在国内办理"暴动保险"业务。1807 年，美国查尔斯顿港口有两船奴隶在上岸前绝食致死。更多的奴隶为了逃脱未来不幸的命运，被迫跳海自杀。18 世纪时，英国贩奴船上有文字记载的暴动有 18 次。1700—1845 年，在英、美贩奴船上发生过 55 次奴隶起义。

那些能活着到达美洲的奴隶，也从来没有停止过反抗。在美国，1619—1861 年，大规模的奴隶暴动至少有 250 次。在墨西哥、古巴、牙买加、巴巴多斯、法属海地、荷属圭亚那、葡属巴西等殖民地，不断发生黑奴暴动，其中最著名的是巴西和海地的奴隶起义。1630 年，巴西伯南布哥州的黑奴在盛巴的领导下起义。起义者达 2 万多人，建立了帕尔梅尔斯共和国，直至 1697 年才被葡萄牙当局残酷镇压下去。

1791 年，由黑人领袖杜桑·卢维杜尔领导的海地奴隶起义，是美洲历史上第一次取得胜利的奴隶革命。1803 年杜桑虽然被害死了，但海地人民继续高举杜桑的旗帜，痛歼法国侵略军，迫使法军投降。1804 年 1 月 1 日，海地人民赢得了独立，正式成立海地共和国。海地黑奴起义敲响了拉美殖民制度和奴隶贸易制度的丧钟，鼓舞了黑人群众为自由和解放的斗争，有力地推动了废奴运动的广泛发展。

奴隶贸易造成的恶果

奴隶贸易给非洲在政治、经济和社会文化等方面带来了无可估量的损失，主要表现在以下几个方面。

第一，人口的大量损失。

4 个多世纪的奴隶贸易，总共输出和损失了多少非洲人？由于奴隶贸易的时间延续很长，地区分布极广，加上缺乏有关这方面的文字记载和统计资料，这给计算奴隶输出的数字造成很大的困难。但是，不管怎样，世界各国的历史学家对奴隶贸易所作的估计，大体上有个基本相同的看法，即输出人数之多是骇人听闻的。杜波依斯认为，从 16 世纪到 19 世纪，由非洲输往美洲的奴隶人数至少有 1000 万人；如果包括沿途死亡人数在内，非洲损失约 6000 万人；再加上 7—19 世纪阿拉伯人从事的奴隶贸易，非洲共丧失了 1 亿人。美国当代史学家柯廷教授根据一些档案资料作出了新的估计，认为从 15 世纪中叶至 19 世纪，从非洲输出的奴隶有 1100 多万人。这个数字不包括猎捕奴隶时和在非洲沿途的死亡人数。1978 年联合国在海地举行的奴隶贸易专家讨论会上，有些专家认为，10—19 世纪，从黑非洲输出的奴隶总数应在 1500 万—3000 万人。还有些专家把输出和沿途死亡的人数合并在一起，估计大西洋奴隶贸易，非洲总共损失了 21000 万人。有些历史学家指出，17 世纪非洲人口约占世界人口的 1/3；到 20 世纪初，只占 1/17。在输出的黑人中，以 12—35 岁的男女青壮年为主，它给非洲社会经济的发展带来的灾难性后果是显而易见的。

第二，政治上的大倒退。

欧洲人来到非洲经营奴隶贸易之前，有些欧洲和阿拉伯的旅行家访问过黑非洲。他们在游记里对黑非洲一些王国国内的政治稳定、社会安宁表示十分赞赏。如 14 世纪，阿拉伯旅行家伊本·巴图塔访问了在尼日尔河中游的马里帝国后指出，马里有效率相当高的政府组织，"国内无比安全，旅行者用不着担心小偷、强盗和土匪的危害"。荷兰地理学家奥尔费特·达珀尔也描绘了欧洲人对当地著名的贝宁王国的看法，说贝宁城市管理制度很完备，它有良好的法律和严密的警察组织。刚果河下游的刚果王国有一个强有力的中央集权的政府组织。在东非，16 世纪初，葡萄牙皇家代理商杜亚尔特·巴尔博萨到过东非沿海的索法拉、蒙巴萨和基尔瓦等城市。他赞扬这些城市的富庶，建筑优良和管理井然有序。

到 19 世纪，经过 400 年的浩劫，这些早期国家纷纷瓦解了；有的消失了，如桑海帝国。贝宁则由于欧洲人的煽动与相互争夺，引起了连年战争，到 19 世纪已经成为一座"血城"，最后被英国侵吞。东非的基尔瓦和蒙巴萨变成了断垣残壁的废墟。古老的刚果王国，像一个被抽干了血的老人一样，苍白无力地倒下去了。它的属国纷纷宣告独立，国内四分五裂。黑非洲其他许多地方的情况也与此相类似。政府组织、社会秩序普遍出现大倒退的情景。

第三，经济上的畸形发展。

很多人认为在奴隶贸易以前，黑非洲是与世隔绝的大陆，实际上这只是指黑非洲东西两岸而言的。黑非洲很早就通过著名的撒哈拉商道与红海、阿拉伯湾同外界建立了和平贸易关系。大陆上居民根据不同的地理条件，各自从事农业、畜牧业和渔猎业，生活比较稳定。从 10 至 15 世纪，沿海与内地广泛开展黄金与象牙的买卖。西非的贝宁王国不仅出口棉花、皮革、象牙和胡椒，它还具有较高水平的手工技艺。它的青铜雕塑以及尼日尔河下游地区的金属工艺闻名世界。东非的基尔瓦也出口树胶、靛青、甘蔗和最上等的棉花。加纳王国和莫桑比克的索法拉生产并出口贵重的铁，据说索法拉的铁在质和量上都胜过当时的印度。

奴隶贩卖大规模兴起以后，沿海传统的技艺衰落了，出口贸易停止了，而代之以奴隶贸易为主要内容的经济活动。在内地，人们为了逃避被贩卖的厄运，只好四处逃亡。频繁的迁徙，使正常的生产中断，田园荒芜，人烟绝迹。1821—1826 年英国海军访问过去曾被誉为"中非的粮仓"基利马内（在莫桑比克）时，说这里到处是一片凄凉，令人绝望，是"世界上最可怕的地方"。1871 年，英国探险家利文斯敦到达中部非洲卢阿拉巴河附近地区时，也写道："……我觉得好像到了地狱，一天之内被摧毁和烧掉的村庄就有 27 个。"

在奴隶贸易高潮期间，黑非洲还普遍出现这样一种情况：非洲有些国王和部族酋长用奴隶向欧洲人换取枪支，向阿拉伯人换取马匹。因为枪支和马匹是当时决定战争胜负的重要手段。18世纪初，欧洲同西非的贸易中，每年要输出约2万支枪。到18世纪末，单是英国伯明翰一地向非洲输出的枪支每年10万至15万支。当时流行这样的说法：1支伯明翰枪值1个黑奴。17、18世纪，1匹阿拉伯马值25个奴隶。甚至有的地方用100个奴隶、100只公羊换1匹马。黑非洲的对外贸易陷入这样一种恶性的循环之中：用奴隶换取枪支和马匹，用枪支和马匹发动战争，通过战争获得更多奴隶……这样一种交换方式，不仅不能发展生产，只能是破坏生产。奴隶贸易被废除后，西方殖民者在非洲发展种植业，单纯地种植某种经济作物，造成了经济畸形发展。

第四，伦理道德被摧残。

奴隶贸易以前，黑非洲有些王国已经出现了比较繁荣的文化，各部落之间互相尊重、和平相处。西班牙出身的摩尔人作家利奥·阿弗里卡纳斯，在《非洲记述》中描述了16世纪尼日尔河东部地区的一些王国，在伊斯兰教的影响下，掀起了学习文化的热潮。伊本·巴图塔在他的著作中记述了马里的社会风尚，指出"黑人很少不公正的，他们对于不公正的事深恶痛绝，甚至胜于任何其他民族"。荷兰地理学家奥尔费特·达珀尔说贝宁城市的清洁整齐"绝不比荷兰人差"。

在奴隶贸易中，这些地区完全变了样子。各部落之间互相厮杀，在他们面前，只有一种考虑：要么奴役别人，以便用俘虏来的奴隶交换武器，保卫自己；要么甘冒受奴役的风险。很多人选择了前者。欧洲人不仅煽动部落之间的互相争斗，而且在肉体上对奴隶进行灭绝人性的摧残，使社会道德严重败坏。奴隶贸易给非洲带来极其强烈的心理上的消极影响。人们整天生活在贫困与恐惧之中，对生产毫不关心，对未来失去信心。

18世纪，当奴隶贸易处于高潮的时期，欧洲有不少人制造出"黑人是天生低人一等"的神话。德国生理学家托马斯·舍梅林认为，非洲人是生性"适于充当别人的奴隶"，"能够逆来顺受的人"。荷兰医生凯珀和他的门徒怀特也说，欧洲人不仅在身体上，而且在智力上也要比非洲人高一等。拥护奴隶贸易的人利用这些"理论"作为黑人应该被贩卖被奴役的论据。这就产生了奴隶贸易最严重的恶果之一，即对黑人的种族歧视和殖民征服的思想。随着奴隶贸易的结束，西方国家立即开始对非洲进行疯狂的殖民占领。

奴隶贸易的时代已经过去了，但是，从奴隶贸易中暴露出来的殖民主义者的罪恶本性，它对非洲民族采取的卑鄙、野蛮和残酷的暴行，将永远作为最可耻的篇章，书写在人类的历史上。正如马克思在 1853 年发表的一篇文章中指出的："当我们把自己的目光从资产阶级文明的故乡转向殖民地的时候，资产阶级文明的极端伪善和它的野蛮本性就赤裸裸地呈现在我们面前，因为它在故乡还装出一副很有体面的样子，而一到殖民地它就丝毫不加掩饰了。"① 非洲奴隶贸易的历史完全证实了这个事实。

---

① 《马克思恩格斯全集》第 2 卷，人民出版社 1957 年版，第 74 页。

19世纪西方国家在非洲的探险活动

何芳川

1415年，葡萄牙侵占了摩洛哥的休达，建立起非洲第一个殖民据点。从这时起，西方殖民者开始把侵略的魔爪伸向非洲大陆。此后，葡萄牙人沿非洲西海岸南下，在几内亚湾、刚果和安哥拉沿海建立殖民据点。1487年，巴托罗缪·迪亚士到达非洲南端的好望角（当时称风暴角）。1498年，瓦斯科·达·伽马率领的葡萄牙船队绕过好望角，开辟了通往东方的新航路。16世纪初，葡萄牙人在东非沿岸侵占了一些据点。从17世纪初起，荷兰、英国和法国相继侵入非洲，它们在西非和南非地区进行角逐。

然而，直到18世纪末，尽管西方殖民主义者侵略非洲已有长达300年的历史，尽管他们所进行的万恶的黑人奴隶贩卖已经给非洲人民带来巨大灾难，对于当时的欧洲人来说，非洲却仍然是神秘的。它只是"一条海岸线，而不是一块大陆"，90%以上的地区还鲜为人知。酷热的气候，可怕的热带疾病，沙漠、莽林、瀑布等造成的交通障碍，以及非洲人民对掠卖奴隶的敌视和反抗，使得欧洲人除了沿海地方以外，对非洲内陆的知识几乎还停留在希罗多德、托勒密、伊本·巴图塔和利奥·阿非利加的时代。尼日尔河究竟流向哪里？古老的尼罗河究竟源自何处？东非内陆果真像久传说和记载的那样，有一座月亮山吗？所有这些问题，依然引人注目、令人迷惘。因此，在当时绘制的地图上，非洲内陆还是一大片空白，只画着几条未经勘察的大河与几个未经确定的国家的名字。有时为了填补空白，竟画上一头大象。

为了深入认识非洲内陆，葡萄牙人早在16世纪就曾设法到达西非名城廷巴克图，英国人在17世纪初也曾企图溯冈比亚河而上，但都失败了。在整个原始积累时期，西方奴隶贩子只在沿海一带活动，几乎从未深入过内地。阿拉伯人也从不让欧洲人经北非通过撒哈拉沙漠南下西非。法国人只是到17世纪末才溯塞内加尔河而上，到达古加纳国西南的产金区。在东非，葡萄牙人为了掠夺黄金，也一度到达莫诺莫塔帕。在这一段时期，欧洲人仅对埃塞俄比亚了解多一些。

18 世纪末 19 世纪初，随着工业革命在欧洲的进行，倾销商品和掠夺原料的需求，作为一种巨大的经济动因，推动着西方资产阶级以新的狂热向世界各个角落进军。他们"到处落户，到处创业，到处建立联系"。非洲也就从掠夺奴隶的对象转变为倾销商品和掠夺原料的对象。这样，非洲内陆市场及原料供应情况及其潜力，便成为西方资产阶级日益迫切需要了解的问题。同时，对市场和原料产地的控制也要求更多地了解和熟悉非洲内陆的地理环境、经济活动和人民的风俗习惯，等等。非洲自然的神秘感便必然要被西欧社会的经济力所打破。

最先完成工业革命的英国，在这方面的变化最早、最典型。英国本来是掠卖黑人奴隶最起劲、活动最猖獗的殖民主义国家。随着大工业的发展，它对工业原料的需求逐渐超过了对黑人奴隶的需要。英国对非洲的货物进出口有了很大增长，在 1720 年只值 13 万英镑；1775 年，已上升到 86.6 万英镑。再以棕榈油为例，这种可以兼作肥皂、蜡烛和机器润滑油的原料，在大机器生产迅速扩大、城市人口剧增的情况下，需要量日益增长。1806 年，从西非油河地区（贝宁河至雷伊河一带，即通常称为奴隶海岸的地方）输往利物浦的棕榈油为 150 吨，50 年后达到 2500 吨。输出一船奴隶的利润，渐渐不敌一船棕榈油的利润。仅仅西非一个地区沿海的一项原料贸易，就能给英国资产者带来如此巨大的利益，那么，非洲广阔内陆市场被打开后的远景，对于唯利是图的西方资产者又该是多大的诱惑啊！

1832 年议会改革后，英国的工业资产阶级战胜了"食利者"，在政权中取得举足轻重的地位。他们利用手中掌握的权力，或者直接由政府出面，或者支持、赞助某些协会之类的组织，积极进行非洲内陆的探险。因而英国充当了探险活动最积极的倡导者和组织者，并成为这一时期探险家们的摇篮。1788 年，在伦敦建立了旨在探查非洲内陆情况的团体——非洲内陆考察协会（简称非洲协会）。1831 年，它合并于皇家非洲学会，直接由英国政府管理，声势更大。法国也不甘落后，1824 年"巴黎地理学会"竟专设奖金，悬赏探查西非内陆，特别是声名远扬的古城廷巴克图。

对非洲内陆的探险热潮开始了。

西非尼日尔河流域的探险活动

由于大河流域往往人烟稠密，物产丰饶，而河流的水系又是最现成、最便利的商路，所以探险活动最先就从非洲的几条主要河流开始。又因为西非是西方殖民者长期进行贩奴活动的地区，故而尼日尔河便首先被提上了探查的日程。

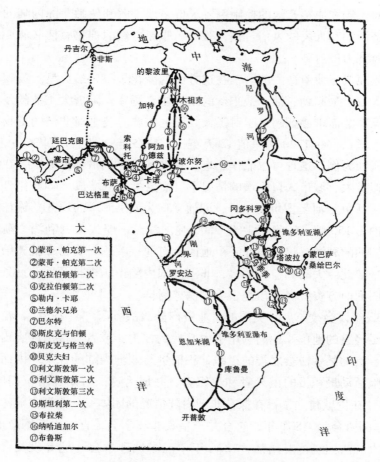

①蒙哥·帕克第一次
②蒙哥·帕克第二次
③克拉伯顿第一次
④克拉伯顿第二次
⑤勒内·卡耶
⑥兰德尔兄弟
⑦巴尔特
⑧斯皮克与伯顿
⑨斯皮克与格兰特
⑩贝克夫妇
⑪利文斯敦第一次
⑫利文斯敦第二次
⑬利文斯敦第三次
⑭斯坦利第二次
⑮布拉柴
⑯纳哈迪加尔
⑰布鲁斯

西方列强在非洲的主要探险活动

早在希罗多德时代，那位"历史学之父"就已记述了利比亚的纳撒蒙人穿越沙漠探险时到达一条向东流的大河。几乎可以推断，这条河流就是尼日尔河。不过，希罗多德却将它同尼罗河说成是同一条河流。这种说法影响久远，直到 14 世纪伊本·巴图塔亲身游历尼日尔河中段时，仍然将它误认为尼罗河。中世纪另一位阿拉伯大地理学家伊德里西则认为，尼罗河与尼日尔河（他称之为"黑人的尼罗河"）同源于月亮山，又将沙里河、贝努埃河、塞内加尔河与尼日尔河统统错当作同一条向西流的大河。这一说法后来被"航海者"亨利亲王（1394—1460 年）所接受，以至当葡萄牙船队于 1445年抵达塞内加尔河口时，竟以为发现了尼日尔河的入海口。此外，欧洲的地理学家们还根据利奥·阿非利加的错误报道，在 16—18 世纪绘制的非洲地图上错标了尼日尔河向西的流向。因此，澄清上述种种纷杂、矛盾的论断，找出尼日尔河真正的流向与终点，就成为非洲内陆考察协会给自己规定的第一项任务。

经过几次失败的试探之后，这一使命落到了年轻的苏格兰医生蒙哥·帕克（1771—1806 年）的身上。1795 年 6 月，这位年方 24 岁的青年探险家到达冈比亚，奉非洲协会的指示和资助前往尼日尔河，弄清该河的流程、起源和终点，并访问其邻近的主要城镇。帕克在冈比亚用了 5 个月的时间进行准备，适应当地情况，学习曼迪语，然后取道塞内加尔河上游流域向尼日尔河进发。他在沿途遇到不少困难，甚至曾被卡阿尔塔地区的一个酋长囚禁了 4个月，最后仅带了马匹和一只袖珍罗盘脱身，于 1796 年 7 月 21 日到达塞古地方，看到他"梦寐以求的波澜壮阔的尼日尔河，在晨曦中闪闪发光，像流经威斯敏斯特的泰晤士河一样宽阔，悠然东逝"。这样，历史上长期未能确定的尼日尔河流向问题，终获解决。接着，为了探查尼日尔河的流程，帕克又由塞古沿河向下游走了 6 天，约 80 英里，在西拉地方因供应断绝和极度疲劳而折回。

帕克的这次探险虽然查明了尼日尔河的流向，但关于它的长度和终点问题仍未解决。只是从当地非洲人那里得到一个该河"一直流到世界尽头"的答案。无论是出于有意隐讳还是真正无知，非洲人给予帕克的这一答案只是使欧洲地理学家们对尼日尔河的终点问题更加众说纷纭、争论不休。有的认为它最后流入一个名为"北非之沼"的巨大沼泽；有的设想尼日尔河同刚果河是同一河流；有的则仍持旧说，断言尼日尔河与尼罗河是同一河流。只有极个别的人对此有过正确的猜测。为此，英国政府派帕克再下西非。1805 年初，英国殖民部出资装备的、由 40 名欧洲人组成的探险队，在帕克率领下前往西非，但抵达尼日尔河时大部分队员均在沿途死于热病和赤痢。帕克一行乘独木舟自巴马科顺流直下塞古·散散丁，并继续向未知的下游驶去，准备直达河口。但从1805年11月19日以后，他们便杳无音信，大约是在1806年2月于散散丁下游1000英里的布萨急滩地区丧生了。

拿破仑战争结束后，英国重新组织力量探查尼日尔河下游及河口的情况。1822年，受英国政府派遣，狄克逊·德纳姆少校、沃尔特·伍德内医生和休·克拉伯顿中尉（1778—1827年），从北非地中海沿岸的黎波里出发，南下横越撒哈拉，于1823年2月到达乍得湖，成为第一批看到这个中苏丹地区内陆大湖的欧洲人。由于认为乍得湖乃是打开西非水系之谜的钥匙，探险队勘查了湖区周围一带，发现了注入该湖的沙里河。不久，德纳姆单独向东南前进，而克拉伯顿和伍德内医生则西向穿过豪萨诸城邦，前往尼日尔河。伍德内医生在途中死后，克拉伯顿继续前进，到达新近崛起于西苏丹地区的富拉内人伊斯兰教神权帝国的首都索科托，见到了第二代苏丹穆罕默德·贝洛，受到后者的友好接待。贝洛在沙地上为克拉伯顿画了一幅尼日尔河图，并告诉他说，如果欧洲商人由几内亚湾的尼日尔河口溯流而上，即可到达豪萨地区。不过，贝洛却断然拒绝克拉伯顿由索科托前往近在150英里之外的尼日尔河。克拉伯顿只得折回旧路，在乍得湖附近会同德纳姆，于1825年返回英国。

不久，克拉伯顿受英国政府派遣，再次前往西非。这一次，他从贝宁湾出发，穿过约鲁巴地区（今尼日利亚西部），并在1826年7月间在布萨附近渡过尼日尔河，抵达卡诺·索科托。这次，贝洛对英国扩张意图有所警惕，拒绝同克拉伯顿达成任何协议。克拉伯顿愁病交加，殁于索科托附近。

克拉伯顿死后，他的仆人理查德·兰德尔继续遍访了豪萨地区，取道旧路，穿过约鲁巴地区到达几内亚湾。返回英国后，他出版了已故主人的旅行日志。英国政府遂委派他继续完成克拉伯顿的未竟事业。1830年3月，英国殖民部派遣理查德·兰德尔在他的兄弟约翰陪伴下到达几内亚湾的巴达格里，从该地出发，抵尼日尔河的布萨，然后溯流而上大约100英里，进行考察。接着，他们在当地黑人陪同下，顺流向下游航行，并于途中发现了尼日尔河最大的支流贝努埃河；最后终于到达贝宁湾的布腊斯，证实了尼日尔河口原来就是欧洲商人长期在此活动的油河河口。

曾经数次组织和亲自参加尼日尔河探险的英国船主莱尔德有一段话，典型地、一针见血地说明了尼日尔河探险活动同英国资产阶级殖民利益之间的关系。他说："大不列颠的影响和贸易会顺着这条航道渗透到该地区最遥远的角落。1 亿人会被引来同文明世界直接接触，我们的工业会获得广大的新市场。土地肥沃、物产丰富的大陆会把自己的财富展示在我们的商人面前。"

大致就在克拉伯顿和兰德尔探险的同时，法国人加斯帕尔·莫利昂在1818 年确定了塞内加尔河与冈比亚河的发源地；英国人亚历山大·戈登·莱恩和法国人勒内·卡耶分别于 1826 年和 1828 年访问了廷巴克图。作为第一个访问廷巴克图之后生还的欧洲人，卡耶还绘制了一幅相当精详的廷巴克图城市图，绘出了该城不同形状的建筑物和清真寺。特别是德国人亨利希·巴斯在英国政府的资助下，于 1850—1855 年对中、西苏丹广大地区进行了详尽的考察，行程达 1 万英里，写了《非洲北部和中部的旅行和发现》一书，记载了关于这一地区人种、历史和语言等各方面的宝贵资料。至此，以尼日尔河为中心的西非内陆广大地区的探查活动，基本上告一段落。

南部与东南部地区的探险活动

在拿破仑战争中，英国占领了荷兰在南非的开普殖民地。战后，又通过条约形式正式将其攫为己有，并以此为据点向南部非洲广大地区扩张。因此，在尼日尔河的探查告一段落之后，英国政府和探险家们的目光就自然转向非洲南部。执行这一地区、特别是赞比西河流域探查任务的先驱者和关键人物，是英国的著名探险家、传教士戴维·利文斯敦。

戴维·利文斯敦（1813—1873 年），1838 年加入伦敦宣教会，不久，被派往南非传教。1841 年，利文斯敦到达伦敦宣教会驻南非最北面的传教站库鲁曼地方工作。为了开辟一条传教和贸易的道路，利文斯敦开始进行探查，致力于寻找一条从沿海深入中部与南部非洲内地的路线。1849 年 8 月，他成功地穿越了南非卡拉哈里沙漠，发现了恩加米湖；1851 年，又发现了赞比西河。

从 1852 年起，利文斯敦在南非开始了长期的、大规模的探险活动。他先由南非北上赞比西河，然后溯赞比西河向非洲西海岸前进，沿途受到当地非洲人民的友好接待和慷慨援助。1854 年 5 月，利文斯敦到达当时正处在葡萄牙人统治下的大西洋岸的罗安达。同年 9 月，离开罗安达向非洲东海岸进发。由于沿途遇到疾病、暴雨、江河泛滥和当地一些部落的敌视等困难，一年以后才到达赞比西河上游的林扬迪。利文斯敦在迟缓的行程中耗尽了自己的全部装备，只是在马科洛洛酋长的帮助下，补充了人员和物资，方得以继续自己的旅程。1855 年 11 月，利文斯敦到达举世闻名的赞比西河大瀑布。他实地考察了这个当地人民称为"莫西奥图尼亚"（意即"响雷的烟雾"）的大瀑布，并以英国女皇的名字将其命名为"维多利亚瀑布"。1856 年 5 月，利文斯敦历尽辛苦，终于到达非洲东海岸濒临印度洋的克利马内，在有文字记载的历史上，第一次自西到东横跨了古老而神秘的非洲大陆。

当利文斯敦返回英国时，突然从一个默默无闻的传教士变成了举国欢迎的英雄。他宣布自己将为开辟非洲"合法贸易"之路的事业献出生命，号召国人追随他的足迹继续前进。这一号召在英国引起热烈反响。由于利文斯敦的活动十分适合英国自由资本主义时期对非洲的殖民政策，因而英国政府不久便支持他领导一次较大规模的赞比西河流域探险活动。1858 年 3 月，利文斯敦率领探险队前往非洲。但这次探险遇到重重困难，并很快就查明赞比西河完全不适于作为内河航运的商路。在探险旅途中，他们在当地人民的指引下发现了尼亚萨湖（马拉维湖）。后来，还勘查了鲁伍马河。在这次探查过程中，利文斯敦发现了一条从内陆渡过尼亚萨湖到达东海岸的贩奴路线，并对贩卖黑奴的罪恶活动进行了揭露和抨击。这一活动激怒了鼓励奴隶贸易的葡萄牙东非殖民当局。在葡萄牙人的压力下，利文斯敦被迫中止自己的探险，于 1864 年返回英国。

1866 年初，利文斯敦又从英国抵达桑给巴尔，单独对东非内陆进行第三次、也是最后一次的探查。在数十名当地非洲人的陪伴下，他从坦噶尼喀出发，在 1867 年和 1868 年先后考察了姆韦鲁湖和班韦乌卢湖，于 1869 年 3 月到达坦噶尼喀湖东面的乌季季。从这里又继续向西北方向前进，最远曾在 1871 年到达卢阿拉巴河即刚果河流域上游一带。1871 年 10 月，身体十分虚弱的利文斯敦在折回乌季季以后，遇到了专程受雇前去寻找他的《纽约先驱报》记者亨利·斯坦利。此时，他同国内中断联系已经三年多了。在斯坦利的陪同下，利文斯敦又到坦噶尼喀北端进行了一番探查，推翻了他自己原来坚持的关于坦噶尼喀湖同尼罗河水系相连的看法，但仍坚持姆韦鲁湖和刚果河上游某些支流是注入尼罗河的信念。他不顾重病缠身、物资匮乏等严重困难，拒绝同斯坦利一道返回伦敦，单独留下来继续在班韦乌卢湖和加丹加一带探查，于 1873 年 5 月病故在今赞比亚班韦乌卢湖附近的奇坦博村。

尼罗河上游地区的探险活动

寻找尼罗河源，是 19 世纪非洲探险活动的又一个重点。

希罗多德在评论古代埃及文明与尼罗河的关系时，讲过一句名言："埃及是尼罗河的赠礼。"古埃及人尽管曾经向南深入到喀土穆以南，却仍解不开对自己的生活有极大意义的尼罗河河源之谜。就连公元前 460 年访问过埃及、并曾旅行到阿斯旺的希罗多德本人，对于这个问题也只是留下一些各不相同的传闻。到了公元初年，由于地中海与红海、印度洋贸易日益发展，非洲东海岸出现了一些市镇，与内地联系不断增强，使更多关于内陆的传闻得以反映到当时一些地理学家的著作之中。斯特拉波曾记述尼罗河每年的泛滥是由于埃塞俄比亚高山下的大雨而引起的。托勒密则认为白尼罗河源自非洲中部一座名叫月亮山的终年积雪的高峰。尤其令人惊异的是，他的地图上还标出尼罗河水穿过两个湖泊，这同尼罗河上游的实际情况颇有一点近似，显然是汇集了古代东非及东北非各族人民辗转相传的见闻。

17 世纪初，西班牙耶稣会士佩德罗·帕埃兹成为第一个看到青尼罗河源的欧洲人。后来，在 1770 年左右，英国探险家詹姆斯·布鲁斯利用给当时统治埃塞俄比亚的腊斯·米恰尔的儿子治病的机会，在埃塞俄比亚人民的帮助下，对尼罗河的上游青尼罗河作过一番考察。19 世纪上半叶，埃及统治者穆罕默德·阿里征服苏丹后，又曾下令探查白尼罗河的河源。但是，他所派遣的探险队最远只到达今日朱巴港稍南的地方。

19 世纪 40 年代，德籍驻蒙巴萨的传教士路德维希·克拉普夫和约翰·雷布曼最先看到乞力马扎罗山和肯尼亚山的雪峰（1848—1849 年），并在当地商人们那里听到关于内地有一个长达 800 英里的大海——乌季季海的传闻。他们的报道，进一步刺激了欧洲人探查尼罗河的热情。加之穆罕默德·阿里改革失败后，埃及逐渐沦为半殖民地，特别是苏伊士运河工程的动工，使西方殖民列强在这一地区的利益骤然增长，更加急于发现并控制尼罗河源，以便控制埃及和苏丹等地区。

1855 年，英国驻印度殖民军队的军官理查德·伯顿和约翰·斯皮克从非洲东海岸的巴加莫约出发，于 1858 年初抵达坦噶尼喀湖。在这里，他们进一步从当地人那儿获知，乌季季海一共有三个湖。斯皮克单独继续前行，到达了维多利亚湖南岸。他认为，维多利亚湖就是尼罗河的源头。

1861 年，斯皮克受英国皇家地理学会的委托，由詹姆斯·格兰特陪同，再次深入东非内陆进行勘查，目的是证实他本人关于维多利亚湖乃是尼罗河源的观点。他们先到达塔波拉，然后折向维多利亚湖西岸的卡拉格维。他们在那里看到西边 160 公里处的维伦加山，认为这座山就是著名的月亮山。他们还发现了卡格腊河，认为该河是注入维多利亚湖的主要河流。1862 年初，绕行维多利亚湖的斯皮克与格兰特到达了湖北面的布干达国家，对该国情况作了详细的记载。他们获得布干达国王穆特萨的准许，继续前往尼罗河，终于在 1862 年 7 月到达里傍瀑布。在目睹了维多利亚湖水直泻朱巴河以后，斯皮克欣喜地写道："我看到了古老的尼罗河之父，它无疑是起源于维多利亚湖的。"此时，他们听到还有另一个湖泊的消息，并在向尼罗河下游前进的归途中，在冈多科罗地方把这一消息告诉了另一对探险家——贝克和他年轻的匈牙利籍妻子。贝克夫妇根据斯皮克与格兰特的指引，发现了阿伯特湖（1864 年）。这样，尼罗河源的问题终获基本解决。

刚果河流域的探险活动

刚果河流域是西方殖民主义者活动最早的地区，但对它的勘查却作得最迟。早在 16 世纪，葡萄牙人就来到这里，在河口附近地区的刚果王国进行罪恶的贩奴活动。1816 年，英国海军部组织了一支装备优良的探险队，由贾基上尉率领，溯刚果河而上，准备对刚果河流域进行详细勘察，他们只到达下游的伊桑吉拉，就全部病死。此后 60 年，伊桑吉拉以远一直无人问津。

对刚果河进行比较彻底探查的，是亨利·摩尔顿·斯坦利（1841—1904 年）。19 世纪 70 年代初，他因找到失踪的利文斯敦而名噪一时。1874 年，在美国和英国两家报纸资助下，斯坦利组织一支探险队，再次赴非洲探险。他首先进一步考察了东非内陆的湖区，周航了维多利亚湖，继续西行，发现阿伯特湖并非人们所想象的那样与坦噶尼喀湖相连。接着，在 1876 年，斯坦利自刚果河上游顺流而下，行程 2750 公里，抵达伊桑吉拉，基本走完了刚果河的全程，于 1878 年返回英国。这时，帝国主义列强已经开始着手瓜分非洲，斯坦利遂投靠比利时国王利奥波德二世。1879—1884 年，他第三次深入中非刚果河流域，用暴力、欺骗和收买等手段，为利奥波德二世攫取了刚果河流域的大部分地区。但是，斯坦利的这次活动，遇到了来自法国的严重挑战。

原来，自 19 世纪 70 年代起，在普法战争中遭到惨败的法国，十分重视海外殖民地的攫取与掠夺，以此作为补偿战败、恢复元气、以图东山再起的一个重要手段，因而大力支持非洲探险事业。1874 年，政府专门设立一个委员会，隶属教育部，赞助包括探险在内的各种活动。1883 年又在海事与殖民部专设委员会，每年拨款 10 万法郎，赞助包括探险在内的各种殖民活动。此外，外交部、海军部等政府机构纷纷采用各种方式资助探险活动。

1875 年，在海运部长亲自委派下，年轻的法国军官皮埃尔·萨沃南·布拉柴（1852—1905 年）前往中非地区探险。布拉柴由奥戈韦河抵达刚果河流域，发现了位于斯坦利瀑布与斯坦利维尔之间的一段可以通航的水网地带。这次探险，共花费 4.2 万法郎，其中 2.6 万法郎是由政府资助的。为了和斯坦利争夺刚果河流域，1879 年，布拉柴再次在法国政府和法属加蓬殖民地当局的指示、资助和装备下，由 10 名非洲人带引，重返中非，在奥尔韦河上游与帕萨河汇合处建立一个"兵站"（即弗朗斯维尔）。1880 年 9 月 10 日，他用欺骗手段同巴特克族酋长马科科签订"友好条约"，使马科科同意将其领地全部置于法国保护下，并答应把刚果河右岸恩古玛地方划给他建"兵站"。这就是后来的布拉柴维尔。1883—1885年，布拉柴进行了第三次探险，终于在刚果建立了永久性据点。1884 年，刚果沦为法国殖民地。

同上述四大地区相比，在这个时期，欧洲国家在北非地区的探险活动不算很重要。这是因为，欧洲人对北非的了解稍多一些。这个时期的探险活动中，以普鲁士派遣的纳哈迪加尔的活动较突出。1869—1874 年，他沿费赞、乍得湖、科尔多凡一线进行了考察，提供了不少知识。

近代西方国家对非洲的探险活动，大约持续了一个世纪。以 10 年为一段，其活动次数如下：

1791—1800 年	3 次
1801—1810 年	2 次
1811—1820 年	2 次
1821—1830 年	8 次
1831—1840 年	3 次
1841—1850 年	6 次

1851—1860 年	27 次
1861—1870 年	29 次
1871—1880 年	47 次
1881—1890 年	84 次

从上可以看到：西方国家对非洲的探险活动，在这 100 年当中，不但日益增多，而且在 19 世纪五六十年代和七八十年代，有过两次明显的跳跃式增长。而这两次跳跃，恰好同自由竞争高涨时期与帝国主义瓜分非洲高潮时期相吻合。这就清楚地揭示了探险活动与殖民侵略之间内在的本质关系。

在一个世纪的时间里，欧洲探险家们对撒哈拉以南的非洲广大地区进行了全面系统的考察。在当时科学技术水平的状况下，这些探险家以惊人的毅力克服了种种艰难，填补了近代地理学上一个又一个的空白，取得了重要的成果，并在语言学、人类学、民俗学和历史学方面提供了许多重要的资料。人们对非洲的了解更全面、更深入了。他们当中，有的人如利文斯敦还揭露和反对过罪恶的黑奴贸易。这些，都是我们应当看到并给予一定的积极评价的。

西方探险家们在非洲的探险活动，都是在非洲人的帮助及指导下取得的。非洲人民及酋长们，为探险队提供了人力、物力，派出向导和服务队，为其引路和运输物品。没有非洲人民和酋长们的帮助，西方探险家就寸步难行，根本不能完成如此艰辛的探险活动。

这些探险家们所处的历史和社会条件，决定了他们的活动是为西方殖民主义者侵略和掠夺非洲服务的。他们不仅为西方商品倾销和原料掠夺开辟了道路，找到了市场；更为可悲的是，他们的成果随即也被开始瓜分非洲的帝国主义殖民列强所利用。其中有些人，如斯坦利和布拉柴，本人就是帝国主义瓜分非洲的急先锋。英帝国主义就利用了赞比西河与东南非洲内陆探险活动的成果，从南非北上，吞并了南、北罗得西亚（今津巴布韦与赞比亚）；又从埃及南下苏丹，极力实现其打通南北非洲的 2C 计划①。而那个在尼罗河探险的贝克，就率兵为埃及统治者占领苏丹南部，实则为英国日后的侵略活动打了前站。法帝国主义不仅利用探险成果鲸吞西非，而且直接通过布拉柴的"探险"占领了法属刚果（今刚果人民共和国）。就在大规模的非洲探险活动甫告完成之时，帝国主义对非洲的瓜分也告完毕，这绝非历史的"巧合"。

---

① 开普敦和开罗的第一个英文字母都是 C，故称 2C。

19 世纪初南非班图人的迁徙

葛公尚

19 世纪初，非洲南部地区班图各族掀起了一次迁徙高潮，这次迁徙活动同发生在 1817—1834 年的姆菲坎战争有密切的关系。姆菲坎战争是班图各族为争夺土地和生存权利而进行的大厮杀，它既使生灵涂炭，又促成了南部非洲班图各族自南向北大规模地迁徙与扩散，引起了一系列重要而复杂的社会变化，使班图各族进一步分化、融合与定型。这是非洲近代历史上的重大事件之一。

殖民入侵前南非各族分布情况

在白人染指南部非洲之前，南非广大地区分布着科伊桑人和班图人。前者分桑人和科伊科伊人两支。桑人主要分布在安哥拉东南至奥兰治河地区。奥兰治河以南的桑人从未超过 2 万人。他们以小型的、结构松散的父系群体游动，过着狩猎和采集生活，占据着南部非洲最不适于人类生存的卡拉哈里沙漠地带，社会发展一直十分迟缓。

科伊科伊人分布在开普地区，其体形特征和语言与桑人相似。据英国学者埃尔菲克统计，他们的人口最多不超过 10 万。他认为，科伊科伊人源出桑人一支，曾分布在林波波河以北地区，从班图人那里接受了畜牧文化，引入了牛群，后沿卡拉哈里沙漠东部迁徙至奥兰治河与瓦尔河交汇处，并开始发生分化。一部分沿奥兰治河西去，形成今日纳米比亚的纳马人。另一部分则向西南扩散至开普沿海地区，在荷兰殖民者到来前，他们已形成戈纳人、格里瓜人、阿塔瓜人、赫塞瓜人、乔乔瓜人等支。他们以畜牧为生，有较严密的社会结构，形成一个个父系氏族，平均每个氏族人口达 2500 人左右。其东界为乌姆齐姆乌布河。他们与邻近的班图人有贸易往来，交换牛、野麻及铁器、铜器，在语言文化上相互影响，甚至互相通婚。社会发展已步入阶级社会的门槛。

班图尼格罗人，即班图人，是当前非洲最大的民族集团，分布在北纬4°以南非洲大陆南半部，人口计13211万（1978年），占全非人口的32%，是赤道非洲和南部非洲22个国家的主要居民。

班图人是非洲尼格罗人种的年轻支系，历史不到3000年，可考史仅2000年。关于其起源问题，众说纷纭。一般认为，其发祥地位于今非洲中部沙里河与洛贡河之间或贝努埃河上游尼日利亚与喀麦隆交界地区。公元前10世纪后开始南移，在随后2000多年间数次南迁扩散，排挤或融合了昔日赤道非洲俾格米人和南部非洲的科伊桑人，发展迅速，后来居上，成为南部非洲历史的主人。

南部非洲班图人早在公元2—3世纪已出现在林波波河地区；到5世纪已进入南非德兰士瓦高地，并与科伊桑人发生混合；至10世纪扩散到纳塔尔德班地区，15世纪末分布于奥兰治中部、纳塔尔南部和开普地区东部。按起源与传统文化可分三大支系：（1）西南非洲的奥万博人、赫雷罗人等，来自刚果盆地，与本文所谈的历史事件牵涉不多。（2）赞比西河与林波波河之间地区为绍纳各族，公元6—8世纪创立了大津巴布韦文明，10—12世纪建立了强大的莫诺莫塔帕国家，控制着内陆与沿海地区的黄金贸易。16—17世纪，主要活动者为姆比雷绍纳人，其西南为布图阿王国，17世纪被绍纳人的一支昌加米雷兹韦人所占领。绍纳各族与林波波河以南的南班图人在历史上关系密切，为本文历史事件的涉及地区。（3）林波波河以南的班图人一般分四大支系：文达人、索托—茨瓦纳人、恩戈尼人和聪加人。他们是本文所谈历史事件的主要活动者，尤以恩戈尼人最为重要。

文达人聚居德兰士瓦北中部索特潘贝格地区，在语言上与绍纳人相近，但在传统文化上与其西邻索托人有联系。随着东部沿海贸易的兴起，1700年左右有向南扩散之势，将铁器和铜器加工技术传向德兰士瓦内地。

聪加人分布在莫桑比克境内萨韦河与圣卢西亚湾之间沿海地区，与恩戈尼人在语言文化上有许多不同之处，与绍纳人比较接近。他们一直控制着迪拉果阿湾地区的贸易，从纳塔尔运出象牙和奴隶，运入欧洲商品——衣物、珠子、黄铜制品、枪支等。最初，聪加滕贝人是外来商品的主要控制者。直至1794年，其控制权被聪加人另一支马普托人所掌握，其活动中心为马卡提尼低地。

索托—茨瓦纳人分两支：西支为茨瓦纳人，东支为索托人。分布在德拉肯斯堡山脉、卡拉哈里沙漠以东和林波波河之间的高地草原地区。其最先群体为弗肯人，后分化为罗龙人和特尔哈宾人两支。后者演化为茨瓦纳族，前者在 1500 年前后开始分化，产生了许多酋邦，如胡鲁歇、奎纳、克加特拉、恩瓜托、恩瓜凯策、佩迪等。以奎纳人为中心，进一步聚合形成以后的北索托人。克加特拉人穿过德兰士瓦向南扩散，形成南索托人，即今日莱索托的主体民族。

在南、北索托各支形成的过程中，恩戈尼人已定居纳塔尔和特兰斯凯沿海地区。他们分化为南北两支。北支包括塞列人、巴萨人、图利人、夸贝人、德拉米尼人、齐齐赫列人等。16 世纪以后，北恩戈尼人从聪加人地区引进玉米，牧农相结合，经济发展水平显著提高。炼铁、冶铜和制陶等手工业也得到发展。出现了专门从事交换的商人，与邻近各族的贸易往来十分活跃。到 18 世纪末，开始形成部落联盟。南恩戈尼人包括科萨人、姆蓬多人、姆蓬多米西人、滕布人等，他们占据着沿海肥美的牧场，在姆菲坎战争前夕，有向西南方扩散的动向，一方面与科伊科伊人发生交往和混合，另一方面直接与欧洲殖民者发生冲突。

总的来说，在欧洲殖民者来到非洲大陆之前，班图人由北至南的迁徙已经结束，各族已基本定型。在西方列强瓜分非洲之时，它们处在不同的社会经济发展阶段：自原始社会末期至封建制早期之间。

班图各族社会经济和传统文化的正常发展被西方殖民入侵所打断。17 世纪初，葡萄牙殖民者首先来到今莫桑比克沿海地区，后深入津巴布韦。1652 年，荷兰殖民者在开普地区建立了在南部非洲的第一个殖民据点。从 1779 年开始，英国殖民者发动了掠夺性的“卡菲尔战争”[①]，将罪恶之手伸入凯河流域。至 19 世纪初，由于各种因素又诱发了姆菲坎战争。

姆菲坎战争的爆发

姆菲坎战争，索托语称为“迪法坎”（Difaqane），意为“痛击、猛打”；

[①] 卡菲尔战争系指英国殖民者伙同布尔人（荷兰殖民者后裔）对班图科萨人的掠夺战争。18 世纪，布尔人蔑称科萨人为卡菲尔（Kaffir），即“异教徒”，故这场战争史称“卡菲尔战争”，它持续达百年之久（1779—1879 年）。其结果使开普殖民地向东扩张，科萨族土地全部被侵占。

恩戈尼语称为"姆菲坎"（Mfecane），意为"全面战争"。一般史书上采用恩戈尼语说法，称为"姆菲坎战争"。姆菲坎战争是班图人社会经济发展的产物，是由内外多种因素引起的。

从经济方面看，首先与恩戈尼人卷入东部沿海贸易有关。如前所述，非洲东南沿海贸易长期由聪加人控制，活动中心为迪拉果阿湾。18世纪，当马普托排挤滕贝人取得霸主地位时，北恩戈尼人正在形成各种部落联盟。当时在蓬格拉河上游形成几个群体，如恩德旺德韦人、恩瓜内人。他们长期参与迪拉果阿湾贸易，获得不少好处，壮大了自己的力量，试图打破聪加人的贸易垄断权，并排挤马普托人。为了争取更大的贸易控制权，刺激并诱发了建立强大军事力量的动向。蓬格拉河下游姆塞斯瓦部落的酋长丁吉斯瓦约（1809—1818年在位）在位之前，曾多次旅行到过迪拉果阿湾和布法洛河流域，深知贸易在当时的重要。他也看到英、葡殖民者咄咄逼人的侵略势头，认识到加强团结和建立武装的重要。当政后，他组织商队，运输象牙和牛群，并与马普托人建立同盟。他征服了北部约30个部落，组成了强大的部落联盟。为了防止对自己权力的任何威胁，他将被征服部落的男青年编入联队，力量日益扩大。蓬格拉河上游的恩德旺德韦人被姆塞斯瓦—马普托同盟排斥在贸易之外，力求寻找出路。在其酋长兹韦德率领下，联合近邻恩瓜内人，于1817年和1818年先后攻击了姆塞斯瓦和马普托。战火从蓬格拉河流域燃向马卡提尼低地。姆菲坎战争从此开始。

恰卡（1787—1827年）崛起与祖鲁民族的兴盛，使姆菲坎战争扩大了范围。祖鲁最初是一个只有几千人的部落，被丁吉斯瓦约征服后，其首领森桑加科纳受到丁吉斯瓦约的保护，他的私生子恰卡也投奔丁吉斯瓦约。1817年，丁吉斯瓦约在同兹韦德的战争中兵败被杀，恰卡充当了联盟首领。在反对恩德旺德韦人和恩瓜内人的斗争中，他进行了一系列社会和军事改革，使祖鲁人强大起来。他在丁吉斯瓦约改革的基础上全面地将恩戈尼人传统社会中普遍存在的"年龄等级制"① 改造成适于战时的年龄军事联队，也称"同龄兵团"。他把所有具有战斗力的男子从各部落中抽调出来，按年龄等级编成兵团。每600—1000人组成一个团。军人分三类：新兵、战士和有经验的

---

① "年龄等级制"是非洲库希特人和尼罗特人畜牧民族的社会结构形态，社会成员按不同年龄级差划分为数个级别，各年龄等级具有一定的社会职能，从事经济活动和战争。班图人在南迁过程中，一些以畜牧为主的群体在与以上民族交往中，承袭了这种社会结构，恩戈尼人就是一例。

老兵。男子从 12 岁起接受半军事训练，满 16 岁后入伍为新兵，18 岁正式接受军事训练，成为战士。他们在 35 岁以前不许结婚。军官由老兵充任。他规定所有官兵必须讲阿马祖鲁语。这些措施打破了固有的部落和氏族的界限，有利于各族的联合和国家的形成。

为了提高战斗力，恰卡进行了相应的技术与战术改革，将传统的长柄投掷型矛标和小盾牌改换为短柄宽刃刺杀型矛枪和大盾牌，以便祖鲁战士进行白刃战。恰卡创造了称为"牛角形"的作战方法：将队伍排成密集的新月队形，进攻时由两角突进冲向敌阵，对敌人实行合围。祖鲁军队战斗力很强，打起仗来勇往直前。到了恰卡时代，畜牧业获得了迅速发展，牛不仅提供居民的奶食，还用于贸易交换和战时运输。为了适应祖鲁民族兴旺的需要，恰卡使"同龄兵团"肩负战斗和牧牛的任务，使年龄等级制战时化。恰卡在 1818 年即位时，只有数百名战士，数千个臣民；1828 年被暗杀时，已拥有常规军队 6 万人，臣民达几十万人了。

恰卡进行军事改革的目的在于扩大和巩固祖鲁族的国家。他在战争中执行了有效的策略，对其反对者予以严厉制裁，对其同盟者给予极高奖赏。在其将士中奉行赏罚分明的政策，从而进一步增强了祖鲁军队的战斗力。通过 10 多年的征战，恰卡征服了 100 多个部落，权力遍及 20 多万平方公里，在南非建立了当时最强大的奴隶制国家，并在这一地域内催生了祖鲁民族。

姆菲坎战争的爆发与人口因素也有关系。有的研究者指出，公元二三世纪班图人出现在林波波河之时，他们拥有铁器农具，在同德兰士瓦高地的科伊游牧民族进行长期融合的过程中，促进了南非人口第一次大发展。16 世纪后，北恩戈尼人从东海岸引进易于种植和产量高的美洲玉米后，牧农相结合的经济发展很快，人口迅速增殖。这是南非班图人口第二次大发展。尽管没有具体的统计数字，但就德兰士瓦中部一些遗址的推算，可以得知当地人口已从石器时代最高峰的几百人增加到几万人。另据埃伦伯格估计，仅巴苏陀族人口就增加到 75 万人。姆巴谢河以西地区科萨人的人口迅速增到 10 万，拥有 36 万头牛。恰卡组织"同龄兵团"，大力发展牧牛业，牧场明显不足。人口的压力与有限的土地及牧场产生了矛盾，成为推动班图各族向外扩张的重要因素。

荷、英殖民者在开普地区的殖民扩张，是引发姆菲坎战争的一个重要外因。18 世纪，殖民者的东界已达到桑德斯河流域，直接与南恩戈尼人中的科萨族分布区连接。1806 年，布尔人约有 1.6 万人，但占地达 65 万平方公里。

1806 年英国夺取开普殖民地，布尔人与故土荷兰失去联系，无力与英国人抗衡。1812 年，英国军队把科萨人赶出了楚尔费尔德地区。1819 年，它又占据大鱼河与凯斯卡马河之间的大片土地。1819 年，英国政府鼓励并资助向南非地区移民。英国人霸占了最肥沃的土地，对布尔人课以重税。英国货币定为法币。英语定为官方语言。1834 年，英国当局宣布废除在开普殖民地的奴隶制，布尔人的种植园经济受到沉重打击。布尔人对英国人统治不满，开始"大迁徙"①。

对土著民族而言，大迁徙意味着大规模的土地掠夺和土著居民被杀。它在不同地区改变了姆菲坎战争的蔓延方向，导致了北恩戈尼人数支作北上迁徙的最后选择。

几次主要的迁徙路线

恰卡即位之后，为报丁吉斯瓦约被杀之仇，自 1818—1821 年，连续三年对兹韦德进行战争。1819 年戈利山之战和姆赫拉图泽河之战，打败了主要对手恩德旺德韦人，把他们逐出祖鲁兰。恩德旺德韦人的同盟者恩瓜内人向恰卡称臣归降。恩德旺德韦人开始分化。兹韦德下属的几员军事将领，诸如恩哈巴、索尚加内、兹旺根达巴率部向迪拉果阿方向离散。恩戈尼人的迁徙正式开始。

我们所说的南非班图人迁徙，主要指北恩戈尼人支系恩德旺德韦人的迁徙和扩散，因为他们的迁徙范围之大、后果之深，是其他迁徙路线无法相比的。主要有两次迁徙浪潮。

第一次迁徙浪潮波及大湖地区，催生了尚加族和恩戈尼各族。

索尚加内、兹旺根达巴和恩哈巴率领恩德旺德韦人各部向北离散，来到迪拉果阿湾聪加人分布地区。当时，英国殖民者的势力已深入迪拉果阿湾。恩德旺德韦人各部在聪加地区的扩散受到英国殖民者的阻拦，暂时在海湾南部扎营。起初，三位首领休戚与共，以抵御恰卡的追击。1831 年，他们之间发生了分裂，索尚加内赶走了其他两位首领，将祖鲁人的军事技术引入自己的军队，开始征服周围聪加人各部落，遂在该地区形成统一的尚加民族。

----

① "大迁徙"也称"布尔迁徙"，指布尔人在 19 世纪 30—40 年代，离开开普殖民地迁往南非东部和东北部，直到建立了奥兰治自由邦和德兰士瓦共和国为止的过程。

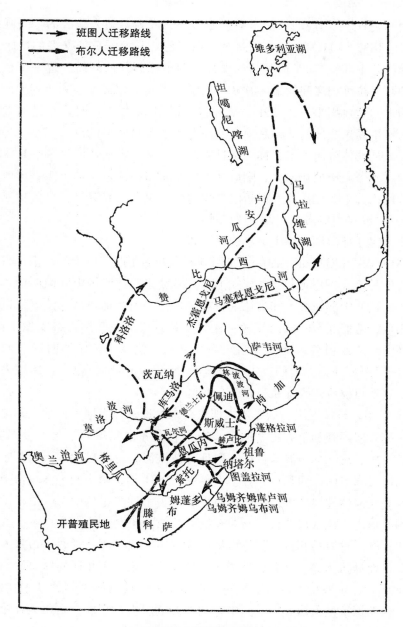

南非班图人迁徙路线图

兹旺根达巴和恩哈巴的追随者分别向北迁徙，波及大湖地区。兹旺根达巴率领的部下称杰雷恩戈尼人，跨过林波波河，来到卡米地区（即今布拉瓦约以西），打败了当地的昌加米雷罗兹韦人，成为绍纳人地区的一支强大军事力量。1835 年 11 月，他们跨过赞比西河到达与卢安瓜河交汇的地区（今赞比亚西北中部）。为了摆脱与当地强大的本巴酋邦的纠纷，曾一度在坦噶尼喀湖与马拉维湖之间的地区游动，其中一支北上到达维多利亚湖地区，融合在当地的尼亚姆韦齐人之中。兹旺根达巴 1845 年去世时，其追随者便定居在马拉维湖东北部的菲帕高原，从而形成了今日此地的恩戈尼族。另一支恩戈尼人从群体分离出来，称马塞科恩戈尼，跨过赞比西河来到马拉维湖以东，深入到今坦桑尼亚南部，随后又南折至希雷河流域定居下来，形成今日马拉维境内的恩戈尼民族。恩哈巴率领的部下深入巴罗策兰（今赞比亚的西南部），一度对当地洛齐人处于支配地位。

第二次迁徙浪潮，产生了恩德贝莱族。

1819 年兹韦德败北，他的义子姆齐利卡齐为了脱离恰卡的攻击，带领近亲族人库马洛（即恩德贝莱人的先民），越过德拉肯斯堡山脉向西而去，迁到德兰士瓦北中部佩迪人和文达人分布区。由于与当地各族无法妥协以取得立足之地，他们迁至阿佩河流域。在这里又直接与茨瓦纳人各支发生冲突。姆齐利卡齐按照祖鲁人的方式组织库马洛人，建立了纪律严明的"同龄兵团"，颇具有战斗力。他们攻击了当地的奎纳人和克加特拉人，使战火向西蔓延，直至科伊科伊人支系科拉人分布区。

1829 年，科拉人用牛从布尔人那里换来火枪，与当地茨瓦纳人其他部落联合，准备向姆齐利卡齐发动回击。姆齐利卡齐事先得到情报，夜间突袭，打败了对手。这次战争波及甚广，包括林波波河、克罗科代尔河、瓦尔河与莫洛波河之间地区，面积达 3 万平方英里。1831 年，姆齐利卡齐攻击奎纳人大酋长莫谢谢的驻地萨巴博休，结果失利。为了远离祖鲁国王、恰卡的后继者丁刚的追击，他率部西进，与茨瓦纳人其他酋邦发生一系列冲突。1835 年进驻胡鲁歇人首府马利科，其势力扩至莫塞加。就在这个时期，布尔人"大迁徙"的车队进入德兰士瓦，造成了北恩戈尼人第二次北迁的局面。

1836 年，由波特吉特尔率领的一批布尔人迁徙队伍来到德兰士瓦西部，他们沿途劫掠了格里瓜人，受到姆齐利卡齐的阻击。年底，布尔人在维格科普与库马洛人激战，姆齐利卡齐受到沉重打击。1837 年 1 月，布尔人另一支车队赶到，在首领雷提夫率领下，用近千名军队突袭莫塞加。姆齐利卡齐军队被击溃。入侵者采取阴险伎俩，与丁刚联合，第三次攻击姆齐利卡齐。当年 10 月，集中兵力突袭库马洛人驻地马利科，顺势占领了德兰士瓦。

姆齐利卡齐数次受到打击，四面受压，只有撤离德兰士瓦，跨过林波波河北去。姆齐利卡齐利用当地绍纳人内部的政治纷争，在马托波丘陵附近的布拉瓦约设立了新的首府。为了巩固自己的地位，他与兹旺根达巴的继承者杰雷恩戈尼人女酋长尼亚玛扎娜结婚，从而使两支恩戈尼人融为一体。他实行睦邻政策，东与尚加人和平共处，逐渐建立了对当地绍纳人诸部落的控制权，形成强大的恩德贝莱族（又称马塔贝莱族）。

北恩戈尼人的支系德拉米尼人 15 世纪迁至迪拉果阿湾以西地区。姆菲坎战争前夕，在其首领恩格瓦尼三世领导下，越过卢邦博山，南移至蓬格拉地区。当恩德旺德韦人与姆塞斯瓦—马普托同盟互争贸易垄断权的时候，为了逃避恩德旺德韦人的攻击和吞并，他们退出蓬格拉地区，又一次南迁，移到今斯威士兰西南部。姆菲坎战争爆发后，恩格瓦尼三世的孙子索布扎一世通过征服和联姻，同化了当地索托人各部落，并按照丁吉斯瓦约的方法，将被征服者的青年编入自己的军事联队。在恰卡时期及其以后一些时间，与祖鲁人友好。19 世纪中叶布尔人入侵之前，这里建立了一个强大的国家，北到奥利瓦茨河流域，南达蓬格拉河流域，西到卡罗林纳和厄格洛，东达卢邦博山，从而促使了斯威士民族的诞生。

夸贝人为北恩戈尼人的又一支系，在姆菲坎战争初期被恰卡征服。其首领恩格托拥护恰卡的政策，很受赏识。1828 年，恰卡的同父异母兄弟丁刚联合另一弟弟翁赫兰加纳，谋杀了恰卡，夺取了王位。丁刚极力根除恰卡的支持者，恩格托首当其冲。1829 年，他率领部下逃离纳塔尔，定居乌姆齐姆乌布河与乌姆齐姆库卢河之间，与当地的姆蓬多人发生了摩擦。姆蓬多人在其首领法库率领下，与其南邻滕布人和科萨人建立了同盟，以抵御祖鲁人的南下。1830 年，在今圣约翰堡地区，法库攻打恩格托，恩格托被杀，余下的夸贝人为了求生与另一支逃避祖鲁人攻击的北恩戈尼人支系巴萨人联合。法库利用丁刚根除恰卡的支持者的机会，与祖鲁人联合，最后打败了夸贝人和巴萨人，大约在 1845 年前后，两部分北恩戈尼人支系融入姆蓬多族之中，形成更大的族体。

在姆齐利卡齐与茨瓦纳人各部落的战争中，其中一支叫科洛洛①，在布尔人大迁徙车队到来之前，由酋长塞贝特瓦内率领，向西北方向迁移，沿途

---

① 有关科洛洛人的系属说法不一，一种认为属北恩戈尼人一支；另一种认为是弗肯人的别称，应属索托—茨瓦纳人。

对卡拉哈里边缘地带的茨瓦纳诸部落进行劫掠，后在恩瓜凯策人打击下惨败，退入卡拉哈里沙漠。他们在塞罗韦地区成功地攻击了恩瓜托人，并将对方一直追击至恩加米湖地区，这是姆菲坎战争波及的最西范围。当时，葡萄牙人的势力已深入安哥拉南部，科洛洛人曾试图与其建立联系，由于缺水，又不对遭到当地桑人的袭击，联系未能成功。只有转向东北，沿乔贝河和赞比西河迁移，曾一度想在卡富韦河西岸落脚，因未与姆齐利卡齐率领的库马洛人达成谅解，便迁入巴罗策兰。他们对最先来到此地的恩戈尼人发动了攻击，杀了恩哈巴，并利用当地洛齐人闹分裂的机会，各个击破，在林扬提地区定居下来，掌握了对洛齐人的支配权。科洛洛人在洛齐地区时间并不长，但其文化影响至今犹存，洛齐人今天仍操科洛洛语。

影响深远的历史事件

姆菲坎战争以及由它引起的恩戈尼人的迁徙扩散，是非洲近代史上重要的一页。它对南部非洲各族人民，尤其是对南班图各族的社会发展产生了深远的影响。

由于战争的洗礼，首先产生了南班图人中最强大的祖鲁民族。在恰卡被害前夕，祖鲁族以纳塔尔为中心，分布地域达 20 多万平方公里，人口达 100 万之多。在姆菲坎战争中，涌现并造就了丁吉斯瓦约、恰卡、丁刚等一批军事家、政治家和英雄人物。他们领导祖鲁民族发展社会经济，建立了强大的军队和较完善的国家机器，对布尔人和英国殖民军的入侵进行了英勇抗击，写下了可歌可泣的历史。

1838 年 2 月 6 日，丁刚率领祖鲁兵团，先发制人，消灭了布尔人首领雷提夫及其车队。当年 12 月 15—16 日，祖鲁军民与布尔人激战恩康姆河，写下了令人难忘的"血河"之战的历史①。祖鲁的强大和英勇阻击，使布尔人只有北退，从而保护了德拉肯斯堡山脉以东班图各族的暂时发展。

在姆菲坎战争中，还造就了像兹韦德、姆齐利卡齐、莫谢谢、法库等军事家、政治家。除祖鲁民族外，还形成了斯威士、尚加、姆蓬多、恩戈尼、恩德贝莱等民族。姆菲坎战争对南非各民族的最后定型起了助产婆的作用。

---

① 1838 年 12 月 15—16 日，祖鲁军民与布尔殖民者在恩康姆河激战。祖鲁军奋不顾身英勇冲锋，伤亡达 3000 人，鲜血染红了恩康姆河。此后这条河改名为"血河"。

正是姆菲坎战争和班图各族的迁徙，导致了各族的分化、合并与融合，加速了由部落联盟向民族的形成进程，增强了抗击英、荷、德、葡等国殖民侵略的力量。

恩戈尼人的迁徙绝不仅仅是人口的流动和战火的蔓延，同时也包含着文化的流动和传播。在姆菲坎战争中，祖鲁人作为恩戈尼人的代表，创造了较前更高的文化。其中包括社会军事结构、先进的技术（武器和炼铁、锻铁术）、先进的战术、较高的畜牧业生产水平、较完善的国家机器等。恩戈尼人所到之处，这些文化就传到那里，从而产生与当地文化的交流，有助于各地区社会历史的发展。斯威士族和尚加族的形成就是祖鲁文化和当地各族文化结合的产物。恩德贝莱人对绍纳各族、恩戈尼族对中央班图各族、科洛洛人对洛齐人的影响都是显而易见的。北恩戈尼人的北迁扩散及其文化影响，无疑对今日南部非洲国家之间的交往创造了有利条件。

姆菲坎战争和恩戈尼人的迁徙，大体上与布尔人的大迁徙同时开始和结束。如前所述，大迁徙限制了姆菲坎战争的范围和发展方向，使恩戈尼人只有作北上的选择。而姆菲坎战争又为布尔人的东迁扩张提供了某种条件。这是南非历史上一次不利于班图人发展的"巧合"。从历史结局而言，姆菲坎战争和恩戈尼人迁徙造就了许多班图民族，传播并交流了较先进的文化，对班图社会的发展是一大促进；而布尔人的大迁徙则达到了掠夺性扩张的目的。仅数万布尔人占据了南非内陆广大地区，建立了两个布尔人国家（奥兰治自由邦，1848 年；德兰士瓦共和国，1852 年），打乱了南非土著民族的布局。二者相比，按南非学者达文波特的观点，"姆菲坎确实使'大迁徙'相形见绌了"。

西方一些学者对姆菲坎战争和恩戈尼人的北迁一直采取完全否定的态度，将其描绘为班图人历史上最黑暗、最悲惨的一页，是"充满腥风血雨的半个世纪"。这是不符合历史事实的。以历史唯物主义的观点，恢复这一重大历史事件的本来面目，作出科学的评价，无疑是非洲史研究工作者的任务。

埃及穆罕默德·阿里的改革

杨灏城

19 世纪上半叶穆罕默德·阿里的改革，使埃及发生了数百年来未有的变化，一跃成为奥斯曼帝国的"唯一有生命力部分"①，赢得了实际独立。阿里因此被誉为"唯一能用真正的头脑代替'讲究的头巾'（指土耳其——引者注）的人"②。

改革的原因

埃及自 1517 年起沦为奥斯曼帝国的一个行省。由于它远离帝国本土，土耳其苏丹便把当地权力交给土耳其省督、近卫军和曼姆鲁克③三股势力，使之相互制约，防止某股势力割据埃及，以保持帝国的统治。土耳其省督是埃及的最高行政长官。近卫军分 7 个支队，是土耳其省督统治埃及的支柱，各支队的长官参与政权。曼姆鲁克能独自建立一支近卫军支队，其头领任全埃及 24 个地区（后减至 16 个）的长官，握有相当一部分权力。苏丹只关心索取贡赋，对埃及的盛衰漠然视之。土耳其省督在埃及大力推行包税制，规定凡向政府预付一年地税的，即可获得包税权，并在包税领地内享有绝对的权力。包税人可随意向农民收取地租，课征捐税。一般来说，他们预付的地税约为其实际所得的 40%，多余部分称包税余额，中饱自肥。包税人还可以

---

① 《马克思恩格斯全集》第 9 卷，人民出版社 1965 年版，第 231 页。
② 同上书，第 222 页。
③ "曼姆鲁克"是阿拉伯文"被占有的人"的音译。他们原系埃及阿尤布王朝（1171—1250年）从中亚、高加索和伊拉克北部一带买来的奴隶，被用来组成军队。后来，曼姆鲁克势力增大，于 1250 年推翻阿尤布王朝，建立曼姆鲁克王朝。土耳其人统治埃及时，曼姆鲁克的势力仍然保留着。

获得一块免税地，称乌西叶地，面积约占包税领地的 1/5，由农民服徭役耕种，其收益绝大部分亦归他们享用。他们用超经济的强制手段，延长农民的劳动时间，逼迫农民至少要把全年收成的 1/2，乃至 3/4 或 4/5 用来缴租纳税。农民非经包税人的许可不得离开家乡。包税人有关押、鞭笞甚至杀害农民之权。广大农民对此深恶痛绝。

16 和 17 世纪，土耳其省督依靠近卫军执掌埃及大权，包税人多是近卫军长官。17 世纪末 18 世纪初，曼姆鲁克势力坐大，不仅在地方上独断专行，称王称霸，而且能任意废黜土耳其省督，任免近卫军长官，成了埃及的实际统治者。他们性情强悍，习于骑射，内部派系林立，动辄相互厮杀。他们实行地方割据，恣意屠戮百姓，劫掠民财，到 18 世纪末已攫取大部分包税权，占有全埃及 2/3 农田。在包税领地内，他们强行摊派税款，有的村庄税收多达 70 余种，这种税款常常高出承包税款的 1 倍半，有的竟高达 25 倍。曼姆鲁克的暴政严重阻碍了生产力的发展。

埃及地处欧、非、亚三大洲的连接点，是古代东西方贸易的必经之地，战略地位十分重要。尼罗河纵贯南北，沿岸土壤膏腴，物产丰饶。法、英两国早已把贪婪的目光投向埃及。法王路易十六（1774—1792 年在位）曾想侵占这块"宝地"。拿破仑也宣称："我们应控制埃及，开凿苏伊士运河，这将使英国遭到真正的失败。"1798 年 7 月 1 日，拿破仑率兵 3.5 万人侵入埃及。埃及人民奋起反抗。1801 年 9 月，法军被迫撤离。但英、法对埃及的争夺并未终止，它们竭力加剧曼姆鲁克和土耳其人的冲突，挑拨曼姆鲁克内部的关系，使埃及社会在兵连祸结中愈益衰败。

埃及自古以"地中海的粮仓"闻名于世，但在土耳其人统治时期，农田荒芜，河渠淤塞。到 18 世纪末，广袤的尼罗河三角洲平原近 1/3 的农田变成一片荒漠。粮食的产量不及罗马人统治时期（前 31—641 年）的 1/4。手工业凋敝不堪，受封建行会束缚的手工作坊仍占支配地位。人口显著下降，由法蒂玛王朝时期（967—1171 年）的 600 万减少到 18 世纪末的 250 万。

埃及人民生活在水深火热之中，他们同曼姆鲁克、英法殖民侵略者和土耳其宗主国的矛盾日益加深，构成了埃及社会的主要矛盾。占人民绝大多数的农民渴望废除腐朽的包税制；广大城市平民要求制止社会动乱，减轻苛重的捐税；部分长老虽属于地主阶级，但同样受到曼姆鲁克和外国统治者的欺压；新兴商业资产阶级也因国家分裂，失去统一市场，而不能正常开业经商。他们一致要求结束曼姆鲁克的苛政，抵御西方殖民势力的渗透和入侵，摆脱土耳其人的腐败统治，实现国家的独立、统一和安宁。但广大人民尚未组织起来。部分长老和商人虽有一定的社会地位，其首领奥马尔·麦克莱姆在人民中间享有较高的威望，但他们没有一兵一卒，没有力量来实现上述愿望。穆罕默德·阿里正是在这个时候登上埃及历史舞台的。

阿里原系阿尔巴尼亚人，1769 年生于希腊的沿海城镇卡瓦拉。1801 年，他应征入伍，编入土耳其军队，被派往埃及同法军作战。由于他深谋远虑，能征善战，1805 年 5 月在埃及人民特别是部分长老和商人的支持下，夺取了埃及的政权。7 月，土耳其苏丹被迫承认他为埃及省督，授予他"帕夏"爵位。随着阿里势力的增大，他表面上继续向苏丹称臣纳贡，贡赋占岁入的3％，并规定各清真寺的教长必须以苏丹的名义致辞，实际上，他已成为埃及独一无二的主宰，外国人尊敬地称他为"副王"。

阿里取得政权后，英、法虎视眈眈地盯着埃及。1807 年 3 月 20 日，英国勾结曼姆鲁克入侵埃及，妄图乘阿里政权立足未稳，将它颠覆。阿里正在上埃及清剿曼姆鲁克。奥马尔·麦克莱姆号召开罗居民"拿起武器，准备战斗，抗击英国人"。居民立即行动起来。穷人们半日修筑街垒，半日营工度日；富人们自愿分担费用。没有多久，一道防范英军入侵的坚固防线在开罗北面筑起。9 月，阿里击败入侵的英军，威望大振。土耳其对阿里王朝的兴起虽如芒刺在背，但不得不承认他对埃及的统治权。曼姆鲁克遭几次围剿，势力有所削弱，尚剩三四千人，他们盘踞在上埃及，对开罗政府构成极大威胁。阿里雄心勃勃，一心向往以埃及为中心，建立一个庞大的阿拉伯帝国，以取代日益衰微的奥斯曼帝国。为了维护自己的统治，阿里必须消灭曼姆鲁克，结束土耳其人的统治，制止外族入侵。

阿里不是土生土长的埃及人，在较长时间内对当地人持不信任态度，仅想利用他们来达到统治埃及的目的。阿里上台后，部分长老和商人因支持阿里起家和帮助他击退英军入侵而势力大增。奥马尔·麦克莱姆在公众场合与阿里平起平坐，而且"掌握大权，亲自过问一切事务"。在经济上，长老拥有大片宗教田产和部分包税领地；商人则掌握大部分贸易权。阿里对此深为不满，亟欲削弱他们的势力，用随同他一起来埃及的阿尔巴尼亚族、契尔克斯族和土耳其族埃及人取而代之。而这些人也不满足于已取得的权力，企望排斥异己，独揽大权。阿里的改革就是在这样的国内外背景下，抱着这样的目的进行的。它在一定程度上也反映了广大人民的愿望。

改革的内容

　　阿里的改革始于 1808 年，即击退英军入侵后的第二年，在这以后的 20 多年是改革全面展开的时期。阿里的改革并非一帆风顺，一开始就遭到了守旧和反动势力的激烈反对。

　　1808 年，阿里没收了一些拒不向政府纳税的包税人的土地。1809 年，他又下令取消包税人所有的乌西叶地的免税权，包税人须将包税余额的一半上缴政府。这对曼姆鲁克等包税人来说无疑是一个沉重打击。1809 年和 1810 年，曼姆鲁克在开罗发动两次武装叛乱，阿里毫不留情地出兵镇压。为了彻底消灭他们，1811 年 3 月 1 日，阿里以委任其子图松领兵出征阿拉伯半岛攻打瓦哈比人为名，借在开罗城堡宴请曼姆鲁克头领之机，将大小头领及其侍从 470 人一网打尽。除一人逃脱外，全部被杀。接着在各地搜捕，总共杀死曼姆鲁克千余人。残剩的逃往苏丹等地。政府没收了曼姆鲁克的全部土地。1814 年阿里正式宣布废除包税制，将全部包税地收归国有。为了缓和和包税人的矛盾，政府规定：按他们过去获得的包税余额的多少，给予不同的补偿，把乌西叶地归他们终身享用，不用纳税。曼姆鲁克作为一股政治势力不复存在。

　　宗教地产是长老收入的主要来源。为了削弱长老的势力，1809 年 6 月，阿里规定：所有宗教地产不再享有免税权，长老务必在 40 天内将其管辖的宗教地产的证件交给政府查验，违者将取消其掌管权。许多长老因没有证件或不具备"合格"的证件而丧失大批地产，从而引起他们的强烈不满。一些长老由阿里政权的支持者变成了阿里改革的反对者。1809 年 6 月 30 日，以麦克莱姆为代表的长老，联合曼姆鲁克包税人，聚集在爱资哈尔清真寺，抗议阿里侵犯他们的利益。麦克莱姆扬言："阿里是我把他扶上台的，我保证也能把他赶下台。"阿里对此置之不理。而这时的长老还不同于领导埃及人民抗击法国和英国入侵时的长老，他们大多已上升为颇有势力的封建地主，和曼姆鲁克一样过着骄奢淫逸的生活，为广大人民所不齿。人们轻蔑地称他们为"现代长老"。阿里利用长老之间的矛盾，进行分化瓦解，并用金钱把一大批长老拉了过来，集中孤立、打击麦克莱姆，把他流放到杜姆亚特。1813 年，政府通过丈量土地又没收了许多超过证件规定的宗教地产。从此，长老的地位江河日下，他们不再是政治舞台上一股举足轻重的力量。

　　被没收的土地名义上归国家所有，实际上属阿里占有。他把大量土地分封给王亲国戚、政府官吏和地方豪绅，于是出现了下列封地：（1）王室领地，即属于阿里及其王室的土地，面积约 50 万费丹①，大多是肥沃的良田，享有免税权。（2）边远地，即赐给政府官吏的土地，面积约 20 万费丹，大多是荒地或半荒地，有的享有免税权，有的在 3 年或 7 年内不用纳税。（3）村长地，即赐给各村村长的土地，面积约 15 万费丹，享有免税权。（4）酋长地，即赐给贝都因部落酋长的土地，面积约 10 万费丹，荒地和良田兼而有之，荒地不用纳税，良田缴一半赋税。此外，还有属包税人占有的乌西叶地，面积约 10 万费丹。前两类封地的受益者大多是阿尔巴尼亚族、契尔克斯族和土耳其族的埃及人；而后三类封地的受益者则是当地土著豪绅。这些人的人数虽少，却占地 100 万费丹，约占 19 世纪初全埃及耕地的1/2。他们构成了新地主阶级，成了阿里王朝的统治支柱。阿里改革正是代表了这些人的利益②。阿里将另一部分土地分成小块租给农民耕种，每户3—5 费丹。农民只有使用权，不得转让、抵押和租赁，须按时纳租，违者将被抽佃。

　　阿里改革了赋税制，把包税人过去向农民征收的各种赋税合并为一，统称土地税。税额按土质好坏和灌溉条件而定。1814 年，每费丹的最低额是4.5 皮亚斯③，最高额在下埃及是 45 皮亚斯，在上埃及是 49 皮亚斯。

　　阿里为了消除地方长官权力过大，容易造成各自为政，甚至拥兵割据的局面，他改革了行政制度，在中央设立高级国务会议，由副省督主持，下设陆军、海军、贸易和对外事务、教育、建设、工程 6 个部，处理日常事务。他简化了行政区划，把 16 个区归并为 7 个省，省以下设立县、乡、村三级行政机构，确立了中央集权制。各级机构和官吏完全听命于阿里。他还着手整顿社会秩序，派兵制伏一些以劫掠为生的贝都因人，消灭盗匪。

　　阿里受欧洲重商主义思想的影响，相信埃及要富强起来的主要途径是国家干预经济生活，垄断尽可能多的工业、农业和商业，促进对外贸易的发展，以输入大量金钱。为此，他在国内实行专卖制度，对农业、手工业和商业进行严格的控制和监督。政府硬性规定各地的种植品种和播种面积。农民

---

①　1 费丹合 6.3 市亩。

②　关于阿里改革的社会基础，我国和苏联学者多数认为改革代表了"新封建贵族和新兴商业资产阶级"或"新兴地主和商人"的利益。笔者认为改革仅代表了新地主阶级的利益。

③　100 皮亚斯合 1 镑。

只有在完成指派的任务以后，才能在多余的土地上自由种植。政府指派的产品由政府全部收购。农民自由种植的产品，在扣除本人需要的部分以后，也由政府收购。农民无权处置自己的产品。政府规定的收购价、销售价和出口价相差悬殊。如小麦，每艾尔代卜①的收购价为 27 皮亚斯，销售价为 56 皮亚斯，出口价为 90 皮亚斯。政府规定，手工业者所需要的原料由政府供给，然后由他们按规格进行加工，加工后的产品由政府按价收购，不得私自出售。过去手工业者每年获利 3 万袋②，这时只能收取一点加工费，全部盈利转归国有。许多人因此破产。政府由于控制了农业和手工业，也就掌握了贸易大权。至 1836 年时，出口货物的 94% 和进口货物的 40% 均由国家经办。

阿里积极鼓励发展经济作物，特别是棉花种植，以换取外汇。1820 年，埃及发现了质地优良的长纤维棉花。阿里极为重视，下令进行试种，取得成功后大力推广。1821 年出产棉花 944 堪他尔③，畅销欧洲市场。此外，还广泛种植靛青、甘蔗、红花、橄榄等经济作物。

阿里很重视水利建设。他统治期间，加固堤坝，疏通河渠，开挖了 20 多条新渠，修筑了近 30 座水坝。其中以马哈茂迪耶水渠最大，全长 80250 米。它引尼罗河水至亚历山大城，使三角洲西部的灌溉条件得到明显改善。这些水利设施发挥了极大效益，不仅控制了河水，扩大了耕地面积，使农田由 1821 年的 200 万费丹增加到 1840 年的 385.6 万费丹，而且提高了水位，增加了常年灌溉面积。作物由每年一熟变为三熟，产量随之上升。棉花、甘蔗、靛青等经济作物大幅度增长。棉花从 1821 年起成为主要出口商品，出口量逐年增多，1836 年达 243230 堪他尔，比 1821 年增长了 256 倍；其出口额达 1114 903 英镑，占全年出口总额的 86% 和政府总收入的 36%。

阿里政府由此获得资金，从西方购买机器，聘请技师，在埃及兴办起第一批近代机器工业。工人大多数是破产的手工业者和城市平民。阿里创办的工业以军事工业最为重要，他一再强调："我们所干的每一件事意义重大，但最重要的莫过于增加枪支。"他建立了几家兵工厂、造船厂和火药厂，其中以开罗城堡兵工厂和亚历山大造船厂规模最大。

开罗城堡兵工厂建于 1820 年，全厂分成若干车间，分别制造枪支、大

---

① 1 艾尔代卜等于 197.6 公升。

② 1 袋合 500 皮亚斯。

③ 1 堪他尔约合 44.928 公斤。

炮、大刀、长矛等武器。大炮车间有 1500 名工人，每月铸造大炮三四门，有时还制造 8 英寸臼炮和 20 英寸大炮。枪支车间有 900 名工人，每月生产法国式步枪六七百支。

亚历山大造船厂是 1829 年动工修建的，占地 60 费丹，有职工 5500 人，除少数欧洲技师以外，绝大多数是埃及人。全厂分 15 个车间，设备不算先进。旋工车间仅有旋床 15—20 台，一部分用牲口牵引，另一部分靠人力转动，只能加工重 1 堪他尔、直径二三英寸的零件。由于埃及工人的努力，终于制造出式样新颖、炮火猛烈的法国式战舰。如"埃及"号和"阿克"号两艘主力舰，分上、中、下三层，上层备有远射程炮 32 门，中、下层各备有近射程炮 34 门，即每艘战舰备有百门大炮，可载官兵千余人，其杀伤力可与欧洲新式的战舰匹敌。拿破仑出征埃及时，法国的最大舰只也不过备有 120 门大炮。1834 年，法国元帅马尔蒙参观亚历山大造船厂，对埃及"在短期内把海军扩展到如此惊人的地步"赞叹不已。

为了制作军服，阿里大力发展纺织业。1818 年，他创办第一批纺织厂。到 1829 年，各地新建棉纺厂近 30 座，投资约 10 万袋，拥有纺纱机 1459 台，织布机 1215 台。政府还发展与国计民生有关的民用工业和农副产品加工工业，如轧棉、打包、碾米、磨面、靛青加工、榨油、鞣革、制帽、食糖、肥皂、玻璃、造纸、制蜡、印刷等。政府从国外进口矿石、石煤和设备，在开罗建立了埃及历史上第一座铸造厂，制造国内所需的机器和设备。铸造厂的炼铁能力不高，日产量约 50 堪他尔；成本较高，每埃磅铁的价格为 80 巴拉[①]，比进口的铁贵 20 巴拉。即使这样，阿里也在所不惜，因为他想在军工生产方面尽量减少对外国的依赖。

阿里统治期间，以军事工业为主的埃及民族工业获得前所未有的发展。到 19 世纪 40 年代末，在厂工人达 3.1 万人，另有 4 万人在建筑新的厂房。投资总额约 1200 万英镑。工农业的发展促进了对外贸易的发展。1836 年，进出口贸易总额达 475.4 万埃镑，比 1800 年的 55.7 万埃镑增长了 7.2 倍。阿里统治期间，尽管进口大量机器、原料和燃料，进口总额增加了将近 6 倍，但是，埃及并未因此而大举外债。相反，由于大力发展经济作物，增加出口，除个别年头外，大多是出口多于进口，略有盈余，很少出现赤字。阿里曾自豪地对法国领事说："我改变了对外贸易关系。过去埃及为了购买你

---

① 　1 巴拉合 1/40 皮亚斯。

们的呢绒和丝绸，向欧洲工厂支付许多钱，如今自己开办了工厂，这笔钱就留在埃及，不用付了。"

阿里十分重视教育事业。当时，埃及的教育很落后，缺乏世俗教育。各地的私塾只教儿童背诵《古兰经》，唯一的"高等学府"是爱资哈尔清真寺。这所寺院墨守成规，除开设宗教、语言、文化课程外，反对西方科学技术。政府花费不少金钱创办一批专科学校，如工程、炮兵、骑兵、步兵学校及医学院、兽医学院等，并从国外聘请部分校长和教师。政府办了两所世俗中学和50所世俗小学。这些专科学校和世俗中、小学共有学生9000人，属陆军部管辖，实行免费教育。学生食宿在校，可领取少量津贴和衣服。政府选拔一些有才干的人出国留学。1813—1847年，共派遣留学生319人，分9批到意大利、法国、英国等地学习。这些学生回国后在政府部门或军队中担任要职，渐渐取代了外国技师。政府办了一所语言学院，把一批军事和科技书籍译成阿拉伯文和土耳其文。1822年建立了国家印刷厂，1828年出版了埃及第一份报纸——《埃及战役报》。

阿里懂得，军队是维护民族独立、建立阿拉伯帝国的主要支柱。可是在19世纪初，他手下只有一支装备简陋、缺乏训练、纪律松弛的杂牌军，主要由阿尔巴尼亚人和土耳其人组成，人数约1万人。另外，显贵们每家每户几乎都豢养了一批善于骑马格斗的曼姆鲁克，人数约1万人。这些曼姆鲁克不同于被阿里消灭的曼姆鲁克，其地位近似家丁。这些杂牌军和曼姆鲁克平时只知道劫掠民财，伤害百姓，缺乏战斗力，不能与欧洲军队相匹敌。1815年，阿里按法军的训练方式着手整顿军队，遭到守旧派军官们的强烈反对。那些失势的长老也加入反对行列，他们引经据典，说什么："一切革新都是奇物，一切奇物都是邪门歪道，一切邪门歪道都应付之一炬。"军官和长老相互勾结，在开罗发动叛乱，企图冲击王宫，谋害阿里。阿里用武力平息了叛乱，但改革军队的步子不得不放慢，以免重蹈土耳其苏丹塞里姆三世（1789—1807年在位）因整顿近卫军而被废黜的覆辙。

1820年，阿里改变方针，决定建立一支拿破仑式的新军。他在阿斯旺创办第一所步兵学校，从国外聘请教官，由随同拿破仑入侵埃及的法国军官塞夫担任校长。显贵们不愿送子孙到学校受训。阿里下令从自己和显贵豢养的曼姆鲁克中挑选三四百人入校学习三年，后来这些人成了新建的正规军的首批军官。

阿里本不打算在埃及的土著居民中招募正规军的士兵，他要埃及农民生产尽可能多的棉花和粮食，同时害怕农民武装起来会危及他的统治。于是命令从苏丹猎取黑奴，送往埃及当兵，人数三四万人。这些黑奴水土不服，疾病蔓延，加上训练过度，大部分丧生，阿里才转而招募埃及土著居民。到1825年，埃及拥有陆军4.1万人，1839年，达235880人。

阿里仿效沙皇彼得大帝，大力发展海军，以适应对外扩张和发展对外贸易的需要。他发展海军大致分为两个阶段：第一阶段从1810年起到1827年止。在这期间，他建立了地中海舰队和红海舰队。舰只除开罗布拉格造船厂建造外，大多从国外订购。1824年，他奉土耳其苏丹之命镇压希腊人民起义，竟能出动51艘战舰、146艘运输舰，共载士兵1.8万人。1827年10月20日，埃及舰队在纳瓦里诺港战役中，几乎全部被英、俄、法三国联合舰队歼灭。此后，埃及海军进入第二个发展阶段，即主要依靠本国力量重建舰队的阶段。政府修建了亚历山大造船厂。1831年5月，该厂建造的第一艘舰船下水。到1839年，埃及拥有32艘战舰，海军15543人，成了地中海东部最强大的海军国家。

阿里生前曾允许少数外商在埃及开办工厂、航运公司和开垦土地，但他们的资金有限，并受到一些限制。对于那些有损于埃及主权的经济渗透，阿里坚决制止。19世纪中叶，法国提议在地中海和红海之间开凿一条运河，英国提出修筑联结亚历山大和苏伊士的铁路，阿里均予以反对，担心这样做会有助于西方列强的渗透，损害埃及的独立。他深有感触地说，他不想使埃及成为第二个博斯普鲁斯海峡。

改革的性质和后果

阿里的改革并未触动旧的生产关系，它是在保留延续1000多年的封建农奴制基础上进行的，因而是封建性质的改革①。先从农业方面看，阿里的改革没有而且也不可能触动封建的土地所有制，广大农民依然没有立锥之地，有的被当作附属物连同土地赠送给新封建地主，沦为他们的佃农；有的

---

① 关于阿里改革的性质，国内外学者主要有两种意见。一种认为是资本主义的，另一种认为是封建主义的。前一种意见在西方和埃及颇为流行，其主要论点是：阿里时期，土地私有制逐步被确认，商品经济大力发展，引进先进技术，建立近代机器工业，农业“由停滞发展的封建阶段转变为持续发展的半资本主义阶段”，工业“由封建的工匠技术一跃成为充分发展的工厂资本主义”。我国和苏联的多数学者则持后一种意见。

被束缚在土地上，成为封建国家的佃农。农民仍然受着超经济的强制性剥削，服各种徭役。如阿里政府为了修建马哈茂迪耶水渠就动用了40万民工，10个月内竟有1.2万人被折磨致死。农民不得弃田逃亡，违者将被押送回乡，处以跖刑（击打脚掌的刑罚）。他们仍然和过去一样，被称为"加拉里"，即依附在土地上的人。再从工业方面看，阿里创办的工厂，就其规模、设备、分工而言，有些同西欧国家的资本主义机器工厂相仿，但其经营方式却是封建性质的。因为这些工厂是封建国家一手包办的。工厂的产品除民用的小部分以外，不参加市场交换，直接调拨军队使用。工人虽领有微薄的工资，在阿里执政初期还有一定的人身自由，但随着厂内棍棒纪律的加强和大批工人的逃亡，他们的地位越来越不同于资本主义社会中在法律上自由的靠出卖劳动力为生的工人。他们没有选择工作地点、工种和脱离工厂的权利，而被编成排、连、营，过着营房式的生活，常遭毒打、体罚和监禁，下工后要接受军训，还不时被政府和工厂主管人员拉去服徭役。因此，总的来说，工人同工厂主的关系不是资本主义的雇佣关系，而是封建的人身依附关系，他们实际上也是农奴，不同的是：他们被束缚在工厂里，农奴则被束缚在土地上。

尽管如此，阿里的改革具有重大的历史意义和深远的影响。他用极端的手段消灭了中世纪最反动的、在埃及肆虐500多年的曼姆鲁克势力，结束了埃及长期处于动乱、分裂、割据的局面，建立起封建的中央集权制，实现了国家的安宁和统一。他引进了先进的科学技术，兴办起第一批近代机器工业，发展了棉花等商品经济，培养和造就了第一代新型知识分子，并使长期停滞发展的工农业生产获得迅速的发展。埃及的工农业产品，基本上能满足国内的需要，有的还有多余，可供出口。这些都为维护埃及的经济独立，制止西方资本的大规模渗透奠定了较坚实的基础，也为后来资本主义的发展创造了有利条件。阿里依靠本国的人力和物力，建立起一支强大的军队。这支军队在维护国家主权、争取民族独立方面起了重大作用。它使西方殖民侵略者不敢轻举妄动，入侵埃及；使土耳其宗主国望而生畏，节节败退。埃及正因为有了这支军队，在阿里执政的绝大部分年代里，阻止了西方殖民主义的入侵，摆脱了土耳其人的统治，获得了实际独立，而且一跃成为地中海东部的头等强国。此外，由于废除了包税制和统一了赋税，在阿里统治初期，应该说农民的生活有所改善，负担减轻些了。据英国驻埃及领事1817年的观察：农民的日子"一般说来好一些了，比过去要满意些了"。这有利于提高他们的生产积极性，有利于生产的发展。埃及的人口到 1848 年又增加到 450 万。开罗和亚历山大等城市的人口增长迅速。亚历山大在法国入侵前只是一个拥有 8000 人的村镇，到阿里统治期间已成为埃及最重要的贸易中心，人口达 14 万。所有这些都是顺应历史发展趋势的，是符合埃及人民利益的，因而是进步的。

但是，阿里毕竟是剥削阶级的代表，随着改革的进行和国家的富强，他所代表的埃及新地主阶级驱使他不断向外扩张，掠夺新的领土，奴役其他弱小民族，从而使阿里政权处于同埃及人民及被奴役国家人民对立的地位，这是阿里改革失去广大人民支持的重要原因。

1811—1841 年，阿里穷兵黩武，接连不断地发动侵略战争：1811—1818 年，他奉土耳其苏丹之命，参与镇压阿拉伯半岛瓦哈比教派的起义；1820—1824 年，他为了掠夺奴隶和寻觅金矿，武装入侵苏丹；1824—1828 年，他出兵援助土耳其苏丹，镇压希腊人民的起义，以换取埃及对叙利亚和克里特岛的统治权；1831—1833 年，他以土耳其苏丹违约，未将叙利亚的统治权交给埃及为由，挑起第一次土埃战争，攻占巴勒斯坦、黎巴嫩和叙利亚，甚至越过托罗斯山脉，占领土耳其部分本土，进逼伊斯坦布尔。1833 年，埃及势力达到顶点，版图东起叙利亚沙漠，西至利比亚沙漠，北起地中海和托罗斯山脉，南至阿拉伯海和苏丹南部，成了一个地跨非、亚两洲的阿拉伯帝国。

这些非正义的战争耗尽了埃及的资财，加重了人民的负担，军费开支通常占去财政收入的一半，使国库储备枯竭。为了在一个仅有数百万人口的农业国长期维持 20 多万常备军的开支，政府加紧征税，从 1822 年起开征人丁税，规定年满 12 岁的男子，不分宗教信仰，一律纳税。税额按职业和家境情况而定，一般占个人收入的 1/12。非穆斯林另交 8—10 皮亚斯的捐税。土地税逐年增多，1833 年最低额是 11 皮亚斯，比 1814 年增加了 1.4 倍，最高额是 78 皮亚斯，比 1814 年增长 0.7 倍。农民租种的份地大部分属于贫瘠的次田，因此新增加的土地税相当大一部分落在他们的身上。此外，还有许多苛捐杂税，如枣椰树税、牲口税、船税、关卡税、所得税、入市税和捕鱼税等。政府还出动军队，包围城乡，四处抓人，逼迫他们充当炮灰和服各种徭役。商人的利益也受到严重损害。他们受政府专卖制度的束缚，不能随意开办工厂，从农民和手工业者手中直接收购产品，只能向政府高价购买。他们的贸易地位远不如外国商人。外国商人根据土耳其政府和欧洲各国签订的商约，享有特权，只需缴纳 3% 的关税；本国商人按埃及政府规定，穆斯林要缴4%，非穆斯林要缴5%的关税。此外，本国商人在国内经商还要缴纳入市税等苛税，而外国商人却可以免缴。阿里把叙利亚和黎巴嫩等地视为掠夺的对象，对它们实行比在埃及更加严厉的统治，赋税逐年增加，征兵一年比一年扩大。政府采取的这些措施，使阿里的改革很快失去包括商人在内的广大埃及人民的支持，并激起他们和其他被奴役的国家人民的反抗。

阿里的改革难以维持下去的另一个原因是，封建官僚制度的腐败。阿里在进行经济改革时遇到一系列不可克服的困难。首先是资金匮乏。他开办的工厂，产品大多用于对外战争，没有带来多少利润，使工厂得不到扩大再生产的资金。其次是管理不善。阿里实行中央集权制，工厂的原料、机器和燃料的供给，人力的配备，计划的制订，成本的核算以及质量的检验，均由政府负责。阿里甚至亲自过问这些事务。工厂主管人员的权力有限，他们大多是一些现役或退役军官，对组织生产一窍不通，营私舞弊、剥削工人却是能手。为了免遭阿里的指摘和保住自己的职位，他们用克扣工人工资和编造假账的办法来降低成本，用延长劳动时间和硬拼设备来增加产量。在这种管理体制下，生产极其混乱。一些厂因缺乏零件、设备和人力而停工停产；另一些厂却人浮于事，机器设备堆积如山。工人受尽欺压，大批逃亡，生产效率极为低下。如盖勒尤卜棉纺厂有进口织布机114台，其中专为陆军部生产的100台只有50台能运转，其余都坏了。该厂工人共195人，干活的只有95人，其他人都逃跑了。此外，外国商人利用埃及人不懂技术而大发横财，他们将一些老式的、残缺不全的甚至完全报废的机器高价卖给埃及政府，使之花费大量外汇得到的却是一堆废铁。外国技师消极怠工，故意不向埃及人传授技术，处心积虑地破坏生产。

更为重要的是，阿里帝国的建立引起了欧洲一些列强的嫉恨。它们决不容许地处要冲、物产丰富的埃及通过阿里的改革成为一个独立的强国。英国对横亘在通往印度道路上的埃及帝国的兴起更是视若仇敌。自19世纪30年代起，它和埃及在阿拉伯东方的冲突日益加剧。英国欲进一步控制波斯湾和伊拉克，开辟从巴士拉，经幼发拉底河、叙利亚沙漠和阿勒颇至地中海的商道，以加速英国和印度之间的通信联系和贸易往来。阿里却要独霸阿拉伯东方，控制东西方之间的贸易权。他派兵攻打也门和波斯湾，煽动伊拉克的库尔德部落和阿拉伯部落起义反对土耳其统治，这势必引起英国的反对。英国外交大臣帕麦斯顿表示，英国"决不允许土耳其在埃及帝国向北方进军和俄罗斯帝国向南方进军的夹攻中毁灭掉"。1837年12月，他指示驻埃及领事：

"大英帝国……认为对土耳其苏丹在巴格达的权力的动摇和干涉必须加以阻止，这样做完全符合帝国的利益"，"你应当坦率地向帕夏（指阿里——引者注）表示，英国政府对他实现自己的打算决不会袖手旁观"。

1839 年 6 月，在英国挑唆下，第二次土埃战争爆发。埃及再次击败土军，越过托罗斯山脉，进入土耳其本土。奥斯曼帝国岌岌可危。1840 年 7 月 15 日，英国联合俄、奥、普、土四国签订《伦敦条约》，进行干预。条约规定：阿里必须从克里特岛、阿达纳、阿拉伯半岛和叙利亚撤军，仅保留埃及的世袭权和阿克省的终身管辖权；土耳其苏丹批准的各项法令和协定务必在埃及生效；埃及军队是奥斯曼帝国军队的一部分，必须为帝国效劳。阿里断然拒绝接受这个条约。

1840 年 9 月，英国舰队在俄、奥、土三国舰队的配合下炮轰贝鲁特。土耳其苏丹宣布革除阿里的一切职务。接着，英土联军在贝鲁特登陆，很快占领了黎巴嫩和巴勒斯坦的沿海城市，切断了埃及和叙利亚的通道，使驻扎在叙利亚的 7 万埃军面临被歼的险境。英国舰队还驶往亚历山大炫耀武力。

在这种情况下，阿里被迫屈从，同意接受《伦敦条约》，撤回全部军队。1841 年 1 月，土耳其苏丹秉承英国等列强的旨意，颁布几道敕令，对《伦敦条约》作了具体说明。敕令规定：埃及省督的职位由阿里家族中的最长者继承；苏丹地区归阿里终身管辖；埃及军队在和平时期不得超过 1.8 万人，未经土耳其苏丹许可不得建造战舰，上校以上军官的任命必须得到苏丹的批准；埃及每年向土耳其苏丹纳贡 8 万袋。

阿里接受上述规定，不仅标志着以埃及为中心的阿拉伯帝国的瓦解，而且意味着阿里改革的严重受挫。在这以后，尽管阿里作了最大努力，埃及军队没有完全按条约规定裁至 1.8 万人，到 1848 年仍保留了 8 万人，但其实力已大大削弱，再也抵挡不住西方殖民势力的侵入了。1841 年后，埃及虽然仍是奥斯曼帝国的一个行省，阿里仍是埃及的省督，但是，埃及的主权已遭践踏，英法在埃及的势力日益增长，埃及开始走上了半殖民地的道路。这一切在精神上给阿里以极大刺激。他积郁成疾，精神错乱，于 1849 年 8 月 2 日去世。

澳大利亚的发现及其沦为英国的殖民地

张 天

澳大利亚最早的居民是今澳洲黑人。据考古资料证实，澳洲黑人的祖先在公元前 25000—前 8000 年由亚洲乘独木舟漂流来到澳洲大陆，然后由北向南扩展，散布于大陆各地。

在 1788 年英国殖民主义者到来时，澳洲黑人仍处于落后的石器时代。人们从事狩猎和采集，无农业，亦无社会大分工。成年男子专狩猎。女子从事采集，所用器皿是用木、竹制作的，还没有陶器。他们的特殊狩猎工具叫飞旋镖，亦称"飞去来器"。社会生产的基本细胞是氏族公社，土地、狩猎区、采集区和捕鱼区均属公共所有。社会成员间基本平等，但男子在生产中已居主要地位。"先男子后妇女儿童"是社会产品分配的原则。澳洲黑人没有定居，没有多少剩余产品，因而没有商品交换，没有穷富分化。主要的社会组织形式是氏族和部落两级。没有酋长，也没有法庭等国家机器。婚姻制度是族外婚，个别部落出现了一夫多妻现象。

澳洲黑人崇拜图腾，无严格意义上的宗教，只有某些前宗教观念——图腾说教，并在图腾说教的基础上产生了"精灵"观念，此外还出现了带有宗教色彩的仪式。图腾说教、"精灵"观念和宗教性仪式这三者交融在一起。在英国人到来之前，澳洲土著居民的文化还是原始状态的文化，在绘画、雕刻、音乐、歌舞等方面达到了较高的水平。

"南方大陆"的发现

关于澳大利亚大陆早在古代就有传说，盛行于欧亚两洲。

大约在公元 150 年时，哲学家托勒密曾绘制了一张地图，图上标出有个 Terra Australis Incogrita（拉丁文），意为"未知的南方大陆"。"澳大利亚"

（英语为 Australia）一名就是由此而来。从托勒密时代起，"未知南方大陆"的说法就在欧洲流传下来。1550 年，一位法国人，在他绘制的地图上画了一块与南极洲相连接的大陆。西班牙航海家胡安·阿里亚斯就曾对西班牙国王菲力浦二世说：根据圣经教义和哲学推理，根据北半球的海洋和大陆的比例来推断，南半球也会相对称地表现出来，会有块大陆的存在。他极力要求国王给他提供船只前去探险。1769 年，一位英国人说得更奇妙，他说"未知南方大陆"比亚洲还要大，住有 5000 万人口。亚洲也有类似的传说。中古时期，居住在爪哇一带的印度人就传说在爪哇东南有黄金岛。

从 16 世纪起，西欧资本主义逐步发展起来，资产阶级对黄金的需求量日益增多，他们到处寻求黄金。关于"未知南方大陆"和黄金岛屿的传说吸引和推动了他们漂洋过海前往南太平洋探险。麦哲伦在 1519—1521 年环绕地球一周，打通了一条连接东西两半球的海洋通道。16—18 世纪，葡、西、荷、英等国的探险家在南太平洋和印度洋航行数百年，这不仅打通了两大洋的航路，而且积累起丰富的航海经验和海洋地理知识，加上科学技术和航海术的长足进步，这一切都为西欧殖民主义者来南太平洋探险提供了条件。

欧洲列强，尤其英国先后占领了南美、南非、东南非、南亚和东南亚等与澳大利亚隔洋相对的邻近地区，它们在这些地区站稳了脚跟后，便大规模地涌向澳大利亚大陆周围海域。16 世纪葡萄牙和西班牙占领了加罗林群岛、马绍尔群岛、所罗门群岛、托克劳群岛、马克萨斯群岛及属于南波利尼西亚的部分岛屿。托雷斯于 1606 年发现了紧靠澳大利亚东部的新赫布里底群岛。荷兰人塔斯曼在 17 世纪 40 年代发现了塔斯马尼亚和新西兰、汤加、斐济诸岛。英国人库克在 18 世纪 70 年代发现了距澳大利亚东部海洋咫尺之遥的新喀里多尼亚和属于南波利尼西亚的部分小岛。这样，到 18 世纪下半叶，澳大利亚四周岛屿已相继被发现。

西欧列强，尤其英法两国为了殖民扩张，展开了激烈的争夺，导致了七年战争（1756—1763 年）的爆发，同时也使得他们决心要探查南太平洋的地理状况，以巩固自己在南亚和东南亚的阵地。

欧洲人在南太平洋历时两个半世纪的探险，大致可分为以下三个时期。

第一时期（1519—1607 年），主要是葡萄牙人探险时期，即史称天主教国家探险时期。

从 1519 年开始，葡萄牙人为了寻找"黄金岛屿"和"未知南方大陆"曾多次从雅加达和马鲁古群岛派出探险队。据葡萄牙史家记载，他们的探险家在航海中曾发现了"未知南方大陆"。可是，他们并没有提出证据证明他们的探险家确实到过澳大利亚，仅是空言而已。

16世纪下半叶，西班牙的航海家开始了对"未知南方大陆"的探险活动。航海家门达纳在"黄金梦"的鼓舞下于1565年曾先后两次进行寻找"未知南方大陆"的探险航行，都无果而返航。进入17世纪后，西班牙人基罗斯和他的副手托雷斯在1605年远航至南太平洋，进一步发现了波利尼西亚和美拉尼西亚的一些岛屿。基罗斯后来说他发现了"未知南方大陆"，并给它取名为"圣灵澳大利亚"。他是否真的发现了澳大利亚，也无据可证。基罗斯返回墨西哥后，探险的重担便落到了托雷斯的肩上。托雷斯于1607年远航至澳大利亚东面的新赫布里底群岛。他从这里北航打算返回菲律宾，途中穿过一条把新几内亚和澳大利亚隔开的海峡，这条海峡后来就以托雷斯的名字命名。

我们从托雷斯关于他这次航行的书信中，看不到他到过澳大利亚任何岸边的记述。虽然如此，托雷斯的发现纠正了欧洲人对南半球的错误看法。长期以来，欧洲人认为麦哲伦发现的南美洲南端的火地岛和西太平洋上的新几内亚是"未知南方大陆"北部突出的两部分。托雷斯的发现证明，新几内亚和"未知南方大陆"是由海峡隔开的，没有连接在一起。托雷斯于1607年到马尼拉，如实地把自己的发现报告了驻在这里的总督，但是西班牙总督却对这个发现秘而不宣。

葡萄牙人和西班牙人虽经近百年的努力，从寻找"黄金岛屿"的角度而言，可以说是一无所获。从此之后，西葡两国的航海家停止了探寻"未知南方大陆"的活动，由信奉喀尔文教的荷兰人取而代之。从而进入欧洲人在南太平洋进行探险的第二个时期（1606年至17世纪40年代）。

荷兰人早在1596年就来到了巴达维亚（今雅加达）。1606年威·扬茨乘"杜夫根号"从班达扬帆东航，先沿新几内亚南岸航行，到达托雷斯发现的那个海峡后便转舵南航，到达约克角半岛的西部海岸，然后返航。根据他后来的记载说："那里没有什么有益的事可做！"从此，他再也没有作进一步的努力。公正地说，扬茨是第一位发现澳大利亚的欧洲人，起码他是第一位到达并叙述过澳大利亚的欧洲探险家。

10年之后，另一位荷兰航海家德克·哈托克按着由好望角到爪哇的新航路航行，借助于南印度洋上的季候风，较快地到达了澳大利亚西部的沙克湾，并在该湾的一个小岛附近停泊。1623年，荷兰的一些海员再次驶入扬茨曾驶入过的澳大利亚北部的卡奔塔利亚湾，目的是寻找他们想象盛产黄金和香料的"未知南方大陆"，并借此为新教喀尔文派扩大教徒。

在 17 世纪 40 年代前，还有一些荷兰人到达过澳大利亚南海岸的一些地方。其中有个叫彼得·瑙依兹的探险家，他被巨大的季候风刮得远离航线，因而到达了澳大利亚湾东端的彼得岛和保罗岛。这就是说，荷兰的探险家不仅到达了北澳大利亚和西澳大利亚，而且到达了南澳大利亚。这样一来，只剩下东澳大利亚没有被发现了。

总之，荷兰人对发现"未知南方大陆"取得了显著的成就。因此荷兰东印度公司理事会在 1642 年作出了对"南方大陆"进一步探险的决定，认为完成发现它的条件业已成熟，并相信这块大陆上不但会有很多的贵重金属矿藏，而且还会有许多肥沃的土地。荷兰驻东南亚总督范迪门经过挑选，任命航海家艾贝尔·塔斯曼为探险队队长。塔斯曼在 1642—1643 年和 1644 年先后两次到南太平洋探险。在这两次航行中，他的贡献主要有下列几点。

第一，他发现了今塔斯马尼亚岛，当即以总督范迪门的名字命名（后又以塔斯曼的名字命名）。

第二，他发现了今新西兰岛。

第三，在第二次航行时，塔斯曼从约克角半岛向西航行到了西澳大利亚中部的威廉斯河，并绘制了这一带的海图。

第四，当塔斯曼由西往东穿过塔斯马尼亚南海岸时，得出了澳大利亚不是南极大陆的一部分的正确结论，从而推翻了澳大利亚是同南极大陆相连的旧说。塔斯曼说，从塔斯马尼亚岛向南望去只是茫茫无际的海洋。

此后，荷兰航海家又多次到过澳大利亚西海岸，并把这一带命名为新荷兰。"新荷兰"一语就成了全澳大利亚的名称，并叫了 200 余年。但是，荷兰人由于他们在印尼拥有大批殖民地，而新荷兰又荒芜贫瘠，因此并未向这里移民。荷兰人基本上停止了对南方大陆的探险活动。英国人却利用西班牙人和荷兰人的探险成果，开始了自己对南太平洋的探险活动，从此进入了探险活动的第三时期（17 世纪末至 1770 年）。

英国人对"未知南方大陆"的探险活动，开始于 1688 年，有趣的是，到达澳大利亚的第一个英国人是位江洋大盗，叫威廉·丹皮尔。1687 年，丹皮尔在菲律宾抢夺了一艘船，驾船南航，于 1688 年 1 月 4 日到达澳大利亚北岸，登陆上岸进行探查活动。他返回伦敦后，以大探险家的姿态向英国海军部报告了澳大利亚之行的见闻。海军部不但没有追究他的海盗行径，反而给了他一只船再去探险。后来，丹皮尔把自己的见闻写了一篇题为《新荷兰航行记》的文章。他在文章中说：这里土地干燥，多沙缺水，树木不结水果和浆果，居民是"世界上最不幸的人，除具有人形外，和野兽没有什么区别"。这篇文章当时被认作有关澳大利亚纪实的权威性文章。它不仅影响了英国，而且影响了整个欧洲对澳大利亚的看法。此后几乎一个世纪，没有人去澳大利亚进行重大的探险活动，彻底解开"南方大陆"之谜向后拖延了近100年之久。

经过七年战争，英国取得了世界霸主的地位。它为了保卫在两大洋上的利益，决定派人去南太平洋进行探险。加之，英国在七年战争中一度攻占了吕宋岛，夺得了西班牙驻马尼拉殖民当局的档案，其中包括上面提到的那份托雷斯写于 1607 年的报告。这份报告对英国人到澳大利亚探险，当然十分有用。

1768 年，英国海军部委任航海家詹姆斯·库克以观摩金星凌日为名，到位于"南方大陆"以东的塔希提岛，然后探寻南方大陆。库克在塔希提岛完成观察任务后，越过该岛继续西航。1769 年，他的船只到达了新西兰，环绕新西兰一周，并穿过新西兰南北两岛之间的海峡（今库克海峡），判定该岛由两岛组成。库克决定经由爪哇、好望角返回英国，因而不停地西航。这样便碰上了澳大利亚东海岸。与他同行的还有植物学家约瑟夫·班克斯和博士索兰德等。这些英国人沿澳大利亚东海岸北航，1770 年 4 月到达了一个巨大的海湾。他们登陆上岸，花了 8 天时间进行探察，见到了许多奇观。因植物茂密繁多，便给这个巨大的海湾命名为"植物湾"，他们还给见到的各种地形取了名字。离开植物湾后，库克一行沿岸继续北航达 1800 英里，途中曾三次登陆勘察，最后到达了澳大利亚最北角，在今占领岛登陆。他们以英王乔治三世的名义宣布澳大利亚东部为英国领土，并取名为新南威尔士。

库克在航海日记里详细地描述了他们在澳大利亚东部的见闻。他写道，在这里"景色愉快宜人，旖旎多变，有崇山峻岭、平原峡谷，还有小片草地"；"我们在好几处望见袅袅炊烟，肯定有人居住"。他在谈到那个巨大的海湾时说："在这个地方发现大量鲉鱼，使我想到要把它命名为鲉鱼湾"，但是"在这个地方，班克斯先生和索兰德博士发现大量植物，使我想到要把它命名为植物湾"。

库克等人于 1771 年回到伦敦，向海军部作了报告。1774 年，海军部再次派他出航澳大利亚进一步探险。库克率领"努力号"和"发现号"扬帆西航，1779 年在夏威夷岛上被土人杀死。

库克对解开"未知南方大陆"之谜作出了杰出的贡献。史家们一般认为，库克是发现澳大利亚大陆的"哥伦布"。从上面的史实中，可以清楚地看出，荷兰人扬茨才是真正的"哥伦布"，而库克只不过是"亚美利哥"。这样的评价应当说是实事求是的、公正的。

沦为英国殖民地

英国从 1717 年开始，一直把本国重罪犯人流放到北美殖民地去。1783 年，北美殖民地赢得了独立，英国丧失了北美流放地。这时，英国社会因工业革命和圈地运动大规模地进行而陷于动荡的局面，犯罪率日益升高。拥挤在囚船上和监狱中的犯人发生了瘟疫，并有向农村蔓延之势，而犯人暴动又屡屡发生。如何处置犯人成了当时执政的皮特政府亟待解决的问题。

1779 年，曾经随同库克发现东澳大利亚的约瑟夫·班克斯向下议院的一个委员会建议，把东澳大利亚的植物湾地区作为流放地。英国政府采纳了班克斯的建议。1786 年 8 月，内务大臣悉尼勋爵宣布东澳大利亚为刑事犯和政治犯的流放地，并指示海军部作准备，以便把第一批犯人运往澳洲。接着，英王任命阿瑟·菲利普上校为新殖民地的第一任总督兼驻地司令官。

1787 年 5 月 13 日，菲利普总督率领 212 名海军陆战队员，押送 575 名流放犯离开英国，于 1788 年 1 月到达澳洲的植物湾。从此，澳大利亚沦为英国的殖民地。

英国变澳大利亚为自己的殖民地花费了半个多世纪的时间，经历了流放犯殖民地和公民殖民地两个历史时期。

（1）流放犯殖民地时期（1788—1823 年）。

从 1788 年开始，英国把大批犯人陆续流放到澳洲。1788—1795 年，流放来的犯人为 5765 人；1795—1810 年为 6525 人；1816—1820 年为 11250 人。最初 30 多年，被放逐到澳洲来的犯人总数达 33508 人。据统计，在澳大利亚的白人总人口中，犯人、释放犯及其后裔占 3/4 以上①。

流放来的犯人除少数确有危害社会的罪行外，大多数是无以为生的贫民，被剥夺土地的农民、乞丐，或反抗英国殖民统治的爱尔兰人以及政治

---

① 当时澳大利亚仅有新南威尔士和范迪门两个殖民区，1856 年范迪门改称塔斯马尼亚。

犯，等等。

英国在这里建立起的殖民政府起初具有浓厚的军事专制性质，以犯人及其后裔为统治对象。在 1823 年以前，总督拥有赦免罪犯、缓刑、征兵、维持法纪、赐予土地、统率军队、保卫移民等权力。总督对母国政府负责，受殖民大臣遥控。

澳殖民政府利用军队和严刑强迫流放犯在杰克逊港（今悉尼市）建造住所、修筑道路、开荒种地、办起农场和牧场。澳大利亚出现了第一批城市和乡村。初期，一切东西，尤其粮食和生活必需品完全依赖母国的船只运输供应。一旦运输船延误日期或失事，就会给殖民地带来严重饥馑。如 1789—1790 年的饥馑使菲利普总督深信，只靠流放犯的劳动，不可能使殖民地长期存在下去，因而他制定出发展殖民地的方针：从英国吸引自由移民来澳大利亚，把犯人作为自由移民的劳动力；赐土地予官员，亦由犯人充作劳动力；赐土地予释放犯。这一方针后经格罗斯等总督修改充实，成了英国殖民当局长期在澳的殖民方针。其结果使澳大利亚社会向与流放犯殖民地相反的方向发展。

农业是这一历史时期的主要经济部门。农业经济体制当时出现了四种类型：殖民当局的农场，强迫犯人劳动；军政官员私人农场，指派犯人无偿劳动或雇用释放犯；自由移民的个体经济；释放犯的个体经济。

畜牧业、小型作坊和商业也陆续建立起来，其中以养羊业的出现和发展，对后来澳大利亚社会的发展有特殊重要的意义。澳大利亚养羊业的鼻祖是前军官麦卡阿瑟。1802 年，他在伦敦说服了国务大臣卡登姆伯爵，允许他在澳发展养羊业。他带着卡登姆给新南威尔士总督金的命令回到悉尼。命令要求金给麦卡阿瑟 1 万英亩土地来饲养西班牙的美利奴细毛羊，澳大利亚的养羊业从此发展起来。

农牧业经济的发展和人口的增长，客观上要求扩大土地面积，从而加紧了对澳洲内陆的探察，并取得了一些成就。其中最重大的成就是 1813 年越过蓝山山垭和 1815 年越过利物浦山脉的通道，进而发现两山山麓以西的肥沃的大平原。新南威尔士殖民政府当即派出探险人员对大平原及其河流进行勘察，不久便开始大规模向这里移民。这就为澳大利亚农牧业，尤其是养羊业的迅速发展提供了必需的前提条件。

在各个经济部门中，流放犯和释放犯是社会生产的主要劳动力。最初的几任总督都能正确地对待释放犯。犯人刑满释放后，一般给予 30—50 英亩土地，如有专门技能，务使尽其才，并给予较高的社会地位。因而进入 19 世纪后涌现出一批有名的释放犯，如西米恩·洛德、查尔斯·威廉、汤普森等人。在这方面，澳大利亚历史上著名的政治家麦夸里总督（1809—1821 年任职）是比较突出的。

在麦夸里总督时期，在如何对待释放犯方面，澳大利亚出现了相互对立的两派：凡拥护正确对待释放犯的人，称为"解放论"派；凡反对给释放犯以应有的社会地位的人，称为"排斥论"派。早在 1816 年，一批反对麦夸里的人写了一份请愿书交维尔牧师转呈英国下议院。请愿书控告麦夸里总督改变陪审团的决定、鞭打自由人、出卖赦免证和重用释放犯等。1819 年英国下议院任命了一个调查监狱委员会。殖民大臣巴瑟斯特任命约·托·比格为调查委员，去澳大利亚调查，双方的斗争达到高潮。

比格从 1819 年 10 月至 1821 年 2 月在新南威尔士和范迪门两殖民区进行了细致的调查，并在 1822 年和 1823 年先后向英国政府提交了三个报告，就有关犯人和释放犯提出了如下建议：大力发展牧羊业，用流放犯牧羊；把最顽固的犯人流放到莫尔顿湾、克斯提港和博恩港去，对一般犯人亦"宁严勿宽"；废除授土地予释放犯的政策；禁止任命释放犯担任社会公职和由释放犯参加陪审团。英国政府接受了比格的这些建议。

1821 年 12 月，布里斯班取代麦夸里任总督。布里斯班奉命改变了对犯人和释放犯的政策，完全按照比格的建议行事，把犯人从市镇迁到乡村，指派给自由移民去从事农牧业劳动；把所谓不堪改造的犯人送往麦夸里港和莫尔顿湾，后又改迁到诺福克岛；同时废止了授土地予释放犯的政策。

（2）公民殖民地时期（1823—1850 年）。

18 世纪 60 年代开始的英国工业革命，到 19 世纪 50 年代已基本完成。母国工业的巨大发展，迫切要求殖民地提供更多的原料和销售更多的商品。在工业革命中，英国毛纺织工业高速地发展起来，大幅度地增加了对羊毛的需求量，迫切要求澳大利亚养羊业迅速发展，以适应母国毛纺织工业高速发展的要求。英国因此在 19 世纪 20 年代后改变了对澳大利亚的殖民政策。

英国政府在澳推行了新的土地政策，建立起新的授予、租让和出售土地的制度。1825 年，英国颁发给澳大利亚农业公司特许状，在新南威尔士东海岸的纽卡斯尔地区授予该公司 100 万英亩土地。后来又允许亨利·丹加尔家族在亨特河流域占用 30 万英亩土地。1820—1850 年，仅塔斯马尼亚一个殖民区就租让土地达 425 万英亩。新南威尔士共出租土地高达 7300 万英亩。这样，澳大利亚出现了畜牧业大发展的局面。1847 年，英国枢密院为了适应这一局面而颁布了有关土地租借的法令。此法令的颁布导致租借土地高达 1.8 亿英亩。

在 19 世纪 50 年代以前，出售土地也达到了一定的规模。1820—1831 年，塔斯马尼亚和新南威尔士两个殖民区共发卖土地 500 万英亩；1837—1842 年又发卖土地 200 万英亩。伦敦地产公司专门经营出售西澳大利亚的土地，它在 18 个月内就卖给 70 个自由移民 50 万英亩土地。

英国政府还推行了新的移民政策，对自由移民给予旅费津贴。1830 年以后从英国移入的公民几乎全是由政府资助的。到澳大利亚后，殖民当局给予妥善安排，给予种子、土地、工具和牲畜，无偿向他们提供流放犯充作劳动力。从 19 世纪 20 年代起，自由移民大批涌入澳大利亚。1820—1850 年流放来的犯人为 10 万人左右，而自由移民高达 20 万人以上。澳大利亚人口结构发生了显著的变化：自由移民数量超过了流放犯和释放犯人数的总和；出现了阶级差别；人口的总数从 1820 年的 33543 人上升到 1850 年的 405363 人，即在 30 年内增长了近 11 倍。

英国政府还改变了对澳统治方式。1823 年，英国议会通过关于改善新南威尔士和范迪门地区的司法条例。根据条例，新南威尔士和范迪门地区分别建立起 5—7 人的立法会议。此后，英国被迫一次又一次地进行改革，变换统治方式。总督权力日益削弱，而由当地地主资产阶级控制的议会的力量日益膨胀。

澳大利亚人口结构的变化，英国对澳统治方式的变化，以及采取新的土地政策和移民政策，所有这些表明，澳大利亚已由流放犯殖民地转向公民殖民地。

除原有新南威尔士和范迪门地区外，英国殖民主义者还于 1829 年建立西澳大利亚殖民区，1836 年建立南澳大利亚殖民区。自由移民不仅侵占了蓝山山脉和利物浦山脉以西的大平原，而且向南、向西，向整个澳大利亚扩展，到 19 世纪 50 年代整个澳大利亚都沦为英国的殖民地。

在这一历史时期内，澳大利亚的社会经济迅速发展。为了适应母国毛纺织业的发展，养羊业已发展成为澳洲的主要经济部门。英国大量投资于细羊毛生产。拥有资本的移民绝大多数成为养羊主，史称“牧地借用人”。他们随着日益增多的羊群逐步向内陆推进，距海岸越来越远。而规模巨大的养羊公司和牧羊场像雨后春笋般地陆续出现。到 1849 年，澳大利亚已拥有 1600 万只绵羊。羊毛成了主要的出口商品，出口数量迅速增长，1810 年仅 167 磅，到 1849 年就达到了 3500 万磅。1850 年，澳大利亚的羊毛几乎全部运往英国，占英国全年羊毛进口总数的一半。

羊毛生产和出口的迅猛增长对澳大利亚社会的发展有极为重要的意义。澳大利亚因此而被称为"骑在羊背上的国家"。

农业经济发展也很快。首先耕地面积逐渐扩大，据不完全统计，1850 年，新南威尔士、范迪门地区和南澳大利亚三个殖民区的农田已达 43.2 万英亩，粮食自给率逐年增加。

农牧业的迅速发展是建立在侵占土著黑人土地和屠杀土著居民的基础之上的。据估计，在 1788 年时，大陆上黑人约有 500 个部落，人口总计约 30 万。此外，在塔斯马尼亚还有 4000—7000 名黑人土著。在流放犯殖民地时期，英国人和土著基本上是互不来往，只是有时流放犯逃到土著那里避难。进入 19 世纪 30 年代后，尤其大规模养羊业开始后，英国殖民主义者为夺取肥沃土地，大肆屠杀黑人土著。采取的手段极端残暴，如集体驱赶枪杀、在食物中下毒、追逐捕杀……经过多年屠杀，到 1876 年，塔斯马尼亚黑人土著被虐杀殆尽，大陆上的黑人 85% 以上也被虐杀了。

随着农牧业的发展和人口的增长，澳大利亚内部市场逐步扩大，促进了供本地需要的制造业的产生，出现了造船、酿酒、制粉、农具等工业部门，此外，食盐、服装、制革、家具、陶器、铁器等小型作坊也纷纷出现。工业中以造船业最为突出。范迪门是澳大利亚造船中心。1840—1850 年该殖民区建造轮船 400 艘，载重量总计达 2.4 万吨。与此同时，从事商业和进出口贸易的机构以及金融银行机构也陆续建立起来。

澳大利亚各殖民区土生土长的地主资产阶级、中小资产阶级、工人阶级和农民阶级在这一历史时期内逐步成长起来，并开始了激烈的斗争。1823—1850 年，政治斗争主要是围绕着废除流放制而展开的。澳大利亚各殖民区的中小资产阶级、工人阶级和农民阶级主张废除流放制，英国政府坚决反对。1837—1838 年，英国下议院被迫建立一个由威廉·莫尔斯沃思爵士主持的委员会调查流放制的问题。1839 年，英国政府下令废除新南威尔士和范迪门地区的流放犯指派制。1840 年，英国殖民大臣约翰·罗素勋爵在下议院发表演说，不得不承认流放制是奴隶制，并宣布废除向新南威尔士流放犯人的制度。此后，澳大利亚本土的各阶级和一些政治集团不断地对英国政府施加压力，迫使它在其他殖民区也废除流放制，斗争一直持续到 1866 年。是年英国不得不宣布在整个澳大利亚废除流放制。

　　废除流放制具有重大的历史意义。之后，澳大利亚民族资本主义迅速发展起来，为澳大利亚民族的形成和 1901 年澳大利亚联邦的建立奠定了牢固的基础。

中国社会科学出版社"社科学术文库"
已出版书目

1. 冯昭奎：《21世纪的日本：战略的贫困》，2013年8月出版。

2. 张季风：《日本国土综合开发论》，2013年8月出版。

3. 李新烽：《非凡洲游》，2013年9月出版。

4. 李新烽：《非洲踏寻郑和路》，2013年9月出版。

5. 韩延龙、常兆儒编：《革命根据地法制文献选编》，2013年10月出版。

6. 田雪原：《大国之难：20世纪中国人口问题宏观》，2013年11月出版。

7. 中国社会科学院科研局编：《中国社会科学院学术大师治学录》，2013年12月出版。

8. 李汉林：《中国单位社会：议论、思考与研究》，2014年1月出版。

9. 李培林：《村落的终结：羊城村的故事》，2014年5月出版。

10. 孙伟平：《伦理学之后》，2014年6月出版。

11. 管彦波：《中国西南民族社会生活史》，2014年9月出版。

12. 敏泽：《中国美学思想史》，2014年9月出版。

13. 孙晶：《印度吠檀多不二论哲学》，2014年9月出版。

14. 蒋寅主编：《王渔洋事迹征略》，2014年9月出版。

15. 中国社会科学院财经战略研究院：《科学发展观：引领中国财政政策新思路》，2015年1月出版。

16. 高文德主编：《中国民族史人物辞典》，2015年3月出版。

17. 李细珠：《张之洞与清末新政研究》，2015年3月出版。

18. 王家福主编、梁慧星副主编：《民法债权》，2015年3月出版。

19. 管彦波：《云南稻作源流史》，2015年4月出版。

20. 施治生、徐建新主编：《古代国家的等级制度》，2015年5月出版。

21. 施治生、徐欣如主编：《古代王权与专制主义》，2015年5月出版。

22. 何振一：《理论财政学》，2015 年 6 月出版。

23. 冯昭奎编著：《日本经济》，2015 年 9 月出版。

24. 王松霈主编：《走向 21 世纪的生态经济管理》，2015 年 10 月出版。

25. 孙伯君：《金代女真语》，2016 年 1 月出版。

26. 刘晓萌：《清代北京旗人社会》，2016 年 1 月出版。

27. 陈之骅、吴恩远、马龙闪主编：《苏联兴亡史纲》，2016 年 10 月出版。

28. 朱庭光主编、张椿年副主编：《外国历史大事集》，2017 年 3 月出版。